lonely planet

Schweiz

Gregor Clark

Kerry Christiani, Craig McLachlan, Benedict Walker

REISEPLANUNG

SCHWEIZER SCHOKOLADE S. 348

ALEXANDER CHAIKIN/SHUTTERSTOCK ©

KINDLIFRESSERBRUNNEN S. 107

HERACLES KRITIKOS/SHUTTERSTOCK ©

REISEZIELE IN DER SCHWEIZ

Inhalt

Willkommen in der Schweiz

Die moderne Schweiz, Land der vier Sprachen, hat viel mehr zu bieten als nur Käse, Schokolade und Jodeln: einzigartige Reiseerlebnisse, aufregende Bergabenteuer und großstädtische Kultur.

Auf in die Natur!

Grandiose Landschaften verführen zu Entdeckungstouren: Da schnürt man die Wanderstiefel, springt an Bord oder schwingt sich aufs Rad. Im Winter sind Skifahren und Snowboarden in Graubünden, im Berner Oberland oder in der Zentralschweiz angesagt. Wenn die Wiesen grünen, locken Wander- und Radwege ins gletscherdurchzogene Gebirge oder in einsame Täler, an schimmernde Seen und in lindgrüne Weinberge. Man kann die Natur vom Heißluftballon, beim Fallschirmspringen oder Raften bewundern und einmalige Naturwunder wie die Eigernordwand oder die Gletscherspalten am Jungfraujoch erleben.

Moderne Städte

Den Gegenpol zur ländlichen Idylle bilden die modernen Städte: Bern mit seiner urigen Altstadt und moderner Kunst von Weltklasse, Basel mit seiner kühnen Architektur, das schicke Genf mit seinem riesigen See, die Partystadt Lausanne, das noble Wirtschaftszentrum Zug, das supercoole Zürich mit Bars am Flussufer, dem trendigen Ex-Industriequartier Zürich-West und rauem Straßenflair. Sie bieten alles von Schlössern bis zu Craft Beer, von Livemusik bis zu Avantgarde-Restaurants. Besucher können in Minutenschnelle nahe Gipfel erreichen, in Uferbars mit Alpenblick chillen oder in Flüssen wie Rhein, Aare oder Limmat baden.

Alpentradition

Die Vielfalt ist die Würze des Landlebens in diesem reichen, bodenständigen Land, wo alpine Traditionen lebendig und himmelhohe Berge die Norm sind. Dörfer mit zum Schutz vor Nagern aufgestelzten Scheunen und geraniengeschmückten Bauernhäusern säumen die Reiseroute. Traditionsreiche Märkte, volkstümliche Kirchweihfeste, Fahnenschwingen und Alphornblasen begleiten den Lauf der Jahreszeiten. Und dann noch das Essen – ein herz- und schmackhaftes Fest für die Sinne aus zäh fließendem Käsefondue, herbstlichen Wildgerichten und zart schmelzender Schokolade.

Avantgarde-Kultur

Die Schweizer sind von jeher innovativ und für das Neue und Experimentelle aufgeschlossen. Überall im Land huldigen Kulturstätten, Aufsehen erregende Architektur und avantgardistische Kunstmuseen dem Zeitgeist. Das wellenförmige Zentrum Paul Klee von Stararchitekt Renzo Piano in Bern, das Vitra Design Museum von Frank Gehry und die bemerkenswerte Fondation Beyeler in Basel, Lugano mit den Bauten von Mario Botta und dem supermodernen Kunstmuseum MASI und das denkwürdige Genfer Musée d'Art Moderne et Contemporain in einer aufgemöbelten Fabrik aus den 1950er-Jahren sind nur die Spitze des kulturellen Eisbergs.

Warum ich die Schweiz liebe

Kerry Christiani, Autorin

„Der Berg ruft“ – nirgends lauter als in der Schweiz. Seit meinem ersten Besuch vor rund 15 Jahren hat mich das Land nicht mehr losgelassen: Ich unternahm eine Gipfelfahrt mit einem roten Bähnchen, wurde vom Geläut ferner Kuhglocken geweckt, wanderte im Schatten vergletscherter Gipfel zu Felssimsen, auf denen Steinböcke balancierten, badete in kristallklaren Seen, lief auf Schneeschuhen durch weiß gepuderte Wälder. Die Schweiz ist ein toller Mix aus grandioser Natur und städtischer Kultur. Auf einer Brücke in Zürich, die Alpen im Rücken, sagte ein Schweizer Freund zu mir: „Gott hat uns alles gegeben.“ Recht hatte er.

Mehr zu unseren Autoren steht auf S. 383

Oben: Wandertour mit Blick aufs Matterhorn (S. 170), Zermatt

Schweiz

Basel
Erstklassige zeitgenössische Kunst und Architektur (S. 234)
Jura
Ländliche Gegend mit Wäldern und Bauernhöfen (S. 98)
Bern
Mittelalterliche Altstadt und Kunst in der Hauptstadt (S. 103)
Jungfrau-Region
Das wahre Paradies für Outdoorfans (S. 122)
Genfer See
Raddampfer, Burgen, Dörfer und Weinberge (S. 58)
Montreux
Französische Romantik und ein wundervolles Schloss (S. 76)
Sion
Gourmethauptstadt der Weinbauregion (S. 159)
Matterhorn
Kein Berg ist faszinierender (S. 170)
FRANKREICH
Mulhouse
Vesoul
Montbéliard
EuroAirport
Basel
Aarau
Jura
Delémont
Olten
Besançon
Moutier
Solothurn
La Chaux-de-Fonds
Biel/Bienne
Bielersee
Neuchâtel
BERN
Lac de Neuchâtel
Fribourg
Yverdon-les-Bains
Thun
Brienz
Thunersee
Spiez
Interlaken
Grindelwald
Wengen
Gruyères
Mürren
Lausanne
Château-d'Œx
Jungfraujoch (3471 m)
Vevey
Gstaad
Aletschgletscher
Genfer See (Lac Léman)
Montreux
Leukerbad
Internationaler Flughafen Genf
Aigle
Crans
Montana
Rhone
Brig
Visp
Genf
Sion
Martigny
Verbier
Saas-Fee
Täsch
Matterhorn (4478 m)
Zermatt
Chamonix
Grosser-St.-Bernhard-Pass
Dufourspitze (4634 m)
Mont Blanc (4807 m)
Courmayeur
FRANKREICH

0
50 km
Zürich
Eine der lebenswertesten Städte Europas (S. 249)
DEUTSCHLAND
Rheinfall
Europas größter Wasserfall und Rheinfahrten (S. 274)
HÖHE
3000 m
2500 m
2000 m
1500 m
1000 m
500 m
200 m
0
Schaffhausen
Rheinfall
Konstanz
Waldshut
Rhein
Bodensee
Frauenfeld
Luzern
Tolle Ausblicke und viktorianische Kuriositäten (S. 209)
Winterthur
Baden
Flughafen Zürich
St. Gallen
Zürich
ÖSTERREICH
Appenzell
Schweizerischer Nationalpark
Prächtiger und mächtiger Hochgebirgsnationalpark (S. 316)
Zürichsee
Rapperswil
Zug
Buchs
VADUZ
LIECHTENSTEIN
Luzern
Glarus
Schwyz
Vierwaldstättersee
Landquart
Altdorf
Klosters
Chur
Davos
Engelberg
Scuol
Arosa
Titlis (3239 m)
Oberalppass
Vorderrhein
Engadin
Andermatt
Schweizerischer Nationalpark
St.-Gotthard-Pass
San-Bernardino-Pass
St. Moritz
Berninapass
Valle Maggia
Locarno
Bellinzona
Tirano
Sondrio
Gravedona
Domodossola
Lago di Como
ITALIEN
Glacier Express
Eine der schönsten Zugfahrten der Welt (S. 178)
Lugano
Lago di Lugano
Lago Maggiore
Verbania
Lago di Lugano
Das üppige italienische Herz der Schweiz (S. 196)
Aletschgletscher
Uralter, beeindruckender 23 km langer Gletscher (S. 180)
Como

Die Top 15 der Schweiz

1

Matterhorn

1 Kein Berg hat so viel Anziehungskraft und natürliche Ausstrahlung und zieht einen so sehr in seinen Bann wie dieser charismatische Gipfel (S. 170) – eine geborene Schönheit, die bewundert, beäugt und immer wieder bei Sonnenuntergang, bei Sonnenaufgang, zu verschiedenen Jahreszeiten und aus jedem erdenklichen Winkel fotografiert werden möchte. Und es gibt keinen schöneren Ort, der den topografischen Besonderheiten des Matterhorns besser Rechnung trägt als Zermatt, einer der begehrtesten alpinen Ferienorte Europas. Seit dem 19. Jh. ist er der angesagteste Ort zum Skifahren, Klettern, Wandern und der schicke Treffpunkt der Stars.

Wandern im Schweizerischen Nationalpark

2 Mehr als jede andere Region Europas steht die Schweiz für herrliche, unvergessliche Wanderungen unter weiten Himmeln, an denen vereinzelte Adler kreisen. Und ihr über hundert Jahre alter alpiner Nationalpark (S. 316) ist der ideale Ort dafür. Über Blumenwiesen folgt man Pfaden zu tiefblauen Seen, engen Schluchten, Felsvorsprüngen und Berghütten, wo die Senner Sommerkäse aus frisch gemolkener Kuhmilch bereiten. Die wilde, ungezähmte Natur vermittelt einen seltenen und besonderen Eindruck von der Schweiz vor dem Aufkommen des Tourismus.

EMPERORCOSAR/SHUTTERSTOCK ©

RACIUS IMAGES/GETTY IMAGES ©

3

4

Aletschgletscher

3 Der gigantische Gletscher (S. 180) im Oberwallis ist ein Wunder der Natur: Wie eine 23 km lange, fünfspurige Autobahn aus Eis zieht er sich zwischen den Bergspitzen hindurch. Sein blau schimmerndes Eis ist an der tiefsten Stelle 900 m dick. Schon der Anblick vom Jungfraujoch aus lässt das Herz höher schlagen. Für einen richtigen Adrenalinkick sorgt die Erfahrung aus nächster Nähe, etwa indem man von Riederalp aus mit einem Bergführer zwischen den Gletscherspalten wandert oder bei Bettmeralp mit Skiern über die Pisten oberhalb des Gletschers saust.

Genfer See

4 Die grünen Weinstöcke des Lavaux, die sich vom Genfer See (S. 58) den Berg hinaufziehen, bieten ein malerisches Bild. Der optimale Aussichtspunkt, um Europas größten See zu bewundern, ist aber Genf (S. 40), die weltoffenste Stadt der französischsprachigen Schweiz. Einheimische schippern in kanariengelben *mouette*-Fähren über den See, während über allem der Mont Blanc wacht. Durch die Straßen der Altstadt bummeln, die Cafészene auskosten, per Raddampfer über den See tuckern und sich im Sprühnebel des Jet d'Eau erfrischen: Das ist das Leben in dieser Stadt.

Glacier Express

5 Eine der legendärsten Bahnstrecken der Welt verbindet zwei glamouröse Ferienorte in den Schweizer Alpen. Wer in St. Moritz oder Zermatt in den roten Zug mit gigantischen Panoramafenstern einsteigt, kann wie im Kino grüne Gipfel, glitzernde Bergseen, eisige Schluchten und andere Traumlandschaften vorbeiziehen lassen. Der Glacier Express (S. 171), der bei seiner Jungfernfahrt 1930 noch von einer Dampflok gezogen wurde, passiert 91 Tunnel und 291 Brücken. Man kann im nostalgischen Speisewagen essen oder sich ein Champagner-Picknick mitbringen.

Romantisches Montreux

6 Wenn eines der berühmtesten Jazzfestivals der Welt mit Konzerten am Ufer des Genfer Sees noch nicht genug ist, so kann Montreux (S. 76) auch noch mit einem romantischen *château* punkten. Von der Stadt am See, deren Klima so mild ist, dass hier sogar Palmen wachsen, führt ein blumengesäumter Weg am Wasser entlang nach Süden zum Château de Chillon (S. 77; oben abgebildet). Die stattliche Burg, die im 13. Jh. von den Savoyern erbaut wurde, ist eine der ältesten der Schweiz und wirkt wie ein richtiges Märchenschloss.

7

8

Bern

7 Mittelalterliche Kopfsteinpflastergassen, Boutiquen unter Arkaden, eine „tanzende" Uhr und Brunnenfiguren aus dem 16. Jh. – das ist die Schweizer Bundesstadt Bern (S. 103), die so gar nicht dem typischen Klischee einer Kapitale entspricht. Tatsächlich machen sich nur wenige Besucher klar, dass diese kleine Stadt im flachen, bescheidenen Mittelland, dessen Bauernhöfe Emmentaler Käse herstellen, als Hauptstadt der Schweiz fungiert. Aber es ist gerade das Unerwartete, das den Reiz der Stadt ausmacht.

Luganer See

8 Die vielen Sprachen und Kulturen tragen erheblich zum großen Charme der Schweiz bei. So findet die italienverliebte Seele am Lago di Lugano (S. 196) im Tessin (Ticino) alles, was sie sucht: Palmenbestandene Promenaden und hübsche Dörfer in zarten Pastelltönen säumen den schillernden Alpensee. Lugano, das drittreichste Bankenzentrum des Landes, wirkt mit seinen von Säulengängen gesäumten Gassen, Piazze voller Cafés und Booten, die Ziele rund um den See ansteuern, quicklebendig und geschäftig.

Donnernder Rheinfall

9 Goethe und Lord Byron waren vom Staubbachfall (S. 132) bei Lauterbrunnen so berührt, dass sie seine ätherische Schönheit in Gedichten priesen. Wirklich atemberaubend aber ist der Rheinfall (S. 274; Bild oben rechts) im Nordosten der Schweiz, der, von zwei mittelalterlichen Burgen bewacht, mit ohrenbetäubendem Getöse in die Tiefe donnert. Um das Schauspiel richtig zu würdigen, fährt man am besten mit dem Panoramalift auf die Aussichtsplattform Känzeli im mittelalterlichen Schloss Laufen.

Jungfrau-Region

10 Kein Bergtrio ist in den Bergsteigerlegenden präsenter als die drei Ikonen Eiger, Mönch und Jungfrau. Ihre Gipfel ragen über dem im 19. Jh. gegründeten hübschen Ferienort Grindelwald (S. 122) in den Himmel. Ob man hier auf Skiern den Berg hinabflitzt, auf einem altmodischen Schlitten die längste Rodelbahn Europas hinunterjagt, einen Bungeesprung in eine Gletscherschlucht wagt oder mit dem Zug zum höchsten Bahnhof Europas auf 3454 m Höhe fährt: Herzklopfen ist vorprogrammiert. Da kann James Bond getrost einpacken!

IAKOV KALININ/SHUTTERSTOCK ©

Lifestyle in Zürich

11 Zürich (S. 247) in der deutschsprachigen Schweiz ist eine der Städte mit der höchsten Lebensqualität in Europa und eine Ode an die Stadtsanierung. Die Stadt ist hip (ja, hier sausen Google-Mitarbeiter auf einer Rutsche in die Kantine) und hat so viele Ecken und Kanten, dass sie manchmal an Berlin erinnert. Zürich bedeutet, Bars am Seeufer zu besuchen, in Züri-West bis in den Morgen zu tanzen, im Kreis 5 recycelte Mode-Accessoires zu kaufen und im August bei Europas größter Straßenparty, der legendären, wilden Street Parade (S. 253), mitzufeiern.

Kunst & Architektur in Basel

12 Basel (S. 234) trumpft mit moderner Architektur von Weltklasse – in der Stadt am Rhein und ihrer Umgebung gibt's Werke von sieben Pritzker-Preisträgern zu bewundern. Knapp jenseits der Grenze, in Deutschland, steht das von Frank Gehry entworfene Vitra Design Museum (S. 237). Die beste Schweizer Privatsammlung moderner Kunst wartet in der Fondation Beyeler (S. 237) von Renzo Piano – eine traumhafte Verschmelzung von Kunst und Architektur. Verbunden sind beide durch den Rehberger-Weg (S. 238), einen Wanderweg mit 24 Kunststationen.
Rathausfassade (S. 235)

ASMITHERS/GETTY IMAGES ©

PHILIPPE SONDEREGGER/SHUTTERSTOCK ©

Sion & Walliser Wein

13 Schweizer Wein bekommt man außerhalb der Schweiz nur selten. Es ist also ein besonderes Erlebnis, ihn vor Ort zu entdecken und zu kosten. Im Wallis (S. 149) führen Wanderwege durch terrassierte Weinberge. Viele *vignerons* (Winzer) öffnen ihre Keller für Verkostungen und Verkauf. Am besten verbindet man die Tour durch die Weinberge mit dem herbstlichen *brisolée*, dem Erntefest mit Maronen, Käse, Trockenfleisch und *vin nouveau*. Die Stadt Sion (Sitten; S. 159) mit zwei Burgen und diversen Gourmetrestaurants ist dafür der richtige Ort.
Weinberge bei Sion

Seestadt Luzern

14 Das Schlendern über mittelalterliche Brücken macht den Charme dieser Stadt in der Zentralschweiz aus. Man nehme Traumblicke auf den See, füge eine Café-Kultur unter freiem Himmel, bunte Architektur und viktorianische Raritäten hinzu, und schon hat man den Beginn einer Liebesgeschichte: Luzern (S. 209). Später kann man das Ganze noch aus einem anderen Blickwinkel betrachten: vom Gipfel des Pilatus, der Rigi oder des Stanserhorns. Der Blick über den See auf grüne Hänge, Wiesen und Ferienorte wird niemanden enttäuschen. Kapellbrücke (S. 209) über die Reuss

Der ländliche Jura

15 Es macht Spaß, sich unauffällig von den Touristenmassen zu entfernen und den kleeblattförmigen Kanton Jura (S. 98) zu erkunden, einen verschlafenen Flecken an der französisch-schweizerischen Grenze, der von dichten Wäldern, Hügeln und mittelalterlichen Dörfern geprägt ist. Hier ist kein Landschaftsbild zu groß, zu hoch oder zu gewagt. Eine Entdeckungstour im Fahrradsattel, auf Langlaufskiern, mit tollen Hoffesten, Käse in Blumenform und Nächten im Heu ist ein Erlebnis für die Sinne.

Gut zu wissen

Weitere Infos gibt's im Abschnitt „Praktische Informationen" (S. 353)

Währung
Schweizer Franken (ISO-Abkürzung CHF, Währungszeichen SFr)

Sprachen
Deutsch, Französisch, Italienisch, Rätoromanisch

Visa
Die Schweiz gehört zum Schengen-Raum. EU-Bürger benötigen kein Visum.

Geld
Geldautomaten gibt es an allen Flughäfen, an den meisten Bahnhöfen und an nahezu jeder zweiten Straßenecke. Kreditkarten von Visa, MasterCard und American Express werden vielerorts akzeptiert.

Handys
Mit einer Schweizer SIM-Karte telefoniert man eventuell günstiger.

Zeit
In der Schweiz gilt im Winter die Mitteleuropäische Zeit (MEZ), von Ende März bis Ende Oktober die Sommerzeit (MEZ + 1 Std.).

Reisezeit

Hauptsaison
(Juli, Aug. & Dez.–April)

➡ Im Juli und August stürmen Wanderer und Radfahrer die Höhenwege.

➡ Zu Weihnachten und Silvester sind die Pisten fest in der Hand von Skifahrern.

➡ Ende Dezember bis Anfang April ist in den Skiresorts am meisten Trubel.

Zwischensaison
(April–Juni & Sept.)

➡ In Skiresorts und Touristenhochburgen kann man bei Hotels ein Schnäppchen machen.

➡ Idyllischer Frühling: warmes Wetter, Wildblumen und lokale Erzeugnisse.

➡ Im Herbst kann man die Weinlese beobachten.

Nebensaison
(Okt.–März)

➡ Die Bergresorts sind von Mitte Oktober bis Anfang Dezember im Dornröschenschlaf.

➡ Man zahlt bis zu 50 % weniger als in der Hauptsaison.

➡ Sehenswürdigkeiten und Restaurants haben kürzer geöffnet.

Infos im Internet

My Switzerland (www.myswitzerland.com) Offizielle Website von Schweiz Tourismus

ch.ch (www.ch.ch) Portal der Bundes- und Kantonsbehörden

Swiss Info (www.swissinfo.ch) Nachrichten und Aktuelles

Lonely Planet (www.lonelyplanet.com/switzerland) Infos, Hotelbuchungen, Traveller-Forum uvm.

SBB (www.sbb.ch) Schweizerische Bundesbahnen

Wichtige Telefonnummern

Schweizer Telefonnummern beginnen mit einer Regionenvorwahl, die man immer mitwählen muss, auch bei Ortsgesprächen.

Landesvorwahl	☎41
Vorwahl für internationale Gespräche	☎00
Polizei	☎117
Ambulanz	☎144
Schweizer Bergrettung	☎1414

Wechselkurse

Eurozone	1 €	1,08 SFr
	1 SFr	0,85 €

Aktuelle Wechselkurse gibt es unter www.xe.com.

Tagesbudget

Günstig – unter 200 SFr

- Bett im Schlafsaal: 30–60 SFr
- Doppelzimmer im Budgethotel: ab 100 SFr
- Mittagstisch und abends Selbstversorgung: ab 25 SFr

Mittleres Budget 200–300 SFr

- Doppelzimmer in Zwei- oder Drei-Sterne-Hotels: ab 200 SFr (am Wochenende 150 SFr)
- Tagesteller *(plat du jour, piatto del giorno)* oder festes Zwei-Gänge-Menü: 40–70 SFr

Teuer – mehr als 300 SFr

- Doppelzimmer in Vier- oder Fünf-Sterne-Hotels: ab 350 SFr (am Wochenende 250 SFr)
- Drei-Gänge-Menü in einem gehobenen Lokal: ab 100 SFr

Öffnungszeiten

Jeder Schweizer Kanton hat eigene Regelungen für die Ladenschlusszeiten. Sonntags sind alle Geschäfte geschlossen, mit Ausnahme der Convenience Stores in durchgehend geöffneten Tankstellen und der Läden in Flughäfen und Bahnhöfen. Die im Buch angegebenen Öffnungszeiten für Sehenswürdigkeiten und Attraktionen gelten für die Hauptsaison; in der Nebensaison gelten meist kürzere Öffnungszeiten.

Banken Mo–Fr 8.30–16.30 Uhr

Restaurants 12–14.30 & 18–21.30 Uhr; die meisten haben ein oder zwei Ruhetage pro Woche.

Geschäfte Mo–Fr 10–18 Uhr, Sa bis 16 Uhr

Museen 10–17 Uhr; viele sind montags geschlossen und donnerstags länger geöffnet.

Ankunft am …

Flughafen Zürich (ZRH; www.zurich-airport.com) Von 5 bis 24 Uhr fahren bis zu neun SBB-Züge stündlich zum Hauptbahnhof. Taxis ins Zentrum kosten rund 60 SFr. Während der Saison verkehren Busse nach Davos und in andere große Skigebiete.

Flughafen Genf (GVA; www.gva.ch) SBB-Züge fahren mindestens alle zehn Minuten zur Gare de Cornavin. Taxis ins Zentrum kosten 35 bis 50 SFr. Im Winter verkehren Busse nach Verbier, Saas-Fee, Crans-Montana sowie in Skigebiete in den französischen Alpen.

Unterwegs vor Ort

Das öffentliche Verkehrsverbundsystem der Schweiz gehört zu den besten der Welt, ist aber nicht billig. Für Besucher, die von Stadt zu Stadt fahren wollen, dürfte sich ein Swiss Travel Pass lohnen. Auf Fahrplänen umfasst die Angabe *werktags* den Zeitraum von Montag bis Samstag, sofern sie nicht ausdrücklich durch *ausser Samstag* eingeschränkt wird. Fahrpläne und Tickets unter www.sbb.ch.

Fahrrad Die Schweiz ist auf Radfahrer gut eingestellt. Viele Städte haben kostenlose Leihradsysteme. An den Bahnhöfen kann man normalerweise Fahrräder und E-Bikes mieten.

Bus Postbusse bedienen auch abgelegenere Regionen. Ihre Abfahrten sind auf die Ankunftszeiten der Züge abgestimmt.

Auto Praktisch für schwer erreichbare Regionen mit schlechter Busanbindung.

Zug Die Eisenbahn funktioniert wie am Schnürchen. Zahlreiche Ermäßigungspässe und -karten machen die Nutzung günstiger.

Mehr Infos zum Thema **Unterwegs vor Ort** s. S. 363

Was gibt's Neues?

Grand Tour of Switzerland
Die neue Rundfahrtstrecke Grand Tour of Switzerland (http://grandtour.myswitzerland.com) klappert die Highlights des Landes – von Gletschern bis zu Kulturstädten, von mittelalterlichen Dörfern bis zu Weinbergen am Seeufer – auf einem Road Trip von 1643 km Länge ab. Seit 2017 gibt es sie auch als umweltfreundliche E-Grand Tour mit Ladestationen für Elektrofahrzeuge.

Food Zürich
Bei diesem neuen Festival im September verwandelt sich Zürich in ein Schlemmerparadies mit Märkten, Pop-up-Lokalen, Workshops, Brunches, Dinieren unterm Sternenhimmel uvm. (S. 253)

LAC – Lugano Arte e Cultura
Luganos glanzvolles neues Kunst- und Kulturzentrum, das LAC (S. 195), hat der Stadt kulturellen Auftrieb gegeben. Sein Highlight ist das hervorragende Kunstmuseum MASI (S. 191) mit erstklassigen Ausstellungen zur modernen und zeitgenössischen Kunst.

Gotthard-Basistunnel
Lange hat es gedauert, aber jetzt ist er endlich fertig: Der Flachbahntunnel, durch den Hochgeschwindigkeitszüge unter den Alpen durchrasen können, ist mit 57 km Länge der längste Eisenbahntunnel der Welt. Seine Inbetriebnahme im Dezember 2016 hat die Reisezeit zwischen Nord- und Südschweiz um 30 Minuten verkürzt. (S. 186)

Jugendherberge Crans-Montana
Die neueste Jugendherberge der Schweiz, die 2017 in einem ehemaligen Sanatorium aus den 1930er-Jahren eröffnete, bietet eine schier unglaubliche Aussicht. (S. 166)

FIFA World Football Museum
Das Züricher Museum rund um die schönste Nebensache der Welt ist seit seiner Eröffnung 2016 ein Renner. (S. 251)

Il Fermento
Craft Beer liegt in der Schweiz voll im Trend, und die coole Mikrobrauerei Il Fermento schwimmt auf der Welle mit: *Der* Ort für ein gut gekühltes India Pale Ale an einem Tessiner Sommerabend. (S. 190)

Funky Chocolate Club
Ein Riesenspaß: Bei den neuen Workshops in Interlaken kann man seine Schokolade selbst kreieren und auch gleich verzehren. Was will man mehr? (S. 122)

Schatzkammer Liechtenstein
Das neue Museum in Vaduz präsentiert die bestgehüteten Liechtensteiner Schätze, von Schmuck über Waffen und königliche Geschenke bis zu Fabergé-Eiern. (S. 324)

Null Stern Hotel
Raffiniert: Das „Zimmer" im Herzen des Appenzellerlands hat weder Dach noch Wände, dafür aber Butler, Sternenhimmel und grandiose Aussicht. (S. 283)

Museum für Kommunikation
Das Museum in Bern wurde nach einem gründlichen Umbau im August 2017 neu eröffnet. (S. 106)

Rehberger-Weg
24 Kunstobjekte des deutschen Bildhauers Tobias Rehberger säumen den neuen Wanderweg im stets innovativen Basel. (S. 238)

Weitere Empfehlungen und Bewertungen gibt es auf **lonelyplanet.com/switzerland**

Wie wär's mit ...

Bergpanoramen

Gigantisch, überwältigend, bewegend – um in den Genuss Schweizer Bergpanoramen zu kommen, braucht es eigentlich nur eins: einen strahlend blauen Himmel.

Eiger, Jungfrau & Mönch Um das Dreigestirn von Nahem zu sehen, schnürt man in Grindelwald/Wengen die Wanderschuhe oder fährt mit der Seilbahn zur Kleinen Scheidegg. (S. 129)

Matterhorn Auf einer Fahrt mit Zermatts Gornergratbahn oder im Matterhorn Glacier Paradise kann man die unfassbare Trigonometrie des Schweizer Wahrzeichens bewundern. (S. 170)

Aletschgletscher Am besten sieht man den schimmernden Gletscher vom Bettmerhorn oder vom Eggishorn. (S. 180)

Schilthorn Rundumblick auf 200 Gipfel, die sich vom Titlis bis zum Mont Blanc erstrecken. (S. 140)

Jungfraujoch Ein erhebender Blick auf Viertausender, den Aletschgletscher und mitunter bis zum Schwarzwald. (S. 131)

Monte Generoso Der 1704 m hohe Gipfel bietet Blick auf die oberitalienischen Seen, die Alpen und die Apenninen (S. 198)

Männlichen Unglaubliche Aussichten auf die Täler von Grindelwald und Lauterbrunnen, zu erreichen mit einer der längsten Seilbahnen Europas (S. 132)

Kunstmuseen

Die Schweiz hat weitaus mehr zu bieten als Almhütten und Bauernhöfe mit roten Geranien und fein säuberlich aufgereihten Milchkannen – zum Beispiel diese umwerfenden Kunstmuseen.

Fondation Beyeler, Basel Die beste Sammlung zeitgenössischer Kunst in der Schweiz. (S. 237)

Zentrum Paul Klee, Bern Die Schweizer Antwort auf Guggenheim. (S. 106)

Fondation Pierre Gianadda, Martigny Picasso, Cézanne u. v. m. (S. 152)

Sammlung Rosengart, Luzern Einzigartige Picasso-Sammlung. (S. 212)

Fondation Pierre Arnaud, Lens Kunstgalerie in einem glanzvollen Bau am Seeufer bei Crans-Montana. (S. 165)

Musée d'Art Moderne et Contemporain, Genf Installationskunst in einer Fabrik aus den 1950er-Jahren. (S. 47)

Sammlung Oskar Reinhart am Römerholz, Winterthur Alle modernen Meister in einem Landgut. (S. 264)

Stiftung Langmatt, Baden Heimelige Villa mit relativ unbekannten Werken berühmter Künstler. (S. 245)

Familienurlaub

Auf dem alpinen Spielplatz der Schweiz gibt es für jedes Alter das Passende. Für die Kleinen ist es toll, bei den Kühen zu schlafen, aber auch die Städte haben für sie einiges zu bieten.

Verkehrshaus, Luzern Im Verkehrsmuseum im Flugzeug oder zum Mond fliegen. (S. 209)

Großer Sankt Bernhard Bernhardiner streicheln und mit ihnen Gassi gehen. (S. 155)

Vitra Design Museum, Weil am Rhein Carsten Höllers 38 m lange Korkenzieherrutsche hinuntersausen. (S. 237)

Matterhorn Glacier Paradise, Zermatt Rutsche im Gletscherpalast und Snowtubing-Tour auf 3883 m. (S. 169)

Saas-Fee Wilde Murmeltiere füttern und auf einem Roller den Berg runterdüsen. (S. 177)

Gstaad Alpine Achterbahn, Hundeschlittenfahrten und geführte Lama- und Ziegentouren. (S. 146)

Victorinox Museum & Brand Store, Brunnen Sich sein eigenes Schweizer Armeemesser zusammenbauen. (S. 221)

Zentrum Paul Klee, Bern Interaktive Kunstausstellungen und Workshops. (S. 106)

Alimentarium, Vevey Kochworkshops. (S. 74)

St. Gallen (S. 279)

Burgen & Klöster

Burgen, Schlösser und Klöster in schönster Lage – mal auf Bergen thronend, mal unten ans Ufer geschmiegt – bereichern die fotogene Landschaft der Schweiz.

Chillon Von Montreux führt ein „Blumenweg" zu dieser Steinburg am Genfer See. (S. 77)

Thun Kein anderes Schloss der Deutschschweiz ist so märchenhaft wie Thuns türmchengeschmückte Burg. (S. 137)

St. Gallen Heimat einer außerordentlichen Rokoko-Bibliothek. (S. 279)

Bellinzona Das Trio mittelalterlicher Burgen im Tessin gehört zum Unesco-Weltkulturerbe. (S. 186)

Sion/Sitten Bezaubernde Schlösser aus dem 13. Jh. auf Felsen über Weinreben. (S. 159)

Müstair Welterbe: karolingische und romanische Fresken in der Klosterkirche. (S. 311)

Baden Schloss-und-Burgen-Hopping ist angesagt. Topziele: Lenzburg, Wildegg, Habsburg und Hallwyl. (S. 244)

Schokolade

Kein Land ist berühmter für seine Schokolade. Mehr als die Hälfte der Schweizer Schokolade wird übrigens von den Schweizern selbst vertilgt.

Schokoladenzug Pullman-Wagen der Belle Époque verkehren zwischen Montreux und einer Schokoladenfabrik. (S. 364)

Funky Chocolate Club, Interlaken Unter Anleitung des freundlichen Teams kann man hier seine eigene Schokolade herstellen (und genießen). (S. 122)

Schokoland, Lugano Verkostung und eine Reise durch die Geschichte der Schokolade. (S. 193)

Maison Cailler, Broc Die Schokofabrik bietet Workshops, in denen man den Schokoriegel seiner Träume kreieren kann. (S. 89)

Villars Schokolade, Fribourg Schokolade aus cremiger Schweizer Milch zum Fabrikpreis und Kakao mit Schokospänen. (S. 87)

Verkehrshaus, Luzern Im Karussellauto durch die Welt der Schokolade fahren. (S. 209)

Café Sprüngli, Zürich Das Café mit Chocolaterie ist seit 1836 das süße Epizentrum der Schweiz. (S. 256)

Milk Bar, Verbier Der Kakao des legendären Cafés in einem noblen Skiort gehört zu den besten der Schweiz. (S. 158)

Monat für Monat

TOP-EVENTS

Lucerne Festival, April

Montreux Jazz, Juli

Nationalfeiertag, 1. August

Street Parade Zürich, August

L'Escalade, Dezember

Januar

Die Winterkälte treibt die Touristen aus den Städten, doch in den Alpen ist die Skisaison in vollem Gang. Glamouröse Promi-Treffs, einsame Bergdörfer ... die Schweiz bietet Zufluchtsorte für jede Stimmung.

Harder Potschete

Der 2. Januar ist ein teuflischer Tag: Warzige monsterähnliche Wesen rennen in Interlaken rum und treiben Unfug. Mit herzerwärmenden Drinks, rockiger Volksmusik und allerlei Gaudi klingt die Party aus. (S. 119)

Vogel Gryff

Ein alter Volksbrauch ist Ursprung dieser Straßenparty, bei der ein wilder Riese, ein Greif und ein Löwe den Winter in Basel mit einem Trommeltanz verjagen. Der Wilde fährt auf einem Floß über den Rhein in die Stadt. (S. 238)

World Snow Festival

Bei dem sechstägigen Festival Ende Januar stellen Eisbildhauer aus aller Welt ihr Können in Grindelwald zur Schau und erschaffen Erstaunliches von riesigen Tierfiguren bis zu abstrakten Kreationen. (S. 124)

Februar

Knackige Kälte in den Bergen und blauer Himmel – das bedeutet, die Skisaison läuft auf Hochtouren. In den Schulferien erobern Familien die Ferienorte und die Preise für Unterkünfte erreichen Spitzenniveau.

Fasnacht

Es ist ein Fehler, die Schweizer nur für allzeit brave Musterknaben zu halten: Umzüge, historische Kostüme, Guggenmusik und viel Spaß prägen die Sause durch die katholischen Kantone in den Wochen vor Aschermittwoch. Am besten feiert man die Party – mit lauter Übergeschnappten – in Luzern oder Basel. (S. 238)

März

Am Ende der Skisaison ist dank der milderen Temperaturen noch eine Menge los – ganz besonders bei einem frühen Ostertermin.

Engadin Skimarathon

Der Anblick, wie sich 11 000 Skilangläufer zu *Chariots of Fire* aufwärmen, ist unvergesslich – ebenso wie der legendäre, 42 km lange Skilanglaufmarathon für die Athleten, die durch märchenhafte Schneelandschaften gleiten.

April

Der Frühling bricht plötzlich mit wunderschönen Blumen in die herrliche Berglandschaft herein und lockt die ersten Wanderer an.

Lucerne Festival

Vor Ostern steigt dieses Weltklasse-Musikfestival mit Kammerorchestern, Pianisten und anderen Musikern aus aller Welt. (S. 212)

Juni

Wenn es wärmer wird, füllt sich der Schweizer Veranstaltungskalender mit großartigen Kunstfesten. In den Bergen erwachen Sennhütten aus ihrem Winterschlaf, um die ersten Sommerwanderer zu begrüßen.

Pride

Riesiges LGBT-Straßenfest in Zürich mit Partys, Umzügen, Konzerten, Shows und anderen Veranstaltungen im Zeichen des Regenbogens. (S. 253)

St. Galler Festspiele

Die „Schreibstube Europas" ist ein passender Schauplatz für dieses wunderbare zweiwöchige Opern- und Musikfestival. Der Vorhang hebt sich Ende Juni und senkt sich erst im Juli wieder. (S. 280)

Juli

Der Monat der Musik: Die Tage sind heiß und sonnig und die Seeufer und Bergwiesen perfekte Sommerbühnen für Jodler, Alphornbläser und Fahnenschwinger.

Montreux Jazz

Zwei Wochen Jazz, Pop und Rock Anfang Juli sind Grund genug, um Montreux in die Reiseroute aufzunehmen. Einige Konzerte sind umsonst, für andere muss man zahlen. Und Dutzende finden unter freiem Himmel vor herrlichem Seepanorama statt. (S. 77)

Paléo Festival

Ein Schmankerl am Genfer See ist diese sechstägige Open-Air-Weltmusikveranstaltung. Ende Juli, Nyon – diesen Termin sollte man sich im Kalender vormerken. (S. 70)

Verbier Festival

Das angesehene zweiwöchige Klassikfestival findet von Juli bis Anfang August in Verbier statt. Neben der offiziellen Veranstaltung werden auf dem Festival Off zahlreiche kostenlose Konzerte geboten. (S. 157)

August

Es ist heiß, wolkenlos und die sonnenverwöhnten Alpen wimmeln von Wanderern, Bikern und Familien – ein Tretboot auf dem Genfer See ist ein kühler Platz, um das Feuerwerk am Schweizer Nationalfeiertag (1. August) zu bestaunen.

Schweizer Nationalfeiertag

Feuerwerke und brennende Holzkegel erleuchten am Gründungstag der Schweiz Berge, Seen, Dörfer und Städte im ganzen Land. Besonders toll sind die Illuminationen am Rheinfall. (S. 274)

Sertig Schwinget

Bei dem höchst unterhaltsamen Festival in Davos bekommt man stämmige Männer mit dicken Bäuchen zu sehen, die in Sägespänen um den Titel im *Schwingen* (Schweizer Ringen) kämpfen. (S. 307)

Street Parade

Mitte August steigt in Zürich Europas größte Straßenparty – und das schon seit 1992. (S. 253)

Fêtes de Genève

Im August veranstaltet Genf zehn Tage lang eines der tollsten Sommerfestivals, mit Pop-up-Bars, Partys und Konzerten noch und nöcher. (S. 49)

September

Dank goldener Herbsttage und der Weinlese ein idealer Monat für ländliche Streifzüge. In den Alpen wird der Almabtrieb groß gefeiert.

La Désalpe de Charmey

Ein Volksfest zu Ehren der Kühe, die von den sommerlichen Almweiden heimkehren, mit Blumen geschmückt und von Einheimischen in Tracht begleitet. (S. 90)

Oktober

Während die letzten sonnenprallen Trauben geerntet und die ersten Flaschen des neuen Weins geköpft werden, fallen die Esskastanien von den taufeuchten Bäumen. Vor allem auf den Höhen wird es merklich kühler und der erste Schnee bedeckt die Alpenpässe.

Foire du Valais

Am letzten Tag der Kuhkampfsaison kämpfen bei der zehntägigen Regionalmesse in Martigny im Unterwallis Kühe um den Titel der Rinderkönigin. Ein idealer Anlass, um tüchtig zu trinken und zu schlemmen. (S. 153)

Dezember

Die Tage sind kurz und es ist überall kalt. Dafür locken Weihnachtsmärkte und -feiern und ab Mitte Dezember beginnt die Skisaison!

L'Escalade

Fackelprozessionen in der Altstadt, Feuer, ein Stadtlauf für Kinder und Erwachsene und das Zerschmettern und Auffuttern eines beachtlichen Schokoladentopfs machen Genfs größtes Festival am 11. Dezember zu einem Riesenspaß. (S. 49)

Reiserouten

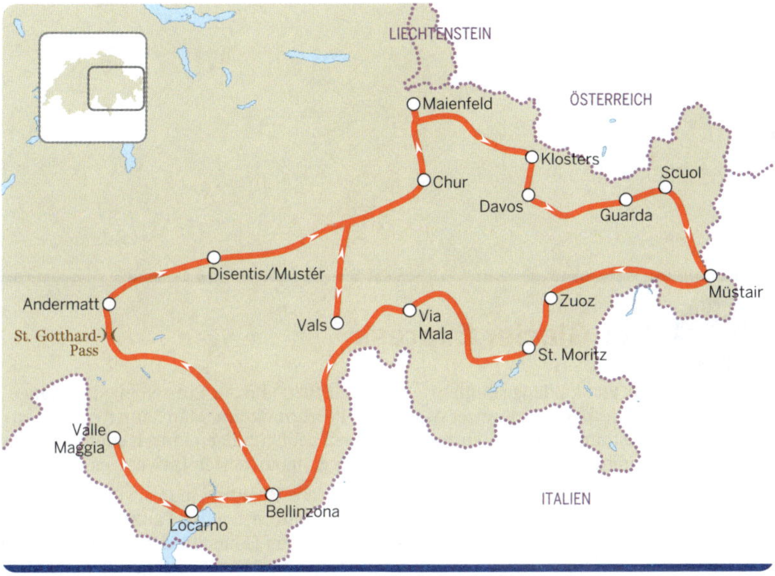

2 WOCHEN Graubünden & Tessin

Diese Rundreise durch den Südosten der Schweiz, von der schroffen Alpenlandschaft Graubündens bis zu den sonnenverwöhnten Seeuferstädten des italienischsprachigen Tessins, lässt sich von jedem Punkt beginnen.

Von **Chur** geht es nach Norden zu einem Abstecher ins hübsche **Maienfeld** und zu dessen Weinbergen. Auf dem Weg nach Osten gelangt man nach **Klosters** und **Davos** und ins Engadin mit einladenden Orten wie **Guarda** und **Scuol** (mit seinen Thermalbädern). Die Straße windet sich südostwärts zur österreichischen Grenze. Man fährt ein Stück durch Österreich und Italien, ehe es zurück in die Schweiz geht, wo man in **Müstair** Fresken bewundert. Anschließend führt der Weg durch **Zuoz** ins schicke **St. Moritz**. Auf der Bergstraße überquert man den Julierpass, ehe man zu den Schluchten der **Via Mala** gelangt.

Nun führt die Straße in Richtung Süden ins Tessin und nach **Bellinzona**. Vorbei an **Locarno** geht's ins bezaubernde **Valle Maggia**. Zurück in Bellinzona nimmt man die Hauptstraße durchs Valle Leventina, ehe man über den **St.-Gotthard-Pass** nach **Andermatt** kommt. In **Disentis/Mustér** schnuppert man ins Kloster hinein, bevor man in **Vals** in die architektonisch reizvolle Therme abtaucht und dann nach Chur zurückkehrt.

1 TAG ODER 1 WOCHE

Der Glacier Express

Die legendäre, 290 km lange Zugfahrt gehört seit 1930 und der Entstehung des alpinen Wintertourismus in den Schweizer Alpen zum Pflichtprogram. Man kann die Fahrt zu jeder Jahreszeit unternehmen: entweder in einem achtstündigen Rutsch oder in mehreren Abschnitten mit Übernachtungen in einigen der glamourösesten Ferienorten der Schweiz.

Diese Fahrt ist immer spektakulär, egal, in welche Richtung man sie unternimmt. Wer den Zug jedoch in **St. Moritz** besteigt (man sollte sich einen Platz auf der linken/südlichen Seite sichern), kann sich schrittweise auf den Höhepunkt der Reise einstellen: den Anblick des Matterhorns. Etwa eine Stunde von St. Moritz entfernt, direkt hinter **Filisur**, verlässt der Schmalspurzug einen Tunnel und findet sich auf den sechs Kalksteinbögen des **Landwasserviadukts** (1901-1902) wieder, das sich 65 m oberhalb des Landwassertals erhebt. **Chur**, die älteste Stadt der Schweiz und Hauptstadt des Kantons Graubünden, liegt etwa 2½ Stunden von St. Moritz und bietet sich mit ihrer urigen Altstadt, historischen Hotels und quirligen Cafés und Bars für eine Übernachtung an.

Hinter Chur schlängelt sich der Express durch das Rheintal und die spektakuläre Rheinschlucht. Die Route führt hinauf nach **Disentis/Mustér**, wo ein Benediktinerkloster aus dem 18. Jh. steht, und dann steil empor zum **Oberalppass** (2044 m), dem buchstäblichen Höhepunkt der Reise. Der nächste Halt wird im Wintersportort **Andermatt** eingelegt, der sich gut zum Beine vertreten und für eine Übernachtung eignet. Die Achterbahnfahrt führt nun zunächst hinunter, bevor es kontinuierlich bergauf Richtung **Furkapass** geht, der durch den Furka-Basistunnel unterquert wird (mit 15,4 km der längste der 91 Tunnel der Strecke). Ein weiterer Stopp steht in **Betten** an, von wo es mit der Seilbahn hinauf ins autofreie Feriendorf **Bettmeralp** geht. Am besten übernachtet man hier oder im angrenzenden **Fiesch** und verbringt einen Tag mit Wandern oder Skifahren oder bestaunt die gigantische Eiszunge des Aletschgletschers.

Von hier windet sich der *Glacier Express* südwestwärts durch das Rhonetal hinein ins Wallis mit einem Zwischenstopp in **Brig** mit seinem außergewöhnlichen Schloss. Ein weiterer Halt folgt im Winzerdorf **Visp**, bevor der Zug seinen Zielort **Zermatt** erreicht, wo der erste Blick auf das Matterhorn ein fulminantes Finale bildet.

1 MONAT

Von Highlight zu Highlight

Ein Megatrip: Auf der einmonatigen Rundfahrt kann man alle großen Attraktionen der Schweiz erleben – von Seen bis zu Weinbergen, von Bergen bis zu Baisers.

Sie beginnt in **Genf** mit einem Besuch der Museen und einem Blick auf das Wahrzeichen Jet d'eau. Von hier aus führt eine Nebenstraße am Südufer des Genfer Sees nach Osten durch französisches Gebiet, mit Mittagspause in **Yvoire**. Oder man nimmt die Schnellstraße (A1) am schweizerischen Nordufer (mögliche Mittagsstopps sind **Lausanne**, **Vevey** oder **Montreux**). Die nächsten Anlaufstellen sind **Martigny** und **Sion (Sitten)**, wo es sich lohnt, die Weingüter zu besuchen und sich mit Wein und Walliser Kochkunst verwöhnen zu lassen. Weiter geht's nach Osten, dem Lauf der Rhone folgend, und dann zu einem Abstecher nach **Leukerbad**, um sich ein Thermalbad zu gönnen. In **Visp** wendet man sich nach Süden, um im autofreien **Zermatt** einen Blick auf das Matterhorn zu werfen.

In der zweiten Woche lernt man bei einer Zugfahrt nach **Oberwald** den *Glacier Express* kennen. In **Betten** steigt man aus und nimmt die Seilbahn nach **Bettmeralp**, um vom Bettmerhorn aus den Aletschgletscher zu bestaunen. Von Oberwald geht's gen Norden über den Grimselpass nach **Meiringen** (unbedingt Baisers probieren!) und westwärts in die Jungfrau-Region zum höchstgelegenen Bahnhof Europas; übernachten kann man in **Interlaken** oder **Grindelwald**. Wer italienisches Flair alpinen Extremen vorzieht, fährt mit dem *Glacier Express* bis **Andermatt** weiter und dann per Bus oder Auto an die Tessiner Seen in die schicken Städte **Lugano** und **Locarno**.

In der dritten Woche steht ein Trip in den Norden nach **Luzern** an. Hier kann man bei einer Bootsfahrt auf dem Vierwaldstättersee Ferienorte wie **Weggis** und **Brunnen** besuchen. Im mittelalterlichen **Zug** tut man sich an Kirschtorte gütlich; dann sollte man fünf Tage lang **Zürich** genießen. Wer Lust hat, einmal die Grenze zu passieren, kann einen Abstecher nach **Vaduz**, die Hauptstadt von **Liechtenstein**, anhängen. Der nächste Punkt ist die Unesco-Weltkulturerbestätte **St. Gallen**; danach folgt eine einwöchige Tour durch die Nordschweiz.

Im Jura geht's südwärts nach **Neuchâtel** (Neuenburg) am Nordufer des Neuenburgersees, von dort über die Autobahn nach Lausanne am Genfer See und zurück nach Genf.

2 WOCHEN Von Stadt zu Stadt

Die 385 km lange Tour von Genf nach Zürich ist das Richtige für alle, die Großstadttempo und Kleinstadtcharme lieben. Die Reise lässt sich mit dem Auto oder öffentlichen Verkehrsmitteln machen.

Mit **Genf** wird zuerst die kosmopolitischste Stadt der Schweiz erkundet. Von dort nimmt man die Straße am Ufer des Genfer Sees nach **Lausanne**, eine hügelige Stadt am See mit einer tollen Bar- und Restaurantszene und einer hübschen Altstadt. Auf derselben grandiosen Straße geht es weiter an der passend benannten Schweizer Riviera entlang in die **Weinregion Lavaux** und am Château de Chillon vorbei nach **Montreux**. Dann führt der Weg Richtung Norden nach **Gruyères (Greyerz)** ins Land der Burgen, des Käses, der Sahne und der Baisers. Weiter nördlich erreicht man in **Fribourg (Freiburg)** die deutsch-französische Sprachgrenze und danach **Bern**. Es folgen die Seeorte rund um **Interlaken**. Die Fahrt nach Norden bringt einen in eine weitere schöne Stadt am See, nach **Luzern**. Wenn man über **Zug**, den Tummelplatz der Reichen, schließlich **Zürich**, die trendigste Stadt der Schweiz, erreicht, ist es mit der Beschaulichkeit vorbei.

1 WOCHE Schätze im Norden

Schätze der Kunst, Architektur und Natur stehen im Mittelpunkt dieser Reise durch die oft vernachlässigte Nordschweiz.

Neben all ihren Naturwundern hat die Schweiz auch überwältigende Kulturschätze zu bieten. Kein Ort ist besser geeignet, um sie kennenzulernen, als **St. Gallen** mit seinem großen Kirchen- und Klosterkomplex, einer Unesco-Welterbestätte, die eine der ältesten Bibliotheken der Welt hütet. Mit der Schmalspurbahn ist man in 50 Minuten in **Appenzell**. Von dort geht's westwärts am Südufer des **Bodensees** entlang oder nach **Winterthur** mit seinen Kunstmuseen und dem kinderfreundlichen Technikmuseum. Beide Routen führen nach **Schaffhausen**. Unbedingt muss man sich hier den **Rheinfall** ansehen, Europas größten Wasserfall.

Die Fahrt geht weiter westwärts nach **Basel** mit seinen reichhaltigen Kunstschätzen – entweder direkt oder mit einem Schwenk nach Südwesten über **Baden** und **Aarau**. Von Basel aus gelangt man leicht in die Tiefen des wenig bekannten Kantons **Jura** weiter im Westen und nach **La Chaux-de-Fonds**, wo mehrere Frühwerke des Architekten Le Corbusier warten, der hier geboren wurde.

Felsklettern am Aletschgletscher (S. 180), Wallis

Reiseplanung

Outdoor-aktivitäten

In einem Land, in dem eine Halbtageswanderung über einen 2500 m hohen Pass nur ein Sonntagsspaziergang ist und Dreijährige auf Skiern über die Pisten rasen, ist es eine klare Untertreibung, die Schweizer als „sportlich" zu bezeichnen. Sie sind hyperaktiv! Warum? Man schaue sich nur die kolossalen Gipfel, die tosenden Flüsse und die Hänge an, die nach Abenteuern schreien …

Outdoorabenteuer

Bestes Skigebiet

St. Moritz (S. 312) Abwechslungsreiches Terrain, kolossale 350 Pistenkilometer, Gletscherabfahrten und Tiefschneefahren.

Bester Wanderweg

Faulhornweg (S. 126) Klassischer hochalpiner Wanderweg mit atemberaubendem Blick auf das schneegekrönte Jungfraumassiv und den Thuner- und Brienzersee.

Beste Klettermöglichkeiten

Zermatt (S. 169) Der heilige Gral des Bergsteigens; Kletterer können sich an Viertausendern und sogar am Matterhorn versuchen.

Beste Rafting-Touren

Swissraft (S. 300) Hier kann man sich den reißenden Vorderrhein hinunter- und an den Kalksteinformationen der Rheinschlucht vorbeitreiben lassen.

Beste Mountainbike-Trips

Klosters & Davos (S. 304 & S. 305) Freerider-Mekka mit 600 km Mountainbike-Wegen, darunter einige anspruchsvolle Abfahrten und Singletrails.

Richtig planen

Um die Outdoor-Aktivitäten in der Schweiz möglichst reibungslos genießen zu können, ist ein bisschen Vorausplanung sinnvoll. Übernachtungen in Berghütten müssen möglichst frühzeitig reserviert werden (vor allem in der sommerlichen Hauptsaison). Stattdessen kann man sich natürlich auch ein festes Quartier in zentraler Lage suchen und von dort aus Tageswanderungen planen. Auch andere Aktivitäten in beliebten Aktivurlaubsgegenden sind früh ausgebucht, also immer vorausbuchen, um Enttäuschungen zu vermeiden. Oft kann man Warteschlangen umgehen und Geld sparen, indem man Skipässe und Leihskier online bucht.

Reisezeit

Die Alpen sind für ihr launisches Wetter berüchtigt. Selbst im August kann man an einem Tag vier Jahreszeiten – Sonne, Nebel, Stürme, Schnee – erleben. Vor dem Aufbruch immer die Wettervorhersage auf www.meteoschweiz.ch konsultieren!

Dez.–April Bis Ostern tummeln sich auf den Pisten Skifahrer und Snowboarder. Während der Schulferien schießen die Preise in die Höhe.

Mai & Juni Verhältnismäßig wenig Betrieb und meist gutes Wetter. Oberhalb von 2000 m stellenweise Schnee. Viele Hütten sind noch geschlossen und der Transport in den Bergen ist eingeschränkt.

Juli & Aug. Höhenwanderer und Radfahrer stürmen die Schweizer Alpen. Alle Lifte und Berghütten sind geöffnet (vorab buchen).

Sept.–Anfang Okt. Um diese Zeit muss man sich einfach überraschen lassen; entweder man hat Glück oder Pech. Die Preise für Übernachtungen fallen und auch die Besucherzahlen gehen zurück, aber viele Hotels und Lifte sind geschlossen.

Mitte Okt.–Nov. Die Tage werden kürzer; das Wetter ist unberechenbar. Außer Regen und Nebel ist über 1500 m auch Schnee zu erwarten. Die meisten Ferienorte verfallen in Winterschlaf.

Skifahren & Snowboarden

In einem Land, in dem jedes Dorf mit zehn Einwohnern und 50 Kühen einen Skilift hat, ist die Frage nicht, *wo* man Ski fahren kann, sondern bloß *wie*. Nobel oder abgelegen, partyverrückt oder idyllisch, für Anfänger oder Könner, schwarze oder blaue Abfahrten? Die Schweiz hat für jeden Bedarf den richtigen Skiort.

Skipisten-Klassifizierung

Die Pisten sind gemäß ihrem Schwierigkeitsgrad farblich gekennzeichnet:

Blau Leichte, gut präparierte Pisten, die für Anfänger geeignet sind.

Rot Mittelschwere Pisten, die präpariert, aber oft steiler und schmaler sind als die blauen Abfahrten.

Schwarz Für erfahrene Skifahrer mit ausgereifter Technik und guten Fertigkeiten. Die Pisten sind meist steil und nicht immer präpariert, oft mit Buckeln und ordentlichem Gefälle.

Sicherheit auf der Piste

- Wer abseits der präparierten Pisten fahren will, sollte auf Lawinenwarnungen achten und Einheimische um Rat fragen.
- Abseits der gekennzeichneten Pisten nie alleine fahren. Immer eine Lawinensonde, ein

Lawinensuchgerät oder eine Schaufel und vor allem einen professionellen Guide mitnehmen.

➡ Man sollte täglich das Lawinenbulletin auf www.slf.ch oder unter 187 abfragen.

➡ Die Sonne in den Alpen wird durch den reflektierenden Schnee noch verstärkt. Skibrillen und Sonnencreme mit hohem Lichtschutzfaktor sind ein Muss.

➡ Mehrere Kleidungsschichten helfen, sich den Temperaturwechseln anzupassen. Kopf, Handgelenke und Knie sollten geschützt sein.

➡ Eine verlockende schwarze Abfahrt? Vorher abchecken, ob man gut versichert ist, denn bei einem Unfall können Bergrettung und Behandlungskosten mächtig teuer kommen!

Skipässe, Verleih & Unterricht

Die Schweiz ist teuer – das gilt auch fürs Skifahren. Wer außerhalb der Ferien und in einen kleineren Ort statt in die noblen Urlaubshochburgen fährt, kann Kosten sparen. Ein Skipass kostet um 70 SFr pro Tag bzw. 350 SFr für sechs Tage. Für die Skileihe sind 40 bis 70 SFr einzuplanen, für die Schuhe 20 SFr (Vorbestellungen unter www.intersportrent.com). Ausrüstung für Kinder kostet etwa die Hälfte.

In allen großen Skiorten gibt es Skischulen. Der halbe Tag Unterricht in einer Skigruppe kostet 50 bis 80 SFr. Die **Schweizer Skischule** (www.swiss-ski-school.ch) hat eine Online-Karte mit 170 Skischulen in der ganzen Schweiz zum Anklicken.

Ein guter Deal für Skibegeisterte ist der **Magic Pass** (www.magicpass.ch; Erw./Kind 1299/799 SFr), der mehr Gäste in weniger bekannte Orte locken soll. Er gilt in 25 Skiorten für die ganze Wintersaison (Nov.–April). Online gibt es manchmal Sonderangebote.

TOP-PISTEN

Für Snowboarder Saas Fee, Laax oder Davos.

Für Familien Arosa, Lenzerheide, Bettmeralp oder Klosters.

Abseits präparierter Pisten Engelberg, Andermatt, Verbier oder Davos.

Auf dem Gletscher Glacier 3000 bei Gstaad, der Titlis bei Engelberg oder Saas Fee.

Für beste Aussicht Zermatt oder Männlichen.

Für höllische Abfahrten Schweizer Wand in Champéry oder Inferno vom Schilthorn nach Lauterbrunnen.

Zum Langlaufen Davos, Arosa oder Kandersteg.

Für Nicht-Skifahrer Gstaad oder Grindelwald.

GORILLAIMAGES/SHUTTERSTOCK ©

Abfahrt am Matterhorn (S. 170), Zermatt

Regionen

Die Schweiz wimmelt von phantastischen Skiorten. Hier nur ein erster Eindruck davon, was in den Alpen so los ist:

Graubünden

Im felsigen Graubünden gibt es einige legendäre Skiorte. An erster Stelle steht das schicke St. Moritz (S. 312) mit 350 km präparierten Pisten, Gletscherabfahrten und vielen Freeride-Möglichkeiten. Die Partnerresorts Klosters (S. 304) und Davos (S. 305) bieten 320 Pistenkilometer. Davos hat herrliche Parks und Halfpipes für Freestyler. Für Boarder sind die Funparks sowie die Freeriding- und die Après-Ski-Szene in Laax (S. 299) genau das Richtige. Familienfreundlich sind Arosa (S. 297) und Lenzerheide (S. 296) im Tal nebenan, wo

Eisklettern an einem gefrorenen Wasserfall

Anfänger, Fortgeschrittene und Langlauffans ideale Bedingungen vorfinden. Wer den Massen entkommen will, findet bei Pizol (S. 303), Scuol (S. 309), Samnaun (S. 310) oder Pontresina (S. 319) eher leere Pisten.

Wallis & Waadt

Nichts übertrifft das Gefühl, im Schatten des 4478 m hohen, über Zermatt (S. 169) aufragenden Matterhorns Ski zu fahren. Snowboarder, Fortgeschrittene und Tiefschneeliebhaber sind von dem autofreien Skiort mit 360 Pistenkilometern begeistert. Fast ebenso traumhaft ist Crans-Montana (S. 165), das mit den einfacheren Abfahrten, sonnigen Pisten und dem Blick auf Matterhorn und Mont Blanc ein ideales Ziel für Anfänger ist. Verbier (S. 156) lockt erfahrene Skifreaks mit grandiosem, anspruchsvollem Gelände abseits der Pisten. Hardcore-Boarder zieht es in das schneesichere, auf einem Gletscher gelegene Skigebiet Saas Fee (S. 177). Am Fuß des gigantischen französischen Skigebiets Portes du Soleil liegt Champéry (S. 155), wo man sich auf 650 km Piste austoben kann. Im weniger bekannten, familienfreundlichen Bettmeralp (S. 180) sind lange Schlangen an den Liften eher selten.

Berner Oberland

In seinem Herzen liegt die Jungfrau-Region: ein alpines Winterwunderland mit 214 km perfekt gepflegter Pisten, von leicht bis haarsträubend, die immer wieder Blicke auf die drei Riesen Eiger, Mönch und Jungfrau gewähren. Grindelwald (S. 122), Wengen (S. 134) und Mürren (S. 135) bieten facettenreiches Skivergnügen und eine entspannte, familienfreundliche Atmosphäre. Mehr Glamour verspricht Gstaad (S. 146) weiter westlich mit tollen Abfahrten von insgesamt 220 km Länge. Am nahen Glacier 3000 (S. 147) winkt auch in der Vor- und Nachsaison Skivergnügen.

Zentral- & Nordostschweiz

Erstaunlicherweise ist Engelberg (S. 225) mit seinen schneesicheren Pisten und der atemberaubenden Bergkulisse eher weniger bekannt. Dominiert wird die Gegend vom schneebedeckten Titlis (S. 229). Die wahren Schätze sind hier die Abfahrten abseits der Pisten, u. a. die 2000 m lange Abfahrt vom Galtiberggletscher bis runter ins Tal. Auch im wilden Andermatt (S. 230) kommen Liebhaber von Skitouren abseits der Pisten und Boarder auf ihre Kosten.

Wandern mit Blick aufs Matterhorn (S. 170), Zermatt

Praktische Informationen

Bücher

➡ **Kompass** (MairDumont) Aus dieser Reihe gibt es mehrere Bände zu einzelnen Regionen in der Schweiz. Verzeichnet sind Ski- und Wandertouren.

➡ **Where to Ski and Snowboard** (Chris Gill & Dave Watts) Stets aktueller Pistenguide in englischer Sprache mit Infos über alle Bereiche des Wintersports.

Infos im Internet

Bergfex (www.bergfex.ch/schweiz) Umfangreiche Website mit Pistenplänen, Schneevorhersagen und Infos über 226 Skigebiete in der Schweiz.

On the Snow (www.onthesnow.de) Berichte über die Skiresorts der Schweiz, Schneevorhersagen, Webcams und Informationen zu Liftpässen.

MadDogSki (www.maddogski.com, englisch) Unterhaltsame Beschreibungen und Tipps für Skiverrückte, von der Unterkunft bis zum Après-Ski.

Schneehöhen (www.schneehoehen.de) Infos über Schweizer Skigebiete, Unterkünfte und Wetterverhältnisse.

Wandern & Trekken

Erst wer den Rucksack umschnallt und loswandert, erfährt, wie riesig dieses kleine Land eigentlich ist, durch das sich über 60 000 km ausgeschilderter Wege ziehen.

Wegbeschreibungen

➡ Angaben zu Länge und Dauer der Wanderungen sind nur als Richtwerte zu verstehen.

➡ Die angegebenen Wanderzeiten sind Nettozeiten, d. h. ohne Pausen zum Essen, Fotografieren, Relaxen oder für Abstecher.

➡ Bei den Entfernungen sollten stets die Höhenunterschiede berücksichtigt werden. Ausgeprägte Anstiege können sich verlängernd auf die Wanderdauer auswirken.

Sicher & verantwortungsbewusst wandern

Um das Ökosystem und die Schönheit der Schweiz zu bewahren, sollten die folgenden Hinweise bei jeder Wanderung berücksichtigt werden.

➡ Gebühren sind stets zu zahlen. Außerdem sollte man sich aus sicheren Quellen Informationen über den Zustand der Umwelt holen (beispielsweise bei den Behörden).

➡ Wandern sollte man nur in Regionen und auf Wegen, für die die eigene Erfahrung ausreicht. Dauer und zu überwindende Höhenunterschiede sollten nur langsam gesteigert werden.

SKI-DEALS IM INTERNET

➡ Last-Minute-Angebote für den Skiurlaub gibt es auf Webseiten wie www.igluski.com, www.j2ski.com, www.snowfinders.co.uk oder www.myswitzerland.com.

➡ Schneller und dazu noch günstiger auf die Piste kommt man, wenn man das Leihen von Skiern oder Snowboards schon vorab bei Ski Set (www.skiset.co.uk) oder Snowbrainer (www.snowbrainer.com) regelt.

➡ Wenn man an der Liftkasse nicht in der Schlange stehen möchte, sollte man auch den Skipass online vorbestellen. Bei Swiss Passes (www.swisspasses.com) bekommt man Ermäßigungen von bis zu 30 %.

HITS FÜR KIDS

➡ Kuhtrekking entlang dem Rhein in Hemishofen (S. 275)

➡ Mit dem First Flieger über Grindelwald durch die Luft sausen (S. 129)

➡ Im Glacier 3000 bei Gstaad Hundeschlitten fahren (S. 147)

➡ Die 15 km lange Winterrodelbahn vom Faulhorn hinabdüsen (S. 129)

➡ In Ferienorten im ganzen Land auf Trottinetts (Tretrollern), Riesenrollern oder Geländerädern den Berg hinunterrasen (S. 128)

➡ Sich im Adventure Park Rheinfall von Baumwipfel zu Baumwipfel schwingen (S. 274)

➡ Die superschnelle Bobbahn Feeblitz in Saas Fee hinabflitzen (S. 177)

➡ Zur eigenen Sicherheit und um Erosion zu vermeiden, ist es ratsam, auf den gekennzeichneten Wegen zu bleiben.

➡ Wenn möglich, sollte man nicht alleine bergwandern, sondern immer mindestens zu zweit – nur dann ist eine sichere Tour gewährleistet.

➡ Den eigenen Müll mitzunehmen, ist Pflicht.

Kennzeichnungen der Wege

Einheimische erzählen gern, die 62500 km an Wanderwegen in der Schweiz würden reichen, die Erde eineinhalbmal zu umrunden. Und wie man es in der Schweiz erwarten würde, sind alle Wanderwege gut ausgeschildert und instand gehalten. Eine vernünftige topografische Karte und ein Kompass sind trotzdem zu empfehlen, wenn man in den Alpen wandern geht. Wie bei Skipisten sind die Wege je nach Schwierigkeitsgrad mit Farben gekennzeichnet:

Gelb Leicht. Keine Erfahrung nötig.

Weiß-rot-weiß Bergwanderwege. Man sollte trittsicher sein, denn auf den Routen ist teilweise mit unwegsamem Gelände zu rechnen.

Weiß-blau-weiß Hochalpine Routen. Nur für körperlich fitte Wanderer; eventuell sind Kletterpartien und/oder Gletscherbegehungen notwendig.

Pink Präparierte Winterwanderwege.

Regionen

Wanderer in den Alpen konzentrieren sich meist auf die Wanderrouten im Berner Oberland, im Wallis und in Graubünden, die mit anspruchsvollen Wegen und phantastischer Kulisse locken. Doch tiefer gelegene Regionen wie das Weinbaugebiet Lavaux und die Weidelandschaft um Appenzell bieten genauso viel Atmosphäre und sind ganzjährig begehbar.

Im Sommer organisieren einige Verkehrsämter, z.B. in Lugano, geführte Wanderungen, die mit Gästekarte gratis sind. Andere Orte, z.B. Davos-Klosters oder Arosa, bieten Übernachtungsgästen im Sommer kostenlosen Transport in die Berge an.

Beste Wanderrouten

Hochalpin Auf dem Faulhornweg faszinierende Ausblicke auf Thuner- und Brienzersee, Eiger, Mönch und Jungfrau genießen.

Epische Bergtour Der Matterhorn-Gletscherweg führt vorbei an Gletschern und 4000 m hohen Gipfeln. Die Eiger-Wanderung von der Kleinen Scheidegg aus belohnt mit Blicken auf den Eiger und die anderen Giganten des Jungfraumassivs.

Am Gletscher Der Anblick des Aletschgletschers ist wirklich atemberaubend. Nach den schwarzköpfigen Schafen Ausschau halten.

Für die ganze Familie Bei den Kleinen kann man mit dem actiongeladene Globi-Weg in Lenzerheide, dem Felixweg in Männlichen mit vielen Murmeltieren oder dem hochalpinen Weg St. Bernhard, der über den Pass gleichen Namens führt, punkten.

Durch Weinberge Ein Spaziergang durch das Rhonetal auf dem Sentier Viticole von Sierre nach Salgesch ist etwas für die ganze Familie und besonders im September zur Weinlese wunderschön.

Abseits ausgetretener Pfade Auf dem anspruchsvollen Macunseenweg die unberührte Schönheit des Schweizerischen Nationalparks bewundern.

Sommerspaziergang Auf dem Cima-della-Trosa-Pfad mit Blick auf den Lago Maggiore durch rustikale Dörfer und alte Eselpfade entlang schlendern.

Kinderwagentauglich Auf den buggyfreundlichen Wegen in Zermatt und Verbier wird auch eine Spaziergang mit den ganz Kleinen zum Kinderspiel.

Unterkünfte

Zum besonderen Reiz des Wanderns in den Schweizer Alpen gehört das Übernachten in einer Berghütte. Der **SAC** (SAC; www.sac-cas.ch; 20-40 SFr pro Pers. für Nichtmitglieder, bis zu 28 SFr für Mitglieder) betreibt 152 Hütten. Es muss unbedingt im Voraus gebucht werden. Die Mitgliedschaft im SAC kostet pro Jahr zwischen 80 und 175 SFr; Mitglieder erhalten Ermäßigungen in SAC-Hütten, Kletterhallen, bei Touren und beim Kauf von Karten und Wanderführern.

DR.SEM/SHUTTERSTOCK ©

Paragliding in den Schweizer Alpen

Wer im Flachland unterwegs ist, kann die Nacht auch auf einem Bauernhof verbringen. Mehr Infos dazu gibt es bei **Agrotourismus Schweiz** (☎031 359 50 30; www.agrotourismus.ch) und **Ferien auf dem Bauernhof Schweiz** (☎031 329 66 99; www.bauernhof-ferien.ch).

Praktische Informationen

Bücher

Rother (www.rother.de) und **Cicerone** (www.cicerone.co.uk) geben Schweizer Wanderführer nach Regionen heraus.

➡ *Hüttentreks Schweiz* (Mark Zahel) Alles Wichtige zu verschiedenen Hüttentreks in den Alpen; für Anfänger und Fortgeschrittene.

➡ *Klettersteige Schweiz* (Iris Kürschner) Handlicher Führer mit detaillierten Beschreiungen und Karten. 76 Touren werden vorgestellt.

➡ *Kompass* (MairDumont) Aus dieser Reihe gibt es mehrere Bände zu einzelnen Regionen in der Schweiz. Mit Ski- und Wandertouren.

Infos im Internet

Hier kann man mithilfe von Routen, Karten und GPS-Downloads mit der Planung seiner Reise beginnen:

Schweiz Tourismus (www.myswitzerland.com) Exzellente Informationen zum Thema Wandern in der Schweiz, von Thementagestouren bis hin zu geführten Trips und Wanderungen für die Familie. Man kann eine App für 32 Wanderungen downloaden.

Wanderland (www.wanderland.ch) Die beste Website über das Wandern in der Schweiz. Wanderungen und Unterkünfte kann man je nach Region oder Thematik suchen. Außerdem gibt es Infos über Events, Führer, Karten und Angebotspakete.

Karten

Interaktive Wanderkarten gibt's unter http://map.wanderland.ch. Alternativ findet man unter www.myswitzerland.com zoombare Landkarten.

Qualitativ gute Wanderkarten sind u. a.:

Kümmerly + Frey (www.swisstravelcenter.com) Diese Karten decken das gesamte Land ab. Die meisten haben den Maßstab 1:60 000 und sind genau genug für eine vernünftige Orientierung.

Schweizer Alpen-Club (www.sac-cas.ch) Sehr detaillierte und verlässliche Wanderkarten im Maßstab 1:25 000.

Gletscherschlucht (S. 123)

Radfahren & Mountainbiken

Routen

Die Schweiz ist ein effizient betriebenes Fahrradparadies mit 9000 km Radwegen und 4500 km Mountainbike-Strecken.

Andermatt ist die ideale Basis, um die eigene Ausdauer auf Bergpässen wie Furka-, Oberalp- und St.-Gotthard-Pass zu testen. Zwei tolle Radwege durchs ganze Land beginnen hier: eine 320 km lange Radroute über den Rhonegletscher und das idyllische Goms nach Genf und eine rasante, 430 km lange Fahrt am Rhein entlang bis nach Basel. Für echte Profis, die auf halsbrecherische Gefälle und atemberaubende Ausblicke stehen, sind Lenzerheide und Klosters bzw. Davos genau richtig.

Mountain- und Downhill-Biker zieht es in Alpenresorts wie Arosa. In den Funparks in Davos und Verbier kann man seine Fähigkeiten an Hindernissen trainieren.

Leihräder

Verlässliche Fahrräder sind in allen großen Städten auszuleihen, im Rahmen der Umweltinitiative **Schweiz Rollt** (www.schweizrollt.ch) ist dies in vielen Orten von April bis Oktober sogar kostenlos, u. a. in Bern, Zürich, Genf, Martigny, Sion und Neuchâtel.

An allen großen Bahnhöfen bietet **SBB Rent a Bike** (☎041 925 11 70; www.rentabike.ch; halber/ganzer Tag ab 27/35 SFr) Cityräder, Mountainbikes, E-Bikes und Tandems für 35/43/54/80 SFr pro Tag an. Für weitere 8 SFr kann man das Rad an einer Station abholen und an einer anderen Station wieder abgeben. Fahrräder können online reserviert werden. Ein Tages-Fahrradpass für die SBB-Züge kostet 20 SFr.

Wer länger bleibt, für den lohnt sich evtl. eine Registrierung beim öffentlichen Leihradsystem **PubliBike** (www.publibike.ch). Gegen eine relativ geringe Jahresgebühr kann man fast 100 über die Schweiz verteilte Ausleih- und Rückgabestationen nutzen. Alternativ gibt es auch eine QuickBike-Option für maximal 24 Stunden. Registrierung und Stationssuche über die Website.

Infos im Internet

Veloland (www.veloland.ch) Infos über das Radeln in der Schweiz – von nationalen Radrouten über Radmiete und Events bis zu Familienradtouren.

Mountainbikeland (www.mountainbikeland.ch) Alles über nationale, regionale und lokale Routen.

GPS Tour (www.gps-tour.info) Hier stehen Hunderte von GPS-Touren durch die Schweiz für Radler und Mountainbiker zum Download bereit.

Abenteuer- & Wassersport

Bergsteigen & Klettern

Die Schweiz ist schon als Bergsteigerparadies bekannt, seit 1865 Edward Whymper als Erster das Matterhorn bezwang – obwohl dieser Triumph durch ein gerissenes Seil zur Tragödie wurde. Hardcore-Bergsteiger haben hier einige der härtesten Touren Europas direkt vor der Nase: Monte Rosa (4634 m), das Matterhorn (4478 m), Mont Blanc (4807 m) und Eiger (3970 m).

Wer sich an die ganz Großen heranwagen möchte, dem bietet Zermatts Alpincenter einige exzellente Bergtouren zu den nahegelegenen Viertausendern an. Das wildromantische Kandersteg begeistert Eiskletterprofis mit gefrorenen Wasserfällen, während vergletscherte Monolithen wie der Piz Bernina Kletterer nach Pontresina locken.

In den Kletterhallen in Chur und Interlaken kann man sich bestens vorbereiten.

SOS-SECHS

Der Standard-Notruf in den Alpen besteht aus sechs Signalen, egal ob Pfiffe, Rufe oder Rauchzeichen. Man sollte sich mindestens eine Minute lang alle zehn Sekunden sechsmal bemerkbar machen.

Einige Informationsquellen:

SAC (www.sac-cas.ch) Informationen zu Kletterhallen, Touren und Kursen im ganzen Land.

Schweizer Bergführerverband (www.4000plus.ch) Qualifizierte Bergführer und Kletterlehrer.

Rock Climbing (www.rockclimbing.com, englisch) Hunderten von Kletterrouten in der Schweiz, oft mit Angabe von Schwierigkeitsstufen und Fotos.

Verband Bergsportschulen Schweiz (www.bergsportschulen.ch) Informiert über die führenden Bergsportschulen der Schweiz.

Klettersteige

Den Kick des Bergsteigens spüren, aber sicher am Felsen festgezurrt, das kann man auf einer *via ferrata* (Klettersteig). Diese schwindelerregenden Routen sind in der Schweiz absolut angesagt. Am schönsten gelegen sind die Klettersteige in Andermatt und Mürren, die größte Herausforderung bieten die in Leukerbad und Kandersteg.

Via Ferrata (www.viaferrata.org) bietet Karten und Routen (mit Schwierigkeitsgrad).

Paragliding & Drachenfliegen

Wo immer ein Lüftchen geht und es einen Berg gibt, findet in der Schweiz Paragliding und Drachenfliegen statt.

Im Bereich des Aletschgletschers, einem Weltnaturerbe, gibt es auf der Fiescheralp besonders gute Aufwinde. First ist der Top-Spot für großartige Panoramablicke über die Jungfrau-Region. Wer lieber über Seen fliegt, sollte in der Gegend des Vierwaldstädtersees und Luganersees abheben.

Bungeejumping

Die regionalen Fremdenverkehrsämter informieren über Bungeeangebote. Tolle Sprünge sind der in Grindelwalds Gletscherschlucht (S. 123) und der 134 m tiefe Fall vom Stockhorn bei Interlaken. Mit dem zweithöchsten Bungeesprung der Welt (220 m) – und dem ultimativen James-Bond-Gefühl – lockt der Verzasca-Staudamm (S. 204). Die Eröffnungsszene von *GoldenEye* spielt an dieser Stelle.

Fallschirmspringen & Basejumping

Das Extremsportmekka Interlaken ist genau der richtige Ort, um atemberaubende Fallschirmsprünge zu absolvieren. Im freien Fall geht es vorbei an der senkrechten Eigerwand – und dann kann man die Landschaft wie in Zeitlupe genießen.

Noch mehr Nerven als Fallschirmspringen kostet das sogenannte Basejumping, ein besonders riskanter Sport, bei dem man von feststehenden Objekten springt und erst kurz vor dem Aufprall den Fallschirm öffnet. In Lauterbrunnen (S. 131) kann man den Profis mit offenem Mund zuschauen – aber wirklich: Nachmachen ist nicht!

Rafting & Hydrospeeding

Im Sommer sind die reißenden Flüsse Saane, Rhein, Inn und Rhone bestens für Rafting und Hydrospeeding geeignet. Zu den besten Orten hierfür gehören der donnernde Vorderrhein, der durch die Ruinaulta führt, sowie die Flüsse rund um Interlaken.

Swissraft (S. 300) hat im ganzen Land Zweigstellen. Für eine halbtägige Rafting-/Hydrospeedingtour zahlt man ungefähr 115 SFr. Transport und Ausrüstung sind im Preis enthalten.

Kajak- & Kanufahren

Faule Sommernachmittage verbringt man am besten, indem man den langsamen, natürlichen Rhythmus der kristallklaren Schweizer Seen und Flüsse genießt. **Kanuland** (http://kanuland.myswitzerland.com) hält Tipps zu Routen und paddlerfreundlichen Unterkünften bereit. Eine halbtägige Kanutour kostet zwischen 85 und 120 SFr.

Windsurfen & Wasserski

In Silvaplana sorgen ideale Winde von den Höhen für beste Bedingungen, Kite- oder Windsurfunterricht auf zwei windumtosten kobaltblauen Seen zu nehmen.

Beim Windsurfen und Wakeboarden am Thunersee kann man zusätzlich faszinierende Ausblicke auf die schroffen Berge rundum genießen. Wasserskifahrer und Wakeboarder mögen auch das hübsche, kleine Estavayer-le-Lac.

Auf www.windsurf.ch lässt sich mehr über Windsurfclubs und -schulen in der gesamten Schweiz herausfinden. Unter www.wannakitesurf.com gibt es eine interaktive Karte, auf der die besten Orte zum Kitesurfen verzeichnet sind.

Die Schweiz im Überblick

Kaum ein Land erregt die Neugier der Besucher so wie die Schweiz mit ihren vier Sprachen und der kulturellen Vielfalt. Der französischsprachige Teil – die Romandie – erstreckt sich von Genf und dem Genfer See im Westen der Schweiz bis zum Kanton Jura im Norden und dem östlich davon gelegenen Wallis. Im Osten beginnt der deutschsprachige Teil mit dem Kanton Mittelland und der Hauptstadt Bern, der sich bis über die Alpen erstreckt und so auch die wichtigsten Gebiete für Outdoor- und Action-Fans einschließt: das Berner Oberland, Graubünden und das Engadin. Und dann wäre da noch das charismatische Tessin mit der Leidenschaft, Lebendigkeit und Sprache Italiens.

Genf

Museen
Shoppen
Boote & Seen

In dieser Weltstadt der Uhrmacher und Schokoladenmeister am westlichen Zipfel des größten Sees Europas tummeln sich an die 150 Nationalitäten, über deren buntes Treiben in der Ferne der Mont Blanc wacht.

S. 40

Genfer See & Waadt (Vaud)

Wein
Schlösser
Hübsche Dörfer

Das Südufer des Genfer Sees gehört zu Frankreich; sein Schweizer Nordufer mit Weinbergen, Schlössern, Blumenpfaden und kleinen Dörfern, die zum Herumschlendern einladen, versprüht aber auch Riviera-Charme, *ma chère*.

S. 58

Fribourg, Drei-Seen-Land & Jura

Käse
Wein
Landleben

Ein Traum für Gourmets und Frischluftfans ist diese ruhige, grüne Ecke der Schweiz, die sich bis ins Drei-Seen-Land hinunterzieht. Hier locken ländliche Erzeugnisse wie Gruyère, fetter Rahm und erbsengrüner Absinth.

S. 81

Mittelland

Kunst & Architektur
Alte Städte
Kuriositäten

Die Hauptstadt Bern lockt Besucherscharen mit ihren hochkarätigen Kunstmuseen und ihrem Bärenpark, aber die eigentliche Überraschung sind ihre märchenhafte Altstadt, ihre Subkulturen – und die hippen Unterkünfte im altertümlichen Solothurn.

S. 102

Berner Oberland

Abenteuersport
Großartige Landschaft
Wandern

Extremer geht's nicht – Adrenalinrausch pur beim Fallschirmspringen, Eisklettern oder Bungee über dem Gletscher! Nobelresorts, wie man sie aus dem Kino kennt, fesselnde Gletscher, filmreife Gipfel: Dies ist großartige Natur im Blockbuster-Format.

S. 115

Wallis (Valais)

Wein
Alpine Aktivitäten
Lokale Traditionen

Exzentrisch und urig, und dabei so unkompliziert wie Toblerone: Das Wallis ist ein ungewöhnlicher und traditionsbewusster Kanton, der sich durchzusetzen weiß. Zermatt, Verbier, der *Glacier Express*, die edelsten Weine – hier findet sich das Beste vom Besten.

S. 149

Tessin (Ticino)

Seen & Berge
Essen
Bergdörfer

Italienisches Klima, italienischer Style… Dieser italienischsprachige Kanton offenbart eine ganz andere Seite der Schweiz: Bilderbuchdörfer in den Tälern, tiefblaue Seen mit von Palmen gesäumten Ufern, ein Abendessen im Freien unter Kastanienbäumen – *buon appetito!*

S. 184

Zentralschweiz

Ausblicke
Tolle Natur
Kultur

Mehr Schweiz geht nicht! Das Herz des Landes scheint einem Bilderbuch mit der Wilhelm-Tell-Legende zu entstammen: traumhafte Sonnenuntergänge, sagenhafte Berge (perfekt für Skitouren) und kobaltblau schillernde Seen.

S. 207

Nordwestschweiz

Kunst
Schlösser
Nachtleben

Großstadtluft kann man im Nordwesten der Schweiz in Basel schnuppern. Es lockt mit explosiver Kunst, Avantgarde-Architektur und einem mächtigen Fluss, der an Märchenschlössern und mittelalterlichen Dörfern im Osten vorbeifließt.

S. 232

Zürich

Nachtleben
Restaurants
Kultur

Im coolen Züri-West ist Tag und Nacht Party angesagt, während es im Bankenviertel eher gediegen zugeht. Hinzu kommen nächtlicher Bade- und Barspaß, schöne Künste und internationale Küche – und fertig ist der höllisch starke urbane Cocktail.

S. 247

Nordostschweiz

Natur
Kultur
Essen

Hier auf dem Land mit all den Milchhöfen und Fachwerkdörfern scheinen die Uhren stillzustehen. Man bekommt aber auch einen Einblick in die Welt der Märchenschlösser, Geheimbibliotheken, Wasserfälle und der Kühe (auf denen man reiten darf).

S. 268

Graubünden

Wintersport
Wandern
Zugfahrten

In Davos, dem Mekka der Wintersportfans, und St. Moritz, dem Promiparadies, stand die Wiege des Wintertourismus. Besucher können sich im Whirlpool aalen, im Schweizerischen Nationalpark wandern oder aus dem *Glacier Express* die Berglandschaft bestaunen.

S. 289

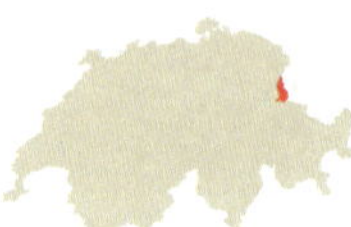

Liechtenstein

Kleinste Fläche
Natur
Schloss

Dank einer Monarchie, die auf keine Bitte ihrer Nachbarn eingeht, hat sich dieses winzige Fürstentum bis heute seine Unabhängigkeit bewahrt. Es gibt schöne Wanderwege und ein Schloss; zudem boomt hier das Geschäft mit Zahnprothesen.

S. 322

Lugano (S. 191), Tessin

Reiseziele in der Schweiz

Genf

EW 198 072 / 375 M

Inhalt ➜

Gut essen

- Buvette des Bains (S. 51)
- Le Petit Lac (S. 54)
- Le Relais d'Entrecôte (S. 53)
- La Finestra (S. 53)
- Manora (S. 51)

Schön übernachten

- Hôtel Beau-Rivage (S. 50)
- Mandarin Oriental (S. 50)
- Hôtel Les Armures (S. 51)
- La Cour des Augustins (S. 50)
- Starling Residence (S. 49)

Auf nach Genf!

Ebenso wie die Schwäne, die auf dem Bergsee gleiten (dem größten Europas), ist Genf (Genève) einzigartig. Die zweitgrößte Stadt der Schweiz, die manchmal für die Hauptstadt des Landes gehalten wird, ist elegant, kosmopolitisch und reich und ihre Bürger sprechen fast alle Sprachen.

Die Hauptsitze der Welthandelsorganisation, der Weltgesundheitsorganisation und des Internationalen Komitees vom Roten Kreuz befinden sich hier, ebenso die zweitgrößten Zweigstellen der Vereinten Nationen und der Weltbank sowie rund 200 internationale, auch gemeinnützige Organisationen. Außerdem unzählige luxuriöse Hotels, Boutiquen, Juweliere, Restaurants und Chocolatiers.

Hinter der geschniegelten Fassade verbirgt sich eine faszinierende, ursprüngliche Welt, bevölkert von international geprägten Künstlern und Aktivisten sowie angestammten und vorübergehenden Bewohnern. Die Alternativszene Genfs blüht in Les Grottes, im Quartier des Pâquis und am postindustriellen Ufer der Rhone mit seinen selbstbewussten und lebendigen Bars. Hier liegt das Genf der „echten" *Genevois* ... in etwa zumindest.

Reisezeit

- Genf ist eine florierende Geschäftsstadt, daher sind die Hotelpreise an Wochenenden erheblich niedriger.
- Die Sommermonate von Juni bis August eignen sich erstaunlicherweise am besten für einen Besuch, da die Temperaturen steigen und die Konferenzsaison abflaut: Die Zimmerpreise sinken, in der Stadt gibt's Partys, Picknicks, Feste und Festivals ... und alle baden im See.
- Von März bis Mai und September bis November ist Genf ein Tummelplatz internationaler Konferenzen und Messen – die Hotels sind voll und die Preise explodieren.
- April und Mai sind wunderbar für einen Besuch, sofern bezahlbare Zimmerpreise unter der Woche zu finden sind.
- Der Winter mit seinen Dezemberfestlichkeiten und Skipisten im Umland ist echt toll, aber die Zimmerpreise sind hoch.

Highlights

1 Bains des Pâquis (S. 48) Im See schwimmen oder Fondue essen in den Bains des Pâquis – *très genevois*.

2 Palais des Nations (S. 48) Sich im Völkerbundpalast einen Crashkurs in internationaler Politik einverleiben.

3 Musée d'Ethnographie de Genève (S. 46) Im Ethnografiemuseum den globalen Horizont erweitern.

4 Vieille Ville (S. 42) In der schönen Genfer Altstadt auf Caféterrassen rumhängen.

5 Téléphérique du Salève (S. 56) Im französischen Étrembières herrliche Aussichten aus der Seilbahn genießen.

6 Conservatoire et Jardin Botaniques (S. 47) Im Botanischen Garten zwischen Rosenbeeten wandeln.

7 Cathédrale St-Pierre (S. 42) Den Turm der gotischen Kathedrale St. Peter besteigen.

8 CERN (S. 47) Auf einer Führung mehr über den Urknall erfahren.

9 Lac Léman (S. 43) Mit einer *mouette* über den Genfer See schippern.

Geschichte

Das viel beneidete, alte und reiche Genf war einst von den Römern besetzt und später (ab dem 5. Jh.) ein Bischofssitz. Im Mittelalter kamen die Menschen von nah und fern zu den Märkten; im 16. Jh. wurde die Stadt durch Johannes Calvin und seine Reformation zum „protestantischen Rom". 1602 versuchte Herzog Karl Emanuel I. von Savoyen, sich der Stadt zu bemächtigen, wurde aber von den Genfern zurückgeschlagen. Die feiern jenen Sieg noch heute jedes Jahr am 11. Dezember.

1798 erklärte die französische Armee Genf zur Hauptstadt des Département Léman, aber nach deren Vertreibung im Juni 1814 trat die Stadt der Eidgenossenschaft bei. Uhrmacherei, Bankwesen und Handel blühten. Der Geschäftsmann Henry Dunant gründete 1863 das Internationale Komitee vom Roten Kreuz. Als weitere internationale Organisationen die strategisch günstig gelegene Stadt und Geburtsstätte des humanitären Völkerrechts als Standort ihrer Zentralen wählten, war Genfs Zukunft als internationale Drehscheibe gesichert. Nach dem Ersten Weltkrieg rang der Völkerbund hier um den Weltfrieden – und nach dem Zweiten Weltkrieg siedelten sich die UN an.

Seit 2017 zählt Genf zu den zehn teuersten Städten der Welt. Ihr Reichtum hängt stark von Beschäftigten aus dem Ausland und dem Weltmarkt ab. Die Bevölkerung Genfs besteht aus 42 % Zuwanderern (Menschen aus 184 verschiedenen Staaten, die nicht in der Schweiz geboren wurden). Zusammen mit den eingebürgerten Ausländern steigt die Zahl sogar auf 61 %. Genf ist somit eine der multikulturellsten Städte Westeuropas.

ERMÄSSIGUNGEN

Mit dem **Geneva Pass** (24/48/72 Std. 26/37/45 SFr) lässt sich einiges an Geld sparen: Er bietet kostenlose Fahrten mit öffentlichen Verkehrsmitteln, freien Eintritt zu Stadtmuseen und Ermäßigungen u. a. für Stadtführungen, Schnellbootverleih, Theaterkarten und Seerundfahrten. Erhältlich ist er in der **Touristeninformation** (S. 56), in teilnehmenden Hotels oder online (www.geneve.com/en/see-do/geneva-pass).

Beim Einchecken im Hotel erhalten Gäste in der Regel eine **Gratis-Fahrkarte**, mit der sie während der Dauer ihres Aufenthalts unbegrenzt Stadtbusse und Straßenbahnen benutzen können. Sollte das Hotel es vergessen, kann man ruhig nachfragen.

Sehenswertes

Genfs wichtige Sehenswürdigkeiten liegen beidseits der Rhone, die durch verschiedene Stadtteile fließt und die größte Attraktion der Stadt bildet: den Genfer See. An der *rive gauche* (linkes Ufer) liegen hügelaufwärts in Richtung Plainpalais und **Vieille Ville** (Altstadt) die Haupteinkaufsviertel Rive und Eaux-Vives, an der *rive droite* (rechtes Ufer) Pâquis mit seinen schmuddligen Kneipen und heißen Clubs, das Bahnhofsviertel und das internationale Viertel mit den meisten Organisationen.

Am ersten Sonntag des Monats ist der Eintritt in viele Museen frei.

Altstadt

★Cathédrale St-Pierre KATHEDRALE

(www.cathedrale-geneve.ch; Cour de St-Pierre; Türme Erw./Kind 5/2 SFr; ⌚ Juni–Sept. Mo–Sa 9.30–18.30, So 12–18.30 Uhr, Okt.–Mai Mo–Sa 10–17.30, So 12–17.30 Uhr) Die Genfer Kathedrale ist überwiegend gotisch mit einer klassizistischen Fassade aus dem 18. Jh. Zwischen 1536 und 1564 predigte hier der Reformator Johannes Calvin – sein Stuhl ist im nördlichen Seitenschiff zu sehen. In der Kathedrale winden sich 96 Stufen hinauf zum **Nordturm** mit einem faszinierenden Einblick in die architektonische Struktur der Kathedrale. Von dort oben führen weitere 60 Stufen in den **Südturm**, der einen Blick aus nächster Nähe auf die Glocken und eine Panoramaaussicht über die Stadt gewährt. Von Juni bis September gibt es zudem täglich kostenlose Glockenspiel- (17 Uhr) und Orgelkonzerte (18 Uhr).

Im **Site Archéologique de la Cathédrale St-Pierre** (☎ 022 310 29 29; www.site-archeologique.ch; Cour de St-Pierre; Erw./Kind 8/4 SFr; ⌚ 10–17 Uhr) im Keller sind Bodenmosaiken aus dem 4. Jh. und ein gruseliges Grab zu sehen.

Ein Kombiticket für die Cathédrale St-Pierre, den Site Archéologique de la Cathédrale St-Pierre und das Musée International de la Réforme kostet 18/10 SFr je Erw./Kind.

★Musée International de la Réforme MUSEUM

(Reformationsmuseum; ☎ 022 310 24 31; www.mir.ch; Rue du Cloître 4; Erw./Kind 13/6 SFr; ⌚ Di–So 10–17 Uhr) Das moderne Museum in einem

DER SEE ODER LE LAC?

Der **Genfer See** heißt bei den Einheimischen Lac Léman. Ihn im Beisein eines *Genevois* bei einem anderen Namen zu nennen, stößt (im besten Fall) auf Stirnrunzeln und zur Abstempelung als „noch ein Tourist". Wer einheimische Ausdrücke in einer Stadt verwendet, in der viel Wert auf den äußeren Schein gelegt wird, kann Pluspunkte sammeln.

Der See, den sich Frankreich und die Schweiz teilen, bedeckt eine Fläche von 580 km^2 und ist maximal 310 m tief. Soweit bekannt, lebt kein Ungeheuer in seinem kühlen, kristallklaren Wasser, das im Sommer Tausende zum Baden verlockt. An klaren Tagen ist vom Ufer in Genf der Mont Blanc (4808 m) zu sehen, der höchste Berg in den Alpen und auch in ganz Westeuropa. Es ist ein weit verbreiteter Irrglaube, dass das Massiv in der Schweiz liegt, doch obgleich ein Teil des Bergs in die Schweiz hineinreicht, gehört der Gipfel zu Frankreich. Das wäre dann also auch geklärt.

Herrenhaus aus dem 18. Jh. widmet sich der Reformation. Hochmoderne Exponate und audiovisuelle Hilfsmittel veranschaulichen die gesamte Entwicklung, von den ersten gedruckten Bibeln bis zur Entstehung Genfs als „protestantisches Rom", von Johannes Calvin bis zum Protestantismus im 21. Jh.

Ein Kombiticket für das Museum, die Cathédrale St-Pierre und den Site Archéologique de la Cathédrale St-Pierre kostet 18/10 SFr je Erw./Kind.

★ Jet d'Eau — SPRINGBRUNNEN

(Quai Gustave-Ador) Bei der Landung auf dem Flughafen ist die Fontäne am Seeufer der erste spektakuläre Anblick von Genf. Der 140 m hohe Wasserstrahl schießt mit einer unglaublichen Gewalt in die Höhe – 200 km/h bzw. 1360 PS – und erzeugt einen himmelhohen Wasserschleier, in dem sich an sonnigen Tagen ein Regenbogen bildet. Ohne Unterlass sprühen 7 t Wasser durch die Luft, wovon die Zuschauer am Ufer darunter einiges abbekommen. Zwei- oder dreimal im Jahr wird die Fontäne anlässlich eines humanitären Anliegens in Rosa, Blau oder einer anderen Farbe illuminiert.

Der Jet d'Eau ist Genfs dritte Druckfontäne. Die erste stieß von 1886 bis 1890 jeden Sonntag 15 Minuten lang Wasser in die Luft, um den Druck im städtischen Wasserwerk abzusenken. Die zweite schoss ab 1891 an Sonn- und Feiertagen von der Jetée des Eaux-Vives 90 m in die Höhe. Die heutige Fontäne gibt es seit 1951.

Jardin Anglais — GÄRTEN

(Englischer Garten; Quai du Général-Guisan) Auf dem Weg in die Vieille Ville lohnt ein Selfie-Stop vor der Horloge Fleurie, das Meisterstück dieses blühenden Ufergartens von Genf, das 1854 auf dem Gelände eines alten Holzumschlaghafens angelegt wurde.

Horloge Fleurie — WAHRZEICHEN

(Blumenuhr; Quai du Général-Guisan) Die meistfotografierte Uhr Genfs im Jardin Anglais besteht aus 6500 echten Blumen. Sie tickt hier seit 1955 und besitzt den längsten Sekundenzeiger der Welt (2,5 m).

Musée d'Art et d'Histoire — KUNSTMUSEUM

(Museum für Kunst und Geschichte; ☎ 022 418 26 00; www.mah-geneve.ch; Rue Charles-Galland 2; ⌚ Di–So 11–18 Uhr) GRATIS Das zwischen 1903 und 1910 erbaute elegante Museum birgt Meisterwerke wie Konrad Witz' *La pêche miraculeuse* (Der wunderbare Fischzug; ca. 1440–1444), eine Darstellung Christi, der auf dem Genfer See wandelt. Es gibt auch hervorragende Wechselausstellungen (Erw./Kind 15 SFr/frei). Interessanterweise wurden Pläne für eine 127 Mio. SFr teure Renovierung des Museums durch den Spitzenarchitekten Jean Nouvel auf Eis gelegt, nachdem die Genfer Bürger in einem Referendum 2016 gegen das Projekt stimmten.

Maison de Rousseau et de la Littérature — MUSEUM

(☎ 022 310 10 28; www.m-r-l.ch; Grand-Rue 40; Erw./Kind 5/3 SFr; ⌚ Di–So 11–17.30 Uhr) In einem 25-minütigen audiovisuellen Vortrag erfährt man alles über das aufgewühlte Leben von Jean-Jacques Rousseau, Genfs größtem Denker. Er ist 1712 in diesem Haus geboren.

Musée Barbier-Mueller — GALERIE

(☎ 022 312 02 70; www.barbier-mueller.ch; Rue Jean Calvin 10; Erw./Kind 8/5 SFr; ⌚ 11–17 Uhr) Die 1977 eröffnete Privatgalerie zeigt ausgewählte Objekte aus alten Kulturen, z. B. Kunstschätze aus dem präkolumbianischen Südamerika, Statuen von den Pazifikinseln und afrikanische Waffen. Übrigens lebte der Reformator Johannes Calvin im Haus gegenüber.

Genf Zentrum

0 — 200 m

Rhone
Q du Seujet
Q Turrettini
R des Étuves
Pont de la Coulouvrenière
Pont d'Île
Pl des Volontaires
Q des Forces Motrices
Pont de la Machine
Pl du Rhône
R du Rhône
Île Rousseau
Pont du Mont-Blanc
Les Mouettes Anleger M1 (Molard)
CGN
Les Mouettes Anleger M2 (Eaux Vives)
Promenade du Lac
Jardin Anglais
Q du Général-Guisan
Q Gustave-Ador
R des Eaux-Vives
R du 31 Décembre
R Henri Blanvalet
R de Montchoisy
R de la Mairie
Pl Bel-Air
R du Stand
Pl de la Fusterie
Pl du Molard
R Neuve du Molard
Pl du Port
R du Marché
R de la Madeleine
Pl Longemalle
R du Port
R du Prince
R du Rhône
R de Rive
R du Vieux-Collège
R Pierre-Fatio
R Versonnex
Blvd Helvétique
Pl des Eaux-Vives
Pl de la Synagogue
Bd du Théâtre
R de la Corraterie
R de la Cité
Grand-Rue
Musée International de la Réforme
R de la Fontaine
R Verdaine
Bd de St-Georges
Bois de la Bâtie (1,2 km)
R du Général Dufour
Pl Neuve
Rampe de la Treille
Cathédrale St-Pierre
Home Swiss Hotel (130 m)
R de la Croix-Rouge
R de l'Hôtel de Ville
Pl du Bourg-de-Four
Vieille Ville
R Ferdinand-Hodler
R des Glacis de Rive
R des Bains
R Gourgas
Plaine de Plainpalais
Bd Georges Favon
R du Conseil-Général
Promenade des Bastions
Bd Jaques Dalcroze
R Charles Galland
Pl Émile Guyénot
R des Vieux Grenadiers
Musée d'Ethnographie de Genève
Av du Mail
Bd Helvétique
R Lefort
Route de Malagnou
La Cour des Augustins (450 m); Starling Residence (540 m); Le Cheval Blanc (1,1 km); Chat Noir & Musée de Carouge (1,5 km)
Carouge (2 km)
A
B
C
D
E
F
G
5
6
7
8

Genf Zentrum

Highlights
1 Cathédrale St-Pierre ... D7
2 Jet d'Eau ... F4
3 Musée d'Ethnographie de Genève ... A8
4 Musée International de la Réforme ... D6
5 Vieille Ville ... D7

Sehenswertes
6 Horloge Fleurie ... E5
7 Jardin Anglais ... E5
8 Le Rath ... C6
9 Maison de Rousseau et de la Littérature ... D6
10 Musée Barbier-Mueller ... D6
11 Musée d'Art et d'Histoire ... E7
12 Musée d'Art Moderne et Contemporain ... A7
13 Musée d'Histoire Naturelle ... F8
14 Parc des Bastions ... C7
15 Patek Philippe Museum ... A7
Site Archéologique de la Cathédrale St-Pierre ... (s. 1)
16 Terrasse Agrippa d'Abigné ... D6

Aktivitäten, Kurse & Touren
17 Bains des Pâquis ... F3
18 CGN Fähren & Kreuzfahrten ... D4
19 Le Petit Train ... E6
20 Les Corsaires ... G5
21 Swissboat ... E4

Schlafen
22 City Hostel ... D1
23 Hôtel Beau-Rivage ... E3
24 Hôtel Bel'Espérance ... E6
25 Hotel Edelweiss ... E2
26 Hôtel Les Armures ... D6
27 Hôtel N'vY ... D1
28 Mandarin Oriental ... B5

Essen
29 ALMA ... G6
30 Buvette des Bains ... F3
31 Café des Bains ... A7
32 Café du Bourg-de-Four ... D7
33 Café du Centre ... D6
34 Chez Ma Cousine ... C4
35 Gelatomania ... D2
36 La Finestra ... C6
37 La Réplique ... B4
38 L'Adresse ... G6
39 Le Décanteur ... G5
40 Le Grill ... E3
41 Le Relais d'Entrecôte ... E6
42 Les 5 Portes ... D2
43 Manora ... C4
44 Mövenpick ... C5
45 Vert Attitude ... G6

Ausgehen & Nachtleben
46 Boulevard du Vin ... B5
47 Café Art's ... D3
48 Cottage Café ... D4
49 La Barje des Lavandières ... A5
50 La Buvette du Bateau ... F5
51 La Terrasse ... E2
52 L'Atelier Cocktail Club ... G6
53 Le Bateau Lavoir ... B5
54 Le Rouge et Le Blanc ... C4
55 Terrasse Le Paradis ... B5
56 Yvette de Marseille ... G6

Unterhaltung
57 Bâtiment des Forces Motrices ... A5
58 Grand Théâtre de Genève ... C6
59 L'Usine ... A5
60 Victoria Hall ... B6

Shoppen
61 Caran d'Ache - Maison de Haute Écriture ... D7
62 Collection Privée ... C4
63 Favarger ... C5
64 Flohmarkt ... B8
65 Globus ... D5
66 Le Verre en Cave ... G5
67 Librairie-Galerie Bernard Letu ... C6
68 Manor ... C4
69 Marché des Grottes ... B3

Pleinpalais

In diesem eher unspektakulären Bezirk zwischen der Rhone und der Arve befinden sich die Genfer Universität und eine Reihe von Museen.

★ Musée d'Ethnographie de Genève — MUSEUM

(Genfer Ethnografiemuseum; ☎022 418 45 50; www.ville-ge.ch/meg; Bd de Carl-Vogt 65–67; ⊙Di–So 11–18 Uhr) GRATIS „Les archives de la diversité humaine" (Archiv der menschlichen Vielfalt), die ständige Ausstellung dieses hervorragenden interaktiven Museums, gewährt freien Eintritt. Sie beschäftigt sich mit den Ähnlichkeiten und Unterschieden der zahllosen Kulturen unserer Welt und zeigt rund 1000 Teile der 80 000 Artefakte fassenden Sammlung des Museums. Das MEG erhielt 2017 den renommierten Titel Europäisches Museum des Jahres. Der Besuch der Wechselausstellungen kostet Eintritt (Erw./Kind 9/6 SFr).

Patek Philippe Museum — MUSEUM

(☎022 807 09 10; www.patekmuseum.com; Rue des Vieux-Grenadiers 7; Erw./Kind 10 SFr/frei; ⊙Di–Fr 14–18, Sa 10–18 Uhr) In diesem eleganten Museum eines der führenden Schweizer Hersteller von Luxusuhren werden exquisite Uhren und Emaille-Arbeiten aus der Zeit vom 16. Jh. bis zur Gegenwart gezeigt.

Musée d'Art Moderne et Contemporain GALERIE
(Museum für moderne und zeitgenössische Kunst (MAMCO); ☎022 320 61 22; www.mamco.ch; Rue des Vieux-Grenadiers 10; Erw./Kind 8 SFr/frei; ⏲Di–Fr 12–18, Sa & So 11–18 Uhr; 🚊Musée d'Art Moderne) Das Museum für moderne und zeitgenössische Kunst befindet sich in einem Fabrikgebäude aus den 1950er-Jahren und bietet topaktuelle, internationale und crossmediale Ausstellungen. An jedem ersten Sonntag und Mittwoch (18–21 Uhr) im Monat ist der Eintritt frei.

Parc des Bastions PARK
Statuen schmücken den wunderbar grünen Stadtpark mit riesigem Schachbrett. Beim Bummel entdeckt man z. B. Gauillaume-Henri Dufour, einen Mitgründer des Roten Kreuzes, der 1865 die erste detaillierte Landkarte der Schweiz zeichnete, und die 4,5 m hohen Statuen der Reformatoren Bèze, Calvin, Farel und Knox in ihren Talaren (die manch einer auch als Nachthemd interpretieren könnte). Je nachdem, was ausgestellt wird, lohnt ein Besuch des Le Rath auf der anderen Seite des Platzes.

Le Rath GALERIE
(☎0224183340;http://institutions.ville-geneve.ch/fr/mah/lieux-dexposition/musee-rath; Place Neuve; Erw. 10–20 SFr, Kind frei; ⏲bei Wechselausstellungen 11–18 Uhr) Das historische Gebäude gegenüber dem grünen Stadtpark auf der anderen Seite des verkehrsreichen Platzes ist der älteste Museumsbau der Schweiz (1826). Die Galerie mit ihrer charakteristischen klassizistischen Fassade ist nur bei Gastausstellungen zugänglich: Genaueres ist auf ihrer Website unter „Expositions & Événements" zu erfahren.

Rechtes Ufer

Die *rive droite* ist mit einem der kanariengelben Boote, einer *mouette* („Möwe"), ab dem Pont du Mont Blanc (bekannt für Verkehrsstaus) oder zu Fuß über die Fußgängerbrücke Pont de la Machine zu erreichen. Hier im neueren Teil der Stadt liegen die Gare CFF de Cornavin (S. 56), der Stadtteil Pâquis und das Palais des Nations.

★ **CERN** FORSCHUNGSZENTRUM
(☎022 767 84 84; www.cern.ch; Meyrin; ⏲Führungen auf Englisch Mo–Sa 11 & 13 Uhr) GRATIS Die 1954 gegründete Europäische Organisation für Kernforschung, 8 km westlich von Genf, ist ein Forschungslabor für Teilchenphysik. Es beschleunigt Protonen in einer 27 km langen Ringröhre, dem Großen Hadronen-Speicherring (Large Hadron Collider, LHC). Durch die Kollisionen der Protonen entsteht neue Materie. Die ständige Ausstellung über die Arbeit des Labors kann jederzeit besucht werden, aber die Teilnahme an den zweistündigen Führungen auf Englisch muss online bis zu 15 Tage im Voraus reserviert und ein Lichtbildausweis vorgelegt werden.

Die Führungen – zu reservieren über das Buchungsportal: http://visit.cern/tours/guided-tours-individuals – sind oft schon Monate zuvor ausgebucht. Zu erreichen ist das Zentrum mit der Straßenbahnlinie 18 ab der Gare CFF de Cornavin (S. 56; 3 SFr, 20 Min.).

★ **Conservatoire et Jardin Botaniques** GÄRTEN
(Gewächshaus & Botanischer Garten; ☎022 418 51 00; www.ville-ge.ch/cjb/index_en.php; Chemin de l'Impératrice 1; ⏲Nov.–April 8-17 Uhr, April–Nov. bis 19.30 Uhr) GRATIS Der erstklassige botanische Garten, der 2017 sein 200-jähriges Bestehen feierte, ist bekannt für sein Gewächshaus. Über 12 000 Pflanzenarten aus der ganzen Welt sind hier akribisch in schönen, thematisch geordneten Gärten angelegt. Zu den Glanzlichtern zählen ein spektakulärer Rosengarten und der allseits beliebte **Tierpark** mit alten heimischen und oft gefährdeten Tierarten, aber auch mit ganz normalen Hühnern, Ziegen und Schafen sowie exotischeren Pfauen, Flamingos und Rehen.

Quai du Mont-Blanc UFERPROMENADE
Mit Blumen, Statuen, Kunstausstellungen unter freiem Himmel und dem Blick auf den Mont Blanc (an klaren Tagen) zieht die malerische Promenade am nördlichen Seeufer Besucher an. Sie führt vorbei an den Bains des Pâquis (S. 48), in denen die Genfer schon seit 1872 gern in der Sonne fläzen, zum **Parc de la Perle du Lac**, einem Stadtpark, in dem die Römer einst kunstvolle Thermen anlegten. Weiter nördlich tummeln sich Pfauen auf den Rasenflächen des **Parc de l'Ariana**, der das Gelände der UN und von Genfs hübschen Conservatoire et Jardin Botaniques umschließt.

Palais des Nations HISTORISCHES GEBÄUDE
(Völkerbundpalast; ☎022 917 48 96; www.unog.ch; Av de la Paix 14; Erw./Kind 12/7 SFr; ⊙April–Aug. Mo–Sa 10–12 & 14-16 Uhr, Sept.–März Mo–Fr; Führungen 10.30, 12, 14.30 & 16 Uhr) Seit 1966 ist das Palais des Nations der europäische Hauptsitz der Vereinten Nationen. Es wurde zwischen 1929 und 1936 als Sitz für den damaligen Völkerbund errichtet. Besichtigungen sind im Rahmen von Führungen möglich (mit Lichtbildausweis; für Gruppen unter 15 Personen ist keine Reservierung erforderlich). Im Preis enthalten sind eine einstündige Führung durch das Gebäude und der Eintritt in den 46 ha großen Park mit seinen jahrhundertealten Bäumen und vielen Pfauen. Das graue, mit hitzebeständigem Titan beschichtete Denkmal ist der Eroberung des Weltraums gewidmet und ein Geschenk der UdSSR.

Musée International de la Croix-Rouge et du Croissant-Rouge MUSEUM
(Internationales Museum des Roten Kreuzes & Roten Halbmonds; ☎022 748 95 11; www.redcrossmuseum.ch; Av de la Paix 17; Erw./Kind 15/7 SFr; ⊙April–Okt. Di–So 10–18 Uhr, Nov.–März bis 17 Uhr) Die fesselnden Multimedia-Präsentationen in Genfs Internationalem Museum des Roten Kreuzes und Roten Halbmonds beschäftigen sich mit den von der Menschheit begangenen Gräueltaten. Anhand von Filmen, Fotos, Skulpturen und Tonspuren wird die lange Geschichte der Kriege und Grausamkeiten veranschaulicht. Daneben stehen die hehren Ziele jener Organisation, die 1863 vom Genfer Geschäftsmann Henri Dunant gegründet wurde. Der Eintritt zu den hervorragenden Wechselausstellungen kostet extra.

Zu erreichen mit der Buslinie 8 von der Gare CFF de Cornavin (S. 56) bis zur Haltestelle Appia.

Aktivitäten

★Bains des Pâquis SCHWIMMEN
(☎022 732 29 74; www.bains-des-paquis.ch; Quai du Mont-Blanc 30; Becken Erw./Kind 2/1 SFr, Sauna, Hamam & türkisches Bad 20 SFr; ⊙Mo–Sa 9–21.30, So ab 20 Uhr) Das hippe und trendige Schwimmbad in Pâquis mit Uferbar und Restaurant ist ein echtes Original aus alter Zeit – es stammt von 1872. Von Mai bis September tummeln sich hier Leute, die ein erfrischendes Bad im Genfer See nehmen. Im übrigen Jahr sind Sauna, Hamam und türkische Bäder beliebt – geöffnet mittwochs bis montags für die Allgemeinheit, dienstags nur für Frauen.

Geführte Touren

Tickets für Führungen per Boot, Bus oder Elektrozug bekommt man am Ticket Point (S. 56), dem Kiosk am Quai du Mont-Blanc am Seeufer.

★CGN Fähren & Kreuzfahrten BOOTSFAHRTEN
(Compagnie Générale de Navigation; ☎0900 929 929; www.cgn.ch; Quai du Mont-Blanc; 👪) Das

GENF MIT KINDERN

Für Eltern ist Genf dank der modernen Infrastruktur, des gut funktionierenden öffentlichen Verkehrsnetzes und der weit verbreitete Annehmlichkeiten wie Wickelräumen eine Stadt, die mit Kindern gut zu bewältigen ist.

Genf hat eine Menge familienfreundlicher Aktivitäten zu bieten. Der See hat natürlich endlose Möglichkeiten für die ganze Familie: Hier kann man Enten und Schwäne füttern, ein rasantes Schnellboot oder ein Segelboot von **Les Corsaires** (☎022 735 43 00; www.lescorsaires.ch; Quai Gustave-Ador 33; ⊙April–Okt. 10.30–20.30 Uhr)mieten, im Schwimmbadkomplex **Genève Plage** (☎022 736 24 82; www.geneve-plage.ch; Quai de Cologny 5, Port Noir; Erw./Kind 7/3,50 SFr; ⊙Mitte Mai–Mitte Sept. 10–20 Uhr) aus den 1930er-Jahren die Wasserrutsche hinabsausen oder kopfüber in die historischen und superhippen Seewasserbecken der Bains des Pâquis von 1872 springen.

Weitere vergnügliche Möglichkeiten sind auch eine Fahrt mit dem Elektrozug, ein Besuch im tarzanmäßigen Baumpark am **Baby Plage** (Quai Gustave-Ador; 👪) mit seinen Schaukeln aus Gummireifen sowie auf den tollen Spielplätzen für Kleinkinder im Parc de la Perle du Lac und im Bois de la Bâtie, wo sich Pfauen, Ziegen und Rehe tummeln. Und natürlich liebt jedes Kind die ausgestopften Bären, Tiger und Giraffen, die Schweizer Fauna und die interaktiven Workshops an Mittwochnachmittagen im **Musée d'Histoire Naturelle** (Naturkundemuseum; www.ville-ge.ch/mhng; Rte de Malagnou 1; ⊙Di–So 10–17 Uhr; 👪) GRATIS.

Für ältere technikbegeisterte Kids ist ein Besuch im CERN (S. 47) genau das Richtige.

EIN ABSTECHER INS KÜNSTLERMILIEU

Künstlerflair herrscht in Carouge. Zum Charme trägt hier das Fehlen wirklicher Sehenswürdigkeiten bei – sieht man einmal von den eleganten Häusern mit Hofgärten aus dem 18. Jh. und dem winzigen **Musée de Carouge** (www.carouge.ch/musee; Place de la Sardaigne 2; ⏲ Di–So 14–18 Uhr) GRATIS ab, in dem Keramik aus dem 19. Jh. ausgestellt ist.

Carouge, heute ein Stadtteil 3,5 km südlich der Gare CFF de Cornavin (S. 56), wurde im 18. Jh. von Viktor Amadeus III. angelegt, dem Herzog von Savoyen und König von Sardinien, der auf diese Art Genf seinen Rang als Handelszentrum ablaufen wollte. 1816 wurde der Ort im Vertrag von Turin Genf zugesprochen. Heute prägen Bars, Boutiquen und Künstlerateliers die engen Straßen.

Die Straßenbahnen 12 und 18 verbinden das Zentrum von Genf mit dem von Platanen gesäumten Hauptplatz von Carouge, der **Place du Marché**. Am Mittwoch und Samstag herrscht hier vormittags ein buntes Markttreiben. Während der Fête du Cheval im April trotten Pferde durch die Straßen. Und im Dezember reihen sich Pferdewagen an der Place de l'Octroi, sodass die Leute nach den Weihnachtseinkäufen eine Kutschfahrt unternehmen können.

größte Fährunternehmen auf dem Genfer See bietet einen regelmäßigen Fährdienst nach Plan an, ebenso wie verschiedene thematische Kreuzfahrten auf schönen Dampfern aus der Belle Époque. Einzelheiten stehen auf der Website.

Swissboat BOOTSFAHRTEN
(☎022 732 47 47; www.swissboat.com; Quai du Mont-Blanc 4; 45-min. Kreuzfahrten Erw./Kind ab 13/8 SFr; ⏲ April–Okt.) Das Unternehmen bietet verschiedene thematische Kreuzfahrten auf dem Genfer See und auf der Rhone an. Einzelheiten stehen auf der Website.

Le Petit Train ÖKOTOUR
(☎022 735 43 00; www.petit-train-geneve.ch; Jardin Anglais; Erw./Kind 8/5 SFr; ⏲ April & Mai 10.15–18.30 Uhr, Juni & Sept. bis 20 Uhr, Juli & Aug. bis 21.30 Uhr, Feb., März, Okt. & Nov. kürzere Zeiten) Sowohl für Erwachsene als auch für Kinder ist die 30-minütige Rundfahrt mit der roten, solarbetriebenen kleinen Bahn ein Vergnügen. Es tuckert von Februar bis November alle 90 Minuten am linken Ufer zwischen dem Jardin Anglais und dem Parc des Eaux Vives entlang.

Feste & Events

L'Escalade EVENT
Das Zertrümmern von mit süßem Marzipan gefüllten *marmites en chocolat* (Schokoladenkessel) und der anschließende Genuss der Brocken machen jedes Jahr am zweiten Dezemberwochenende Genfs größtes Fest zur spaßigen Angelegenheit. Fackelprozessionen beleben die Altstadt, auf dem Platz vor der Kathedrale wird ein Freudenfeuer entfacht, mit dem an den Sieg über die savoyischen Truppen im Jahr 1602 erinnert wird.

Fêtes de Genève TRADITIONSFEST
(Genfer Fest; www.fetesdegeneve.ch) Das älteste Fest von Genf, das über zehn Tage im August stattfindet, präsentiert unzählige Pop-up-Restaurants und über 200 Konzerte, Aktivitäten und Partys. Höhepunkt ist ein spektakuläres Feuerwerk am See.

Schlafen

★ **Starling Residence** APARTMENT €
(☎022 304 03 00; www.shresidence.ch; Rte des Acacias 4; Zi./Apt. ab 109/220 SFr; ❄📶) Mal was anderes ist diese preisgünstige Unterkunft der Genfer Hotelfachschule mit hervorragendem Angebot. Der Servicestandard ist außerordentlich (wenn nicht, werden die Schüler verpetzt!) und die geräumigen Zimmer (viele mit Küchenzeile), Studios und voll ausgestatteten Apartments sind modern und blitzblank. Zu erreichen mit der Straßenbahnlinie 15 ab dem Bahnhof – die Fahrt dauert knapp 15 Minuten.

Home Swiss Hotel HOTEL €
(☎022 322 95 50; www.homeswisshotel.ch/en; Av de Ste-Clotilde 7; DZ/Suite/Apt. ab 107/159/277 SFr; P❄📶) Das schicke, 2017 neu eröffnete Business- und Freizeithotel, etwa 15 Minuten zu Fuß von der Genfer Innenstadt gelegen, bietet ein hervorragendes Preis-Leistungs-Verhältnis in der teuren Stadt. Die hellen Zimmer (einige mit Küchenzeile und Balkon) sind mit Schweizer Flair in den Nationalfarben eingerichtet.

City Hostel HOSTEL €
(☎022 901 15 00; www.cityhostel.ch; Rue de Ferrier 2; B 33–36 SFr, EZ 65–73 SFr, 2BZ 79–95 SFr; ⏲ Rezeption 7.30–12 & 13–24 Uhr; P@📶) Das saubere, gut organisierte Hostel in Bahnhofs-

NICHT VERSÄUMEN

PICKNICKPLÄTZE

Angesichts des wunderbaren Bergpanoramas eignet sich Genf perfekt für ein Picknick, vor allem wenn man das Budget nicht über Gebühr strapazieren will. Proviant gibt es in den *boulangeries* und Feinkostläden in der Innenstadt oder an den Imbissständen in der Lebensmittelabteilung des Kaufhauses Globus (S. 55) und dann geht's ab zu einem der klassischen Picknickplätze:

- Im beschaulichen Schatten von Henry Moores sinnlicher Skulptur *Reclining Figure: Arch Leg* (1973) im Park gegenüber dem Musée d'Art et d'Histoire (S. 43).
- Hinter der Kathedrale auf der **Terrasse Agrippa d'Abigné** (Rue de l'Evêché 7),einem baumbeschatteten Park mit Bänken, einem Sandkasten und einer Wippe für Kinder sowie tollem Blick auf die Kathedrale und die Dächer der Umgebung.
- Auf einer Bank am Quai du Mont-Blanc (S. 47) mit Blick auf den Mont Blanc (nur an sonnigen Tagen).
- Auf der längsten Bank der Welt (126 m) an der von Kastanien gesäumten Promenade de la Treille im Parc des Bastions (S. 47).

nähe könnte auch als Hotel durchgehen. Das Frühstück (6 SFr) wird in einem in der Nähe gelegenen Café serviert, Parken kostet 12 bis 15 SFr pro Nacht.

★ La Cour des Augustins HOTEL €€
(☎ 022 322 21 00; www.lacourdesaugustins.com/en; Rue Jean-Violette 15; EZ/DZ/Suite ab 156/168/380 SFr; P ❄ 📶) Das witzige Designhotel am Rand der Altstadt ist mit seinen hellen, verspielten Zimmern, Suiten und Ferienwohnungen beliebt bei Leuten, die immer wieder nach Genf kommen und das aus gutem Grund. Parkettböden, originelles Mobiliar, luxuriöse Bettwäsche und weiße Wände mit farbigen Elementen in verschiedenen Designmotiven sorgen für Frische und Abwechslung.

Hôtel Bel'Espérance HOTEL €€
(☎ 022 818 37 37; www.hotel-bel-esperance.ch; Rue de la Vallée 1; EZ/DZ/3BZ/4BZ ab 150/170/210/250 SFr; ⏲ Rezeption 7–22 Uhr; @ 📶) Das Mittelklassehotel bietet im teuren Genf das ganze Jahr über ein gutes Preis-Leistungs-Verhältnis. Die Zimmer sind ruhig und gepflegt, die im ersten Stock haben eine Gemeinschaftsküche. Außerdem gibt es Kühlschränke, in denen die Gäste ihre Picknickzutaten aufbewahren können. Wer will, kann auf der wunderschönen, mit vielen Blumen bepflanzten Dachterrasse im fünften Stock relaxen oder auch grillen.

Hôtel N'vY HOTEL €€
(☎ 022 544 66 66; www.hotelnvygeneva.com; Rue de Richemont 18; Zi. Wochenende/werktags ab 175/260 SFr; ❄ @ 📶) Zeitgenössisches Flair zeichnet dieses Vier-Sterne-Hotel nordöstlich vom Bahnhof aus, von der lila beleuchteten Bar im Erdgeschoss bis zu den Annehmlichkeiten in den Zimmern, zu denen internationale Steckdosen, Bluetooth und farbtherapeutische Lampen gehören. Außer den Standardzimmern sind alle fünf Zimmerkategorien mit Großbildfernsehern, Espressomaschinen und Parkettböden ausgestattet. Die teuren Zimmer im oberen Stock blicken auf den Genfer See und die Alpen.

Hotel Edelweiss HOTEL €€
(☎ 022 544 51 51; www.hoteledelweissgeneva.com; Place de la Navigation 2; DZ 150–330 SFr; ❄ @ 📶) Heidi lässt grüßen in diesem alpinen Hotel, das mit seinem Kamin, blumenbemalten hölzernen Bettkopfteilen und einem großen, kuscheligen Bernhardiner, der über das Treppengeländer blickt, eine Art Schweizer Alpen *en ville* ist. Das Restaurant im Chalet-Stil ist bei Genfern eine sehr beliebte Adresse für traditionelles Käsefondue.

★ Mandarin Oriental HOTEL €€€
(☎ 022 909 00 00; www.mandarinoriental.com/geneva; Quai Turrettini 1; DZ/Suite ab 655/1350 SFr; P ⊖ ❄ 📶 ≋) Das aparte Mandarin Oriental Geneva in erstklassiger Uferlage entspricht voll und ganz dem hohen Standard der anderen Hotels dieser international anerkannten Kette. Die Superior-Zimmer sind klassisch eingerichtet und etwas größer als die River-View-Zimmer. Die geräumigen Mandarin-Zimmer sind ganz in Pflaumenblau und Lila gehalten und die Suiten, naja, kann sich die überhaupt jemand leisten?

★ Hôtel Beau-Rivage HISTORISCHES HOTEL €€€
(☎ 022 716 66 66; www.beau-rivage.ch; Quai du Mont-Blanc 13; DZ Wochenende/werktags ab

550/670 SFr; P ❄ @ ≋) Wenn die Wände dieses opulenten, historischen Hotels, das seit fünf Generationen von der angesehenen Familie Mayer geführt wird, nur reden könnten! Das Beau Rivage in atmosphärischer Lage am Schnittpunkt von Rhone und Genfer See mit herausragendem Blick über den See bis zu den Schweizer Alpen ist ein Schmuckstück aus dem 19. Jh. Eine Übernachtung in einem der luxuriösen „herrschaftlich europäischen" Zimmer ist sicher unvergesslich.

★ Hôtel Les Armures HISTORISCHES HOTEL €€€

(☎ 022 310 91 72; www.hotel-les-armures.ch; Rue du Puits St-Pierre 1; EZ/DZ ab 450/695 SFr; P ❄ @ ≋) Das kleine, kultivierte Kleinod aus dem 17. Jh. schlummert im ruhigen, nächtlichen Rhythmus der Altstadt. Die 28 Zimmer und vier Junior-Suiten wurden luxuriös und modern umgebaut, sind mit Daunenbetten und Nespresso-Maschinen ausgestattet und haben hell gestrichene Decken, dekorative Steinwände und freiliegende Deckenbalken. Der Service entspricht den Erwartungen an ein Hotel, das an angesehene internationale Gäste gewöhnt ist.

Essen

Genf hat unzählige Restaurants mit den unterschiedlichsten Küchen aus aller Welt. Wer traditionelle lokale Küche genießen möchte, bestellt ein Käsefondue oder gebratenes *filet de perche* (Barschfilet), eine einfache Spezialität aus dem Genfer See.

Pâquis & rechtes Ufer

Die Place de la Navigation und die Straßen rund um den Bahnhof sind von einigen guten, erschwinglichen Restaurants gesäumt. Fans der asiatischen Küche mit kleinem Budget finden in der Rue de Fribourg, der Rue de Neuchâtel, der Rue de Berne oder am nördlichen Ende der Rue des Alpes preiswerte Schnellimbisse. Hungrige Studenten, die Appetit auf ein halbes Hähnchen haben, treffen sich in Pâquis in der Filiale der Altstadt-Institution **Chez Ma Cousine** (Rue Lissignol 5; Hauptgerichte 14–19 SFr; ⏲ Mo–Fr 11–15 & 17.45–23.30, Sa 11–23.30 Uhr; 👪).

★ Buvette des Bains CAFETERIA €

(☎ 022 738 16 16; www.bains-des-paquis.ch; Quai du Mont-Blanc 30, Bains des Pâquis; Hauptgerichte 14–23 SFr; ⏲ 7–22.30 Uhr; P ✎) In der urig-schlichten und hippen Strandbar in der Schwimm- und Saunaanlage Bains des Pâquis kommt man schnell mit Einheimischen ins Gespräch. Hier gibt's Frühstück, Salate, ein *plat du jour* (Tagesgericht) oder auch ein *fondue au crémant* (Sekt-Fondue). Essen gibt's auf Tabletts mit Selbstbedienung, im Sommer draußen.

Der Eintritt zum Pool, wo sich auch die Kantine befindet, kostet im Sommer 2/1 SFr je Erw./Kind.

★ Manora CAFETERIA €

(☎ 022 909 44 80; www.manor.ch/fr/u/manora; Centre Commercial Manor, Rue de Cornavin 6; kleine Portionen 4–14 SFr; ❄ 👪) 🍃 Die Cafeteria im Einkaufszentrum Manor (S. 55) in der Gare CFF de Cornavin (S. 56) ist eines der besten preisgünstigen Tageslokale in der Stadt – und da das alle wissen, ist es hier stets voll. Das Essen ist frisch und wird durchgängig serviert. Die Auswahl ist vielfältig: Es gibt Salate, Sandwiches, Meeresfrüchte, Suppen, Fleisch, Pasta und Gebäck.

La Réplique INTERNATIONAL €

(☎ 022 731 11 21; www.saintgervais.ch/pages/cafe-restau; Rue du Temple 6; Hauptgerichte 18–22 SFr; ⏲ Mo 8.30–17, Di–Do bis 23.30, Fr bis 1, Sa 17–1 Uhr)

EISCREME!

An warmen Tagen ist nichts herrlicher als ein Spaziergang am Seeufer und eine süße Nascherei aus einem dieser Genfer Klassiker.

Gelatomania (Rue des Pâquis 25; ⏲ Mai–Sept. So–Do 11.30–23, Fr & Sa bis 24 Uhr, Okt.–April 12–19 Uhr; ✎) In diesem Eissalon stehen die Leute aus gutem Grund ständig Schlange: Er verkauft originelle Geschmacksrichtungen wie Biomöhre und Kombinationen wie Orange und Zitrone, Gurke und Minze oder Limone und Basilikum, außerdem Karamell, Pistazie und sämtliche alten Lieblingssorten.

Mövenpick (☎ 022 311 14 00; Rue du Rhône 19; 1/2/3 Kugeln in der Waffel 5/9/12 SFr; ⏲ April–Okt. tgl. 12–23 Uhr, Nov.–März Mi–So bis 20 Uhr; 👪) Die Nobeladresse, um sich am Flussufer niederzulassen und das zartschmelzendste Schweizer Eis mit Schlagsahne, heißer Schokolade und anderen dekadenten Köstlichkeiten zu genießen.

NICHT VERSÄUMEN

UFERRESTAURANTS

Sommer in Genf ist einfach fabelhaft: Das Wetter ist oft perfekt und die Alpenkulisse lockt massenhaft Menschen ans Seeufer, die in Terrassenbars wie **La Terrasse** (☎078 691 13 78; www.laterrasse.ch; Quai Wilson 31a; ⏰April–Sept. 8–24 Uhr) sehen und gesehen werden wollen. Ein Stück abseits des Quai du Mont-Blanc liegen einige Sommerlokale am Wasser, wo es unter freiem Himmel zu essen und zu trinken gibt und sich das Leben genießen lässt.

➡ Zwanglos geht es auf der **Terrasse Le Paradis** (☎076 715 83 70; www.terrasse-paradis.ch; Quai Turrettini; ⏰Juni–Sept. 9–21 Uhr) am rechten Rhone-Ufer zu, wo Liegestühle zum Faulenzen in der Sonne einladen und Sandwiches und hausgemachte Limonade oder Minztee für Erfrischung sorgen.

➡ **Le Bateau Lavoir** (☎022 321 38 78; www.bateaulavoir.ch; Passerelle des Lavandières; ⏰Mai–Sept. Mo–Do 11–24, Fr 11–2, Sa 17–2 Uhr) ist ein auffälliges Boot mit Terrasse an Deck. Es ankert zwischen der alten Markthalle und der Pont de la Coulouvrenière. In dem kleinen Essbereich gibt's Fondues und andere regionaltypische Speisen. Die hippen Gäste genießen den Rundumblick über den See. Das Design und der Name erinnern an die Waschboote, die hier im 17. Jh. im Wasser trieben und auf denen Unterwäsche und Ähnliches gewaschen wurde.

➡ **La Barje des Lavandières** (☎022 344 83 56; www.labarje.ch; Promenade des Lavandières; ⏰Mai–Sept. Mo–Fr 11–24, Sa 12–24, So 12–23 Uhr) ist kein Kahn, sondern ein alter Wohnwagen am Rhone-Ufer unweit des Bâtiment des Forces Motrices. Ein Teil der Erlöse aus dem Verkauf von Essen, Alkohol (der im Sommer in Strömen fließt) und aus den verschiedenen Konzerten und Aufführungen, die hier stattfinden, kommen Ausbildungsprogrammen für benachteiligte Jugendliche zugute.

➡ Ein Streitpunkt für viele Einheimische ist die Frage, wo es die besten *filets de perche* (Barschfilets) gibt. Unserer Meinung nach ist eine Fährüberfahrt zum Petit Lac (S. 54) mit seiner schönen Atmosphäre unumgänglich. Und der Fisch ist himmlisch.

Das freundliche Restaurant im Erdgeschoss des Théâtre St-Gervais serviert den ganzen Tag über relativ preisgünstige *plats du jour*. Zum Hauptgericht gibt es erfreulicherweise bemerkenswert große Portionen frischer Gemüsebeilagen. Wer etwas Leichtes möchte, entscheidet sich für eine *soupe du jour* (8 SFr).

Les 5 Portes BISTRO €€
(☎022 731 84 38; www.les5portes.com; Rue de Zürich 8; Mittagsmenü 18 SFr, Hauptgerichte abends 28–44 SFr; ⏰Mo–Fr 12-23, Sa 18–23, So 11–17 & 18–22 Uhr) Das „Fünf Türen" hat tatsächlich fünf Türen. Die schicke Anlaufstelle in Pâquis lässt keine Essens- oder Getränkewünsche offen. Der Brunch am Sonntag ist besonders beliebt.

Le Grill INTERNATIONAL €€€
(☎0229089220; www.kempinski.com/en/geneva/grand-hotel-geneva/dining/le-grill; Quai du Mont-Blanc 19; 2-/3-Gänge-Mittagsmenü 38/45 SFr, Hauptgerichte abends 39–89 SFr; ⏰Terrassenbar Juni–Sept. 12–14 & 19.30–23 Uhr) Das lässig elegante Terrassenrestaurant im zweiten Stock des Grand Hôtel Kempinski bietet eine der schönsten Aussichten der Stadt auf den See mit dem schneebedeckten Mont Blanc im Hintergrund. Das Abendessen ist teurer, aber auch das gute und bezahlbare *Express*-Mittagsmenü in der Terrassenbar FloorTwo ist etwas Feines (und macht satt).

Vieille Ville

Café du Bourg-de-Four CAFÉ €€
(☎022 311 90 76; www.cafedubourgdefour.ch; Place du Bourg-de-Four 13; Hauptgerichte 22–34 SFr; ⏰Mo–Fr 7–24, Sa 12–24, So 12–18 Uhr; 📶) In der klassischen Café-Bar am Rand der Altstadt mit den täglichen preisgünstigen *plats du jour* herrscht eine schön gemächliche Atmosphäre. Im Sommer stehen auch Tische draußen auf der Straßenterrasse, wo Geschäftsleute und Touristen zwanglos Seite an Seite deftige französische und schweizerische Köstlichkeiten wie Tatar und unglaublich gute Rösti verspeisen.

★ La Finestra ITALIENISCH €€€

(☎022 312 23 22; www.restaurant-lafinestra.ch/fr; Rue de la Cité 11; Hauptgerichte 29–52 SFr, Menü 85 SFr; ⏲Mo–Fr 12–14.30 & 19–22.30, Sa 19–22.30 Uhr) Seit 2006 serviert das hübsche, kleine Restaurant im Herzen der Altstadt authentische italienische Haute Cuisine in einem zugleich zwanglosen und kultivierten Ambiente. Die niedrigen Decken und winzigen Tische im Erdgeschoss dieses historischen Gebäudes sorgen für ein intimes, wenngleich etwas klaustrophobisches Esserlebnis, aber Präsentation, Geschmack und Service gleichen das wieder aus.

Rive & Eaux-Vives

★ Le Relais d'Entrecôte STEAK €€

(☎022 310 60 04; www.relaisentrecote.fr; Rue Pierre-Fatio 6; Steak, Salat & Pommes frites 42 SFr, Desserts 9–14 SFr; ⏲12–14.30 & 19–23 Uhr) Folgende Begriffe sollte man in diesem zeitlosen Klassiker, in dem alle dasselbe Gericht essen, beherrschen: *à point* (medium), *bien cuit* (durch) und *saignant* (blutig). Speisekarten gibt's hier nicht. Man setzt sich einfach hin, ordert sein Steak nach Wunsch und wartet – es gibt zwei schöne Portionen, vorher einen grünen Salat und dazu knusprig dünne Pommes.

ALMA PERUANISCH €€

(☎022 736 31 48; www.alma-geneve.com; Rue Henri-Blanvalet 6; Hauptgerichte 26–39 SFr; ⏲Di–Mi 12–15 & 17.30–24, Do–Fr bis 2, Sa 17.30–2 Uhr; ❄✎) In Genf ist gesundes peruanisches Essen der letzte Schrei und das ALMA gehört zu den besseren Restaurants, das eine Küche serviert, die wegen ihrer langen, multikulturellen Geschichte für eine der „wichtigsten" der Welt gehalten wird. Hier gibt es Gerichte wie *tiradito apaltado* (ähnlich wie scharfe Sashimi) und *pulpo anticuchero* (scharfer, gegrillter Tintenfisch), die in einem herrlich schicken, zwanglosen Ambiente kunstvoll präsentiert werden.

Café du Centre FISCH & MEERESFRÜCHTE €€

(☎022 311 85 86; www.cafeducentre.ch; Place du Molard 5; Hauptgerichte 29–44 SFr; ⏲Mo–Fr 6.30–24, Sa & So 9–24 Uhr) Das Café du Centre, seit 1933 wegen seiner frischen Meeresfrüchte allseits beliebt, besitzt ein reizend altmodisches Brasserie-Flair, samt smart gekleideten Kellnern, die zwischen tuchbedeckten Tischen mit Tellern voller Fisch, Hummer, Muscheln und Austern umherwuseln. Es gibt auch ein reichliches Fleischangebot, besonders bei den etwas günstigeren *plats du jour* (19 SFr).

L'Adresse INTERNATIONAL €€

(☎022 736 32 32; www.ladress.ch; Rue du 31 Décembre 32; Hauptgerichte 24–49 SFr; ⏲Di–Sa 11–24 Uhr) Das L'Adresse ist ein urbanes Loft mit schöner Dachterrasse, eine Mischung aus Fashion-Lifestyle-Boutique und einem modernen Bistro in alten renovierten Künstlerateliers. Es ist Genfs erste Adresse zum Mittagessen (mit 19/26 SFr recht günstig für 1/2 Gänge), zum Brunch oder samstags auch für einen Slunch, eine Mahlzeit am späten Nachmittag gegen 17 Uhr aus kalten und warmen, süßen und herzhaften Kleinigkeiten zum Teilen bei einem Drink.

Vert Attitude VEGETARISCH €€

(☎022 735 58 58; www.misuji.ch/vert-attitude; Rue du Nant 2; Buffet je 100 g 4,80 SFr, Hauptgerichte 12–24 SFr; ⏲Mo–Fr 11.30–14.30 & 18–22 Uhr; ✎👪) Das beliebte Restaurant in Eaux-Vives ist seit 2014 mit seinen gesunden, nach Gewicht berechneten Salaten und verschiedenen warmen Speisen vom Buffet der Anlaufpunkt schlechthin für heimische Vegetarier. Es gibt auch eine kurze Speisekarte mit Hauptgerichten und Tapas, einigen verlockenden Desserts sowie frischen Säften und Bioweinen.

Le Décanteur ITALIENISCH €€

(☎022 700 67 38; www.ledecanteur.ch; Rue des Eaux-Vives 63; Charcuterie 3–7 SFr, Hauptgerichte 20–25 SFr; ⏲Mo–Mi 11–15 & 18–23, Do & Fr 11–15 & 18–24, Sa 18–24 Uhr) Es gibt keine bessere Adresse für frische hausgemachte *pâtes* (Pasta), reichhaltige Salate mit frischem Mozzarella, hauchdünnes Carpaccio und ähnliche italienische Leckereien, die man entweder in dem leicht fabrikmäßig angehauchten Innenraum oder draußen auf der Straßenterrasse genießt. Die Speisekarte steht in schwungvollen Lettern auf einer Tafel. Zum Feierabend verwandelt sich das Restaurant in eine erstklassige Weinbar.

Pleinpalais

Café des Bains MODERN EUROPÄISCH €€€

(☎022 320 21 22; www.cafedesbains.com; Rue des Bains 26; Hauptgerichte 28–62 SFr; ⏲Mo–Fr 12–14, Mo–Sa 19–22 Uhr) Schöne Objekte und ein Blick für Design, aber ohne Angeberei mit Labels, sind die Markenzeichen dieses Restaurants gegenüber dem Museum für zeitgenössische Kunst. Passend dazu kommt hier die Zubereitung und Präsentation der Gerichten Kunstkreationen gleich. Speisen auf der Sommerterrasse im Schatten der Bäume und Sonnenschirme ist ein lohnenswertes Erlebnis.

Außerhalb des Stadtzentrums

★ Le Petit Lac FISCH & MEERESFRÜCHTE €€€
(☎ 022 751 11 44; www.lepetitlac.ch; Quai de Corsier 14, Corsier; 3-Gänge-Menü 52 SFr, Hauptgerichte 27–43 SFr; ⌚12–14 & 19–22 Uhr; P) Das hervorragende Fischrestaurant am Seeufer, das eine klasse Variante der lokalen Spezialität *filets de perche* serviert, ist für ein frühes Abendessen mit dem Nachmittagsboot von CGN (S. 48) nach Corsier ab dem Jardin-Anglais oder Genève-Pâquis zu erreichen. Es liegt nahe der französischen Grenze, Autofahrer können daher ein Essen hier mit einem Besuch von **Yvoire** oder einer Fahrt mit dem Téléphérique du Salève (S. 56) kombinieren.

Ausgehen & Nachtleben

★ Cottage Café CAFÉ
(☎ 022 731 60 16; www.cottagecafe.ch; Rue Adhémar-Fabri 7; ⌚Mo–Fr 7–24, Sa ab 9 Uhr; 👪) Das reizende kleine Café auf dem **Square des Alpes** in Ufernähe eignet sich wunderbar für einen Plausch bei Kaffee und Kuchen oder ein Glas Wein zu jeder Tageszeit. Tapas werden täglich ab 18 Uhr serviert, leichtes Frühstück gibt es ebenfalls. An klaren Tagen ist der Blick vom Garten aus auf den Mont Blanc einfach hinreißend, innen hingegen wirkt es wie in einem großelterlichen, mit Büchern vollgestopften Wohnzimmer.

★ Yvette de Marseille BAR
(☎ 022 735 15 55; www.yvettedemarseille.ch; Rue Henri Blanvalet 13; ⌚Mo & Di 15.30–24, Mi & Do bis 1, Fr & Sa bis 2 Uhr) Keine Bar schreit wohl mehr nach der Frage: „Was steckt nur hinter dem Namen?" Die lebendige, urbane und trendige Kneipe befindet sich in einer ehemaligen Autowerkstatt, die einer Yvette gehörte. Man erkennt noch die Garagentür, die Werkstattgrube, über der die Autos repariert wurden, sowie die Hausnummer 13 (die Nummer des Départements Bouches-du-Rhône, in dem Marseille liegt).

★ La Buvette du Bateau BAR
(☎ 022 508 56 89; www.bateaugeneve.ch; Quai Gustave-Ador 1; ⌚Mitte Mai–Mitte Sept. Di–Do 12–24, Fr 12–2, Sa 17–2, So 11–22 Uhr) Derart bezaubernde Lokalitäten sind rar gesät. Der in der Nähe des Jet d'Eau vertäute historische Raddampfer schipperte von 1896 bis 1974 über den Genfer See. Heute zählt er im Sommer zu den lebendigsten Bars der Stadt. Blumenkästen zieren das Deck und in der Kombüse werden Tapas, Bruschetta und Snacks zubereitet, die zu Drinks passen.

★ Village du Soir CLUB
(☎ 022 301 12 69; www.villagedusoir.com; Rte des Jeunes 24, Carouge; ⌚Fr–So 20–5 Uhr) Wer sich im „Dorf der Nacht" amüsieren will, sollte sich beeilen, da es (ab 2017) nur einen fünfjährigen Pachtvertrag hat, um ein Industriegelände am Stade de Genève für seine Zwecke zu nutzen. Bis zum Ende der Pacht ist dies der angesagte Ort für ein dichtes Eventprogramm, z.B. DJ-Nächte und Gigs von heimischen und auswärtigen Bands, Ausstellungen, Pop-up-Restaurants, Imbisswagen, Spaß und allgemeines Chaos ... na gut, zumindest ungezügelte Ausgelassenheit.

★ Chat Noir BAR
(☎ 022 307 10 40; www.chatnoir.ch; Rue Vauthier 13; ⌚Di–Do 18–4, Fr & Sa 18–5 Uhr) Die „Schwarze Katze" ist eine bei den unterschiedlichsten Leuten beliebte Adresse in Carouge und daher meistens rappelvoll. Hier trifft man sich nach der Arbeit auf einen Aperitif mit einer kleinen Auswahl Tapas und bleibt auch oft, um bis in die frühen Morgenstunden zu Live- oder DJ-Musik durchzutanzen.

L'Atelier Cocktail Club COCKTAILBAR
(☎ 022 735 22 47; www.ateliercocktailclub.ch; Rue Henri Blanvalet 11; ⌚Di–Sa 17–2 Uhr) Die Cocktailbar in Eaux-Vives, in der es die besten Mojitos der Stadt geben soll, gehört zu Genfs heißesten After-Work-Locations. Zum Interieur – einem Mix aus klassischen Bistro-Elementen und Vintage-Einrichtung – gehören auch gemütliche Ledersessel und ein Klavier, das zwischen den Cocktails zum Klimpern einlädt.

Bar du Nord BAR
(☎ 022 342 38 20; www.bardunord.ch; Rue Ancienne 66; ⌚Mo–Fr 17–2, Sa 9–2 Uhr) Die trendige Bar mit Möbeln im Bauhaus-Stil und kleiner Hofterrasse ist eine der ältesten Kneipen in Carouge (etwa seit den 1970er-Jahren) und hat das beste Whisky-Angebot der Stadt. Am meisten ist donnerstag- und freitagabends los, wenn DJs gute Musik auflegen.

Café Art's BAR
(☎ 022 738 07 97; www.cafe-arts.ch; Rue des Pâquis 17; ⌚Mo–Fr 11–2, Sa & So 8–2 Uhr) Das Café Art's in Pâquis ist tagsüber ein Café und abends eine Bar und lockt mit seiner pariserisch anmutenden Terrasse und dem künstlerischen Gastraum die Anwohner an. Zu essen gibt es große Salate, Design-Sandwiches und zur Mittagszeit günstige *plats du jour*.

Le Cheval Blanc BAR, CLUB
(☎ 022 343 61 61; www.lechevalblanc.ch; Place de l'Octroi 15; ⌚Mo–Fr 17 Uhr bis spät, Sa ab, So ab

10.30 Uhr) Das „Weiße Pferd" ist eine der beliebtesten Adressen in Carouge. In der mit pinkfarbenem Neonlicht beleuchteten Bar im ersten Stock gibt's Cocktails und Tapas (mit die besten der Stadt), danach geht's die Treppe runter in den Club- und Konzertraum.

Boulevard du Vin WEINBAR
(☎ 022 310 91 90; www.boulevard-du-vin.ch; Bd Georges Favon 3; ⏱ Mo–Sa 17–24 Uhr; 📶) Weinliebhaber werden sich für dieses hervorragende Weingeschäft begeistern, das auch als Weinbar fungiert und jede Woche *dégustations* (Weinproben) anbietet. Dazu gibt's Platten mit leckeren Häppchen.

La Barje des Sciences BAR
(☎ 022 344 83 56; www.labarje.ch; Parc Moynier; ⏱ Mitte Mai–Sept. Mo–Sa 11–1, So bis 21 Uhr) Das idyllische Sommerlokal, ein Ableger der Barje des Lavandières (S. 52), liegt in Ufernähe im Parc Moynier, gleich oberhalb des Parc de la Perle du Lac. Bei Tapas und Drinks lässt sich hier bis Sonnenuntergang die Zeit vertreiben und anschließend zu den Sounds von DJs oder Bands auf der Terrasse den ganzen Abend abtanzen. Mit einem Teil der Erlöse werden Projekte gefördert, die jungen bedürftigen Menschen zugutekommen.

Le Rouge et Le Blanc WEINBAR
(☎ 022 731 15 50; www.lerougeblanc.ch; Quai des Bergues 27; ⏱ Mo–Sa 17–24 Uhr) Die beneidenswert am Wasser gelegene Bar gehört zu den beliebtesten After-Work-Adressen der Stadt. Die Weinkarte mit schweizerischen und internationalen Tropfen sucht ihresgleichen. Auch das Essen wird hochgelobt.

☆ Unterhaltung

★ L'Usine DARSTELLENDE KUNST
(www.usine.ch; Place des Volontaires 4) Die 18 gemeinnützigen Kulturinitiativen, der harte Kern der Genfer Alternativszene, sind in einer ehemaligen Goldverarbeitungsfabrik an der Rhone untergebracht. Ständig werden hier innovatives Theater im **TU** (www.theatredelusine.ch), Livemusik im **Le Zoo** (www.lezoo.ch) oder junge VJ-Künstler im **Kalvingrad** (www.kalvingrad.com) geboten.

CinéTransat KINO
(www.cinetransat.ch; Parc de La Perle du Lac, Rue de Lausanne; ⏱ Sesselverleih ab 19 Uhr, Filmvorführung ab Sonnenuntergang) GRATIS Kostenloses Sommerkino unter den Sternen im Parc de la Perle du Lac. Wer es gern bequemer hat, muss früh eintreffen und sich einen *transat* (Sessel, 5 SFr) mieten.

Victoria Hall LIVEMUSIK
(☎ 022 418 35 00; www.ville-ge.ch/culture/victoria_hall; Rue du Général Dufour 14) Konzertsaal des Orchestre de la Suisse Romande und des Orchestre de Chambre de Genève.

Grand Théâtre de Genève OPER
(☎ 022 322 50 50; www.geneveopera.ch; Bd du Théâtre 11) Während der Umbauarbeiten am phantastischen Genfer Grand Théâtre finden die Konzerte zwischenzeitlich in der „Opéra des Nations" (Av de France 40) statt, die 2018 abgerissen wird.

Bâtiment des Forces Motrices DARSTELLENDE KUNST
(☎ 022 322 12 20; www.bfm.ch; Place des Volontaires 2) Genfs früheres Pumpwerk am Flussufer (1886) ist heute ein toller Veranstaltungsort für klassische Konzerte, Tanz und andere Kulturevents.

Shoppen

Designerläden befinden sich zwischen der Rue du Rhône und der Rue de Rive. Die größten Kaufhäuser, beide mit großartigen Lebensmittel- und Imbissabteilungen, sind das **Globus** (www.globus.ch/fr/store/116/globus-geneve; Rue du Rhône 48; ⏱ Mo–Mi 9–19, Do bis 21, Fr bis 19.30, Sa bis 18 Uhr; Lebensmittelabteilung Mo–Fr 7.30–22, Sa 8.30–22 Uhr) und das **Manor** (☎ 022 909 46 99; www.manor.ch; Rue de Cornavin 6; ⏱ Mo–Mi 9–19, Do bis 21, Fr bis 19.30, Sa 8.30–18 Uhr). Im Viertel Carouge und in der Grand-Rue in der Vieille Ville (S. 42) gibt es zahlreiche Kunst- und Antiquitätengalerien; interessant sind auch der **Flohmarkt** (Plaine de Plainpalais; ⏱ Mi & Sa) und der **Marché des Grottes** (www.ville-geneve.ch/plan-ville/marches/marche-grottes; Place des Grottes 1; ⏱ Do 16–20.30 Uhr) am Donnerstagabend mit Lebensmittel-, Wein- und Käseständen.

Caran d'Ache – Maison de Haute Écriture KÜNSTLERBEDARF
(☎ 022 310 90 00; www.carandache.com; Place du Bourg-de-Four 8; ⏱ Mo–Sa 10–18 Uhr) Wunderschön gestaltete Boutique mit unzähligen Stiften, Pastellfarben, Farben und Buntstiften des seit 1915 in Genf ansässigen Schweizer Stiftherstellers.

Favarger SCHOKOLADE
(☎ 022 738 18 26; www.favarger.com; Quai des Bergues 19; ⏱ Mo–Fr 10–18, Sa 9–17 Uhr) Der angesehene Chocolatier und Veteran in der Schweizer Schokoladenszene hat einen schicken Laden am See unweit der Stelle, an der 1826 seine erste Schokoladenfabrik eröffnet

ABSTECHER

VIVE LA FRANCE!

Die Nähe Genfs zu Frankreich ist ideal für ein paar schöne Tagesausflüge und eine gute Gelegenheit, in Restaurants etwas Geld zu sparen (wegen Euros).

Das französische Bilderbuchörtchen **Yvoire** (840 Ew.), ein mittelalterliches Dorf mit Stadtmauer, liegt 27 km nordöstlich von Genf am Südufer des Sees. Es ist *die* Adresse, wo alle – ob Diplomat oder Müllmann – am Wochenende einen Nachmittag lang der Stadtluft entfliehen. Das Dorf hat einen Fischerhafen und eine märchenhafte Burg (für Besucher geschl.), kopfsteingepflasterte, verkehrsfreie Gassen, unzählige Blumen und einen mittelalterlichen Gemüsegarten, der auch Besuchern offen steht, den **Jardin des Cinq Sens**. Die Hauptstraße Grand-Rue ist gesäumt von Souvenirläden, touristischen Boutiquen und mehreren Restaurants, darunter das empfehlenswerte **Le Bateau Ivre** (☎ 33 450 72 81 84; www.restaurant-lebateauivre.com; Grande Rue, Yvoire; Menüs 19–34 €; ⏲ 12–15 & 19–22 Uhr). Die Fahrt mit einem CGN-Boot (S. 48) ab dem Jardin Anglais oder den Pâquis in Genf (Erw. hin & zurück 50 SFr, 1¾ Std.) ist Teil des Ausflugsvergnügens.

Das idyllische Schweizer Städtchen **Hermance**, 16 km nordöstlich von Genf an der schweizerisch-französischen Grenze, lockt mit seinen engen Gassen und mittelalterlichen Häusern, ein paar teuren Kunstgalerien und der legendären **Auberge d'Hermance** (☎ 022 751 13 68; www.hotel-hermance.ch; Rue du Midi 12, Hermance; Menü ohne Wein 70–88 SFr, mit Wein 89–128 SFr, Hauptgerichte 45–92 SFr; ⏲ Do–Sa 12–14, Mi–Sa 19–22, So 12–16 Uhr; P) vor allem Kenner an. Die Auberge ist eine der feinsten kulinarischen Adressen in der Region: Die Hähnchen werden hier noch im Ganzen und in einer sagenhaften Kräutersalzkruste gebraten. Der TPG-Bus E (3 SFr, 30 Min., mind. stündl.) verkehrt von Hermance zur Rue Pierre Fatio in Rive an der linken Uferseite in Genf. Alternativ schippern in der Saison Dampfschiffe von CGN (S. 48; Erw. hin & zurück 32 SFr, 1 Std.).

Bei fließendem Verkehr dauern die 9 km von Genf zur Abfahrtsstation der Seilbahn **Téléphérique du Salève** (☎ +33 04 50 39 86 86; www.telepherique-du-saleve.com; Rte du Téléphérique, Étrembières; hin & zurück Erw./Stud./Kind 11,80/8,60/6,50 €; ⏲ So–Mi 9.30–19, Do–Sa bis 23 Uhr; 👪) nur knapp 20 Minuten. Die Fahrt zum Gipfel des **Mont Salève** (1100 m) ist in knapp fünf Minuten geschafft und belohnt mit atemberaubenden Aussichten auf Genf, den Genfer See, das Jura-Gebirge und im Südosten auf die Alpen mit klarem Blick (bei schönem Wetter) auf den Mont Blanc.

wurde. Die süßen Leckereien werden in altmodischen und modernen Verpackungen angeboten. Die Spezialität ist die Aveline, eine superschmelzende Mischung aus Milchschokolade, Mandeln und Haselnüssen in mundgerechten Stückchen, die auf der Zunge zergehen.

Librairie-Galerie Bernard Letu BÜCHER
(☎ 022 310 47 57; www.letubooks.com; Rue Calvin 2; ⏲ Di–Fr 11.30–18.30, Sa 11–17 Uhr) Erlesener Buchladen in der Altstadt mit einem hervorragenden Sortiment großformatiger Kunstbücher und anderer Schätze.

Le Verre en Cave WEIN
(☎ 022 736 51 00; www.verreencave.ch; Rue des Eaux-Vives 27; ⏲ Mo–Mi & Fr 10–19, Do bis 20, Sa bis 18 Uhr) Eine tolle Quelle für Weinliebhaber mit Dutzenden feiner Weine aus der Schweiz und zehn anderen Ländern. Vor dem Kauf können 32 Weine kostenlos probiert werden.

Collection Privée WOHNACCESSOIRES
(☎ 076 323 71 94; Place De-Grenus 8; ⏲ Di–Fr 14–18, Sa bis 17 Uhr) Art-déco-Lampen, Möbel und andere *objets d'art* und Kuriositäten aus dem 19. und 20. Jh.

ℹ Praktische Informationen

Die hilfreiche und gut bestückte **Genfer Touristeninformation** (☎ 022 909 70 00; www.geneve.com; Rue du Mont-Blanc 18; ⏲ Mo 10–18, Di–Sa 9–18, So 10–16 Uhr) liegt nur ein Stück bergab von der **Gare CFF de Cornavin** (www.sbb.ch; Place de Cornavin). Sie gibt verschiedene lokale Karten, Stadtpläne und Touristenführer heraus, darunter diverse thematische Rundgangskarten in mehreren Sprachen mit ausgewählten Strecken, die den Vorlieben und Eigenarten der jeweiligen Sprachgruppe angepasst sind.

Ticket Point (☎ 022 781 04 04; www.sttp.ch; Quai du Mont Blanc) verkauft Karten für Boots-, Bus- und Elektrobahntouren.

An- & Weiterreise

BUS

Gare Routière de Genève (☎ 022 732 02 30; www.coach-station.com; Place Dorcière) Ab hier fahren Busse über die Grenze ins benachbarte Frankreich.

FLUGZEUG

Der **Genfer (Cointrin) Flughafen** (GVA; Aéroport International de Genève; www.gva.ch), 4 km nordwestlich des Stadtzentrums, wird von zahlreichen schweizerischen und internationalen Fluglinien angeflogen.

SCHIFF/FÄHRE

Bis zu vier Dampfer der **CGN** (S. 48) fahren täglich vom Jardin Anglais und von Pâquis zu anderen Dörfern am Genfer See, auch nach Nyon (Erw. hin & zurück 39 SFr, 1¼ Std.) und Lausanne (66 SFr, 3½ Std.).

ZUG

Etwa stündlich fahren Züge von Genfs Hauptbahnhof Gare CFF de Cornavin (S. 56) zu den meisten Orten in der Schweiz. Schließfächer gibt's in der Haupthalle (6 Std. kleines/mittleres/großes/extragroßes Fach 4/6/8/10 SFr).

Flughafen Genf (3 SFr, 6 Min.)

Lausanne (22,40 SFr, 35–50 Min.)

Bern (50 SFr, 1¾ Std.)

Zürich (87 SFr, 2¾ Std.)

Unterwegs vor Ort

AUTO & MOTORRAD

Große Teile der Vieille Ville sind für Autos gesperrt, Parkplätze sind rar gesät. Am besten probiert man es im Parkhaus **Parking du Mont Blanc** ((☎ 022 310 01 30; www.parkgest.ch; Quai du Général-Guisan; 25 Min./1 SFr; ⌚ 24 Std.). Vor Verlassen des Parkhauses das Ticket in einem orangefarbenen TGP-Automaten entwerten; dies berechtigt dazu, Bus, Straßenbahn oder Boot zu zweit 90 Minuten gratis zu nutzen.

FAHRRAD

Von Mai bis Oktober sind kostenlose Fahrräder für bis zu vier Stunden bei **Genèveroule** (☎ 022 740 13 43; www.geneveroule.ch; Place de Montbrillant 17; 4 Std. gratis, dann pro Std. 2 SFr; ⌚ Mai–Okt. 8–21 Uhr, Nov.–April bis 18 Uhr) gleich am Bahnhof erhältlich; erforderlich sind nur ein Lichtbildausweis und 20 SFr Kaution in bar. Im übrigen Jahr verleiht Genèveroule Fahrräder ab 12 SFr pro Tag. Eine zweite Niederlassung namens Terrassière befindet sich in der Ruelle des Templiers 4 im Stadtteil Eaux-Vives (linkes Ufer).

VOM/ZUM FLUGHAFEN

Am schnellsten ist der Genfer Flughafen mit dem Zug (3 SFr, 6 Min., mehrmals stündl.) zu erreichen oder man nimmt an der Haltstelle Rive den Bus 10 (3 SFr, 30 Min., 4–9-mal stündl.). Nach der Ankunft am Flughafen sollte man sich vor Verlassen der Gepäckausgabehalle an dem Automaten beim Infoschalter ein kostenloses Ticket für die öffentlichen Verkehrsmittel besorgen.

Ein Taxi mit Taxameter kostet bis in die Innenstadt zwischen 35 und 50 SFr; die Fahrt dauert etwa 15 Minuten.

ÖFFENTLICHE VERKEHRSMITTEL

Fahrkarten für Busse, O-Busse und Straßenbahnen des **TPG** (TPG; www.tpg.ch; Rue de Montbrillant; ⌚ Mo–Fr 7–19, Sa 9–18 Uhr) sind an Automaten an den Haltestellen erhältlich. Das Hauptfahrkartenbüro des TPG befindet sich im Bahnhof. Ein Ticket mit einstündiger Gültigkeit für mehrere Fahrten in der Stadt kostet 3 SFr, ein *saut-de-puce*-Ticket, gültig für maximal drei Haltestellen innerhalb von 30 Minuten, 2 SFR. Eine Tagesfahrkarte ermöglicht unbegrenzte Fahrten und kostet 10 SFr, bei Kauf nach 9 Uhr 8 SFr.

SCHIFF/FÄHRE

Gelbe Shuttleboote, die sogenannten **Mouettes** (☎ 022 732 29 44; www.mouettesgenevoises.ch; Quai du Mont-Blanc 8; einfach/60-Min.-Ticket 2/3 SFr; ⌚ Sept.–Mai Mo–Fr 7.30–19.30, Sa 10–14, So 15–18 Uhr, Mai–Sept. bis 21 Uhr) – der Name bedeutet „Möwe" –, fahren zwischen 7.30 und 18 Uhr alle zehn Minuten über den See. Tickets für die einfache Fahrt sind an Automaten am Anleger erhältlich, akzeptiert werden auch gültige TPG-Busfahrkarten.

TAXI

Ein Taxi bekommt man am Bahnhof, online (www.taxi-phone.ch) oder telefonisch ☎ 022 331 41 33.

Genfer See & Waadt (Vaud)

Inhalt ➔

Gut essen

- Denis Martin (S. 75)
- Hôtel-Restaurant de la Plage (S. 71)
- Eat Me (S. 66)
- Holy Cow (S. 66)
- La Crémerie (S. 75)

Schön übernachten

- Grand Hotel du Lac (S. 75)
- Fairmont Le Montreux Palace (S. 77)
- Hôtel Beau-Rivage Palace (S. 65)
- Hotel Lavaux (S. 73)
- Hôtel le Rivage (S. 72)

Auf zum Genfer See & in die Waadt!

Westeuropas größter See – von den frankofonen Bewohnern an seinem Ufer Lac Léman genannt, im deutschsprachigen Raum aber Genfer See – wird an seinem Südufer von jener Stadt gesäumt, die ihn für sich beansprucht.

Die Hälfte des Sees und ein Großteil des Ostufers gehören zu Frankreich, aber der Rest ist der Stolz des Schweizer Kantons Waadt (Vaud), von dem der Blick über das Wasser auf die Alpen einfach umwerfend ist. Im Sommer werden Wanderer in den Alpen mit reinster Luft und unglaublichen Aussichten belohnt. Im Winter wird die Region zum teuren Tummelplatz für die internationale skifahrende Elite.

Die Bahnfahrt von Genf nach Montreux am Ufer entlang ist ein Muss. Sie führt an den Weinterrassen des Lavaux vorbei, durch Lausanne mit seinen ausgelassenen Studenten und dem Sitz des Internationalen Olympischen Komitees, durch Vevey (Sitz von Nestlé) und streift Märchenschlösser, luxuriöse Villen und funkelnde „Strände".

Reisezeit

- Frühling und Frühherbst eignen sich wegen der milden Witterung und der vielen wunderschön gepflegten Blumenbeete ideal für einen Aufenthalt.
- Im Mai locken der Blumenweg am Ufer zwischen Montreux und dem Château de Chillon sowie das Tulpenfest in Morges.
- Der Juli bietet zwei weltbekannte Festivals (in Montreux kommt die internationale Jazzszene zusammen und Nyon richtet das facettenreiche Paléo-Musikfestival aus), während zahlreiche Boote auf dem See herumschippern.
- Im Juli und August eignet sich der See am besten zum Baden. Im Januar und Februar locken die Waadtländer Alpen Wintersportler an.

Highlights

1 Château de Chillon (S. 77) Von dem prächtigen Schloss auf dem Blumenweg nach Montreux schlendern.

2 Olympisches Museum (S. 62) In Lausanne das Sportfest für die ganze Welt würdigen.

3 Rochers de Naye (S. 76) Mit der Zahnradbahn bis auf 2042 m Höhe zu Murmeltieren und herrlichen Ausblicken hinauffahren.

4 Das Lavaux (S. 71) Stilvoll dinieren und die Aussicht von den Weinterrassen über Cully genießen.

5 Montreux Jazz Festival (S. 77) Ganz mondän das berühmte Jazzfest am See besuchen.

6 Paléo Festival (S. 70) In Nyon ins Festival für Alternative Rock, EDM und Kunst abtauchen.

7 Peak Walk by Tissot (S. 79) In Les Diablerets das unglaubliche Panorama von der Hängebrücke zwischen zwei Gipfeln erleben.

8 Chaplin's World (S. 73) In Vevey dem legendären Entertainer huldigen.

9 Villa Le Lac (S. 74) Ebenfalls in Vevey über die Entwicklung moderner Architektur nachsinnen.

Geschichte

Bereits 58 v. Chr. marschierten Caesars Truppen in das Gebiet der heutigen südwestlichen Schweiz ein. In den folgenden Jahrhunderten lebten hier keltische Stämme und Römer in Frieden und Wohlstand zusammen.

Im 4. Jh. hatten sich dann die Römer weitgehend aus dem Gebiet der heutigen Schweiz zurückgezogen und germanische Stämme drangen in das Land vor. Christianisierte Burgunder hielten im 5. Jh. Einzug im Südwesten; sie übernahmen das Vulgärlateinische, den Vorläufer des heutigen Französischen. Das von den Franken vereinnahmte Waadtland wurde 1032 Teil des Heiligen Römischen Reichs.

Im 12. und 13. Jh. erlangten nach und nach die Herzöge von Savoyen die Herrschaft über die Waadt und begannen mit dem Bau von eindrucksvollen Burgen an den Ufern des Genfer Sees. Diese Burgen kamen dem Kanton Bern sehr gelegen, als es 1536 Savoyen den Krieg erklärte und die Waadt besetzte.

Die Französische Revolution von 1789 hatte für die Nachbarländer schwerwiegende Folgen und im Dezember machte das Pariser Direktorium das Waadtland zu einem Protektorat. 1803 schuf Napoleon mit der Mediationsakte die Schweizerische Eidgenossenschaft, in der die Waadt mit Lausanne als Hauptstadt zu einem von sechs neuen, selbstständigen Kantonen wurde.

Die zweite Hälfte des 19. Jhs. brachte dem Kanton industriellen Fortschritt und verhältnismäßigen Wohlstand; gebremst wurde dieser Aufschwung erst durch die Auswirkungen der beiden Weltkriege.

Lausanne

146 372 EW. / 495 M

Lausanne, die viertgrößte Stadt der Schweiz, die von Weingärten umgeben ist und sich über drei Hügel am Seeufer erstreckt, glaubt gern, Genf ausstechen zu können.

Während das festgefahrene Genf sich auf die Vergangenheit und seinen Ruf als Sitz von mehr internationalen Organisationen als sonst irgendwo auf der Welt zu konzentrieren scheint, blickt Lausanne in Richtung Zukunft. Die Stadt verströmt eine positive Atmosphäre, vielleicht aufgrund ihrer beneidenswerten Lage (die Ausblicke an diesem Teil des Sees sind spektakulärer als in Genf) und der intellektuellen, aber partyfreudigen studentischen Bevölkerung – die EPFL von Lausanne, die Technische Hochschule, gehört zu den Spitzenuniversitäten Europas. Der Sitz des Internationalen Olympischen Komitees befindet sich hier, zudem gibt es einzigartige, im Wandel befindliche Museen und ein neues Aquarium, die sich von der gotischen Altstadt abheben.

Die Schicki-Stadtteile Ouchy am Seeufer und Flon mit seinen neu genutzten Lagerhäusern repräsentieren Lausannes hippe, urbane Kultur; beide verlocken zu einem Besuch.

Geschichte

Die Römer ließen sich erstmals am Seeufer bei Vidy nieder, einem Knotenpunkt an der Straße von Italien nach Gallien, das schließlich Lousonna genannt wurde. Als im 4. Jh. n. Chr. die Alemannen einfielen, flohen die Bewohner Lousannas ins hügelige Inland – dorthin, wo heute die Altstadt von Lausanne zu finden ist.

1529 kam Guillaume Farel, einer der Anhänger Johannes Calvins, in die Stadt und propagierte die Reformation, aber erst sieben Jahre später, als Bern die Stadt besetzte, mussten die Katholiken klein beigeben.

Seit dem 18. Jh. zieht Lausanne Schriftsteller und Freidenker in seinen Bann. Zeitweise lebten hier berühmte Autoren wie Voltaire, Charles Dickens, Lord Byron und T.S. Eliot (der hier sein Gedicht *Das wüste Land* schrieb).

Sehenswertes

Im Uferviertel **Ouchy** bietet der Genfer See (Lac Léman) viele Möglichkeiten für sportliche Aktivitäten, z. B. Segeln, Windsurfen, Wasserskifahren und Schwimmen. Die Touristeninformation liefert entsprechende Informationen. Vor dem Château d'Ouchy werden in der Badesaison Tretboote und Kajaks vermietet, zudem eignen sich die angenehm ebenen Uferpromenaden wunderbar zum Radfahren und Rollerbladen. Der **Strand von Vidy** westlich von Ouchy gehört zu den wenigen Sandstränden des Sees und wird von dichtem Wald und Parklandschaften gesäumt.

★ Musée Cantonal des Beaux Arts — MUSEUM

(MCB-A; Karte S. 62; ☎ 021 316 34 45; www.mcba.ch; Pl de la Riponne 6; Erw./Kind 10 SFr/frei, 1. Sa im Monat frei; ⏲ Di–Do 11–18, Fr–So bis 17 Uhr) Im **Palais de Rumine** (Karte S. 62; ☎ 021 316 33 10; http://musees.vd.ch/palais-de-rumine/accueil/; ⏲ Di–Do 11–18, Fr–So bis 17 Uhr) GRATIS, in dem 1923 der Vertrag von Lausanne unterzeichnet wurde, ist derzeit noch das Kunstmuseum der Stadt untergebracht. Allerdings wird es 2019 ins Plateforme10 (S. 65) umziehen. Hier sind Werke von nationalen und ausländischen Künstlern zu sehen, die vom antiken Ägypten bis zum Kubismus reichen. Den Kern der Sammlung bilden jedoch die Werke des Landschaftsmalers Louis Ducros (1748–1810). Während der Sonderausstellungen bleibt die Dauerausstellung oft geschlossen.

Lausanne

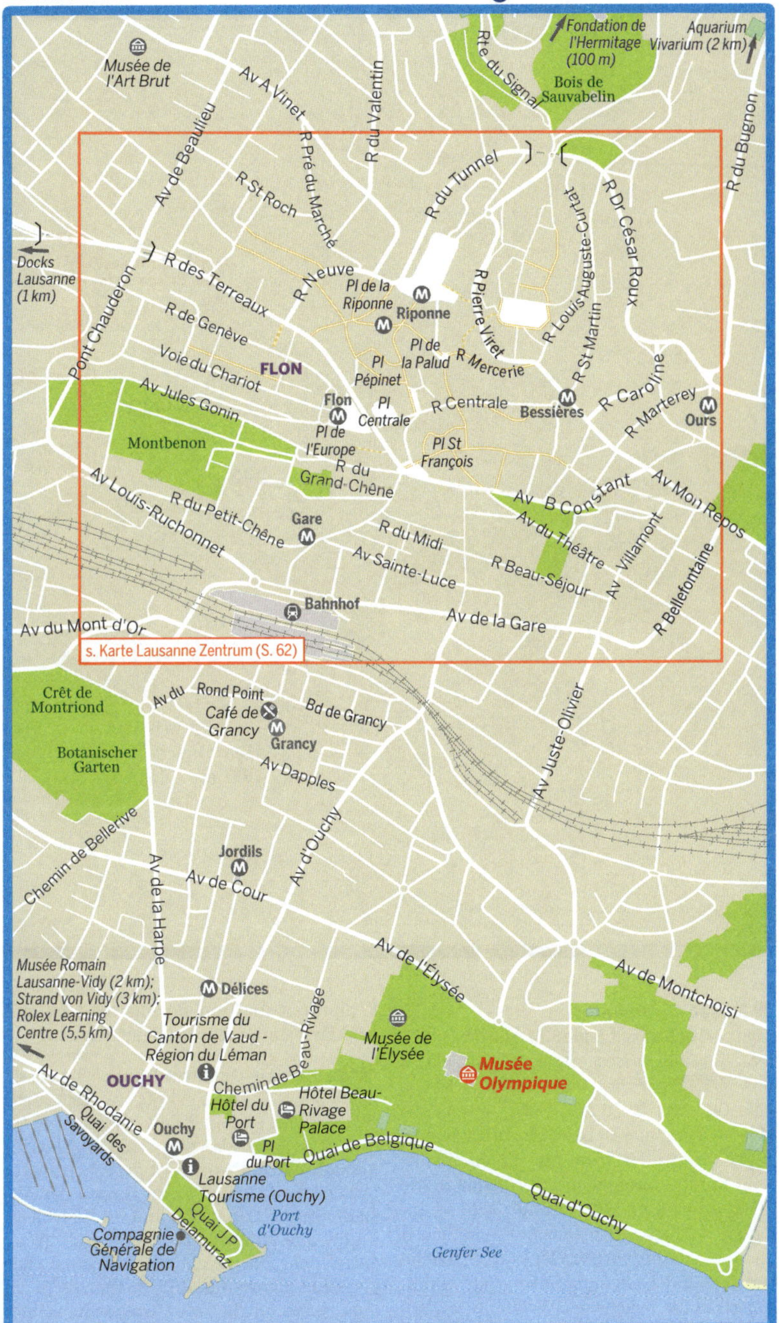
0
400 m
Musée de l'Art Brut
Av A Vinet
R du Valentin
Rte du Signal
Fondation de l'Hermitage (100 m)
Aquarium Vivarium (2 km)
Bois de Sauvabelin
R du Bugnon
Av de Beaulieu
R Pré du Marché
R St Roch
R du Tunnel
R Louis Auguste-Curtat
R Dr César Roux
Docks Lausanne (1 km)
R des Terreaux
R Neuve
Pl de la Riponne
Riponne
R Pierre Viret
Pont Chauderon
R de Genève
Voie du Chariot
FLON
Pl de la Palud
Pl Pépinet
R Mercerie
R St Martin
Av Jules Gonin
Flon
Pl Centrale
Pl de l'Europe
R Centrale
Bessières
R Caroline
R Marterey
Ours
Montbenon
Pl St François
R du Grand-Chêne
Av B Constant
Av Mon Repos
Av Louis-Ruchonnet
R du Petit-Chêne
Gare
R du Midi
Av du Théâtre
Av Villamont
Av Sainte-Luce
R Beau-Séjour
R Bellefontaine
Bahnhof
Av du Mont d'Or
Av de la Gare
s. Karte Lausanne Zentrum (S. 62)
Crêt de Montriond
Botanischer Garten
Av du Rond Point
Café de Grancy
Grancy
Bd de Grancy
Av Dapples
Av Juste-Olivier
Chemin de Bellerive
Av d'Ouchy
Jordils
Av de Cour
Av de la Harpe
Av de l'Élysée
Av de Montchoisi
Musée Romain Lausanne-Vidy (2 km); Strand von Vidy (3 km); Rolex Learning Centre (5,5 km)
Délices
Tourisme du Canton de Vaud - Région du Léman
Chemin de Beau-Rivage
Musée de l'Élysée
Musée Olympique
OUCHY
Av de Rhodanie
Quai des Savoyards
Ouchy
Hôtel du Port
Hôtel Beau-Rivage Palace
Pl du Port
Quai de Belgique
Lausanne Tourisme (Ouchy)
Quai J P Delamuraz
Port d'Ouchy
Compagnie Générale de Navigation
Quai d'Ouchy
Genfer See

Lausanne Zentrum

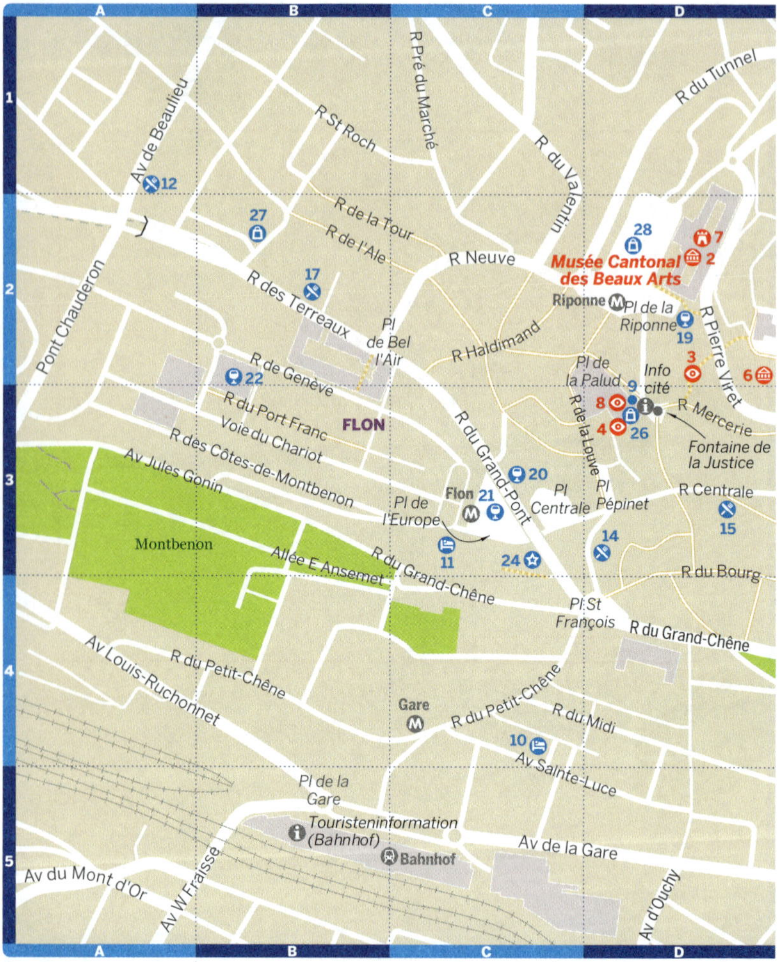

★ Musée Olympique MUSEUM
(Olympisches Museum; Karte S. 61; ☎ 021 621 65 11; www.olympic.org/museum; Quai d'Ouchy 1; Erw./Kind 18/10 SFr; ⏲ Mai–Mitte Okt. tgl. 9–18 Uhr, Mitte Okt.–April Di–So 10–18 Uhr; P 👪) Das Musée Olympique ist bei Weitem Lausannes aufwendigstes Museum und für Sportfans (und Kinder) unumgänglich. Hochmoderne Installationen erzählen mittels Videos, interaktiven Exponaten, Erinnerungsstücken und thematischen Wechselausstellungen die Geschichte der Olympiade von den Anfängen bis in die Gegenwart. Weitere Attraktionen sind die Stufengärten, die olympischen Skulpturen und ein fabelhaftes Café mit erstklassigem Seeblick von der Terrasse.

★ Cathédrale de Notre-Dame KATHEDRALE
(Karte S. 62; ☎ 021 316 71 60; www.cath-vd.ch/cvd_parish/notre-dame; Pl de la Cathédrale; ⏲ April–Sept. 9–19, Okt.–März bis 17.30 Uhr) Lausannes gotische Kathedrale ist die schönste der Schweiz und steht stolz im Herzen der Altstadt. Sie ersetzte im 12. und 13. Jh. frühere schlichtere Kirchen. Die Kathedrale weist zwar nicht die Leichtigkeit französischer gotischer Bauwerke auf, ist aber dennoch außergewöhnlich. Papst Gregor X. weihte sie 1275 im Beisein des römisch-deutschen

Lausanne Zentrum

Highlights
1 Cathédrale de Notre-Dame E2
2 Musée Cantonal des Beaux Arts D2

Sehenswertes
3 Escaliers du Marché D2
4 Hôtel de Ville D3
5 Musée de Design et d'Arts Appliqués Contemporains E3
6 Musée Historique de Lausanne D2
7 Palais de Rumine D2
8 Place de la Palud D3

Aktivitäten, Kurse & Touren
9 Guides d'Accueil MdA D3

Schlafen
10 Hôtel Elite C4
11 Lhotel C3

Essen
12 Au Canard Pékinois A1
13 Café St-Pierre E4
14 Eat Me D3
15 Eligo D3
16 Holy Cow E3
17 Holy Cow B2

Ausgehen & Nachtleben
18 Caffè Bellini E1
19 Great Escape D2
20 Le D! Club C3
21 Les Arches C3
22 MAD B2
23 Terrasse des Grandes Roches E3

Unterhaltung
24 Le Romandie C3
25 Opéra de Lausanne E5

Shoppen
26 Marché à la Place de la Palud D3
27 Marché de Chauderon B2
28 Marché du Centre-ville D2

Königs Rudolf I. von Habsburg und einer eindrucksvollen Schar von Kardinälen und Bischöfen aus ganz Europa ein.

Place de la Palud PLATZ

(Karte S. 62) Der bildhübsche mittelalterliche Markplatz aus dem 9. Jh. im Herzen der **Vieille Ville** (Altstadt) war einst ein Sumpfgebiet. Seit fünf Jahrhunderten hat die Stadtverwaltung hier ihren Sitz, heute im **Hôtel de Ville** aus dem 17. Jh. Gegenüber steht die **Fontaine de la Justice** (Brunnen der Gerechtigkeit), auf deren leuchtend bunt bemalten Säule die allegorische Figur der blau gekleideten Justitia selbst mit ihrer Waage den Platz überblickt.

Links durch die Rue Mercière geht es zu den **Escaliers du Marché** (Karte S. 62), einer Treppe mit Holz- und Ziegeldach, die zur Rue Pierre Viret und weiter zur Cathédrale de Notre Dame führt.

Musée de Design et d'Arts Appliqués Contemporains MUSEUM

(MUDAC; Museum für zeitgenössisches Design und Kunstgewerbe; Karte S. 62; ☎ 021 315 25 30; www.mudac.ch; Pl de la Cathédrale 6; Erw./Kind 10 SFr/frei, 1. Sa im Monat frei; ⌚ Di–So 11–18 Uhr) Das Museum für modernes Design und Kunstgewerbe richtet jedes Jahr sechs faszinierende Wechselausstellungen aus. Es befindet sich

JETZT SCHLÄGT'S ZEHN!

Manche Traditionen sterben nicht aus: Hoch vom **Glockenturm der Kathedrale** von Lausanne ruft zwischen 22 und 2 Uhr immer noch ein *guet* (Nachtwächter) die Stunde aus. In dieser Zeit ertönt zu jedem Stundenschlag: *C'est le guet! Il a sonné dix, il a sonné dix!* (Hier ist der Nachtwächter! Es hat zehn geschlagen! Es hat zehn geschlagen!). Früher war dieser Beruf ziemlich wichtig, denn der *guet* hielt nach Bränden und anderen Gefahren Ausschau. Zudem hatte er für Ordnung in der Bevölkerung zu sorgen und dafür, dass während der Gottesdienste auf den Straßen alles ruhig blieb.

gegenüber der Südseite der Kathedrale. 2019 wird es in das lang erwartete „Supermuseum" Plateforme10 (S. 65) umziehen.

Musée Historique de Lausanne MUSEUM

(Karte S. 62; ☎ 021 315 41 01; www.lausanne.ch/mhl; Pl de la Cathédrale 4; Erw./Kind 8 SFr/frei, 1. Sa im Monat frei; ⏲ Di–Do 11–18, Fr–So bis 17 Uhr) Bis ins 15. Jh. residierten die Bischöfe der Stadt in diesem reizenden Herrenhaus gegenüber der Kathedrale, danach wurde es ein Gefängnis, dann ein Gericht und später ein Krankenhaus. Seit 1918 widmet es sich der Bewahrung von Lausannes kulturellem Erbe in Form von Gemälden, Zeichnungen, Briefmarken, Musikinstrumenten, Silberwaren etc. Lohnend ist der Film über die Stadt im Jahr 1638.

Musée de l'Art Brut MUSEUM

(Karte S. 61; ☎ 021 315 25 70; www.artbrut.ch; Av des Bergières 11–13; Erw./Kind 10 SFr/frei; ⏲ Di–So 11–18 Uhr) *Brut* bedeutet so viel wie „rau" oder „ungeschliffen" und der Name passt zu dieser außergewöhnlichen Galerie mit ihrer riesigen Sammlung von Werken nicht geschulter Künstler (viele von ihnen lebten am Rande der Gesellschaft oder waren psychisch krank), die der französische Künstler Jean Dubuffet in den 1970er-Jahren in dem Landhaus aus dem späten 18. Jh. zusammentrug. Die Exponate weisen einen beeindruckenden Facettenreichtum und teilweise hohes handwerkliches Können sowie eine oftmals inspirierende Weltsicht auf. Zu erreichen mit den Buslinien 2, 3 oder 21 bis zur Haltestelle Beaulieu-Jomini.

Fondation de l'Hermitage MUSEUM

(☎ 021 320 50 01; www.fondation-hermitage.ch; Rte du Signal 2; Erw./Kind 19/8 SFr; ⏲ Di, Mi & Fr–So 10–16, Do bis 21 Uhr) Die wunderschöne Residenz aus dem 19. Jh. inmitten des friedlichen, idyllischen, grünen Bois de Sauvabelin am nördlichen Stadtrand beherbergt hochkarätige Wechselausstellungen. Der waldähnliche Park lädt zu Spaziergängen ein; man findet dort einen See und einen modernen, 35 m hohen hölzernen Aussichtsturm mit einer Wendeltreppe – er bietet tolle Ausblicke!

Der inspirierende kulturelle Streifzug lässt sich durch eine Führung und einen Sonntagsbrunch (62 SFr) im reizenden Café-Bistro der Stiftung **L'Esquisse** ausdehnen, freitag- und samstagabends gehört zudem eine Führung (18.45 Uhr) mit anschließendem Abendessen (89 SFr) zum Angebot. Für Beides ist eine telefonische Reservierung erforderlich.

Rolex Learning Centre SEHENSWERTES GEBÄUDE

(☎ 021 693 11 11; www.rolexlearningcenter.epfl.ch; École polytechnique fédérale de Lausanne, Rte Cantonale; Ⓟ) Das ungewöhnliche Gebäude (das von oben wie eine Scheibe Emmentaler Käse aussieht) birgt den Hauptcampus der **École polytechnique fédérale de Lausanne** (EPFL), die zu den führenden Technischen Hochschulen Europas zählt. Die Besichtigung des von den japanischen Architekten Kazuyo Sejima und Ryue Nishizawa entworfenen Gebildes ist ein Muss für Architekturstudenten und Fans von ultramodernem Design (man kann einfach reingehen und sich umschauen).

Musée de l'Élysée MUSEUM

(Karte S. 61; ☎ 021 316 99 11; www.elysee.ch; Av de l'Élysée 18; Erw./Kind 8 SFr/frei, 1. Sa im Monat frei; ⏲ Di–So 11–18 Uhr) Das hervorragende Museum für Fotografie hat einen schönen Standort auf gepflegtem Gelände im Parc Olympique mit Blick auf den Genfer See und die Alpen. Es stellt eine ständige Sammlung aus und veranstaltet Wechselausstellungen. Es wird 2019 ins Plateforme10 (S. 65) umziehen.

Aktivitäten

Guides d'Accueil MdA STADTFÜHRUNG

(Karte S. 62; ☎ 021 320 12 61; www.lausanne-a-pied.ch; Pl de la Palud; Erw./Kind 10 SFr/frei; ⏲ Mai–Sept.) Die Führungen durch die Altstadt beginnen vor dem Hôtel de Ville (Rathaus) an der Place de la Palud. Es werden nach Bedarf verschiedene themenbezogene Touren für bis zu fünf Teilnehmer angeboten. Details stehen auf der Website.

Feste & Events

Festival de la Cité KULTUR
(www.festivalcite.ch) Während des einwöchigen Festivals Anfang Juli werden auf den Straßen und Plätzen in der ganzen Stadt Kunst sowie unterschiedliche Tanz-, Theater- und Zirkusvorführungen unter freiem Himmel geboten.

Schweizer Nationalfeiertag FEUERWERK
Am 1. August kann man sich am frühen Abend ein Tretboot ausleihen und gegen 22 Uhr vom See aus das Feuerwerk genießen.

Schlafen

Lausanne hat ein breites Unterkunftsangebot, von Hostels bis zu Luxushotels. Beim Einchecken erhalten Gäste eine **Lausanne Transport Card**, die für die Aufenthaltsdauer unbegrenzte Nutzung der öffentlichen Verkehrsmittel gewährt.

SYHA Lausanne Jeunotel HOSTEL €
(021 626 02 22; www.youthhostel.ch/lausanne; Chemin du Bois-de-Vaux 36; 4B-Schlafsaal 43 SFr, EZ/DZ ab 43/105/130 SFr; P) Das Hostel des Schweizer Jugendherbergsverbands (SYHAA) liegt nur einen Katzensprung vom Genfer See in der Nähe der Geschäftsräume des Internationalen Olympischen Komitees entfernt. Es wird wegen seiner raffiniert renovierten Zimmer, der 24-Stunden-Rezeption und der schönen Lage in einer Parklandschaft in Seenähe als Hostel der „Spitzenklasse“ eingestuft. Im Preis ist ein Frühstücksbuffet enthalten, auch werden täglich Mittag- und Abendessen angeboten (17,50 SFr).

Lhotel BOUTIQUEHOTEL €
(Karte S. 62; 021 331 39 39; www.lhotel.ch; Pl de l'Europe 6; Zi. ab 130 SFr;) Ein kleines Hotel in perfekter Lage, um das Nachtleben des lebhaften Viertels Flon zu erkunden. Die einfachen Zimmer sind in Weiß gehalten und mit iPads ausgestattet. Das Frühstück kostet 14 SFr. Es gibt eine tolle Dachterrasse und während des Aufenthalts kann man für 55 SFr die Fünf-Sterne-Einrichtungen des nahe gelegenen **Lausanne Palace & Spa** nutzen.

Starling Hotel HOTEL €€
(021 694 85 85; www.shlausanne.com; Rte Cantonale 31, Saint-Sulpice; DZ/Suite ab 150/260 SFr; P) Das helle, neue Hotel gegenüber dem auffälligen Gebäude des Rolex Learning Centre (S. 64) am Stadtrand hat frische, elegant gestaltete Zimmer, neues Bettzeug, viel natürliches Licht, Fenster, die sich öffnen lassen, und viele Steckdosen und Anschlüsse für Hightech-Geräte. Viele Zimmer bieten sogar Aussicht auf den See.

Hôtel du Port HOTEL €€
(Karte S. 61; 021 612 04 44; www.hotel-du-port.ch; Pl du Port 5; EZ/DZ ab 160/190 SFr; P) Das Hotel punktet mit seiner perfekten Lage in Ouchy direkt beim See. Die besseren Doppelzimmer verfügen über einen guten Seeblick (zzgl. 20 SFr) und sind geräumig (23 m^2). Im 3. Stock gibt es ein paar sehr gute Juniorsuiten.

★ **Hôtel Beau-Rivage Palace** HISTORISCHES HOTEL €€€
(Karte S. 61; 021 613 33 33; www.brp.ch; Pl du Port 17–19; Zi. ab 520 SFr; P) Das prächtige Luxushotel am See wartet mit der wohl besten Lage der Stadt auf. Das wunderschön erhaltene, im frühen 19. Jh. erbaute Herrenhaus ist von einem makellos gepflegten An-

PLATEFORME10

Ende 2016 begannen die Bauarbeiten für eines der bislang spannendsten Museumsprojekte in der Schweizer Kunstwelt, das ab 2019 schrittweise eröffnet werden soll.

Wer sich vom Staunen wieder eingekriegt hat (vom Anblick der Alpen) und vom Zug aus Genf bei der Einfahrt nach Lausanne nach links schaut, sieht die sogenannte Plateforme10.

Die Baustelle auf dem Gelände der ehemaligen Lokomotivschuppen von Lausanne ist nicht zu übersehen und wenn das Projekt abgeschlossen ist, wird es unter einem Dach die drei Museen Musée Cantonal des Beaux-Arts (S. 60), Musée de l'Élysée (S. 64) und MUDAC (S. 63) sowie die Fondation Félix Vallotton und die Fondation Toms Pauli vereinen. Die Kunstwelt wartet.

Derweil kann der Fortgang online auf www.plateforme10.ch/en verfolgt werden.

wesen umgeben und bietet einen traumhaften Blick auf den See und die Alpen sowie einen großartigen Wellnessbereich, einige Bars und gehobene Restaurants (darunter ein Gourmettempel unter der Leitung von Anne-Sophie Pic, der einzigen französischen Köchin mit drei Michelin-Sternen).

Hôtel Elite BOUTIQUEHOTEL €€€
(Karte S. 62; ☎021 320 23 61; www.elite-lausanne.ch; Av Sainte Luce 1; EZ/DZ ab 210/290 SFr; P ❄ 📶) Das in einem aprikosenfarbenen Stadthaus untergebrachte charmante Hotel ist bereits seit drei Generationen ein Familienbetrieb. In dem kleinen, hübschen Garten gibt es ein paar Sonnenliegen und Tische, an der Rezeption Blumenschmuck und sanfte Hintergrundmusik. Die Zimmer im 4. Stock bieten Seeblick, die besten darunter haben zudem einen Balkon.

Essen

Lausannes Gastroszene ist lässig, die Preise sind es allerdings nicht. Dank der vielen Studenten in einer solch kleinen Stadt ist es aber relativ einfach, preisgünstigere Möglichkeiten zu finden, wenn man knapp bei Kasse ist.

★ **Eat Me** TAPAS €
(Karte S. 62; ☎021 311 76 59; www.eat-me.ch; Rue Pépinet 3; kleine Portionen 10–20 SFr; ⏲Di–Sa 12–14 & 17–24 Uhr; 📶) „The world on small plates" („Die Welt auf kleinen Tellern"), das Motto von Eat Me, gibt schon einen Eindruck davon, worum es sich in diesem fröhlichen, ungemein beliebten und absolut köstlichen Bar-Restaurant dreht: im Prinzip internationale Tapas, ob Mini-Burger oder *electric sashimiviche* (Sichuan-Sashimi à la Ceviche!) und Garnelen am Stiel. Essen, das absolut Spaß macht, am meisten mit Freunden, und relativ günstig ist.

★ **Holy Cow** BURGER €
(Karte S. 62; ☎021 312 24 04; www.holycow.ch; Rue Cheneau-de-Bourg 17; Burger mit Pommes & Getränk 14–26 SFr; ⏲11–23 Uhr; 👪) Eine Erfolgsgeschichte, die in Lausanne ihren Anfang nahm und mittlerweile auch Filialen in Genf, Zürich und Frankreich hat. Die kreativen Burger (mit Rind, Hühnchen oder vegetarisch) werden mit lokalen Zutaten zubereitet und bekommen originelle Namen verpasst. Einfach ein Bier aus der Region bestellen, es sich an einem der langen Holztische mit anderen Gästen gemütlich machen und auf den Burger und die im Strohkörbchen servierten Pommes frites warten! Eine zweite Filiale befindet sich in der **Rue des Terreaux** (Karte S. 62; Rue des Terreaux 10).

Au Canard Pékinois CHINESISCH €
(Karte S. 62; ☎021 329 03 23; www.au-canard-pekinois.ch; Pl Chauderon 16; Hauptgerichte 16–48 SFr; ⏲12–14.30 & 19–22.30 Uhr) Authentische kantonesische Küche nach Hongkong-Art wird in diesem Restaurant geboten, das nach seiner Spezialität „Pekingente" benannt ist: Wer das Gericht mag, sollte sich schleunigst hierher auf die Socken machen. Weitere Klassiker wie Mapo-Tofu und diverse Dim Sum sind ebenfalls gut und werden in einem stilvollen, edlen Ambiente serviert.

Eligo MODERN EUROPÄISCH €€
(Karte S. 62; ☎021 320 00 03; www.eligo-restaurant.ch; Rue du Flon 8; Hauptgerichte 25–68 SFr, 4-/6-Gänge-Abendmenü 90/150 SFr; ⏲Di–Sa 12–14 & 19–22 Uhr) Das glamouröse Restaurant, dessen Name aus dem Lateinischen stammt und „ich wähle aus" bedeutet, ist schick mit Beton und Holz eingerichtet. Chefkoch Guillaume Raineix hält es einfach und präsentiert eine durchdachte Speisekarte, die auf lokalen, marktfrischen Zutaten und technischem Können beruht. Sein Ruf eilt ihm voraus: Er lernte in den anspruchsvollsten Pariser Küchen, u. a. im Four Seasons im Hotel George V. Reservierung ist ratsam.

Café de Grancy MODERN EUROPÄISCH €€
(Karte S. 61; ☎021 616 86 66; www.cafedegrancy.ch; Av du Rond Point 1; Hauptgerichte 19–44 SFr; ⏲Mo–Fr 8–24, Sa & So 10–24 Uhr; 📶) Das Café gleich südlich des Bahnhofs hat vorne urgemütliche Sofas für einen Drink und serviert kreative Küche in trendigem Ambiente weiter hinten. Ein unschlagbares Preis-Leistungs-Verhältnis bietet zur Mittagszeit die *pâte du jour* (Pasta des Tages), die mit Salat oder Suppe serviert wird. Mittwochs wird am Abend Fondue angeboten, am ersten Dienstag im Monat steht das Abendessen unter einem bestimmten Motto und am Wochenende gibt's einen tollen und sehr beliebten Brunch.

Café St-Pierre MODERN EUROPÄISCH €€
(Karte S. 62; ☎021 326 36 36; www.cafesaintpierre.ch; Pl B Constant 1; Mahlzeiten 18–36 SFr; ⏲Di & Mi 7.30–24, Do bis 1, Fr bis 2, Sa 11–2, So 11–18 Uhr; 📶) Die Tatsache, dass ab 12 Uhr jeder Tisch besetzt ist, die Kellner geschäftig umherwuseln und das Telefon ständig klingelt, spricht für sich: Diese hippe Café-Bar rockt! Die Einrichtung ist zeitgenössisch und lässig und die Küche modern-europäisch – so

gibt's mittags Pasta, große Salate und Fisch, ab 19 Uhr kreative Tapas und am Wochenende Brunch. Vorab reservieren!

Ausgehen & Nachtleben

Lausanne hat den Ruf, das Leben zu genießen und ordentlich zu feiern (nach Schweizer Art), ob in trendigen Studentenkneipen, schicken Cafés oder kultivierten Bars am Seeufer. Das sanierte Speicherviertel **Le Flon** bildet den Kern des Nachtlebens der Stadt. Hier ziehen die Bars, Clubs und Cafés für eine Stadt dieser Größe massenhaft Leute an, besonders donnerstags und an Wochenenden.
Am Abend werden viele der stilvollen Café-Bars und Bistros in der Stadt zu tollen und lebendigen Tapasbars.

★ Great Escape KNEIPE
(Karte S. 62; ☎ 021 312 31 94; www.the-great.ch; Rue de la Madeleine 18; ⏲ Mo–Fr 11.30 Uhr–spät, Sa ab 10, So ab 12 Uhr) Die betriebsame Studentenkneipe mit typischer Kneipenkost (geniale Burger!) und toller Terrasse mit Blick auf die Place de la Riponne kennt hier jeder. Um hinzukommen, von eben diesem Platz aus die Treppen Escaliers de l'Université hinaufsteigen und oben rechts abbiegen.

Caffè Bellini BAR
(Karte S. 62; ☎ 021 351 24 40; www.caffebellini.ch; Rue de la Barre 5; ⏲ Mo–Do 10–1, Fr & Sa bis 2 Uhr) Die bezauberndste Terrasse Lausannes gehört zu diesem Lokal, das sich in der Altstadt versteckt. Im Sommer ist es mit seinen Lichterketten, einer coolen Klientel und dem auf retro getrimmten Interieur *die* Location für einen Drink. Die Antipasti und Pizzas sind gut, die ist Bedienung fröhlich, aber zeitweise etwas vergesslich. Vorab telefonisch reservieren!

MAD CLUB
(Karte S. 62; ☎ 021 340 69 69; www.madclub.ch; Rue de Genève 23; ⏲ Do–So 23–4 Uhr) Das verrückte MAD („Moulin à Danse de Lausanne", Lausanner Tanzmühle) im Viertel Flon bietet seit 1985 fünf Etagen voller Unterhaltung mit vier Tanzflächen und einem Restaurant namens Bedroom. Die Musik ist ziemlich gemischt (Reggaeton, Mashup, Hardcore), die Kleiderordnung elegant und die Jetlag Gallery im 3. Stock nur für Clubbesucher über 28 Jahren geöffnet. Sonntags ist Schwulen-Night.

Le D! Club CLUB
(Karte S. 62; ☎ 021 351 51 40; www.dclub.ch; Pl Centrale; ⏲ Mi–Sa 23–5 Uhr) In dem pulsierenden Club legen DJs angesagte House-Rhythmen in all ihren aktuellen Subformen auf. Um hinzukommen, geht man in der Rue du Grand Pont die Treppen hinab, biegt rechts ab und folgt der Gasse dann bis hinunter zur Place Centrale.

Unterhaltung

Lausanne pflegt die Künste und bietet folglich eine dynamische Kulturlandschaft mit Theatern, Klassikkonzerten (auch Oper) und anderer Bühnenkunst (auch Tanz). Das Programm steht im Lokalblatt *24 Heures*, online auf www.24heures.ch.

Le Romandie LIVEMUSIK
(Karte S. 62; ☎ 021 311 17 19; www.leromandie.ch; Pl de l'Europe 1a; ⏲ Di & Do–Sa 22–4 Uhr)

BARS UNTER BRÜCKEN

Wo eine Brücke ist, gibt's auch eine Bar – zumindest im künstlerisch angehauchten Lausanne, wo im Sommer die angesagtesten Bars der Stadt ihre Drinks unter gewaltigen Brückenpfeilern servieren.

Les Arches (Karte S. 62; www.lesarches.ch; Pl de l'Europe; ⏲ Mo–Mi 11–24, Do bis 1, Fr & Sa bis 2, So 13–24 Uhr) Die Kneipe, die vier Bogen von Lausannes wunderschönem Grand Pont (zwischen 1839 und 1940 errichtet) über der Place de l'Europe einnimmt, ist der perfekte Ort für einen Feierabenddrink in der warmen Abendsonne oder einen Absacker zu fortgeschrittener Stunde.

Terrasse des Grandes Roches (Karte S. 62; ☎ 021 312 34 18; http://lesgrandesroches.ch; Escaliers des Grandes-Roches; ⏲ April–Sept. 14–24 Uhr) Am frühen Abend treffen sich die Hipster der Stadt auf dieser super Terrasse samt Billardtisch, Tischfußball, Palmen und Liegestühlen unter dem Bogen der Pont Bessières, die von 1908 bis 1910 gebaut wurde. Von der Rue Centrale führt eine Treppe hinauf und vom MUDAC in der Rue Pierre Veret gegenüber eine andere hinab.

Lausannes bester Rockclub ist in postindustrieller Kulisse unter den großartigen Steinbogen des Grand Pont zu finden. Das Live-Programm hat Rock, Garage und sogar Punk zu bieten.

Docks Lausanne KONZERTBÜHNE
(☎ 021 623 44 44; www.lesdocks.ch; Av de Sévelin 34; ⊙ Di–So 19–2 Uhr) Livemusik jeder Couleur, ob Hip-Hop, Heavy Metal oder Reggae.

Opéra de Lausanne OPER
(Karte S. 62; ☎ 021 315 40 20; www.opera-lausanne.ch; Av du Théâtre 12; ⊙ Kasse Mo–Fr 12–18 Uhr) Hier werden in einem kürzlich renovierten Gebäude Opern und Klassikkonzerte aufgeführt.

Shoppen

★ **Marché du Centre-ville** MARKT
(Wochenmarkt; Karte S. 62; Place de la Riponne; ⊙ Mi & Sa 8–14 Uhr) Die autofreien Straßen der Altstadt um die Place de la Riponne vor dem Palais de Rumine (S. 60) füllen sich jeden Mittwoch und Samstag mit Marktständen, die hochwertige regionale Erzeugnisse wie Obst, Gemüse, Käse und Wurst verkaufen. Der Markt eignet sich prima, um sich mit Picknickproviant einzudecken oder um heimische Snacks wie *taillé aux greubons* (Blätterteig mit Griebenschmalz) zu probieren. Von Anfang November bis Heiligabend findet hier auch der quirlige **Weihnachtsmarkt** statt.

Außerdem gibt es einen Flohmarkt, den **Marché de Chauderon** (Flohmarkt Place Chauderon; Karte S. 62; Place Chauderon; ⊙ Di & Do 9–19 Uhr) GRATIS und einen Kunsthandwerksmarkt, den **Marché à la Place de la Palud** (Kunsthandwerksmarkt Place de la Palud; Karte S. 62; Place de la Palud; ⊙ 1. Fr des Monats 10.30–19 Uhr).

Praktische Informationen

In Lausanne gibt es massenhaft Touristeninformationen.

Lausanne Tourisme – Gare (Karte S. 62; ☎ 021 613 73 73; www.lausanne-tourisme.ch; Pl de la Gare 9; ⊙ 9–19 Uhr) Im Bahnhof.

Lausanne Tourisme – Ouchy (Karte S. 61; ☎ 021 613 73 21; www.lausanne-tourisme.ch; Av de Rhodanie 2; ⊙ April–Sept. 9–19 Uhr, Okt.–März bis 18 Uhr) Am Seeufer.

Info cité (Karte S. 62; ☎ 021 315 25 55; www.lausanne.ch/infocite; Pl de la Palud 2; ⊙ 8–12 & 13–17 Uhr) Büro der Stadtverwaltung mit einigen touristischen Infos.

Tourisme du Canton de Vaud – Région du Léman (Karte S. 61; ☎ 021 613 26 26; www.lake-geneva-region.ch; Av d'Ouchy 60; ⊙ Mo–Fr 8–12 & 13–17.30 Uhr) Infos hauptsächlich zum Genfer See.

GÜNSTIG UNTERWEGS

Mit dem sieben Tage gültigen **Regionalpass Genfersee–Alpen** (Erw./Kind 130/65 SFr) kann man drei Tage lang die Busse und Züge in der Region Genfer See kostenfrei und an den folgenden vier Tagen zum halben Preis nutzen. Außerdem gibt es bei der Schweizerischen Schifffahrtsgesellschaft CGN eine Ermäßigung von 50 % und bei manchen Seilbahnen, auch der zum Glacier 3000 (S. 79), einen Rabatt von 25 %.

Es existiert auch eine billiger Version für fünf Tage (Erw./Kind 105/50 SFr). Wer eine der verschiedenen Schweizer Bahnkarten besitzt, bekommt den Regionalpass 20 % günstiger. Online erhältlich über www.swissrailways.com/en/products/regionalalpspass.

An- & Weiterreise

Lausanne liegt 66 km über die A1 südwestlich von Genf und 30 km über die A9 nordwestlich von Montreux.

SCHIFF/FÄHRE

CGN (Karte S. 61; www.cgn.ch; Quai Jean-Pascal Delamuraz; Ausflugsfahrten ab 25 SFr) hat Passagierschiffe (jedoch keine Autofähren), die zwischen Ouchy und Zielen rund um den Genfer See (auch in Frankreich) verkehren. Eine Tageskarte (Erw./Kind 64/32 SFr) gilt für die unbegrenzte Nutzung aller Linien auf dem See. Familienkarten sind ebenfalls erhältlich.

Zu den Zielen gehören Montreux (27 SFr, 1½ Std., bis zu 6-mal tgl.), Vevey (21 SFr, 1 Std., bis zu 7-mal tgl.), Nyon (35 SFr, 2¼ Std., bis zu 4-mal tgl.) und Genf (45 SFr, 3½–4 Std., bis zu 5-mal tgl.).

ZUG

Zugverbindungen gibt es mit Genf (22,40 SFr, 35–50 Min., bis zu 6-mal stündl.), dem Flughafen Genf (27 SFr, 45–50 Min., bis zu 4-mal stündl.) und Bern (33 SFr, 65–70 Min., 1- oder 2-mal stündl.).

Unterwegs vor Ort

Nicht vergessen, sich die kostenlose **Lausanne Transport Card** für unbegrenzte Nutzung der öffentlichen Verkehrsmittel während des Aufenthalts geben zu lassen.

AUTO & MOTORRAD

Parken im Zentrum von Lausanne ist eine komplizierte Angelegenheit. In den blauen Zonen kann man sein Auto mit einer Parkscheibe (im Mietwagen vorhanden) für eine Stunde kostenlos abstellen, in den meisten weißen Zonen sind Parkautomaten aufgestellt. Die Preise variieren, betragen jedoch durchschnittlich 3 SFr pro Stunde für maximal zwei Stunden.

ÖFFENTLICHE VERKEHRSMITTEL

Lausanne ist die kleinste Stadt der Welt mit eigenem U-Bahnnetz. Dank der 28 Bahnhöfe ist es ein Kinderspiel, in der Stadt herumzukommen.

Die meisten innerstädtischen Ziele erreicht man mit dem Bus oder dem Oberleitungsbus. Die U-Bahnlinie M2 (einfache Kurzstrecke/Tagesticket 2,10/9 SFr) verkehrt zwischen Ouchy am See, dem Bahnhof (Gare) und dem Flon-Viertel.

RUND UM LAUSANNE

Morges

15 250 EW.

Das hübsche Winzerdorf Morges wirkt ein bisschen wie eine Erweiterung des stets wachsenden Lausanne etwa 12 km weiter östlich. Der kleine, hübsche Hafen wird von dem gedrungenen Château beherrscht, aber das wahre Highlight ist das berühmte Tulpenfest von Morges, das von Mitte April bis Mitte Mai den Parc de l'Indépendence am Seeufer in ein prächtiges Farbenmeer verwandelt.

Der Blick über den See auf den schneebedeckten Mont Blanc ist gleichermaßen eindrucksvoll, besonders wenn die Tulpen blühen.

Sehenswertes

Château de Morges SCHLOSS

(☎ 021 316 09 90; www.chateau-morges.ch; Pl du Port; Erw./Kind 10/3 SFr; ⌚ Juli & Aug. 10–17 Uhr, März–Juni & Sept.–Nov. Di–Fr 10–12 & 13.30–17, Sa & So 13.30–19 Uhr) Das gedrungene, viertürmige Château de Morges am Hafen wurde 1286 von Herzog Ludwig von Savoyen erbaut. Heute birgt es vier Museen zum Thema Militär und 10 000 Spielzeugsoldaten im **Musée de la Figurine Historique**.

Schlafen & Essen

TCS Camping Morges CAMPINGPLATZ €

(☎ 021 801 12 70; Promenade du Petit-Bois 15; Stellplatz ab 12 SFr; P ❄) Der Campingplatz fast am Seeufer ist zweifellos eine der billigsten Unterkünfte am Genfer See.

★ La Maison d'Igor BOUTIQUEHOTEL €€

(☎ 021 803 06 06; www.maison-igor.ch; Rue St-Domingue 2; EZ/DZ ab 170/190 SFr; P 📶) Die elegante ehemalige Bleibe Igor Strawinskys ist heute das bezauberndste Boutiquehotel in Morges. Es bietet acht individuelle und stilvolle Zimmer (einige davon mit Blick auf den See und die Alpen). Das Hotel verbindet historische mit modernen Elementen, hat ein zauberhaftes **Restaurant** mit einer mediterran angehauchten Speisekarte (Hauptgerichte 28–42 SFr), einen gepflegten Garten samt Gemüseanbau sowie eine gehörige Portion Charme.

Balzac CAFÉ €

(☎ 021 811 02 32; www.balzac.ch; Rue de Louis de Savoie 37; Tagesgericht 24 SFr, Hauptgerichte 26–39 SFr; ⌚ Di–Fr 8–18.30, Sa 9–17.30, So 11–17.30 Uhr) Wer exotische heiße Schokolade, Tees und Gerichte mit asiatischem Einschlag mag, wird dieses altmodische Café in der Altstadt von Morges einen Block von der Uferpromenade entfernt lieben.

Buvette du Mont Tendre SCHWEIZERISCH €€

(☎ 078 739 59 47; www.buvette-mont-tendre.ch; Rte du Mont-Tendre, Montricher; Hauptgerichte 16–28 SFr; ⌚ Mai–Sept.; P) 🍃 Claude Crottaz und sein Team bereiten in dieser Berghütte mit atemberaubender Lage auf dem Mont Tendre (1679 m), dem höchsten Berg des Jura, schweizerische Küche zu. Sie liegt 44 km nordwestlich von Morges und ist nur mit dem Auto zu erreichen.

ℹ Anreise & Unterwegs vor Ort

Morges liegt 15 km über die A1 westlich von Lausanne.

Die häufig verkehrenden Regionalzüge zwischen Genf (18,80 SFr, 30 Min.) und Lausanne (7,40 SFr, 12 Min.) halten in Morges.

Morges gehört zu den Orten, die sich dem Fahrradverleihsystem PubliBike (S. 367) angeschlossen haben. Der Zugriff zur App für **Quick-Bike** (24 Std.) kann im Rathaus (an der Place de l'Hôtel-de-Ville 1) gekauft werden.

Nyon

18 269 EW.

Das von den Römern gegründete Nyon mit teilweise keltischem Namen (das „on" kommt von *dunon*, was „Festungsanlage" bedeutet) ist das „mittlere Kind" des Genfer Sees, ein hübsches Uferstädtchen auf halber Strecke zwischen Genf und Lausanne. Es gibt hier einige gute Museen, viele Feste und das Schmuckstück: ein strahlendes Märchenschloss mit weißen Türmchen.

Das von Weingärten umgebene Nyon erstreckt sich sanft an einem Hang bis zum Ufer des Genfer Sees hinab und ist eine wunderbare, ruhigere Alternative zu den größeren Orten auf beiden Seiten.

Sehenswertes & Aktivitäten

Château de Nyon SCHLOSS
(☎022 316 42 73; www.chateaudenyon.ch; Pl du Château; Erw./Kind 8 SFr/frei; ⊙Nov.–März Di–So 14–17 Uhr, März–Nov. ab 10 Uhr; P) Das Schloss von Nyon entstand im 12. Jh., wurde 400 Jahre später umgebaut und birgt nun das historische Museum der Stadt sowie eine seltene Porzellansammlung. Im **Caveau de Nyon** (☎022 361 95 25; www.caveaudenyon.ch; Pl du Château 5; ⊙Fr & Sa 14–21, So 11–20 Uhr) in den alten Kellergewölben des Schlosses können verschiedene Weine Nyons von lokalen Winzern probiert werden. Unbedingt lohnenswert ist der weite Blick über den Genfer See von der Schlossterrasse.

Château de Coppet SCHLOSS
(☎022 776 10 28; www.chateaudecoppet.ch; Rue de la Gare 2, Coppet; Erw./Kind 8/6 SFr; ⊙April–Okt. 14–18 Uhr; P) In dem Schloss lebte einst Jacques Necker, der Bankier und Finanzminister Ludwigs XVI. Später ging es in den Besitz seiner Tochter über, nachdem diese von Napoleon aus Paris verbannt worden war. Es ist nach wie vor das Glanzlicht des kleinen Orts Coppet. Besucher können die aufwendig im Stil Ludwigs XVI. möblierten Räume besichtigen, in denen Madame de Staël u.a. Edward Gibbon und Lord Byron empfing.

Musée du Léman MUSEUM
(Genfer-See-Museum; ☎022 361 92 20; www.museeduleman.ch; Quai Louis Bonnard 8; Erw./Kind 8 SFr/frei; ⊙April–Okt. Di–So 10–17 Uhr, Nov.–März Di–So 14–17 Uhr; P) Seit 1954 dokumentiert das Museum am See alle historischen Belange, die sich um den Lac Léman bzw. den Genfer See drehen.

Château de Prangins MUSEUM
(☎058 469 38 90; www.chateaudeprangins.ch; Av du Général Guiguer 3, Prangins; Erw./Kind 10 SFr/frei; ⊙Di–So 10–17 Uhr; P) Etwa 2 km nördlich von Nyon beherbergt dieses Herrenhaus aus dem 18. Jh. eine Zweigstelle des **Musée National Suisse**, das die Geschichte der Schweiz von 1730 bis 1920 beleuchtet. Alternativ lockt ein Spaziergang durch die Gärten des Château im französischen Stil mit *potager* (Gemüsegarten) und einem Geschichtspfad.

Musée Romain de Nyon MUSEUM
(Römisches Museum; ☎022 361 75 91; www.mrn.ch; Rue Maupertuis 9; Erw./Kind 8/6 SFr; ⊙April–Okt. Di–So 10–17 Uhr, Nov.–März Di–So 14–17 Uhr; P) Umgeben von den Fundamenten einer ehemaligen Basilika aus dem 1. Jh., verleiht die Multimedia-Ausstellung des Musée Romain einen Einblick in Nyons römische Anfänge als Colonia Iulia Equestris.

Feste & Events

★**Paléo Festival** MUSIK
(www.paleo.ch; Rte de Saint-Cergue; ⊙Juli) Das sechstägige Paléo Festival in Nyon, das nun schon im vierten Jahrzehnt stattfindet, ist ein wichtiges Event im europäischen Sommerfestival-Kalender. Das größte internationale Open-Air-Musikfest der Schweiz zieht Rock-, Pop-, Jazz- und Folkmusic-Fans aus aller Welt an.

Visions du Réel FILM
(www.visionsdureel.ch/en; ⊙April) Das bedeutende Festival des Dokumentarfilms präsentiert die Arbeiten von innovativen Filmemachern aus der ganzen Welt. Die Filme werden an verschiedenen ständigen und temporären Veranstaltungsorten in der ganzen Stadt gezeigt.

Schlafen & Essen

★**Nyon Hostel** HOSTEL €
(☎022 888 12 60; www.nyonhostel.ch; Chemin des Plantaz 47; 6B-Schlafsaal 33 SFr, EZ/DZ ab 88/116 SFr; 📶) Vor dem 2017 neu eröffneten Hostel im Außenbezirk oberhalb von Nyon ist eine Bushaltestelle, die für eine schnelle Anbindung zum Bahnhof sorgt. Im Preis enthalten ist ein einfaches Frühstück, die Angestellten sind freundlich und hilfsbereit und es gibt eine große Küche, eine Terrasse und für jedes Zimmer einen luftigen Balkon – eine gute, preiswerte und komfortable Unterkunft in einer ansonsten teuren Gegend.

La Barcarolle HOTEL €€
(☎022 365 78 78; www.labarcarolle.ch; Rte de Promenthoux, Prangins; DZ ab 220 SFr; P❄@📶🏊) Die Zimmer in dem hübschen Haus am Seeufer, etwa 3 km von Nyon entfernt, sind geräumig, komfortabel und stilvoll. Was das Hotel aber so besonders macht, ist der herrliche Blick über den Genfer See, auf die Alpen und den Mont Blanc von vielen Zimmern mit

Balkon, von der Bar, dem Restaurant oder beim Spazierengehen in den gepflegten Gartenanlagen.

★La Plage de Nyon SCHWEIZERISCH €
(☎022 362 61 01; www.laplagedenyon.ch; Rte de Genève 12; kleine Portionen 5–18 SFr, Hauptgerichte 18–38 SFr;) In der wärmeren Jahreszeit ist die erfrischend lässige Atmosphäre dieses zwanglosen „Strandrestaurants" eine Freude. Mit Zutaten der Saison und frischem Seefisch werden hier gesunde kleine Portionen zubereitet, die sich zum Teilen eignen, aber auch deftigere Speisen wie Fondue.

★Hôtel-Restaurant de la Plage SCHWEIZERISCH €€
(☎022 364 10 35; www.hoteldelaplage.info; Chemin de la Falaise, Gland; Hauptgerichte 34–86 SFr; ⏲Feb.–Mitte Dez. Di–So 12–14 & 19–21.30 Uhr; P) Das dezente Uferhotel in Gland, 7 km nordöstlich von Nyon, ist wegen seiner Variation der am Genfer See allgegenwärtigen *filets de perche* (Barschfilets) stets voll: Sie werden hier gebraten und in einer himmlisch buttrigen Kräutersauce nach Geheimrezept serviert, dazu gibt's Pommes frites und grünen Salat. Wenn nicht anders bestellt, bekommt jede Person automatisch zwei (sehr große) Portionen.

Gelateria Venezia EISCREME €
(☎022 362 09 89; Rue de Rive 44; Eis ab 3,50 SFr; ⏲11–19 Uhr) Gäste kommen sogar aus Frankreich, von der anderen Uferseite, um sich das italienische Eis in diesem legendären Eiscafé schmecken zu lassen. Der aus Venedig stammende Daniele Dona ist die treibende kulinarische Kraft hinter dieser Geschmacksexplosion. Vom CGN-Anlegesteg in Nyon läuft man einen Häuserblock weit vom Ufer weg und hält nach der Warteschlange vor der Tür Ausschau.

ℹ Praktische Informationen

Die Touristeninformation von **Nyon Région Tourisme** (☎022 365 66 00; www.lacote-tourisme.ch; Av Viollier 8; ⏲9–12 & 14–17 Uhr) liegt gleich bergab vom Bahnhof. Hier gibt es die Ermäßigungskarte Pass Musées Nyon Région.

ℹ An- & Weiterreise

Nyon liegt 26 km über die A1 nördlich von Genf. Bis nach Lausanne sind es weitere 42 km über die A1.

Regelmäßige Schnellzüge von Genf (9 SFr, 15 Min.) und Lausanne (18,60 SFr, 30 Min.) halten in Nyon.

Das Lavaux

Die dichten Reihen von üppig grünen Weinreben, die die steilen, terrassierten Hänge am Genfer See östlich von Lausanne bedecken, gehören zum Weinbaugebiet Lavaux. Die wunderschöne Landschaft wurde von der Unesco zur Welterbestätte erklärt. Von diesen schwindelerregenden Hängen stammen 20 % der Weinproduktion aus dem ganzen Kanton Waadt.

Von ganz oben bieten sich erstaunliche Aussichten auf die einzigartigen Weinterrassen des Lavaux, die vor der Kulisse der Zentralalpen den Hang bis zum See hinunter abfallen.

Die 14 Dörfer, die an dem 40 km langen, fruchtbaren und reichen Uferabschnitt liegen, laden zu Spaziergängen zwischen Reben ein. Am Wochenende locken Weinproben in lokalen *caveaux* (Weinkellern).

Lutry

9097 EW.

Das reizende mittelalterliche Dorf liegt nur 4 km östlich von Lausanne entfernt und wurde im 11. Jh. von französischen Mönchen gegründet. Lutry feiert die jährliche Weinlese mit Umzügen und Weinproben am letzten Septemberwochenende.

Lohnend ist ein Spaziergang entlang dem hübschen Ufer und der Hauptstraße mit ihren Galerien, Geschäften und dem einen oder anderen Café und Weinkeller.

Sehenswertes & Aktivitäten

In Lutrys Zentrum steht die im frühen 13. Jh. errichtete **Église de St. Martin et St. Clément** (Rte de Taillepied), etwas weiter nördlich befindet sich ein schlichtes, mittelalterliches **Château** (☎021 796 21 70; Rue du Château). Es ist allerdings nicht öffentlich zugänglich, aber man kann um das Gebäude herumlaufen und einen kurzen Blick hineinwerfen.

★Domaine du Daley WEIN
(☎021 791 15 94; www.daley.ch; Chemin des Moines; Weinprobe mit 3 Weinen ab 20 SFr; ⏲Weinprobe nach Anmeldung, mindestens 4 Pers. 9–20 Uhr) Schon seit 1392 wird hier Wein angebaut, was die Domaine de Daley zum ältesten Weingut der Region macht. Zudem ist es eine bezaubernde Adresse für eine unvergessliche *dégustation* (Verkostung).

★Plage de Curtinaux STRAND
(Strand von Lutry; Buvette de la Plage) Am Ostende von Lutry liegt ein Strand mit Kieseln

NICHT VERSÄUMEN

AUSSICHT AUF WEINGÄRTEN

Oben von den folgenden Aussichtspunkten eröffnet sich ein großartiger Rundumblick über die einzigartigen Weinterrassen des Lavaux, die sich bis hinab zum See erstrecken.

Mont Pélerin Zunächst geht's mit der Standseilbahn von **GoldenPass** (021 989 81 90; www.goldenpass.ch/en/) von Vevey (14 SFr, 11 Min., alle 20 Min.) aus durch die Weinberge zum Dorf Chardonne und weiter zum Fuß des höchsten Berges des Lavaux (1080 m). Wer noch schönere Ausblicke genießen möchte, wandert von der letzten Standseilbahnstation zum von Satellitenschüsseln umgebenen Funkturm nahe dem Gipfel des Mont Pélerin und fährt mit dem **Ascenseur Plein Ciel** (www.mob.ch; Mont Pélerin; Erw./Kind 5/3 SFr; April–Okt. 8–18 Uhr) in noch größere Höhe zu noch besseren Ausblicken.

La Tour de Gourze (www.gourze.ch; Rte de la Tour-de-Gourze) Der alte Steinbau wurde im 12. Jh. als Verteidigungsturm auf einem Hügel errichtet und blickt aus 924 m Höhe auf die Weinberge des Lavaux, den Genfer See, die Waadt und das Jura-Gebirge. Zu erreichen über den schmalen Weg, der sich von Chexbres zum Turm hochwindet

und Gras, einer *buvette* (Imbiss mit Tischen), einem Stand-up-Paddling-Verleih und Pontons. Er ist im Sommer bei Einheimischen und Besuchern aus Lausanne beliebt.

Lavaux Express EISENBAHN
(0848 848 791; www.lavauxexpress.ch; Quai Gustave Doret 1, Lutry; Erw./Kind 15/12 SFr; April–Okt. Di–So) Eine unterhaltsame Methode, die grünen Reben und den blauen See auf sich wirken zu lassen, ist der Lavaux Express, eine von einem Traktor gezogene Touristenbahn, die durch die Weinberge und Dörfer des Lavaux zuckelt. Zur Auswahl stehen zwei Routen: Die eine führt vom CGN-Anlegesteg in Lutry zu den Weindörfern Aran und Grandvaux (hin & zurück 1 Std.), die andere vom Pier in Cully nach Riex, Epesses und Dézaley (1¼ Std.).

Caveau des Vignerons WEIN
(078 661 26 25; Grand Rue 23; Di–Fr 17–21, Sa 11–14 & 17–21 Uhr) Der urige Charme (niedrige Decken, Tische aus Fässern) dieses ungezwungenen Weinkellers zieht sowohl Einheimische als auch Touristen an. Günstige Weine und Wurst- und Käseplatten sorgen für das leibliche Wohl. Die zwei in der Gegend am weitesten verbreiteten Weinsorten sind Calamin und Dézaley; etwa zwei Drittel der Weißweine werden aus der Rebsorte Gutedel (Chasselas) gekeltert.

Grandvaux-Wanderweg WANDERN
Ein wunderschöner Wanderweg, der sich in Richtung Osten über 5,5 km durch Weingärten und die winzigen Weiler Le Châtelard und Aran bis zu den größeren Weindörfern Grandvaux und Riex schlängelt. Wer in das oberhalb von Lutry gelegene La Conversion (3,8 km) hinaufwandert und dem Höhenwanderweg nach Grandvaux (4 km) ein Stück weit folgt, wird mit großartigen Ausblicken auf die Weinberge und den See belohnt.

Schlafen & Essen

★ **Hôtel le Rivage** HOTEL €€
(021 796 72 72; www.rivagelutry.ch; Rue du Rivage 1; EZ/DZ ab 135/150 SFr; P) Die drei Zimmerkategorien in diesem wunderbaren Hotel am Seeufer direkt vor Lutry Port wurden jüngst renoviert und sind jetzt äußerst stilvoll und komfortabel. Die teuersten Zimmer der Deluxe-Kategorie befinden sich im obersten Stock, sind übergroß und haben jeweils einen Balkon zum See hinaus.

Café de la Poste SCHWEIZERISCH €€
(021 791 18 72; Grand Rue 48; Hauptgerichte 22–49 SFr; 10.30–23 Uhr) Das kleine Café hat eine zauberhafte Seeterrasse mit herrlichem Blick über den See bis zu den Alpen. Zu essen gibt's Schweizer Küche, darunter auch die hiesige Spezialität *filets de perche*.

An- & Weiterreise

Lutry liegt 5 km über die Route 9 südöstlich von Lausanne.

Am einfachsten ist Lutry mit dem häufig verkehrenden Regionalzug ab Lausanne (3,70 SFr, 5 Min.) zu erreichen, ebenso mit der Buslinie 9 ab der Place St François (3,70 SFr, 14 Min.).

Wer sich für fit genug hält, kann auch laufen, aber nicht vergessen: Wer raufgeht, muss auch wieder runterlaufen.

Cully

1766 EW.

Das reizende Uferstädtchen Cully liegt 5 km östlich von Lutry. Es lädt ein zu einem Spaziergang am See und einer anschließenden Zusammenkunft mit den vignerons (Winzern) in den zahlreichen Weingütern.

Viele Besucher ziehen es vor, auf dem gut ausgeschilderten Weg zu wandern, der bergauf (Vorsicht, es ist sehr anstrengend) zu den weiter im Landesinneren gelegenen Dörfern Riex und Epesses führt; dort kann man sich dann in einem Weinkeller stärken, bevor es zurück nach Cully geht.

Sehenswertes & Aktivitäten

★ Lavaux Vinorama WEIN

(☎ 021 946 31 31; www.lavaux-vinorama.ch; Rte du Lac 2, Rivaz; ⏲ Mo–Sa 10.30–20.30, So bis 19 Uhr, Nov.–Juni Mo & Di geschl.) GRATIS Ein durch und durch modernes Degustations- und Entdeckungszentrum in Rivaz 5 km östlich von Cully in einer Art „Designerkasten" am Fuß eines Weinbergs am See. Die Vorderseite schmückt ein schimmerndes, 15 m langes Fenster, das von 6000 Metallpixeln in Form der Adern eines Traubenblatts geziert wird. Im Inneren beschreibt ein Film ein Jahr im Leben einer Winzerfamilie, während Besucher im hochmodernen Espace Dégustation verschiedene Weine probieren können.

Feste & Events

Lavaux Classic MUSIK

(www.lavauxclassic.ch; ⏲ Ende Juni/Anfang Juli) Auf dem Festival in Cully und an verschiedenen Orten im Lavaux werden seit über einem Jahrzehnt Open-Air-Konzerte auf den Weinbergen veranstaltet.

Schlafen & Essen

★ Hotel Lavaux HOTEL €€

(☎ 021 799 93 93; www.hotellavaux.ch; Rte Cantonal; EZ/DZ mit Seeblick ab 174/220 SFr; P 📶) Das schickste Hotel der Region in perfekter Lage für Aussichten über den See oder auf die berühmten Weingärten des Lavaux hat schlicht-elegante moderne Zimmer und eine Sommerterrasse, die ideal für einen Sundowner ist.

Wer mit dem Zug kommt, steigt in Cully aus und geht 1,5 km zu Fuß in Richtung Osten oder nimmt den (selten verkehrenden) Zug nach Epesses.

Auberge du Raisin HOTEL €€

(☎ 021 799 21 31; www.aubergeduraisin.ch; Pl de l'Hôtel de Ville 1; Zi. ab 160 SFr; P 📶) Dieses prächtige alte Hotel-Restaurant nimmt schon seit dem 15. Jh. erschöpfte Reisende auf. Die Rotisserie gehört zu den besten Lokalen von Lavaux und serviert üppige Fleisch- und kreative Fischgerichte (Hauptgerichte 35–52 SFr). Im Sommer hat man von der Terrasse einen herrlichen Blick über den See bis nach Frankreich. Unbedingt im Voraus reservieren!

An- & Weiterreise

Cully liegt 9 km südöstlich von Lausanne und 17 km nordwestlich von Montreux, jeweils über die Route 9.

Regionalzüge zwischen Lausanne (5,60 SFr, 10 Min.) und Montreux (9,20 SFr, 20 Min.) halten in Cully.

Vevey

17 676 EW.

Vevey hat ein ganz besonderes Flair, das aber schwer zu fassen ist und das nur diejenigen verstehen, die es kennen. Vielleicht ist es das, was der Stadt ihren Charme verleiht: eine gewisse dezente, etwas in den 1970er-Jahren stehen gebliebene Vornehmheit und ein wenig Schick und Trendigkeit. Vevey ist nicht so überspannt wie das anspruchsvolle, schnieke Montreux und genau der richtige Ort für Lausannes intellektuelle Rebellen, die nach der Uni beschließen, lieber *vignerons* (Winzer) zu werden statt Wissenschaftler. Genau so ein Ort ist Vevey: ein bisschen anders. Und das auf sehr positive Art.

Wie auch immer man Vevey betrachtet, eines ist klar: Die Lage mit Blick vom Ufer tief in die Alpen hinein ist wohl die schönste am Genfer See. Die Altstadt Veveys ist winzig, aber reizvoll, mit zentralem Platz und Promenade am See, einigen großartigen Museen, verborgenen Stränden, einem verdammt guten Hotel und ach ja, erwähnten wir schon Nestlé?

Sehenswertes

★ Chaplin's World MUSEUM

(www.chaplinsworld.com; Rte de Fenil 2, Corsier-sur-Vevey; Erw./Kind 23/17 SFr; ⏲ 10–18 Uhr) Das 2016 eröffnete, bezaubernde Museum beschäftigt sich mit Leben und Werk des in London geborenen Filmstars Charlie Chaplin. Es ist teils im klassizistischen Manoir de Ban – der Villa am Corsier-sur-Vevey, in der Chaplin sein letztes Lebensviertel verbrachte – und teils in einem extra dafür gebauten interaktiven Studio untergebracht. Gezeigt werden hier multimediale Exponate, Ausschnitte aus Chaplins Filmen, Nachbildungen von Filmkulissen, Familienfotos und andere Erinnerungsstücke, einschließlich Chaplins Markenzeichen, der Hut und das Stöckchen. Ein Spaziergang durch die herrlichen Gärten der Villa rundet den Besuch ab.

Chaplin's World liegt etwa 3 km über die A9 nördlich von Vevey. Die Buslinie 212, die vom Bahnhof in Vevey von 5.30 bis 19 Uhr alle 30 Minuten Richtung **Fenil-sur-Corsier** abfährt, hält nach knapp 15 Minuten an der Haltestelle „Corsier-sur-Vevey, Chaplin" (3,70 SFr).

Für das Museum sollten mindestens ein paar Stunden eingeplant werden, besser noch ist ein ganzer Tag samt Besuch des hauseigenen Restaurants und Geschenkeladens.

★ Alimentarium MUSEUM

(☎ 021 924 41 11; www.alimentarium.ch; Quai Perdonnet; Erw./Kind 12 SFr /frei; ⌚ Di–Fr 10–17, Sa & So bis 18 Uhr) Nestlé hat seit 1814 seinen Hauptsitz in Vevey und deswegen dieses Museum eingerichtet, das sich dem Thema Ernährung und allem Essbaren widmet – früher und heute. Langweilig wird es einem hier ganz sicher nicht. Die Exponate unterhalten und informieren gleichermaßen, angefangen bei der riesigen Silbergabel, die vor der Villa (dank ein paar Holzstühlen, die hier am Ufer in die Felsen eingelassen sind, ein toller Picknickplatz!) aus dem Wasser ragt.

Besonders viel Spaß versprechen die **Kochkurse** für Erwachsene und Kinder, Führungen für Familien sowie die Gärtnerei-Workshops. Stärken kann man sich danach mit einem gesunden Mittagessen im Museumsrestaurant.

★ Villa Le Lac HISTORISCHE STÄTTE

(www.villalelac.ch; Rte de Lavaux 21; Erw./Kind 12/6 SFr; ⌚ Juni–Sept. Fr–So 10–17 Uhr) Die Villa Le Lac, seit 2016 ein Weltkulturerbe, wurde von 1923 bis 1924 vom weltberühmten Schweizer Architekten Le Corbusier gebaut und ist für Architekturfans ein Muss. Das kleine weiße Haus am Seeufer mit der zweckmäßigen Dachterrasse und Fensterreihe und ist eine ideale Einführung für die bekannteren Betonbauten des großen Architekten der Moderne. Seine Mutter lebte hier von 1924 bis 1960, danach sein Bruder bis 1973. Im Sommer finden hier Gastausstellungen statt.

Musée Jenisch MUSEUM

(☎ 021 925 35 20; www.museejenisch.ch; Av de la Gare 2; Erw./Kind 12 SFr/frei; ⌚ Di, Mi & Fr–So 10–18, Do bis 20 Uhr) Das Museum stellt Schweizer Kunst aus dem 19. und 20. Jh. sowie eine große Sammlung von Werken auf Papier von internationalen Künstlern aus. Es gibt auch einen speziellen Bereich, der dem Wiener Expressionisten Oskar Kokoschka gewidmet ist. In einer anderen Abteilung sind Drucke und Stiche von Künstlern ausgestellt, von Dürer und Rembrandt bis Canaletto und Corot.

Musée Suisse du Jeu MUSEUM

(Schweizer Spielemuseum; ☎ 021 977 23 00; www.museedujeu.com; Rue du Château 11, Château de La Tour-de-Peilz; Erw./Kind 9/3 SFr; ⌚ Di–So 11–17.30 Uhr; 👪) Auch das Schweizer Spielemuseum versteht es zweifellos, die Kids bei bester Laune zu halten. Die Exponate sind thematisch nach Lern-, Strategie-, Simulations-, Geschicklichkeits- und Glücksspielen geordnet. Manche dürfen die Besucher sogar selbst spielen, darunter sind auch solche im Freien auf dem eleganten Gelände am See. Das Museum ist in einem Château untergebracht.

Musée Suisse de l'Appareil Photographique MUSEUM

(☎ 021 925 34 80; www.cameramuseum.ch; Grande Place 99; Erw./Kind 8 SFr/frei; ⌚ Di–So 11–17.30 Uhr) Der Fokus liegt hier mehr auf den Apparaten als auf den Bildern. Es werden die Erfinder, die Techniken und die Ausrüstung rund ums Fotografieren unter die Lupe genommen. Ein Muss für Technikfreaks.

Chemin de Fer – Musée Blonay-Chamby MUSEUM

(Eisenbahnmuseum Blonay-Chamby; ☎ 021 943 21 21; www.blonay-chamby.ch; Pl de la Gare 3; Erw./Kind 20/15 SFr; ⌚ Mai–Okt. Sa & So 9–7 Uhr; P 👪) Das Dampfeisenbahnmuseum 6 km östlich von Vevey ist ein Spaß für die ganze Familie. Hier sind tolle Lokomotiven und Waggons zu sehen, außerdem werden auch regelmäßig Bahnfahrten angeboten.

Schlafen

Vevey Hotel & Guesthouse HOSTEL €

(☎ 021 922 35 32; www.veveyhotel.com; Grande Place 5; B ab 32 SFr; ⌚ Rezeption 7–10.30 & 15–20 Uhr) Die neue Budgetunterkunft in einem Gebäude aus dem 19. Jh. ist hervorragend. Die Schlafsäle sind entweder gemischt oder nach Geschlechtern getrennt, die Gemeinschaftsbereiche sind hell und freundlich. Zudem werden Einzel- und Doppelzimmer sowie Zimmer für kleine Gruppen angeboten. Es stehen einige kostenlose Leihfahrräder zur Verfügung.

ABSTECHER

FONDUE MOITIÉ-MOITIÉ

Die Gemeinde Châtel-St-Denis, 13 km nordöstlich von Vevey, rechtfertigt einen Besuch allein schon, um dort das legendäre Fondue *moitié-moitié* (aus einer Kombination von Gruyère und Vacherin Fribourgeois) zu probieren.

Schlemmen lässt sich im bekannten, familiengeführten und sehr traditionellen **Café Tivoli** (☎ 021 948 70 39; www.cafetivoli.ch; Pl d'Armes 18, Châtel-St-Denis; Fondue pro Pers. 25 SFr; ⏲ Mo–Fr 11.30–14 & 18–21.30, Sa 11.30–21.30, So 11.30–21 Uhr), wo jede Person ihren Anteil für den reichlichen *caquelon* (Fonduetopf) zahlt, oder gegenüber im reizenden **La Crémerie** (☎ 021 948 71 87; www.lacremerie.ch; Pl d'Armes 21, Châtel-Saint-Denis; Hauptgerichte 18–32 SFr; ⏲ Mo–Sa 7–23, So bis 20 Uhr; P) mit reizenden Angestellten und einer angrenzenden *laiterie* (Molkerei) – im Prinzip ein Käsegeschäft, das alle erdenklichen Milchprodukte verkauft.

Astra Hotel HOTEL €€
(☎ 021 925 04 04; www.astra-hotel.ch; Pl de la Gare; EZ/DZ ab 109/138 SFr) Das moderne Hotel direkt gegenüber dem Bahnhof von Vevey könnte nicht praktischer gelegen sein. Ungewöhnliche Extras wie eine sonnige Dachterrasse und ein Whirlpool sind zusätzliche Pluspunkte. Die Zimmer sind größer als gewohnt sowie äußerst komfortabel und praktisch in einem klaren, modernen Stil eingerichtet.

★ **Grand Hotel du Lac** HOTEL €€€
(☎ 021 925 06 06; www.hoteldulac-vevey.ch; Rue d'Italie 1; DZ/Suite ab 297/513 SFr; P) Das Grand Hotel du Lac von 1868 ist eines der feinsten Hotels der Schweiz, vor nicht allzu langer Zeit umwerfend von Pierre-Yves Rochon renoviert und auf jeder Ebene beeindruckend. Toll sind die luxuriösen, übergroßen Zimmer, die zum Verweilen verlocken. Und die Lage am See mit herrlichen Ausblicken über den Genfer See auf die Alpen ist erstklassig. Muss man noch mehr sagen?

Hôtel des Trois Couronnes HISTORISCHES HOTEL €€€
(☎ 021 923 32 00; www.hoteldestroiscouronnes.ch; Rue d'Italie 49; DZ/Suite ab 310/460 SFr; P @) Die „Drei Kronen", ein elegantes, üppig mit weißen Blumenkästen geschmücktes Anwesen in sanften Beige- und Taupe-Tönen direkt am Ufer, gehört zu den besten Unterkünften am Genfer See. Die drei Etagen sind innen von Emporen umgeben, das historische Dekor passt perfekt zur Entstehungszeit des Hauses – Mitte des 19. Jhs. – und das Spa bietet einfach Luxus pur.

Essen & Ausgehen

★ **Denis Martin** SCHWEIZERISCH €€€
(☎ 021 921 12 10; www.denismartin.ch; Rue du Château 2; Probiermenü ab 320 SFr; ⏲ Di–Sa ab 19 Uhr, Juli & Aug. 3 Wochen, Dez.& Jan. 2 Wochen geschl.) Der charismatische und engagierte Küchenchef Denis Martin gehört zu den ganz Großen der modernen Schweizer und molekularen Küche. Sein Probiermenü besteht aus einer berauschenden Abfolge von über 20 verschiedenen Geschmackserlebnissen in Häppchengröße, die in einer traditionellen Villa aus dem 17. Jh., einen Häuserblock vom See entfernt, serviert werden. Ohne Reservierung geht nichts.

★ **Le Non-Stop** KNEIPE
(☎ 021 922 35 68; Rue du Simplon 33; ⏲ 11–23 Uhr) Die Kneipe plus Burger-Imbiss sieht eher wie ein britisches Pub aus und die Gäste, die sich hier den ganzen Tag lächelnd tummeln, verstärken diesen Eindruck. Tatsächlich verlocken hier aber echt gute amerikanische Burger, auch als Grundlage für das Bier.

Le Littéraire CAFÉ
(☎ 021 922 42 00; Quai Perdonnet 33; ⏲ 9–21 Uhr;) Das trendige Café in den Räumen der städtischen Bücherei mit seinen hohen, dem See zugewandten Fenstern und der im Sommer traumhaften Terrasse erfreut sich bei Einheimischen großer Beliebtheit. Draußen wird auf einer Tafel der erschwingliche *plat du jour* angepriesen.

Praktische Informationen

Montreux-Vevey Tourisme (☎ 084 886 84 84; www.montreux-vevey.com; Grande Place 29; ⏲ Mai–Sept. Mo–Fr 9–18, Sa bis 15, So bis 13 Uhr, Okt.–April Mo–Fr 9–12 & 13–17.30, Sa 9–13 Uhr) Am Platz im ehemaligen Marktgebäude untergebracht.

An- & Weiterreise

Vevey liegt idyllisch in einer Ecke des Genfer Sees zwischen Montreux, 7 km östlich über die

Route 9, und Lausanne, 18 km westlich, ebenfalls über die Route 9. Auch die A9 führt nach Lausanne, allerdings sind es dann 26 km, je nach Fahrstil geht es aber ein paar Minuten schneller.

Vevey hat häufige und regelmäßige Zugverbindungen mit Lausanne (11,20 SFr, 15 Min.) und Montreux (3,70 SFr, 10 Min.).

Montreux

26 433 EW.

Im 19. Jh. strömten Schriftsteller, Künstler und Musiker (darunter Lord Byron und die Shelleys) ins zauberhafte Montreux, das damals eine hübsche Sommerfrische am See war. Seither ist es ein Besuchermagnet für die Reichen, Berühmten und alle dazwischen. Zu den Hauptattraktionen von Montreux gehören beschauliche Spaziergänge an einem Seeufer, das von Hotels aus dem 19. Jh. gesäumt ist, ein mildes Mikroklima, eine Altstadt auf der Hügelkuppe, eines der weltweit führenden Jazzfestivals, Märkte am Freitagvormittag am See und eine herrliche Festung aus dem 13. Jh.

Rockfans lieben die Anekdote über die britischen Hardrocker Deep Purple, die 1971 im Casino der Stadt ein Album aufnahmen und dabei dem Feuer zu Ruhm verhalfen, das während eines Konzerts von Frank Zappa und den Mothers of Invention (ebenfalls im Casino) ausbrach. Die Rauchwolke über dem Genfer See inspirierte die Band zu ihrem Rockklassiker *Smoke on the Water*.

Sehenswertes

★ **Queen: The Studio Experience** MUSEUM
(www.mercuryphoenixtrust.com/studioexperience; Rue du Théâtre 9, Casino Barrière de Montreux; ⌚10.30–22 Uhr) GRATIS Die Band Queen hat in diesem liebevoll erhaltenen Studio (das ihnen von 1979 bis 1993 auch gehört hat) sieben Alben aufgenommen. Ein Besuch hier vermittelt einen Eindruck von ihrem Werk und ihrer Beziehung zur Stadt. Es werden reizende Erinnerungsstücke (etwa handgeschriebene Liedtexte und dergleichen) ausgestellt. Ein Schrein, der definitiv eine gewisse Magie versprüht. Und das Schönste: Der Eintritt ist frei!

Der Besuch bietet die Gelegenheit, selbst Tracks zu mischen und die Wand vor dem Studio zu signieren. Andere Berühmtheiten, die das Studio nutzten, waren u. a. David Bowie, Iggy Pop und die Rolling Stones.

Freddie-Mercury-Statue DENKMAL
(Pl du Marché) Das ganze Jahr über zieren frische Blumen den Sockel der 3 m hohen Statue von Freddie Mercury vor der alten Markthalle von Montreux. Sie wurde von der tschechischen Bildhauerin Irena Sedlecká geschaffen und ist liebevoll Mercury als dem „Lover of Life, Singer of Songs" gewidmet.

Von 1979 bis zu seinem frühen Tod 1991 nahm der Frontmann von Queen mit seiner Band in den Mountain Studios im Casino von Montreux seine vielen Hits auf. Er besaß eine Wohnung in der Stadt und ein Chalet am See im nahe gelegenen Clarens.

Musée de Montreux MUSEUM
(☎021 963 13 53; www.museemontreux.ch; Rue de la Gare 40; Erw./Kind 6 SFr/frei; ⌚Ostern–Okt. 10–12 & 14–17 Uhr Das Heimatmuseum von Montreux ist in einem alten Winzerhaus untergebracht und zeigt Funde aus der Römerzeit sowie historische Möbel, Fingerhüte und Straßenschilder.

ABSTECHER

ROCHERS DE NAYE

Vom Bahnhof in Montreux fährt eine großartige **Zahnradbahn** (Erw./Kind hin & zurück 70/35,55 SFr, 55 Min., stündl.) den Berg hinauf zu den **Rochers de Naye**. Die natürliche Plattform auf 2042 m Höhe begeistert besonders Kinder mit ihren Murmeltieren, den **mongolischen Jurten** (www.goldenpass.ch; Rochers de Naye; 8-Pers.-Jurte 300 SFr, Erw./Kind obligatorisches Paket inkl. Frühstück, Abendessen & Rückfahrkarte für den Zug 80/50 SFr) und der bezaubernden **Maison du Père Noël** (Weihnachtsmannhaus; www.montreuxnoel.com; Village du Père Noël, Rochers de Naye; Erw./Kind 39/19 SFr; ⌚Ende Nov.–24. Dez. 11–22 Uhr; 👪).

Die Fahrt dorthin ist fast schon ebenso beeindruckend wie die Erlebnisse ganz oben, wo zudem eine unglaubliche Aussicht auf den See und die Berge sowie die herrlichen Gärten **Rambertia** (⌚Juni–Mitte Okt.) warten.

Tickets für die Zugfahrt und die diversen Angebote können online (www.goldenpass.ch) oder im GoldenPass Center (S. 78) im Bahnhof Montreux erworben werden.

NICHT VERSÄUMEN

DAS BERÜHMTESTE SCHLOSS AM GENFER SEE

Vom Ufer in Montreux aus windet sich der märchenhafte, verträumte **Chemin Fleuri** (Blumenweg) – eine liebliche, von nahezu tropisch bunten und blühenden Blumenbeeten gesäumte Promenade – insgesamt 4 km am See entlang bis zu dem großartigen steinernen Klotz des **Château de Chillon** (☎ 021 966 89 10; www.chillon.ch; Av de Chillon 21; Erw./Kind 12,50/6 SFr; ⌚ April–Sept. 9–19 Uhr, März & Okt. 9.30–18 Uhr, Nov.–Feb. 10–17 Uhr, letzter Einlass 1 Std. vor Schließung). Die ovale Festung aus dem 13. Jh. in eindrucksvoller Lage am Genfer See besteht aus einem Labyrinth von Höfen, Türmen und Sälen voller Waffen, historischem Mobiliar und Kunstwerken. Vom Land aus wirkt die Anlage sehr trutzig, doch zum See hin zeigt sie sich freundlicher.

Chillon wurde weitgehend vom Haus Savoyen gebaut und später, als die Waadt an Bern fiel, von den Berner Landvögten übernommen. Sehenswert sind die mittelalterlichen Fresken in der Chapelle St Georges und die gespenstischen gotischen Verliese. Berühmt wurde die Festung durch Byrons Gedicht *Der Gefangene von Chillon* (1816). Es handelt vom Schicksal von François Bonivard, der wegen seiner aufrührerischen Ideen eingekerkert und 1536 von bernischen Truppen befreit wurde. Byron ritzte seinen Namen in den Pfeiler, an dem Bonivard angekettet gewesen sein soll. Die Maler William Turner und Gustave Courbet verewigten die Silhouette der Burg auf Leinwand, und Jean-Jacques Rousseau, Alexandre Dumas und Mary Shelley schrieben über sie.

Nach Chillon sind es von Montreux etwa 3 km Fußweg am Seeufer entlang, mit der Buslinie 201 sind es zehn Minuten. Schiffe und Dampfer der CGN (S. 48) – eine wunderbare Art der Anreise – von Lausanne (1¾ Std.), Vevey (50 Min.) und Montreux (15 Min.) legen am Château de Chillon an.

Feste & Events

Montreux Jazz Festival MUSIK
(www.montreuxjazz.com) Montreux' bekanntestes Festival wurde 1967 initiiert und findet in den letzten zwei Juliwochen in der gesamten Stadt statt. Täglich gibt's dann mehrere kostenlose Konzerte, für die der größeren Stars muss man allerdings zwischen 60 und 450 SFr hinblättern. Es wird nicht nur Jazz gespielt – so traten bereits The Strokes, Cat Power, Van Morrison, BB King, Paul Simon und Sharon Jones & The Dap-Kings hier auf.

Schlafen & Essen

★ **Tralala Hôtel** BOUTIQUEHOTEL €€
(☎ 021 963 49 73; www.tralalahotel.ch; Rue du Temple 2; EZ/DZ/Suite ab 130/190/250 SFr; ❄ @ 📶) Das Boutiquehotel in der Altstadt erweist dem außergewöhnlichen musikalischen Erbe von Montreux alle Ehre. Die 35 stilvollen Zimmer gibt es in drei Größen – S („Small and Sexy"), L oder XL – und jedes ist einem anderen Künstler gewidmet, von David Bowie bis zu Aretha Franklin.

Hôtel Masson HISTORISCHES HOTEL €€
(☎ 021 966 00 44; www.hotelmasson.ch; Rue Bonivard 5, Veytaux; EZ/DZ ab 130/240 SFr; ⌚ Mitte Dez.–Anfang März geschl.; P 📶) Das 1829 zu einem Hotel umgebaute Weingut inmitten eines großartigen Geländes konnte sich seinen alten Charme bewahren. Es wurde vom Schweizer Heimatschutz auf die Liste der schönsten Hotels des Landes gesetzt, liegt versteckt in den Hügeln südöstlich von Montreux und ist am besten mit dem Taxi zu erreichen.

Hôtel La Rouvenaz HOTEL €€
(☎ 021 963 27 36; www.rouvenaz.ch; Rue du Marché 1; EZ/DZ/Suite ab 190/270/430 SFr; @ 📶) Das jüngst renovierte, familiengeführte Haus mit eigenem italienischem **Restaurant** im Erdgeschoss und einer **Weinbar** nebenan könnte nicht dichter am See oder am Geschehen liegen. Die 18 Zimmer sind einfach, aber nett, fünf haben Seeblick. In der Nebensaison sinken die Preise.

★ **Fairmont Le Montreux Palace** HISTORISCHES HOTEL €€€
(☎ 021 962 12 12; www.fairmont.com/Montreux; Av Claude Nobs 2; DZ/Suite ab 359/750 SFr) Das hinreißende Belle-Époque-Hotel wurde 1906 in einer Rekordzeit von 18 Monaten errichtet und hat noch immer eine traditionelle und elegante Atmosphäre. Heute wird es von der Luxuskette Fairmont gemanagt. Die günstigsten Zimmer sind für den Preis kitschig und beengt: Es lohnt sich, etwas mehr für die renovierten Deluxe-Zimmer zu zahlen

oder für ein Deluxe-Zimmer mit Seeblick und Balkon tief in die Tasche zu greifen (ab 479 SFr).

Restaurant le 45 EUROPÄISCH €€€
(☎ 021 966 33 33; www.suisse-majestic.ch; Grand Hôtel Suisse-Majestic, Av des Alpes 45; Hauptgerichte 22–56 SFr; ⏱ 12–14 & 19–22 Uhr; P 📶) Die ziemlich übliche europäische und internationale Küche in dem Hotel-Restaurant kann zwar Glückssache sein, aber der Panoramablick und die große Terrasse lassen ein Essen in diesem Restaurant des Grand Hôtel Suisse-Majestic lohnenswert erscheinen.

ℹ Praktische Informationen

Die Angestellten von **Montreux-Vevey Tourisme** (☎ 021 962 84 84; www.montreuxriviera.com; Pl de l'Eurovision; ⏱ Mai–Sept. Mo–Fr 9–18, Sa & So bis 17 Uhr, Okt.–April kürzere Zeiten) sind bei Hotelempfehlungen und -buchungen behilflich und versuchen auch, in der Festivalzeit noch ein Bett ausfindig zu machen.

Im **GoldenPass Center** (☎ 021 989 81 90; www.goldenpass.ch; Bahnhof Montreux; ⏱ 8–18 Uhr) gibt's Informationen zu Zügen und Standseilbahnen von **GoldenPass** (S. 72), die ab Montreux und Vevey verkehren.

ℹ An- & Weiterreise

Montreux liegt 30 km über die A9 südöstlich von Lausanne, von dort sind es weitere 66 km über die A1 bis Genf.

Montreux hat regelmäßige direkte Zugverbindungen mit Genf (31 SFr, 1¼ Std.) und Lausanne (13 SFr, 20–35 Min.), wo Anschlusszüge weiter nach Zürich fahren (81 SFr, 2½ Std.).

Montreux ist auch eine Station auf der malerischen GoldenPass-Strecke (S. 72) ins Berner Oberland.

Die Waadtländer Alpen

Das „Oberland" erhebt sich im Nordosten der Waadt, etwa auf halber Strecke zwischen Aigle und Gruyères. Im Winter ist die Gegend quasi die französischsprachige Verlängerung der schicken Skiszene von Gstaad.

Das Gebiet in einer hinreißenden Ecke der Alpen ist im Wesentlichen ein Skiparadies. Aber seit einigen Jahren zieht es dank neuer Attraktionen und ausgebauter Wanderwege Besucher auch in der grünen Saison in die Berge, wenn Wandern und Radfahren in diesem relativ unbekannten Teil der Schweizer Alpen begeistern.

Das mittelalterliche Winzerdorf Aigle ist das Tor zu dieser Region und hat genug zu bieten, um Besucher für einige Stunden oder einen Tag lang zu beschäftigen. Der wahre Reiz der Region sind jedoch die Berge selbst. Wer einen schönen Tagesausflug von Montreux unternehmen will oder mit dem eigenen Fahrzeug in Aigle landet, kann sich glücklich schätzen – selbst wenn Skifahren oder Wandern nicht auf dem Programm stehen.

Les Diablerets

1150 M HÖHE

Das Bergdorf und Skiresort Les Diablerets liegt im Schatten des gleichnamigen Bergmassivs (3209 m). Von den drei großen Ski-

ABSTECHER

AIGLE

Aigle am südöstlichen Ende des Genfer Sees ist das Zentrum der Weinbauregion Chablais in der südöstlichen Waadt und ein Muss für Weinliebhaber.

Das faszinierende, topmoderne und interaktive **Musée de la Vigne et du Vin** (Reben- und Weinmuseum; www.museeduvin.ch; Pl du Château 1; Erw./Kind 11/5 SFr; ⏱ Juli & Aug. 10–18 Uhr, April–Juni, Sept. & Okt. Mo geschl., Jan.–März, Nov. & Dez. Di–So 10–16 Uhr) erläutert in Aigles bezauberndem Château die 2000 Jahre alte Geschichte des Weinbaus. Besonders unterhaltsam sind die sechs interaktiven Experimente im „Labor", in dem Gäste u. a. Wein herstellen können.

Im Anschluss lockt die **Maison de la Dîme** (Pl du Château 1) aus dem 13. Jh. (auf der anderen Seite des Schlosshofs) mit ihren Wechselausstellungen im Obergeschoss (das Ticket fürs Weinmuseum ist hier auch gültig).

Die **Touristeninformation** (☎ 024 466 30 00; www.aigle-tourisme.ch; Rue Colomb ⏱ April–Okt. Mo–Fr 8.30–12 & 13.30–18, Sa 8.30–12 Uhr) von Aigle liegt in der Neustadt, etwa 700 m vom Schloss entfernt. Regelmäßige Zugverbindungen hat Aigle mit Genf (34 SFr, 1¼ Std.), Lausanne (18,60 SFr, 30 Min.) und Montreux (7,40 SFr, 10 Min.).

NICHT VERSÄUMEN

SKIFAHREN IN DEN WAADTLÄNDER ALPEN

Führend in der Region ist das Dorf Les Diablerets, dessen Skigebiete **Isenau** (www.myisenau.ch; Tagesliftkarte Erw./Kind 54/36 SFr, einschließlich Villars-Gyron;) und Glacier 3000 Spitzenreiter sind. Isenau ist geringfügig leichter zu erreichen, während das auf einem 3,5 km langen Gletscher gelegene Glacier 3000 die höchsten Gipfel und ein breiteres Angebot an Unterkünften und Infrastruktur zu bieten hat.

Das zusammengefasste Skigebiet **Villars-Gryon** (www.villars-diablerets.ch/Z4031; Tagesliftkarte Erw./Kind 54/36 SFr, einschließlich Isenau) um das Dorf **Villars-sur-Ollon** bietet Zugang zu den drei Skigebieten von Les Diablerets und verbindet praktisch fünf Bergareale zu einem einzigen gigantischen Skigebiet über 100 km² mit mindestens 24 Liften. Es bietet eine atemberaubende Landschaftskulisse und hat Pisten für alle Schwierigkeitsgrade.

Das dem Namen nach, nicht aber in Sachen Größe oder Natur kleine **Leysin** (www.leysin.ch; Tagesliftkarte Erw./Kind 35/25 SFr) auf 1350 m Höhe war ursprünglich ein Tuberkulosekurort, hat sich aber zu einem weitläufigen Skiresort mit 60 km Pisten für alle Stufen entwickelt.

gebieten des Dorfs sind Isenau und Glacier 3000 die meistbesuchten, wobei Letzteres auf den höchsten Gipfeln der Gegend liegt.

Glacier 3000, nach der Lage auf dem 3,5 km langen Glacier de Tsanfleuron benannt, erlebt seit 2014 einen Popularitätsschub, als die unglaubliche Hängebrücke Peak Walk by Tissot eröffnet wurde. Sie ist weitgehend für die zunehmende Beliebtheit des Dorfs als Sommerziel verantwortlich: Im Angebot sind hier Canyoning, Hydrospeeding, Gleitschirmfliegen, Motocrossfahren und fast 250 km Wanderwege.

Ob beim Skifahren, Fahrradfahren oder Wandern (oder nichts davon), die Alpenkulisse von Les Diablerets ist spitzenmäßig und der Ort ist von Montreux aus kinderleicht zu erreichen, wenn man hoch oben einfach mal ein wenig klare Bergluft atmen will.

Sehenswertes & Aktivitäten

★ Peak Walk by Tissot BRÜCKE
(Les Diablerets; 9–16.30 Uhr; 2 Wochen Mitte Okt. geschl.) GRATIS An klaren Tagen sind die Aussichten von dieser ersten Hängebrücke der Welt zwischen zwei Gipfeln einfach himmlisch – zu sehen sind Matterhorn, Eiger, Mönch und Jungfrau. Die 107 m lange Brücke zwischen dem Vorgipfel View Point (2965 m) mit dem Scex Rouge (2971 m) mit einer großen Panoramaplattform und Aussichtsfernrohren samt Bergnamen und Höhenangaben ist ein Muss für alle Höhenfreunde, aber nichts für Leute mit Schwindel oder Höhenangst.

Vom Col du Pillon in Les Diablerets fährt die Seilbahn hoch zum **Glacier 3000** (www.glacier3000.ch; Les Diablerets; Tagesliftkarte Erw./Kind 63/42 SFr).

Wanderungen am Col de Bretaye WANDERN
Ein beliebter Sommerwanderweg beginnt am Pass Col de Bretaye, führt am hübschen Lac de Chavonnes vorbei und weiter durch grünes Bergland bis nach Les Diablerets; die Wanderung dauert etwa vier Stunden. Die Aussichten vom Pass sind herrlich.

Zu erreichen ist der Pass mit dem Regionalzug von Villars-sur-Ollon zum Col de Bretaye (17,80 SFr, 20 Min.).

Essen

★ Botta 3000 SCHWEIZERISCH €€
(024 492 09 31; www.glacier3000.ch; Les Diablerets; Hauptgerichte 22–52 SFr; 10–16.30 Uhr) Die auffallende weiße Würfelform dieses Höhenrestaurants auf dem Glacier de Tsanfleuron ist das zeitgenössische Werk des Schweizer Stararchitekten Mario Botta. Oben befindet sich das Feinschmeckerrestaurant, unten eine Terrasse mit Selbstbedienung und ein Picknickplatz.

Die Skipiste, die von hier aus zurück nach Reusch (1350 m) führt, bietet eine berauschende Abfahrt über 14 km mit 2000 m Höhenunterschied.

Praktische Informationen

Im **Office du Tourisme Les Diablerets** (024 492 00 10; www.villars-diablerets.ch; Chemin du Collège 2; 9–18 Uhr) ist am besten zu erfahren, was es mit der etwas verwirrenden Auswahl an Pässen und Transportmöglichkeiten für die verschiedenen Skiresorts der Gegend auf sich hat.

Anreise & Unterwegs vor Ort

Aigle ist das Tor für die Region um Les Diablerets. Ab Aigle sind es 20 km über die Route 11 bis zu dem Dorf.

Ansonsten verkehren auch Regionalzüge zwischen Les Diablerets und Aigle (11,40 SFr, 50 Min.).

Jedes Skigebiet ist mit einer anderen Seilbahn zu erreichen, zu denen vom Dorf aus ein Bus fährt.

Château d'Œx

3168 EW.

Château-d'Œx ist ein reizvolles Bergdorf, dessen mittelschwere Pisten bei heimischen Familien beliebt sind. In der schneefreien Zeit ist es ein hübscher Ort inmitten einer hinreißenden Umgebung, bekannt für Touren mit dem Heißluftballon und scheinbar unendlich lange Wanderwege und Mountainbikepisten.

Außerdem sorgen die Lage und die gute Erreichbarkeit dafür, dass sich Château-d'Œx ebenso als schöner Tagesausflug von Montreux wie auch zum Übernachten eignet.

In der zweiten Januarhälfte findet eine Woche lang die **Semaine Internationale de Ballons à Air Chaud** (www.ballonchateaudoex.ch) in Château-d'Œx statt, ein jährliches Festival mit rund 100 Heißluftballons, von den üblichen Ballons bis hin zu eigenwilligen Gebilden wie ein gigantischer schottischer Dudelsackspieler.

Ein weiterer guter Grund, sich in Château-d'Œx aufzuhalten, ist ein Besuch bei **Le Chalet** (☎ 026 924 66 77; www.lechalet-fromagerie.ch; Rte de la Gare 2; Hauptgerichte 18–38 SFr; ⏲ Mo–Do, Sa & So 9–18, Fr bis 24 Uhr, Käseherstellung Mi–So 10–12 Uhr), um bei der Käseherstellung zuzusehen und sich mit hausgemachten Baisers mit Unmengen Sahne vollzustopfen. Die *fromagerie* in einem großen Chalet ist im Frühling und Sommer mit Blumenkästen geschmückt und im Winter von Schnee umgeben.

Praktische Informationen

Die **Touristeninformation Château-d'Œx** (☎ 026 924 25 25; www.chateau-doex.ch; Pl du Village 6; ⏲ Mo–Fr 9–12 & 14–17, Sa & So 9–12.30 & 13–17 Uhr) befindet sich im Dorfzentrum.

An- & Weiterreise

Die Fahrt nach Château-d'Œx führt ab Montreux 50 km über eine landschaftlich schöne, aber kurvige Straße in die Alpen hoch und dauert fast genau eine Stunde. Für Leute, die leicht reisekrank werden, ist es keine erfreuliche Fahrt. Für sie ist es viel einfacher, den Regionalzug ab Montreux zu nehmen (20,40 SFr, 1 Std.).

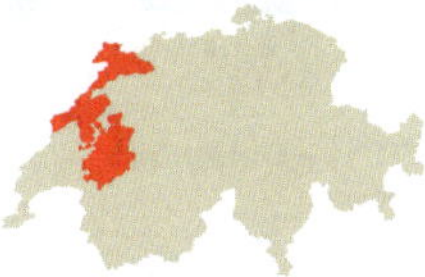

Fribourg, Drei-Seen-Land & Jura

Inhalt ➜

Gut essen

- Georges Wenger (S. 100)
- Le Mondial (S. 86)
- Chez Boudji (S. 89)

Schön übernachten

- Hôtel Cailler (S. 90)
- Auberge aux 4 Vents (S. 86)
- Hôtel Alpha (S. 85)
- Auberge du Mouton (S. 100)

Auf nach Fribourg, ins Drei-Seen-Land & in den Jura

Der liebliche Landstrich im Westen des Landes unterscheidet sich deutlich von den stark touristisch erschlossenen, atemberaubenden Alpenlandschaften, an die man bei der Schweiz zuerst denkt. Er umfasst den Kanton Fribourg (Freiburg), die Berge des Schweizer Jura und die Seen des Drei-Seen-Lands und ist ein schönes Ziel abseits der Touristenströme.

Die stimmungsvolle Kantonshauptstadt Fribourg an der Saane strotzt vor mittelalterlichen Straßenzügen, das Saanetal bietet zahlreiche Attraktionen flussabwärts des Käsestädtchens Gruyères (Greyerz). Im Schweizer Jura mit seinen dichten Wäldern und hübschen Dörfern locken das reizende Val de Travers und der umwerfende Creux du Van. Das Drei-Seen-Land wiederum ist ein echtes Wasserparadies.

Dazu besticht die Region mit weltbekanntem Käse, mit Absinth, der „grünen Fee“, und unwiderstehlichen Baisers mit Doppelrahm. Die Kalorien kann man anschließend bei der Erkundung der Kulturgüter Fribourgs, bei Wanderungen durch den grünen Jura oder auch bei anstrengenderen Wander-, Mountainbike-, Segel- und Skilanglauftouren wieder verbrennen.

Reisezeit

- Der Sommer ist die ideale Zeit, um die grünen Wiesen des Kantons Fribourg und die Bergbäche des Jura zu erkunden. In der Stadt Fribourg ist dies die Zeit der Festivals und Feiern und des Speisens unter freiem Himmel.
- Im Frühjahr und Herbst, bestens geeignet für Wanderungen, zeigt sich die Natur mit Blüten bzw. Herbstlaub von ihrer schönsten Seite. Dann hat man die Hügel fast für sich allein.
- Im Winter sind die sanften Pisten des Jura weniger voll und erheblich günstiger als die in den Alpen – perfekt für Anfänger. Die Region gilt als Langlaufmekka.

Highlights

1 Murten Licht-Festival (S. 94) Die phantastischen Illuminationen bewundern, die das mittelalterliche Murten zum Leuchten bringen.

2 Sankt Petersinsel (S. 90) Von Biel/Bienne über den Bielersee die Sankt Petersinsel ansteuern zum Picknicken und Baden.

3 Estavayer-le-Lac (S. 99) Bei einem Bummel durch das schöne mittelalterliche Dorf am Murtensee die Zeit zurückdrehen.

4 Fromagerie d'Alpage de Moléson (S. 88) Seinen Käsegelüsten freien Lauf lassen und sich anschließend ein Verdauungsschläfchen genehmigen.

5 Maison Cailler (S. 89) In der Schokoladenfabrik in Broc in einen zuckersüßen Schokorausch geraten.

6 Maison de l'Absinthe (S. 101) Im reizenden Val de Travers mit Absinth gestärkt durch mittelalterliche Gassen streifen.

7 Cathédrale St-Nicolas de Fribourg (S. 83) Vom Kathedralenturm nach 368 Stufen atemberaubende Ausblicke auf das mittelalterliche Fribourg genießen.

8 Les Bains de la Gruyère (S. 89) In Charmey vor der Kulisse des Voralpenlands im Thermalwasser planschen.

9 Musée de l'Horlogerie du Locle (S. 98) In Le Locle im eindrucksvollen Uhrenmuseum Schweizer Präzision und Erfindergeist huldigen.

10 Musée de l'Hôtel Dieu (S. 100) In Porrentruy im schönen Barockmuseum eine Zeitreise in die ferne Vergangenheit antreten.

PAYS DE FRIBOURG

Im Zentrum der malerischen Region Fribourg (Pays de Fribourg, 307 461 Ew.) im Schweizer Mittelland liegt an einer sanften Biegung der Saane die reizende mittelalterliche Stadt Fribourg. Hier laden historische Gemäuer und Attraktionen, eine gut erhaltene Altstadt und mehrere Top-Restaurants und gute Hotels zum Verweilen ein.

Feinschmecker zieht es ins nahe Gruyères mit seinen netten Dörfchen in der Umgebung sowie natürlich dem weltbekannten gleichnamigen Käse: Hier kann man sich anschauen, wie diese herkunftsgeschützte Leckerei schon seit Jahrhunderten hergestellt wird.

Und wenn man sich dann im reizenden Charmey noch ein Bad im Thermalwasser gönnt und Aktivitäten in der freien Natur nachgeht, dann bietet das Freiburgerland ein wirklich verlockendes Gesamtpaket. Außerdem verläuft hier die deutsch-französische Sprachgrenze, der sogenannte Röstigraben: Im Westen spricht man Französisch, im Osten Deutsch.

Fribourg (Freiburg)

34 897 EW. / 629 M

Nirgendwo in der Schweiz kommt die sprachliche Trennung stärker zum Ausdruck als in Fribourg, einer reizenden mittelalterlichen Stadt an einer spektakulären Schlucht der Saane (frz. Sarine), die die Stadt in zwei Teile teilt. Die Bewohner des Westteils der Stadt mitsamt Altstadt, Universität und Bahnhof sprechen Französisch, die am Ostufer der Saane Deutsch.

Fribourg beeindruckt mit einer Reihe ausgezeichneter Museen, aber auch mit einigen herrlichen Aussichtspunkten mit Blick auf das historische Stadtbild am Rand der Schlucht verströmt Fribourg.

Wenn zu dem Kulturencocktail noch eine starke Dosis Katholizismus und viele Studenten hinzukommen, ist das Ergebnis eine faszinierende Stadt mit einem lebhaften Nachtleben und einem gesunden Hauch Originalität.

Sehenswertes

★Cathédrale St-Nicolas de Fribourg — KATHEDRALE

(St.-Nikolaus-Kathedrale; ☎026 347 10 40; www.cathedrale-fribourg.ch; Rue des Chanoines 3; Turm Erw./Kind 3,50/1 SFr; ⌚Mo–Fr 9.30–18, Sa 9–16, So 14–17 Uhr, Turm Mo–Fr 10–12 & 14–17, Sa 10–16 Uhr, April–Okt. 14–17 Uhr) Vor dem Betreten dieser düsteren gotischen Kathedrale aus dem 13. Jh. sollte man sich das Hauptportal mit der Darstellung des Jüngsten Gerichts aus dem 15. Jh. anschauen. Hinter dem Eingang befindet sich auf der rechten Seite in der Chapelle du Saint Sépulcre eine plastische Figurengruppe aus dem Jahr 1433, die außergewöhnlich naturgetreu und lebhaft die Grablegung Christi darstellt. 368 Stufen führen auf den 74 m hohen Turm, von dem man eine tolle Aussicht hat.

★Espace Jean Tinguely – Niki de Saint Phalle — MUSEUM

(☎026 305 51 40; www.mahf.ch; Rue de Morat 2; Erw./Kind 6 SFr /frei; ⌚Mi–So 11–20 Uhr) Auf Knopfdruck gibt der *Retable de l'Abondance Occidentale et du Mercantilisme Totalitaire* (1989–1990) seinen allegorischen Kommentar zum westlichen Überfluss ab. Das elegante Museum in einem Straßenbahndepot von 1900 erinnert an Jean Tinguely (1925–1991), Fribourgs Wunderkind der modernen Kunst. Tinguelys Maschinen sieht man hier zusammen mit den kühn-offensiven Kreationen der französisch-amerikanischen Künstlerin Niki de Saint Phalle (1930–2002), die von den 1950er-Jahren an bis zu seinem Tod mit ihm arbeitete.

★Musée Suisse de la Marionnette — MUSEUM

(Schweizer Marionettenmuseum; ☎026 322 85 13; www.marionnette.ch; Derrière-les-Jardins 2; Erw./Kind 5/3 SFr; ⌚Mi–Fr 10–17 Uhr) Im Zeitalter von Technik und Technologie ist es erfrischend zu sehen, wie eine einzigartige alte Kunst, mit der Kindern wie Erwachsenen schon von jeher Freude bereitet wurde, in diesem fabelhaften kleinen Museum am Leben erhalten wird. Hier gibt's nicht nur eine

DIE MURTENER LINDE

Der Überlieferung zufolge lief im Jahr 1476 ein Bote von Murten nach Fribourg, um die frohe Kunde zu verkünden, dass die Schweizer Karl den Kühnen besiegt hätten – um bei seiner Ankunft vor Erschöpfung tot umzufallen. Zuschauer, die diese tragische Wendung beklagten, nahmen den Lindenzweig vom Hut des Boten, pflanzten ihn ein und hätschelten ihn – daraus wurde der Baum, der hier über 500 Jahre später zu sehen ist: der **Tilleul de Morat** (Murtener Linde; Place de l'Hôtel de Ville 1).

Fribourg

0
200 m
Auberge aux 4 vents (1,7 km); Autobahn A12 (2 km); Murten (17 km)
Bern (32 km)
Rte de Berne
Rte des Neigtes
Sarine (Sanne)
Espace Jean Tinguely – Niki de Saint Phalle
Cathédrale St-Nicolas de Fribourg
R de Morat
R Pierre-Aeby
Pl de Notre-Dame
R des Chanoines
R du Pont Suspendu
R des Bouchers
Pont de Zaehringen
Pl de l'Hôtel de Ville
R du Pont Muré
Grand-Rue
ALT-STADT
R Joseph Piller Varis
R de l'Hôpital
R St-Michel
R de Lausanne
Autobahn A12 (1 km); Bulle (25 km); Gruyères (30 km)
R de Criblet
R du Temple
R de Romont
Sq des Places
R des Alpes
Rte des Alpes
R de la Grand Fontaine
R Louis d'Affry
Busbahnhof
Av de Tivoli
Pl Jean Tinguely
Pl Georges Python
R St-Pierre
Berg-station der Seilbahn
Seilbahn-station Pertuis
Pl des Pertuis
R des Augustins
R de la Samaritaine
Av de la Gare
Bahnhof
Petites-Rames
Grand-Places
Bd de Pérolles
Rte Neuve
Chemin de la Motta
Chemin de Lorette
Musée Suisse de la Marionnette
Rte des Arsenaux
Hôtel Alpha (280 m); Musée de la Bière Cardinal (350 m); Villars Chocolate (800 m); Fri-Son (800 m)

Fribourg

Highlights
1 Cathédrale St-Nicolas de Fribourg........E2
2 Espace Jean Tinguely – Niki de Saint Phalle........E1
3 Musée Suisse de la Marionnette........G4

Sehenswertes
4 Basilique de Notre-Dame de Fribourg........E1
5 Fri Art........D3
6 Musée d'Art et d'Histoire........D1
7 Musée Gutenberg........E1
8 Altstadt........F2
9 Pont de Berne........G3
10 Pont du Milieu........G4
11 Tilleul de Morat........D2

Schlafen
12 Au Sauvage........E4
13 Hine Adon........D2

Essen
14 Auberge de la Cigogne........G3
15 Le Mondial........B2
16 Restaurant du Cygne........F2
17 Restaurant du Gothard........E2

Ausgehen & Nachtleben
18 Banshee's Lodge........G3
19 Fribourg Plage........B4
20 La Cavatine........B3

Unterhaltung
21 Café Culturel de l'Ancienne Gare........A4
22 Le Port........F3

Sammlung mit handgefertigten historischen Marionetten zu bestaunen, sondern es werden auch Puppentheater und Workshops angeboten. Außerdem ist die Aussicht von der Brücke vorm Gebäude grandios.

Altstadt STADTVIERTEL

Die Altstadt aus dem 12. Jh. ist nach einem einfachen Muster gestaltet. Die Grand-Rue ist die Hauptstraße, parallel zu ihr verläuft die Rue des Chanoines/Rue des Bouchers, an der Märkte, Kirchen und städtische Gebäude liegen. Die Siedlung breitete sich später bergab bis zum Fluss aus. Von den Brücken – der Steinbrücke **Pont du Milieu** (Mittlere Brücke; 1720) und der überdachten **Pont du Berne** (Bernbrücke; 1250) – hat man einen tollen Ausblick.

Musée d'Art et d'Histoire MUSEUM

(Museum für Kunst & Geschichte; ☎ 026 305 51 40; www.mahf.ch; Rue de Morat 12; Erw./Kind 8/5 SFr; ⏲ Di, Mi & Fr–So 11–18, Do 11–20 Uhr) GRATIS Die tolle spätgotische Skulpturen- bzw. Gemäldesammlung des Stadtmuseums für Kunst und Geschichte ist im Renaissance-Hôtel Ratzé untergebracht. In der unterirdischen Kammer trifft Gotik auf Gothic: Religiöse Statuen bilden dort einen Gegenpol zu Tinguely-Skulpturen. Der Museumsgarten mit vielen Bänken und einer Plastik von Niki de Saint Phalle eignet sich großartig zum Picknicken.

Basilique de Notre-Dame de Fribourg KIRCHE

(☎ 026 323 20 31; www.basilique-fribourg.ch; Rue de Morat 1; ⏲ Mo, Mi & Fr 8.30–18, Di & Do 9.30–19.30 Uhr) Das Highlight in dieser Kirche ist eine neapolitanische Krippe aus dem 18. Jh., die mit 75 Figürchen die Geburt Christi, Mariä Verkündigung und Szenen aus dem Alltagsleben darstellt. Man bahnt sich den Weg durch den schweren, grauen Vorhang und wirft ein 1- oder 2-Franken-Stück in den Schlitz, um die Krippe vier bzw. acht Minuten lang bewundern zu können.

Musée Gutenberg MUSEUM

(Gutenberg-Museum; ☎ 026 347 38 28; www.gutenbergmuseum.ch; Place de Notre-Dame 16; Erw./Kind/Fam. 10/6/22 SFr; ⏲ Mi, Fr & Sa 11–18, Do bis 20, So 10–17 Uhr) In diesem Druck- und Medienmuseum kann man eine Reise durch die Welt des gedruckten Worts machen. Es residiert in einem Kornspeicher aus dem 16. Jh.; die Multimedia-Show bringt die historische Ausstellung auf den heutigen Stand. Eine ganz andere Perspektive auf Gedrucktes und das Sehen überhaupt bekommt man beim „Dinner im Dunkeln“ (4-Gänge-Menü 60 SFr) im Museum; vorab reservieren.

Fri Art GALERIE

(☎ 026 323 23 51; www.fri-art.ch; Petites Rames 22; Erw./Kind 8/5 SFr; ⏲ Mi & Fr 12–18, Do bis 22, Sa & So 14–17 Uhr) Eine inspirierende Dosis zeitgenössischer Kunst gibt's mit ausgezeichneten Wechselausstellungen in diesem alten Ziegelgebäude eines Priesterseminars. Am langen Museumsabend herrscht donnerstags nach 18 Uhr freier Eintritt und eine Bar serviert Drinks.

Schlafen

★ **Hôtel Alpha** BOUTIQUEHOTEL €

(☎ 026 322 72 72; www.alpha-hotel.ch; Rue du Simplon 13; EZ/DZ ab 90/114 SFr; P 📶) Das schlichte Boutiquehotel strahlt etwas Wunderbares aus, das aber nur schwer auf den Punkt zu bringen ist. Die kompakten, modernen Zimmer verfügen zwar nicht über Klimaanlagen, doch geschicktes Design und ein wunderbares Personal machen das Haus zu einem stillen, gemütlichen Refugium mit großen Kissen, gedämpften Farbtönen und vernünftigen Preisen – klasse!

★ Auberge aux 4 Vents BOUTIQUEHOTEL €€
(☎ 026 347 36 00; www.aux4vents.ch; Res Balzli Grandfrey 124; EZ 130–170 SFr, DZ 180–260 SFr, EZ/DZ/3BZ/4BZ mit Gemeinschaftsbad 65/130/170/200 SFr; P ❄) „Stilvoll" wird dem Landgasthof mit acht Zimmern kaum gerecht: Hier, ca. 2 km nördlich der Stadt, regiert unkonventionelles Design. Das *dortoir* mit vier Betten ist sicher der luxuriöseste Schlafsaal der Schweiz. Fürs Baden unter freiem Sternenhimmel lässt sich die Wanne des traumhaften Blauen Zimmers auf Schienen durchs Fenster hinausrollen.

Hine Adon APARTMENTS €€
(☎ 026 322 37 77; www.hineadon.ch; Rue Pierre-Aeby 11; Apt. 120–280 SFr; @) Wenn man etwas mehr Platz haben will, sind diese schicken Apartments in der Altstadt (mit 1–2½ Schlafzimmern und komplett eingerichteter Küche) eine ansprechende Option. Das Dekor verbindet alte und neue Stilelemente, Frühstück ist verfügbar (7,50 SFr) und der Service erstklassig.

Au Sauvage HISTORISCHES HOTEL €€
(☎ 026 347 30 60; www.hotel-sauvage.ch; Planche Supérieure 12; EZ/DZ ab 170/240 SFr; 📶) Dieses Haus ist ein Mittelalter-Veteran: Über einem Restaurant vermietet das Altstadthotel 16 charmante Zimmer in zwei miteinander verbundenen Häusern aus dem 16. Jh. In unmittelbarer Flussnähe gelegen, wird es durch ein Schild im Mittelalterstil ausgewiesen, das einen Höhlenmenschen mit Keule zeigt.

Essen

★ Le Mondial CAFÉ €
(☎ 026 321 27 72; Rue de l'Hôpital 39; Hauptgerichte 18–29 SFr; ⌚ Mo–Do 8–23, Fr bis 24, Sa 9–24 Uhr) Das luftige Café und Restaurant – eine stilvolle Mischung aus Modern und Alt – ist mittags und nach der Arbeitszeit gut besucht, wenn sich Studenten und Anzugträger auf die Spezialitäten des Hauses, warme *tartines* und *ballons* (eine Art Burger) stürzen, die nach mehr schmecken. Zwischen den Hauptmahlzeiten sollte man die hausgemachten leckeren Kuchen nicht versäumen.

NICHT VERSÄUMEN

LE PORT

Keine Adresse verkörpert besser den kreativen Geist von Fribourg als **Le Port** (☎ 026 321 22 26; www.leport.ch; Planche-Inférieure 5; ⌚ Mai–Okt. Di–So 10–23 Uhr). Versteckt auf dem Gelände eines ehemaligen Gaswerks am Ufer der Saane birst „Le Port" vor Energie. An sommerlichen Tagen hängen die Freiburger auf der von Bäumen beschatteten Terrasse am Flussufer ab, lassen sich den saisonalen Mittagsteller (20 SFr) mit regionalen geräucherten Fleisch- und Wurstwaren sowie Gemüse schmecken, nehmen an Tai-Chi-Kursen teil oder besuchen die Kunstwerkstätten.

Nach Einbruch der Dunkelheit – wenn der letzte Tangokurs die Tanzfläche geräumt hat – stehen Livebands, Filmvorführungen, Tanzabende und Disco auf dem Programm.

Restaurant du Gothard BISTRO €€
(☎ 026 322 32 85; Rue du Pont Muré 16; Hauptgerichte 22–38 SFr; ⌚ Mo, Di, Do & Fr 9–23.30, Sa & So 8–23.30 Uhr) Tinguelys Lieblingslokal präsentiert sich als eine kitschige Mischung aus Möbeln des 19. Jhs., Zeichnungen von Niki de Saint Phalle und nostalgischem Schnickschnack. Die Tagesgerichte stehen auf der Kreidetafel. Immer beliebt sind Fondues und Pferdefleisch-Steaks.

Restaurant du Cygne EUROPÄISCH €€€
(☎ 026 322 32 04; www.restaurantducygne.ch; Rue des Bouchers 2; Menü 65 SFr, Hauptgerichte 30–40 SFr; ⌚ Mi–So 9–23, Di bis 14 Uhr) Immer der Nase nach geht's zu dieser Fribourger Institution, einer Art gehobener Brasserie: Hier wird in schickem, aber legerem Ambiente zu vernünftigen Preisen durchgehend gutes Essen serviert. Auf der kleinen Karte stehen auf unterschiedliche Art dargebotene Steaks und Meeresfrüchte – vielleicht mit Pilzfrikassee oder mit *beurre café de Paris* – sowie ein paar Vorspeisen.

Auberge de la Cigogne MODERN EUROPÄISCH €€€
(☎ 026 322 68 34; Rue d'Or 24; 2-/3-Gänge-Mittagsmenü 21/25 SFr, Abendmenüs 38–90 SFr; ⌚ Di–Sa 10–14.30 & 18.45–24 Uhr) Das sehr angesehene Restaurant residiert in einer hübschen Ufervilla aus den 1770er-Jahren. Zu den herausragenden Festpreismenüs gehören auch wun-

dervolle Desserts wie *crème brûlée aux framboises parfumé à la lavande* (mit Himbeeren und Lavendel-Aroma). Das Mittagsmenü hat ein tolles Preis-Leistungs-Verhältnis.

Ausgehen & Nachtleben

Die muntersten DJ- und Livemusikclubs ballen sich nahe der Universität an der Route de la Fonderie im Industriegebiet westlich des Bahnhofs.

La Cavatine CAFÉ
(026 341 00 44; www.lacavatine.ch; Place Jean Tinguely 1; Mo–Fr 11–19, Sa 9–17 Uhr) Am auffälligsten an diesem hübschen Café ist seine Lage – in Fribourgs topaktuellem Gebäude, das wegen seiner spektakulären, ungleichmäßigen Gestalt zu Recht Équilibre heißt. Ob man sich auf ein mit Kissen ausgestattetes Sofa auf der gemütlichen, gepflasterten Terrasse plumpsen lässt oder drinnen mit Blick auf den Park Platz nimmt, die Aussicht ist in jedem Fall erstklassig.

Fribourg Plage STRANDBAR
(www.fribourgplage.ch; Parc des Grand-Places; Mitte Juni–Aug. tgl. 11–23.30 Uhr) Bei Sonnenschein gibt es keinen hübscheren Ort zum Abhängen als diese Bar mit rosa oder hellgrünen Liegestühlen auf dem Rasen eines Parks an einem städtischen Strand mit goldenem Sand und Strandvolleyballplatz. „Kein Stress" lautet hier das Motto.

Banshees' Lodge IRISH PUB
(026 322 53 94; Rue d'Or 5; Mi–So 16–1 Uhr) In der gemütlichen irischen Kneipe mitten in der Altstadt kann man toll andere Traveller kennenlernen und viel Spaß haben.

Unterhaltung

★ Café Culturel de l'Ancienne Gare KULTURZENTRUM
(CCAG; 026 322 57 72; www.cafeanciennegare.ch; Esplanade de l'Ancienne-Gare 3; Mo–Do 9–23.30, Fr bis 3, Sa 13–3, So 11–24 Uhr) Der hippe und entspannte Laden in der alten Bahnhofshalle aus dem 19. Jh. ist zugleich das Nervenzentrum von Film-, Performance- und Mode-Events. In der Mischung aus Café und Kulturzentrum werden auch ordentliche Mahlzeiten und Snacks geboten. Wenn man die Route des Arsenaux hinunterläuft, entdeckt man das Café bei den Schienensträngen auf der rechten Seite.

Fri-Son LIVEMUSIK
(026 424 36 25; www.fri-son.ch; Rte de la Fonderie 13; Eintritt unterschiedlich; Mi–So 21–5 Uhr) In dem mit Graffiti bedeckten Lagerhaus, einer der größten Bühnen für Livekonzerte in der Westschweiz, legen DJs Musik verschiedener Richtungen auf. Bei den Dance-Themenabenden – Deep Bass, House, Schweizer Rock – ist der Eintritt häufig frei; Konzerttickets werden online verkauft.

Shoppen

★ Villars SCHOKOLADE
(026 426 65 49; www.villars.com; Rte de la Fonderie 2; Mo–Sa 8.30–17.30 Uhr) In einem Gebäude aus braunroten und karamellfarbenen Ziegeln produziert die Schokoladenfabrik seit 1901 Schweizer Tafelschokolade aus bester Greyerzer Alpenmilch sowie die besonders bei Kindern heiß geliebten *têtes au choco* (Schokoküsse). Die Fabrik kann nicht besichtigt werden, aber im angeschlossenen Laden kann man sich mit Schokolade zum Großhandelspreis eindecken und heiße Schokolade mit Schlagsahne und Schokoraspeln trinken.

Praktische Informationen

Fribourg Tourisme (026 350 11 11; www.fribourgtourisme.ch; Place Jean Tinguely 1, Équilibre; ganzjährig Mo–Fr 9–18 Uhr, außerdem Mai–Sept. Sa 9–15 Uhr, Okt.–April Sa 9–12.30 Uhr) Im Erdgeschoss von Fribourgs auffälligstem zeitgenössischen Gebäude (keine Angst – es wird einem schon nicht auf den Kopf fallen) warten Berge von Infos über die Stadt Fribourg und ihr Umland. Die Touristeninformation betreibt auch einen an den Wochenenden geöffneten Infoschalter in der Kathedrale (S. 83).

NICHT VERSÄUMEN

STANDSEILBAHN FRIBOURG

Die **Funiculaire de Fribourg** (3 SFr; Juli & Aug. Mo–Sa 7–20, So 9.30–20 Uhr, Sept.–Juni 9.30–19 Uhr) wurde 1899 von der Brauerei Cardinal erbaut und betrieben, bis die Stadt Fribourg sie 1965 übernahm. Das Besondere an der Standseilbahn ist die Nutzung von Abwasser für die Fortbewegung.

Die Bahn befördert ihre Passagiere alle sechs Minuten den steilen Hügel vom Bahnhof Pertuis in der Altstadt hinauf in die Oberstadt – rund 56 m in nur zwei Minuten.

Man kann natürlich auch zu Fuß hochgehen und von oben tolle Ausblicke über den Fluss und die Altstadt genießen.

An- & Weiterreise

Die Autobahn A12 von Genf über Lausanne nach Bern führt am Stadtrand vorbei.

Busse von **TPF** (☎ 026 913 05 11; www.tpf.ch/de) fahren hinter dem Busbahnhof (vom Bahnhof aus zugänglich) nach Avenches (10 SFr, 25 Min.) und Bulle (16,80 SFr, 45 Min.); dort gibt's Anschluss nach Charmey (7,60 SFr, 25 Min.) und Gruyères (5,20 SFr, 10 Min.).

Ab Fribourg bestehen regelmäßige Zugverbindungen nach Genf (ab 42 SFr, 1¼ Std.) und Neuchâtel (22 SFr, 55 Min.) sowie nach Bern (ab 14,20 SFr, 20 Min.) und weiter nach Zürich (ab 59 SFr, 1½ Std.).

Unterwegs vor Ort

Fribourg gehört zu den Städten mit dem Radleihsystem PubliBike (S. 367). QuickBike-Pässe (24 Std.) sind in der Touristeninformation der Stadt erhältlich.

Gruyères (Greyerz)

1789 EW. / 830 M

Das Dorf ist nach dem Wappentier *gru* (Kranich) benannt, unter dem die Grafen von Gruyères einst zu Felde zogen. Seine vielen Häuser aus dem 15. bis 17. Jh. schmiegen sich an ein Hügelchen. Der Ortskern mit seinen Kopfsteinpflastergassen ist von einer Burg gekrönt. Auf den umliegenden Alpenhöfen wird seit Jahrhunderten halbfester Gruyère-Käse (ohne „s" am Ende geschrieben) hergestellt. Heute trägt der Greyerzer das AOC-Herkunftsprädikat.

Die meisten Besucher kommen wegen des Käses hierher, doch das saftig grüne, leicht gewellte Umland bietet sich für schöne Wanderungen an und die in der Nähe gelegenen Orte Broc und Bulle halten außerdem einige lohnende Attraktionen bereit.

Sehenswertes & Aktivitäten

★ Château de Gruyères SCHLOSS

(☎ 026 921 21 02; www.chateau-gruyeres.ch; Rue du Château 8; Erw./Stud./Kind 12/8 SFr/frei; ⏲ April–Okt. 9–18 Uhr, Nov.–März 10–17 Uhr) Das zauberhafte, mit Türmchen bewehrte Schloss, in dem 19 Grafen von Gruyères residierten, die vom 11. bis ins 16. Jh. das Saanetal beherrschten, wurde nach einem Brand im Jahr 1493 wieder aufgebaut. Drinnen sieht man Möbel und Wandbehänge jener Zeit sowie moderne „Fantasy-Kunst" und kann sich einen 20-minütigen Multimediafilm über die Geschichte des Orts anschauen. Den kurzen Fußweg, der sich rings um das Schloss zieht, sollte man nicht auslassen. Es ist ein Kombiticket erhältlich, das auch andere Sehenswürdigkeiten der Gegend abdeckt.

★ Fromagerie d'Alpage de Moléson BAUERNHOF

(☎ 026 921 10 44; www.fromagerie-alpage.ch; Place de l'Aigle 12, Moléson-sur-Gruyères; Erw./Kind 5/2 SFr; ⏲ Mai–Sept. 9–19 Uhr) In dieser aus dem 17. Jh. stammenden *fromagerie d'alpage* (Bergkäserei) in Moléson-sur-Gruyères, 5 km südwestlich von Gruyères, wird im Sommer Käse auf traditionelle Art hergestellt, wobei Besucher täglich ab 10 Uhr zuschauen können. In der Berghütte kann man auch Käse kaufen oder im Restaurant etwas essen. Serviert werden Fondues, *soupe du chalet* (eine herzhafte, dicke Suppe mit Gemüse, Kartoffeln, Gruyère-Doppelrahm und -Käse) sowie weitere typische Gerichte der Berge.

La Maison du Gruyère BAUERNHOF

(☎ 026 921 84 00; www.lamaisondugruyere.ch; Place de la Gare 3, Pringy-Gruyères; Erw./Kind 7/6 SFr; ⏲ Juni–Sept. 9–18.30 Uhr, Okt.–Mai bis 18 Uhr) Das Geheimnis des Gruyère-Käses wird in Pringy direkt gegenüber vom Bahnhof von Gruyères gelüftet, 1,5 km unterhalb des Orts. Drei- bis viermal täglich (9–11 & 12.30–14.30 Uhr) wird hier Käse zubereitet. Ein Kombiticket für die Käserei und das Château de Gruyères kostet 16 SFr (kein Kombiticket für Kinder erhältlich).

Museum HR Giger MUSEUM

(☎ 026 921 22 00; www.hrgigermuseum.com; Château St-Germain; Erw./Stud./Kind 12.50/8/4 SFr; ⏲ April–Okt. tgl. 10–18 Uhr, Nov.–März Mi–Fr 13–17, Sa & So 10–18 Uhr) Biomechanische Kunst füllt den Raum, der dem Mann gewidmet ist, der das Alien aus den *Alien*-Filmen entwarf – dem aus Chur stammenden Zürcher HR (eigentlich: Hansruedi) Giger (1940–2014). Die dem Museum gegenüberliegende Bar, die **Bar HR Giger** (☎ 026 921 08 00; www.hrgiger.com/barmuseum.htm; Rue du Château St Germain 3; ⏲ 10–20.30 Uhr), ist im gleichen surrealistischen Stil gestaltet. Weder das Museum noch die Bar sind für kleinere Kinder geeignet. Ein Kombiticket für das Museum und das Château de Gruyères (s. o.) kostet 19 SFr.

★ Sentier des Fromageries WANDERN

(Käsereienlehrpfad) In einigen Berghütten mit traditionellem Holzschindeldach an diesem 7,3 km langen Weg vorbei an Kuhweiden wird immer noch Käse hergestellt. Eine Broschüre mit der Wegbeschreibung erhält man in der Maison du Gruyère (S. 88). Hin und

BROC & BULLE

Als einer der ältesten Chocolatiers der Schweiz ist **Cailler** (☎026 921 59 60; www.cailler.ch; Rue Jules Bellet 7; Erw./Stud./Kind 12/9 SFr/frei; ⌚April–Okt. 10–18 Uhr, Nov.–März bis 17 Uhr) in Broc 2 km nördlich von Gruyères seit 1825 im Geschäft. Im Anschluss an eine Fabrikführung können die Teilnehmer die süßen Sachen probieren und im Shop kaufen. Toll sind auch die Schokoladen-Workshops, darunter einige speziell für Kinder.

Wer jetzt noch nicht zu viel Schokolade intus hat, kann im **Chez Boudji** (☎026 921 90 50; www.boudji.ch; Gite d'Avau 1; Hauptgerichte 16–38 SFr; ⌚Mai–Nov. 11.30–14.30 & 17.30–21.30 Uhr) eine Käsemahlzeit und wundervolle Ausblicke genießen.

Rund 4 km nordwestlich von Gruyères liegt Bulle, der wichtigste Verkehrsknotenpunkt der Region: Bulle lohnt einen kurzen Stopp wegen des aus dem 13. Jh. stammenden **Schlosses**, in dem heute Verwaltungseinrichtungen untergebracht sind, und des **Musée gruérien et Bibliothèque de Bulle** (Gruyères-Museum & Bibliothek von Bulle; ☎026 916 10 10; www.musee-gruerien.ch; Rue de la Condémine 25; Erw./Stud./Kind 12/9 SFr/frei; ⌚Juni–Sept. Di–Sa 10–17 Uhr, Okt.–Mai Di–Fr 10–12 & 13.30–17, Sa 10–17 Uhr), das die Geschichte der Region porträtiert. Hier beginnen auch kostenlose geführte Stadtspaziergänge – Infos gibt's drinnen.

zurück dauert der Rundweg vier Stunden oder man nimmt nach der Hälfte des Wegs von Moléson den Bus 263 zurück.

Schlafen & Essen

Die Restaurants von Gruyères sind teils Hotels angeschlossen und tummeln sich zumeist um den Hauptplatz des Orts. Meist handelt es sich um rustikale, zwanglose Etablissements. Käsefondue ist natürlich der Star jeder Speisekarte: *moitié-moitié* ist ein Mix aus Gruyère und dem örtlichen Vacherin fribourgeois, einem halbfesten Käse. Zum süßen Abschluss sind Baisers mit dicker Sahne unübertrefflich.

★ **Hôtel de Gruyères** GASTHOF €
(☎026 921 80 30; www.gruyereshotels.ch; Rlle des Chevaliers 1; EZ/DZ 120–160 SFr; P 📶) Das 37-Zimmer-Hotel im traditionellen Stil mit viel Holz und rustikalen Elementen wartet mit wundervollen Ausblicken auf die umliegenden Berge auf, besonders von den Balkonzimmern. Wenn das eigene Zimmer keine Aussicht hat, kann man diese immer noch von der reizenden Hotelterrasse aus genießen.

La Ferme du Bourgoz B&B €
(☎026 921 26 23; www.lafermedubourgoz.ch; Chemin du Bourgo 14; EZ/DZ 80/100 SFr; P) Die echten Käseträume im Haus der Familie Murith, wo auch Käse hergestellt wird, sorgen für guten Schlaf. Die Zimmer sind schlicht und gemütlich; dazu gibt's ein unschlagbares Frühstück mit frischen Zutaten vom Bauernhof und hausgemachten Gruyère zu kaufen.

Praktische Informationen

La Gruyère Tourisme (☎084 842 44 24; www.la-gruyere.ch; Rue du Bourg 1; ⌚Juli & Aug. 9.30–17.30 Uhr, sonst kürzer) Gäbe es einen Uniabschluss für Käsekunde, hätte ihn das Personal hier sicher verdient: Es beantwortet sämtliche Fragen über den hiesigen Käse, aber auch zur Region allgemein.

An- & Weiterreise

Gruyères ist mit stündlich fahrenden Bussen oder Zügen von Fribourg (16,80 SFr, 55 Min., über Bulle) oder Montreux (19,80 SFr, 1¼ Std., über Montbovon) leicht zu erreichen. Das Städtchen Gruyères liegt vom Bahnhof zehn Gehminuten den Hügel hinauf.

Charmey

1772 EW. / 876 M

Das reizende, manchmal wolkenumhüllte Barockdorf Charmey im Voralpenland des Kantons Fribourg ist mit insgesamt 30 familienfreundlichen Pistenkilometern das regionale Skizentrum. Im Sommer wird es zum Paradies für Wanderer und Mountainbiker.

Les Bains de la Gruyère (☎026 927 67 67; www.les-bains-de-charmey.ch; Gros-Plan 30; 3/5 Std. 26/37 SFr; ⌚Mo–Do 9–21, Fr & Sa bis 22, So bis 20 Uhr), die hiesigen Thermalbäder, protzen mit neuen Spitzeneinrichtungen und vielen Erholungsmöglichkeiten, die vom simplen Schwimmen bis hin zu Massagen und Schönheitsbehandlungen reichen.

Feste & Events

★ La Désalpe de Charmey ALMABTRIEB
(www.desalpe.ch) Am vierten Sonntag im September strömen Tausende von Schaulustigen zur traditionellen Rindyà zusammen: Dann werden mit Blumen geschmückte Rinder von den Sommeralpen hinuntergetrieben, um den Winter im wärmeren Tiefland zu verbringen. Der Almabtrieb wird von viel Glockengeläut und Ländlermusik begleitet und die Besucher können sich mit erstklassigem Käse eindecken.

Schlafen

★ Hôtel Cailler HOTEL €€
(www.hotel-cailler.ch/en; DZ/Suite ab 250/390 SFr) Das reizende, außen altmodische und innen moderne Hotel Cailler im Schweizer Schick ist durch einen unterirdischen Gang mit Les Bains de la Gruyère gegenüber verbunden. Die kuscheligen Zimmer und Suiten im Chaletstil sind mit viel Holz eingerichtet, Leder in Schokobraun setzt Akzente und einige haben Balkon und/oder Whirlpool. Hier sollte man eher nicht allein absteigen, sonst fühlt man sich vielleicht einsam.

Praktische Informationen

Charmey Tourisme (☎ 026 927 55 80; www.charmey.ch; ⏲ Mo–Fr 8–12 & 13.30–18, Sa bis 16.30, So 9–12 Uhr) Bietet Karten und Vorschläge für Spaziergänge und Wanderungen in der Umgebung.

An- & Weiterreise

Charmey liegt 13 km nordöstlich von Gruyères und 43 km südlich von Fribourg. Öffentliche Verkehrsmittel verkehren nur sehr eingeschränkt hierher – besser ist man mit einem eigenen Fahrzeug unterwegs.

DREI-SEEN-LAND

Die dicht bewaldete Region mit den durch Kanäle verbundenen Seejuwelen Bielersee, Murtensee und Lac de Neuchâtel (Neuenburgersee) ist ein wunderbares Sommerparadies zum Entspannen. An klaren Tagen sind die Ausblicke auf die Alpen vom Westufer der drei Seen wirklich spektakulär.

Im schönen Drei-Seen-Land (Pays des Trois-Lacs) wird übrigens überwiegend Französisch gesprochen.

Die Stadt Neuchâtel, die größte der Region, genießt eine wunderbare Lage am Nordwestufer des gleichnamigen Sees und an den Ausläufern des Jura, der sich im Westen und Norden erstreckt. Das hübsche Biel/Bienne schmückt den Bielersee, genauso wie Murten den Murtensee; in der Umgebung befinden sich jeweils reizvolle mittelalterliche, Barock- und Renaissance-Dörfer.

Biel/Bienne

50 013 EW. / 429 M

Mittendrin im „Röstigraben", der Grenze zwischen der französisch- und der deutschsprachigen Schweiz, liegt die Stadt mit dem Doppelnamen: Biel/Bienne ist die Stadt des Landes, in der die Zweisprachigkeit am prägendsten ist. Ihre Einwohner wechseln häufig mitten in der Unterhaltung von einer Sprache in die andere und als Besucher weiß man oft nicht, welche man nun sprechen soll.

Für viele Schweizer ist Biel/Bienne nicht mehr als ein Umsteigebahnhof. Doch für Touristen ist es eine schöne, kompakte Stadt am See mit Ausblicken auf die Alpen in der Ferne und einem gemächlichen Alltag abseits der Touristenströme. Es lohnt sich, ein wenig länger zu bleiben, um vielleicht ein Bad im Bielersee zu nehmen, in den umliegenden Weinbergen ein gutes Tröpfchen zu genießen und die gut erhaltene Altstadt mit dem „Ring" und ihren zahlreichen faszinierenden Geschichten zu erkunden.

Biel/Bienne ist außerdem eine gute Ausgangsstation für Erkundungen des Drei-Seen-Lands und des Schweizer Jura.

Sehenswertes

Altstadt STADTVIERTEL
Die malerische Altstadt liegt rund um den sogenannten Ring – eigentlich ein Platz, dessen Name zurückgeht auf vergangene Zeiten, als hier die Stadtväter im Halbkreis sitzend über die bedauernswerten Übeltäter richteten, die ihnen vorgeführt wurden. Vom Ring weg führt die Burggasse, an der das Rathaus mit dem Stufengiebel, das Theater und einige Häuser mit Fensterläden zu finden sind. In der Altstadt gibt es auch ein paar vergoldete Brunnen, darunter den Gerechtigkeitsbrunnen (1744).

★ Sankt Petersinsel INSEL
Der Philosoph Jean-Jacques Rousseau verbrachte eigenen Angaben nach die glücklichste Zeit seines Lebens auf dieser reizenden Insel im Bielersee. Eigentlich ist sie eher eine Halbinsel, da sie durch eine lange, dünne

Biel/Bienne

Landzunge mit dem Festland verbunden ist. Von Erlach aus kann man zu Fuß über die Insel laufen oder man nimmt ein Boot.

Neues Museum Biel MUSEUM
(NMB; ☎ 032 328 70 30; www.nmbiel.ch; Schüsspromenade 24–28; Erw./Kind 10 SFr /frei; ⌚ Di–So 11–17 Uhr) GRATIS Das Neue Museum zeigt Ausstellungen zur Kunst, Geschichte und Archäologie. Zu den Highlights zählen ein Abschnitt zur Bieler Uhrmachergeschichte und die detailgetreu restaurierte Wohnung aus dem 19. Jh. der Museumsstifterin Dora Neuhaus.

Centre PasquArt MUSEUM
(☎ 032 322 55 86; www.pasquart.ch; Seevorstadt 71–73; Erw./Kind 11 SFr/frei; ⌚ Mi–Fr 14–18, Sa & So 11–18 Uhr) Das Museum in dem imposanten alten Krankenhaus von 1886 mit modernem Anbau zeigt faszinierende Ausstellungen zeitgenössischer Kunst mit Schwerpunkt auf Fotografie und Film.

Omega Museum MUSEUM
(☎ 032 343 91 31; www.omegamuseum.com; Stämpflistrasse 96; ⌚ Di–Fr 10–18, Sa 11–17 Uhr) GRATIS Für Uhrenfans ist dieses gut gemachte Museum genau das Richtige. Auf Wunsch gibt's auch Führungen auf Englisch.

Aktivitäten

★ **Magglingenbahn** STANDSEILBAHN
(www.vb-tpb.ch; Seevorstadt; Erw./Kind 7/3,70 SFr) Außerhalb der Stadt fährt die Standseilbahn hinauf auf den Magglingerberg, der viele Wanderwege und schöne Ausblicke zu bieten hat. Broschüren zu kurzen Spaziergängen gibt's in der Touristeninformation.

Schlafen & Essen

★ **Villa Lindenegg** PENSION €€
(☎ 032 322 94 66; www.lindenegg.ch; Lindenegg 5; EZ/DZ ab 100/160 SFr; P 📶) Die prächtige Villa aus dem 19. Jh. mit Garten bietet einen Katzensprung vom Zentrum Eleganz

ABSEITS DER ÜBLICHEN PFADE

MÖNCHSKÖPFE: DIE ABTEI BELLELAY

Seit acht Jahrhunderten produzieren die Bewohner des Weilers **Bellelay** und die Mönche der gleichnamigen **Abtei** auf halber Strecke zwischen Biel/Bienne und Porrentruy einen halbharten nussigen Käse, der dem Gruyère (Greyerzer) ähnlich ist.

Der Überlieferung zufolge erhielt der Käse seinen Namen Tête de Moine (Mönchskopf) von französischen Revolutionstruppen, die die Region im letzten Jahrzehnt des 18. Jhs. mitsamt der Abtei besetzten. Die Art, auf die der Käse traditionell geschnitten wird – nachdem die Rinde entfernt wurde, wird der Käse praktisch wie ein Apfel geschält –, erinnerte die Soldaten vielleicht daran, wie die Köpfe der Mönche rasiert wurden.

Heute benutzt man zum Raspeln des Käses ein praktisches Gerät namens *girolle*.

Die Außenanlagen des eindrucksvollen Klosters lassen sich besichtigen – das Kloster selbst ist heute eine psychiatrische Klinik. Wer etwas über die Geschichte des Dörfchens Bellelay erfahren und den Käse probieren möchte, kann dies in der **Maison de la Tête de Moine** (☎ 032 484 03 16; www.maisondelatetedemoine.ch/de/maison; Bellelay; Erw./Kind 6 SFr/frei; ⏲ Mi–So 11–18 Uhr) tun.

und persönlichen Service zu sehr erschwinglichen Preisen. Die acht Zimmer sind gleichzeitig modern und historisch, einige haben einen Balkon. Es gibt auch ein freundliches Bistro, in dem man zu Abend essen oder sich einen Aperitif gönnen kann.

★ **Art Déco Hotel Elite** BOUTIQUEHOTEL €€
(☎ 032 328 77 77; www.elite-biel.com; Bahnhofstrasse 14; EZ/DZ ab 180/220 SFr; ❄📶) Das schöne Art-déco-Hotel im Zentrum ist schon seit seiner Entstehung ein Bieler Wahrzeichen. Das Haus wurde 2016 liebevoll restauriert und renoviert und bietet nun große, wunderbar ausgestattete Zimmer, die dem traditionellen Stil des Gebäudes Rechnung tragen, aber auch einige moderne Elemente aufweisen.

★ **L'Écluse** INTERNATIONAL €€
(☎ 032 322 18 40; www.restaurant-lecluse.ch; Schüsspromenade 14d; Hauptgerichte 27–60 SFr; ⏲ Di–Sa 10–23.30 Uhr) Die mit Eisensäulen bestückte frühere Uhrenfabrik in einer hübschen Parklandschaft zwischen zwei Kanälen beherbergt heute eines der charmantesten Restaurants von Biel. Fleisch, Meeresfrüchte und Pasta kommen mit frischem Gemüse und knusprigen Pommes frites auf den Tisch. An Sommerabenden kann man prima auf der Terrasse draußen unter den Bäumen und runden Lampen sitzen und eine Weile dem vielsprachigen Geschnatter zuhören.

ℹ Praktische Informationen

Die Niederlassung von **Tourismus Biel Seeland** (☎ 032 329 84 84; www.biel-seeland.ch; Bahnhofplatz 12; ⏲ Mo–Mi & Fr 8–18, Do bis 19, Sa 9–16 Uhr) liegt gleich außerhalb des Bahnhofs.

ℹ An- & Weiterreise

Es fahren Züge nach Bern (15,60 SFr, 25–35 Min.), Solothurn (11,40 SFr, 15–30 Min.) und Neuchâtel (12,60 SFr, 15–30 Min.).

Die **BSG** (☎ 032 329 88 11; www.bielersee.ch; Badhausstrasse 1a, Biel/Bienne) bietet Schiffsverbindungen auf den Seen sowie verschiedene thematische Rundfahrten, darunter Touren auf der Aare nach Solothurn (einfach/hin & zurück 61/122 SFr, 2¾ Std.).

Die benachbarten Seen Lac de Neuchâtel (Neuenburgersee) und Murtensee sind mit dem Bielersee durch Kanäle verbunden. Zu beiden Seen verkehren von Biel aus Schiffe von **Navigation Lacs de Neuchâtel et Morat** (☎ 032 729 96 00; www.navig.ch) in Neuchâtel.

Ligerz

522 EW.

Die üppig-grünen Weinberge, die sich an dem steilen Hang bis zum Nordufer des Bielersees hinunterziehen, bieten einen spektakulären Anblick. Nirgendwo kann man den Ertrag der Reben, die sich vor allem vor der Weinlese im Herbst sehr prächtig präsentieren, besser genießen als in diesem urigen Dörfchen am See. An klaren Tagen reicht die Sicht über die Weinberge und den Bielersee bis zu den schneebedeckten Berner Alpen – einfach atemberaubend!

Sehenswertes & Aktivitäten

★ **Rebbaumuseum am Bielersee „Hof“** MUSEUM
(☎ 032 315 21 32; www.rebbaumuseum.ch; Bielstrasse 66, La Neuveville; Erw./Kind 6 SFr/frei; ⏲ Mai–Okt. Sa & So 13.30–17 Uhr; P) Auf einer

Führung durch dieses kleine Museum in einem reizenden Herrenhaus aus dem 16. Jh. können Besucher etwas über die Weine der Bielersee-Region erfahren. Die Führungen finden nur mit mindestens zehn Teilnehmern statt, sodass eine vorherige telefonische Anmeldung ratsam ist. Zwar werden auch Verkostungen angeboten, aber es ist doch eher ein Museum als ein Weinkeller.

Vinothek Viniterra Bielersee WEIN
(032 315 77 47; www.vinothek-viniterra-bielersee.ch; Im Moos 4, Twann-Tüscherz; Di–Fr 17–21, Sa 14–20, So 14–19 Uhr) Im Dorf Twann-Tüscherz 2 km nördlich von Ligerz kann man in der beliebten Weinhandlung 300 verschiedene Weine der Winzer vom Bielersee probieren und kaufen.

Vinifuni-Standseilbahn STANDSEILBAHN
(032 315 12 24; www.vinifuni.ch; Erw. einfach 6 SFr) Die Vinifuni-Standseilbahn klettert in sechs Minuten vom deutschsprachigen Ligerz durch die Weinberge zum französischsprachigen Prêles oben am Berg. Dort kann man wunderbar wandern und es bieten sich schöne Ausblicke über die Weinberge und den Bielersee bis zu den Alpen. Wanderkarten für die Gegend gibt's an der Bahnstation.

Schlafen & Essen

★ Hotel Kreuz HOTEL €€
(032 315 11 15; www.kreuz-ligerz.ch; Hauptstrasse 17; EZ/DZ ab 130/195 SFr; P) Übernachtungsmöglichkeiten in Ligerz bietet dieses alte Patrizierhaus mit bemalten Fensterläden und einem Garten direkt am Wasser, wo man ein Bad nehmen kann. In dem Gartenbistro gibt's auch Wein von den eigenen Weinstöcken, die sich den Hang hinaufziehen.

Restaurant Aux Trois Amis SCHWEIZERISCH €€
(032 315 11 44; www.aux3amis.ch; Untergasse 17; Hauptgerichte 28–54 SFr; Mo, Di & Do–Sa 11–23, So bis 20 Uhr) Ein typisches Dorfbistro mit einer jahrhundertealten, mit Wein berankten Fassade. So richtig schön ist es hier im Sommer: Dann ist die von Bäumen beschattete Terrasse voller Gäste, die zufrieden speisen, trinken und die Landschaft mit den Weinbergen und dem Richtung Sankt Petersinsel plätschernden blaugrauen Wasser genießen.

An- & Weiterreise

Regelmäßig verkehren Regionalbahnen von Neuchâtel (17,60 SFr, 20 Min.) und Biel/Bienne (7 SFr, 15 Min.) nach Ligerz.

Murten

6024 EW. / 450 M

Das deutschsprachige Örtchen am Ostufer des Murtensees ist einzigartig und reizvoll. Sein Name leitet sich aus dem keltischen Wort *moriduno* ab, „Festung am See" – und als solche präsentiert sich auch die ummauerte Altstadt.

Im Mai 1476 brach der burgundische Herzog Karl der Kühne in Lausanne auf, um Murten anzugreifen – doch das einzige Ergebnis war, dass 8000 seiner Männer in der Schlacht bei Murten niedergemetzelt wurden oder im Murtensee ertranken. Heute ist Murten ein beliebtes Sommerferienziel der Schweizer und ein Kulturzentrum. Hier findet das einzigartige Licht-Festival statt.

Kanäle verbinden den Murtensee mit dem Lac de Neuchâtel (im Westen) und dem Bieler See (im Norden) und bilden das Drei-Seen-Land: In dieser Seenlandschaft kann man per Boot, Kanu oder Kajak von Murten bis nach Biel/Bienne gelangen.

Sehenswertes

Altstadt STADTVIERTEL
Murten besteht aus Kopfsteinpflasterstraßen mit dicht gedrängten Arkadenhäusern. Eine Burg aus dem 13. Jh. (für Besucher gesperrt) überragt die Reihe von Hotelrestaurants in der Rathausgasse. Parallel dazu verläuft die Hauptgasse mit vielen Läden und Lokalen, deren östliches Ende das mittelalterliche Berntor markiert. Die ebenfalls parallel verlaufende Deutsche Kirchgasse und deren westliche Verlängerung, die Schulgasse, schmiegen sich an die **Ringmauer**.

Papiliorama MUSEUM
(031 756 04 60; www.papiliorama.ch; Moosmatte 1, Kerzers; Erw./Kind 18/9 SFr; April–Okt. 9–18 Uhr, Nov.–März 10–17 Uhr) Im 11 km nordöstlich von Murten gelegenen Papiliorama flattern tropische Schmetterlinge zusammen mit Kolibris und anderen exotischen Vögeln herum. Im Swiss Butterfly Garden kann man einheimische Schmetterlinge umherfliegen sehen, im Arthropodarium krabbeln Taranteln herum, im Nocturama verstecken sich nachtaktive Tiere aus Lateinamerika und für Unerschrockene gibt's den Jungle Trek – die Nachbildung eines Naturschutzgebietes in Belize, mit Mangroven, Tropenwald und einer 7 m hohen tropischen Panoramabrücke. Das Papiliorama ist 80 m vom Bahnhof in Kerzers entfernt, zu erreichen mit dem Zug ab Murten (4,60 SFr, 9 Min.).

ABSTECHER

AVENCHES (AVENTICUM)

Das römische Bollwerk Aventicum wurde dort erbaut, wo einst der Hauptort des Keltenstammes der Helvetier lag. Doch Ende des 3. Jhs. hielten die fast 6 km langen Wälle den Angriffen der Alemannen nicht mehr stand und im 5. Jh. war die Siedlung endgültig in Vergessenheit geraten.

Im Ort Avenches 8 km südwestlich von Murten ist inzwischen ein großer Teil der Ruinen von **Aventicum** wieder ausgegraben worden und bildet heute einen festen Bestandteil der kulturellen Identität und des Stadtbilds von Avenches. Besonders interessant ist das **römische Amphitheater**, eine Art Mini-Kolosseum am Nordrand des mittelalterlichen Ortskerns. Auch heute noch finden hier das ganze Jahr über Veranstaltungen mit Tausenden von Besuchern statt, z. B. beim **Festival Avenches Opéra** (www.avenchesopera.ch; ⌚ Aug.–Sept.).

Über die faszinierende Geschichte des Amphitheaters informiert das einfache, aber spannende **Römermuseum Avenches** (www.aventicum.org; Av Jomini, Avenches; Erw./Kind 4 SFr/frei; ⌚ Mai–Okt. Di–So 10–17 Uhr, Nov.–April Mi–So). Wer die Gegend noch weiter erkunden möchte, kann in der ausgezeichneten **Jugendherberge Avenches** (☎ 026 675 27 17; www.youthhostel.ch/avenches; Rue de Lavoir 5; B 33–37 SFr) Fahrräder mieten – und natürlich auch übernachten oder, wer's lieber mag, auch am Strand **zelten** (☎ 026 675 17 50; www.avenches.ch/camping; Camping Port-Plage; 8,30 SFr pro Pers.; ⌚ April–Sept.).

Von Murten (5,20 SFr, 20 Min.) kommende Züge halten jede Stunde in Avenches.

Feste & Events

★ Murten Licht-Festival LICHTFEST
(www.murtenlichtfestival.ch; ⌚ Jan.) Nach dem großen Erfolg im ersten Jahr (2016), als es an die 80 000 Besucher anlockte, hat sich das zehntägige Murtener Winterfest mit allen möglichen Projektionen und Installationen einen festen Platz im Schweizer Kulturkalender gesichert. Die Website vermittelt einen Eindruck davon, wie wunderbar sich das schöne mittelalterliche Städtchen in dieser originellen Beleuchtung präsentiert.

Schlafen & Essen

Hotel Murtenhof & Krone HOTEL €€
(☎ 026 672 90 30; www.murtenhof.ch; Rathausgasse 1–5; EZ/DZ ab 124/168 SFr; 📶) Der Murtenhof, ein Patrizierhaus aus dem 16. Jh., ist eine geräumige Unterkunft. Die Restaurantterrasse (Hauptgerichte 26–42 SFr; 11–22 Uhr) verbindet traditionelle Küche mit einem traumhaften Blick auf den See; zu den kulinarischen Highlights gehören frisches Barschfilet und Maränen aus der Gegend.

★ La Pinte du Vieux Manoir BOUTIQUEHOTEL €€€
(☎ 026 678 61 61; www.vieuxmanoir.ch; Rue de Lausanne 18, Meyrier; EZ/DZ ab 290/440 SFr; P 📶) Das ungeniert luxuriöse normannische Holzhaus, das im frühen 20. Jh. als Feriensitz am See errichtet wurde, verspricht Luxus pur. Wer einen Heiratsantrag machen will, reserviert den einsamen Tisch für zwei am Ende der Anlegestelle, um dort bei Sonnenuntergang zu dinieren. Das Alte Seehaus liegt 1 km südlich von Murten in Merlach/Meyriez.

Chesery MEDITERRAN €
(☎ 026 670 65 77; www.chesery-murten.ch; Rathausgasse 28; Hauptgerichte 18–26 SFr; ⌚ 11–22 Uhr) Das gemütliche Lokal bietet mittags eine schmackhafte Auswahl an gut belegten Bruschettas und anderen Speisen, komplettiert durch eine hinreißende Ausstellung von *brocante* (Trödel), die stimmungsvoll in der überdachten Passage zwischen der Rathausgasse und der Hauptgasse ausgelegt sind.

★ Restaurant des Bains MODERN EUROPÄISCH €€€
(☎ 026 670 23 38; www.desbains-murten.ch; Ryf 35; Hauptgerichte 32–60 SFr; ⌚ Mo–Do 11–23.30, Fr & Sa bis 24, So bis 22 Uhr) Das locker-elegante Restaurant am See serviert moderne Schweizer Küche: Auf dem Rasen, der sich zum Murtensee hinunterzieht, kann man frischen Fisch mit saisonalem Gemüse von Höfen aus der Umgebung genießen. Im Winter können sich die Gäste im Wintergarten an Gruyère-Fondues wärmen. Das Restaurant ist das ganze Jahr über besonders zum Sonnenuntergang ein zauberhaftes Plätzchen.

Praktische Informationen

Murten Tourismus (026 670 51 12; www.regionmurtensee.ch; Französische Kirchgasse 6; Mo–Fr 9–12 & 13–18, Sa & So 10–12 & 13–17 Uhr)

An- & Weiterreise

Vom Bahnhof 300 m südlich der Stadtmauer fahren jede Stunde Züge nach Fribourg (12,40 SFr, 30 Min.), Bern (14,20 SFr, 35 Min.) und Neuchâtel (14,20 SFr, 25 Min.).

Navigation Lacs de Neuchâtel et Morat (S. 92) bietet im Sommer Boote nach Neuchâtel.

Neuchâtel

32 819 EW.

Neuchâtel (Neuenburg), das sich an die Ausläufer des Schweizer Jura schmiegt, ist die Perle am gleichnamigen See: eine schöne mittelalterliche Stadt mit einer bunten Geschichte und einer zauberhaften Altstadt.

Neuchâtel ist außerdem eine tolle Basis für Erkundungen der Region Fribourg und des Jura wie etwa des hübschen Val de Travers. Die elegante Altstadt mit ihren interessanten Galerien und Museen lässt sich leicht zu Fuß erkunden, doch Vorsicht: Die Hügel der Stadt stellen die Waden durchaus auf eine Probe.

Eine bunte Studentenschaft sorgt dafür, dass sich in Neuchâtel nicht alles nur um die Vergangenheit dreht – die Stadt verströmt ein jugendliches, entspanntes Flair.

Sehenswertes & Aktivitäten

★ Musée d'Art et d'Histoire MUSEUM

(www.mahn.ch; Esplanade Léopold Robert 1; Erw./Kind 8 SFr/frei, Mi frei; Di–So 11–18 Uhr) Das Museum ist bekannt für drei mechanische Androiden, die der Uhrmacher Jaquet-Droz zwischen 1764 und 1774 angefertigt hat: Der Schreiber kann so programmiert werden, dass er seine Feder in ein Tintenfass taucht und bis zu 40 Buchstaben zu Papier bringt. Der Musiker kann maximal fünf Melodien auf einer echten Orgel spielen. Am schlichtesten ist der Zeichner mit seinem Repertoire von sechs Bildern. Die Androiden werden jeweils am ersten Sonntag des Monats um 14, 15 und 16 Uhr aktiviert.

★ Laténium MUSEUM

(032 889 69 17; www.latenium.ch; Espace Paul Vouga, Hauterive; Museum Erw./Kind 9/4 SFr, 1. So im Monat 10–12 Uhr frei; Di–So 10–17 Uhr; P) Das eindrucksvolle moderne Museum mit angeschlossenem archäologischem Park 3 km nordöstlich von Neuchâtel am See in Hauterive ist das größte seiner Art in der ganzen Schweiz. Es ermöglicht eine stimmungsvolle Zeitreise von der örtlichen Urgeschichte bis hin zur Renaissance. In der Dauerausstellung erkunden die Besucher in acht Räumen bzw. Zonen anhand von Artefakten, menschlichen Skeletten, Modellen und interaktiven Stationen die Entwicklung des Menschen von den Neandertalern bis zur Gegenwart.

Altstadt STADTVIERTEL

Seit dem 18. Jh. säumen Villen und Zierbrunnen die Straßen der Altstadt. Wer der Rue du Château bergauf folgt und das mittelalterliche Stadttor durchquert, stößt auf den **Gefängnisturm** (Tour des Prisons; Rue Jehanne de Hochberg 5; Eintritt 2 SFr; April–Sept. 8–18 Uhr). Von dessen Spitze fällt der Blick auf die Stadt unter einem, mit dem See und den Alpen im Hintergrund. Im Inneren der größtenteils gotischen **Église Collégiale** wartet vor allem in der dreifachen Apsis ein beeindruckender Mix aus romanischen Elementen.

Mont Chaumont BERG

Vom Chaumont (1160 m) reicht der Blick über die drei Seen bis zu den Alpen. Um zum Berg zu kommen, nimmt man den Bus 7 von Neuchâtel nach La Coudre und dort die **Seilbahn** (www.transn.ch; Erw./Kind 4,20/2,20 SFr); die Fahrt hinauf dauert zwölf Minuten.

Marine Service Loisirs WASSERSPORT

(032 724 61 82; www.msloisirs.ch; Port de la Ville; April–Okt.) Am Hafen gibt's jede Menge Sommerspaß: Motorboote, Tretboote und Pedalbuggys (2 oder 4 Plätze) werden vermietet, mit denen man auf den Neuenburgersee hinausfahren kann.

Schlafen

Auberg'Inn PENSION €€

(032 721 44 20; www.auberginn.ch; Rue Fleury 1; EZ/DZ ab 120/180 SFr;) Diese Unterkunft im Hostelstil liegt neben einem Ritterbrunnen. Im oberen Stock des aufzuglosen Stadthauses aus der Spätrenaissance gibt's fünf Zimmer mit Designelementen. Die Rezeption des Hotels befindet sich hinter dem Café du Cerf.

Hôtel de l'Écluse HOTEL €€

(032 729 93 10; www.hoteldelecluse.ch; Rue de l'Écluse 24; EZ/DZ ab 150/200 SFr;) An der Rue de l'Écluse liegt dieses Haus mit blauen

Neuchâtel

Neuchâtel

Highlights
1 Musée d'Art et d'Histoire D2

Sehenswertes
2 Église Collégiale B2
3 Altstadt C2
4 Gefängnisturm B2

Aktivitäten, Kurse & Touren
5 Marine Service Loisirs D3

Schlafen
6 Auberg'Inn C2
7 Hôtel Beau Rivage C3
8 Hôtel de l'Écluse B2

Essen
9 Bistrot du Concert C2
10 Famiglia Leccese A2

Ausgehen & Nachtleben
11 Chauffage Compris C2

Unterhaltung
12 La Case à Chocs A3

Shoppen
13 Chocolaterie Walder C2

Holzfensterläden. Die modernen Zimmer verfügen über Einbauküchen; der hinten gelegene, gepflasterte Hof verschafft frische Luft. Am Wochenende sind die Preise niedriger. Gäste, die kein Frühstück wollen, zahlen 15 SFr weniger.

★ Hôtel Beau Rivage BOUTIQUEHOTEL €€€
(☎ 032 723 15 15; www.beau-rivage-hotel.ch; Esplanade du Mont Blanc 1; EZ/DZ ab 340/410 SFr; P ❄ @ ≋) Das majestätische Hotel mit Blick auf die Skulpturengärten und den See steht für Fünf-Sterne-Luxus pur. Dasselbe gilt für das Spa, die Verandabar und die kulinarischen Wunder des Restaurantteams.

Essen & Ausgehen

★ Famiglia Leccese ITALIENISCH €
(☎ 032 724 41 10; www.famiglia-leccese-ne.ch; Rue de l'Écluse 49; Hauptgerichte 16–28 SFr; ⊙ Di–Sa 19–23, So 12–14 Uhr) Das bodenständige, freundliche und brillante, von Italienern geführte Lokal ist ein authentisches Stück Italien, genauer gesagt, des süditalienischen Lecce. Es liegt etwas versteckt – einfach nach den Lichterketten hinter Claude Cordey Motos Ausschau halten.

★ Bistrot du Concert BISTRO €€
(☎ 032 724 62 16; www.bistrotduconcert.ch; Rue de l'Hôtel de Ville 4; Hauptgerichte 20–29 SFr;

Mo–Do 8–24, Fr & Sa bis 1 Uhr) Die stimmungsvolle Bar im Industriestil ist eine solide Allround-Adresse – wohl die beliebteste stadtweit. Dafür sorgen der altmodische, verzinkte Tresen, die gut belebte Straßenterrasse und die schmackhaften, auf der Tafel mit Kreide angeschriebenen Speisen.

★La Maison du Prussien FEINSCHMECKER €€€
(032 730 54 54; www.hotel-prussien.ch; Rue des Tunnels 11; Bistro-Abendmenüs 58 SFr, Restaurant 125–175 SFr; Mo–Fr 11.30–14, Mo–Sa 18.30–24 Uhr) Das Hotelrestaurant liegt im Wald in Hörweite eines plätschernden Baches. Sowohl im locker-schicken Bistro als auch im gehobenen Restaurant wird hier edel gegessen. Den Küchen steht Jean-Yves Drevet vor, der seine Feinschmeckerkost nach den Jahreszeiten ausrichtet.

Chauffage Compris WEINBAR
(032 721 43 96; www.chauffagecompris.ch; Rue des Moulins 37; Mo–Do 11–1, Fr & Sa bis 2 Uhr) Trotz des komischen Namens – er bedeutet „Heizung inklusive" – ist diese Retro-Bar mit schmuckem gefliesten Eingang ein cooler Ort zum Verweilen, sei es beim Morgenkaffee, beim abendlichen Aperitif, bei einem Drink zu später Stunde oder einfach bei einem leichten Snack.

Unterhaltung

La Case à Chocs CLUB
(032 544 35 84; www.case-a-chocs.ch; Quai Philippe Godet 20; Fr–So 22–4 Uhr) Der Alternative-Schuppen in einer umgebauten Brauerei punktet mit Livemusik, DJ-Sets und Ausgelassenheit.

Shoppen

★Chocolaterie Walder SCHOKOLADE
(032 725 20 49; www.walder-confiserie.ch; Grand-Rue 1; Di–Fr 7.30–18.30, Sa 7–17 Uhr) Der sagenhafte Betrieb, der seit 1919 im Geschäft ist, stellt in dritter Generation Dutzende unterschiedlicher Schokoladen her, darunter *éclats* (9,80 SFr/100 g) – quadratische Tafeln aus Vollmilch- oder Bitterschokolade z. B. mit karamellisierten Kürbiskernen oder gerösteten Haselnüssen oder auch mit ungewöhnlichen Aromen wie Koriander, Zitronengras und Dill, Safran, Zimt oder Absinth.

Praktische Informationen

Die **Touristeninformation** (032 889 68 90; www.neuchateltourism.ch; Place du Port 2; Mo–Fr 9–12 & 13.30–17.30, Sa 9–12 Uhr) befindet sich unten am See an der Place de Port. Auf jeden Fall sollte man sich hier die kostenlose Broschüre *Neuchâtel zu Fuß* für einen lohnenden Stadtrundgang besorgen.

Anreise & Unterwegs vor Ort

FAHRRAD

Im Sommer gibt's Fahrräder kostenlos (die ersten 4 Std.) an dem Kiosk am Hafen, den **Neuchâtel Roule** (www.neuchatelroule.ch; Esplanade Léopold Robert; April–Sept. 7.30–21.30 Uhr) saisonal betreibt.

SCHIFF/FÄHRE

Navigation Lacs de Neuchâtel et Morat (S. 92) betreibt von Ende April bis Mitte Oktober Boote von/nach Estavayer-le-Lac (20 SFr, 1¾ Std.), Yverdon-les-Bains (20 SFr, 2½ Std.), Murten (25 SFr, 1¾ Std.) und Biel/Bienne (30 SFr, 2½ Std.).

Fahrscheine sind an Bord erhältlich; eine Rückfahrkarte kostet doppelt so viel wie eine einfache Fahrkarte.

ZUG

Der Bahnhof liegt an der Avenue de la Gare, zehn Gehminuten nordöstlich der Altstadt bzw. zwei Fahrtminuten mit dem Bus 6 (zur Place Pury).

Es fahren regelmäßig Züge nach Genf (42 SFr, 1¼ Std.), Bern (20,40 SFr, 30 Min.) und Biel/Bienne (13,20 SFr, 15 Min.).

Yverdon-les-Bains

29 400 EW. / 437 M

Die Römer entdeckten die Heilkräfte der Thermalquellen Yverdons als Erste, und seit jener Zeit gibt es hier Heilbäder. Yverdon hat eine hübsche Altstadt und ein Schloss aus dem 13. Jh. Von hier ist es ein netter, knapp 2 km langer Spaziergang hinunter zum Ufer des Lac de Neuchâtel und zum Strand der Stadt.

Zwar verfügt Yverdon noch immer über einige luxuriöse Kurhotels, das Bad im Zentrum ist allerdings veraltet. Doch im Umland gibt's genügend andere Attraktionen, sodass keine Langeweile aufkommt.

Sehenswertes & Aktivitäten

Plage d'Yverdon-les-Bains STRAND
Yverdons Strand bietet sich im Sommer zum Baden und Sonnenbaden an.

Centre Thermal SPA
(024 423 02 32; www.cty.ch; Av des Bains 22; 3-Std.-Ticket Erw./Kind 19/11,50 SFr; Mo–Sa 8–22, So bis 20 Uhr) Für ein Bad in den wohlig warmen Hallen- und Freiluftbecken (Wasser-

temperatur 28–34 °C) dieses Spas muss man nicht unbedingt irgendwelche Beschwerden haben. Das Wasser stammt aus 14 000 Jahre alten Thermalquellen 500 m unterhalb des Erdbodens. Auf seinem Weg an die Oberfläche nimmt es allerlei heilsame Mineralien aus den Felsschichten auf und bringt vor allem bei Rheumatismus und Atembeschwerden Linderung.

Praktische Informationen

Die **Touristeninformation** (☎ 024 423 61 01; www.yverdonlesbainsregion.ch; Av de la Gare 2; ⌚ Mo–Fr 9–18, Sa & So 9.30–15.30 Uhr) von Yverdon-les-Bains befindet sich am Bahnhof.

An- & Weiterreise

Es verkehren regelmäßig Züge nach Lausanne (18,60 SFr, 30 Min.), Neuchâtel (15,40 SFr, 20 Min.) und Estavayer-le-Lac (11,20 SFr, 15 Min.).

DER JURA

Willkommen im nicht gar so wilden Westen der Schweiz mit zwar vielen Kühen, aber nur wenigen Cowboys. Hier oben ist es wirklich sehr friedvoll. Die mittelgebirgige Randregion ist touristisch insgesamt eher wenig bedeutsam und gilt bei den Schweizern zwar als nettes Ziel, doch leben möchte hier kaum jemand. Daher führt der Schweizer Jura oft eher ein Schattendasein – aber das macht ihn natürlich nur umso reizvoller!

Wem der Sinn nach Spaziergängen durch mittelalterliche Weiler, durch die kaum je ein Reisebus kommt, und über sanft gewellte Weiden sowie nach Wanderungen durch uralte Wälder hin zu Aussichtspunkten steht, von denen man auf drei Seen mit Bergpanorama blickt, der ist im Jura genau richtig.

Zu den Highlights hier gehören die Dörfer Porrentruy und St-Ursanne, das Val de Travers, wo man vielleicht die grüne Absinthfee entdeckt, und der tolle Creux du Van.

La Chaux-de-Fonds

37 582 EW. / 1018 M

La Chaux-de-Fonds, die größte Stadt im Jura und die höchstgelegene Stadt der Schweiz, ist ein hübsches Städtchen mit steilen Straßen. Zusammen mit dem kleineren benachbarten Ort Le Locle wurde sie dank ihrer historischen Bedeutung als Produktionszentrum von Präzisionsuhren 2009 ins Weltkulturerbe aufgenommen. Hier sind viele der besten Schweizer Uhrenfabrikanten ansässig.

La Chaux ist außerdem der Geburtsort des modernen Architekten Le Corbusier (1887–1965), der eines der bedeutendsten Mitglieder der Bauhaus-Bewegung war. Hier stehen noch immer mehrere seiner frühen Gebäude aus der Vor-Bauhaus-Zeit. Außerdem gibt's in der Stadt einige schöne Jugendstilgebäude.

Sehenswertes & Aktivitäten

★ **Musée de l'Horlogerie du Locle** MUSEUM
(Uhrmachermuseum; ☎ 032 933 89 80; www.mhl-monts.ch; Rte des Monts 65, Le Locle; Erw./Kind 10 SFr/5; ⌚ Mai–Okt. Di–So 10–17 Uhr, Nov.–April Di–So 14–17 Uhr; P) In Le Locle, 8 km westlich von La Chaux-de-Fonds, ticken in prächtigen Räumen aus dem 18. Jh. alle erdenklichen Uhren. Das Herrenhaus Château des Monts wurde auf einem Hügel 3 km vom Stadtzentrum entfernt für einen Uhrmacher errichtet.

★ **Vue-des-Alpes** BERG
(P) Rund 8 km südlich von La Chaux-de-Fonds liegt an der N20 der Bergpass Vue-des-Alpes (1283 m), beliebt wegen seiner beiden 7,3 km bzw. 11 km langen Rundkurse für Mountainbiker und der 700 m langen Sommerrodelbahn **Toboggan Géant** (☎ 079 349 51 78; www.toboggans.ch; Fontaines; Erw./Kind 4/3 SFr, 3 Abfahrten 11/8 SFr; ⌚ Mo–Fr 13–18, Sa & So 10–18 Uhr; 👪). Im Winter vergnügen sich die Einheimischen an den sanften Hängen (3 Schlepplifte) beim Schlittenfahren, Schneeschuhlaufen und Skifahren. Für Skilangläufer gibt's 53 km an Loipen. Das ganze Jahr über bieten sich atemberaubende Ausblicke über das Drei-Seen-Land hin zu den Alpen in der Ferne.

★ **Saut du Doubs** WASSERFALL
(Le Saut-du-Doubs 227, Les Brenets; 👪) Der Fluss Doubs an der Grenze zwischen der Schweiz und Frankreich verbreitert sich beim stillen Dorf Les Brenets 15 km südwestlich von La Chaux-de-Fonds zu einer Art See. Vom Dorf benötigt man am Lac des Brenets entlang zum schönen Wasserfall Saut du Doubs, der sich 27 m tief in ein natürliches Becken ergießt, eine gute Stunde – mit dem Auto ist der Wasserfall nicht zu erreichen. Wer nicht laufen möchte, kann eines der Boote von **Navigation sur le Lac des Brenets** (☎ 032 932 04 14; www.nlb.ch; Les Brenets; einfach Erw./Kind 15/8 SFr) nehmen.

La Maison Blanche BESONDERES GEBÄUDE
(Das weiße Haus; ☎ 032 910 90 30; www.maisonblanche.ch; Chemin de Pouillerel 12; Erw./Kind 10/

ABSTECHER

TAGESAUSFLÜGE AB YVERDON-LES-BAINS

Karl der Kühne & Greta Garbo

Die beeindruckende Festung **Château de Grandson** (www.chateau-grandson.ch; Place du Château; Erw./Kind 12/5 SFr; ⌚April–Okt. 8–18 Uhr, Nov.–März bis 17 Uhr) liegt 5 km von Yverdon entfernt am Ufer. Hinter den massiven Steinwänden verbirgt sich eine Handvoll kleiner Museen, darunter ein Geschichtsmuseum, das an Karl den Kühnen erinnert. Im Frühjahr 1476 fand er bei seinem Kampf gegen die eidgenössischen Truppen einige seiner ausgesandten burgundischen Soldaten an den Apfelbäumen im Schlossgarten aufgeknüpft vor. Das Schmuckstück des Automuseums im Château ist Greta Garbos weißer Rolls-Royce.

Musik in den Bergen

Seit Mitte des 19. Jhs. werden 20 km nordwestlich von Yverdon in Sainte-Croix im Jura Spieluhren hergestellt. Das **Centre International de la Mécanique d'Art** (CIMA; www.musees.ch; Rue de l'Industrie 2, Sainte-Croix; Erw./Kind 18/12 SFr; ⌚1¼-stündige Führung Mai–Okt. Di–So 15 & 15.30 Uhr, Juli–Sept. außerdem 10.30 Uhr, Nov.–April Di–Fr 15, Sa & So 14 & 15.30 Uhr) dokumentiert vor Ort die Kunst ihrer Herstellung und klärt über ihre Funktionsweise auf.

Römische Götter & Romanische Sonntage

Sonntags bietet sich ein Ausflug Richtung Südwesten an. Mit dem Auto geht es nach **Orbe** – wo 1938 Nescafé erfunden wurde – und dort zu den **Mosaïques Romaines d'Orbe-Boscéaz** (Boscéaz; Erw./Kind 6/5 SFr; ⌚Juni–Sept. Sa & So 10–18 Uhr): In mehreren Pavillons sind hier die spektakulären Mosaiken einer gallorömischen Villa aus dem 3. Jh. zu sehen. 8 km südwestlich liegt in einem üppig-grünen Tal das Dorf Romainmôtier mit der romanischen **Abbatiale de Romainmôtier** (www.concerts-romainmotier.ch; ⌚7–20 Uhr) der Cluniazenser. Die eindrucksvolle Sandsteinkirche geht auf das 6. Jh. zurück.

Schweizer Soldatenleben

Was hoch in den Bergen 31 km südwestlich von Yverdon-les-Bains im **Fort de Pre-Giroud 39-45** (www.pre-giroud.ch; Erw./Kind 15/7 SFr; ⌚Juli & Aug. Mi–So 11.15–17.30 Uhr, Mitte Mai–Juni & Sept.–Mitte Okt. Sa & So 11.45–17 Uhr) aussieht wie ein typisches Schweizer Chalet, ist in Wirklichkeit die Front eines Bunkers der Schweizer Armee, in dem während des Zweiten Weltkriegs Truppen unter Tage mobilgemacht wurden. Die Führungen und das Museum vermitteln einen Eindruck davon, wie die Schweizer Soldaten während des Krieges lebten, der sie zwar umgab, ihr Land aber (größtenteils) verschonte. Im Innern des Bunkers ist es kühl; festes Schuhwerk und warme Kleidung tragen!

Ausgestopfte Frösche & Mittelalterliche Stadtmauern

20 km nordöstlich von Yverdon-les-Bains liegt am Ufer des Lac de Neuchâtel **Estavayer-le-Lac** mit einem reizenden mittelalterlichen Ortskern und der einzigen vollständig begehbaren Stadtmauer der Schweiz. Innerhalb der Stadtmauer bietet sich ein Bummel entlang den Geschäften an und ein Blick ins urige **Musée des Grenouilles** (www.museedesgrenouilles.ch; Rue du Musée 13, Estavayer-le-Lac) mit seiner einzigartigen Sammlung ausgestopfter Frösche in Alltagsszenen aus dem 19. Jh. An einem sonnigen Tag kann man anschließend ein Bad unten im See nehmen.

7 SFr; ⌚Fr–So 10–17 Uhr; Ⓟ) Der klassizistische Bau mit weißer Fassade und glänzendem Dach wird als die erste unabhängige Arbeit Le Corbusiers gefeiert – sie war ein deutlicher Bruch mit dem regionalen Jugendstil. Wer seine späteren Werke kennt, wird dieses Gebäude nicht ohne Weiteres als eines von Le Corbusier erkennen. Das Haus verfiel langsam in der grünen Gegend auf dem Hügel oberhalb von La Chaux, bis das Juwel moderner Architektur 2004 renoviert und teils mit Originalmöbeln ausgestattet wurde.

★ Train à Vapeur Franches Montagnes EISENBAHN

(Dampfbahnen Franches Montagnes; ☎032 952 42 90; www.les-cj.ch; Erw./Kind ab 38/22 SFr) Von Juni bis September bietet das regionale

Bahnunternehmen **Chemins de fer du Jura** bis zu zwölf Dampfeisenbahnfahrten von La Chaux-de-Fonds nach Saignelégier und Glovelier.

Essen

★ **Georges Wenger** FEINSCHMECKER €€€
(☎ 032 957 66 33; www.georges-wenger.ch; Rue de la Gare 2, Le Noirmont; Probiermenüs 94–250 SFr pro Pers., Hauptgerichte 69–74 SFr; P ❄ 📶 ✎) Für Feinschmecker lohnt sich der 19-km-Abstecher von La Chaux-de-Fonds zum Restaurant von Georges Wenger auf jeden Fall. Es ist mit zwei Michelin-Sternen ausgezeichnet und liegt gegenüber vom Bahnhof des kleinen Ortes Le Noirmont. Seit 1981 verwandelt das Küchenteam hier saisonale Zutaten von ausgesuchten regionalen Erzeugern in feine, schön präsentierte Gerichte, in der das vielfältige kulinarische Erbe der Region bestens zum Ausdruck kommt.

Praktische Informationen

Bei **Jura Tourisme** (☎ 032 889 68 95; www.chaux-de-fonds.ch; Place Le Corbusier, Espacité 1; ⌚ Juli & Aug. Mo–Fr 9–18.30, Sa 10–16 Uhr, sonst kürzer) gibt's eine Le-Corbusier-Broschüre für einen Rundgang zu seinen Hinterlassenschaften in der Stadt.

An- & Weiterreise

Jede halbe Stunde pendeln Züge zwischen Neuchâtel und La Chaux-de-Fonds (10,40 SFr, 30 Min.).

Porrentruy

6637 EW. / 425 M

Das hübsche Porrentruy ist beinahe der nördlichste Ort im Schweizer Jura – lediglich das kleinere Boncourt liegt noch 12 km weiter nördlich. Von dort sind es nur 3 km über die Grenze zum französischen Ort Delle.

Schöne alte Gebäude säumen die Hauptstraße, die Grand Rue, überragt vom trutzigen **Château de Porrentruy** (Chemin du Château; P) aus dem 13. Jh. mit der 44 m hohen Tour de Réfous. Heute befinden sich hier Büroräume, sodass das Schloss nicht zugänglich ist, doch den Innenhof kann man sich anschauen.

Im **Musée de l'Hôtel Dieu** (☎ 032 466 72 72; www.museehoteldieu.ch; Grand Rue 5; Erw./Kind 6/4 SFr; ⌚ Ostern–Mitte Nov. Di–So 14–17 Uhr), dem ehemaligen Krankenhaus von Porrentruy, ist alles Mögliche von Büchern über Uhren bis hin zu pharmazeutischen Objekten ausgestellt. Es lohnt sich auf jeden Fall, den herrlichen Barockbau mit seinem gepflasterten Innenhof zu besichtigen. In diesem ist die **Touristeninformation** (☎ 032 466 59 59; www.porrentruy.ch; Grand Rue 5; ⌚ Mo–Sa 9–12 & Mo–Fr 14–17.30 Uhr) untergebracht.

Eine schöne Übernachtungsmöglichkeit ist die **Auberge du Mouton** (☎ 032 535 83 57; www.dumouton.ch; Rue du Cygne 1; EZ/DZ/Suite ab 110/130/150 SFr) von 1715 mitten in der Altstadt von Porrentruy.

An- & Weiterreise

Von Porrentruy verkehren regelmäßig Regionalbahnen nach St-Ursanne (5,20 SFr, 10 Min.) sowie nach Delémont (11,40 SFr, 30 Min.) und weiter nach Biel/Bienne (28 SFr, 1 Std.).

Von Porrentruy ist es mit dem Auto eine halbe Stunde über die Grenze nach Frankreich, wo man in Belfort-Montbéliard in einen TGV nach Paris (ab 61 €, 2½ Std.) steigen kann.

Val de Travers

Wer eine Weile durch die Wälder des Val de Travers wandert, wird auch ohne den Genuss der starken grünen Spirituose aus den Brennereien der Region bald erkennen, warum diese Gegend auch Pays des Fées (Feenland) genannt wird. Wenn das Sonnenlicht auf einem Bach funkelt oder durchs grüne Blätterdach fällt, kann man die Feen fast tanzen sehen. Heute ist das idyllische, eher flache Tal von Spazier- und Wanderwegen durchzogen und auch bei Radlern ist es sehr beliebt.

Wer Zeit hat, kann auch noch die wichtigsten Dörfer der Gegend ansteuern: das fabelhafte Fleurier, das größere der beiden, oder das zauberhafte Môtiers mit seinem Schloss, seinen Brennereien und einigen Galerien und Cafés, in denen es auch Absinth gibt, der vielleicht sogar im Soufflé auftaucht.

Sehenswertes

★ **Creux du Van** NATURMERKMAL
(www.creuxduvan.com; Couvet) Rund 14 km östlich von Môtiers führt ein kurzer Weg zu dem gewaltigen, steil abfallenden Kessel des spektakulären Creux du Van („Felsloch" – *van* ist ein keltisches Wort für „Felsen"). Die durch Gletschererosion entstandene halbmondförmige Felswand der Riesenschlucht (1 km breit und 440 m tief) unterbricht das sonst grüne, sanft gewellte Hügelland abrupt und beeindruckend. Wie die Schlucht quasi aus dem Nichts aus dem Feld auf-

ABSTECHER

ST-URSANNE

Eines der zauberhaftesten Dörfer des Jura ist das mittelalterliche St-Ursanne am Doubs. Bereits im 7. Jh. gab es am Standort der gotischen **Église Collégiale** aus dem 12. Jh. eine Andachtsstätte. Die prächtige Kirche mit faszinierender Krypta wird auf der Südseite von einem herrlichen romanischen Portal geziert.

Zwischen Kirche und Doubs führt der Weg an uralten Häusern, Stadttoren aus dem 16. Jh. und einer Steinbrücke vorbei – ebenso an den vielen Restaurants der kleinen Place Roger Schaffter im Zentrum. Das **Hôtel de la Demi Lune** (032 461 35 31; www.demi-lune.ch; Rue Basse 2; Hauptgerichte 22–45 SFr) hat zehn Zimmer und eine Flussterrasse. Seine herrlichen *tartes flambées* (12,50 SFr) mit Apfel werden über offenem Feuer knusprig-dünn gebacken.

Jura Tourisme (032 420 47 73; Place Roger Schaffter; Mo–Fr 10–12 & 14–17, Sa & So 10–16 Uhr) liefert Infos zu Wanderungen am Fluss sowie Kanu- und Kajakfahren. Züge nach Porrentruy (5,20 SFr, 10 Min.) starten am Bahnhof von St-Ursanne oberhalb des Orts.

taucht, wenn man sich ihr nähert, ist wirklich atemberaubend.

★ **Maison de l'Absinthe** MUSEUM
(032 860 10 00; www.maison-absinthe.ch; Grande Rue 10, Môtiers; Erw./Kind 10/8 SFr; Di–Sa 10–18, So bis 17 Uhr) In diesem schicken Museum erfahren die Besucher alles über Absinth, seine angeblich halluzinogenen Eigenschaften und seine Bedeutung für meist avantgardistische Künstler und Schriftsteller im 18. Jh. - schließlich wurde der Absinth, den man anschließend auch in der Bar probieren kann, sogar verboten.

Schlafen

★ **Ecohotel L'Aubier** BAUERNHOF €€
(032 732 22 11; www.aubier.ch; Les Murailles 5, Rochefort; EZ/DZ ab 140/180 SFr; P) Einen erholsamen Schlaf verspricht auf einem Biohof in Montézillon, einem Weiler 8 km südwestlich von Neuchâtel, das Ecohotel L'Aubier. Von den topmodernen, lichtdurchfluteten Zimmern blickt man auf Wiesen mit grasenden Kühen, deren Milch, mit Mohrrübensaft gemischt, zu Mohrrübenkäse verarbeitet wird.

Praktische Informationen

Touristeninformation (032 886 43 00; www.val-de-travers.ch; Place de la Gare 1, Noiraigue; 8–18 Uhr) Die Touristeninformation für das Val de Travers befindet sich im Dorf Noiraigue.

An- & Weiterreise

Von Neuchâtel fahren Regionalbahnen ins Val de Travers. Interessante Ziele sind Môtiers (8,20 SFr, 40 Min.) und Fleurier (8,40 SFr, 45 Min.).

Das wunderbare Tal wie auch der gesamte Jura lassen sich schön mit einem eigenen fahrbaren Untersatz erkunden, ob mit zwei oder vier Rädern.

Mittelland

Inhalt ➡

Gut essen

➡ Terrasse & Casa (S. 109)

➡ Kornhauskeller (S. 110)

➡ Cantinetta Bindella (S. 114)

➡ Landgasthof Sommerhaus (S. 113)

Schön übernachten

➡ Bellevue Palace (S. 109)

➡ Hotel Schweizerhof (S. 109)

➡ Hotel Möschberg (S. 112)

➡ Holiday Inn Bern West (S. 108)

➡ Jugendherberge Solothurn (S. 114)

Auf ins Mittelland

Im Herzen dieser zentralen Region liegt Bern, die entspannte Hauptstadt der Schweiz. Manche glauben vielleicht, die Geschicke des Landes würden von Zürich oder Genf aus gelenkt – aber weit gefehlt!

Als die Politiker 1848 für die gebeutelte Schweizerische Eidgenossenschaft einen geeigneten Regierungssitz suchten, bot sich das in der Landesmitte gelegene Bern als beste Lösung an: Genf war einfach zu französisch und Zürich zu deutsch – Bern schien perfekt. Und mit der märchenhaften Altstadt aus dem 15. Jh. samt Arkadenhäusern, Uhrtürmen, Kopfsteinpflasterstraßen und einem lockeren Flair ist es das auch heute noch.

Wer sich von den historischen und kulturellen Sehenswürdigkeiten losreißen kann, wird entdecken, dass das Umland genauso charmant ist wie die Hauptstadt, von den Dörfern und Bauernhöfen des Emmentals, woher der für die Schweiz so typische Käse stammt, bis nach Solothurn, der schönsten Barockstadt der Schweiz. Genügend Zeit einplanen!

Reisezeit

➡ Der Sommer lockt mit warmen bis heißen Tagen, oft mit blauem Himmel sowie mit grünen Wiesen, auf denen Kühe grasen.

➡ Im Herbst leuchtet das Laub in allen Farben, das eine besonders schöne Kulisse für die rustikalen Bauernhäuser des Emmentals abgibt.

➡ Der Winter bietet die Gelegenheit, auf den beiden fabelhaften Berner Weihnachtsmärkten Glühwein und alkoholgeschwängerte Treberwurst zu genießen.

Highlights

1 Berner Altstadt (S. 105) Durch die Kopfsteinpflastergassen von Berns wunderbar erhaltener Altstadt bummeln.

2 Museum für Kommunikation (S. 106) Sich der Zeit entsinnen, als das Smartphone noch nicht die Welt regierte.

3 Historisches Museum Bern (S. 106) In diesem interessanten Museum den Geist Einsteins erkunden.

4 Emmentaler Schaukäserei (S. 112) Jede Menge Käse verdrücken und sich anschauen, wie er hergestellt wird.

5 St.-Ursen-Kathedrale (S. 113) In Solothurns atemberaubender Kathedrale einen Moment innehalten.

6 Kunstmuseum (S. 113) In diesem schön gestalteten Museum in Solothurn Kunst genießen.

Bern

141 762 EW. / 540 M

Schlendert man durch die postkartenwürdige Berner Altstadt, eine Unesco-Welterbestätte, mit ihrem provinziellen Flair, glaubt man kaum, dass von hier aus die Schweiz regiert wird.

Das mit Fahnen geschmückte kopfsteingepflasterte Zentrum von Bern, das nach einem verheerenden Brand im Jahr 1405 in seinem charakteristischen grau-grünen Kalkstein wiederaufgebaut wurde, ist ein Schmuckstück mit 6 km Arkaden, Kellerläden, Bars und Brunnen aus dem 16. Jh., an denen phantasievolle volkstümliche Figuren ihr neckisches Spiel treiben. Von den umliegenden Hügeln bietet sich ein toller Blick auf die roten Dächer, die sich an einer Schlaufe der Aare dicht drängen.

Bern

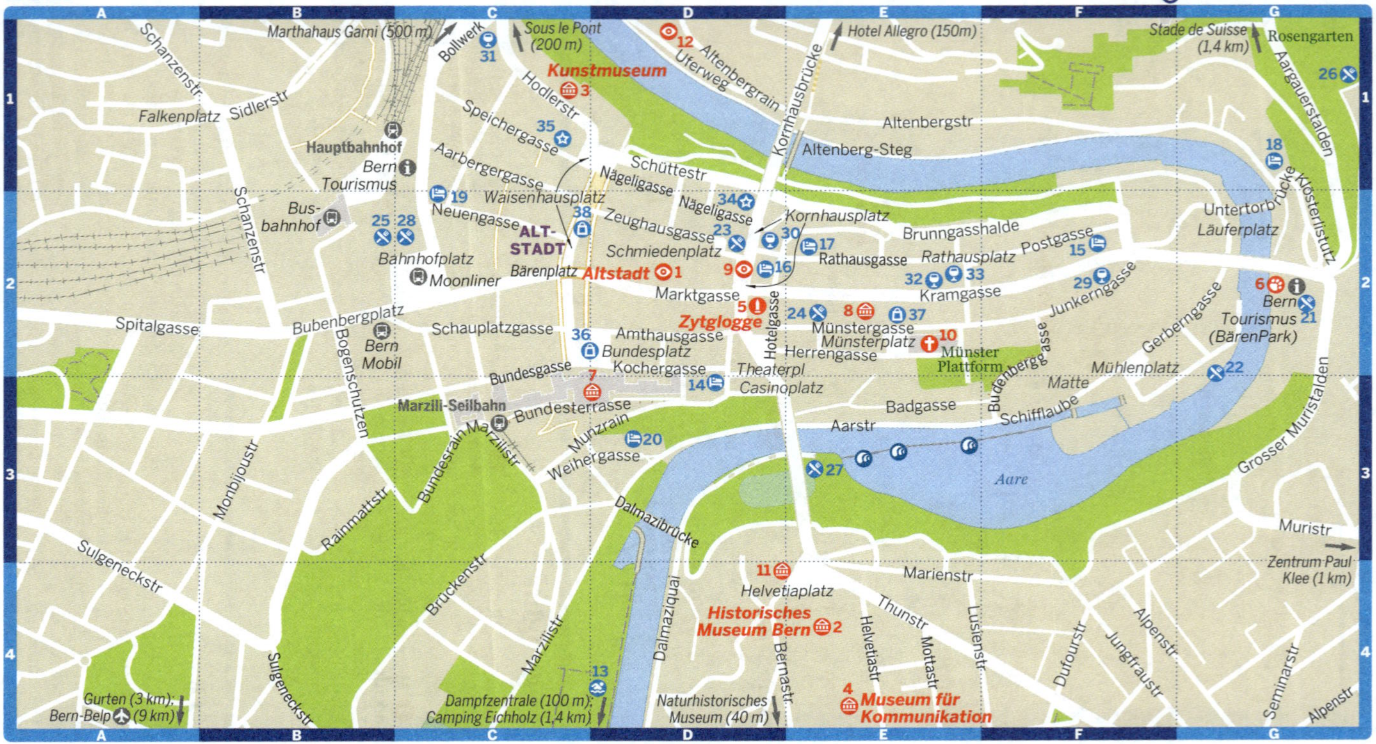
Marthahaus Garni (500 m)
Bollwerk
Sous le Pont (200 m)
Kunstmuseum
Altenbergrain
Uferweg
Kornhausbrücke
Hotel Allegro (150m)
Stade de Suisse (1,4 km)
Rosengarten
Aargauerstalden
Schanzenstr
Falkenplatz
Sidlerstr
Hodlerstr
Speichergasse
Altenbergstr
Altenberg-Steg
Hauptbahnhof
Bern Tourismus
Aarbergergasse
Schüttestr
Nägeligasse
Klösterlistutz
Untertorbrücke
Läuferplatz
Bus-bahnhof
Neuengasse
Waisenhausplatz
ALT-STADT
Zeughausgasse
Kornhausplatz
Brunngasshalde
Postgasse
Bahnhofplatz
Moonliner
Schmiedenplatz
Rathausgasse
Rathausplatz
Bärenplatz
Altstadt
Marktgasse
Kramgasse
Junkerngasse
Bern Tourismus (BärenPark)
Spitalgasse
Bubenbergplatz
Bern Mobil
Schauplatzgasse
Zytglogge
Hotelgasse
Münstergasse
Münsterplatz
Münster Plattform
Gerberngasse
Amthausgasse
Bundesplatz
Herrengasse
Bogenschutzen
Bundesgasse
Kochergasse
Theaterpl
Casinoplatz
Badenberggasse
Matte
Mühlenplatz
Marzili-Seilbahn
Bundesterrasse
Badgasse
Schifflaube
Aarstr
Munzrain
Marzilistr
Bundesrain
Weihergasse
Grosser Muristalden
Aare
Monbijoustr
Rainmattstr
Dalmazibrücke
Muristr
Zentrum Paul Klee (1 km)
Sulgeneckstr
Brückenstr
Helvetiaplatz
Marienstr
Historisches Museum Bern
Dalmaziquai
Thunstr
Helvetiastr
Mottastr
Lusienstr
Dufourstr
Jungfraustr
Alpenstr
Seminarstr
Marzilistr
Dampfzentrale (100 m); Camping Eichholz (1,4 km)
Naturhistorisches Museum (40 m)
Bernastr
Museum für Kommunikation
Gurten (3 km); Bern-Belp (9 km)
0
200 m

Bern

Highlights	
1 Altstadt	D2
2 Historisches Museum Bern	E4
3 Kunstmuseum	C1
4 Museum für Kommunikation	E4
5 Zytglogge	D2
Sehenswertes	
6 BärenPark	G2
7 Bundeshaus	D3
8 Einstein-Haus Bern	E2
9 Kindlifresserbrunnen	D2
10 Münster	E2
11 Schweizerisches Alpines Museum	D4
12 Botanischer Garten der Universität	D1
Aktivitäten, Kurse & Touren	
Hammam & Spa	(s. 20)
13 Marzilibad	D4
Schlafen	
14 Bellevue Palace	D3
15 Hotel Belle Epoque	F2
16 Hotel Glocke Backpackers Bern	D2
17 Hotel Goldener Schlüssel	E2
18 Hotel Landhaus	G1
19 Hotel Schweizerhof	C2
20 SYHA Hostel	D3
Essen	
21 Altes Tramdepot	G2
22 Cinématte Restaurant	G2
Fugu Nydegg	(s. 15)
23 Kornhauskeller	D2
24 Metzgerstübli	E2
25 Namamen	B2
26 Restaurant Rosengarten	G1
27 Terrasse & Casa	E3
28 Tibits	C2
Ausgehen & Nachtleben	
29 Alpin	F2
30 Café des Pyrénées	D2
31 Kapitel Bollwerk	C1
32 Marta	E2
33 Volver	E2
Unterhaltung	
Bern Ticket	(s. 34)
Cinématte	(s. 22)
34 Konzerttheater Bern	D2
35 Turnhalle	C1
Shoppen	
36 Berner Wochenmärkte	C2
37 Holz Art	E2
38 Markt Bern	C2

Kurz: Bern fasziniert und überrascht an jeder Ecke! Es hat exzellente Museen, ein dynamisches Nachtleben und nette Einwohner, die nicht nur ihren schleppenden Dialekt, sondern natürlich auch Hochdeutsch sprechen. All das zeigt, dass Bern mehr ist als ein Verwaltungszentrum.

Sehenswertes

★ Altstadt — STADTVIERTEL

Das mit Fahnen geschmückte mittelalterliche Zentrum von Bern bietet 6 km Laubengänge mit zahlreichen Kellerläden und -bars. Nach einem verheerenden Brand im Jahr 1405, der die Holzhäuser zerstörte, wurde die Stadt in dem heute für sie charakteristischen Sandstein wiederaufgebaut. Den Mittelpunkt der Altstadt bildet der Berner Uhrenturm Zytglogge: Jeweils vier Minuten vor der vollen Stunde beginnt das Figurenspiel am Turm, bis die Uhr schließlich zur vollen Stunde schlägt. Hier versammeln sich stets zahlreiche Schaulustige. Von Mai bis Oktober kann man sich auf einer Turmführung das Uhrwerk aus der Nähe anschauen – Näheres in der Touristeninformation.

Gleichermaßen reizend sind die elf Zierbrunnen (1545) mit Darstellungen historischer und volkstümlicher Figuren. Die meisten befinden sich in der Marktgasse und deren Verlängerungen Kram- und Gerechtigkeitsgasse, doch der berühmteste Brunnen, der Kindlifresserbrunnen (S. 107), steht auf dem Kornhausplatz. Im gotischen Münster (S. 107) führen 344 Stufen auf den höchsten Kirchturm der Schweiz. Von oben bieten sich tolle Ausblicke auf die Aare und die Dächer der Altstadt.

★ Zytglogge — TURM

(Marktgasse) Berns bedeutendste Attraktion der Altstadt ist dieser verzierte Uhrenturm, der einst Teil des westlichen Stadttors war (1191–1256). Jeweils vier Minuten vor der vollen Stunde versammeln sich die Massen hier, um die vorbeiziehenden Figuren zu bestaunen; danach beginnt das Glockenspiel. Von Mai bis Oktober kann man sich im Rahmen einer Führung den Turm und das Uhrwerk anschauen. Weitere Infos erhält man in der Touristeninformation. Angeblich soll der Uhrenturm Albert Einstein dabei geholfen haben, die Spezielle Relativitätstheorie auszuarbeiten, als er im Berner Patentamt arbeitete.

★ **Museum für Kommunikation** MUSEUM
(☎ 031 357 55 55; www.mfk.ch; Helvetiastrasse 16; Erw./Kind 15/5 SFr; ⌚ Di–So 10–17 Uhr) Nach einer umfassenden Renovierung und Erweiterung öffnete das Berner Museum für Kommunikation im August 2017 wieder seine Pforten. Auf fast 2000 m^2 Ausstellungsfläche bietet es hypermoderne interaktive Ausstellungen zur zwischenmenschlichen Kommunikation mit einem Schwerpunkt auf der Bedeutung moderner Technologien. Dazu kommen noch tolle alte Telefone und Computer.

★ **Zentrum Paul Klee** MUSEUM
(☎ 031 359 01 01; www.zpk.org; Monument im Fruchtland 3; Erw./Kind 20/7 SFr; ⌚ Di–So 10–17 Uhr) Das von Renzo Piano erbaute, architektonisch gewagte Zentrum ist Berns Antwort auf das Guggenheim-Museum. Das 150 m lange, kurvige Gebäude zeigt Wechselausstellungen aus Paul Klees außerordentlichem, oft verspieltem Gesamtwerk. Computerdisplays und Audioguides liefern die nötigen Kontextinfos zu den Werken des Schweizer Künstlers. Nebenan können Kinder im lustigen **Kindermuseum Creaviva** (☎ 031 359 01 61; www.creaviva-zpk.org; Monument im Fruchtland 3; ⌚ Di–So 10–17 Uhr; 👪) GRATIS mit interaktiven Kunstexponaten experimentieren oder am Wochenende im **Five Franc Studio** (www.creaviva-zpk.org/5-franc-studio; Zentrum Paul Klee; 5 SFr; ⌚ Sa & So 10–16.30 Uhr; 👪) mithilfe der vom Studio zur Verfügung gestellten Materialien echte Kunstwerke schaffen. Bus 12 fährt vom Bubenbergplatz direkt zum Museum.

★ **Historisches Museum Bern** MUSEUM
(☎ 031 350 77 11; www.bhm.ch; Helvetiaplatz 5; Erw./Kind 13/4 SFr, mit Einstein-Haus Bern 18/8 SFr;

BÄRENPARK

Ein Volksglaube besagt, dass Bern seinen Namen von dem Bären hat, den der Stadtgründer Berthold V., Herzog von Zähringen, hier bei einem Jagdausflug erlegt haben soll. In der Stadt gab es bis 2009 einen 3,5 m tiefen, schmalen Bärengraben, der inzwischen in einen 6000 m^2 großen Park am Fluss mit Bäumen und Terrassen umgewandelt wurde, in dem sich drei Bären austoben können.

Der **BärenPark** (☎ 031 357 15 25; www.baerenpark-bern.ch; Grosser Muristalden 6; ⌚ 9.30–17 Uhr) GRATIS befindet sich am Ostende der Nydeggbrücke. Mit etwas Glück kann man dort die drei erwachsenen Bären Finn, Björk und Ursina beobachten, wie sie herumtollen, baden, fressen und ihre Notdurft verrichten – (fast) wie es die Natur vorgesehen hat. Im Winter ist allerdings nicht viel zu sehen, denn dann ist Winterschlaf angesagt. Ein Lift ermöglicht einen barrierefreien Zugang vom Fußweg am Ufer der Aare den steilen Hang hinauf zum oberen Zaun des Geheges.

Bern und Bären gehen seit Jahrhunderten Pfote in Pfote: Schon seit 1224 ziert ein Schwarzbär das Wappen der Stadt und seit 1513 werden Eurasische Braunbären in Bern in Bärengräben gehalten. Doch obwohl die Bären schon seit über 500 Jahren die Hauptattraktion der Stadt sind, beklagten Tierschutzorganisationen wie der Verband Schweizer Tierschutz erst ab dem Ende des 20. Jhs. die Zustände im letzten Bärengraben der Stadt, der seit 1857 genutzt wurde. Angesichts der Kritik an dem engen, 3,5 m tiefen Gehege sah sich Bern einem echten Dilemma ausgesetzt: Der historischen Bedeutung der Bären stand die Forderung nach artgerechter Haltung entgegen. Um das Los der Bären zu verbessern, wurden neue Becken, Höhlen und schattige Bereiche angelegt. Doch als Pedro, der letzte Bär, der im Bärengraben lebte, 2009 eingeschläfert wurde, schien auch die Zeit der alten Bärengräben zu Ende zu sein.

Als in der Schweiz neue Tierschutzgesetze erlassen wurden, begannen auch die Arbeiten am 6000 m^2 großen BärenPark. Mit dem 24,5 Mio. SFr teuren Gehege mitsamt Schwimmbecken steht Finn, Björk und Ursina jetzt ein Gehege zur Verfügung, das ihrem natürlichen Lebensraum an dieser Stelle so weit wie möglich nahekommt. Der alte Bärengraben ist am Eingang des Parks zu sehen.

Die Bären dürfen nicht gefüttert werden. Stattdessen ist unter den Bäumen, in den Büschen und in den Höhlen des Parks Futter versteckt, das die Bären finden müssen. Zwar gleicht der Baumbestand hier natürlich nicht den wunderbaren Buchenwäldern der Zentralschweiz, in denen im Mittelalter wilde Bären heimisch waren, doch die Experten vom Tierpark Dählhölzli, die an der Planung des Parks beteiligt waren, haben Berns berühmtesten Bewohnern immerhin ein wenig Würde verschafft.

Di–So 10–17 Uhr) Das fabelhafte Museum in einem Gebäude, das aussieht wie eine Burg, ist das beste von mehreren Museen am Helvetiaplatz. Wandteppiche, Diptychen und weitere Schätze illustrieren die Berner Geschichte von der Steinzeit bis ins 20. Jh. Für viele ist das Highlight die tolle Dauerausstellung zu Einstein im 2. Stock.

★ Kunstmuseum MUSEUM
(031 328 09 44; www.kunstmuseumbern.ch; Hodlerstrasse 8–12; Erw./Kind 7 SFr/frei; Di 10–21, Mi–So bis 17 Uhr) Das Kunstmuseum beherbergt die älteste Dauerausstellung der Schweiz und zeigt exquisite Werke von Fra Angelicos *Madonna mit Kind* aus der Frührenaissance bis hin zu Werken des 19. und 20. Jhs. von Künstlern wie Hodler, Monet und Picasso.

Einstein-Haus Bern MUSEUM
(031 312 00 91; www.einstein-bern.ch; Kramgasse 49; Erw./Stud. 6/4,50 SFr; Mitte Feb.–März Mo–Sa 10–17 Uhr, April–Mitte Dez. tgl. 10–17 Uhr) Das kleine Museum befindet sich in der bescheidenen Wohnung, in der Einstein mit seiner Familie lebte, als er im Berner Patentamt arbeitete. Ein 20-minütiger biografischer Film erläutert Einsteins Leben. Die Ausstellung widmet sich der Entstehung von Einsteins Gleichung $E = mc^2$ und seiner in Teilen ergreifenden Familiengeschichte.

Münster KATHEDRALE
(www.bernermuenster.ch; Münsterplatz 1; Turm Erw./Kind 5/2 SFr; April–Mitte Okt. Mo–Sa 10–17, So 11.30–16 Uhr, Mitte Okt.–März Mo–Fr 12–16, Sa 10–17, So 11.30–16 Uhr) Das gotische Münster aus dem 15. Jh. prunkt mit dem höchsten Kirchturm (100 m) der Schweiz. Wer die 344 Stufen der Wendeltreppe erklimmt, wird mit einem Wahnsinnsblick belohnt. Beim Abstieg kann man in die **obere Glockenstube** (1356) gucken, deren Glocken täglich um 11, 12 und 15 Uhr läuten. Die drei Glocken in der **unteren Glockenstube** wiegen je 10 t und sind die größten Exemplare in der Schweiz. Toll ist das weltberühmte Münsterportal mit der Darstellung des **Jüngsten Gerichts**. Es zeigt, wie der Berner Bürgermeister in den Himmel aufsteigt, während sein Zürcher Kollege in die Hölle verwiesen wird. Anschließend bietet sich ein Bummel über die **Münsterplattform** an, einen schmucken Hügelpark mit einem sonnigen Café-Pavillon.

Naturhistorisches Museum MUSEUM
(031 350 71 11; www.nmbe.ch; Bernastrasse 15; Erw./Kind 8 SFr/frei; Mo 14–17, Di–Fr 9–17, Sa & So 10–17 Uhr) In dem Museum am Helvetiaplatz kann man die ausgestopften, mottenzerfressenen Überreste des berühmten Rettungsbernhardiners Barry aus dem 19. Jh. bewundern. Die Ausstellung geht der Geschichte des Bernhardiners in den Schweizer Alpen nach und schildert die legendären (nicht unbedingt tatsachengerechten) Leistungen von Barry.

Schweizerisches Alpines Museum MUSEUM
(031 350 04 40; www.alpinesmuseum.ch; Helvetiaplatz 4; Erw./Kind 14/6 SFr; Di–So 10–17 Uhr) Hier finden Sonderausstellungen statt. Die Sammlung von topografischen Karten und Bergsteigerexponaten ist im Archiv.

Kindlifresserbrunnen BRUNNEN
(Kornhausplatz) In Bern gibt es elf Zierbrunnen aus dem 16. Jh. mit historischen und volkstümlichen Figuren. Der berühmteste ist der Kindlifresserbrunnen mit einem riesigen Kinderfresser in der Mitte. Die anderen Brunnen befinden sich u. a. in der Marktgasse, der Kramgasse und der Gerechtigkeitsgasse.

Bundeshaus HISTORISCHES GEBÄUDE
(031 322 85 22; www.parliament.ch; Bundesplatz; Führung Mo–Fr 11.30 & 15, Sa 11.30, 14 & 15 Uhr) GRATIS In dem 1902 im florentinischen Stil erbauten Bundeshaus haben der Nationalrat und der Ständerat, die beiden Kammern des Schweizer Parlaments, ihren Sitz. Es beherbergt Statuen der Gründerväter der Nation, eine Buntglaskuppel mit den Emblemen der Kantone und einen Kronleuchter mit 214 Glühbirnen. Während der sitzungsfreien Zeit finden 45-minütige Führungen statt. Parlamentssitzungen kann man von der Galerie aus beobachten (Ausweis mitbringen!). Den Bundesplatz direkt vor dem Bundeshaus ziert ein beleuchtetes Wasserspiel aus 26 Fontänen, welche die Kantone und Halbkantone der Schweizerischen Eidgenossenschaft symbolisieren – perfekt für Kinder.

Gurtenpark PARK
(031 961 23 23; www.gurtenpark.ch; Gurten; Gurtenbahn einfach/hin & zurück Erw. 6/10,50 SFr, Kind 3/5,50 SFr; Gurtenbahn Mo–Sa 7–23.30, So bis 20 Uhr) Der Berner Hausberg nur 3 km südlich der Stadt ist ein tolles Ausflugsziel. Es gibt hier ein paar Lokale, eine kleine Bahn, Wanderwege, einen Sommerzirkus, im Winter Rodelbahnen, einen Abenteuerspielplatz etc. Beim Abstieg über gut markierte Wege den Berg hinunter (ca. 1 Std.) kann man den Blick genießen. Hierher gelangt man mit der Tram 9 Richtung Wabern bis zur Station Gurtenbahn; die **Gurtenbahn** bringt einen dann hinauf.

Botanischer Garten der Universität Bern GARTEN
(☎031 631 49 45; www.botanischergarten.ch; Altenbergrain 21; ⌚März–Sept. 8–17.30 Uhr, Okt.–Feb. bis 17 Uhr) GRATIS Vom Nordende der Lorrainebrücke führen Treppen zum Botanischen Garten am Flussufer mit vielen Grünanlagen und ein paar Gewächshäusern.

Aktivitäten

Marzilibad SCHWIMMEN
(www.aaremarzili.ch; ⌚Juni–Aug. 8.30–20 Uhr, Mai & Sept. bis 19 Uhr) GRATIS Im Sommer ist dieses 25 m lange Freibad an der Aare perfekt, um sich in der Sonne zu aalen und sich neben den Einheimischen auf den großen Liegewiesen, an den Kickertischen und auf den Sonnenliegen zu entspannen.

Hammam & Spa HAMAM
(www.hammam-bern.ch; Weihergasse 3; Eintritt 45 SFr zzgl. Anwendungen; ⌚Mo, Di, Do & Fr 9–21.30, Mi 13–21.30, Sa & So 10–20 Uhr) Berns Hamam in dem auffälligen achteckigen Gebäude ist ein wunderbares Fleckchen, an dem man sich bei 1001-Nacht-Flair wirklich entspannen kann. Dienstag ist Frauentag.

Feste & Events

★ Berner Weihnachtsmarkt WEIHNACHTSMARKT
(Waisenhausplatz & Münsterplatz) Die Berner Weihnachtsmärkte, die im Dezember auf dem Waisenhausplatz und dem Münsterplatz stattfinden, sind mit ihren schönen handgefertigten Produkten sowie mit Glühwein und Leckereien ein echter Genuss.

Buskers Bern MUSIK
(www.buskersbern.ch; ⌚Anfang Aug.) Während des dreitägigen Straßenfests strömen Straßenmusiker aus aller Welt in die Altstadt.

Gurten Rock Festival MUSIK
(www.gurtenfestival.ch; Gurtenkulm; ⌚Mitte Juli) Beim größten Sommerevent in Bern stehen Indie-Bands auf der Bühne. Rechtzeitig Tickets besorgen!

Jazz Festival Bern MUSIK
(www.jazzfestivalbern.ch; ⌚Mitte März–Mai) Jazz, Blues und Soul aus dem In- und Ausland.

Schlafen

Holiday Inn Bern West HOTEL €
(☎031 985 24 00; www.holidayinn.com; Riedbachstrasse 96; DZ ab 149 SFr; P ❄ 📶) Das überdurchschnittlich gute Holiday Inn liegt neben einem Einkaufskomplex und einem Erlebnisbad und ist daher eine tolle Unterkunft für Leute, die ihren Nachwuchs im Schlepptau haben. Es liegt zwar 7 km außerhalb, doch der Bahnhof Bern Brünnen Westside befindet sich direkt gegenüber und bei der Ankunft im Hotel erhalten die Gäste kostenlos eine für die Aufenthaltsdauer gültige Netzkarte.

Marthahaus Garni HOTEL €
(☎031 332 41 35; www.marthahaus.ch; Wyttenbachstrasse 22a; EZ/DZ ab 125/160 SFr, ohne Bad ab 78/125 SFr; 🚭 @ 📶) Das fünfstöckige Haus in einer grünen Wohngegend wirkt wie eine freundliche Pension. Die sauberen, schlichten Zimmer präsentierten sich sehr weiß und sind reichlich mit moderner Kunst bestückt, und den Gästen steht sogar eine Küche zur Verfügung.

Camping Eichholz CAMPINGPLATZ €
(☎031 961 26 02; www.campingeichholz.ch; Strandweg 49, Wabern; Erw./Kind/Zelt 12/7,50/10 SFr; 📶) Mit seinen großen grünen Stellplätzen neben einer der beliebtesten Badestellen in Bern ist dieser Campingplatz eine ideale Bleibe bei warmem Wetter. Man nimmt die Tram 9 nach Wabern und läuft dann zehn Minuten zum Fluss hinunter.

Jugendherberge Bern HOSTEL €
(☎031 326 11 11; www.youthhostel.ch/bern; Weihergasse 4; B 38–42 SFr, EZ/DZ 67/111 SFr; ⌚Rezeption 7–12 & 14–24 Uhr; 🚭 @ 📶) Das gut organisierte Hostel in hübscher Lage am Fluss hat blitzblanke Schlafsäle und eine grüne Terrasse. Inklusive ist das exzellente Frühstück; auf Wunsch gibt's aber auch preiswertes Mittag- und Abendessen. Nur zehn Gehminuten vom Bahnhof entfernt – einfach vom Bundeshaus hügelabwärts laufen oder mit der Seilbahn fahren!

Hotel Glocke Backpackers Bern HOSTEL €
(☎031 311 37 71; www.bernbackpackers.com; Rathausgasse 75; B/DZ ab 37/144 SFr, EZ/DZ ohne Bad 76/120 SFr; ⌚Rezeption 8–11 & 15–22 Uhr; 🚭 @ 📶) Moderne Schlafsäle mit maximal sechs Betten, saubere Bäder, hübsche Küche und Waschküche und eine Lounge in Top-Lage in der Altstadt machen das Glocke bei vielen Backpackern zur ersten Wahl. Der Straßenlärm kann allerdings für Leute mit leichtem Schlaf störend sein.

Max Aviation Apartments APARTMENTS €
(☎031 901 32 28; www.maxav.immobilien; Alleeweg 15; Apt. ab 109 SFr; P 📶) Die beliebten Apartments für Selbstversorger bieten im teuren Bern ein tolles Preis-Leistungs-Verhältnis und viel Platz. Sie sind gut und geschmack-

voll ausgestattet. Parken kostet 16 SFr pro Nacht extra.

Hotel Landhaus HOTEL €
(☎ 031 348 03 05; www.landhausbern.ch; Altenbergstrasse 4; B/EZ/DZ ab 38/115/160 SFr; P ⊖ @ ᯤ) Das gut geführte unkonventionelle Hotel mit Blick auf den Fluss und die Türme der Altstadt bietet eine Mischung aus schicken Sechsbettschlafsälen, Familien- und Doppelzimmern. Das Café im Erdgeschoss und die Terrasse ziehen fröhliche Gäste an. Das Frühstück (bei den Privatzimmern inbegriffen) kostet für Schlafsaalbewohner 10 SFr extra.

Hotel Belle Epoque HOTEL €€
(☎ 031 311 43 36; www.belle-epoque.ch; Gerechtigkeitsgasse 18; EZ/DZ ab 180/250 SFr; ⊖ @ ᯤ) Das romantische Altstadthotel mit opulenter Jugendstileinrichtung hat eine günstige Lage an der Hauptdurchgangsstraße Berns. Die Fernseher verstecken sich in einer Art Schrankkoffer, damit sie das Jugendstil-Gesamtbild nicht stören.

Hotel Goldener Schlüssel HOTEL €€
(☎ 031 311 02 16; www.goldener-schluessel.ch; Rathausgasse 72; EZ/DZ ab 148/190 SFr; ᯤ) Das seit 500 Jahren bestehende Hotel punktet mit renovierten Zimmern in der Altstadt.

Hotel Allegro BUSINESSHOTEL €€
(☎ 031 339 55 00; www.kursaal-bern.ch; Kornhausstrasse 3; EZ/DZ ab 189/278 SFr; ❄ @ ᯤ) Cool und modern gibt sich dieses Hotel, dessen geschwungener Bau gegenüber der Altstadt am anderen Flussufer liegt. Von den Vorderzimmern aus bietet sich ein herrlicher Blick. Außerdem gibt's hier mehrere feine Restaurants und Bars. Die Penthouse-Suite im 7. Stock ist eine Hommage an Paul Klee.

★ **Bellevue Palace** LUXUSHOTEL €€€
(☎ 031 320 45 45; www.bellevue-palace.ch; Kochergasse 3–5; EZ/DZ ab 329/440 SFr; P ᯤ) Viele Jahre lang war das Bellevue Berns einziges Fünf-Sterne-Hotel. Auf der Gästeliste standen schon so bedeutende Leute wie Nelson Mandela. In dem mit klassischen Stilmöbeln eingerichteten Haus glitzert und glänzt es überall. Diskretion wird großgeschrieben und die Gäste können sich wirklich königlich fühlen. Hier läuft man besser nicht in zu ollen Klamotten auf, allenfalls noch im Shabby-Chic.

★ **Hotel Schweizerhof** BOUTIQUEHOTEL €€€
(☎ 031 326 80 80; www.schweizerhof-bern.ch; Bahnhofplatz 11; EZ/DZ ab 289/329 SFr; P ❄ @ ᯤ) Das erstklassige Fünf-Sterne-Hotel bietet schicke Unterkünfte mit hervorragenden Annehmlichkeiten und gutem Service. Es ist nur einen Katzensprung vom Bahnhof entfernt und sowohl auf Geschäftsleute als auch auf Luxusurlauber eingestellt.

Essen

★ **Namamen** RAMEN €
(☎ 031 311 83 03; www.namamen.ch; Schanzenstrasse 4; Ramen ab 16 SFr; ⊙ 11–22.30 Uhr) Hier gibt's in unkonventionellem Ambiente authentische japanische Ramen mit einem europäischen Einschlag. Billig und lecker – was will man mehr?

Tibits VEGETARISCH €
(☎ 031 312 91 11; www.tibits.ch; Gurtengasse 3; ab 3,50 SFr/100 g; ⊙ Mo–Mi 6.30–23.30, Do–Sa bis 24, So 8–23 Uhr) Das vegetarische Büfett-Restaurant im Bahnhof ist jederzeit perfekt für ein gesundes Schnellgericht. Man bedient sich selbst und bezahlt nach Gewicht. Das Essen zum Mitnehmen ist etwas günstiger.

★ **Terrasse & Casa** SCHWEIZERISCH €€
(☎ 031 350 50 01; www.schwellenmaetteli.ch; Dalmaziquai 11; Hauptgerichte 20–64 SFr; ⊙ Terrasse Mo–Sa 9–0.30, So 10–23.30 Uhr, Casa Mo–Fr 12–14.30 & 18–23.30, Sa 18–23.30, So 12–23 Uhr) Die beiden Lokale in hübscher Lage an der Aare werden auch „die Riviera von Bern" genannt. Die Terrasse ist ein Glasbau mit Holzbohlen über dem Wasser, Sonnenliegen mit Blick auf das (nachts beleuchtete) Wehr und gemütlichen Sofas – perfekt für einen Sonntagsbrunch, einen Drink oder das Zweigänge-Mittagsmenü, das werktags angeboten wird. Das Casa nebenan serviert italienische Delikatessen in gemütlichem Ambiente im Landhausstil.

Altes Tramdepot SCHWEIZERISCH €€
(☎ 031 368 14 15; www.altestramdepot.ch; Grosser Muristalden 6, Am Bärengraben; Hauptgerichte 18–46 SFr; ⊙ Mo–Fr 11–0.30, Sa & So ab 10 Uhr) In dieser großen Kleinbrauerei wetteifern Schweizer Spezialitäten und Pfannengerichte aus dem Wok um die Gunst der Gäste und das Bier (3/4/5 Sorten 10,90/14,60/18,20 SFr) geht runter wie Öl.

Cinématte Restaurant SCHWEIZERISCH €€
(☎ 031 312 21 22; www.cinematte.ch; Wasserwerkgasse 7; Hauptgerichte 31–47 SFr; ⊙ Do–Mo 18–21 Uhr) Das schicke Restaurant mit einer zauberhaften Terrasse an der Aare serviert Schweizer Spezialitäten.

NICHT VERSÄUMEN

DER ZWIEBELMARKT VON BERN

Während des legendären **Zwiebelmarkts** (Nov.) am vierten Montag im November ist Bern fest in der Hand der Markthändler. Mehr als 600 Stände bieten an diesem Tag neben regionalen Leckereien fein geflochtene Zwiebelzöpfe, Kränze, Seile, Pasteten und Skulpturen feil. Der Legende nach geht der Markt auf das große Feuer von 1405 zurück: Die Bauern aus dem Kanton Freiburg (Fribourg) leisteten den Bernern danach großen Beistand und durften zum Dank ihre Erzeugnisse in Bern verkaufen.

Tatsächlich entstand der Markt jedoch wohl als Teil der Martinimesse, der mittelalterlichen Feierlichkeiten zum Winteranfang. Was auch immer sein Ursprung ist: Der Zwiebelmarkt ist eine hervorragende Rechtfertigung für die oftmals ausgelassenen Festlichkeiten. Straßenkünstler sorgen für Karnevalsstimmung und alle Leute werfen Konfetti durch die Gegend und hauen sich gegenseitig mit quietschenden Plastikhämmern auf den Kopf.

Fugu Nydegg ASIATISCH €€
(031 311 51 25; www.fugu-nydegg.ch; Gerechtigkeitsgasse 16; Hauptgerichte 26–44 SFr; Mo–Fr 11.30–14 & 17–23, Sa 11.30–24, So bis 22 Uhr;) Wer Lust auf Pad-Thai im Bangkok-Stil, japanische Nudeln oder thailändischen Fisch hat, ist hier genau richtig. Man sitzt drinnen im schicken Innenraum oder draußen.

Metzgerstübli EUROPÄISCH €€
(031 311 00 45; www.metzgerstübli.ch; Münstergasse 60; 3-Gänge-Abendessen 85 SFr, Hauptgerichte 15–49 SFr; Di–Fr 10–23, Sa & So 7–12 & 17–23.30 Uhr) In dem heimeligen Altstadt-Restaurant serviert gastfreundliches Personal gut zubereitete europäische Standardgerichte mit Fleisch, Fisch und Nudeln. Die Abendmenüs gibt's zu einem ein tollen Preis-Leistungs-Verhältnis.

Restaurant Rosengarten EUROPÄISCH €€
(031 331 32 06; www.rosengarten.be; Alter Aargauerstalden 31b; Hauptgerichte 20–46 SFr; 9–24 Uhr) Das Restaurant mit tollem Panoramablick thront auf einem Hügel neben dem Berner Rosengarten. Bei schönem Wetter, wenn man auf der Terrasse sitzen kann, ist es besonders nett. Die Karte vereint mehrere kulinarische Welten von gegrilltem Schweinefleisch nach Art der Provence bis zu mariniertem Lammfleisch mit Tsatsiki.

★ **Kornhauskeller** MEDITERRAN €€€
(031 327 72 72; www.bindella.ch; Kornhausplatz 18; Hauptgerichte 24–58 SFr; 11.45–14.30 & 18–0.30 Uhr) Unter den mit Fresken bemalten Bögen des ehemaligen Kornspeichers von Bern, in dem heute ein umwerfendes Kellerrestaurant mit mediterraner Küche residiert, lässt es sich richtig fein speisen. Im Zwischengeschoss mit den historischen Buntglasfenstern schlürfen schöne Menschen Cocktails und im benachbarten Café kann man wunderbar auf der Terrasse in der Sonne zu Mittag essen.

Ausgehen & Nachtleben

★ **Kapitel Bollwerk** BAR
(031 311 60 90; www.kapitel.ch; Bollwerk 41; Di & Mi 11–23.30, Do bis 3.30, Fr bis 5, Sa 16–6 Uhr) Tagsüber ein Lokal, in dem sich die Geschäftsleute mit gesundem Mittagessen versorgen, mutiert das preisgekrönte Kapitel abends zu einer Bar, die in der ganzen Stadt für ihre cleveren Barkeeper und die Cocktailauswahl berühmt ist. Und nach 23 Uhr verwandelt es sich in einen der hippsten Clubs in Bern, in dem internationale DJs Electronica auflegen.

Sous le Pont BAR
(031 306 69 55; www.souslepont-roessli.ch; Neubrückstrasse 8; Di–Do 11.30–24, Fr bis 2, Sa 18–2 Uhr) Hier taucht man ab in Berns unkonventionelle Untergrundszene. Die Reitschule ist ein alternatives Kunstzentrum in einem graffitiverzierten Gebäude von 1897 und liegt hinter dem Bahnhof an der Bahnbrücke.

Volver BAR
(031 312 04 04; www.barvolver.ch; Rathausplatz 8; Mo 17–23.30, Di & Mi 8–23.30, Do–Sa bis 0.30 Uhr) Die Eckbar mit einer Kreidetafel, auf der das Tapas-Angebot angeschrieben ist, ist von morgens bis abends ein hipper Ort für Cocktails und Kaffee.

Alpin WEINBAR
(031 311 25 75; www.alpinbern.ch; Gerechtigkeitsgasse 19; Di–Fr 11–18.30, Sa 9.30–16 Uhr) Das Alpin ist auf Schweizer Weine spezialisiert. Im angeschlossenen Café kann man die Tropfen probieren, bevor man sie im Laden kauft.

Marta BAR
(031 331 14 14; www.cafemarta.ch; Kramgasse 8; Di, Mi & So 13–23.30, Do & Fr bis 0.30, Sa 9–0.30 Uhr) Nachmittags kann man draußen an den Tischen unter den Arkaden der Berner

Altstadt gemütlich Tee mit Milch und Scones mit hausgemachter Konfitüre genießen. Abends findet die Action unten im Keller mit gelegentlicher Livemusik oder DJs statt.

Café des Pyrénées BAR
(☎031 311 30 63; www.pyri.ch; Kornhausplatz 17; ⏲Mo–Mi 9–23.30, Do–Sa bis 0.30, So 12–21 Uhr) Das unkonventionelle Ecklokal mit dem Flair einer Pariser Café-Bar ist nach wie vor eine beliebte Berner Institution. Dank der zentralen Lage nahe der Straßenbahn kann man hier prima Leute beobachten.

Unterhaltung

★**Turnhalle** DARSTELLENDE KUNST
(☎031 311 15 51; www.turnhalle.ch; Speichergasse 4; ⏲Cafeteria Mo–Fr 11.45–14 Uhr, Bar-Café Mo–Mi 9–0.30, Do bis 2, Fr & Sa bis 3.30 Uhr) Die Turnhalle ist Bar, Nachtclub und Kulturzentrum in einem und serviert werktags preiswertes Mittagessen (Gerichte 6–8 SFr). In der Cafeteria gibt's diverse Hauptgerichte (u.a. auch ein vegetarisches Gericht), Salate, Gemüse und Desserts. Man wählt sich bis zu sechs Stücke aus und sucht sich dann einen Sitzplatz auf dem großen sonnigen Hof vorm Haus.

★**Dampfzentrale** KULTURZENTRUM
(☎031 310 05 40; www.dampfzentrale.ch; Marzilistrasse 47; ⏲Club Sa 23 Uhr bis spät, andere Events zu unterschiedlichen Zeiten) Das Backstein-Industriegebäude am Fluss ist am Samstagabend ein actiongeladener Nachtclub. Darüberhinaus finden hier Konzerte, Festivals und modernes Tanztheater statt. Infos auf der Website.

Konzerttheater Bern DARSTELLENDE KUNST
(☎031 329 51 11; www.konzerttheaterbern.ch; Kornhausplatz 20) In dem 1903 erbauten neoklassizistischen Theater werden Opern, Konzerte, Ballett und Theater gegeben.

Stade de Suisse STADION
(www.stadedesuisse.ch; Papiermühlestrasse 71; Führung Erw./Kind 20/15 SFr; ⏲Führung Sa 15–16.15 Uhr) Berns Stadion mit 32 000 Sitzplätzen wurde auf dem Gelände des abgerissenen Wankdorf-Stadions (in dem 1954 das WM-Finale stattfand) erbaut. Es ist die Heimspielstätte der örtlichen Fußballmannschaft Young Boys.

Cinématte KINO
(☎031 312 21 22; www.cinematte.ch; Wasserwerkgasse 7; ⏲Do–Mo 18–23.30 Uhr) Das Kino am Fluss zeigt Kunst- und Kultfilme. Außerdem gibt's hier ein Restaurant (S. 109) mit einer Holzterrasse.

Bern Ticket DARSTELLENDE KUNST
(☎031 329 52 52; www.bernbillett.ch; Nägeligasse 1a; ⏲Mo–Fr 10–18.30, Sa bis 14 Uhr) Hier bekommt man Theater- und Konzertkarten. In der Nähe des Theaters.

Shoppen

Markt Bern MARKT
(www.marktbern.ch; Waisenhausplatz; ⏲Jan.–Nov. Di 8–18, Sa bis 16 Uhr, April–Okt. auch Do 9–20 Uhr) Leder, Schmuck, Schuhe, Kleidung, Küchenutensilien, Geschenke u.v.m. gibt's auf diesem großen Markt im Herzen der Altstadt.

Holz Art KUNST & KUNSTHANDWERK
(☎031 312 66 66; www.holz-art-bern.ch; Münstergasse 36; ⏲Di–Fr 10–12.30 & 14–18.30, Sa 9.30–16 Uhr) Holz Art verkauft schönes handgeschnitztes Spielzeug und Holzfiguren, Pyramiden und Uhren aus Holz.

Berner Wochenmärkte MARKT
(www.bernerwochenmarkt.ch; Bundesplatz; ⏲Di & Sa 8–12.30 Uhr) Der bunte, zweimal pro Woche auf dem Platz vor dem Bundeshaus stattfindende Markt strotzt vor frischen Lebensmitteln und Blumen.

Praktische Informationen

Die Filiale von **Bern Tourismus** (☎031 328 12 12; www.bern.com; Bahnhofplatz 10a; ⏲Mo–Sa 9–19, So bis 18 Uhr) am Bahnhof hat alles, was man über die Stadt und ihre Umgebung wissen muss, z. B. Karten für Rundgänge und eine hervorragende iPod-Audiotour.

Eine weitere Filiale gibt's am **BärenPark** (☎031 328 12 12; www.bern.com; Grosser Muristalden 6, Bärengraben; ⏲Juni–Sept. 9–18 Uhr, März–Mai & Okt. 10–16 Uhr, Nov.–Feb. 11–16 Uhr); das Personal ist hilfsbereit, aber hier gibt's nicht so viel Infomaterial.

An- & Weiterreise

Die Autobahn A12 führt von Bern über Lausanne nach Genf.

FLUGZEUG

Vom winzigen **Flughafen Bern-Belp** (BRN; ☎031 960 21 11; www.flughafenbern.ch), 9 km südöstlich vom Zentrum, gibt es Direktflüge nach London und zu anderen Städten in Europa mit der Berner Fluglinie **SkyWork** (www.flysky work.com) und anderen Billigfluglinien.

ZUG

Mindestens einmal pro Stunde fahren Züge nach Genf (51 SFr, 1¾ Std.), Basel (41 SFr, 55 Min.), Interlaken Ost (29 SFr, 55 Min.) und Zürich (51 SFr, 1–1½ Std.).

Unterwegs vor Ort

BUS, TRAM & SEILBAHN

Bern Mobil (www.bernmobil.ch; Ticket 30 Min./1 Std./1 Tag 2,60/4,60/13 SFr) betreibt ein exzellentes Bus- und Straßenbahnnetz. Fahrkarten sind an den Automaten an allen Haltestellen erhältlich. Die Stadt versorgt alle Hotelgäste in Bern mit dem Bern Ticket, mit dem man kostenlos die öffentlichen Verkehrsmittel in der Stadt nutzen kann. Das Ticket deckt alle Verkehrsmittel von Bern Mobil inklusive der Marzili- und Gurtenbahn in den Zonen 100 und 101 (Stadtzentrum und unmittelbare Umgebung) ab. Es gilt nicht für die Moonliner-Busse oder für andere Zonen.

Die **Moonliner-Nachtbusse** (☎ 031 321 88 12; www.moonliner.ch; Ticket ab 6 SFr) befördern freitags und samstags zwischen 24 und 4 Uhr zwei- oder dreimal Nachteulen vom Bahnhofsplatz nach Hause. Ermäßigungskarten sind nicht gültig.

Postbusse (PostAuto) starten am Busbahnhof an der Westseite des Bahnhofplatzes.

FAHRRAD & SCOOTER

Fahrräder verleiht **Bern Rollt** (☎ 031 318 93 50; www.bernrollt.ch; Milchgässli; die ersten 4 Std. frei, danach je 1 SFr/Std.; ⏲ 8–21.30 Uhr) am Bahnhof. Man braucht einen Ausweis und hinterlegt eine Kaution von 20 SFr.

In Bern gibt's außerdem das Radleihsystem PubliBike (S. 367). QuickBike-Pässe für 24 Std. sind in den Touristeninformationen erhältlich.

VOM/ZUM FLUGHAFEN

Der **Airport Bus Bern 334** (www.bernmobil.ch) fährt vom Flughafen Bern-Belp zum Bahnhof Belp, wo man Anschluss an die häufig verkehrende S-Bahn nach Bern hat. Ein Einzelfahrschein (Erw./Kind 7/3,70 SFr) deckt die gesamte 30-minütige Fahrt ab und ist an den Fahrkartenautomaten oder aber an Bord erhältlich.

Emmental

26 541 EW.

In der ländlichen Idylle nordöstlich von Bern dreht sich alles um eins der berühmtesten Milchprodukte der Schweiz: den löchrigen Emmentaler, *den* Schweizer Käse. Die beiden hübschen Kleinstädte Burgdorf und Langnau beherrschen die sanfte Landschaft mit ihren rustikalen Bauernhäusern, strohgedeckten Scheunen und auf goldenen und grünen Weiden grasenden Kühen.

Doch kommen die Leute nicht wegen der schönen Höfe hierher, sondern wegen des Käses. Die Region ist ein echtes Mekka für Käsefreunde: Sie können hier in Verkostungen schwelgen, einiges über den Emmentaler lernen, sich die Herstellung anschauen, in Hofläden einkaufen und natürlich jede Menge von dem guten Zeug verspeisen.

Sehenswertes

★ Emmentaler Schaukäserei KÄSEREI
(☎ 034 435 16 11; www.emmentaler-schaukaeserei.ch; Schaukäsereistrasse 6, Affoltern; ⏲ April–Okt. 9–18.30 Uhr, Nov.–März bis 17 Uhr) GRATIS In dieser Schaukäserei in Affoltern kann man dabei zusehen, wie die runden, 95 kg schweren Käselaibe hergestellt werden. Natürlich gibt's auch Kostproben des Emmentalers. Kurze Videos erläutern die moderne Produktion und erklären, wie die berühmten Löcher in den Käse kommen. In einer Hirtenhütte aus dem 18. Jh. wird einmal am Tag gezeigt, wie der Käse traditionellerweise über offenem Feuer hergestellt wurde.

Ab Bern nimmt man die S-Bahn nach Hasle-Rüegsau und fährt mit dem Bus 471 weiter nach Affoltern (insgesamt 17 SFr, 1 Std.).

Museum Schloss Burgdorf SCHLOSS
(☎ 034 423 02 14; www.museumschlossburgdorf.ch) Mit der Zugbrücke, den dicken Steinmauern und den drei Museen zur Stadtgeschichte, zum Schweizer Gold und zur Ethnologie scheint das robuste Schloss aus dem 12. Jh. einem Märchenbuch entsprungen zu sein.

Schlafen & Essen

★ Hotel Möschberg BAUERNHOF €
(☎ 031 710 22 22; www.hotelmoeschberg.ch; Grosshöchstetten; EZ/DZ ohne Bad 100/138 SFr; 📶) Das inmitten von Kuhweiden und Wanderwegen gelegene Ökohotel und Erholungszentrum liegt 4 km westlich von Langnau oberhalb von Grosshöchstetten, einem auf Milchprodukte spezialisierten Dorf, auf dem Gelände einer ehemaligen Landwirtschaftsschule für Frauen und ist ein typisches Stück Emmental. Die Zimmer sind einfach, aber schick, und zum üppigen hausgemachten Abendessen kommt Biowein auf den Tisch (Abendessen/VP 25/55 SFr).

Emme Lodge HOSTEL €
(☎ 034 402 45 26; www.emmelodge.ch; Mooseggstrasse 32, Langnau; B/EZ/DZ ab 22/58/90 SFr) Das Hostel, zehn Gehminuten vom Bahnhof Langnau abseits der Touristenpfade gelegen, ist in einem Bauernhaus im Berghüttenstil von 1768 mit großem Kragdach untergebracht und bietet schlichte Zimmer und eine sehr angenehme, gesellige Atmosphäre.

DER SCHWEIZER EMMENTALER

Der unvergleichliche Schweizer Emmentaler ist nach seinem Geburtsort, dem Emmental, benannt und hat eine stolze Geschichte, die bis ins Mittelalter zurückreicht. Käsehersteller in aller Welt nutzen den Namen Emmentaler, weil er nicht geschützt ist, aber nur der echte Schweizer Emmentaler AOC wird mit der originalen Produktionstechnik aus Rohmilch von auf Weiden grasenden Kühen hergestellt; die gigantischen Laibe reifen mindestens 120 Tage im Keller.

Die berühmten Löcher des Emmentalers, auch „Augen" genannt, entstehen bei der Fermentierung der Käsebakterien, die während des Reifeprozesses Kohlendioxidbläschen bilden. Einst galten diese Löcher als Makel, heute sind sie das Markenzeichen des Käses: Je größer die Löcher, desto länger gereift und desto aromatischer ist der Käse.

★ **Landgasthof Sommerhaus** SCHWEIZERISCH €€
(☎ 034 422 50 40; www.sommerhaus-burgdorf.ch; Sommerhaus 1, Burgdorf; Hauptgerichte 22–58 SFr; ⌚ Mo, Di, Fr & Sa 9–23.30, So bis 21 Uhr) In dem Landgasthof gleich außerhalb von Burgdorf gibt's Schweizer Kartoffel-Fleisch-Gerichte (darunter in der Saison auch Wild) mit Gemüse aus der Region. Besonders reizvoll ist es bei warmem Wetter – dank der großen Außenterrasse, dem grünen Rasen, dem Kinderspielplatz und dem hübschen Blick in die idyllische Landschaft.

Praktische Informationen

Die **Touristeninformation** (☎ 034 402 42 52; www.emmental.ch; Bahnhofstrasse 44, Burgdorf; ⌚ Mo–Fr 9–12 & 13.30–18 Uhr, Mai–Sept. auch Sa 8–12 Uhr) fürs Emmental ist in Burgdorf.

An- & Weiterreise

Es gibt regelmäßige Zugverbindungen von Burgdorf (11,60 SFr, 15 Min.) und Langnau (18,40 SFr, 30 Min.) nach Bern.

Unterwegs vor Ort

Das Emmental eignet sich perfekt zum Radeln: Durch das Herz des Tals zieht sich die Emmentaler Käseroute (www.kaeseroute.ch).

Solothurn

16 163 EW. / 440 M

Solothurn (frz. Soleure) ist etwas Besonderes: Irgendwie wirkt es gar nicht so richtig Schweizerisch. In der hübschen barocken Altstadt mit den grauen Kopfsteinpflasterstraßen finden sich mehr deutsche und italienische Einflüsse anstelle von französischen und römischen, als das sonst in diesem Teil des Landes der Fall ist.

Die imposante, 66 m hohe Fassade der prächtigen St.-Ursen-Kathedrale wacht majestätisch über Springbrunnen, Plätze, Kirchen und Stadttore und bestätigt den Ruf von Solothurn, die schönste Barockstadt der Schweiz zu sein.

Solothurn führt oft ein Schattendasein, aber es lohnt sich durchaus, hier einen Tag oder eine Nacht zu verbringen: Die Stadt ist schön am Fuß des Jura an der Aare gelegen und wirkt nett verschlafen und ländlich, besonders wenn die Tagestouristen gegen Abend wieder weg sind.

Sehenswertes

★ **St.-Ursen-Kathedrale** KATHEDRALE
(Hauptgasse; ⌚ 8–18.30 Uhr) Der Architekt Gaetano Matteo Pisoni hielt sich bei der klassizistischen italienischen Fassade der Solothurner Kathedrale aus dem 18. Jh. zurück, ließ aber innen seiner Kreativität freien Lauf und gestaltete den Raum mit Weiß und Gold im Stil des Zuckerbäckerbarocks.

★ **Kunstmuseum** KUNSTMUSEUM
(☎ 032 624 40 00; www.kunstmuseum-so.ch; Werkhofstrasse 30; ⌚ Di–Fr 11–17, Sa & So ab 10 Uhr) GRATIS Im Mittelpunkt des Kunstmuseums von Solothurn steht Ferdinand Hodlers berühmtes Porträt von Wilhelm Tell (sieht ein bisschen aus wie ein Goliath mit roten Haaren und Bart in einem Hippie-Top und kurzen Hosen). Die *Madonna von Solothurn* (1522) von Hans Holbein d. J. zählt zu den wenigen anderen bedeutenden Werken.

Zeitglockenturm WAHRZEICHEN
(Marktplatz) Zu jeder vollen Stunde lassen sich oben auf der astronomischen Uhr aus dem 16. Jh. ein Ritter, ein König und Gevatter Tod blicken. Ihre Zeiger sind umgekehrt angeordnet, sodass der kleinere nicht die Stunden, sondern die Minuten anzeigt. Der Turm aus dem 12. Jh. befindet sich am Marktplatz, auf dem mittwochvormittags ein Markt abgehalten wird.

Jesuitenkirche KIRCHE
(Hauptgasse 75) Hinter der unscheinbaren Fassade dieser Kirche (1680–1689) verbirgt sich ein Innenraum mit Barockverzierungen und Stuckarbeiten. Der „Marmor" ist in Wahrheit bemaltes Holz bzw. bemalter Gips.

Gerechtigkeitsbrunnen BRUNNEN
(Hauptgasse) Der Brunnen (1561) westlich des Zeitglockenturms zeigt Justitia mit verbundenen Augen, die ein Schwert in die Höhe hält, während die vier bedeutendsten weltlichen Figuren Europas zu ihren Füßen sitzen: der Kaiser des Heiligen Römischen Reichs, der Papst, der türkische Sultan und ... der Bürgermeister von Solothurn!

Museum Altes Zeughaus MUSEUM
(☎ 032 627 60 70; www.museum-alteszeughaus.ch; Zeughausplatz 1; Erw./Kind 6/4 SFr; ⌚ Di–Sa 13–17, So 10–17 Uhr) Das große, bis Ende 2016 umfassend sanierte Zeughaus mit den vielen Fenstern erinnert mit seiner rostfarbenen Fassade aus dem frühen 17. Jh. daran, dass Solothurn einst Zentrum für Söldner war, von denen viele für französische Könige kämpften. Drinnen ist eine eindrucksvolle Sammlung aus der Zeit ab dem Mittelalter zu sehen, die die Geschichte der schönen Barockstadt erzählt.

Baseltor TOR
Gleich östlich der Kathedrale befindet sich das schönste Stadttor. Die ehemalige Bastion in der Nähe ist ideal zum Picknicken.

Feste & Events

Solothurner Filmtage FILM
(www.solothurnerfilmtage.ch; ⌚ Ende Jan.–Anfang Feb.) Acht Tage lang wird an verschiedenen Spielstätten in der Stadt die Schweizer Filmindustrie gefeiert – dies ist das wichtigste Fest der Branche. Für diese Zeit müssen Unterkünfte weit im Voraus gebucht werden.

Schlafen

★ **Jugendherberge Solothurn** HOSTEL €
(☎ 032 623 17 06; www.youthhostel.ch/solothurn; Landhausquai 23; B/EZ/DZ ab 33/80/104 SFr; ⌚ März–Nov.; @ 📶) In beneidenswerter Altstadtlage am Aare-Radweg steht das barrierefreie Zollhaus aus dem 17. Jh. mit einer tollen Mischung aus Glas, Edelstahl und Beton. Die Schlafsäle mit drei bis zehn Betten haben teils Flussblick. Frühstück ist inbegriffen; Mittag- oder Abendessen kostet 17,50 SFr.

Gasthaus Kreuz PENSION €
(☎ 032 622 20 20; www.kreuz-solothurn.ch; Kreuzgasse 4; EZ/DZ ohne Bad ab 60/100 SFr) Die Pension fungiert auch als Kulturzentrum und gibt sich mit ihrer kirschroten Duschanlage, den großen Zimmern mit knarrenden Böden und spartanischer Einrichtung hip. Auf dem Programm der Café-Bar im Erdgeschoss stehen Bands, Konzerte und Kulturveranstaltungen.

Baseltor BOUTIQUEHOTEL €€
(☎ 032 622 34 22; www.baseltor.ch; Hauptgasse 79; EZ/DZ ab 130/200 SFr; 📶) Das stimmungsvolle Hotel in charmanter Lage im Schatten der Kathedrale hat stahlgraue Fensterläden und eine attraktive minimalistische Einrichtung. Angeschlossen ist ein exzellentes Slow-Food-Restaurant (Hauptgerichte 29–42 SFr).

Essen & Ausgehen

Pittaria NAHÖSTLICH €
(☎ 032 621 22 69; www.pittaria.ch; Theatergasse 12; Hauptgerichte 12–24 SFr; ⌚ Di–Fr 10.30–15 & 17.30–21, Sa 10.30–18 Uhr) Der gesellige Inhaber Sami Daher serviert himmlischen Pfefferminztee und spottbillige palästinensische Gerichte (hausgemachtes Mango-Chutney, cremiges Hummus, knusprige Falafel) in seinem entspannten Lokal mit Sitzbänken, persischen Teppichen und Plüschkamelen.

★ **Cantinetta Bindella** ITALIENISCH €€
(☎ 032 623 16 85; www.bindella.ch; Ritterquai 3; Hauptgerichte 22–54 SFr; ⌚ Mo–Sa 11.30–14 & 18–22 Uhr) Schicker Italiener mit treuem Publikum. Der Innenraum erstrahlt im Kerzenschein und im umzäunten Garten stehen Tische mit Tischdecken unter den Bäumen. Die Karte ist ganz der Toskana gewidmet.

Solheure BAR
(☎ 032 637 03 03; www.solheure.ch; Ritterquai 10; ⌚ Mo 17–23.30, Di–Do 12–24, So ab 14 Uhr; 📶) Alte Steinwände, abgedrehte, fast kitschige Stühle und eine sonnige Terrasse sind die Merkmale dieser trendigen Bar in einem alten Lagerhaus am Fluss, in der halb Solothurn zu finden ist.

Praktische Informationen

Das hilfsbereite Personal von **Region Solothurn Tourismus** (☎ 032 626 46 46; www.solothurn-city.ch; Hauptgasse 69; ⌚ Mo–Fr 9–18, Sa bis 13 Uhr) bei der Kathedrale bietet Broschüren für Stadtrundgänge und Stadtpläne.

An- & Weiterreise

Mindestens zweimal pro Stunde fahren Züge nach Bern (17,20 SFr, 45 Min.), Biel (14,30 SFr, 30 Min.) und Zürich (38 SFr, 55 Min.).

Berner Oberland

Inhalt ➡

Gut essen

- Beau-Rivage da Domenico (S. 139)
- Nico's (S. 145)
- Chesery (S. 148)
- The Verandah (S. 120)
- Cafe 3692 (S. 127)

Schön übernachten

- Victoria-Jungfrau Grand Hotel & Spa (S. 120)
- Gletschergarten (S. 127)
- Hotel Eiger (S. 136)
- Esther's Guest House (S. 136)
- The Hayloft (S. 145)

Auf ins Berner Oberland

Die Natur präsentiert sich monumental: Ob man im Schatten der furchterregenden Eiger-Nordwand unterwegs ist, an einem klaren, kalten Wintermorgen in Gstaad durch den Pulverschnee wedelt oder den in Dunst getauchten Staubbachfall bestaunt – die Schweizer Alpen sind nirgendwo schöner. Nirgendwo sind die Ferienorte idyllischer, die Gipfel höher und die Gletscher größer. Bewacht von Mönch, Jungfrau und Eiger beflügelt das Berner Oberland Geist und Sinne.

Die Herrlichkeit der Region blieb nicht unbemerkt: Goethe inspirierte der Staubbachfall zum Gedicht *Gesang der Geister über den Wassern*, Mark Twain schrieb, kein Opiat wirke so berauschend wie eine Wanderung in dieser Landschaft (und er kannte sich aus), Arthur Conan Doyle wählte Meiringen als hübsche Kulisse für einen Sherlock-Holmes-Krimi und Ian Fleming brachte die Eiswüste des Schilthorns mit James Bond auf die Filmleinwand. Doch bei allem Können der Fotografen werden nur wenige Fotos dem Berner Oberland wirklich gerecht. So mancher Tourist findet an den Postkartenständen nichts, was einen angemessenen Eindruck von den eigenen Erlebnissen vermitteln könnte.

Reisezeit

- Der Winter bringt tolle Skibedingungen, Abfahrtsrennen und zur Begrüßung des neuen Jahrs in Interlaken die Harder-Potschete.
- Der Sommer ist die Zeit für Musik-, Volkskunde-, Theater- und Street-Art-Festivals sowie fürs Wandern in den Alpen.
- Im Herbst sind die Zimmerpreise am niedrigsten, die Kühe kehren von den Sommerweiden zurück und in Spiez findet das Weinfest statt.

Highlights

1 Mürren (S. 135) Am Klettersteig in Mürren dem Rausch von Seilrutschen, Hängebrücken und dem Eigerblick verfallen.

2 Faulhornweg (S. 126) Auf der Tageswanderung von der Schynigen Platte zum First oberhalb von Grindelwald ein alpines Hoch erleben.

3 Jungfraujoch (S. 131) In den Bann von Viertausendern und dem glitzernden Aletschgletscher geraten.

4 Meiringen (S. 143) Im Stile von Sherlock Holmes prächtigen Wasserfällen und leckeren Baisers auf die Spur kommen.

5 Interlaken (S. 117) Im Abenteuersport-Mekka beim Canyoning, Fallschirmspringen und Eisklettern die eigenen Grenzen ausloten.

6 Lauterbrunnen (S. 131) Im Lauterbrunnental 72 in die Tiefe stürzende Wasserfälle bestaunen.

7 Gstaad (S. 146) Die Pisten dieses superschicken Wintersportorts hinunterdüsen.

8 Thun (S. 137) Parks, Schlösser und die mittelalterliche Altstadt mit jugendlichem Flair erkunden.

Anreise & Unterwegs vor Ort

Das Berner Oberland ist über Straße und Schiene leicht zu erreichen. Zugverbindungen gibt's z. B. ab Luzern und den großen Schweizer Flughäfen wie Basel, Bern, Genf und Zürich.

Achtung: Ohne Zusatzoptionen gelten Swiss- oder Eurail-Pässe nur bis in die Region!

Sich per Zug und Bergbahn durch die Jungfrau-Region zu bewegen, ist eine wahre Pracht, doch lohnen sich Fahrten zum Gipfel nur an klaren Tagen. Vor dem Aufbruch wirft man am besten einen Blick auf die Webcam-Bilder unter www.jungfraubahn.ch oder www.swisspano rama.com.

Von z. B. Zürich (70, SFr 2 Std.), Luzern (32 SFr, 1¾–2 Std.) und Bern (29 SFr, 1 Std.) verkehren regelmäßig Züge nach Interlaken, dem Tor zum Berner Oberland.

INTERLAKEN

5692 EW. / 570 M

Während der Belle Époque blickten Interlakens Grandhotel-Gäste aus lüsterbeleuchteten Räumlichkeiten atemlos begeistert auf die Berge. Heute zieht der Ort dagegen abenteuerlustige Adrenalinjunkies an. Die Stadt erstreckt sich zwischen den von Gletscherwasser gespeisten Seen Thuner- und Brienzersee, über denen die perlweißen Gipfel von Eiger, Mönch und Jungfrau funkeln. Interlaken ist das Tor zur phantastischen Jungfrau-Region und die angesagteste Abenteuer-Spielwiese der ganzen Schweiz. Wen die Stadt selbst vielleicht kalt lässt, den werden die Berge vor ihrer Tür sicher umhauen, besonders diejenigen, die sich an Wasserfällen abseilen, wilden Flüssen trotzen oder lautlos über 4000 m hohe Berge gleiten.

Sehenswertes

Jenseits der türkisblauen Aare liegt Interlakens alter, kompakter und ruhiger Nachbarort Unterseen.

Harder Kulm BERG

(www.jungfrau.ch/harderkulm; Erw./Kind 16/8 SFr) Um einen Panoramablick auf die 4000 m hohen Bergriesen zu genießen, nimmt man am besten die Harderbahn (8 Min.) hinauf auf den 1322 m hohen Harder Kulm, wo viele Wanderwege beginnen. Schwindelfreie erfreuen sich an der herrlichen Aussicht von dem über dem Tal „schwebenden" Zweiseensteg. Im Wildpark nahe der Talstation leben Murmeltiere, Steinböcke und andere heimische Tiere.

NICHT VERSÄUMEN

KOSTENLOSER RUNDGANG DURCH INTERLAKEN

Interlaken mit den Augen eines Einheimischen sehen? Auf unterhaltsamen und informativen zweistündigen Spaziergängen (April–Sept. tgl. 18 Uhr, Okt.–März Mo, Mi & Sa 11 Uhr) zeigen verschiedene Führer Besuchern ihren Heimatort. Treffpunkt ist die Backpackers Villa Sonnenhof (S. 119). Die Führung ist kostenlos, ein Trinkgeld wird aber natürlich gern akzeptiert. Nähere Infos auf www.interlakenfreetour.com.

Bernatone Alphornbau WERKSTATT

(☎079 840 38 10; www.bernatone.ch; Im Holz, Habkern; ⌚Mo–Fr 10–12 & 13.30–17 Uhr; 👪) Es gibt kaum etwas Schweizerischeres als das Alphorn, das Instrument, das echt etwas hermacht und bei Volksfesten im Sommer oft von bärtigen Bergbewohnern mit roten Wangen und kräftigen Lungen geblasen wird. Wer vorher anruft, kann sich die Werkstatt des Alphornbaumeisters Heinz Tschiemer anschauen. Ein echtes Alphorn, dessen Herstellung rund 60 Tage dauert, kostet rund 3000 SFr, doch es sind auch kleinere Instrumente erhältlich. Anfahrt mit Bus 106 ab Interlaken West nach Haberkern.

Heimwehfluh BERG

(www.heimwehfluh.ch; Standseilbahn Erw./Kind hin & zurück 16/8 SFr, Schlitten 9/7 SFr; ⌚April–Ende Okt. 10–17 Uhr; 👪) Eine nostalgische Standseilbahn fährt zur familienfreundlichen Heimwehfluh mit Panoramablick auf Interlaken. Kids schießen gern auf der Rodelbahn den Hügel hinunter – wer bremst, verliert!

St.-Beatus-Höhlen HÖHLE

(www.beatushoehlen.ch; Erw./Kind 18/10 SFr; ⌚Ende März–Ende Okt. 9.45–17 Uhr) Die St.-Beatus-Höhlen entstanden im Lauf mehrerer Jahrtausende. Eine Höhlenwanderung führt vorbei an spektakulär beleuchteten Tropfsteinformationen und unterirdischen Seen. Der Legende nach soll hier im 6. Jh. der hl. Beatus, Mönch, Einsiedler und erster Apostel der Schweiz, gegen einen Drachen gekämpft haben. Von Interlaken West aus gelangt man entweder per Boot (30 Min.) oder Bus hierher.

Aktivitäten

Die Schweiz ist das zweitgrößte Zentrum des Abenteuersports weltweit. Und in Interlaken

Interlaken

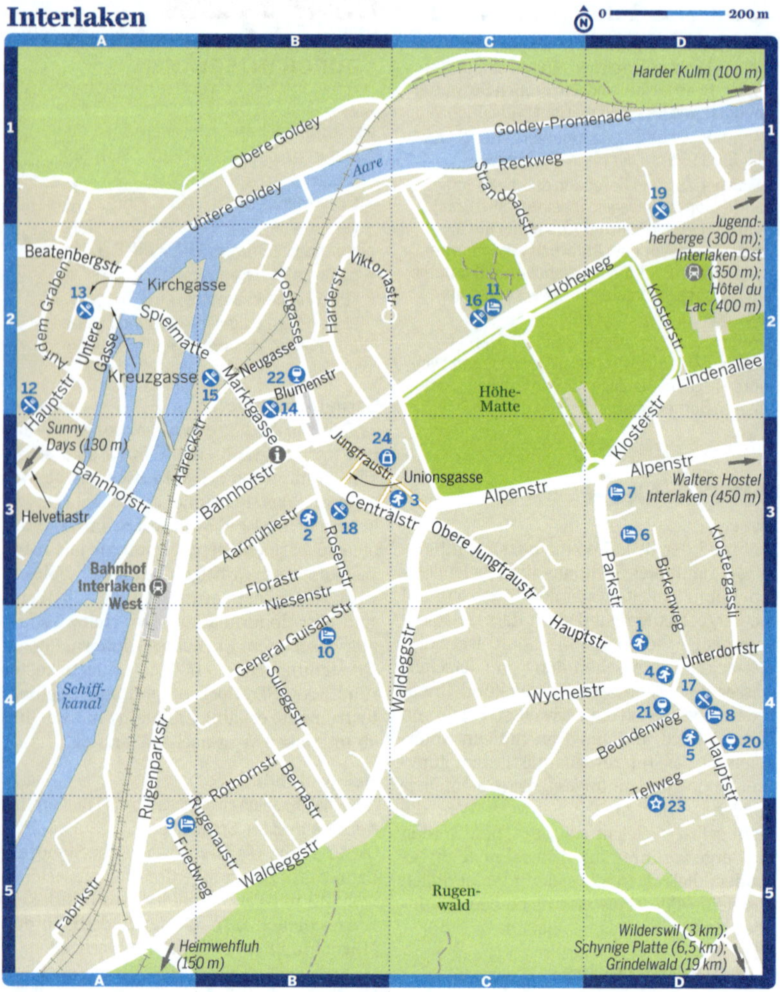

ist landesweit am meisten los. Hier werden fast alle Adrenalinkicks angeboten: Wildwasserrafting auf Lütschine, Simme und Saane, Canyoning in den Schluchten von Saxetbach, Chli Schliere und am Grimselpass sowie Sprünge in die Gletscherschlucht bei Grindelwald. Noch nicht genug? Dann gibt es da noch Gleitschirmfliegen, Fallschirmspringen, Gletscher-Bungee, Eisklettern, Hydrospeeding u. v. m.

Die Preise liegen wie folgt: Raften bzw. Canyoning etwa 120 SFr, Hydrospeeding 140 SFr, Bungeejumping oder Schluchtenspringen 130–180 SFr, Tandem-Gleitschirmfliegen 170 SFr, Eisklettern 180 SFr, Hängegleiterfliegen 220 SFr und Fallschirmspringen 430 SFr. Eine halbtägige Mountainbike-Tour kostet rund 25 SFr.

Ein Restrisiko bleibt immer. Um dieses zu minimieren, empfiehlt sich, die Veranstalter vorab nach Sicherheitsbewertung und -vorkehrungen zu fragen.

Outdoor Interlaken ABENTEUERSPORT

(☎033 826 77 19; www.outdoor-interlaken.ch; Hauptstrasse 15; ⌚8–19 Uhr) Der Laden bietet alle möglichen Abenteueraktivitäten wie Rafting, Canyoning und Fallschirmspringen.

Interlaken

Aktivitäten, Kurse & Touren
1 Alpinraft ... D4
2 Hang Gliding Interlaken ... B3
3 K44 ... C3
4 Outdoor Interlaken ... D4
5 Skydive Switzerland – Scenic Air ... D4

Schlafen
6 Arnolds B&B ... D3
7 Backpackers Villa Sonnenhof ... D3
8 Balmers Hostel ... D4
9 Hotel Alphorn ... A5
10 Swiss Inn ... B4
11 Victoria-Jungfrau Grand Hotel & Spa ... C2

Essen
12 Arcobaleno ... A2
13 Benacus ... A2
14 Café de Paris ... B2
15 Goldener Anker ... B2
16 La Terrasse ... C2
17 Little Thai ... D4
18 Sandwich Bar ... B3
19 The Verandah ... D1

Ausgehen & Nachtleben
20 3 Tells ... D4
21 Barracuda Bar ... D4
22 Hüsi Bierhaus ... B2

Unterhaltung
23 Tellspiele ... D5

Shoppen
24 Funky Chocolate Club ... B3
Vertical Sport ... (s. 3)

Skydive Switzerland – Scenic Air RUNDFLÜGE
(☎033 821 00 11; www.skydiveswitzerland.ch; Hauptstrasse 26; Fallschirmspringen 395–450 SFr; ⏲7.30–20 Uhr) Arrangiert Panoramaflüge, Fallschirmspringen und andere Aktivitäten.

Alpinraft ABENTEUERSPORT
(☎033 823 41 00; www.alpinraft.com; Hauptstrasse 7; ⏲8–18 Uhr) Riesenangebot, u. a. Canyoning, Bungeejumping, Rafting und Eisklettern.

Hang Gliding Interlaken RUNDFLÜGE
(☎079 770 07 04; www.hangglidinginterlaken.com; Aarmuehlestrasse 3; Flüge 235 SFr; ⏲7.30–22 Uhr) Organisiert Hängegleiterflüge über Interlaken. Telefonisch buchen und sich über den genauen Treffpunkt informieren.

K44 KLETTERN
(www.k44.ch; Jungfraustrasse 44; Erw./Kind 21/14 SFr; ⏲9–22 Uhr) Wer sich nicht an die Eiger-Nordwand wagt, kann in der Kletterhalle üben: Hier stehen 70 Routen von 4a bis 8a zur Verfügung.

Feste & Events

Harder Potschete KULTUR
(www.harderpotschete.ch) Die mit lärmenden Schellen bewaffneten Potschen ziehen am 2. Januar durch Interlaken. Das ausgelassene Fest mit peppiger Volksmusik und teuflischen Späßen dauert bis in die Nacht.

Jungfrau-Marathon SPORT
(www.jungfrau-marathon.ch) Eiger, Mönch und Jungfrau sind immer atemberaubend, wer aber im September am Jungfrau-Marathon zur Kleinen Scheidegg teilnimmt, kommt wirklich außer Atem. Auch wenn man selbst nicht teilnehmen kann: Auch zuzuschauen ist schon eindrucksvoll.

Schlafen

Interlaken bietet die volle Palette an Unterkünften, vom Party-Hostel über familiengeführte Pensionen bis zu Luxusschuppen mit Spa, Gourmetrestaurant und Bergpanorama. In der Nebensaison sind manche Unterkünfte geschlossen!

Backpackers Villa Sonnenhof HOSTEL €
(☎033 826 71 71; www.villa.ch; Alpenstrasse 16; B 40–47 SFr, DZ 110–148 SFr; P 📶) Der Sonnenhof, der immer wieder zu einem der besten Hostels Europas gewählt wird, ist eine schicke Kombination aus einer ultramodernen Berghütte und einer eleganten Jugendstilvilla. Die Schlafsäle sind makellos, einige haben sogar einen Balkon mit Blick auf die Jungfrau. Die Unterkunft bietet eine entspannte Lounge, eine gut ausgestattete Küche, ein Spielzimmer für Kinder und einen großen Bereich hinterm Haus mit Blick in die Berge. Für Familien gibt's Sonderangebote.

Sunny Days B&B €
(☎077 456 23 38; www.sunnydays.ch; Helvetiastrasse 29; DZ 132–223 SFr; P 📶) Tatsächlich ein Lichtblick: das B & B im Stil eines Chalet liegt in einer hübschen Gartenanlage und bietet nette, schlichte Zimmer – die besten haben einen Balkon mit Blick auf die Jungfrau.

Arnolds B&B B&B €
(☎033 823 64 21; www.arnolds.ch; Parkstrasse 3; DZ 100–150 SFr; P 📶) Extras gibt es in dem familiengeführten B & B wenige, dafür aber ein herzliches Willkommen von Beatrice und Armin. Die hellen, anheimelnden Zim-

mer befinden sich in einer umgebauten Villa aus den 1930er-Jahren.

Walters Hostel Interlaken B&B €
(☎ 033 822 76 88; www.walters.ch; Oelestrasse 35; DZ/3BZ 76/114 SFr;) Walter ist ein echter Star mit smartem Lächeln, tollen Kochkünsten und unbezahlbaren Tipps. Sicher, die Zimmer sind ein Überbleibsel aus den 1970er-Jahren, aber sie sind supersauber – man findet wohl kaum ein besseres Preis-Leistungs-Verhältnis in ganz Interlaken.

Jugendherberge Interlaken HOSTEL €
(☎ 033 826 10 90; www.youthhostel.ch; Untere Bönigstrasse 3, Am Bahnhof Ost; B 39–45 SFr, EZ 127 SFr, DZ 138–147 SFr, FZ 210 SFr; P @) Die schicke, moderne und zentral am Fluss gelegene Jugendherberge ist besser als die meisten ihrer Art. Die makellosen Schlafsäle haben Holzböden und Ausblick in die Berge und den Park. Zu den Einrichtungen zählen ein Fahrradverleih, eine Snackbar und eine Lounge mit Billardtisch.

Balmers Hostel HOSTEL €
(☎ 033 822 19 61; www.balmers.com; Hauptstrasse 23; B/EZ/DZ/3BZ/4BZ 36/60/113/120/152 SFr; @) Adrenalinjunkies lieben das Balmers wegen der aufgeheizten Partystimmung. Feierwütige finden hier einen Biergarten mit Happy Hour, Wraps zum Mittagessen, eine pulsierende Bar mit DJs und Hängematten zum Auskurieren des Katers.

Hotel Alphorn HOTEL €€
(☎ 033 822 30 51; www.hotel-alphorn.ch; Rothornstrasse 29a; EZ 140–160 SFr, DZ 160–180 SFr, 3BZ 225–240 SFr; P) Das absolut zentrale, aber ruhige Alphorn liegt fünf Gehminuten vom Bahnhof Interlaken West entfernt. Die in kühlen Blau- und Weißtönen gehaltenen Zimmer sind makellos sauber.

Hôtel du Lac HOTEL €€
(☎ 033 822 29 22; www.dulac-interlaken.ch; Höheweg 225; EZ/DZ 160/240 SFr; P) Der freundliche altmodische Service und die Uferlage nahe Interlaken Ost machen das Hotel aus dem 19. Jh. zu einer soliden Wahl. Es gehört seit Generationen derselben Familie und hat sich trotz des Stilmischmaschs genügend Belle-Époque-Glanz bewahrt, um charmant zu sein.

Swiss Inn B&B €€
(☎ 033 822 36 26; www.swiss-inn.ch; General Guisanstrasse 23; DZ/Apt. 180/270 SFr; P) Die hübsche Villa ist ein ruhiges Refugium in einem Rosengarten. Am besten nimmt man ein helles, geräumiges Doppelzimmer oder ein familiengerechtes Apartment mit Einbauküche und Balkon.

★ Victoria-Jungfrau Grand Hotel & Spa LUXUSHOTEL €€€
(☎ 033 828 28 28; www.victoria-jungfrau.ch; Höheweg 41; DZ 479–749 SFr, Juniorsuite ab 539 SFr, Suite ab 950 SFr; P @) Der ehrerbietig zurückhaltende, makellose Service (und die Preise) erinnern an eine Zeit, als nur Adlige und Reiche reisten. Mit gut erhaltenen Jugendstildetails und modernem Luxus ist das Haus Interlakens Antwort auf das Raffles – mit tollem Blick auf die Jungfrau, drei erstklassigen Restaurants und einem wunderbaren Spa.

Essen

Little Thai THAILÄNDISCH €
(☎ 033 821 10 17; www.mylittlethai.ch; Hauptstrasse 19; Hauptgerichte 18–27 SFr; ⊙ Mi–Mo 11–14 & 17–22 Uhr) Das Ladenlokal präsentiert sich mit Bildern des thailändischen Königs, kitschigen Lichterketten und Glückskatzen authentisch. Man schnappt sich einen Tisch und stürzt sich auf Eddies frisch zubereitete Frühlingsrollen, Currys und würzige Papaya-Salate.

Sandwich Bar SANDWICHES €
(www.sandwichbar.ch; Rosenstrasse 5; Sandwiches 6–9,50 SFr; ⊙ Mo–Fr 7.30–19, Sa 8–17 Uhr) Man sucht sich das Brot aus und lässt es nach Belieben mit luftgetrocknetem Schinken, sonnengetrockneten Tomaten oder Walnussbrie belegen. Ansonsten stehen noch Suppen, Salate, Toasts und hausgemachtes Speiseeis zur Auswahl. Effizienter Service und gute Lage beim Bahnhof Interlaken West.

Café de Paris CAFÉ €
(www.cafe-de-paris-interlaken.ch; Am Marktplatz, Marktgasse 14; ⊙ 7–0.30 Uhr;) Das helle, moderne Café mitten im Herzen der Stadt bietet preisgünstige kleine Speisen und Hauptgerichte, von Wraps, Sandwiches und Salaten bis zu zahlreichen Rösti-Variationen.

★ The Verandah SCHWEIZERISCH €€
(☎ 033 822 75 75; Höheweg 139, Hotel Royal St. Georges; Hauptgerichte 21–38 SFr; ⊙ 18–22 Uhr) Das Restaurant im Hotel Royal St. Georges stellt mit seinen Stuckverzierungen und seiner schicken Bistro-Einrichtung eine erfolgreiche Vermählung von altmodischer Eleganz und zeitgenössischem Stil dar. Auf der Karte stehen Schweizer Speisen in unterschiedlichen Facetten, von Klassikern wie Fondue und Rösti bis zu Fisch und Fleisch vom Grill.

NICHT VERSÄUMEN

SCHYNIGE PLATTE

Ein sehr lohnendes Tagesausflugsziel ab Interlaken ist die Schynige Platte, ein Plateau auf 1967 m Höhe. Wie von einem natürlichen Balkon blickt man von hier oben auf die Berner Alpen und den Thuner- und Brienzersee. Bei der geruhsamen Fahrt mit der altmodischen **Zahnradbahn** (www.schynigeplatte.ch; einfach/hin & zurück 40/64 SFr; Ende Mai–Ende Okt. 7.25–16.45 Uhr;) können sich die Panoramen Stück für Stück entfalten. Oben wachsen im bunten **Alpengarten** (www.alpengarten.ch; Ende Mai–Okt. 8.30–18 Uhr) GRATIS 600 alpine Pflanzenarten, darunter Alpenglöckchen, Arnika, Enzian, Windröschen und Edelweiß. Wanderwege führen an den Kämmen entlang und über Weiden, die vom Geläut der Kuhglocken erfüllt sind; im Sommer stürzen sich Gleitschirmflieger vom Plateau in die Lüfte.

Wer zum Sonnenaufgang wundervolle Ausblicke auf Eiger, Mönch und Jungfrau genießen möchte, sollte im reizend altmodischen **Hotel Schynige Platte** (033 828 73 73; http://hotelschynigeplatte.ch; EZ/DZ/3BZ 165/240/330 SFr; Ende Mai–Ende Okt.) nächtigen. Im Sommer finden hier auch kostenlose **Alphornkonzerte** (11–14 Uhr) statt.

Die Zahnradbahn hinauf zum Gipfel fährt ab Wilderswil, das vier Busminuten vom Bahnhof Interlaken Ost (3,60 SFr) entfernt liegt. Mit dem Auto ist Wilderswil in fünf Minuten über die Gsteigstrasse Richtung Süden zu erreichen.

Benacus INTERNATIONAL €€
(033 821 20 20; www.benacus.ch; Kirchgasse 15; Hauptgerichte 34–48 SFr; Di–Fr 11.30–13.30 & 17–0.30, Sa 17–0.30 Uhr) Das supercoole Benacus verströmt mit seinen Glaswänden, weinroten Sofas, Loungemusik und einer Terrasse großstädtisches Flair. Die Speisekarte reicht von kreativen Vorspeisen bis zu mediterranen Gerichten.

Goldener Anker INTERNATIONAL €€
(033 822 16 72; www.anker.ch; Marktgasse 57; Hauptgerichte 25–48 SFr; Mo–Sa 16–24 Uhr) Selbst wählerische Esser werden in diesem Restaurant etwas finden, was ihnen zusagt. Auf der weltläufigen Karte steht alles von heißen Fajitas bis zu Schnapper und Straußensteaks.

Arcobaleno ITALIENISCH €€
(033 823 12 43; www.ristorante-pizzeria-arcobaleno.ch; Hauptstrasse 18; Pizza 12,50–23,50 SFr, Hauptgerichte 23,50–27,50 SFr;) Italienisch nach bester Tradition, mit freundlichem Service und großzügigen Portionen Hausmacherkost: Das Arcobaleno ist ein echter Schatz im Interlakener Ortsteil Unterseen. Die Antipasti, Pasta- und Risotto-Gerichte und die Pizzas sind wirklich authentisch. Es gibt auch eine Kinderkarte.

La Terrasse FRANZÖSISCH €€€
(033 828 28 28; www.victoria-jungfrau.ch; Höheweg 41; Hauptgerichte 38–65 SFr; Di–Sa 19–22 Uhr) Das La Terrasse in Interlakens nobelstem Belle-Époque-Hotel ist wirklich edel, mit einer saisonalen Karte und einem opulenten Ambiente, das an eine französische Orangerie erinnert. Die Küche bietet französisch-schweizerische Aromen.

Ausgehen & Nachtleben

Hüsi Bierhaus PUB
(www.huesi-interlaken.ch; Postgasse 3; Mo–Do 13.30–0.30, Fr bis 1.30, Sa 11.30–1.30, So 11.30–0.30 Uhr) Gut 50 Biere aus aller Welt – von Trappistenbieren bis zu Schweizer IPAs – halten die Zecher bei Laune. Außerdem wird köstliches Kneipenessen geboten, von Schnitzel bis zu Bratwurst. Samstagabends spielt die Coverband Uptown Lights.

Barracuda Bar LOUNGE
(Hauptstrasse 16; Mi & Do 16–0.30, Fr–So 9–24 Uhr;) Die Cafélounge mit allem von Kaffee bis Cocktails ist ein entspannter Ort, in dem gelegentlich auch Bands spielen.

3 Tells PUB
(www.the3tells.com; Hauptstrasse 49; Di & Mi 16–24, Do & Fr 14–24, Sa & So 10–24 Uhr;) In dem entspannten irischen Pub gibt's Sportfernsehen, kostenloses WLAN und Guinness vom Fass.

Unterhaltung

Tellspiele THEATER
(033 822 37 22; www.tellspiele.ch; Tellweg 5; Tickets 58–349 SFr; Kartenverkauf Mo–Fr 9–12 & 14–17 Uhr) Von Mitte Juni bis Anfang September wird auf der Open-Air-Bühne Rugenwald zu Matten zweimal wöchentlich Schillers *Wilhelm Tell* aufgeführt.

GÜNSTIGER REISEN

Beim Reisen durchs Berner Oberland kann man mit dem **Regional-Pass Berner Oberland** (www.regiopass-berneroberland.ch; 4-/6-/8-/10-Tage-Pass 250/310/350/390 SFr; ⌚Mai–Okt.) Bares sparen. Mit dem Pass kann man die meisten Züge, Busse, Boote, Berg- und Seilbahnen unbegrenzt nutzen und erhält Rabatt bei Sehenswürdigkeiten und Attraktionen (z. B. 50 % beim Eintritt zum Jungfraujoch). Mit der Junior-Karte (30 SFr) fahren Kinder kostenlos mit ihren Eltern mit und zahlen ohne Begleitung den halben Preis.

Eine gute Alternative ist der **Jungfrau Travel Pass** (www.jungfrau.ch; 3/4/5/6 Tage 180/205/230/255 SFr), mit dem man drei bis sechs Tage unbegrenzt durch die Region fahren kann. Allerdings werden für die Strecke vom Eigergletscher zum Jungfraujoch immer noch 61 SFr fällig.

Wer in den Ferienorten übernachtet, hat Anspruch auf eine Gästekarte. Diese berechtigt zu Ermäßigungen in der Region. Daher nachfragen, wenn die Karte nicht automatisch im Hotel ausgehändigt wird!

Shoppen

★ **Funky Chocolate Club** SCHOKOLADE
(☎078 606 35 48; https://funkychocolateclub.com; Jungfraustrasse 35; ⌚10–18.30 Uhr; 👪) „Heute Schokolade, morgen Brokkoli" lautet das Motto dieses von zwei leidenschaftlichen Schokofreaks, Tatiana und Vladimir, geleiteten Ladens: Das Funky Chocolate verspricht einen vollständigen Schokorausch. Hier gibt's alle mögliche fair Gehandelte und Bio-Schokolade, auch vegane sowie milch-, nuss- und glutenfreie.

Vertical Sport SPORT & FREIZEIT
(http://verticalsport.ch; Jungfraustrasse 44; ⌚Mo–Fr 9–12 & 13.30–18, Sa 9–16 Uhr) Der Laden bei der Kletterhalle K44 verkauft und vermietet erstklassige Kletterausrüstung und wird von erfahrenen Bergsteigern geführt, die auch gern praktische Tipps geben.

Praktische Informationen

Touristeninformation (☎033 826 53 00; www.interlakentourism.ch; Marktgasse 1; ⌚Juli & Aug. Mo–Fr 8–19, Sa bis 17, So 10–16 Uhr, Sept.–Juni kürzer) Interlakens Touristeninformation verfügt über jede Menge Infomaterial. Das Personal nimmt auch Hotelbuchungen vor.

An- & Weiterreise

Interlaken hat zwei Bahnhöfe: Interlaken West und Interlaken Ost. An beiden gibt es einen Fahrradverleih, Wechselstuben und Anlegestege für Boote zum Thunersee und zum Brienzersee.

Züge nach Luzern (32 SFr, 1¾–2 Std.), Brig (über Spiez; 45 SFr, 1–1¾ Std.) und Montreux (über Spiez/Visp oder Bern/Lausanne; 71 SFr, 2¼–2¾ Std.) fahren regelmäßig vom Bahnhof Interlaken Ost ab.

Die Autobahn A8 führt nordostwärts nach Luzern und die A6 Richtung Nordwesten nach Bern. Im Süden sind aber die Berge im Weg. Wer diese nicht langwierig umfahren will, nimmt südlich von Spiez den Autozug ab Kandersteg.

Wer mit einem Mietwagen weiter in die Schweiz hineinfahren möchte, findet im Zentrum von Interlaken Filialen großer Autovermieter wie **Hertz** (☎033 822 61 72; www.hertz.ch; Hauptstrasse 4).

Unterwegs vor Ort

Interlaken ist zu Fuß gut zu erkunden, es gibt an den Bahnhöfen aber auch Taxis und Busse. Bei Verleihern wie **Flying Wheels** (☎033 557 88 38; www.flyingwheels.ch; Höheweg 133) bekommt man außerdem Rennräder, Tandems, Mountainbikes und E-Bikes.

JUNGFRAU-REGION

Grindelwald

3740 EW. / 1034 M

Grindelwalds außergewöhnliche Naturschönheit ist die reinste Filmkulisse. Die wie gemeißelt wirkenden Züge der Eigernordwand, die glitzernden Zungen des Oberen und des Unteren Gletschers und das königliche Wetterhorn lassen den beeindruckten Betrachter augenblicklich zur Kamera greifen. Ende des 19. Jhs. verfielen die ersten Skifahrer und Wanderer dem Charme Grindelwalds, das somit zu den ältesten Urlaubsorten der Schweiz zählt. Im Lauf der Jahrzehnte hat es nichts von seinem Reiz eingebüßt – bis heute findet man hier mit

Geranien über und über bedeckte Alpenchalets und grüne Viehweiden vor oscarwürdiger Kulisse.

Aktivitäten

Sommer

Grindelwald ist ein Wanderparadies: Zig Wege öffnen sich zu wundervollen Ausblicken auf gewaltige Bergwände, von Spalten durchzogene Gletscher und schneebedeckte Gipfel.

Die Höhenwanderwege – rund um First, Pfingstegg und den Männlichen – sind mit Seilbahnen vom Dorf aus zu erreichen. Wer eine Herausforderung sucht, kann sich dem Klettersteig am Schwarzhorn stellen – die anspruchsvolle Kraxelei führt vom First auf die Große Scheidegg (5½ Std.).

Gletscherschlucht SCHLUCHT

(www.grindelwaldsports.ch; Erw./Kind 19/10 SFr; ⌚Sa–Do 9.30–18, Fr bis 22 Uhr) Wilde Wasser haben eine schroffe Gletscherschlucht geschaffen. Nur 30 Gehminuten südlich vom Zentrum windet sich der Weg durch Tunnel, die in die mit rosa-grünem Marmor durchzogenen Steilwände hineingehauen wurden. Die Schlucht ist auch bei Canyon- und Bungeejumping-Fans beliebt. Sie liegt einen halbstündigen Fußmarsch südlich von Grindelwald. Alternativ fährt am Bahnhof der Bus Nr. 2.

★ Kleine-Scheidegg-Wanderung WANDERN

Eine der schönsten Tageswanderungen der Region führt von Grindelwald Grund über die Kleine Scheidegg nach Wengen. Der 15 km lange Weg führt über Wildblumenwiesen hinauf und unter der Eigernordwand entlang zur Kleinen Scheidegg, wo man einen atemberaubenden Blick auf das Dreigestirn Eiger (3970 m), Mönch (4107 m) und Jungfrau (4158 m) hat. Für die Wanderung braucht man etwa fünfeinhalb bis sechs Stunden.

Pfingstegg WANDERN

Eine **Seilbahn** (www.pfingstegg.ch; einfach/hin & zurück 12,60/18,80 SFr; ⌚8–19 Uhr, Nebensaison bis 17.30 Uhr, Nov.–April geschl.) führt hinauf zur Pfingstegg. Dort beginnen kurze Wanderwege zur Stieregg nahe dem tief zerklüfteten Unteren Gletscher. Vielleicht ist auch der Weg am Fuß des Oberen Gletschers (1½ Std.), vorbei am Restaurant Milchbach, geöffnet. Unterwegs passiert man das geologisch interessante Breitlouwina, das ehemalige Bett einer Gletscherzunge, das von den Schleifspuren mitgeführter Steine überzogen ist.

Grindelwald Sports ABENTEUERSPORT

(☎033 854 12 80; www.grindelwaldsports.ch; Dorfstrasse 103; ⌚8.30–19 Uhr) Der Veranstal-

Jungfrau-Region

SKIFAHREN IN DER JUNGFRAU-REGION

Egal, ob man über die breiten, sonnigen Hänge am Fuß des Eigers carven oder die atemberaubend steile, 16 km lange Inferno-Piste vom Schilthorn nach Lauterbrunnen hinabdüsen möchte: Die Jungfrau-Region bietet Pisten für jeden Geschmack. Rund um Grindelwald, den Männlichen, Mürren und Wengen gibt es rund 214 präparierte Pistenkilometer und 44 Skilifte. Für die Gebiete Grindelwald-Wengen und Mürren-Schilthorn sind jeweils Tagesskipässe (Erw./Kind 63/32 SFr) und Sieben-Tage-Skipässe (Erw./Kind 309/155 SFr) erhältlich. Varianten für die ganze Jungfrau-Region kosten nur etwas mehr (Erw. 72/384 SFr pro Tag/Woche). Wer per Zug zwischen den Skigebieten switchen will, muss jedoch mit überfüllten Waggons und langen Fahrzeiten rechnen.

ter im Gebäude gegenüber der Touristeninformation bietet Bergsteigen, Ski- und Snowboard-Kurse sowie die Adrenalinkicks „Canyonswing" und Bungeejumping in der Schlucht an. Hier gibt's auch ein nettes Café und Wanderkarten.

Paragliding Jungfrau GLEITSCHIRMFLIEGEN
(☎ 079 779 90 00; www.paragliding-jungfrau.ch) Wer vom 2150 m hohen First (ab 180 SFr) abheben will, braucht vorher nur anzurufen. Es werden auch längere Flüge (280 SFr) angeboten. Den Treffpunkt bekommt man bei der Buchung mitgeteilt.

Bort Scooter Trail ABENTEUERSPORT
(Leih-Scooter inkl. Seilbahn nach Bort 32 SFr) Auf halbem Weg zwischen First und Grindelwald liegt Bort, wo man einen Roller mieten und über den markierten, 4,5 km langen Weg zurück zum Tal runterbrausen kann. Für Kinder toll ist der kostenlos zugängliche Spielplatz in Bort.

Sportzentrum Grindelwald GESUNDHEIT & FITNESS
(www.sportzentrum-grindelwald.ch; Dorfstrasse 110) Bei schlechtem Wetter kann man sich hier austoben. Es gibt ein Hallenbad, eine kleine Wellnessoase, Boulder- und Kletterhallen, eine Eishalle und einen Indoor-Seilpark. Öffnungszeiten und Preise findet man auf der Website. Mit einer Gästekarte bekommt man erhebliche Rabatte.

Winter

Der First erstreckt sich vom Oberjoch in 2486 m Höhe bis hinunter zum Ort. Skifahrer finden hier eine tolle Mischung aus mittelschweren (roten) und schweren (schwarzen) Skipisten. Von der Kleinen Scheidegg und dem Männlichen führen lange, einfache Pisten zurück nach Grindelwald. Dabei zieht der Eiger stets alle Aufmerksamkeit auf sich. Wer ganz gemächlich und ohne die Menschenmassen durch die Gegend kurven will, findet ein 15,5 km langes Netz gut präparierter Langlaufloipen vor. Wer will, kann auch in Schneeschuhe schlüpfen und auf sechs verschiedenen Wegen durch das Winterwunderland stampfen.

Feste & Events

World Snow Festival KUNST
Ende Januar schaffen Künstler beim sechstägigen World Snow Festival wunderbare Eisskulpturen.

Eiger Bike Challenge SPORT
(www.eigerbike.ch) Mitte August geht's bei der Eiger Bike Challenge 88 km weit über Stock und Stein – ein Muss für Biker!

Schlafen

Grindelwald hat jede Menge reizvolle B&Bs und Ferienhütten. Eine umfangreiche Liste mit örtlichen Unterkünften gibt's in der Touristeninformation und unter www.wir-grindelwalder.ch.

Wer in Grindelwald übernachtet, hat Anspruch auf eine Gästekarte: Für Karteninhaber sind Fahrten mit Ortsbussen, die Teilnahme an geführten Wanderungen der Touristeninformation und der Eintritt ins Sportzentrum gratis.

Naturfreundehaus HOSTEL €
(☎ 033 853 13 33; www.nfh.ch/grindelwald; Terrassenweg 18; B 35–40 SFr, EZ 57–58 SFr, DZ 94–96 SFr; P 📶) Vreni und Heinz sind die freundlichen Gastgeber in dieser Holzhütte, die malerisch über dem Dorf thront. Über knarrende Dielen gelangt man in die schicken, mit Kiefernholz getäfelten Zimmer, darunter auch ein winziges Einzelzimmer, das wohl kleinste der ganzen Schweiz. Unten gibt's ein Café, das an einen Trödelladen erinnert, und einen Garten mit wundervollem Blick auf Eiger und Wetterhorn.

Hotel Tschuggen HOTEL €
(☎ 033 853 17 81; www.tschuggen-grindelwald.ch; Dorfstrasse 134; EZ 85–102 SFr, DZ 135–190 SFr, FZ 230–310 SFr; P 📶) Monika und Robert bereiten ihren Gästen in ihrem Chalet aus dunklem Holz im Ortszentrum einen warmherzigen Empfang. Die hellen, schlichten Zimmer sind blitzsauber. Die Doppelzimmer nach Süden bieten einen atemberaubenden Blick auf den Eiger.

Gletscherdorf CAMPINGPLATZ €
(☎ 033 853 14 29; www.gletscherdorf.ch; Locherbodenweg 29; Stellplatz Erw./Kind 8,50/5 SFr, Zelt 10–15 SFr; 📶) Der Campingplatz am Fluss nahe der Pfingstegg-Seilbahn zählt mit sei-

Grindelwald

Grindelwald

Aktivitäten, Kurse & Touren
1 Eiger Bike Challenge ... B2
2 Grindelwald Sports ... B2
3 Sportzentrum Grindelwald ... B3

Schlafen
4 Alpenblick ... D2
5 Gletscherdorf ... C4
6 Gletschergarten ... D2
7 Hotel Bodmi ... C1
8 Hotel Tschuggen ... B3
9 Naturfreundehaus ... A1
10 Romantik Hotel Schweizerhof ... A2

Essen
11 C & M ... C3
12 Cafe 3692 ... B1
13 Grindel Lounge ... B2
14 Memory ... B3
15 Onkel Tom's Hütte ... C2

Ausgehen & Nachtleben
16 Avocado Bar ... C3

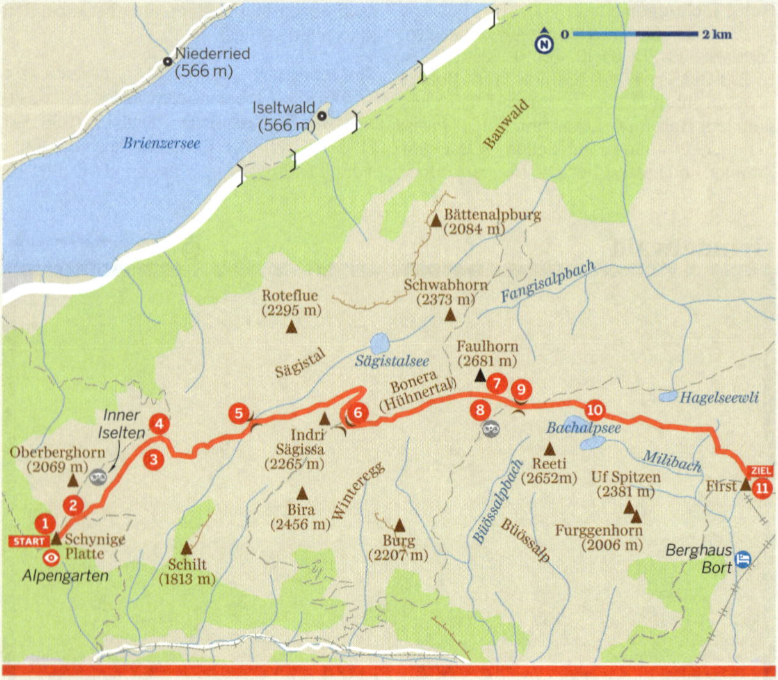

Wandertour
Faulhornweg

START: SCHYNIGE PLATTE
ZIEL: FIRST
LÄNGE/DAUER: 15 KM; 4½–5½ STUNDEN

An der 1 **Schynigen Platte** (1967 m) wartet der erste Blick auf Eiger, Mönch und Jungfrau. Über Weiden wandert man nordostwärts, vorbei an der Berghütte 2 **Oberberg**. Dann geht's bergauf nach 3 **Louchera** (2020 m).

Um Geröllhalden herum läuft man weiter über die Westseite des 4 **Loucherhorns** (2230 m) und über einen flachen Kamm. Es geht bergab und bergauf, bis man 75 bis 90 Minuten von der Schynigen Platte entfernt auf die 5 **Egg** trifft, einen Pass (2067 m).

Die Egg geht Richtung Nordosten ins Sägistal über, ein mooriges Tal, das vollkommen von Bergkämmen umgeben ist. An seinem tiefsten Punkt liegt der aquamarinblaue Sägistalsee (1937 m), der unterirdisch versickert. Weiter geht es am Südrand des Sägistals unterhalb des Indri Sägissa und rund um das von Geröll bedeckte Gebiet des Bonera (Hühnertals). Die Route führt durch eine Karstlandschaft. 60 bis 90 Minuten später erreicht man das 6 **Berghaus Männdlenen** auf dem Sattel des Männdlenen (2344 m).

Entlang einem Felsvorsprung geht es steil hinauf zum Gipfel der Winteregg. Kurz nach der Abzweigung auf 2546 m Höhe geht man nach links zum 2681 m hohen 7 **Faulhorn**, das 60 bis 75 Minuten vom Männdlenen entfernt ist. Aus dieser Höhe hat man einen tollen Rundumblick auf Eiger, Mönch und Jungfrau, Brienzersee und Thunersee und an klaren Tagen sogar bis zum Schwarzwald und zu den Vogesen. Unterhalb des Berges befindet sich das 8 **Berghotel Faulhorn** aus dem 19. Jh., das älteste und höchstgelegene Berghotel in den Alpen.

Beim Abstieg zum 9 **Gassenboden** (2553 m) kann man Murmeltiere sehen. Es geht weiter bergab gen Osten ins grüne Tal um den 10 **Bachalpsee** (2265 m). Das blaue Wasser bildet einen Kontrast zu den eisbedeckten Gipfeln von Wetterhorn (3701 m), Schreckhorn (4078 m) und Finsteraarhorn (4274 m). Ein ausgetretener Pfad führt über Weiden hinab zur Bergstation der Gondelbahn am 11 **First** (S. 128; 2167 m), 1½ bis zwei Stunden vom Berghotel Faulhorn.

nem traumhaften Blick auf den Eiger, das Wetterhorn und den Unteren Gletscher zu den schönsten der Schweiz. Aber: Je näher am Fluss man zeltet, desto kühler ist es. Zu den ausgezeichneten Einrichtungen zählen ein Gemeinschaftsraum, eine Waschküche und kostenloses WLAN.

Alpenblick HOTEL €

(033 853 11 05; www.alpenblick.info; Obere Gletscherstrasse 16; B 35–50 SFr, DZ 100–180 SFr;) In einem ruhigen Winkel, zehn Gehminuten vom Zentrum, liegt diese tolle Budgetunterkunft mit blitzsauberen, mit Kiefernholz ausgekleideten Zimmern. Bunte Bettdecken schmücken die Schlafsäle im Untergeschoss. Es gibt ein als Diner aufgemachtes Restaurant und eine Terrasse mit Gletscherblick.

★ Gletschergarten HISTORISCHES HOTEL €€

(033 853 17 21; www.hotel-gletschergarten.ch; Obere Gletscherstrasse 1; EZ 130–170 SFr, DZ 230–320 SFr;) In der rustikalen Holzhütte der freundlichen Familie Breitenstein fühlt man sich gleich wie zu Hause. Das Haus ist mit vielen Erbstücken ausstaffiert, von Landschaftsgemälden bis hin zu Schnappschüssen von Elsbeths Großvater mit seinen zwölf Kindern – so war das damals ... Die Zimmer sind mit Kiefernholz und geblümten Stoffen eingerichtet und haben Balkone, die teils nach vorn auf den Unteren Gletscher bzw. nach hinten auf das Wetterhorn blicken – Letztere sind wegen des schönen Sonnenuntergangs vorzuziehen.

Berghaus Bort B&B €€

(033 853 17 62; www.berghaus-bort.ch; DZ 132–302 SFr, 3BZ 194–383 SFr, 4BZ 260–476 SFr;) Hoch über Grindelwald hat man von dieser hübschen Berghütte an der Mittelstation First im Sommer schnellen Zugang zu den Wanderwegen und im Winter zu den Skihängen. Alpiner Schick bestimmt die in den Schweizer Nationalfarben eingerichteten Zimmer, von denen die besten einen traumhaften Blick auf den Eiger haben. Im Restaurant knistert das Kaminfeuer; draußen gibt's einen Abenteuerspielplatz für die Kinder.

Hotel Bodmi HOTEL €€

(033 853 12 20; www.bodmi.ch; Terrassenweg 104; EZ 198–218 SFr, DZ 256–312 SFr, FZ 369–435 SFr;) In diesem Bilderbuch-Chalet beginnt der Morgen mit einem denkwürdigen Blick auf den Eiger und cremigem Ziegenkäse aus Milch der hoteleigenen Ziegenherde. Das von Wiesen umgebene Hotel liegt oberhalb der Seilbahnstation First und ist im Sommer ein ideales Basislager für Wanderer und im Winter für Skifahrer. Zur Entspannung gibt's ein Spa und ein Restaurant (Hauptgerichte 22–44 SFr) mit marktfrischer Alpenkost.

Romantik Hotel Schweizerhof HISTORISCHES HOTEL €€€

(033 854 58 58; www.hotel-schweizerhof.com; Dorfstrasse; EZ inkl. HP 265–370 SFr, DZ 460–660 SFr;) Das vornehme Jugendstilhotel mit seinen eleganten Zimmern und glänzenden Bädern mit Schieferböden ist die Grande Dame Grindelwalds. Ein Highlight ist der Wellnessbereich mit Massagedüsen, Behandlungsräumen, einer superkalten Eisgrotte und einem Pool mit Panoramafenster und Blick auf die Berge. Im Restaurant werden Gemüse und Kräuter aus einheimischer Produktion verwendet.

Essen & Ausgehen

★ Cafe 3692 CAFÉ €

(033 853 16 54; www.cafe3692.ch; Terrassenweg 61; Snacks & kleine Mahlzeiten 7–25 SFr; So–Di 8.30–18, Fr & Sa bis 24 Uhr) Das vom Traumteam Myriam und Bruno geführte Café ist eine wahre Freude. Bruno ist ein talentierter Tischler und hat seiner Phantasie freien Lauf gelassen – ein knorriger Apfelbaum dient als Blickfang, eine Bergwerkslore als Grill und die Decke ist mit eindrucksvollem Schnitzwerk bedeckt. Gartenkräuter und Zutaten aus der Umgebung zeichnen die schmackhaften Tagesgerichte aus.

Onkel Tom's Hütte PIZZA €

(033 853 52 39; Im Graben 4; Pizza 13–33 SFr; Fr–Di 12–22 Uhr) Unglaublich gemütliches Chalet im Scheunenstil mit großen Tischen. Auf diesen landen leckere Pizzas in je drei verschiedenen Größen. Auf der umfangreichen Weinkarte stehen Tropfen aus der Schweiz, aber auch aus Südafrika.

Grindel Lounge CAFÉ €

(www.grindellounge.ch; Dorfstrasse 119; Snacks 7–24 SFr; Di–So 9–20 Uhr) Das mit altmodischen Details verzierte Loungecafé hat eine nette, entspannte Atmosphäre. Auf den Ledersofas genießt man heiße Schokolade oder Snacks wie Focaccia, Salate, Flammkuchen oder hausgemachten Kuchen.

Memory SCHWEIZERISCH €€

(033 854 31 31; Dorfstrasse 133; Hauptgerichte 17–36 SFr; 9–23.30 Uhr) Das stets gut be-

suchte zwanglose Restaurant im Eiger Hotel serviert schmackhafte Schweizer Kost wie Rösti, Raclette, Fondue und Hähnchen. Am besten ergattert man einen Tisch auf der Terrasse mit Blick auf die Straße.

C & M SCHWEIZERISCH €€
(☎033 853 07 10; www.cundm-grindelwald.ch; Almisgässli 1; Snacks 7,50–18 SFr, Hauptgerichte 29–49 SFr; ⏲Mi–Mo 9–23 Uhr; 👪) Genauso appetitanregend wie die Gerichte auf der Karte ist der herrliche Blick auf den Unteren Gletscher von der sonnigen Terrasse dieses galerieartigen Cafés. Geboten werden Salate, Kaffee und Kuchen sowie saisonale Gerichte wie selbst geräucherter Lachs und Forelle mit Kräuterbutter. Es gibt auch eine Kinderkarte.

Avocado Bar BAR
(Dorfstrasse 158; ⏲15–0.30 Uhr; 📶) In der jungen, ausgelassenen Bar kann man sich prima nach dem Skifahren auf den Lederhockern einen Schnaps genehmigen oder im Sommer von der Terrasse aus die Leute beobachten. Mittwochs gibt's gelegentlich Livemusik.

Praktische Informationen

Die **Touristeninformation** (☎033 854 12 12; www.grindelwald.ch; Dorfstrasse 110; ⏲Mo–Fr 8–18, Sa & So 9–18 Uhr; 📶) im Sportzentrum verteilt Broschüren und Wanderkarten und hat WLAN und ein gratis Internetterminal. Draußen findet man eine Tafel mit freien Unterkünften, das Büro nimmt aber auch direkt Zimmerbuchungen vor.

Anreise & Unterwegs vor Ort

Grindelwald ist von Interlaken über die A8 zu erreichen. Eine kleinere Straße führt weiter vom Ort über die Große Scheidegg (1960 m). Sie ist zwar für den Privatverkehr gesperrt, aber von Mitte Juni bis Anfang Oktober fahren von 8 bis 17 Uhr stündlich **Postbusse** (54 SFr, 2¼ Std.) über diese reizvolle Strecke nach Meiringen. Seilbahnen fahren auf die Berge rund um Grindelwald, u. a. auf den **First** (www.jungfrau.ch; hin & zurück Erw./Kind 66/33 SFr; ⏲8.30–17 Uhr, im Winter bis 16.15 Uhr), den Männlichen (S. 132) und die Pfingstegg (S. 123).

First

2167 M

Der eher bescheidene First ermöglicht weite Blicke ins Herz der Jungfrau-Region und ist mit seinem See, seinen Bergwegen und seinen Abenteueraktivitäten ein grandioser Ausgangspunkt für Wanderungen. Der First ist gleichermaßen beliebt bei Familien, Abenteuerfans und Gipfelguckern: Von hier blickt man auf die atemberaubende Eiger-Nordwand und das 4078 m hohe Schreckhorn.

Sehenswertes

Bachalpsee SEE
Der Gletschersee ist vor allem in der frühmorgendlichen Stille und mit der perfekten Spiegelung der weißen Pyramide des Schreckhorns (4078 m) faszinierend. Er liegt weniger als eine Stunde Fußmarsch von der First-Bergstation, über Bergwiesen voller Wildblumen und Kuhglockengeläut.

First Cliff Walk by Tissot AUSSICHTSPUNKT
GRATIS Diese neue Aussichtsplattform beim Berggasthaus First auf rund 2200 m Höhe erstreckt sich 45 m weit ins Nichts und beeindruckt mit atemberaubenden Ausblicken ins Tal und auf die umliegenden Berge – nichts für Leute mit Höhenangst!

Aktivitäten

Der First bietet insgesamt 60 prima präparierte Pistenkilometer. Die meisten mittelschweren (roten) Abfahrten haben eine breite und geschwungene Pistenführung. Wälder und Wiesen prägen die interessanten Südhänge. Für Freestyler gibt's die Bärgelegg mit Schanzen und Rails; oder man macht sich auf zur Superpipe an der Station Schreckfeld.

Faulhorn-Wanderung WANDERN
Vom First kann man am kobaltblauen Bachalpsee vorbei zum Faulhorn (2681 m; 2½ Std.) hinaufsteigen. Entlang dem Bergrücken ist die Aussicht auf das Jungfrau-Massiv einfach hinreißend. Am Faulhorn wird das Mittagessen durch einen tollen Rundumblick versüßt. Anschließend gibt's zwei Möglichkeiten: Entweder zur Schynigen Platte (weitere 3 Std.) weiterwandern und per Zug zurückfahren oder zur Bussalp (1800 m; 1½ Std.) marschieren und von dort den Bus 126 nach Grindelwald nehmen (24 SFr, 27 Min.).

Trottibike ABENTEUERSPORT
(Erw./Kind 32/22 SFr; ⏲April–Okt.) An der Seilbahnstation First-Bort sind robuste rollerähnliche Trottibikes erhältlich, mit denen man an Wiesen und Bergen vorbei hinunter nach Grindelwald brausen kann. Helme sind im Mietpreis inbegriffen.

First Mountain Cart ABENTEUERSPORT
(Erw./Kind 19/15 SFr; ⏲Juli–Okt.) Die neuen First Mountain Carts sind eine Kreuzung

NICHT VERSÄUMEN

RODELN & FLIEGEN

Nicht nur Skifahrer lieben den tiefen Pulverschnee am First. Über den Weg Nr. 50 kann man im Winter auch durch den Schnee zum Faulhorn (S. 128) stapfen. Am Faulhorn beginnt Europas längste **Rodelbahn** (Dez.–April).

Die Adrenalinproduktion regt auch der **First Flieger** (Erw./Kind 29/22 SFr, mit Seilbahn 74/45 SFr; Ende Juni & Aug. 10–17.30 Uhr, Sept. bis 16.30 Uhr, Okt. bis 16 Uhr, Mitte Jan.–Mitte April 12–15.45 Uhr) an, eine atemberaubend schnelle Seilrutsche vom First nach Schreckfeld mit einer Geschwindigkeit von bis zu 84 km/h!

aus Gokart und Schlitten. Auf einer 3 km langen Strecke kann man von Schreckfeld nach Bort hinunterdüsen.

Schlafen

Berggasthaus First HÜTTE €€
(033 828 77 88; www.berggasthausfirst.ch; B mit Frühstück Erw./Kind 65/47 SFr, mit HP 95/68 SFr, EZ/DZ 135/230 SFr;) Frühaufsteher, die im Berggasthaus First an der Gipfelstation der Firstbahn übernachten, erleben einen unglaublichen Sonnenaufgang. Die gepflegten, holzvertäfelten Zimmer und Schlafsäle sind wirklich wunderbar gelegen. Der Aufpreis für die Halbpension lohnt sich auf jeden Fall.

An- & Weiterreise

Von Grindelwald fahren ungefähr alle zehn Minuten **Seilbahnen** (www.jungfrau.ch; hin & zurück Erw./Kind 66/33 SFr; 8.30–17 Uhr, im Winter bis 16.15 Uhr) nach First.

Kleine Scheidegg

Eiger, Mönch und Jungfrau überragen die Kleine Scheidegg (2061 m) um beinahe 2000 m. Restaurants umgeben den hiesigen Bahnhof, der von den meisten Leuten lediglich zum schnellen Umsteigen in Richtung Jungfraujoch genutzt wird. Allerdings lohnt es sich, die herrliche Aussicht länger zu genießen – im Blickfeld liegt z.B. der reißzahnförmige Gipfel des Silberhorns. Von hier erstrecken sich außerdem tolle Wanderwege in alle Richtungen.

Die Kleine Scheidegg ist ein super Wandergebiet. Über die kurzen, einfachen Wege kommt man in jeweils nur einer Stunde zum Eiger-Gletscher, hinunter zur Wengernalp und zum Lauberhorn hinter dem Ort. Zwischen Dezember und April wird die Gegend zum Skigebiet mit mittelschweren Pisten. Alternativ kann man über den spektakulären, 6 km langen **Eiger Trail** vom Eiger-Gletscher nach Alpiglen (2 Std.) marschieren und die furchterregende Nordwand von Nahem bestaunen.

Schlafen & Essen

An der Kleinen Scheidegg sind ein paar wenige Unterkünfte zu finden. Die meisten sind eher einfach, doch der Ausblick auf das Jungfrau-Dreigestirn ist Weltklasse.

Restaurant Grindelwaldblick HOSTEL €
(033 855 13 74; www.grindelwaldblick.ch; B 43–50 SFr, inkl. HP zzgl. 25 SFr; Nov. & Mai geschl.) Schöne Aussichten und sättigende Bergküche bietet das Restaurant Grindelwaldblick (2116 m).

Hotel Bellevue des Alpes HOTEL €€€
(033 855 12 12; www.scheidegg-hotels.ch; EZ 230–280 SFr, DZ 380–550 SFr) Das weitläufige, knarrende und stimmungsvolle Hotel Bellevue des Alpes ist ein Grandhotel aus dem 19. Jh. Es hat eine unschlagbare Lage und eine makabre Geschichte: Mithilfe der hiesigen Fernrohre beobachten die Leute Bergsteigerunfälle auf dem Eiger.

Alpiglen SCHWEIZERISCH €€
(033 853 11 30; www.alpiglen.ch; Hauptgerichte 21–42 SFr; Ende Mai–Ende Okt.;) Von der Terrasse dieser liebenswert altmodischen Berghütte erscheint der Eiger zum Greifen nah. Nach einer langen Wanderung sind Platten mit Aufschnitt und *Hobelchäs* genau das Richtige. Zu den größeren Gerichten zählt etwa hausgemachte Bratwurst mit Rösti. Für Kinder ist mit einer eigenen Karte und einem Spielplatz bestens gesorgt.

An- & Weiterreise

Von Wengen (24 SFr, 26 Min.) und Grindelwald (31 SFr, 33 Min.) fahren jede halbe Stunde Züge zur Kleinen Scheidegg. Von der Kleinen Scheidegg fahren die Bahnen zum Jungfraujoch.

Wandertour
Kleine Scheidegg

START: GRINDELWALD
ZIEL: WENGEN
LÄNGE/DAUER: 15 KM; 5½–6 STUNDEN

In 1 **Grindelwald Grund** geht man über die Bahngleise und dann links Richtung Kleine Scheidegg. Die Ausblicke Richtung Südosten zum Wetterhorn (3701 m) und zum Unteren Gletscher sind atemberaubend. Im Schatten der Eiger-Nordwand geht's teils recht steil am Sandbach entlang, dann führt der Weg wiederholt durch Wald. Durch eine Eisenbahnbrücke ist nach etwa einer Stunde ab Grindelwald das 2 **Restaurant Brandegg** erreicht.

An der Straße nimmt man die zweite Abzweigung rechts (beschildert nach Alpiglen) und folgt einem Schotterweg durch den Wald und dann an den Gleisen der Wengernalpbahn entlang. Über Wiesen mit Enzian und Disteln gelangt man durch einen kleinen Bahntunnel schließlich zum reizend rustikalen Berghaus 3 **Alpiglen**, zwei bis 2½ Stunden von Grindelwald Grund entfernt.

Jetzt steigt der Pfad unterhalb der Eiger-Nordwand sanft an und führt an den Bergkiefern und Höfen von 4 **Mettla** (1809 m) vorbei.

Von 5 **Arvengarten** mit seinen Skiliften auf rund 2000 m Höhe erscheinen Eiger (3970 m), Mönch (4099 m) und Jungfrau (4158 m) zum Greifen nah. Über die Hänge unterhalb der Bahnlinie erreicht man schließlich die 6 **Kleine Scheidegg** (S. 129), 1¼ bis 1¾ Stunden von Alpiglen.

Vom Bahnhof Kleine Scheidegg eröffnen sich beim Abstieg weitere herrliche Blicke auf das berühmte Dreigestirn sowie das Silberhorn (3695 m), ehe man die 7 **Wengernalp** auf 1874 m Höhe erreicht. Von hier blickt man u. a. aufs Gspaltenhorn und Schilthorn sowie ins tief eingeschnittene Lauterbrunnental. Ein Pfad führt Richtung Norden teils durch Bergwald und dann über die Bahngleise. Von hier verläuft ein guter Weg an den Hängen entlang über 8 **Allmend** ins autofreie 9 **Wengen** (S. 134), 1½ bis zwei Stunden von der Wengernalp entfernt.

Jungfraujoch

Die Fahrt aufs Jungfraujoch (3454 m) ist eins der klassischen Schweiz-Erlebnisse. Die kühne Strecke, die u. a. durch den Eiger führt, wurde 1912 fertiggestellt. Heute transportiert die Bahn pro Jahr mehr als 2 Mio. Besucher durch Berglandschaften, die zu den grandiosesten Europas gehören.

Die eisige Wildnis aus Gletschern und 4000 m hohen Gipfeln oben am Jungfraujoch ist einfach umwerfend schön. Der Blick fällt u. a. auf den 23 km langen Aletschgletscher, dessen Zunge mit Moränen durchsetzt ist. Der längste Gletscher der Alpen gehört zum Unesco-Welterbe. Jenseits der glitzernden Gipfel reicht die Aussicht an wolkenlosen Tagen sogar bis zum Schwarzwald. Die Wetterstation Sphinx wartet außerdem mit Eisskulpturen, Restaurants, Aussichtspunkten und Andenkenshops auf.

Sehenswertes & Aktivitäten

★ Jungfraujoch BERG, AUSSICHTSPUNKT
(www.jungfrau.ch; hin & zurück Interlaken Ost–Jungfraujoch 210,80 SFr, Kleine Scheidegg–Jungfraujoch 128 SFr; Zugfahrten Mai–Sept. 8–18.43 Uhr, sonst kürzer) Jedes Jahr fahren 2 Mio. Besucher hoch aufs atemberaubende Jungfraujoch mit dem höchsten Bahnhof Europas auf 3454 m Höhe. Von der Kleinen Scheidegg klettert die Bahn durch den Eiger zur Wetterstation Sphinx. Oben entfalten sich sensationelle Ausblicke auf den Aletschgletscher und die alpine Gipfellandschaft. Neben dem umwerfenden Panorama gibt's hier außerdem einen Eispalast und den Snow Fun Park. Warme Kleidung und festes Schuhwerk tragen!

Aletschgletscher GLETSCHER, AUSSICHTSPUNKT
Vom Jungfraujoch blickt man auf den größten Gletscher der Alpen, den 23 km langen Aletschgletscher inmitten von Gipfeln um die 4000 m. Der Gletscher bildet das Kernstück des Unesco-Welterbes Alpenregion Jungfrau-Aletsch-Bietschhorn. Von Ende Juni bis Anfang Oktober bietet Grindelwald Sports (S. 123) zweitägige Wanderungen über den Gletscher mit erfahrenen Bergführern.

Schlafen

Mönchsjochhütte HÜTTE
(033 971 34 72; www.moenchsjoch.ch; B 28 SFr, mit HP 64 SFr; Ende März–Mitte Okt.) In der Mönchsjochhütte auf 3650 m Höhe teilt man Tisch und Schlafsaal mit Hardcore-Bergsteigern, die sich mental auf ihren Aufstieg auf Eiger oder Mönch vorbereiten. Morgens lohnt es sich auf jeden Fall, sich zum Sonnenaufgang aus seiner Koje zu bewegen.

An- & Weiterreise

Vom **Bahnhof Interlaken Ost** gibt's zwei Strecken hoch zum Jungfraujoch: eine über Lauterbrunnen, Wengen und die Kleine Scheidegg, die andere über Grindelwald und die Kleine Scheidegg. In beiden Fällen dauert die Fahrt zum Jungfraujoch 2¼ bis 2½ Stunden und kostet hin und zurück 210,80 SFr. Die letzte Bahn zurück vom Jungfraujoch fährt im Sommer um 18.43 Uhr, im Winter um 16.43 Uhr.

Das normale **Zugticket** zum Jungfraujoch und zurück gilt einen Monat lang und man kann die Fahrt unterwegs auch an mehreren Stellen unterbrechen, sodass sich mit einer normalen Fahrkarte wunderbar die Jungfrau-Region erkunden lässt: Zum Beispiel kann man von Interlaken Ost nach Grindelwald fahren und dort ein paar Tage zum Wandern bleiben, um später Richtung Kleine Scheidegg, Jungfraujoch, Wengen und Lauterbrunnen weiterzufahren.

Frühaufsteher können von Anfang Mai bis Ende Oktober Geld sparen, wenn sie mit dem ermäßigten **Good Morning Ticket** (145 SFr) einen der ersten beiden Züge (Abfahrt 6.35 oder 7.05 Uhr von Interlaken Ost) nehmen und spätestens um 13.13 Uhr wieder vom Berg herunterfahren.

Die Frühzüge lassen sich bequemer erwischen, wenn der Startpunkt bereits näher zum Jungfraujoch liegt. Wer an der Kleinen Scheidegg übernachtet, kann mit dem Good Morning Ticket einen der beiden frühen Züge um 8 oder 8.30 Uhr nehmen (hin & zurück 95 SFr statt 128 SFr).

Inhaber eines **Swiss Travel Pass** können damit kostenlos bis nach Grindelwald oder Wengen fahren und erhalten auf die restliche Strecke hoch zum Jungfraujoch 25 % Rabatt.

Lauterbrunnen

2452 EW. / 796 M

Die Schönheit des schmalen Staubbachfalls in Lauterbrunnen inspirierte bereits Goethe und Lord Byron zu Lobeshymnen. Heute lockt der Bilderbuchort tief unten im Tal mit 72 Wasserfällen auch weniger hohen Besuch an. Das entspannte Lauterbrunnen hat jede Menge Chalet-Unterkünfte und ist ein gutes Basislager für Naturfreunde, die wandern oder klettern wollen. Auf abenteuerlustige Basejumper wirkt es wie ein Magnet.

ABSTECHER

MÄNNLICHEN

Der 2230 m hohe **Männlichen** (www.maennlichen.ch; Seilbahn Wengen-Männlichen einfach/hin & zurück 23/46 SFr; ⏲8.30–16.50 Uhr alle 20 Min.) liegt auf dem Kamm zwischen Grindelwald- und Lauterbrunnental und zählt landesweit zu den schönsten Aussichtspunkten. Er ist durch Europas längste **Seilbahn** (www.maennlichen.ch; Erw./Kind 30/15 SFr; ⏲8.15–17 Uhr) mit der Station Grindelwald Grund verbunden. Auf der anderen Kammseite führt eine zweite Seilbahn von Wengen aus hinauf.

Direkt nach Erreichen der Gipfelstation Männlichen marschiert man am besten zehn Minuten bergauf, um die Aussicht von ganz oben zu genießen. Hinter Tschuggen (2049 m) und Lauberhorn (2472 m) am südlichen Ende des Bergkamms ragt das Dreigestirn in den Himmel. An dieser Stelle offenbart sich der Unterschied zwischen den beiden Tälern: Links liegt das relativ breite Grindelwaldtal, während sich das glaziale, U-förmige Lauterbrunnental zur Rechten erstreckt. Im Norden ist ein Teil des Thunersees erkennbar.

Tolle Ausblicke auf das vergletscherte Jungfrau-Massiv bieten sich auf einer 1½-stündigen Wanderung über den **Panoramaweg** zur **Kleinen Scheidegg** (S. 129). Schöner für Kinder ist der **Felixweg** (www.felix-weg.ch; 👪) mit Infos zu den Tieren der Region und Grillplätzen.

Im Winter eignen sich die breiten Pisten am Männlichen perfekt zum Skifahren im Schatten von Eiger, Mönch und Jungfrau. Ein Tagesskipass kostet für Erwachsene/Kinder 63/32 SFr. Ohne Bretter an den Füßen geht's alternativ per Rodelschlitten hinunter nach Holenstein. Während der rasanten Fahrt (45 Min.) müssen Bodenwellen und Kehren gemeistert werden.

Wer am Männlichen übernachten möchte, kann zum **Berggasthaus Männlichen** (☎033 853 10 68; www.berghaus-maennlichen.ch; EZ 80–95 SFr, DZ 150–180 SFr; ⏲Juni–Okt.) mit einfachen Unterkünften und herrlichem Bergblick hochwandern.

Sehenswertes & Aktivitäten

Umringt von Wasserfällen, führen vom Tal Wanderwege hinauf in die Berge. Man kann z. B. in zweieinhalb Stunden bergauf nach Mürren marschieren oder die einfachere, knapp zweistündige Wanderung nach Stechelberg machen. Im Winter kann man auf der 12 km langen, gut präparierten Langlaufloipe an den gefrorenen Wasserfällen vorbeikurven.

Basejumpern bei ihrem haarsträubenden Hobby zuschauen kann man an der Talstation des Schilthorns.

★Staubbachfall WASSERFALL

(⏲Juni–Okt. 8–20 Uhr) Besonders am Morgen wird deutlich, warum der in einen Sprühnebel getauchte, 297 m hohe Staubbachfall mit seinen Gischtfäden, die die Klippe hinunterstürzen, berühmte Schriftsteller inspirierte. Was aus der Ferne wie feiner Sprühregen wirkt, erweist sich als reißende Sturzflut, wenn man hinter dem Wasserfall steht (und mit Sicherheit durchnässt wird). Für die kurze, aber steile Wanderung hügelauf ist festes Schuhwerk unentbehrlich.

★Trümmelbachfälle WASSERFALL

(www.truemmelbachfaelle.ch; Erw./Kind 11/4 SFr; ⏲April–Nov. 9–17 Uhr) Das Donnern der Gletscherwasserfälle ist ohrenbetäubend. In dem Berg kämpfen sich bis zu 20 000 l Wasser pro Sekunde durch die im Lauf der Zeit entstandenen Schluchten und Strudellöcher. Die zehn Kaskaden werden von einem 24 km^2 großen Einzugsgebiet von Alpengletschern und Schneefeldern gespeist. Von Lauterbrunnen sind es zehn Minuten zu Fuß zum Wasserfall; Bus 141 fährt vom Bahnhof zum Wasserfall.

Doris Hike WANDERN

(☎033 855 42 40; www.doris-hike.ch) Doris veranstaltet informative Wanderungen u. a. zum Gletscher, zum Wasserfall und in die Hochalpen.

Schlafen

Der Ferienort erstreckt sich hauptsächlich entlang einer einzigen Straße. Viele Unterkünfte haben keine offizielle Anschrift, am Ortseingang aufgestellte Schilder der Unterkünfte erleichtern aber die Orientierung.

Valley Hostel HOSTEL €
(☎033 855 20 08; www.valleyhostel.ch; Fuhren; B 30–36 SFr, DZ 38–43 SFr; P 📶) Das relaxte Familienhostel bietet eine offen gestaltete Küche, einen Garten mit herrlichem Blick auf den Staubbachfall, eine Waschküche und kostenloses WLAN. Die geräumigen Zimmer sind mit Kiefernholz verkleidet; die meisten haben einen Balkon. Die freundlichen Angestellten helfen beim Organisieren diverser Aktivitäten von Gleitschirmfliegen bis Canyoning.

Chalet im Rohr PENSION €
(☎033 855 21 82; www.chaletimrohr.ch; Im Rohr 424; Zi. 33 SFr pro Pers.; 📶) Das 400 Jahre alte Chalet ist ein Schnäppchen: Im Sommer ist hier alles voller scharlachroter Geranien, während die knarrenden Dielen und die kleinen Fenster erheblich zum gemütlich-traditionellen Charme des Hauses beitragen. Die Zimmer im 1970er-Jahre-Stil sind schlicht, aber blitzsauber. Es gibt auch einen riesigen Gemeinschaftsbalkon mit Blick auf den Staubbachfall.

Camping Jungfrau CAMPINGPLATZ €
(☎033 856 20 10; www.camping-jungfrau.ch; Weid 406; Stellplatz Erw./Zelt/Auto 10/13/4 SFr, B 30–35 SFr; P 📶) Dieser Campingplatz bietet neben herrlichen Bergblicken auch gemütliche Schlafsäle und Hütten für alle, die auf Komfort nicht verzichten wollen. Erstklassige Einrichtung mit Küche, Kiosk, Fahrradverleih, WLAN und Hundedusche für vierbeinige Schmutzfinken.

Hotel Staubbach HOTEL €€
(☎033 855 54 54; www.staubbach.com; Im Rohr; DZ 130–180 SFr, 3BZ 220–250 SFr, 4BZ 250–290 SFr; P 📶) Das große alte Hotel hat helle, sehr gepflegte Zimmer mit Daunendecken. Die besten haben Balkone mit Blick auf den Staubbachfall. Die Lounge bietet kostenlosen Kaffee, einen Spielbereich für Kinder und eine gesellige Atmosphäre.

Essen & Ausgehen

Airtime CAFÉ €
(☎033 855 15 15; www.airtime.ch; Snacks & kleine Gerichte 6–15,50 SFr; ⌚9–18 Uhr; 📶) Ihre Neuseelandreisen haben Daniela und Beni inspiriert, dieses unkonventionelle Café mit Büchertauschbörse, Waschsalon und Agentur für Extremsportarten aufzubauen. Während man das kostenlose WLAN nutzt oder in einem Buch schmökert, kann man selbst geröstetes Müsli, Sandwiches, Pasteten oder hausgemachten Kuchen (u.a. einen glutenfreien Schokoladenkuchen) schlemmen. Zudem lassen sich adrenalinlastige Aktivitäten wie Eisklettern, Canyoning und Bungeejumping buchen.

Flavours CAFÉ €
(☎033 855 36 52; www.flavours.ch; Snacks & kleine Gerichte 8–18 SFr; ⌚9–18 Uhr; 📶) Ob man nun Appetit auf ein üppiges Frühstück mit Eiern und Schinken, auf einen Burger, Salat, auf hausgemachten Kuchen mit frisch geröstetem Kaffee oder auf einen frisch gepressten Saft hat, das Flavours ist in allen Fällen die richtige Adresse. Das Café in der alten Bäckerei öffnet sich zu einer Terrasse mit Sitzsäcken und entspanntem Flair.

Hotel Oberland SCHWEIZERISCH €€
(☎033 855 12 41; Pizza 16–24,50 SFr; Hauptgerichte 22–40 SFr; ⌚11.30–21 Uhr) Auf der Straßenterrasse des Traditionslokals herrscht immer Hochbetrieb. Auf der Karte stehen Schweizer und internationale Gerichte von Fondue bis Pizza und Gemüsecurry sowie Fusion-Gerichte wie Rösti auf indische Art. Auch für Vegetarier gibt's eine gute Auswahl.

Horner Bar BAR
(☎033 855 16 73; Hotel Horner; ⌚9.30–2.30 Uhr; 📶) Nach erfolgreicher Erdung durch ein paar Bier erzählen Basejumper in dieser brummenden Kneipe gern von ihren haarsträubenden Fallschirmabenteuern. Im Laufe des Abends wird die Atmosphäre clubbiger. Wer ein Getränk bestellt, kann den Internetzugang und das WLAN kostenlos benutzen.

Praktische Informationen

Die **Touristeninformation** (☎033 856 85 68; www.lauterbrunnen.swiss; Stutzli 460; ⌚Juni–Sept. 8.30–12 & 14–18.30 Uhr, sonst kürzer) befindet sich gegenüber dem Bahnhof.

An- & Weiterreise

Regelmäßig fahren Züge die kurze Strecke nach Interlaken (7,60 SFr, 21 Min.). Lauterbrunnen im gleichnamigen Tal ist ein wichtiger Ausgangspunkt für Fahrten in Bergdörfer wie Wengen (6,80 SFr, 14 Min., mit dem Zug) und Mürren (11,40 SFr, 23 Min., mit Seilbahn und Zug).

Unterwegs vor Ort

Wer in die autofreien Ferienorte Wengen und Mürren weiterreisen will, findet am Bahnhof ein mehrstöckiges **Parkhaus** (☎033 828 74 00; www.jungfraubahn.ch; 14/84 SFr pro Tag/Woche) vor, sollte aber den Stellplatz vorher reservieren. Es gibt auch noch einen Parkplatz an der Seilbahnstation Stechelberg (10 SFr pro Tag).

Wengen

1300 EW. / 1274 M

Wengen klebt äußerst fotogen an einem Bergrücken. Die himmlische Aussicht lockt schon seit der Zeit König Eduards VII. viele Briten an. Der malerische Ort ist lediglich per Zug erreichbar, was seinen Romantikfaktor nur noch erhöht. Sitzt man bei Sonnenuntergang auf der Bank vor der Kirche, erscheint die traumhafte Landschaft wie ein Aquarell. Dabei erfasst das Auge den Staubbachfall und das ganze Lauterbrunnental, an dessen Rand die vergletscherten Bergriesen des Jungfrau-Massivs aufragen. Im Winter wird Wengen zu einem Skigebiet mit entspannter, familienfreundlicher Atmosphäre.

Feste & Events

Lauberhornrennen SPORT

(www.lauberhorn.ch; Mitte Jan.) Das Highlight in Wengens Veranstaltungskalender ist das weltberühmte Lauberhornrennen, bei dem Skiprofis knapp 160 km/h erreichen.

Schlafen

Hotel Bären HOTEL €€

(033 855 14 19; www.baeren-wengen.ch; EZ 190–280 SFr, DZ 260–310 SFr, FZ 390–490 SFr, jeweils mit HP;) Um die niedliche Holzhütte mit hellen, mit Dielenböden versehenen Zimmern und traumhafter Aussicht zu erreichen, unterquert man die Bahngleise und marschiert dann den Hügel hinunter. Die freundliche Familie Brunner serviert ein herzhaftes Frühstück und Abendessen (im Halbpensionspreis inbegriffen).

Hotel Edelweiss HOTEL €€

(033 855 23 88; www.edelweisswengen.ch; Am Acher; EZ 85–100 SFr, DZ 170–200 SFr;) Das familiengeführte mehrstöckige Chalet nur fünf Fußminuten bergab vom Bahnhof bietet von seinen zahlreichen Balkonen spektakuläre Ausblicke auf die Jungfrau. Weitere Pluspunkte sind eine Sauna, ein freundlicher Spielbereich für Kinder und Zimmerpreise, die zu den erschwinglichsten in Wengen gehören.

Hotel Berghaus HOTEL €€

(033 855 21 51; www.berghaus-wengen.ch; EZ 105–165 SFr, DZ 210–330 SFr;) Das familienbetriebene Chalet am Waldrand liegt fünf Gehminuten vom Dorfzentrum entfernt. Die Zimmer sind hell, geräumig und absolut ruhig – am besten wegen des traumhaften Blicks auf die Jungfrau eines nach Süden nehmen. Wer vorher anruft, kann sich vom Bahnhof abholen lassen.

Essen & Ausgehen

Restaurant Bären SCHWEIZERISCH €€

(033 855 14 19; Hauptgerichte 30–53 SFr; Mo–Fr 8–13.30 & 17–23.30, Sa & So 17–23.30 Uhr;) Das ausgezeichnete Restaurant des gleichnamigen Hotels mischt Tradition mit kreativem Flair und verarbeitet in seinen Gerichten Fleisch aus der Region, Kräuter, Gemüse und essbare Blüten aus eigenem Anbau sowie Wild aus der Umgebung. Die Speisen reichen vom perfekt zubereiteten Kalbfleisch mit Erdbeer-Risotto bis zu vegetarischen Spätzle mit geschmorten Pilzen. Zum Nachtisch locken ungewöhnliche Sachen wie ein Kastanien-Mousse und ein Wasabi-Kürbiskern-Parfait.

★ **Restaurant 1903** SCHWEIZERISCH €€€

(033 855 34 22; www.hotel-schoenegg.ch; Hauptgerichte 35–58 SFr; 18.30–22 Uhr, Mai & Mitte Okt.–Mitte Dez. geschl.) Im Hotel Schönegg serviert Sylvain Stefanazzi Ogi saisonal inspirierte Gerichte. Der mit Kiefernholz verkleidete und mit Kerzen beleuchtete Speisesaal ist im Winter wunderbar gemütlich. Im Sommer ist die Terrasse mit Blick auf die Berge der perfekte Ort für ein Abendessen.

Tanne Bar BAR

(16 Uhr bis spät) Diese gemütliche holzvertäfelte Bar an der Hauptstraße von Wengen ist besonders bei Schweizer und skandinavischen Skifahrern beliebt und lockt in der Skisaison mit Glühwein und Cocktails.

Praktische Informationen

Touristeninformation (033 856 85 85; www.wengen.ch; 9–18 Uhr, Juli & Aug. bis 21 Uhr, Nov., März & April Sa & So geschl.;) Neben der Talstation der Männlichen-Seilbahn.

An- & Weiterreise

Von Lauterbrunnen schlängeln sich Züge zweimal pro Stunde den Berg hinauf nach Wengen (6,80 SFr, 14 Min.).

Stechelberg

260 EW. / 922 M

Im Lauterbrunnental stürzen insgesamt 72 Wasserfälle über senkrechte Felswände in die Tiefe. Von Stechelberg aus lässt sich dieses eindrucksvolle Naturschauspiel am besten beobachten. Während der Schneeschmelze im Frühjahr und nach starken Regenfällen donnern die „lauteren" (klaren) Katarakte in voller Pracht zu Tal. Obwohl unter Wanderern schon lange bekannt, wirkt das ruhige Dorf bis heute wie ein gut gehütetes Geheimnis.

Die 6,7 km lange **Stechelberg-Lauterbrunnen-Wanderung** gewährt Blicke auf einige der eindrucksvollsten Wasserfälle des Tals wie die Trümmelbachfälle (S. 132). Für den Weg braucht man etwa zwei Stunden pro Richtung. Los geht's an der Bushaltestelle beim Hotel Stechelberg.

Der herrlich ländliche **Alpenhof Stechelberg** (☎033 855 12 02; www.alpenhof-stechelberg.ch; EZ/DZ 30/60 SFr, 3BZ 60–100 SFr; P) hat helle, blitzsaubere Zimmer mit hervorragendem Preis-Leistungs-Verhältnis. Zudem gibt's hier ein herzhaftes Frühstück (zzgl. 12 SFr) mit einheimischen Milchprodukten.

Bus 141 pendelt regelmäßig zwischen Stechelberg und Lauterbrunnen (4,40 SFr, 19 Min.), wo es jede Menge Anschlüsse nach Interlaken und in die umliegenden Orte gibt.

NICHT VERSÄUMEN

HÄNGEPARTIE

Abenteuerlustig? Nur wenige Orte lassen Schwindelgefühl und Adrenalinpegel so stark ansteigen wie Mürrens **Klettersteig** (☎033 856 86 86; www.klettersteig-muerren.ch; ⌚Mitte Juni–Okt.). Diese 2,2 km lange Höhenroute zählt landesweit zu den aufregendsten ihrer Art und windet sich an atemberaubend steilen Kalksteinfelsen nach Gimmelwald. Dank Gurtgeschirr, Schutzhelm und Karabinerhaken kann man hier einen Flirt mit dem Bergsteigen wagen. Unterwegs schlängeln sich Leitern an Steilhängen entlang zu einer 80 m langen Hängebrücke und einer Seilrutsche – da rast der Eiger im Eiltempo vorbei! Leihausrüstung (28 SFr pro Tag) gibt's bei **Intersport** (☎033 855 23 55; www.staegersport.ch/muerren; Chalet Enzian; ⌚9–12 & 13–18 Uhr) beim Eingang zum Klettersteig. Alternativ bietet **Bergsteigen für Jedermann** (☎033 821 61 00; www.be-je.ch) geführte Touren für 95 SFr an.

Mürren

450 EW. / 1650 M

Nähert man sich an einem klaren Abend mit dem Zug von der Grütschalp über den Hügelkamm dem Dorf Mürren, wirken die Gipfel jenseits des Tals zum Greifen nah. Da fühlt man sich gleich wie im siebten Heidi-Himmel. Mit seinen stämmigen Holzchalets und dem hinreißenden Blick auf Eiger, Mönch und Jungfrau ist das autofreie Mürren ein Stück Bilderbuch-Schweiz.

Sehenswertes & Aktivitäten

Allmendhubel BERG

(👪) Im Sommer bringt einen die **Allmendhubel-Standseilbahn** (www.schilthorn.ch; hin & zurück Erw./Kind 14/7 SFr; ⌚ 9–17 Uhr alle 20 Min.) zu einem Aussichtsrestaurant oberhalb von Mürren und ins Erholungsgebiet Skyline Chill, wo man auf wellenförmigen Liegen den Rundblick in die Berge genießt. Kinder lieben die großen Schmetterlinge, Murmeltierbaue und Alpenblumen auf dem neuen Abenteuerspielplatz.

Nordwandweg WANDERN

An der Bergstation der Allmendhubel-Seilbahn starten viele Wege, darunter der spektakuläre Nordwandweg (1½ Std.), der über die Schiltalp nach Westen führt. Dabei wandert man über Wildblumenwiesen und genießt den Blick auf die Gletscher und Wasserfälle des Lauterbrunnentals sowie auf die Eigernordwand, in der man mit einem Feldstecher oft furchtlose Kletterer beobachten kann.

Schweizer Skischule SKIFAHREN

(☎033 855 12 47; www.swiss-snowsports-muerren.ch; Haus Finel, In der Gruben; ⌚9–12.30 & 13.30–17 Uhr) Mürrens Skischule bietet Einzel- und Gruppen-Ski- sowie -Snowboard-Unterricht, auch für Kinder.

Feste & Events

Inferno-Rennen SPORT

(www.inferno-muerren.ch) Mürren ist berühmt für sein rasantes Inferno-Rennen, das Mitte bis Ende Januar am Schilthorn startet. An dem seit 1928 ausgetragenen 16 km langen Rennen nehmen 1800 unerschrockene Skifahrer teil. Das Rennen ist auch der Grund für die vielen Souvenirs mit Teufelsmotiv im Ort.

Schlafen

An den Straßen zwischen Bahnhof und Seilbahnstation finden sich einige Hotels. Im Sommer sind Unterkünfte bis zu 30 % günstiger als während der Hauptsaison im Winter. Nicht alle haben eine offizielle Adresse, im winzigen Mürren sind sie aber auch so leicht zu finden.

Eiger Guesthouse PENSION €€
(☎033 856 54 60; www.eigerguesthouse.com; EZ 95–140 SFr, DZ 120–200 SFr, 4BZ 180–250 SFr; 📶) Das zentral gelegene Gästehaus mit tollem Preis-Leistungs-Verhältnis wird von einem Pärchen geführt, das viel Spaß versteht und auch sonst auf Draht ist. Neben den sauberen, gepflegten Zimmern (die besten mit Blick auf den Eiger) gibt es im Untergeschoss eine Kneipe mit leckerem Essen (Hauptgerichte 21–41 SFr) und einer guten Auswahl von Fassbieren.

Hotel Alpenruh HOTEL €€
(☎033 856 88 00; www.alpenruh-muerren.ch; EZ 140–220 SFr, DZ 200–280 SFr; 📶) Das vielgepriesene Chalet ist voller liebevoller Details. Grimmige Masken zur Vertreibung böser Geister und diverser Schnickschnack beleben das Haus. Die lichtdurchfluteten Zimmer punkten mit viel massivem Kiefernholz. Gäste schwärmen vom Service, dem Essen (Hauptgerichte 19–45 SFr) und dem unschlagbaren Blick aufs Jungfrau-Massiv.

★ **Hotel Eiger** HOTEL €€€
(☎033 856 54 54; www.hoteleiger.com; EZ 183–228 SFr, DZ 275–370 SFr, Suite 420–1250 SFr; 📶🏊) Das riesige Holzchalet hat schicke, moderne Zimmer. Der Service ist so erstklassig wie der Ausblick durch die Panoramafenster des Hallenbads auf Eiger, Mönch und Jungfrau. Das Restaurant (Hauptgerichte 21–58 SFr) gehört zu Mürrens besten.

Essen

Tham's ASIATISCH €
(☎033 856 01 10; Hauptgerichte 15–30 SFr; ⊙11.30–21 Uhr) Das Tham's serviert chinesische, thailändische und andere asiatische Gerichte, zubereitet von einem ehemaligen Fünf-Sterne-Koch, den der ständige Konkurrenzkampf in die Berge getrieben hat.

Stägerstübli SCHWEIZERISCH €€
(☎033 855 13 16; www.staegerstuebli.ch; Hauptgerichte 21–38 SFr; ⊙11–23.30 Uhr) Das Stägerstübli ist so ein herzerwärmend gemütlicher Alpengasthof, dass man immer meint, es müsste gleich zu schneien anfangen. In Gerichten wie Kalbsragout mit Frühlingszwiebeln und hausgemachten Bärlauch-Spätzle können regionale Zutaten wirklich glänzen.

Restaurant La Grotte SCHWEIZERISCH €€
(☎033 855 18 26; Hotel Blumental; Hauptgerichte 15–45 SFr; ⊙11–14 & 17–21 Uhr) Kitsch und Rustikalität, aber auch jede Menge Spaß prägen das touristisch angehauchte Pseudo-Höhlenrestaurant voller Kuhglocken, Kessel und alpinem Beiwerk. Empfehlenswert sind Fondues und Flammkuchen.

Praktische Informationen

Die **Touristeninformation** (☎033 856 86 86; www.mymuerren.ch; ⊙8.30–12 & 13–17.15 Uhr; 📶) befindet sich im Sportzentrum.

An- & Weiterreise

Am schnellsten und einfachsten kommt man von Lauterbrunnen nach Mürren, indem man die Bergbahn zur Grutschalp (4 Min.) nimmt und dann in den Zug nach Mürren (14 Min., einfache Fahrt insgesamt 11,40 SFr) umsteigt.

Gimmelwald

130 EW. / 1367 M

Das winzige Bergdorf ist seit Langem ein Refugium für Wanderer und Abenteurer, die klammheimlich vor den Massen flüchten. Doch das Geheimnis ist nun gelüftet und Gimmelwald lockt mit seiner atemberaubenden Landschaft, seiner unverfälschten Ländlichkeit und seiner friedlichen Atmosphäre immer mehr neue Bewunderer an.

In der Umgebung gibt es viele Wandermöglichkeiten, z. B. von Mürren hinunter (30–40 Min.) oder von Stechelberg bergauf (1¼ Std.).

Schlafen

Gimmelwalds wenige gemütliche, rustikale Unterkünfte befinden sich alle höchstens fünf Minuten zu Fuß von der Seilbahnstation entfernt.

★ **Esther's Guest House** PENSION €
(☎033 855 54 88; www.esthersguesthouse.ch; Kirchstatt; EZ 60–90 SFr, DZ 120–180 SFr, Apt. 240–250 SFr; 📶) 2017 übergaben Esther und André ihre reizende Pension an ihren Sohn Uri und dessen Frau Dana. Diese haben das einladende Flair der Unterkunft und die Sorge ums Gästewohl beibehalten. Die blitzsauberen Zimmer sind mit hellem Kiefernholz verkleidet. Die Apartments sind ideal für Familien. Dank schräger Decken und Dachfenster mit Blick auf die Sterne ist die Dachstube besonders attraktiv.

Mountain Hostel HOSTEL €
(☎033 855 17 04; www.mountainhostel.com; B 45 SFr; 📶) Das schlichte Hostel mit niedrigen Decken und geselliger Atmosphäre gleich oberhalb der Seilbahnstation von Gimmelwald ist eine Backpackerlegende. Nach einem

Wandertag kann man in einer Hängematte im Garten mit Blick auf die Berge relaxen, Billard spielen oder in der angeschlossenen Bar, dem einzigen Lokal des Orts, eine Pizza und ein Bier vom Fass genießen.

Hotel Mittaghorn PENSION €
(☎033 855 16 58; mittaghorn@gmail.com; Poeschenried 39; DZ 100–120 SFr, 3BZ 140–150 SFr, 4BZ 180 SFr; ⌚Mai–Okt.; 📶) Hier könnte man völlig verzaubert ununterbrochen nur auf die Berge starren. Der unverwüstliche Walter und sein Kumpan Tim leiten das herrlich gelegene Holz-Chalet mit den knarrenden Dielen und Türen und den schlichten, gemütlichen Zimmern. Die Gemeinschaftsbäder verfügen über Münzduschen.

An- & Weiterreise

Außer auf Schusters Rappen ist Gimmelwald nur mit der Seilbahn zu erreichen: Die fünfminütige Fahrt hinunter von Mürren oder hinauf von Stechelberg kostet 6,20 SFr. Bus 141 pendelt zwischen der Stechelberger Seilbahnstation und dem Bahnhof von Lauterbrunnen (14 Min.).

DIE SEEN

Wer zum ersten Mal von Bern nach Interlaken reist, wird nie den Moment vergessen, in dem sein Blick auf den **Thunersee** gefallen ist. Manchen Besuchern bleibt angesichts der himmelhohen Alpen oberhalb des leuchtend türkisblauen Wassers buchstäblich die Luft weg. Im Osten grenzt Interlaken an den **Brienzersee**, der mit unglaublich blauem Wasser und schroffer Bergkulisse ebenso viele Schnappschüsse provoziert.

Thun

43 500 EW. / 559 M

Das mittelalterliche Thun ist ein Schweizer Städtchen wie aus dem Bilderbuch: Umringt von Bergen schmiegt sich die Stadt, gekrönt von einem turmbesetzten Märchenschloss, ans Ufer der türkisblauen Aare. Abgesehen von den historischen Sehenswürdigkeiten sprüht die Stadt nur so vor jugendlichem Geist. Ein lebhaftes Völkchen genießt die Sonne in den Cafés am Fluss und durchstöbert die einzigartigen Boutiquen in den ungewöhnlichen Arkaden.

Sehenswertes

Die Touristeninformation organisiert 1½-stündige Führungen (Mai–Nov. Sa, Juli & Aug. Mi, 15 SFr pro Pers.) durch die Altstadt und das Schloss. Einen zauberhaften Panoramablick auf Thun, den See und das vergletscherte Jungfrau-Massiv hat man vom Aussichtspunkt Jakobshübeli aus, der 20 Gehminuten südlich vom Zentrum liegt.

★ **Schloss Thun** BURG
(www.schlossthun.ch; Schlossberg 1; Erw./Kind 10 SFr/frei; ⌚10–17 Uhr) Einem Märchenschloss gleich thront oben auf einem Hügel das Schloss Thun mit einer Krone aus unzähligen Türmchen und weitem Blick auf See und Alpen. Es kann stolz auf eine 900-jährige Geschichte zurückblicken. Einst residierte hier mit Herzog Berthold V. ein Vertreter der mächtigen Zähringer. Heute beherbergt das Schloss ein Museum mit prähistorischen und römischen Relikten, Wandteppichen, Majolika und unzähligen glänzenden Rüstungen.

Altstadt ALTSTADT
Es ist ein Vergnügen, durch Thuns schöne, am Fluss liegende Altstadt zu schlendern. Überall in den Gassen und an den Plätzen sind Häuser aus dem 15. und 16. Jh. zu entdecken. Dabei kommt man auch an der 300 Jahre alten **Unteren Schleusenbrücke** vorbei, einer überdachten Holzbrücke, die im Sommer über und über mit rosa und lila Blumen bedeckt ist. In der Nähe befindet sich die flaggengeschmückte **Obere Hauptgasse** mit ihren Hochtrottoirs, in deren Lauben sich Boutiquen und Galerien verbergen. Am nördlichen Ende der Gasse liegt der kopfsteingepflasterte **Rathausplatz**; ein Brunnen ziert die Mitte, mit Laubengängen versehene Gebäude fassen ihn ein.

Schadaupark PARK
GRATIS Der schöne botanische Garten erstreckt sich an den Gestaden des Thunersees, mit herrlichen Ausblicken auf das schneebedeckte Jungfrau-Massiv an klaren Tagen. Im Frühjahr prägen Tulpen und Krokusse, im Sommer Rhododendren und im Herbst Birken mit ihrem goldenen Laub die Szenerie. Im Park steht das aus der Mitte des 19. Jhs. stammende zuckerwatterosafarbene Schloss Schadau (in dem heute ein Restaurant untergebracht ist), die 1250 Jahre alte **Kirche Scherzlingen** (www.scherzligen.ch; ⌚April–Okt. 10–18 Uhr) und das aus dem frühen 19. Jh. stammende **Thun-Panorama** (Schadaupark; Erw./Kind 9 SFr/frei; ⌚Di–So 11–17 Uhr), eines der ältesten Panoramabilder der Welt.

Schloss Oberhofen BURG
(www.schlossoberhofen.ch; Erw./Kind 10/2 SFr; ⌚Mitte Mai–Ende Okt. Di–So 11–17 Uhr) Das mit

Thun

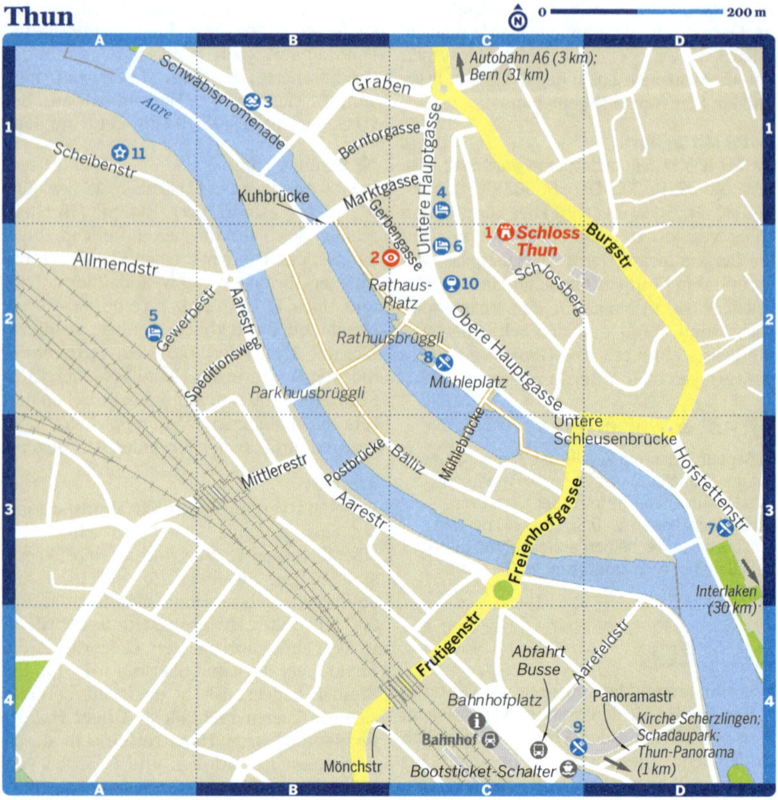

Türmchen bewehrte Schloss Oberhofen in schöner Lage am See wurde nach der Schlacht von Sempach (1386) der Kontrolle der Habsburger entrissen. Heute zeichnet es das Berner Leben vom 16. bis ins 19. Jh. nach. Die Besichtigung führt u. a. in die freskengeschmückte Kapelle, den prunkvollen napoleonischen Salon und den türkischen Rauchsalon. Vom gepflegten englischen **Landschaftsgarten** hat man einen herrlichen Blick in die Berner Alpen. Oberhofen ist per Boot 25 Minuten von Thun entfernt (einfach/hin & zurück 13/22 SFr) oder man nimmt den Bus 21 (3 SFr, 20 Min.).

Schloss Hünegg SCHLOSS

(www.schlosshuenegg.ch; Staatstrasse 52, Hilterfingen; Erw./Kind 9/3 SFr; ⏲ Mitte Mai–Mitte Okt. Mo–Sa 14–17, So 11–17 Uhr) Schloss Hünegg mit seinen silbernen Türmchen war einst der Landsitz eines wohlhabenden deutschen Barons und entstand nach dem Vorbild der Schlösser an der Loire. Das Gebäude und seine Einrichtung sind Paradebeispiele für Jugendstil und Neorenaissance; besonders sehenswert sind die stuckverzierten Salons aus dem 19. Jh.

Aktivitäten

Flussbad Schwäbis SCHWIMMEN

(Grabenstrasse 40; Erw./Kind 4,50/2,50 SFr; ⏲ Mai–Aug. 9–19 Uhr, Sept. bis 18 Uhr) Prima zum Abkühlen ist das Freibad an der türkisblauen Aare. Es gibt einen Planschbereich, Wasserrutschen und einen Sandkasten für Kinder.

Thunersee WASSERSPORT

Im Sommer kann man sich rund um den See und auf ihm mit allerlei Aktivitäten wie Baden, Bootfahren, Tauchen, Windsurfen, Wasserski, Wakeboarding, Stehpaddeln oder Segeln abkühlen. Eine vollständige Liste der Wassersportzentren und -schulen findet sich in der Broschüre *Thunersee* der Thuner Touristeninformation sowie auf deren Website.

Thun

Highlights
1 Schloss Thun C2

Sehenswertes
2 Altstadt C2

Aktivitäten, Kurse & Touren
3 Flussbad Schwäbis B1

Schlafen
4 Schwert C1
5 Spedition Thun A2
6 Zunfthaus zu Metzgern C2

Essen
7 Beau-Rivage da Domenico D3
8 Genuss am Fluss C2
9 Mani's Coffee & Bagels C4

Ausgehen & Nachtleben
10 Atelier Classic Bar C2

Unterhaltung
11 Konzepthalle6 .... A1

Feste & Events

Schlosskonzerte MUSIK
(www.schlosskonzerte-thun.ch; Juni) Vor der Kulisse von Schloss Thun und an anderen Stätten finden Konzerte von Klassik bis Jazz statt.

Schlafen

Zunfthaus zu Metzgern HISTORISCHES HOTEL €
(033 222 21 41; www.zumetzgern.ch; Untere Hauptgasse 2; EZ/DZ/3BZ ohne Bad 71/139/200 SFr) Das 700 Jahre alte Zunfthaus steht an Thuns schönstem Platz. Kühne Kunst schmückt die gepflegten Zimmer. Das Restaurant im Erdgeschoss nutzt regionale Bio-Produkte zur Zubereitung von Gerichten wie Lamm mit karamellisierten Aprikosen oder pochierte Regenbogenforelle mit Vanille-Feigen-Sauce.

Spedition Thun DESIGNHOTEL €€
(033 550 59 09; www.speditionthun.ch; Gewerbestrasse 4; EZ 145 SFr, DZ 190–254 SFr; P) Das neue Hotel Spedition bläst frischen Wind in die Thuner Unterkunftsszene. Es ist mit einem wachsamen Auge für Details eingerichtet worden – dafür wurde es 2017 mit dem Prix Versailles der Unesco für die beste Hoteleinrichtung Europas ausgezeichnet. In den 15 Zimmern wird das Flair eines hundert Jahre alten denkmalgeschützten Gebäudes mit kräftigen Erdfarben, luxuriösen Stoffen, alten Möbeln und ultramodernen Bädern angereichert.

Schwert HISTORISCHES HOTEL €€
(033 221 55 88; www.schwert-thun.ch; Untere Hauptgasse 8; EZ 75–100 SFr, DZ 145–230 SFr;) Das anmutige Hotel aus dem 18. Jh. schmiegt sich an den Fuß des Schlossbergs und hat ein einladendes Restaurant. Holzböden, hohe Decken und einige Antiquitäten ergänzen die individuell gestalteten Zimmer mit alteuropäischem Flair.

Essen & Ausgehen

Mani's Coffee & Bagels BAGELS €
(033 221 60 65; www.manis.ch; Panoramastrasse 1A; Bagels 2,50–10,50 SFr, Mittagessen 13 SFr; Mo–Fr 7–22, Sa 8–18, So 9–18 Uhr) Mit seiner eleganten monochromen Einrichtung im Industrie-Schick mit Holzböden wäre diese Kombi aus Café und Weinbar auch in New York nicht fehl am Platze. Auf der Getränkekarte stehen aromatische Plantagenkaffees, sämige heiße Schokolade, Matcha-Tees und sorgsam ausgewählte Weine und Craft-Biere. Diese passen bestens zu Antipasti, frischen Bagels, kreativ zubereiteten Salaten und elsässischen Flammkuchen.

★ **Beau-Rivage da Domenico** ITALIENISCH €€
(033 221 41 10; https://beau-rivage-thun.ch; Hofstettenstrasse 6; Pizza 11–24 SFr, Hauptgerichte 26–45 SFr; Mo–Do 9–24, Fr & Sa bis 1, So bis 23.30 Uhr) Das Beau-Rivage da Domenico serviert in einem anmutigen altmodischen Gebäude italienisches Essen mit der Herzlichkeit und Großzügigkeit des *Bel Paese*. Die hochwertigen saisonalen Zutaten glänzen in einfachen, aber gut zubereiteten Gerichten wie hausgemachter Pasta und Pizza oder gegrillten Riesengarnelen mit Zitronenrisotto und Entrecôte mit Pfeffersauce. Im Sommer lässt es sich schön auf der Terrasse mit Zitronen- und Olivenbäumen sitzen.

Genuss am Fluss FUSIONSKÜCHE €€
(033 223 88 99; http://am-fluss.ch; Mühleplatz 9; Hauptgerichte 33–42 SFr; Mi–Mo 9–23 Uhr) Direkt am Ufer der Aare lockt das moderne verglaste Loungerestaurant ein junges Publikum an, das sich an der lockeren Stimmung erfreut und sich *pinchos* (kleine Speisen) mit Wein und mediterrane Hauptgerichte schmecken lässt. Die Uferterrasse voller Olivenbäume ist ein prima Ort für einen Sundowner.

Atelier Classic Bar COCKTAILBAR
(www.bar-atelier.ch; Rathausplatz 3; Di & Mi 17–24, Do bis 1, Fr & Sa bis 2, So bis 24 Uhr) Der Mix-

ABSTECHER

SCHILTHORN

An klaren Tagen ist der Panoramablick auf rund 2000 Gipfel vom 2970 m hohen Schilthorn wirklich unschlagbar – vom Titlis bis zum Mont Blanc und sogar hinüber zum Schwarzwald.

Einige Besucher sind allerdings mehr damit beschäftigt, ihre Version von „Mein Name ist Bond, James Bond" von sich zu geben, da hier 1968/69 einige Szenen von *Im Geheimdienst ihrer Majestät* gedreht wurden. Die interaktive Ausstellung **Bond World 007** (www.schilthorn.ch; mit Seilbahnticket Eintritt frei; ⌚8–18 Uhr) gibt Gelegenheit, als Geheimagent zu posieren und sich über die Skistunts und andere Aspekte der Produktion des Films zu informieren. Oder man genießt die phantastische Aussicht bei einem Mittagessen im Drehrestaurant **Piz Gloria** (☎033 856 21 50; www.schilthorn.ch; Höheweg 2; Hauptgerichte 21–45 SFr; ⌚8–17 Uhr).

Auf dem Weg von Mürren zum Schilthorn steigt man an der Station Birg (2677 m) in eine andere Seilbahn um. An der Station bieten sich von der Sonnenterrasse und vom irren **Skyline Walk** (www.schilthorn.ch; Birg; 👪) weitere atemberaubende Ausblicke. Oder man testet sein Nervenkostüm auf dem passend benannten **Thrill Walk** (www.schilthorn.ch; Birg) mit einer Reihe von durchsichtigen Plexiglasplattformen, die in der Felswand verankert sind.

Von Interlaken umfasst der Ausflug zum Schilthorn eine Zugfahrt von Interlaken Ost nach Lauterbrunnen, gefolgt von der Seilbahnfahrt zur Grütschalp, einem Zug nach Mürren und zwei weiteren Seilbahnen über Birg zum Schilthorn. Auf der Rückfahrt geht's zunächst zurück nach Mürren. Wer einen anderen Blick auf die Bergwelt genießen möchte, nimmt die Seilbahn nach Stechelberg, dann Bus 141 nach Lauterbrunnen und schließlich den Zug zurück nach Interlaken.

Kompliziert? Ganz und gar nicht! Nach guter Schweizer Art ist alles perfekt aufeinander abgestimmt. Die Hin- und Rückfahrt kostet 131,80 SFr ab Interlaken (82 Min.), 114,20 SFr ab Lauterbrunnen (54 Min.) bzw. 82,80 SFr ab Mürren (17 Min.). Inhaber eines Swiss Travel Pass zahlen nur für den Teil von Mürren zum Schilthorn (hin & zurück 41,10 SFr, mit 50 % Rabatt).

kunst in dieser preisgekrönten Cocktailbar, die zu den besten der gesamten Schweiz gehört, wohnt ein gewisser Zauber inne. Alte Möbel, gedämpftes Licht und Backsteingewölbe schaffen eine dekadente, urbanschicke Kulisse für besondere Cocktails, z. B. einen Erotica (Wodka, Passionsfrucht und Champagner), einen Gin Sour oder einen klassischen Negroni. Perfekt für ein Date!

★ Unterhaltung

Konzepthalle6 KULTURZENTRUM
(www.konzepthalle6.ch; Scheibenstrasse 6) Die umgebaute Fabrikhalle hat sich zu einem hoch angesehenen Kulturzentrum mit topmodernem Design gemausert. Hier finden Events von Konzerten bis zu Poetry Slams und Kunstausstellungen statt.

ℹ Praktische Informationen

Die **Touristeninformation** (☎033 225 90 00; www.thunersee.ch; Bahnhofplatz; ⌚Mo–Fr 9–12.30 & 13.30–18, Sa 10–15 Uhr) am Bahnhof hat Infos zu Thun und Umgebung. Einen kostenlosen Audioguide fürs Smartphone gibt's auf der Website.

ℹ An- & Weiterreise

Thun liegt an der wichtigen Bahnstrecke von Frankfurt a. M. nach Mailand und weiter gen Süden. Nach Interlaken West (16,60 SFr, 37 Min.) und Bern (16,60 SFr, 21 Min.) fahren regelmäßig Züge. Der Busbahnhof befindet sich vor dem Bahnhof. Boote überqueren den See nach Interlaken West (45 SFr) und Spiez (22 SFr).

Thun ist über die A6 zu erreichen, die von Spiez nordwärts nach Bern führt.

Spiez

12 477 EW. / 628 M

Das an einer hufeisenförmigen Bucht des Thunersees gelegene Spiez mit seinem mittelalterlichen Schloss, das über smaragdgrünen Weinbergen thront, wird oft links liegen gelassen, ist aber ein großartiges Refugium.

Es hat eine entspannte Atmosphäre und eine traumhafte Lage mit Blick auf den kegelförmigen Niesen (2362 m) und einen fjordartigen Seeabschnitt.

Sehenswertes & Aktivitäten

Schloss Spiez BURG

(www.schloss-spiez.ch; Schlossstrasse 16; Erw./Kind 10/2 SFr; ⌚ Ostern–Mitte Okt. Mo 14–17, Di–So 10–17 Uhr, Juli–Mitte Sept. 10–18 Uhr) Das mittelalterliche Schloss mit seinen Türmchen ist vollgestopft mit Ölporträts seiner ehemaligen Besitzerfamilien derer von Bubenburg und von Erlach. Das eigentliche Highlight ist aber die Aussicht – entweder vom Festsaal aus oder vom hohen Turm (wo auch ein Graffito aus dem 13. Jh. zu finden ist).

Freibad Spiez SCHWIMMEN

(www.freibadspiez.ch; Erw./Kind 6,60/3,30 SFr; ⌚ Mitte Mai–Anfang Sept. 7.30–20 Uhr) Das Freibad lockt sonnenhungrige Einheimische an, die sich im See vergnügen oder im 50-m-Becken ihre Bahnen ziehen wollen. Zudem gibt es Volleyballfelder, Tennisplätze und die längste Wasserrutsche im Berner Oberland.

Feste & Events

Läset-Sunntig WEIN

(www.laeset-spiez.ch) Bei diesem Fest Mitte September entkorkt Spiez seine besten Weine. Dazu gibt's traditionelle Umzüge und Märkte.

Schlafen & Essen

Viele ziemlich durchschnittliche Pizza/Pasta-Lokale finden sich rund um die Bootsanlegestelle. Das beste Essen gibt's in den Hotelrestaurants.

Seegarten Marina HOTEL €€

(☎ 033 655 67 67; www.seegarten-marina.ch; Schachenstrasse 3; EZ 120–140 SFr, DZ 180–240 SFr; P 📶) Das Hotel hat eine schöne Lage am Ufer des Thunersees. Die etwas in die Jahre gekommenen Zimmer sind zwar schlicht, aber groß und blitzsauber. Der freundliche Service und das Uferrestaurant mit Schweizer Klassikern tragen zum Charme des Hauses bei.

Strandhotel Belvédère HISTORISCHES HOTEL €€€

(☎ 033 655 66 66; www.belvedere-spiez.ch; Schachenstrasse 39; EZ 245–340 SFr, DZ 345–480 SFr, Suite 490–750 SFr; P 📶 🏊) Mit seinem Jugendstil-Flair versetzt das elegante Hotel seine Gäste zurück in die Zeit vor 100 Jahren. Kronleuchter schmücken die Gemeinschaftsbereiche, während die Zimmer teilweise etwas übertrieben mit Blumenmustern und Pastelltönen verziert sind. Nichtsdestotrotz machen vor allem die Zimmer mit Balkon zum See einen gemütlichen Eindruck. Es gibt auch ein Spa und ein Gault-Millau-Restaurant.

Praktische Informationen

Die **Touristeninformation** (☎ 033 655 90 00; www.thunersee.ch; Am Bahnhof; ⌚ Mo–Fr 8–12 & 13.30–17.30, Sa 9–12 Uhr) befindet sich am Bahnhof. In der Zwischensaison ist sie kürzer geöffnet.

An- & Weiterreise

Von Interlaken West fahren regelmäßig Züge nach Spiez (10,60 SFr, 17 Min.). Die Anreise per Boot kostet ab Thun 11,20 SFr und ab Interlaken

ABSTECHER

BUNKERMENTALITÄT

Warum kann man auch mitten im tiefsten Tunnel noch Radio hören? Die Landschaft hier hat mehr Löcher als ein Emmentaler Käse. Zu den unterirdischen Überraschungen der Schweiz gehören auch die ehemals streng geheimen, aus dem Zweiten Weltkrieg stammenden Bunker von **Faulensee** (☎ 033 654 25 07; www.artilleriewerk-faulensee.ch; Erw./Kind 10/5 SFr; ⌚ April–Nov. 1. Sa des Monats 10–15 Uhr), die einst für die militärische Verteidigung von Thun, Spiez und der Lötschbergbahn gebaut wurden. Im Sommerhalbjahr ist die Anlage einmal pro Monat für Besucher zugänglich.

Kanonen schirmen die Bunkereingänge ab, die raffiniert als landwirtschaftliche Scheunen getarnt sind und zu einem unterirdischen Tunnelsystem führen. Dessen beengte Schlafquartiere, Büros, Laboratorien und Küchen können im Rahmen von Führungen (1½–2 Std.) besichtigt werden. Wer an einer solchen Führung teilnehmen will, sollte warme Bekleidung und stabiles Schuhwerk tragen.

Faulensee ist mit dem Bus (ab Bahnhof Spiez) und dem Schiff (ab Interlaken West; einfach/hin & zurück 12,80/21,60 SFr) zu erreichen.

West 15,20 SFr. Die Seestrasse ist die Hauptstraße. Sie liegt zur Linken, wenn man den Bahnhof verlässt, und führt zum Schloss (15 Min.).

Spiez liegt an der A8 zwischen Interlaken (20 km östlich) und Thun (14 km nordwestlich).

Brienz

2996 EW. / 566 M

Sollte ein Kind ein typisches Alpendorf malen, käme dabei wohl so etwas wie Brienz heraus: mit dunklen, mit Geranien geschmückten Holzhäusern, einer tutenden Dampfeisenbahn und den Ausblicken über das herrlich türkisblaue Wasser des gleichnamigen Sees auf schroffe Berge und dichte Wälder. Wenn man sich die Holzschnitzerateliers und die Seepromenade anschaut, scheint die Zeit in dem sehr traditionsbewussten Ort stehen geblieben zu sein.

Sehenswertes & Aktivitäten

An der von Bäumen gesäumten Uferpromenade können Kinder auf dem Wasserspielplatz planschen.

Rothorn-Bahn PANORAMABAHN

(www.brienz-rothorn-bahn.ch; einfach/hin & zurück 57/88 SFr; ⏲ Juni–Ende Okt. 7.30–16.30 Uhr stündl.; 👪) Die Rothorn-Bahn ist die letzte noch dampfbetriebene Zahnradbahn in der Schweiz. Von der Bergstation am Rothorn in 2350 m Höhe kann man sich zu Wanderungen aufmachen oder auch einfach nur den unglaublichen Panoramablick über den Brienzersee bis zu den schneebedeckten, 4000 m hohen Bergen genießen. Der Aufstieg von Brienz zu Fuß dauert etwa fünf Stunden.

Giessbachfälle WASSERFALL

(Seilbahn einfach/hin & zurück 5/10 SFr) Wie ein Licht in der Dunkelheit stechen die dunstigen Giessbachfälle aus den Tannenwäldern hervor. Über 14 Felsstufen stürzen sie 500 m tief ins Tal. Europas älteste Standseilbahn (von 1879) verbindet den Bootsanleger mit den Kaskaden. Zu deren eindrucksvollstem Abschnitt sind es jedoch nur 15 Minuten zu Fuß. Die Giessbachfälle lassen sich von Brienz aus leicht per Boot (11,20 SFr) oder mit dem Bus 152 (3,60 SFr, 22 Min.) erreichen.

Freilichtmuseum Ballenberg MUSEUM

(www.ballenberg.ch; Erw./Kind 24/12 SFr; ⏲ Mitte April–Okt. 10–17 Uhr; 👪) Dieses Freilichtmuseum bietet einen faszinierenden Einblick in das Schweizer Landleben früherer Zeiten. Auf dem 80 ha großen Gelände östlich von Brienz befinden sich authentisch nachgebaute Bauerndörfer, die einen architektonischen Rundgang durch die Schweiz ermöglichen. Das Spektrum der 100 Jahre alten Gebäude reicht von schlichten Walliser Holzhütten bis hin zu Bauernhäusern aus dem Berner Oberland mit schmucken Dächern.

Brunngasse VIERTEL

Im Ort lohnt sich ein Bummel durch die bilderbuchschöne Brunngasse, eine krumme Gasse mit mächtigen Holzhäusern, deren Bewohner einander mit Kletterpflanzen, putzigen Wichteln und wogenden Geranien in den Fenstern zu überbieten versuchen.

Schlafen & Essen

Camping Aaregg CAMPINGPLATZ €

(☎033 951 18 43; www.aaregg.ch; Seestrasse 22; Stellplatz Erw. 13 SFr, Auto & Zelt 20 SFr; ⏲ April–Okt.) Auf einer kleinen Halbinsel liegt dieser friedliche Campingplatz direkt am See. Er hat ausgezeichnete Einrichtungen wie ein Restaurant und einen Spielplatz. Zu Fuß ist er in nur zehn Minuten vom Bahnhof aus in östlicher Richtung zu erreichen.

Hotel Steinbock HISTORISCHES HOTEL €€

(☎033 951 40 55; www.steinbock-brienz.ch; Hauptstrasse 123; EZ 140–160 SFr, DZ 180–230 SFr, FZ 240–280 SFr; P 📶) Das schöne, aus Kiefernholz gezimmerte Chalet von 1787 wird von einem Steinbock bewacht. Die in warmen Farbtönen gestalteten, behaglichen Zimmer haben Bio-Matratzen, Flachbildfernseher und schicke Badezimmer, deren Duschen einen Kieselboden besitzen, sodass man sich gleich selbst eine Fußreflexzonenmassage verpassen kann. Unten befinden sich ein gemütliches Restaurant und ein Weinkeller.

Grand Hotel Giessbach LUXUSHOTEL €€€

(☎033 952 25 25; www.giessbach.ch; EZ 169–249 SFr, DZ 325–626 SFr) Das prächtige Grandhotel aus dem 19. Jh. mit Blick auf den Brienzersee und den donnernden Giessbachfall ist ein romantisches Refugium. Es hat Zimmer voller Antiquitäten, noblen Service und ein Restaurant, von dessen Terrasse man einen weiten Ausblick genießt.

Seehotel Bären SCHWEIZERISCH €€

(☎033 951 24 12; www.seehotel-baeren-brienz.ch; Hauptstrasse 72; Hauptgerichte 24–39,50 SFr; ⏲ 12–22 Uhr; 👪) Das Hotel hat eine erstklassige Lage direkt am Seeufer und ist eine tolle Option, wenn man unter freiem Himmel speisen will. Der Koch holt das Beste aus den regionalen Zutaten heraus: von Zander und Weißfisch aus dem Thunersee bis hin zu in Heu mariniertem Lamm.

Praktische Informationen

Der Bahnhof, die Bootsanlegestelle, die Station der Brienz-Rothorn-Bahn und das Postamt liegen alle im kompakten Ortskern. Die **Touristeninformation** (☎ 033 952 80 80; www.brienz-tourismus.ch; Hauptstrasse 143; ⌚ Mitte Juni–Okt. Mo–Fr 8–18, Sa 9–13 & 14.30–18, So 10–13 & 15–17 Uhr, Winter Sa & So geschl.) befindet sich im Bahnhof.

An- & Weiterreise

Brienz ist von Interlaken Ost per Zug (8,40 SFr, 17 Min.) und Boot (32 SFr) zu erreichen. Der Brünigpass (1008 m) bildet die Straßenverbindung nach Luzern. Über die A8 und die A6 gelangt man Richtung Westen nach Interlaken und Thun.

ÖSTLICHES BERNER OBERLAND

Meiringen

4737 EW. / 595 M

Einst ließ der Schriftsteller Arthur Conan Doyle seinen berühmten Detektiv Sherlock Holmes am Fuß der Reichenbachfälle bei Meiringen sterben. Seit dessen scheinbarem Ableben ist diese Ecke der Schweiz von einem gewissen englischen Spleen geprägt: Am „Todestag" ihres Idols (4. Mai) veranstalten Fans in typischen Tweedmützen und Capes hier regelmäßig eine Gedenkfeier.

Meiringen ist nicht nur für Ermittlungsarbeit bekannt, sondern gilt vor allem als Geburtsort des Baisers (alias Meringue). Diese luftige Köstlichkeit aus gezuckertem Eischnee ziert heute Süßigkeitenstände auf der ganzen Welt.

Sehenswertes & Aktivitäten

Das Haslital ist ein Wunderland des Freizeitsports. Es gibt 300 km von markierten Wander- und Radwegen, die zu wilden Tälern, Wasserfällen und Hochmooren führen. Der 2,7 km lange Murmeltierpfad ist bei Kindern sehr beliebt. Mountainbikes und Elektroräder kann man am Bahnhof mieten.

Sobald es schneit, brausen Anfänger und Fortgeschrittene die insgesamt 60 km langen Skipisten der Region hinab (Tagesskipass Erw./Kind 57/28 SFr). Für Familien eignen sich die schillernden Winter-Wanderwege und die Rodelpisten, z. B. die 5,5 km lange Piste von der Großen Scheidegg zur Schwarzwaldalp.

★ Reichenbachfälle WASSERFALL

Mit ohrenbetäubendem Donnern stürzen die mächtigen Reichenbachfälle 250 m ins Tal. Für Arthur Conan Doyle waren sie der perfekte Ort, um seinen Helden ins literarische Jenseits zu schicken (freilich nur, um in später wiederauferstehen zu lassen): In *Sein letzter Fall* (1891) agierte der Autor wie einer seiner Schurken, indem er Sherlock Holmes und Dr. Moriarty hier zusammen in den Abgrund schickte. Um die Wasserfälle zu erreichen, nimmt man am besten die **Standseilbahn** (www.reichenbachfall.ch; einfach/hin & zurück Erw. 7/10 SFr, Kind 6/8 SFr; ⌚ Mai–Mitte Okt. 9–17.30 Uhr), die von Willigen südlich der Aare zur oberen Fallkante fährt.

Der Rückmarsch hinunter nach Meiringen dauert eine Stunde. Alternativ führt ein steiler Pfad am Rand der Fälle hinauf zum Dorf Zwirgi. Das gleichnamige Gasthaus vermietet dort Trottinett-Roller (Erw./Kind 17/15 SFr) für einen etwas schnelleren Rückweg nach Meiringen.

Triftbrücke BRÜCKE

(Seilbahn einfach/hin & zurück 12/24 SFr; ⌚ Seilbahn Juni, Sept. & Okt. 9–16 Uhr, Juli & Aug. bis 17 Uhr) Rund 300 km ausgeschilderter Wanderwege durchziehen das Haslital. Ein besonderes Highlight ist jedoch die 170 m lange und 100 m hohe Triftbrücke, eine der längsten und höchsten Seilbrücken Europas. Um von Meiringen aus die Brücke zu erreichen, nimmt man den Zug nach Innertkirchen und dann einen Bus nach Nessental zur Seilbahn. Die Triftbahn bringt einen auf eine Höhe von 1022 m. Von dort wandert man eineinhalb bis zwei Stunden bis zur Brücke (1870 m).

Aareschlucht SCHLUCHT

(www.aareschlucht.ch; Erw./Kind 8,50/5 SFr; ⌚ Juli & Aug. 8.30–18.30 Uhr, April–Juni, Sept. & Okt. 8.30–17.30 Uhr) Nicht einmal 2 km von Meiringen entfernt liegt die schmale, 1,4 km lange Aareschlucht. Tunnel und Galerien führen an milchig-blauen Sturzbächen und Felsüberhängen vorbei. Im Sommer wird die Schlucht donnerstag-, freitag- und samstagabends spektakulär beleuchtet. Die **Meiringen-Innertkirchen-Bahn** (einfach/hin & zurück 3,60/7,20 SFr; ⌚ 6–22.45 Uhr) fährt von Meiringen zum Eingang der Schlucht.

Sherlock-Holmes-Museum MUSEUM
(www.sherlockholmes.ch; Bahnhofstrasse 26; Erw./Kind 4/3 SFr, inkl. Reichenbachfall-Standseilbahn 11/8 SFr; ⌚Mai–Sept. Di–So 13.30–18 Uhr, sonst Mi–So 16.30–18 Uhr) Das Museum im Untergeschoss der Englischen Kirche in Meiringen ist ein Muss für echte Fans. Das Highlight ist der Nachbau des Wohnzimmers in der Londoner Baker Street 221b. Bei Bedarf stehen auch Audioguides zur Verfügung.

Gletscherschlucht Rosenlaui SCHLUCHT
(www.rosenlauischlucht.ch; Erw./Kind 8/4 SFr; ⌚Juni–Sept. 9–18 Uhr, Mai & Okt. 10–17 Uhr) Über einen Rundweg gelangt man zu den Wasserfällen und 80 m hohen Klippen der dramatischen Gletscherschlucht. Der Rückweg zu Fuß nach Meiringen dauert mindestens zwei Stunden; von Juni bis September fährt aber auch stündlich ein Bus.

Schlafen & Essen

★ **Hotel Victoria** BOUTIQUEHOTEL €€
(☎033 972 10 40; www.victoria-meiringen.ch; Bahnhofplatz 9; EZ 155–240 SFr, DZ 195–290 SFr; P 📶) In diesem schicken Boutiquehotel zählen die Details – von den Designermöbeln in den Zimmern bis zum Bergblick und dem Zimmerservice. Simon bereitet in dem im Gault Millau ausgezeichneten Restaurant mit Einfallsreichtum marktfrische Zutaten zu.

Hotel Alpbach HOTEL €€
(☎033 971 18 31; www.alpbach.ch; Kirchgasse 17; EZ 95–130 SFr, DZ 190–270 SFr; P 📶) Freundlicher Service ist ein wenig Glückssache, aber der Charme der mit Kiefernholz verkleideten Zimmer in diesem zentral gelegenen Hotel ist nicht zu leugnen. Um den Romantikfaktor zu erhöhen, kann man sich ein Zimmer mit Himmelbett geben lassen. Es gibt auch eine kleine Sauna und ein Dampfbad sowie ein rustikales Restaurant.

Park Hotel du Sauvage HISTORISCHES HOTEL €€
(☎033 972 18 80; www.sauvage.ch; Bahnhofstrasse 30; EZ 105–125 SFr, DZ 180–280 SFr; P 📶) Arthur Conan Doyle übernachtete einst in diesem Jugendstil-Klassiker. Heute nehmen eher Rentner an den Krimi-Wochenenden das Frühstücksbuffet unter die Lupe. Nach dem Glanz alter Zeiten in der Lobby sind die Zimmer eher enttäuschend.

Frutal CAFÉ €
(Bahnhofstrasse 18; Kuchen 3–6 SFr; ⌚7–18.30 Uhr) Im Fenster der altmodischen Teestube prunkt ein kitschiger Baiser aus Plastik, der sich die Lippen leckt. Wer es ihm gleichtun will, braucht nur die federleichten echten Baisers hier zu bestellen.

Molki Meiringen KÄSE €
(Lenggasse 1; ⌚Mo–Fr 8–12.15 & 14–18.30, Sa 7.30–17 Uhr) Hier bekommt man würzige Käsesorten aus dem Haslital und selbst gemachtes Eis.

Praktische Informationen

Beim Verlassen des Bahnhofs (mit Fahrradverleih) erblickt man gegenüber das Postamt, die Bushaltestelle und die **Touristeninformation** (☎033 972 50 50; www.haslital.ch; Bahnhofplatz 12; ⌚Mo–Fr 8–12 & 13.30–18 Uhr; 📶).

An- & Weiterreise

Es fahren regelmäßig Züge nach Luzern (24 SFr, 1¼ Std.) und Interlaken Ost (6,60 SFr, 33 Min.). Im Sommer gelangen Busse und Autos über den Pass südostwärts nach Andermatt; die Straße Richtung Südwesten über die Große Scheidegg (und weiter nach Grindelwald) ist für Privatautos gesperrt.

Meiringen liegt an der Straße 6, die nach Süden Richtung Wallis und nach Westen am Nordufer des Brienzersees entlang nach Interlaken führt.

WESTLICHES BERNER OBERLAND

Kandersteg

1314 EW. / 1176 M

Wer in Kandersteg ohne schlammige Stiefel aufkreuzt, wird wahrscheinlich schiefe Blicke ernten. Bei dem 550 km langen Wegnetz in der Gegend steht Wandern an erster Stelle. Spitze, mit Gletschern überzogene Gipfel und türkisblaue Seen bilden die wie ein Amphitheater anmutende eindrucksvolle Naturkulisse des rustikalen Orts voller Chalets aus dunklem Holz.

Sehenswertes & Aktivitäten

Im Winter gibt es mehr als 50 km an Langlaufloipen (teilweise über den zugefrorenen Oeschinensee). Die insgesamt nur 15 km langen Abfahrtspisten (Tagesskipass 39 SFr) eignen sich für Anfänger. Kanderstegs vereiste Wasserfälle locken Eiskletterer an.

Oeschinensee SEE
(www.oeschinensee.ch; Seilbahn einfach/hin & zurück 18/26 SFr; ⌚9–17 Uhr; 👪) Berge säumen

den unglaublich türkisblauen Oeschinensee, wo man angeln, wandern, baden und Ruderboote mieten kann. Ein Sessellift bringt einen bis auf 20 Gehminuten an den See heran. Von dort dauert die Wanderung zurück nach Kandersteg hinunter eine Stunde. Kinder haben ihren Spaß an der Sommerrodelbahn (Erw./Kind 5/4 SFr) nahe der Bergstation des Sessellifts. Im Winter kann man auf dem 1½-stündigen Unesco Ice Walk über den zugefrorenen See laufen.

Blausee SEE

(www.blausee.ch) Von Kandersteg führt eine malerische, 5 km lange Wanderung zu dem azurblauen Blausee und dem dortigen Naturpark. Das Restaurant am Ufer serviert frisch gefangene Forellen. Vom Bahnhof fährt außerdem jede Stunde der Bus 230 (6,80 SFr, 11 Min.) hierher.

Gemmipass WANDERN

Kanderstegs wildes Hinterland an der Grenze zum Kanton Wallis bietet erstklassige Wandermöglichkeiten. Wunderbar ist der mittelmäßig anspruchsvolle Höhenweg über den Gemmipass (2314 m) nach Leukerbad, bei dem stellenweise sehr steile Abstiege Knie und Oberschenkel ganz schön beanspruchen (6–7 Std.); am besten ist er von Juli bis September zu begehen. Der Weg beginnt an der Bergstation der **Sunnbüel-Seilbahn** (einfach/hin & zurück 26/36 SFr; ⌚ Juni–Okt. 8.30–18 Uhr). Zur Talstation der Bahn gelangt man vom Bahnhof mit der Buslinie 241.

Klettersteig Allmenalp KLETTERSTEIG

(www.allmenalp.ch) Wer eine Herausforderung sucht, kann sich an den anspruchsvollen Klettersteig (3½ Std.) auf der Allmenalp wagen. Ausrüstung kann man an der Talstation mieten (25 SFr). Eine **Seilbahn** (⌚ Ende Juni–Mitte Okt. 8–18 Uhr) fährt hinauf zum Ausgangspunkt auf der Allmenalp.

Alpine Centre Kandersteg KLETTERN

(☎ 033 675 01 01; http://alpine-center.ch; Bahnhofstrasse 15; ⌚ Mo, Di, Mi & Fr 9–12 & 13.30–18, Sa 9–12 & 13.30–16 Uhr) Der Ausrüstungsverleiher mit Kletterhalle organisiert im Sommer geführte Klettersteig-Touren; im Winter geht es zum Eisklettern. Termine und Preise stehen auf der Website.

Schlafen & Essen

★ The Hayloft B&B €

(☎ 033 675 03 50; www.thehayloft.ch; Altes Bütschels Hus; EZ/DZ/3BZ 60/120/180 SFr) Man stelle sich ein 500 Jahre altes Chalet aus dunklem Holz vor, das sich an einen Hang schmiegt. Auf den blumenübersäten Weiden grasen friedlich Kühe. Und lässt man das Auge schweifen, erblickt man Wasserfälle und Gletscher. Einfach nur idyllisch! Das aus einem Bauernhof umgebaute B&B liegt in den fähigen Händen von Peter und Kerry, die ihre Gäste wie Familienangehörige empfangen und köstliches Frühstück und Abendessen (30 SFr) servieren.

Ruedihus HISTORISCHES HOTEL €€

(☎ 033 675 81 81; www.doldenhorn-ruedihus.ch; EZ 110–150 SFr, DZ 240–390 SFr; P) Jeder knarrende Balken kündet in dieser typischen, 250 Jahre alten Berghütte von Geschichte. Die romantisch-warmen Zimmer im Landhausstil haben niedrige Decken, antike, bemalte Möbel und freistehende Pfostenbetten. Kräuter aus dem Garten werden genutzt, um die Gerichte im gemütlichen Restaurant zu würzen.

Berghotel Oeschinensee HOTEL €€

(☎ 033 675 11 19; www.oeschinensee.ch; EZ 90–110 SFr, DZ 150–200 SFr) In jeder Hinsicht zu rühmen sind sowohl das Essen wie auch die prächtige Aussicht auf See und Berge von dieser Berghütte aus dem späten 19. Jh., die in fünfter Generation von der netten Familie Wandfluh geführt wird. Die mit Kiefernholzmöbeln ausgestatteten Zimmer sind schlicht und ruhig.

★ Nico's SCHWEIZERISCH €€

(☎ 033 675 84 84; http://alfasoleil.ch; Äussere Dorfstrasse 99; Hauptgerichte 29–58 SFr; ⌚ Mi 18–23.30, Do–Mo 8.30–23.30 Uhr) Der Koch dieses eleganten Restaurants im Hotel Alfa Soleil legt Wert auf Bio-Zutaten, die gesammelt oder von Höfen in der Region bezogen sind.

Bernerhof SCHWEIZERISCH €€

(☎ 033 675 88 75; www.bernerhof.ch; Hotel Bernerhof, Äussere Dorfstrasse 26; Hauptgerichte 21–46 SFr, 5-Gänge-Menü 56 SFr; ⌚ Fr–So 8–22, Mo–Do 15–22 Uhr) Die Einheimischen sind ganz begeistert von diesem behaglichen Lokal im chaletartigen Hotel Bernerhof. Wem der Sinn nach deftiger Schweizer Küche steht, ist hier genau richtig. Auf der saisonalen Karte stehen immer auch einige vegane und vegetarische Gerichte.

Praktische Informationen

Die **Touristeninformation** (☎ 033 675 80 80; www.kandersteg.ch; Äussere Dorfstrasse 26; ⌚ Juni–Sept. Mo–Fr 8–12 & 13.30–18,

Sa 8.30–12 & 15–18 Uhr, sonst kürzer) kann Wanderrouten und weitere Aktivitäten in der Gegend vorschlagen.

An- & Weiterreise

Kandersteg liegt am nördlichen Ende des **Lötschbergtunnels** (www.bls.ch), durch den Züge nach Goppenstein (30 km von Brig entfernt) und weiter nach Iselle in Italien rollen. Bei den stündlich fahrenden Zügen nach Interlaken Ost (15,10 SFr, 70 Min.) muss man in Spiez (9,40 SFr, 31 Min.) umsteigen.

Kandersteg liegt 26 km südlich von Spiez. Von dort führt die A8 Richtung Osten nach Interlaken und die A6 Richtung Westen nach Thun.

Gstaad

3600 EW. / 1100 M

Gstaad ist vielleicht ähnlich glamourös wie seine Partnerstadt Cannes, doch angesichts des Dorfkerns voller Holzhäuser und der Weiden voller Kühe wirkt es kleiner als sein Ruf – seine Designerskistiefel sind sozusagen ein paar Nummern zu groß. George Clooney, Valentino, Madonna, Paris Hilton und sogar Margaret Thatcher haben sich hier mit ihren Platin-Kreditkarten ihren Urlaubstraum erfüllt. Die wichtigste Sportart ist denn auch Promis-Gaffen und begehrliches Bummeln durch die Boutiquen voller Gucci-Artikel. Normalsterbliche haben aber auch am Wandern, Mountainbiken und Skifahren Spaß.

Aktivitäten

Winter

Für Nicht-Skifahrer und Familien hat Gstaad viel Spaß abseits der Pisten zu bieten, z. B. Eisskaten, Curling, Kutschfahrten, rund 30 Winterwanderwege, Schneeschuhlaufen, Airboard-Fahren in Saanenmöser und Schneegolf in Wispile. Alle Infos gibt's unter www.gstaad.ch.

Gstaad Mountain Rides SKIFAHREN
Rund um Gstaad erstreckt sich ein 220 km langes Netz mit blauen, roten und schwarzen Abfahrtspisten. Das Skigebiet schließt auch benachbarte Ferienorte wie Saanen, Saanenmöser, St. Stephan und Zweisimmen mit ein. Ein Skipass für zwei Tage kostet 124 SFr für Erwachsene und 62 SFr für Kinder.

Anfänger können den Schnee auf den leichten, von Bäumen gesäumten Pisten von Wispile und Eggli testen, während sich erfahrenere Skifahrer an den anspruchsvollen roten Pisten des Bergmassivs Les Diablerets austoben können. Snowboarder können die Curves, Bowls und Jumps am Skicrosshang am Riedenberg in Angriff nehmen.

Sommer

Im Sommer stehen die endlosen Möglichkeiten zum Wandern im Mittelpunkt: 300 km markierter Wege ziehen sich durch die Region. Einzelheiten zu Klettersteigen und zum Bergsteigen auf den Kalksteingipfeln der Umgebung erfährt man in der Touristeninformation.

Mit 280 km an markierten Radwegen und 500 km GPS-Routen in der Region sind auch Radfahrer und Mountainbiker ganz in ihrem Element. Details zu Routen, Fahrradverleih und Hotels stehen auf der Website der Touristeninformation (S. 148). Streckenvorschläge und Serviceeinrichtungen findet man unter www.veloland.ch, GPS-Downloads unter www.gps-tracks.com. Auf sieben Bergbahnen, darunter nach Wispile und Eggli, können Fahrräder kostenlos mitgeführt werden. Viele Aktivitäten müssen vorab gebucht werden.

Wispile WANDERN
Eine malerische dreistündige Wanderung mit Blick auf das schroffe Wildhorn-Massiv führt von Wispile zum kristallklaren Lauenensee. Mit dem Käseweg, dem Streichelzoo und der Rollerpiste ab der Mittelstation der Gondelbahn ist Wispile auch eine tolle Adresse für Familien.

Swiss Adventures ABENTEUERSPORT
(☎ 033 748 41 61; www.swissadventures.ch; Alpinzentrum Gstaad) Im Angebot sind Klettern, Klettersteige, Rafting und Canyoning. Im Winter kann man Schneeschuhwanderungen unternehmen oder sich am Eisklettern und Airboarding versuchen.

Paragliding Gstaad GLEITSCHIRMFLIEGEN
(☎ 079 224 42 70; www.paragstaad.com) Angesehener Veranstalter für Tandemflüge (190–350 SFr) in Wispile, Videmanette und Glacier 3000.

Llama & Co WANDERN
(☎ 078 718 90 43; www.lama-und-co.ch; Schindelweg 2, Zweisimmen) Ein totaler Hit bei Kindern sind diese geführten Wanderungen mit Lamas oder Ziegen. Angeboten werden Touren von zwei Stunden Länge sowie ganztägige Ausflüge.

Feste & Events

Suisse Open SPORT
(www.creditagricolesuisseopengstaad.ch; ⌚ Ende Juli) Ende Juli findet in Gstaad in der Roy

ABSTECHER

GLACIER 3000

Einer der größten ganzjährigen Abenteuerspielplätze der Schweiz ist **Glacier 3000** (www.glacier3000.ch) hoch über der Passstraße zwischen Gstaad und Les Diablerets. In dem Skigebiet hat man einen sensationellen Blick auf die Gipfel von gleich 24 Viertausendern! Auf dem Gletscher herrscht die längste Skisaison (Ende Okt.–Anfang Mai) in den Berner Alpen. Mit einem Tagesskipass (Erw./Kind 63/42 SFr) kann man auf insgesamt 30 km die diversen Pisten von 1350 bis 3000 m Länge hinuntercarven. Snowboarder freuen sich über die Rails und Boxen im Snowpark.

Im Sommer können sich Wanderer an den hinreißenden Gletscherweg vom Scex Rouge zum Sanetschpass und an die Höhenwanderung zum pfeilförmigen Gipfel des Oldenhorns (3123 m) wagen. Für Mutige gibt's außerdem die Hängebrücke zwischen zwei Gipfeln des Peak Walk by Tissot sowie den Klettersteig Gemskopf. Auch für die Unterhaltung der Kleinen ist gesorgt, z. B. mit Rodeln mit dem **Alpine Coaster** (9 SFr) oder mit kurzen, malerischen **Hundeschlittenfahrten** (15 SFr) – Letztere telefonisch unter ☎079 933 65 33 buchen.

Von Gstaad aus nimmt man am Bahnhof einen Bus zum Col du Pillon (11,40 SFr, 39 Min.), wo eine Seilbahn (hin & zurück Erw./Kind 79/40 SFr) zum Gipfel startet.

Emerson Arena das bekannte Tennisturnier statt.

Menuhin Festival MUSIK
(www.gstaadmenuhinfestival.ch; ⌚Mitte Juli–Anfang Sept.) Bei dem Spitzenfestival klassischer Musik gibt's über sieben Wochen verteilt 50 Konzerte.

Schlafen

Keine Frage, Gstaad ist teuer. Zwar tummeln sich hier zahlreiche Fünf-Sterne-Schuppen, doch es gibt auch bescheidenere Bleiben mit jeder Menge Alpenflair. In der Hauptsaison im Winter gehen die Preise durch die Decke; im Sommer kann man mit 30 bis 50 % Preisnachlass rechnen. Die Touristeninformation führt eine Liste mit Chalets für Selbstversorger.

Jugendherberge Gstaad HOSTEL €
(☎033 744 13 43; www.youthhostel.ch/saanen; Spitzhornweg 25, Saanen; B 38,50–44,50 SFr; 📶) Das friedliche Chalet mit hellen, sauberen Schlafsälen und einem Spielezimmer befindet sich in Saanen.

Le Grand Chalet HERITAGE-HOTEL €€
(☎033 748 76 76; www.grandchalet.ch; Neueretstrasse 43; DZ 280–700 SFr; P 📶 🏊) Das familiengeführte, chaletartige Hotel in friedvoller Lage mit Ausblick auf die schneebedeckten Alpen ist wirklich sehr reizvoll. Die mit viel Holz und traditionellen Stoffen eingerichteten Zimmer laden zum Entspannen ein; die besten haben Balkone mit Bergblick. Das schöne Gesamtpaket wird abgerundet durch einen Fitnessbereich, einen Außenpool und ein Gourmetrestaurant.

Iglu-Dorf IGLUS €€
(☎041 612 27 28; www.iglu-dorf.com; Saanenmoser; 159–479 SFr pro Pers.; ⌚Ende Dez.–Ostern) Fondue und Glühwein pflastern den Weg zu den unterkühlten Schlafstellen im Igludorf auf 2000 m Höhe mit magischem Blick auf die Dreitausender. Abendliches Schneeschuhlaufen gehört zum Spaß mit dazu. Gegen einen Aufpreis lässt sich die Inuit-Romantik durch ein Iglu mit eigenem Whirlpool noch steigern.

Gstaad Palace LUXUSHOTEL €€€
(☎033 748 50 00; www.palace.ch; Palacestrasse 28; EZ 440–660 SFr, DZ 710–1140 SFr, Suite 1560–4330 SFr; P ❄ @ 🏊) Opulent, exklusiv und natürlich auch per Hubschrauber erreichbar thront dieses Märchenschloss auf einem Hügel, in dem schon Promis wie Michael Jackson, Robbie Williams und Liza Minnelli nach allen Regeln der Kunst bewirtet wurden. Verschwenderisch ausgestattete Gemächer, ein luxuriöses Spa, mehrere Gourmetrestaurants und ein Schwimmbad mit olympischen Ausmaßen rechtfertigen den Preis.

Essen

Wer sich in den Nobelrestaurants in Gstaad unwohl fühlt, kann sich an die Restaurants in den Berghütten an den Gipfelstationen der Seilbahnen halten.

Michel's Stallbeizli SCHWEIZERISCH €
(☎033 744 43 37, 033 744 16 83; www.stallbeizli.ch; Gsteigstrasse 41; Snacks & Fondue 16–22 SFr; ⌚Mitte Dez.–März Di & Mi 10–18, Do bis 22, Fr & Sa bis 23.30, So bis 20 Uhr; 👪) Nirgendwo speist man näher am Busen der Natur als in dieser

umgebauten Scheune. Im Winter kommen hier neben Fondue und Tee aus Bergkräutern auch Räucherfleisch und Käse aus eigener Produktion auf den Tisch. Dabei fällt der Blick der Speisenden auf die wiederkäuenden Kühe und Ziegen im angrenzenden Stall.

16 Art INTERNATIONAL €€
(☎ 033 748 16 16; www.16eme.ch; Mittelgässli 16, Saanen; Hauptgerichte 24–36 SFr; ⏲ Do–Mo 17–1 Uhr) Die ehemalige Glockengießerei, die sich in einer hübschen Nebenstraße versteckt, glänzt nun mit saisonalen Speisen aus überwiegend regionalen Zutaten. Der mit Kunst und Holz geschmückte Gastraum ist wunderbar anheimelnd, der Empfang ist herzlich und bei Sonnenschein lockt eine Blumenterrasse. Bus 180 von Gstaad hält ganz in der Nähe.

Wasserngrat SCHWEIZERISCH €€
(☎ 033 744 96 22; Hauptgerichte 20–50 SFr; ⏲ Aug. & Mitte Dez.–März Do–So 9.30–16.30 Uhr) Der Blick auf den Les-Diablerets-Gletscher und auf Gstaad ist einfach atemberaubend. Das rustikal-schicke Restaurant befindet sich neben der Abfahrtspiste von Wasserngrat. Im Kamin knistert das Feuer und auf der sonnendurchfluteten Terrasse wärmen sich die Skifahrer mit Fondue auf. Top-Zutaten wie Trüffel und Gänsestopfleber veredeln das Angebot klassischer Alpen-Gerichte.

★ Chesery FRANZÖSISCH €€€
(☎ 033 744 24 51; Alte Lauenenstrasse 6; Mittagsmenü 78–94 SFr, Abendmenü 165–178 SFr; ⏲ Di–So 11–14.30 & 18–23 Uhr) Das mit einem Michelin-Stern ausgezeichnete Restaurant in einer ehemaligen Käserei wurde in den 1960er-Jahren vom Aga Khan gegründet und ist der Inbegriff feinen Speisens in Gstaad. Hier gibt's schlichte und raffinierte, saisonal bestimmte Genüsse, abgerundet durch vollmundige Weine und französische Eleganz.

ℹ Praktische Informationen

Die **Touristeninformation** (☎ 033 748 81 81; www.gstaad.ch; Promenade 41; ⏲ Mo–Fr 8.30–18.30, Sa & So 9–12 & 13.30–17 Uhr; 📶) hat jede Menge Infos über die Gegend.

ℹ An- & Weiterreise

Gstaad liegt an der MOB-Bahnstrecke von GoldenPass Panoramic zwischen Montreux (27 SFr, 1½ Std.) und Spiez (28 SFr, 1½ Std.; in Zweisimmen umsteigen). Es gibt stündlich eine Verbindung über Montreux zum Genfer Flughafen (53 SFr, 3 Std.). Etwa fünfmal am Tag fährt ein Postbus nach Les Diablerets (13,60 SFr, 50 Min.).

Als wichtigste Straßenverbindung zwischen Aigle und Spiez führt die N11 nicht weit von Gstaad durch Saanen.

Wallis (Valais)

335 700 EW.

Inhalt ➡

Gut essen

- Le Namasté (S. 158)
- À la Part des Anges (S. 153)
- Whymper Stube (S. 174)
- Gletschergrotte (S. 179)
- Chüestall (S. 181)

Schön übernachten

- Kulmhotel Gornergrat (S. 175)
- Berghotel Riederfurka (S. 181)
- WellnessHostel 4000 (S. 178)
- Martigny Boutique-Hôtel (S. 152)

Auf ins Wallis

Das Wallis ist eine Naturschönheit. Einst herrschte hier große Armut, heute ist die Gegend von Wohlstand geprägt. Das Wallis ist in, hier trifft man sich, um das grandiose Outdoor-Angebot wahrzunehmen. Die Bauern in dieser abgelegenen Ecke im Süden der Schweiz waren vor 100 Jahren noch so arm, dass sie kaum zwei Franken zusammenkratzen konnten, heute aber schlürfen die Reichen und Schönen in den schicken Nachtclubs in Verbier Champagner-Cocktails.

Die Landschaft hier ist einfach umwerfend: Vom schier unbegreiflichen Matterhorn (4478 m), dem auch mit Trigonometrie, Fotografie und Karabinerhaken kaum beizukommen ist, übers Rhonetal mit seinen Weinbergen bis hin zum schimmernden, 23 km langen Aletschgletscher. Klar, dass Wanderungen, Ski- oder Radtouren vor einer solchen Kulisse etwas ganz Besonderes sind.

Der vielfältige Kanton ist bodenständig wie die staubigen Stiefel eines Winzers im September, aber auch edel wie die schicken Lounge-Bars in Zermatt. Im Westen spricht man Französisch, im Osten Deutsch, aber alle Einwohner eint der Stolz auf die guten Weine und den wunderbaren Käse.

Reisezeit

- Von Dezember bis Anfang April tummeln sich Skifahrer und Snowboarder auf den Pisten der erstklassigen Wintersportgebiete.
- Im Juli und August lockt der kobaltblaue Himmel Wanderer, Radfahrer und Abenteuersportler, die sich hier ihre Adrenalindosis abholen.
- Im Sommer finden in Verbier und Sion (Sitten) zahlreiche Musikfestivals statt. Bei den Combats de Reines (Kuhkämpfen) verkeilen sich die Bullen ineinander.
- Wenn Ende September und im Oktober die Blätter an den Weinstöcken golden leuchten, werden Trauben und Kastanien geerntet und der Tisch zum Herbstfest La Brisolée reich gedeckt.

Highlights

1 Gornergrat (S. 169) Fasziniert übers Tal auf das unvergleichliche Matterhorn blicken.

2 Eggishorn (S. 180) Den 23 km langen Aletschgletscher bewundern.

3 Saas-Fee (S. 177) Mit der unterirdisch verkehrenden Mittelallin-Seilbahn auf eisige 3500 m hinauffahren.

4 Martigny (S. 152) Im Château de la Bâtiaz mittelalterlich schlemmen.

5 Großer Sankt Bernhard (S. 155) Oben am Pass mit treuherzigen Bernhardinern spazierengehen.

6 Leukerbad (S. 166) In einem blubbernden Whirlpool chillen, während es auf

den umliegenden Gipfeln schneit.

7 **Furkapass** (S. 183)
Wie James Bond die engen Serpentinen hinunterkurven.

8 **Sentier Viticole** (S. 163)
Den Rebwanderweg von Salgesch nach Sierre gehen.

9 **Glacier Express** (S. 171)
Von Zermatt aus eine spektakuläre achtstündige Panoramafahrt nach St. Moritz unternehmen.

10 **Hängebrücke Aletschji–Grünsee** (S. 181) Auf der 80 m hohen Hängebrücke seine Höhenangst überwinden.

Geschichte

Wie in der benachbarten Waadt (Vaud) war Julius Cäsar auch in dieser Gegend einer der ersten „Touristen". Der römische Feldherr kam mit einer ganzen Armee, um die im Tal lebende keltische Bevölkerung zu besiegen und anschließend bis nach Sierre (Siders) vorzudringen. Als dann die vier keltischen Stämme des Wallis unter römischer Herrschaft standen, wurden sie friedlich in das römische System integriert.

Als sich der Bischof von Wallis 580 n. Chr. in Sion (Sitten) niederließ, wurde der Ort zu einem äußerst bedeutenden Zentrum im Tal. Im Jahre 1000 erstreckte sich der Machtbereich des Bischofs von Martigny bis zum Furkapass. Mehrere Herzöge von Savoyen drangen in der Folge in das Gebiet des Bischofs ein und 1475 wurde Sion von einer Armee der Savoyer belagert. Mit Unterstützung der Eidgenossen wurde die Stadt dann in der Schlacht auf der Planta befreit. Die Opposition im Inneren war jedoch stark und so entzogen die unabhängigen Geister der Walliser Gemeinden den Bischöfen in den 1630er-Jahren ihre Macht und legten die Kontrolle in die Hände eines regionalen Parlaments.

Das Wallis trat der Schweizerischen Eidgenossenschaft im Jahre 1815 bei.

UNTERWALLIS

Weinberge mit Steinmauern, verfallene Burgruinen und düstere Berge bilden die atemberaubende Kulisse der Rhone, die sich im westlichen Wallis durch das Tal schlängelt. Interessante Orte spicken das Tal wie etwa das römisch geprägte Martigny, das von Weinbergen umgebene Sion (Sitten) und Sierre (Siders), wo der französische Einfluss nicht nur in der Sprache, sondern auch in der Liebe zu Kunst, Wein und Straßencafés sichtbar wird.

Schicke Ferienorte wie Verbier und Crans-Montana haben sich einen gewissen Ruf erarbeitet – sonnige Abfahrten, großartige Aussichten und Promi-Flair –, aber sie haben noch sehr viel mehr zu bieten. Schmale Straßen winden sich durch die Berge zu verwunschenen Tälern, etwa ins Val d'Anniviers (Eifischtal), die ländlichen Charme versprühen und weniger überfüllte Skipisten im Schatten schneebedeckter Gipfel bieten.

Martigny

17 215 EW. / 476 M

Das kleine Martigny, in dem sich einst die Römer auf dem Weg nach Italien bei Wein und Sonnenschein erholten, ist die älteste Stadt des Wallis. Hinter den Betonhochhäusern kann man eine Kunstgalerie von Weltrang und ein römisches Amphitheater bestaunen oder aber mit ein wenig schwermütig dreinblickenden Bernhardinern in den umliegenden Bergen wandern.

Sehenswertes

★Fondation Pierre Gianadda KUNSTMUSEUM

(☎027 722 39 78; www.gianadda.ch; Rue du Forum; Erw./10–25 J. 18/10 SFr; ⏲9–19 Uhr) Die renommierte Galerie besitzt eine überwältigende Kunstsammlung mit Werken von Picasso, Cézanne und van Gogh. Im Skulpturengarten (mit Café und Picknickplatz) linsen Henry Moores organische Skulpturen, Niki de Saint Phalles vollbusige *Badende* und Césars *Le Sein* (Die Brust) zwischen den Blättern hervor. Der Eintritt gilt ebenfalls für die Sammlung römischer Meilensteine im **Musée Archéologique Gallo-Romain** im Obergeschoss sowie für die Sammlung klassischer Autos von Ford-Oldtimern bis zu Modellen der Schweizer Automobilfabrik Martini im **Musée de l'Auto**. Die Stiftung organisiert auch Klassikkonzerte.

★Château de la Bâtiaz BURG

(☎027 722 31 21; www.batiaz.ch; Chemin du Château; ⏲Juli & Aug. Mi–Sa 11–24, So bis 18 Uhr, Mai, Juni, Sept. & Okt. Mi & So 11–18, Do & Fr 11–24 Uhr) GRATIS Das 800 Jahre alte Château de la Bâtiaz thront hoch oben auf einem Felsen über der Stadt und lohnt den 15-minütigen Aufstieg. Nach noch einmal 120 Stufen hat man vom Turm der Burg einen wunderbaren Blick auf die umliegenden Weinberge und das Rhonetal. Nicht ganz so ansprechend ist aber die drinnen ausgestellte Sammlung mittelalterlicher Folterinstrumente. Die Taverne der Burg, das À la Part des Anges (S. 153), ist mit seiner mittelalterlichen Karte ein echtes Highlight. Auf die angegebenen Öffnungszeiten kann man sich nicht unbedingt verlassen. Also bevor man losgeht nach oben schauen und prüfen, ob die blaue Fahne gehisst ist.

Musée et Chiens du Saint-Bernard MUSEUM

(☎027 722 65 42; www.museesaintbernard.ch; Rte du Levant 34; Museum Erw./Kind 12/7 SFr; ⏲10–

18 Uhr) Das Museum neben Martignys römischem Amphitheater ist eine Hommage an den liebenswerten, leicht tollpatschig wirkenden Bernhardiner. In den Zwingern sind auch lebende Hunde zu bewundern. Das ganze Jahr über werden an verschiedenen Orten Wanderungen mit den Tieren angeboten – Näheres auf der Website (unbedingt vorab reservieren!). Die Ausstellung im Obergeschoss zeigt anhand von Gemälden und Filmen die Rolle der Bernhardiner bei der Rettung Verunglückter. Es finden auch öffentliche Fütterungen der kleinen und großen Hunde statt und jede Stunde gibt's Gelegenheit zum Hundestreicheln und Fotografieren.

Feste & Events

Foire du Valais KULTUR
(www.foireduvalais.ch; Okt.) In Martigny fliegen zwar keine Schweine, aber dafür kämpfen hier Kühe. Höhepunkt des zehntägigen Jahrmarkts ist eine Kuh-Keilerei von riesigem Ausmaß.

Foire au Lard ESSEN & TRINKEN
(www.foireaulard.ch; Dez.) Auf dem seit 1801 im Dezember stattfindenden Schinkenfest brutzelt es fast überall in Martigny.

Schlafen & Essen

Das Zentrum des Geschehens sind die Place Centrale mit den vielen Straßencafés und Bistros sowie die parallel zum Platz verlaufende Rue des Marronniers.

Hôtel Beau Site HOTEL €
(027 722 81 64; www.chemin.ch; Chemin-Dessus; EZ/DZ/4BZ 110/150/190 SFr; Juni–Aug., restliches Jahr nur nach vorheriger Reservierung;) Das auf einer Höhe von 1211 m hoch über Martigny stehende umweltfreundliche Jugendstilhaus von 1912 ist eine Oase der Ruhe. Die einfachen Zimmer haben Gemeinschaftsbäder, es gibt eine Bibliothek und ein Klavier und für die vegetarischen Mahlzeiten werden Zutaten aus der Gegend verwendet. Das Hotel ist nur mit dem eigenen Fahrzeug zu erreichen: Von Martigny aus den Schildern nach Col des Planches folgen und 7 km bergauf durch Le Bourg und Chemin-Dessous bis in den Weiler Chemin-Dessus fahren.

★ Martigny Boutique-Hôtel BOUTIQUEHOTEL €€
(027 552 10 00; www.martigny-hotel.ch; Rue des Vorziers 7; Zi. ab 150 SFr; P) Das moderne und schicke neue 52-Zimmer-Hotel liegt drei Minuten zu Fuß vom Bahnhof von Martigny entfernt. Es gehört zu einem Integrationsprojekt und beschäftigt 30 Menschen mit Behinderungen. Außerdem ist es ein Beispiel für Martignys Liebe zur Kunst – an der Rezeption gibt's auch Kunsthandwerk zu kaufen. Außerdem verfügt das Haus über eine tolle Bar und ein Restaurant mit peruanisch-schweizerischer Küche – sehr außergewöhnlich!

★ À la Part des Anges MITTELALTERLICH €
(027 722 31 21; www.batiaz.ch/taverne; Chemin du Château; Hauptgerichte ab 16 SFr; Juli & Aug. Mi–Sa 11–24, So bis 18 Uhr, Mai, Juni, Sept. & Okt. Mi & So 11–18, Do & Fr 11–24 Uhr) Man hat nicht oft Gelegenheiten, sich in einer 800 Jahre alten Burg ein mittelalterliches Menü zu gönnen! Das À la Part des Anges im Château de la Bâtiaz (S. 152) ist mit diesem Konzept sehr erfolgreich. Es gibt einen prasselnden Kamin, Bier und Wein aus der Region und eine Karte mit köstlichen mittelalterlichen Spezialitäten wie Linsensalat mit Senfsauce und Schweinsragout mit Cannellini-Bohnen.

Crêperie Le Rustique CRÊPES €
(027 722 88 33; Av de la Gare 44; Crêpes 10–17 SFr; Mo–Sa 11.30–22.15 Uhr) Die Einheimischen lieben das Rustique. Es ist praktisch gelegen zwischen Bahnhof und Innenstadt und bietet den ganzen Tag erschwingliche Speisen. Anfangen sollte man mit einem der 30 herzhaften Crêpes – wie wär's mit einem mexikanischen, Madras- oder Mailänder Pfannkuchen oder einem traditionellen *jambon-fromage*-Crêpe (Schinken und Käse)? Danach sollte man sich dann eine süße Variante gönnen – à la Schwarzwälder Kirschtorte, mit Tiramisu oder Schoko-Banane.

Praktische Informationen

Touristeninformation (027 720 49 49; www.martigny.com; Av de la Gare 6; Juli & Aug. Mo–Fr 9–18.30, Sa 9–17, So 10–15 Uhr, Sept.–Juni kürzer) Hier bekommt man Infos über Weingüter, Wander- und Radwege in der grünen, terrassenartig angelegten Landschaft rund um Martigny.

An- & Weiterreise

Martigny liegt an der E62, 134 km östlich von Genf, 41 km südlich von Montreux und 28 km westlich von Sion. Über eine sehr kurvenreiche

Martigny

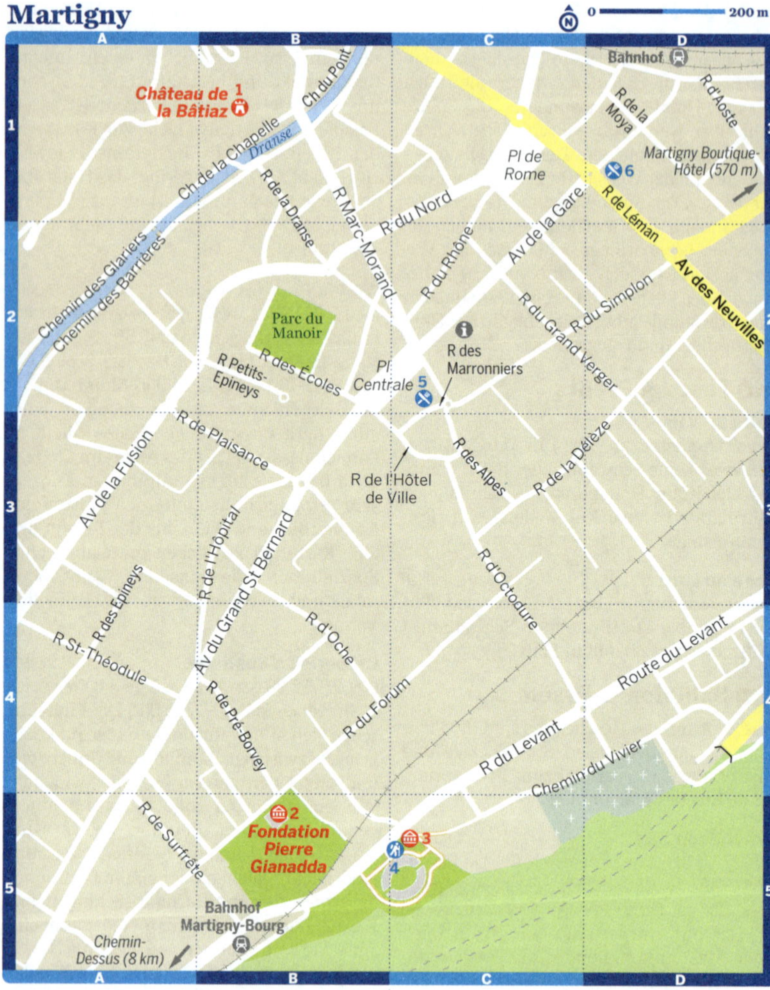

Bergstraße sind es 44 km ins französische Chamonix.

Martigny liegt an der Bahnstrecke zwischen Lausanne (23 SFr, 50 Min.) und Brig (25 SFr, 55 Min.). Zur Place Centrale in Martigny Gare aussteigen, zur Fondation Pierre Giandada in Martigny Bourg.

Von Martigny fährt der malerische **Mont Blanc Express** (www.mont-blanc-express.com) nach Chamonix (31 SFr, 1½ Std.) in Frankreich und der *Sankt-Bernhard-Express* nach Le Châble (11,40 SFr, 30 Min.; Skilift- oder Busverbindung nach Verbier) und über Sembrancher nach Orsières (11,40 SFr, 30 Min.).

ℹ Unterwegs vor Ort

Valaisroule (☎079 127 50 25; www.valaisroule.ch; Pl de la Gare; 4 Std. gratis, 5. Std. 10 SFr; ⌚Juni–Okt. Mi–So 9–12.15 & 13–18 Uhr) An diesem Kiosk am Bahnhof von Martigny kann man Fahrräder leihen – die ersten vier Stunden sind kostenlos. Hier bekommt man auch Mountain- und E-Bikes (15 SFr für die 1. Std., jede weitere Std. 5 SFr).

RUND UM MARTIGNY

Champéry

Champéry liegt 20 km weiter oben zwischen den Dents du Midi und den Dents Blanches in einem eigenen Tal in der Nähe der französischen Grenze. Der niedliche Skiort (1055 m) ist einer von zwölf Orten im großen Feriengebiet **Portes du Soleil** (www.portesdusoleil.com): Acht davon liegen in Frankreich, vier in der Schweiz. Im Winter ist dies ein Paradies für Skifahrer, Langläufer und Snowboarder, die sich auf 650 km Pisten tummeln. Die französischen Skiorte Morzine und Avoriaz sind nur eine Liftfahrt entfernt. Im Sommer ist die Gegend ein Mekka für Wanderer, Mountainbiker und Gleitschirmflieger.

Zudem ist die Region höchst geschichtsträchtig. 1857 wurde hier das Hotel Dent-du-Midi eröffnet, 1969 war Champéry einer der Gründungsorte der Wintersport- und Ferienregion Portes du Soleil. Die alte Hauptstraße des Dorfs bietet sich für einen schönen Bummel an.

Das **Hotel Suisse** (☎024 479 07 07; http://hotel-champery.ch; Rue du Village 55; EZ/DZ mit Frühstück ab 190/260 SFr; P ᯤ) bietet neben tollen Ausblicken auf das Tal und die Berge in einem wunderschönen alten Gebäude an der Rue du Village, der alten Hauptstraße des Dorfs, komfortable Zimmer. Die Lage ist wirklich erstklassig, im Winter ist im Übernachtungspreis Nachmittagstee mit Kuchen inbegriffen und die Bar des Guides ist ein tolles Plätzchen für das eine oder andere Bierchen.

Die **Touristeninformation** (☎024 479 20 20; www.champery.ch; Rue du Village 54; ⏲8–18 Uhr) befindet sich oberhalb des Bahnhofs an der alten Hauptstraße des Orts.

Großer Sankt Bernhard

Hier am Großen Sankt Bernhard zwischen Italien und der Schweiz entstand die Legende der Bernhardiner. Die Überquerung des Passes war früher derart gefährlich, dass Mönche bereits im 11. Jh. auf dem Pass ein Hospiz einrichteten, um geistlichen Beistand zu leisten und Reisende zu retten, die sich im Schnee verirrt hatten. Die Hunde spürten oft verlorene Seelen auf und retteten sie so – jedenfalls bis in die 1950er-Jahre, als Helikopter diese Arbeit übernahmen.

Heutzutage kommen nur noch wenige Reisende auf den spektakulären Alpenpass. Doch wer gerne mal mit einem der großen Bernhardiner spazieren geht – was man hier im Sommer tun kann – und einsame Grenzübergänge, zerklüftete Berge, Wandern und die Natur mag, für den lohnt sich der Abstecher auf die Passhöhe allemal. Die meisten Reisenden überqueren die schweizerisch-italienische Grenze jedoch weit unterhalb des Passes im 5,8 km langen **Großen-Sankt-Bernhard-Tunnel**, über den seit 1964 fast der gesamte Grenzverkehr fließt.

Sehenswertes

Musée de l'Hospice du Grand-Saint-Bernard MUSEUM
(www.gsbernard.net; Großer Sankt Bernhard; Erw./Kind 10/6 SFr; ⏲Juni–Okt. 10–18 Uhr) Dieses Museum im selben Gebäude wie die Auberge de l'Hospice am Großen Sankt Bernhard erzählt die Geschichte des abgelegenen Bergpasses, der die Hälfte des Jahres für den Straßenverkehr gesperrt ist. Die Eintrittskarte gilt sowohl für das Museum als auch für die Hundezwinger mit ihren zahlreichen Bernhardinern.

Schlafen

Auberge de l'Hospice HOTEL €
(☎027 565 11 53; www.aubergehospice.ch; EZ/DZ/3BZ 78/116/144 SFr, Aufpreis für Frühstück/HP 12/42 SFr; ⏲Juni–Mitte Okt.; P ᯤ) Dies ist die moderne Version des Hospizes auf der anderen Straßenseite. In dem 30-Zimmer-Hotel sind Familien mit Kindern herzlich willkommen. Es gibt ein Café-Restaurant und einen Laden sowie ein wunderbares Terrassenres-

NICHT VERSÄUMEN

WANDERN MIT HUND

Alle lieben Bernhardiner – also hat die **Fondation Barry** (☎027 722 65 42; www.fondation-barry.ch; Rue du Levant 34; Erw./Kind 48/10 SFr) einen cleveren Plan ersonnen. Von Mitte Juli bis Mitte September kann man die treudoof dreinblickenden Tiere bei einer 1½-stündigen Wanderung über den Großen Sankt Bernhard begleiten. Diese Spaziergänge haben sich als so beliebt herausgestellt, dass sie inzwischen auch im Herbst, Winter und Frühjahr stattfinden – siehe Website.

taurant mit Ausblick auf den Großen Sankt Bernhard und die italienischen Alpen. Der Komplex ist nur im Sommer geöffnet.

Hospice du Grand-Saint-Bernard HOSTEL €
(☎027 787 12 36; www.gsbernard.net; B mit Frühstück/HP/VP 30/48/64 SFr, DZ 86/122/148 SFr; P) Die Herberge am See blickt auf eine 1000-jährige Geschichte zurück. Im Winter ist sie nur zu Fuß zu erreichen, also mit Schneeschuhen oder Skiern, und zwar vom Eingang des Tunnels 6 km den Berg hinunter. Die Schlafsäle sind spartanisch, aber die Mönche sind freundlich und die Lage ist zauberhaft.

An- & Weiterreise

Der Große Sankt Bernhard ist gewöhnlich von Anfang Juni bis Ende September geöffnet. Am einfachsten kommt man mit einem eigenen Fahrzeug hierher. Vor dem Sankt-Bernhard-Tunnel muss man rechts die ausgeschilderte Straße zum Pass hinauf nehmen. Von dort sind es 6 km bergan hoch zur Passhöhe.

Wenn die Straße gesperrt ist, kommt man nur zu Fuß mit Schneeschuhen oder Skiern hoch zum Pass.

Im Sommer erreicht man den Pass von Martigny aus mit dem *Sankt-Bernhard-Express* nach Orsières (11,40 SFr, 30 Min., stündl.), wo man am Bahnhof in einen **TMR-Bus** (☎027 721 68 40; www.tmrsa.ch) umsteigt (16,60 SFr, 45 Min., im Sommer 2- bis 3-mal tgl.).

Verbier

3000 EW. / 1500 M

Das schicke Verbier ist der Diamant der Walliser Alpen: klein, unglaublich teuer und so geschliffen, dass es in den Augen der versierten Skifahrer und Pisten-Promis nur so funkelt. Doch trotz der schicken Aufmachung gehört Verbier zu den seltenen Ferienorten, die tatsächlich allen etwas zu bieten haben. Hier gibt's schnapstrunkene Ausschweifungen genauso wie VIP-Lounges, Hostels in Bunkern neben edel ausgestatteten Designhotels sowie Burgerläden neben Restaurants mit Michelin-Sternen. Der Pulverschnee, auf dem sich normale Skifahrer und Promis vergnügt tummeln, ist legendär.

Anders als in kleineren Orten ist in Verbier außerhalb der Saisons kaum etwas geschlossen. Bis auf ein paar Wochen im Mai und Oktober gibt es hier immer etwas zu erleben.

Aktivitäten

In diesem Erholungsparadies gibt's Aktivitäten für jeden Geschmack. Um sich einen Überblick zu verschaffen, sollte man sich an einen der örtlichen Bergführer von **Les Guides de Verbier** (☎027 775 33 70; www.guideverbier.com; Rue de Médran 41) wenden. Alles Wissenswerte auf einen Blick findet man online unter www.verbierbooking.com.

Skifahren

Verbiers Skipisten gehören zu den besten Europas. Hier findet jeder die passende Abfahrt – Skifahrer genau wie Snowboarder und egal ob Anfänger oder Könner. Der Ort liegt im Herzen der **Quatre Vallées** (Vier Täler) und bietet 412 km Pisten und 94 Skilifte. Ein 1-/5-Tage-Skipass für die Region kostet 67/322 SFr.

Wandern

Hier zu wandern ist schlicht traumhaft: Es gibt 500 km ausgeschilderte Wege. Die Touristeninformation (S. 159) hat eine detaillierte Karte mit Beschreibungen von 29 Wanderwegen. Da ist für jeden etwas dabei, auch für Familien mit Kindern. Zu den kürzeren Wegen gehören u.a. der **Sentier des Sculptures**, ein Weg voller Skulpturen, die der aus dem Wallis stammende Skirennfahrer William Besse mit einer Kettensäge hergestellt hat, der mit Kunst gesäumte **3D Parc de Sculptures** zwischen Les Ruinettes und La Chaux sowie der Weg, der von Les Ruinettes am Bewässerungskanal **Bisse du Levron** entlangführt (2 Std.). Schön ist auch der 5½-stündige **Sentier des Chamois**, der besonders bei Tierliebhabern gut ankommt, da man hier oft Gämsen, Murmeltiere und Adler sieht.

Abenteuersport

Verbier ist gerade dabei, sich einen Namen als Zentrum für Abenteuersport zu machen, und hat jede Menge im Angebot. Infos zu allen Aktivitäten von Hundeschlittenfahrten bis zu Klettersteigen hat die Touristeninformation.

Fly Verbier GLEITSCHIRMFLIEGEN
(☎ 027 771 68 18; www.flyverbier.ch; Rte de Verbier Station 23; Tandemflug 190 SFr; ⌚ Mai–Okt.) Gleitschirmfliegen in den Schweizer Alpen? Das Mikroklima von Verbier macht die Gegend angeblich zu einem der fünf besten Orte zum Gleitschirmfliegen weltweit. Übers Internet buchen oder anrufen.

Verbier-La Tzoumaz Bike Park MOUNTAINBIKEN
(☎ 027 775 25 11; www.verbierbikepark.ch; Erw./Kind Tagespass 35/18 SFr; ⌚ Juli–Sept. tgl. 8–17.30 Uhr, Juni & Okt. Mo–Fr 9–12.30 & 13.30–16.30, Sa & So 9–16.30 Uhr) In Verbier geht's mit der Médran-Seilbahn hoch zu Les Ruinettes, von dort oben hat man die Auswahl zwischen Dutzenden von Strecken in Verbiers erstklassigem Bike Park. Die Strecken reichen von einfach bis superschwer mit 2-m-Sprüngen, drei Strecken sind mit Zeitmessanlagen ausgestattet. Mountainbike-Kurse werden auch angeboten.

Trottinettes ROLLERVERLEIH
(☎ 027 775 25 11; www.verbier.ch/de/aktivitaten-freizeit/sommer-herbst/roller/roller-listingm-as50.html; Seilbahn & Roller 22 SFr; ⌚ ⌚ Juli & Aug. 8–17 Uhr, Juni, Sept. & Okt. kürzer) Trottinettes (Roller) sind bei Familien extrem beliebt. Mit ihnen kann man wunderbar den Berg von Les Ruinettes aus runterrasen. Das Ticket kauft man sich im Ticketbüro an der Place de Médran, dann fährt man mit der Médran-Seilbahn hoch, schnappt sich in Les Ruinettes einen Roller und einen Helm und los geht's. Kinder unter acht Jahren müssen auf dem Roller eines Erwachsenen mitfahren. Die Abfahrt dauert etwa eine Stunde.

Feste & Events

Verbier Festival MUSIK
(www.verbierfestival.com; ⌚ Juli & Aug.) Angesehenes, zweiwöchiges Sommerfestival mit klassischer Musik von Juli bis Anfang August. Das am Rande stattfindende Festival Off bietet viele Gratis-Events.

Schlafen

Hier gibt's zahlreiche Top-Herbergen, aber mit etwas Planung ist Verbier auch für Skiurlauber mit kleinem Budget erschwinglich. Im Juli und August purzeln die Übernachtungspreise um 30 bis 50 %.

Cabane du Mont-Fort HÜTTE €
(☎ 027 778 13 84; www.cabanemontfort.ch; B Winter/Sommer inkl. Frühstück 52/37 SFr, inkl. Halbpension 92/75 SFr; ⌚ Dez.–Mitte Mai & Juli–Mitte Sept.; 📶) Über den Wolken bietet die auf 2457 m gelegene Berghütte einen tollen Blick auf das Massif des Combins. Dank der Nähe zu La Chaux ist sie im Sommer für Wanderer und im Winter für Skifahrer ideal. In den mit Kiefernholz getäfelten Schlafsälen kann man gediegen schlummern. Schmackhafte regionale Küche serviert das Restaurant, in dem sich die Skifahrer treffen. Es gibt 58 Betten in 15 Zimmern.

Les Touristes HOTEL €
(☎ 027 771 21 47; www.hoteltouristes-verbier.ch; Rte de Verbier; EZ/DZ ab 75/150 SFr; P 📶) Die authentische Unterkunft öffnete bereits 1933 ihre Tore für Sommertouristen, lange bevor Skiläufer in den Ort kamen. Heute muss man vom hippen, modernen Verbier 1 km bergab zur Unterkunft laufen. Sie befindet sich im alten Ort Verbier gleich neben einer Bäckerei, die in der vierten Generation ein und derselben Familie gehört. Die 16 einfachen Zimmer haben Kiefernholzverkleidung, Waschbecken und Blümchenbettwäsche. Die Gemeinschaftsduschen befinden sich auf dem Flur.

Dzardy's Bar & Backpacker HOSTEL €
(☎ 027 565 25 31; www.backpacker-verbier.ch; Rte de Verbier 13, Le Châble; B 39 SFr; ⌚ Bar & Hostel-Rezeption 16–22 Uhr; 📶) Der ehemalige Bunker ist mit seinen sieben einfachen Schlafsälen über einer lebhaften Bar (Hotelrezeption)

NICHT VERSÄUMEN

SONNENAUFGANG AM MONT FORT

Nichts bringt die Seele mehr in Wallung als der Sonnenaufgang oben auf dem **Mont Fort** (Erw./Kind 61/38 SFr) in 3329 m Höhe. Die Médran-**Seilbahn** fährt im Juli donnerstags um 4.45 Uhr und im August um 5 Uhr hinauf. Im Preis für diesen Ausflug sind an diesem Tag dann unbegrenzt viele Seilbahnfahrten und ein Frühaufsteherfrühstück in dem riesigen igluförmigen **Restaurant** Les Gentianes (2950 m) auf dem Col des Gentianes enthalten. Mindestens 24 Stunden im Voraus im Médran-Ticketbüro an der Place de Médran reservieren.

zu neuem Leben erwacht. Die Unterkunft ist nur 200 m von der Seilbahnstation Le Châble entfernt. Verbier selbst ist mit der Seilbahn zu erreichen. Wichtig: Schlafsack, Handtücher und Vorhängeschloss mitbringen!

★ W Hotel DESIGNHOTEL €€€
(☎027 472 88 88; www.wverbier.com; Rue de Médran 70, Pl Blanche; DZ ab 300 SFr; P 📶) Von den Kaffeetischen aus Baumstämmen auf Rädern auf den Balkonen bis hin zum Fünf-Sterne-Spa ist dieses elegante Hotel in der Nähe der Médran-Seilbahn einfach sensationell. Die vier modernen Gebäude im Chaletstil sind durch gläserne Gänge miteinander verbunden. Hier regiert Design. Die Gäste haben die Wahl zwischen den Einrichtungsformen Cozy Room, Wonderful Room, Spectacular Room und WOW Suite.

Hotel Farinet HOTEL €€€
(☎076 575 23 94; www.hotelfarinet.com; Pl Centrale; Zi. ab 420 SFr; ⌚Mitte Dez.–April; P 📶) Das Farinet oberhalb des Sportgeschäfts Xtreme auf Verbiers Hauptplatz ist legendär. Die für ihre von Promis besuchten Bars, guten DJs und Clubs bekannte stylische Unterkunft ist *die* Adresse in Verbier für Nachteulen. Die Zimmer reichen von Standard-Zweibettzimmern über Suiten mit zwei Schlafzimmern bis zur Penthouse-Suite.

Essen

★ Le Namasté SCHWEIZERISCH €
(☎027 771 57 73; www.namaste-verbier.ch; Les Planards; Hauptgerichte ab 15 SFr; ⌚Mitte Dez.–Ostern & Mitte Juli–Aug. tgl., Mitte Mai–Juni, Sept. & Okt. Di–So) Der Name dieses stets gut besuchten Lokals bedeutet „Willkommen" auf Hindi. Jean-Louis – ein Metallbildhauer, der aus alten Werkzeugen phantastische Kreaturen formt – und seine Frau Annick sind die kreativen Köpfe dieser gemütlichen Berghütte auf 1937 m, in der traditionelle schweizerische Gerichte aus der Küche kommen. Von Savoleyres aus kann man mit Skiern hinfahren oder abends mit dem Schneemobil hinauffahren und runterrodeln. Im Sommer kann man mit dem Auto hochfahren.

Le Bec BRASSERIE €
(☎027 775 44 04; www.brasserielebec.com; Rue de Médran 77, Pl Blanche; Hauptgerichte ab 16 SFr; ⌚8–19 Uhr; 📶 👪) In-Location in Verbier mit Riesenfenstern und schicken Sitzgelegenheiten auf der Place Blanche. Aus der Küche kommen moderne Speisen wie Salate mit Quinoa, Schinken-Burger mit hausgemachten Pommes und ähnliche Brasserie-Gerichte.

Fer à Cheval PIZZA €
(☎027 771 26 69; http://feracheval.ch; Rue de Médran; Pizza ab 18 SFr, Hauptgerichte ab 25 SFr; ⌚11–23 Uhr) Gut, dass es das „Hufeisen" gibt. In dieser bodenständigen Pizzeria mit ihrer sonnigen Terrasse und der elektrisierenden Atmosphäre gibt es phantastisches Essen zu günstigen Preisen. Das Lokal befindet sich ein paar Schritte von der Place Centrale entfernt in Richtung Médran-Seilbahn. Besonders toll ist der zum Tisch umgebaute Holzkarren.

Chez Dany SCHWEIZERISCH €€
(☎027 771 25 24; www.facebook.com/Chez-Dany-Verbier-1690409104608455; Hameau de Clambin 10; Hauptgerichte 15–30 SFr; ⌚Dez.–April & Juli–Sept. 9–24 Uhr) Auf der sonnigen Hochebene (1720 m) hoch über Verbier zwischen Les Ruinettes und Médran lassen sich Promis gern saftige Steaks schmecken. Von der Terrasse aus hat man einen Wahnsinnsblick auf das Massif des Combins. Hin kommt man auf Skiern oder mit dem Schneemobil, runter rodelt man dann oder ruft sich ein Schneetaxi.

Ausgehen & Nachtleben

Pub Mont Fort PUB
(☎027 771 90 62; www.pubmontfort.com; Chemin de la Tinte 10; ⌚15–2 Uhr) Im Winter verkauft diese Après-Ski-Institution in der Nähe der Médran-Seilbahn wahrscheinlich mehr Bier als jede andere Kneipe in der Schweiz. Auch Kurze und Cocktails sind beliebt. Damit ist ja wohl alles gesagt…

Farm Club CLUB
(☎079 257 78 83; www.hotelnevai.com/farm-club; Rte de Verbier Station 55; ⌚Dez.–April) Den schicken, legendären Club unter dem Hotel Nevaï gibt es schon seit 1971. Man muss sich ordentlich aufbrezeln, wenn man an dem samtenen Absperrseil vorbei will und sich unter die feine Gesellschaft mischen möchte, die hier in Moët-Schampus schwelgt.

Off Piste BAR
(www.wverbier.com/off-piste; Pl Blanche; ⌚11–20 Uhr) Kreisrunde Outdoor-Bar im W Hotel Verbier. Geboten werden gemütliche Sofas, Cocktails, Musik und leichte Häppchen, im Sommer gibt's einen Sandstrand mit Palmen und Olivenbäumen – sagenhaft. Auch Livekonzerte und sommerliche Grillpartys fehlen nicht.

Milk Bar CAFÉ
(☎027 771 67 77; Rue de Médran 2; ⌚10–19.30 Uhr) Sie ist alt, aber Gold wert. Diese legendäre

Hütte, die es schon seit 1936 gibt, ist zu Recht für ihre *grands crus de cacao* (heiße Schokolade), fruchtigen Milkshakes, hausgemachte Tartes und Crêpes mit Karamell bekannt. Im Winter herrscht in dem komplett mit Holz verkleideten Innenraum eine durch und durch gemütliche, heitere Stimmung. Auf der Terrasse mit den Blumen geht es erfrischend relaxt und ruhig zu.

Praktische Informationen

Touristeninformation (☎ 027 775 38 88; www.verbier.ch; Pl Centrale; ⏲ Dez.–April 8.30–19 Uhr, Mai–Nov. bis 18 Uhr) Sehr hilfreiche Touristeninformation direkt an der Place Centrale mit Karten, Broschüren und mehrsprachigem Personal.

An- & Weiterreise

Der *Sankt-Bernhard-Express* fährt von Martigny stündlich nach Le Châble (11,40 SFr, 30 Min.). Dort kann man den Bus nach Verbier (6,20 SFr, 30 Min.) oder – je nach Saison – gegenüber vom Bahnhof auch die Seilbahn **Le Châble-Verbier** (☎ 027 775 25 11; www.televerbier.ch; Erw. einfache Fahrt/hin & zurück 10/15 SFr, Kind 5/8 SFr; ⏲ Nov. 7–16.45 Uhr, Dez.–April, Juli & Aug. 7–19.30 Uhr) nehmen.

Sion (Sitten)

32 170 EW. / 490 M

Das französischsprachige Sion ist bezaubernd. Aus der Ferne präsentiert sich der Ort trügerisch modern und industriell, doch aus der Nähe erweist sich die abrupt aus dem Rhonetal aufsteigende, von Weinbergen umgebene kleine Stadt mit ihren kreuz und quer durch den Ort verlaufenden *bisses* (Bewässerungskanäle) als Schlemmerparadies mit bemerkenswerten Restaurants. Die Rhone schlängelt sich mitten durch die Stadt und zwischen den beiden *châteaux* aus dem 13. Jh. hindurch, die hoch oben auf den felsigen Hügeln stehen und die Stadt bewachen.

Sion lebt in einem gemächlichen Rhythmus, bei dem das Weinkeltern (und -kosten) eine wichtige Rolle spielen. Straßencafés säumen die idyllischen Gassen, die steil von den beiden Schlössern hinunter in die mittelalterliche Altstadt führen. Den Markttag am Freitag und die hochdramatische *son-et-lumière*-Show im Sommer, die in der ganzen Stadt zu sehen ist, sollte man auf keinen Fall verpassen.

Sehenswertes & Aktivitäten

★ **Château de Valère** SCHLOSS
(Rue des Châteaux; Erw./Kind 8/4 SFr; ⏲ Juni–Sept. 11–18 Uhr, Okt.–Mai 11–17 Uhr) Auf einem Hügel gegenüber vom Château de Tourbillon wurde dieses Schloss zwischen dem 11. und dem 13. Jh. rund um eine befestigte Basilika erbaut. Im Inneren der Kirche befinden sich ein wunderschön geschnitztes Chorgestühl, eine mit Fresken versehene Apsis und die älteste noch spielbare Orgel (1440) der Welt. Die im Sommer samstags (16 Uhr) stattfindenden Konzerte sind reinste Magie. In dem Schloss befindet sich auch das **Musée Cantonal d'Histoire** (☎ 027 606 47 15; Erw./Kind 8/4 SFr; ⏲ Juni–Sept. 11–18 Uhr, Okt.–Mai Di–So 11–17 Uhr) und ein in der Mittagszeit geöffnetes Café mit schöner Aussicht.

★ **Château de Tourbillon** SCHLOSS
(Rue des Châteaux; ⏲ Mai–Sept. 10–18 Uhr, März–April & Okt.–Mitte Nov. 11–17 Uhr) GRATIS Auf einem Hügel über Sion und dem Rhonetal thronen die Überreste dieses Schlosses, das

KUHKÄMPFE

Die **Combats de Reines** (Kuhkämpfe) im Val d'Hérens, einem Seitental südlich von Sion, sind eine ernste Angelegenheit. Sie werden ausgetragen, um festzustellen, welches Tier sich am besten dazu eignet, die Herde im Sommer auf die Almen zu führen. Die Wettkämpfe finden an bestimmten Sonntagen von März bis Mai und August bis September statt.

Die Kühe, die mit Haferkraftfutter (das soll stimulierend wirken) und manchmal sogar mit Wein gefüttert werden, rennen aufeinander zu, verhaken ihre Hörner ineinander und versuchen dann, den Gegner nach hinten zu schieben. Die Siegerin ist die „Königin" der Herde, sie kann bis zu 20 000 SFr wert sein. Die Rivalen verletzen sich nur selten, sodass die Kämpfe die Besucher normalerweise nicht verstören. Im Mai, an Christi Himmelfahrt, gibt's ein großes Finale in Aproz (eine 10-minütige Postbusfahrt westlich von Sion). Der letzte Termin der Saison findet jeweils im Oktober auf der Foire du Valais (S. 153) in Martigny statt.

Sion

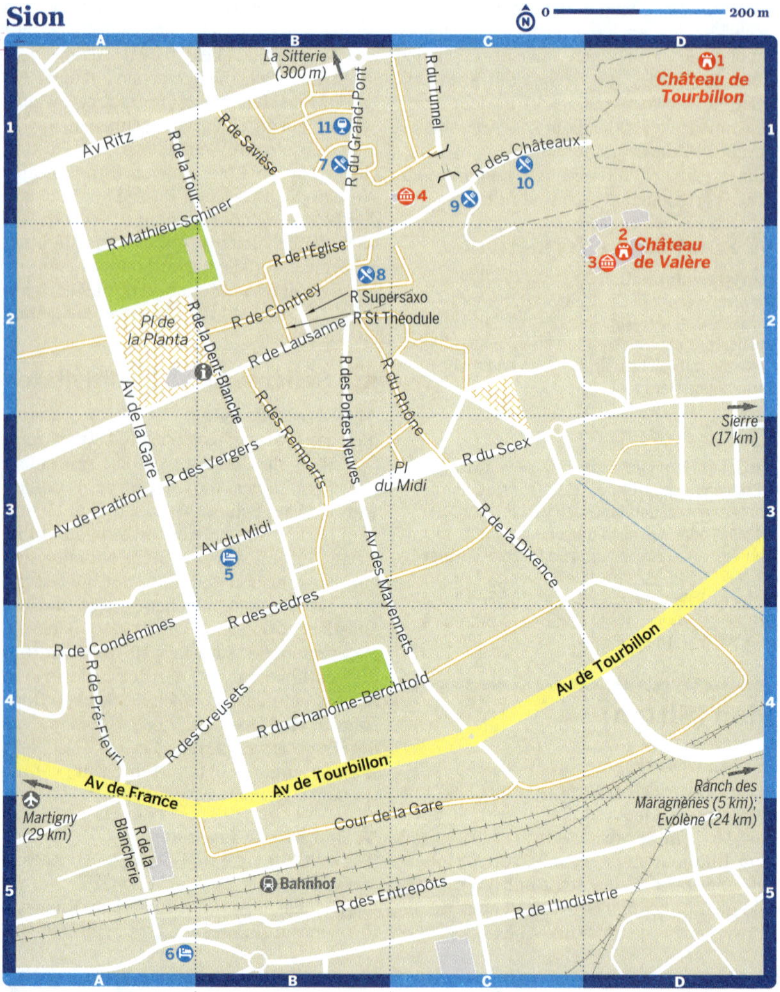

1788 bei einem Brand zerstört wurde. Der anstrengende Aufstieg lohnt schon allein wegen der tollen Aussicht. Man sollte feste Schuhe tragen, denn der Pfad nach oben ist an einigen Stellen ganz schön felsig.

Musée d'Art KUNSTMUSEUM

(027 606 46 90; www.musees-valais.ch; Pl de la Marjorie 15; Erw./Kind 8/4 SFr; Juni–Sept. Di–So 11–18 Uhr, Okt.–Mai 11–17 Uhr) Das gut geführte Museum in einem kleinen Schloss beherbergt Werke von Schweizer Künstlern wie Ernest Bieler und Caspar Wolf, aber auch Meisterwerke des österreichischen Expressionisten Oskar Kokoschka.

Bisse de Clavau WANDERN

Beim Wandern rund um Sion gibt es mehr zu entdecken als die verlockenden, traubenbehangenen Weinberge. Ein einmaliges Merkmal dieses Teils des Rhonetals sind die *bisses*, kleine Kanäle, die seit dem 13. Jh. zur Bewässerung der steil terrassierten Weinberge und Felder angelegt wurden. Am bekanntesten ist die Bisse de Clavau, ein 550 Jahre alter Bewässerungskanal, der die ausgetrockneten, von der Sonne verwöhnten Weinberge zwischen Sion und Saint-Léonard mit Wasser versorgt.

Die Weinstöcke, die auf den schmalen, von Bruchsteinmauern gestützten Terrassen

Sion (Sitten)

angebaut werden, liefern leckere Walliser Dôles (Rotweine) und Fendants (Weißweine). Probieren kann man sie, auch in Verbindung mit einem Mittagessen, im **Le Cube Varone** (☎079 566 95 63; www.facebook.com/cube.varone; Hauptgerichte ab 20 SFr; ⏲Mai–Okt. Sa 11–21, So bis 18 Uhr), einer alten Winzerhütte, am Weg längs der Bisse de Clavau (7,5 km, 2½ Std.). Zu jedem Gericht auf der verführerischen Karte gibt es den passenden Wein. Die Aussicht ist einfach sagenhaft.

Feste & Events

Festival de Sion MUSIK
(www.sion-festival.ch; ⏲Mitte Aug.–Anfang Sept.) Das dreiwöchige internationale Musikfestival bietet einige hervorragende klassische Konzerte (Klavier, Geige), einen Geigenwettbewerb und das begleitende Festival Off mit kostenlosen Konzerten.

Schlafen

Die wenigen Unterkünfte in der Stadt sind enttäuschend durchschnittlich, sodass man lieber eine der schönen Bleiben in den Weinbergen rund um Sion wählen sollte.

Jugendherberge Sion HOSTEL €
(☎027 323 74 70; www.youthhostel.ch; Rue de l'Industrie 2; B/EZ/DZ mit Frühstück 33/69/98 SFr; ⏲April–Okt.; P 📶) Die nur 100 m vom Südausgang des Bahnhofs von Sion entfernte Jugendherberge bietet Einzel- und Doppelzimmer zu vernünftigen Preisen sowie Schlafräume mit zwei oder vier Betten. Das Frühstücksbuffet ist im Preis inbegriffen, das Abendessen kostet 17 SFr. Dazu kommen eine hübsche Gartenterrasse und geräumige Speise- und Aufenthaltsbereiche.

Hôtel Elite HOTEL €€
(☎027 322 03 27; www.hotelelite-sion.ch; Av du Midi 6; EZ/DZ 120/170 SFr; P 📶) Dieses helle und moderne Zwei-Sterne-Hotel trägt einen durchaus passenden Namen und liegt gleich abseits der Hauptstraße. Es ist die beste Unterkunft in der Stadt. Das Frühstücksbuffet ist im Preis inbegriffen, die Zimmer sind gemütlich und die Lage ist perfekt für die Erkundung der Stadt.

Essen

Die Rue du Grand-Pont, die so heißt, weil der Fluss auf ganzer Länge unter ihr fließt, ist gesäumt von Restaurants, in denen man lecker essen und dazu gute Walliser Weine trinken kann. Für eine Tasse Kaffee oder ein Gläschen gut gekühlten Fendant bieten sich die Straßencafés an der Nordseite der Place du Midi oder in der Fußgängerstraße Rue des Remparts an, wo man unter begrünten Stahlpergolen sitzt.

Brasserie du Grand-Pont BISTRO €
(☎027 322 20 96; http://grand-pont.ch; Rue du Grand-Pont 6; Hauptgerichte ab 20 SFr; ⏲Mo–Sa 9–24 Uhr) An sonnigen Tagen ist um die Mittagszeit in diesem geschäftigen Bistro mit Kunst an den Wänden und temperamentvollem Personal kaum ein Platz zu bekommen. Auf der Speisekarte, auf der wohl jeder etwas finden wird, steht Leckeres aus der ganzen Welt. Allein schon das große alte Gebäude mit seinen rostroten Fensterläden und rostigen, schmiedeeisernen Balkonen ist sehenswert.

★ **Au Cheval Blanc** SCHWEIZERISCH €€
(☎027 322 18 67; www.au-cheval-blanc.ch; Rue du Grand-Pont 23; Hauptgerichte ab 30 SFr; ⏲Di–Fr 10–24, Sa 11–24 Uhr) Wegen des schmackhaften Essens – es werden nur gute Produkte aus der Region verwendet – und der lockeren Stimmung ist dieses traditionelle Bistro mit Tischen auf dem Gehsteig der Rue du Grand-Pont bei Einheimischen eine Institution. Das i-Tüpfelchen ist das Fleisch des Val-d'Hérens-Rind, das in jeder gewünschten Form zubereitet wird: als Tatar, Carpaccio, mit Vinaigrette, als *tagliata di filetto* oder *en rossini*.

Au Vieux Mazot SCHWEIZERISCH €€
(☎027 283 11 25; Rue Centrale, Evolène; Hauptgerichte ab 20 SFr; ⏲Di–Sa 10–24 Uhr) In Evolène

ABSTECHER

UNTERIRDISCH IN SEE STECHEN

Im winzigen Saint-Léonard, 5,5 km nordöstlich von Sion, versteckt sich Europas größter unterirdischer See, der **Lac Souterrain Saint-Léonard** (☎ 027 203 22 66; www.lac-souterrain.com; Rue du Lac 21; Erw./Kind 10/6 SFr; ⏲ Mitte März–Okt. 10–17 Uhr, Juli & Aug. bis 17.30 Uhr). Wer den See mit dem smaragdgrünen Wasser erkunden möchte, kann an einer 30-minütigen geführten Bootstour teilnehmen. Von Sion fahren Züge nach Saint-Léonard (3,60 SFr, 3 Min., stündl.).

im Val d'Hérens, 24 km südlich von Sion, sollte man auf jeden Fall in diesem legendären Restaurant, das auch als Chez Raymonde bekannt ist, das berühmte örtliche Rindfleisch probieren – Fleischfreunde sind ganz hingerissen von dem Rind aus dem Val d'Hérens, das in einem traditionellen Holzofen gegart wird. Ansonsten gibt's die üblichen Raclettes, Rösti usw.

Buffet de la Gare de Saint-Léonard SCHWEIZERISCH €€

(☎ 027 203 43 43; www.buffet-gare.ch; Av de la Gare 35, Saint-Léonard; Hauptgerichte ab 20 SFr; ⏲ Mi–So 10–15 & 18–24 Uhr) Im winzigen Restaurant in Saint-Léonard bieten Angehörige ein und derselben Familie schon seit 1918 sehr preisgünstiges Essen, sodass sich der Abstecher hierher durchaus lohnt. Von Sion fahren Züge nach Saint-Léonard (3,60 SFr, 3 Min., stündl.).

La Sitterie SCHWEIZERISCH €€

(☎ 027 203 22 12; www.lasitterie.ch; Rte du Rawil 41; Hauptgerichte ab 28 SFr, Mittagsmenüs 48 SFr, Abendmenüs ab 75 SFr; ⏲ Di–So 11–15 & 18–24 Uhr) Im La Sitterie 800 m nördlich der Altstadt verarbeitet Küchenchef Jacques Bovier nur regionale Produkte der Saison und bietet seinen Gästen ganz besondere kulinarische Erfahrungen – schon mal was von einem Chasselas-Traubensorbet gehört? Der moderne Speisesaal ist in Lindgrün und Schiefergrau gehalten. Im Sommer speist man in einem traumhaften Blumengarten mit Blick auf die Weinterrassen.

L'Enclos de Valère SCHWEIZERISCH €€

(☎ 027 323 32 30; www.enclosdevalere.ch; Rue des Châteaux 18; Hauptgerichte ab 35 SFr, 3-Gänge-Menü 58 SFr; ⏲ Mai–Sept. Di–Sa 9–24, So 12–15 Uhr, Okt.–April Di–Sa 10–14 & 18–24 Uhr) Auf halber Strecke der steilen Kopfsteinpflastergasse, die zu Sions Schlössern hinaufführt, befindet sich dieses ländliche Restaurant mit seinem schönen Garten voller Weinstöcke und Obstbäume (sogar Kiwibäume sind dabei). Im Herbst steht vorwiegend Wild (Ziege, Gams, Hirsch) auf der *ardoise* (Schiefertafel).

Ausgehen & Nachtleben

Le Verre à Pied WEINBAR

(☎ 027 321 13 80; www.facebook.com/leverreapiedsion; Rue du Grand-Pont 29; ⏲ Mo–Sa 10.30–13 & 16.30–20.30, So 10.30–14 & 17–20 Uhr) Wer Sion wirklich kennenlernen will, muss auch die hiesigen Weine probieren und das tut man am besten in dieser schlichten *oenothèque* (Weinstube) mit *caveau* (Weinkeller). Man sitzt in dem industriell anmutenden Innenraum oder draußen an einem Eichenfass und nippt an einem der 150 Walliser Weine. Die umliegenden Restaurants liefern Käse- und Wurstplatten, Austern usw., sodass hier auch hungrige Mäuler auf ihre Kosten kommen.

Praktische Informationen

Touristeninformation (☎ 027 327 77 27; http://siontourisme.ch; Pl de la Planta; ⏲ Mo–Fr 9–18, Sa 9–12.30 Uhr; 📶) An der Place de la Planta, 600 m nördlich vom Bahnhof.

Anreise & Unterwegs vor Ort

Aéroport de Sion (☎ 027 329 06 00; www.sionairport.ch; Rte des Aviateurs) 2 km westlich des Bahnhofs.

Valaisroule (☎ 079 127 50 22; https://wallisrollt.ch; Pl de la Planta; ⏲ Ende Mai–Mitte Okt. Mi–So 9–12.15 & 13–18 Uhr) Mit einem kostenlosen Leihrad (4 Std.) kann man wunderbar Sions Flussufer und die Weinberge erkunden.

Alle Züge auf der Express-Strecke zwischen Lausanne (32 SFr, 50–80 Min., halbstündl.) und Brig (20,40 SFr, 35–45 Min., halbstündl.) halten in Sion.

Sierre (Siders)

16 700 EW. / 533 M

Sierre (Siders), eine der sonnigsten Städte der Schweiz, ist der letzte französischsprachige Ort des Wallis. Ab dem östlich gelegenen Salgesch sprechen die Walliser Deutsch. Über dem Ortskern erheben sich die von einem Schloss gekrönten Weinberge und der örtliche Pinot Noir (Spätburgunder) sorgt für gute Laune. Wer mit öffentlichen Verkehrsmitteln nach Crans-Montana unterwegs ist: In Sierre fährt die längste Standseilbahn der Schweiz ab. Sie führt – anfangs durch die Weinberge – hoch zur Montana Gare.

Sehenswertes

Sierre Musée Valaisan de la Vigne et du Vin MUSEUM
(027 456 35 25; www.museeduvin-valais.ch; Rue Ste Catherine 4; Erw./Kind 6 SFr/frei, Eintritt frei mit Eintrittskarte fürs Weinmuseum Salgesch; März–Nov. Mi–Fr 14–18, Sa & So 11–18 Uhr) Dieses reizende Weinmuseum mit alten Pressen und anderen Wein-Kuriositäten befindet sich im **Château de Villa**, einem aus dem 17. Jh. stammenden, mit Türmchen bekrönten Herrenhaus. Nach dem Museumsbesuch kann man in der **Oenothèque** (www.chateaudevilla.ch; Mo–Fr 10.30–13.30 & 16.30–20.30, Sa & So 10.30–21 Uhr) mit dem gut gefüllten Weinkeller einen der 630 Walliser Weine probieren und kaufen. Das Museum ist 1 km vom Bahnhof entfernt. Man sollte sich in der Touristeninformation (S. 165) einen Plan besorgen. Dies ist auch der Beginn bzw. das Ende des Sentier Viticole (Rebwanderweg).

Weinmuseum Salgesch MUSEUM
(027 456 45 25; www.museeduvin-valais.ch; Erw./Kind 6 SFr/frei, frei mit Ticket fürs Sierre Musée Valaisan de la Vigne et du Vin; April–Nov. Mo–Fr 14–18, Sa & So 11–18 Uhr) Das Weinmuseum informiert über die rund um Salgesch angebauten Weine. Hier beginnt bzw. endet auch der Sentier Viticole (Rebwanderweg). Vom Bahnhof Salgesch ist es rund 1 km zum Museum.

Aktivitäten

★ **Sentier Viticole (Rebwanderweg)** WANDERN
(027 456 35 25; www.museeduvin-valais.ch) Die Touristeninformation Sierre Salgesch hält Karten für den Sentier Viticole (Rebwanderweg) bereit: Er verbindet zwei Museen, das Musée Valaisan de la Vigne et du Vin in Sierre und das Weinmuseum in Salgesch. Am 6 km langen Weg informieren Tafeln über die Reben, das Land und die Menschen. Für den Weg benötigt man etwa zwei bis drei Stunden, für die Wanderung mit Besuch in den Museen einen halben Tag.

In welche Richtung man den Weg geht, ist egal: Am Ende kann man jeweils mit dem Zug zum Ausgangspunkt zurückkehren.

Feste & Events

Marché des Cépages WEIN, MUSIK
(www.marchedescepages.ch; Anfang Sept.) Den Marché des Cépages in Sierre sollte man sich nicht entgehen lassen. Mit einem Glas in der Hand wandert man durch die Weinberge, hört Musik, unterhält sich mit den rund 40 Winzern und probiert in fröhlicher Stimmung einen Wein nach dem anderen. Los geht's in den Weinbergen hinter dem Château de Villa auf dem Sentier Viticole in Richtung Salgesch.

LA BRISOLÉE: EIN TRADITIONELLES HERBSTFEST

Wenn im Herbst das Laub golden schimmert, läutet die letzte Traubenernte die herbstliche Festzeit und mit ihr die Maronenzeit ein. Dann beginnt außerdem La Brisolée, eine Herbstschlemmerei mit lokalen Erzeugnissen, die traditionell in der Familie und im Freundeskreis gefeiert wird. Eine außerhalb der Familie organisierte Brisolée ist natürlich schon etwas anderes, aber bei den folgenden beiden Adressen, die übrigens das ganze Jahr über zu empfehlen sind, kommt man der Tradition schon ziemlich nahe:

La Cave de Tous Vents (027 322 46 84; www.cave-tous-vents.ch; Rue des Châteaux 16; Hauptgerichte ab 22 SFr; Sept.–Juni 17–24 Uhr) Flackerndes Kerzenlicht beleuchtet die Backsteingewölbe dieser mittelalterlichen Weinbar, in der Pärchen in gemütlichen Nischen speisen. Genauso gut ist das Fondue, das hier auch mit Safran oder Pfifferlingen angeboten wird. Von Ende September bis Oktober gibt's das *brisolée royale*, einen großartigen All-you-can-eat-Schmaus mit sechs verschiedenen Walliser Käsesorten, warmen, gerösteten Maronen, Äpfeln, Birnen und Trockenfleisch.

La Grande Maison (027 565 35 70; www.lagrandemaison.ch; Rte du Santesch 13, Chandolin-près-Savièse; 4-Gänge-Menü 78 SFr; Mo–Fr 17–24, Sa & So 11–24 Uhr) 6,5 km außerhalb von Sion oben in den Bergen bietet dieses alte Haus stimmungsvolle Zimmer mit Holzbalken an den Decken (DZ 134–160 SFr). In dem Spitzenrestaurant werden im Herbst Wild und Früchte aus den umliegenden Wäldern zu einem erlesenen Festessen verarbeitet.

Schlafen & Essen

Hotel Arkanum BOUTIQUEHOTEL €€
(027 451 21 00; www.hotelarkanum.ch; Unterdorfstrasse 1, Salgesch; EZ/DZ ab 110/190 SFr; P) Wer schon immer mal in einem Weinfass oder in einer Weinpresse übernachten wollte, sollte in diesem originellen Hotel in Salgesch nächtigen, in dem jedes Zimmer ein anderes Thema hat, das mit Wein zu tun hat. Das Restaurant serviert ausgezeichnete Walliser Spezialitäten sowie Weine aus Salgesch.

Hotel Terminus HOTEL €€
(027 455 13 51; www.hotel-terminus.ch; Rue du Bourg 1; EZ/DZ 145/230 SFr; P) Das Hotel Terminus bietet nur ein paar hundert Meter vom Bahnhof von Sierre entfernt auf vier Etagen erstklassige Zimmer. Das Früh-

ABSEITS DER ÜBLICHEN PFADE

VAL D'ANNIVIERS

Das ruhige Tal ist von Kiefern und Lärchen geprägt. Die dunklen Holzchalets und malerischen Dörfchen vor der Kulisse von Viertausendern bilden die perfekte Postkartenidylle und locken Skifahrer, die ohne Getümmel durch Pulverschnee wedeln möchten, ebenso an wie Wanderer auf der Suche nach unberührter Natur.

Die Straße südlich von Sierre schlängelt sich korkenzieherartig vorbei an winzigen Obstgärten und Weingütern ins 13 km entfernt gelegene mittelalterliche Dorf **Vissoie** (www.valdanniviers.ch/tourismus/niouc-nach-vissoie.html). Von hier aus erreicht man fünf Skigebiete. Nach etwa 11 km auf einer schmalen, kurvigen Straße zurück nach Norden in Richtung Sierre gelangt man nach **Vercorin** (www.valdanniviers.ch/tourismus/vercorin.html). Der familienfreundliche Ort bietet 35 km Pisten auf sanften Hängen.

Anspruchsvollere Skifahrer werden sich in den miteinander verbundenen Orten **Saint-Luc** (www.valdanniviers.ch/tourismus/saint-luc.html) und **Chandolin** (www.valdanniviers.ch/tourismus/chandolin.html) wohlfühlen. Sie bieten breite, sonnige Pisten (75 km) und ein märchenhaftes Panorama. Chandolin ist das hübschere Dorf der beiden und besteht aus ein paar Holzhäusern, die sich in ca. 2000 m Höhe an die Steilhänge klammern. Wenn man schon mal hier ist, sollte man auch den **Espace Ella Maillart** (027 476 17 15; www.ellamaillart.ch; Chemin des Tsavonnés) GRATIS besuchen, der einer bemerkenswerten Schweizer Abenteurerin gewidmet ist, die in Chandolin lebte – wenn sie nicht gerade ferne Länder wie Afghanistan und Tibet erkundete oder Skirennen und Regatten gewann.

Planetenmodelle stehen am **Chemin des Planètes** (Weg der Planeten;), einem Anstieg von Tignousa (oberhalb von Saint-Luc) zum **Hôtel Weisshorn** (027 475 11 06; www.weisshorn.ch; EZ/DZ mit HP 150/280 SFr; Juni–Mitte Okt. & Ende Dez.–Mitte April;). Dieses großartige Hotel aus dem 19. Jh. steht auf einer Höhe von 2337 m und ist nur zu Fuß oder mit dem Mountainbike zu erreichen (im Winter auch auf Skiern, dann wird das Gepäck der Gäste von Saint-Luc aus hinauftransportiert). Ebenso märchenhaft ist **Grimentz** (www.valdanniviers.ch/tourismus/grimentz-saint-jean.html) mit seinen Walliser Getreidespeichern (sie stehen auf Stelzen, um diebische Mäuse fernzuhalten), seinen mit Geranien überwucherten Chalets aus dunklem, feuchtegehärtetem Holz und seiner funkelnagelneuen Seilbahn, die Skifahrer in das Skigebiet des benachbarten **Zinal** (www.valdanniviers.ch/tourismus/zinal-ayer.html) bringt.

Von Zinal können Bergsteiger mehrere Viertausender angehen, z. B. die Dent Blanche (4357 m) sowie Obergabelhorn (4063 m), Zinalrothorn (4221 m), Weisshorn (4506 m) und Bishorn (4153 m). Berg- und Wanderführer vermittelt **Guides Anniviers** (www.valdanniviers.ch/tourismus/bergfuhrer-wanderfuhrer.html).

Etwa 12 km südlich von Grimentz endet die Straße an einem großen Parkplatz. Von hier führen mehrere gute Wanderwege zu Aussichtspunkten mit Blick auf den imposanten **Moirygletscher**.

Jedes Dorf hat seine eigene kleine Touristeninformation, die alle unter dem Dach von **Tourisme Val d'Anniviers** (www.valdanniviers.ch) vereint sind. Sie sind allesamt täglich von 8.30 bis 12 und von 13.30 bis 17 Uhr geöffnet.

Von Sierre fahren Postbusse die 13 km nach Vissoie, dem Verkehrsknotenpunkt des Tals (10,60 SFr, 30 Min.), und dann weiter in andere Teile des Tals, so auch zum Moirygletscher. Am besten lässt sich die Gegend jedoch mit einem eigenen Fahrzeug erkunden.

stück, das die Gäste für ihre Erkundungen der Weinregion stärkt, ist im Übernachtungspreis inbegriffen. Für Leute mit genügend Kleingeld gibt's auf den oberen Etagen wunderbare Suiten und dazu die Küche von **Didier de Courten** (Hauptgerichte 84 SFr, Probiermenüs 190 SFr; ⏲ Di–Sa 12–13 & 19–21 Uhr).

★Château de Villa SCHWEIZERISCH €€
(☎027 455 18 96; www.chateaudevilla.ch; Rue Ste-Catherine 4; Fondues 23–26 SFr, Hauptgerichte 25–40 SFr; ⏲11.30–14 & 18–22.30 Uhr) Überall spitze Türmchen und jahrhundertealte Holzbalken – in Sierres Vorzeigerestaurant wird das Raclette mit fünf verschiedenen Walliser Raclette-Käsesorten (35 SFr) zu einem wahrhaft königlichen Bankett. Dazu sollten Gäste einen der perfekt passenden Weine aus der Region genießen. Im September findet hier das fabelhafte Walliser Herbstfest statt, La Brisolée (S. 163).

Praktische Informationen

Touristeninformation Sierre Salgesch
(☎027 455 85 35; www.sierre-salgesch.ch; Pl de la Gare 10; ⏲Mo–Fr 8.30–18, Sa 9–17, So bis 13 Uhr) Am Bahnhof von Sierre, mit freundlichem Personal und guten Karten und Broschüren.

An- & Weiterreise

Auf der E62 liegt Sierre 175 km östlich von Genf, 45 km östlich von Martigny und 38 km westlich von Brig.

Es fahren zwei Züge pro Stunde Richtung Westen nach Genf (54 SFr, 2 Std.) und Richtung Osten nach Brig (15,40 SFr, 30 Min.). Stündlich verkehren Züge zwischen Salgesch und Sierre (3 SFr, 3 Min.).

Die Stadt ist der Ausgangspunkt nach Crans-Montana.

Crans-Montana

6500 EW. / 1500 M

Crans-Montana ist schon seit 1896 ein Begriff. Damals schnupperte Dr. Théodore Stéphani hier ein wenig frische Alpenluft und war der Meinung, dass sie für seine Tuberkulosepatienten ideal sei. Im Winter tobt in dem modernen, weitläufigen Ort, der sich an einer Kette von Seen entlangzieht, das Leben. Es ist ein beliebter Zufluchtsort für Promis und Neureiche.

Aktivitäten

Crans-Montana ist ein Paradies für Skifahrer, die über sonnige, fast ausschließlich nach Süden gerichtete Hänge wedeln und dabei den Panoramablick vom Matterhorn bis zum Mont Blanc genießen. Die Pisten haben eine Länge von insgesamt 160 km. Snowboarder toben sich mit halsbrecherischen Kunststücken im Geländepark Aminona aus. Skilangläufer können sich auf 50 km Loipen freuen.

Im Sommer sind Wandern und Mountainbiken angesagt.

Crans-Montana Bike Park MOUNTAINBIKEN
(www.mycma.ch; Rte des Téléphériques 32; Erw. halber/ganzer Tag 25/30 SFr, Kind 14/15 SFr; ⏲ Juni–Okt.) Für Geschwindigkeitsfreaks gibt's in diesem Mountainbike-Park an der Talstation der Seilbahn Crans–Cry d'Er markierte Wege und nach Schwierigkeitsgraden eingestufte Hindernisse. Was geboten wird, kann man sich auf der Website anschauen.

Alex Sports SKIFAHREN, MOUNTAINBIKEN
(☎027 481 40 61; www.alexsports.ch; Rte des Télépheriques; ⏲Dez.–April, Juli & Aug. 9–17.30 Uhr) Das Sportgeschäft an der Talstation der Seilbahn Crans–Cry d'Er gegenüber vom Crans-Montana Bike Park verleiht die gesamte Ausrüstung fürs Mountainbiken im Sommer und fürs Skifahren im Winter.

Feste & Events

Caprice Festival MUSIK
(www.caprices.ch; ⏲Anfang April) Das Festival gilt als eins der besten Schneemusikfestivals Europas – eine tolle Party in großer Höhe mit atemberaubenden Ausblicken.

ABSTECHER

FONDATION PIERRE ARNAUD

Die **Fondation Pierre Arnaud** (☎027 483 46 10; www.fondationpierrearnaud.ch; Rte de Crans 1, Lens; Erw./Kind 18 SFr/frei; ⏲Mi–So 10–18 Uhr) ist eine umwerfende Kunstgalerie, die man unbedingt besuchen sollte. In ihrer verglasten Fassade spiegeln sich Berggipfel und in dem Alpengarten auf dem Dach sprießen silbern leuchtende Edelweiße. Auch das Innere der Galerie ist beeindruckend. Es gibt pro Jahr zwei Ausstellungen mit zeitgenössischer Kunst. Nach dem Besuch des Museums sollte man dann im Museumsbistro **L'Indigo** auf der Holzterrasse mit Blick auf den Lac du Louché und die Berge zu Mittag essen. Hin kommt man mit Bus 353 von der Haltestelle La Poste in Crans-Montana Richtung Lens (4,40 SFr, 20 Min.).

Schlafen & Essen

Jugendherberge Crans-Montana HOSTEL €
(027 481 31 14; www.youthhostel.ch; Rte du Zotzet 8; B/EZ/DZ mit Frühstück 29/68/78 SFr; Dez.–März & Mai–Okt.; P) Das 2017 eröffnete Hostel ist die aktuelle Inkarnation des 1930 erbauten Hauses Bella Lui, das unter Denkmalschutz steht. Das Hostel ist zentral gelegen, unglaublich preiswert und bietet neben phantastischen Ausblicken auch kostenloses Frühstück. Bevor es die neueste Jugendherberge der Schweiz wurde, diente das Gebäude schon als Sanatorium, Spa und Hotel.

Lago Lodge HOTEL €€
(027 481 34 14; www.auberge-lagolodge.ch; Lac Grenon; DZ/3BZ/4BZ ab 180/234/300 SFr; P) Die moderne, helle und farbenfrohe Unterkunft am Grenon-See ist bei Familien äußerst beliebt und ihr Geld unbedingt wert. Das Zimmer für zehn Personen – unten zwei Doppelbetten und ein Einzelbett, auf dem Zwischengeschoss ein Matratzenlager – ist wahrscheinlich der beste Schlafsaal in der ganzen Schweiz.

★ **Chetzeron** SCHWEIZERISCH €€
(027 488 08 09; www.chetzeron.ch; Chetzeron 2112; Hauptgerichte ab 25 SFr; Juli–Okt. & Dez.–April;) Wer es sich in dieser aufgemöbelten Seilbahnstation aus den 1960er-Jahren auf 2112 m Höhe auf einer Chaiselongue gemütlich gemacht hat, kann sich selbst gratulieren, in einem der angesagtesten Bergtreffs in den Schweizer Alpen ein Plätzchen ergattert zu haben. Im Sommer kann man hinunterlaufen (ca. 1 km) oder ein Allradfahrzeug bestellen, im Winter die blaue Piste von der Bergstation der **Cry d'Er-Seilbahn** (Erw. einfach/hin & zurück 15/20 SFr) hinunterwedeln oder nach Einbruch der Dunkelheit an einer Schneemobilfahrt teilnehmen.

Die geräumigen Hotelzimmer bieten einen umwerfenden Blick (DZ ab 320 SFr). Aus der Küche kommen erstklassige Speisen: Grillfleisch, hausgemachte Würstchen und vegetarische Gerichte.

Praktische Informationen

Touristeninformation (027 485 04 04; www.crans-montana.ch; Rue Centrale, Crans; Mo–Sa 8.30–18.30 Uhr) In der Rue Centrale, 300 m westlich von der Montana Gare am oberen Ende der Seilbahn.

An- & Weiterreise

Von Sierre führt eine sehr kurvenreiche Straße (20 km) hinauf nach Crans-Montana.

Vom Bahnhof in Sierre (Siders) führt ein auf den Fußboden gemalter roter Streifen zur Station der längsten **Standseilbahn** (027 481 23 48; www.cie-smc.ch; Gare SMC de Montana; Ticket 13,20 SFr) der Schweiz. Sie schlängelt sich durch Weinberge langsam nach oben zum Bahnhof Montana. Die Fahrt dauert 12 Minuten, los geht's alle 30 Minuten. Zwischen den beiden Stationen verkehren auch weniger originelle Busse (13,20 SFr, 40 Min., stündl.).

OBERWALLIS

Hübsche Dörfer mit Holz-Chalets stehen im Osten des Wallis allesamt ehrfürchtig vor dem spektakulären Hintergrund schwindelerregender Schluchten, 4000 m hoher Berggipfel und gewaltiger Gletscher. Die sprudelnden Thermalquellen von Leukerbad, der atemberaubende, 23 km lange Aletschgletscher, die pulsierenden Ferienorte Zermatt und Saas-Fee und die gigantische Pyramide des Matterhorns locken Besucher aus nah und fern an.

Leukerbad

1600 EW. / 1411 M

Von Leuk im Rhonetal führt eine Zickzackstraße 700 Höhenmeter hinauf ins 14 km entfernte wunderbare Bergdorf Leukerbad. Von Europas größtem Thermalkurort blickt man auf ein Amphitheater aus in den Himmel ragenden Felstürmen und -spitzen – dramatischer geht's eigentlich nicht. Die Römer hatten ja schon immer ein Auge für Schönheit. Auch sie nutzten einst Leukerbads dampfende Quellen, in denen heute die Besucher entspannen, nachdem sie den Gemmipass bezwungen haben, die längste *via ferrata* der Schweiz gemeistert haben oder im Pulverschnee auf dem Torrenthorn gecarvt sind.

Sehenswertes

Torrent-Bahnen SEILBAHN
(027 472 81 10; www.torrent.ch; Promenade; einfach/hin & zurück 11,50/23 SFr; Juli–Mitte Okt. & Ende Dez.–Anfang April 8.45–12.15 & 13.15–17.15 Uhr) Die Torrent-Bahnen bringen Skifahrer in Nullkommanichts zur **Rinderhütte** (2350 m). Von dort bringt einen der Sessellift auf 2610 m. In diesem Skigebiet fühlen sich fortgeschrittene Skiläufer wohl. Im Sommer kann man mit einem **Monster-Roller** (Erw./Kind 15/12 SFr) den Berg hinunterrasen. Die steile, stellenweise holprige Abfahrt dauert etwa eine Stunde.

Aktivitäten

Gemmipass-Wanderung WANDERN
(www.myswitzerland.com/de-de/klassiker-der-klassiker.html; Juni–Okt.) Diese klassische Wanderung führt von Leukerbad über den Gemmipass nach Kandersteg im Berner Oberland. Von Leukerbad fährt die **Gemmibahn** (027 470 18 39; www.gemmi.ch; Gemmibahnen; einfach/hin & zurück 23/34 SFr; Juni–Okt. 8.30–12 & 13–17.30 Uhr) hoch zum Pass; dann geht's auf einem gut markierten Weg in zwei bis drei Stunden nach Sunnbüel und mit der Seilbahn wieder runter und mit dem Bus nach Kandersteg. Die Berglandschaft hier ist grandios, doch Vorsicht: Das Wetter kann schnell umschlagen.

Die Wanderung ist nur mittelmäßig anspruchsvoll – es sei denn, man verzichtet an beiden Enden auf die Seilbahn und steigt zu Fuß auf und wieder ab. Bevor man losgeht, sollte man sich auf der Website informieren und sich auch die Wettervorhersage anschauen.

Erlebnisklettersteig Gemmi KLETTERSTEIG
(https://sites.google.com/site/viaferratad/erlebnisklettersteig-gemmi; Juli–Sept.) Der neue Klettersteig unmittelbar unterhalb der Bergstation der Gemmibahn auf 2300 m Höhe ist ein ungewöhnlicher horizontaler 800-m-Parcours mit einer 65 m langen Seilbrücke und einer 20-m-Leiter, die sich um insgesamt 540 Grad dreht – hier ist Nervenkitzel garantiert! Infos gibt's in der Touristeninformation (S. 168) und im Alpincenter Leukerbad (S. 168).

Klettersteig Daubenhorn KLETTERSTEIG
(https://sites.google.com/site/viaferratad/home; Juli–Sept.) Der längste Klettersteig der Schweiz ist nur etwas für Abenteuerlustige und sollte am besten mit einem Guide in Angriff genommen werden. In der Felswand des Dauberhorns oberhalb von Leukerbad sind 216 m Leitern und 2000 m Stahlkabel installiert worden. Infos über Ausrüstungsverleih und Guides gibt's in der Touristeninformation und im Alpincenter Leukerbad.

Walliser Alpentherme & Spa Leukerbad SPA
(027 472 10 10; www.alpentherme.ch; Dorfplatz; Thermalbad 3 Std./Tag 23/28 SFr, mit Walliser Saunadorf 39/53 SFr, Römisch-Irisches Bad mit/ohne Seifen-Bürsten-Massage 74/54 SFr; Becken 9–20 Uhr, Saunadorf & Bäder 10–20 Uhr) Das Luxusbad besteht aus Außen- und Innenschwimmbecken mit Whirlpools, Düsen und grandiosem Blick auf die Berge. Dazu kommen noch das Walliser Saunadorf mit viel Holz, das Römisch-Irische Bad und das Bergquell-Spa mit allem, was dazu gehört, von heißen Steinen über Massagen bis zu Körperpeelings.

NICHT VERSÄUMEN

THERMALBÄDER

Bei kalter, frischer Alpenluft gemütlich im 35 °C warmen Thermalwasser zu liegen, ist schon irgendwie dekadent. Kommt dann noch ein stahlblauer Himmel, eine Chaiselongue am Whirlpool und der Blick auf verschneite Berge hinzu, ist dies schon fast der Himmel auf Erden. Außer Leukerbad im Oberwallis gibt's die folgenden Thermalbäder:

Les Bains de Lavey (www.lavey-les-bains.ch; Rte des Bains 48; Erw. 3 Std. 27/18 SFr; So–Do 9–21, Fr & Sa bis 22 Uhr;) Das Wasser des winzigen Thermalbades, das gleich hinter der Kantonsgrenze in Waadt liegt und über die Autobahnausfahrt „Lavey" bequem zu erreichen ist, stammt aus der heißesten Quelle der Schweiz. Hier gibt's außerdem ein Hotel, ein Restaurant und Wellness-Einrichtungen.

Les Bains d'Ovronnaz (027 305 11 11; www.thermalp.ch; Rte des Bains 93; Erw./Kind 22/13 SFr; 8–20.30 oder 21 Uhr;) Eine Kombi aus Skihängen und Badespaß bietet der nette, familienfreundliche Skiort Ovronnaz, der 10 km oberhalb von Riddes (15 km nordöstlich von Martigny) liegt und über eine kurvenreiche Straße zu erreichen ist. In diesem Spa kann man nach dem Skifahren ganz wunderbar in einem der drei Pools relaxen. Außerdem werden hier Unterkünfte und Massagen geboten.

Thermalbad Brigerbad (027 948 48 48; www.thermalbad-wallis.ch; Thermalbad 1, Brigerbad; 3 Std. Erw./Kind 24/15 SFr; 9–21 Uhr;) Im Oberwallis lockt das Open-Air-Thermalbad Brigerbad auf halber Strecke zwischen Visp und Brig mit zwölf verschiedenen Becken drinnen und draußen. Kinder lieben die Wasserrutsche den Berg hinunter. Gleich nebenan befindet sich ein Campingplatz.

NICHT VERSÄUMEN

BEI MONDSCHEIN BADEN

Es gibt auf Erden wahrscheinlich nichts Himmlischeres als ein Bad – oder vielmehr ein paar faule Stunden – bei Mondschein in Leukerbads erquicklichem Thermalbad. Möglich ist das am letzten Samstag des Monats oder am 31. Juli (der Tag vor dem Schweizer Nationalfeiertag) in der Walliser Alpentherme & Spa Leukerbad, die an diesen Tagen ausnahmsweise ihre Pforten von 20.30 bis 23.30 Uhr öffnet (Eintritt inkl. Walliser Saunadorf 27 SFr).

Leukerbad Therme SCHWIMMEN
(027 472 20 20; www.burgerbad.ch; Rathausstrasse 32; Erw./Kind Tageskarte 30/16,50 SFr, 3-Std.-Karte 25/14 SFr; 8–20 Uhr;) Der imposante Komplex unten im Dorf unweit der Touristeninformation bietet zehn verschiedene Innen- und Außenbecken mit Wassertemperaturen von 28 bis 43 °C. Außerdem gibt es Whirlpools, Massagedüsen, Dampfgrotten und eine Wasserrutsche. Kein Wunder, dass alle Welt diese Anlage liebt. Kinder unter acht Jahren können sich kostenlos austoben.

Schlafen & Essen

Hotel Wildstubel HOTEL €
(027 470 12 01; www.gemmi.ch; Gemmipass; DZ ab 90 SFr pro Pers.; Mitte Dez.–Ende April & Juni–Okt.;) Das funktionale, mit viel Kiefernholz eingerichtete, blitzsaubere Berghotel erreicht man mit der Gemmibahn. Es bietet einen Mix aus Schlafsälen mit Etagenbetten und normalen Doppelzimmern. Es gibt nur Gemeinschaftsbäder, Kinder unter vier Jahren schlafen hier gratis. Die Preise gelten pro Person, verringern sich bei steigender Personenzahl und umfassen Halbpension sowie die Hin- und Rückfahrt mit der Seilbahn ab Leukerbad. Insgesamt ein schönes Erlebnis!

Hôtel de la Croix Fédérale HOTEL €€
(027 472 79 79; www.croix-federale.ch; Kirchstrasse 43; DZ/4BZ ab 160/289 SFr; P) In dem mit Blumen geschmückten kleinen Chalet, das sich zwischen Boutiquen in der Hauptstraße von Leukerbad befindet, wird einem ein wirklich herzlicher Empfang bereitet. Die gemütlichen Zimmer sind mit viel Kiefernholz ausgestattet und das Restaurant im Erdgeschoss gehört zu den besten im Ort.

Thermal Hotels Leukerbad HOTEL €€
(027 472 10 00; http://thermalhotels.ch; Dorfplatz; EZ/DZ ab 150/250 SFr; P) Das elegante Hotel mit dem ausgesprochen guten Restaurant Maison Blanche (Weißes Haus) im alten Gebäude von 1645 nimmt quasi den ganzen Dorfplatz ein. Den Gästen fehlt es hier an nichts – es gibt u. a. flauschige Bademäntel und passende Pantoffeln, sodass man stilvoll das benachbarte, vom Hotel betriebene Thermalbad aufsuchen kann.

Hotel Escher HOTEL €€
(027 470 14 31; www.hotel-escher.ch; Tuftstrasse 7; EZ/DZ ab 90/170 SFr; P) Der perfekte Mix aus günstigen Preisen und Komfort! Die Zimmer im familiengeführten Escher sind modern und gemütlich, es gibt Daunendecken und schneeweiße Bäder. Das wirkliche Highlight ist aber der spektakuläre Blick aus dem Frühstückszimmer – hier wird man bestimmt nicht über seinem Müsli einschlafen.

La Ferme Gemmet FEINKOST €
(027 470 41 40; www.lafermegemmet.ch; Dorfstrasse 18; Mo, Di & Do–Sa 9–12.15 & 15–20 Uhr) Der Gemmet-Hof ist kein normales Feinkostgeschäft, sondern ein schicker Laden mit Wandregalen voller Walliser Weine und mit einer Ladentheke aus Glas, in der der sorgfältig gealterte Alpkäse präsentiert wird (Alpkäse wird nur im Sommer hergestellt). Wer Milch kaufen möchte, muss seine eigene Flasche mitbringen. Alle hier verkauften Produkte stammen von dem etwa 50 km östlich Richtung Brig gelegenen Bauernhof der Familie Gemmet.

★ **Walliserkanne** SCHWEIZERISCH €€
(027 472 79 79; www.facebook.com/croixfederale; Kirchstrasse 43; Hauptgerichte ab 20 SFr; Mo–Sa 9.30–23, So 17–23 Uhr) Fondues, knusprige, perfekt zubereitete Rösti und Wildgerichte machen dieses gemütliche Restaurant, das seit 1931 von der Familie Grichtling betrieben wird, zu einer guten Adresse für echte Walliser Küche. Das absolute Highlight ist aber die Spezialität des Hauses: Riesige Steaks vom heißen Stein serviert mit einem großen Holzteller voller Rösti oder Pommes und Saucen zum Eintunken. Dazu gibt's ein großes Papierlätzchen.

Praktische Informationen

Touristeninformation (027 472 71 71; www.leukerbad.ch; Ratplatz; Mo–Sa 9–12 & 13.15–18 Uhr) Am Busbahnhof.

Alpincenter Leukerbad (Bergführer Leukerbad; 079 754 00 52; www.bergführerleukerbad.ch) Führer und Ausrüstung für Leukerbads Klettersteige.

An- & Weiterreise

Von Leuk sind es 14 km hinauf nach Leukerbad. Es fahren stündlich Postbusse von Leukerbad nach Leuk (12 SFr, 30 Min.) und Visp (20,40 SFr, 1 Std.). Die Bushaltestelle befindet sich neben der Touristeninformation.

Zermatt

5760 EW. / 1605 M

Im Zug, der von Täsch kommt, ist die freudige Erwartung mit Händen greifbar: Pärchen blicken sehnsüchtig aus dem Fenster, Kinder zappeln herum und stopfen sich mit Toblerone voll, während ihre Eltern die Kamera auspacken. Und dann, wenn sie endlich in Zermatt ankommen, glucksen sie vor Freude über den Anblick des **Matterhorns** (4478 m), des betörend schönen, einzigartigen Bergs, der sich wie die Rückenflosse eines Hais über der Stadt erhebt.

Bereits seit Mitte des 19. Jhs. gehört Zermatt zu den schillerndsten Orten der Schweiz. Als Erster erklomm der britische Bergsteiger Edward Whymper den Gipfel des Matterhorns – das war im Jahre 1865. Nach ihm versuchten mutige Menschen immer wieder den Aufstieg: Theodore Roosevelt bestieg beispielsweise das Matterhorn 1881 und der 20-jährige Winston Churchill kletterte 1894 auf den Monte Rosa (4634 m). Heute wedeln von der Szenerie begeisterte Skifahrer über die schönen Pisten und in den schicken Lounge-Bars des Orts tummeln sich stilsichere Skihäschen. Sie alle hat das Matterhorn, dieser unergründliche Monolith, in seinen Bann gezogen.

Sehenswertes

Zunächst bummelt man über die **Bahnhofstrasse** mit ihren schicken Boutiquen und den vielen Pferdeschlitten, Pferdewagen und Elektrotaxis. Danach geht's über die **Hinterdorfstrasse** hinunter zur rauschenden Vispa. In dieser aus vergangenen Zeiten stammenden Straße stehen Schweineställe aus dem 16. Jh. und die typischen Walliser Getreidespeicher aus Holz, die auf Steinsockeln und Stelzen errichtet wurden, um lästige Ratten fernzuhalten. Man sollte nach dem **Brunnen** zu Ehren von Ulrich Inderbinen (1900–2004) Ausschau halten – der in Zermatt geborene Bergsteiger hat das Matterhorn 370 Mal bestiegen, das letzte Mal im Alter von 90 Jahren. Der auch König der Alpen genannte Inderbinen war der älteste aktive Bergführer der Welt – erst im Alter von 95 Jahren trat er in den Ruhestand.

★ Matterhorn Glacier Paradise SEILBAHN
(www.matterhornparadise.ch; Schluhmattstrasse; Erw./Kind hin & zurück 100/50 SFr; ⌚8.30–16.20 Uhr) Alle Bergbahnen in Zermatt bieten einen traumhaften Blick, aber die zum Matterhorn Glacier Paradise ist sozusagen das Tüpfelchen auf dem i. Mit Europas höchster Seilbahn geht es hinauf auf 3883 m, wo man von der (nur bei gutem Wetter geöffneten) **Aussichtsplattform** 14 Gletscher und 38 Berggipfel über 4000 m bewundern kann. Sehenswert ist auch der **Gletscher-Palast**, ein Palast voller Eisskulpturen und einer Eisrutsche. Und wie wär's im Anschluss daran mit einer **Snowtubing-Tour** draußen im Schnee?

★ Gornergratbahn PANORAMABAHN
(www.gornergrat.ch; Bahnhofplatz 7; Erw./Kind hin & zurück 94/47 SFr; ⌚7–19.15 Uhr) Europas höchste Zahnradbahn klettert seit 1898 durch eine Bilderbuchlandschaft hinauf zum **Gornergrat** (3089 m). Die Fahrt dauert 30 Minuten. Auf dem Weg nach oben sollte man in dem kleinen roten Zug auf der rechten Seite sitzen, um den Blick aufs Matterhorn genießen zu können. Mit der Fahrkarte kann man unterwegs aus- und wieder einsteigen – Restaurants gibt's auf der Riffelalp (2211 m) und auf dem Riffelberg (2582 m). Im Sommer fährt die Bahn auch einmal wöchentlich bei Sonnenauf- und Sonnenuntergang – eine spektakulärere Fahrt gibt's wohl kaum.

★ Matterhorn Museum MUSEUM
(☎027 967 41 00; www.zermatt.ch/museum; Kirchplatz; Erw./Kind 10/5 SFr; ⌚Juli–Sept. 11–18 Uhr, Okt.–Mitte Dez. 15–18 Uhr, Mitte Dez.–März 15–19 Uhr, April–Juni 14–18 Uhr) Das gläserne, hochmoderne Museum vermittelt einen faszinierenden Einblick in das Walliser Dorfleben und informiert über das Bergsteigen, die Entstehung des Tourismus in Zermatt und über die Leben, die das Matterhorn bisher gefordert hat. Kurzfilme schildern die erste erfolgreiche Besteigung des Matterhorns am 13. Juli 1865 unter der Leitung von Edward Whymper. Leider wurde diese Meisterleistung durch den Tod von vier Männern der Gruppe getrübt, die beim Abstieg 1200 m in die Tiefe stürzten. Das gerissene Seil ist im Museum zu sehen.

Sunnegga AUSSICHTSPUNKT
(www.matterhornparadise.ch; Erw./Kind einfach 12/6 SFr, hin & zurück 24/12 SFr;) Mit dem Sunnegga Express, der „Tunnelseilbahn", geht's hinauf zur Sunnegga (2288 m) mit ihren herrlichen Ausblicken aufs Matterhorn. Dies ist ein tolles Ziel für Familien mit Kindern: Im Winter gelangt man mit dem kostenlosen Leisee-Shuttle hinunter zum See, wo es in Wolli's Park Anfängerpisten gibt, im Sommer locken ein Kinderspielplatz und das Planschen im See. Ein paar Gehminuten von der Sunnegga entfernt befindet sich eine Murmeltierstation. Der Spaziergang zurück hinunter nach Zermatt über Findeln ist recht einfach (1½ Std.).

Bergsteigerfriedhof FRIEDHOF
(Kirchstrasse) Ein Spaziergang über die beiden Friedhöfe von Zermatt – den Bergsteigerfriedhof im Garten der **Pfarrkirche St. Mauritius** (Kirchplatz) und den Hauptfriedhof auf der anderen Straßenseite – ist eine traurige Erfahrung. Denn viele Grabsteine erzählen von Menschen, die am Monte Rosa, Matterhorn und Breithorn zu früh ihr Leben ließen.

Aktivitäten

Die wichtigste Anlaufstelle für die Planung von Aktivitäten ist das **Snow & Alpine Center** (027 966 24 60; www.alpincenter-zermatt.ch; Bahnhofstrasse 58; Dez.–April Mo–Fr 9–12 & 15–19, Sa & So 16–19 Uhr, Juli–Sept. 9–12 & 15–19 Uhr), Sitz der Skischule von Zermatt und der Bergführer. Im Winter kann man hier **Skipässe** kaufen (Tag/Woche ohne Cervinia 79/430 SFr, mit Cervinia 92/494 SFr).

Skfahren

Zermatt ist ein Abfahrten-Paradies – mit überwiegend langen und recht malerischen roten Pisten sowie einer ganzen Reihe blauer Pisten für Anfänger und halsbrecherischer schwarzer für die Cracks. Die wichtigsten winterlichen Skigebiete sind **Rothorn**, **Stockhorn** und **Klein Matterhorn**. Insgesamt gibt es 52 Lifte und 360 km an Skipisten einschließlich einer Verbindung vom Klein Matterhorn zum italienischen Skiort **Cervinia** sowie einen Freestyle-Park mit Halfpipes für Snowboarder.

Im Sommer bieten sich hier die ausgedehntesten Ski- (20 km) und Snowboard-Pisten (der Gravity Park auf dem Plateau Rosa des Theodulgletschers) in ganz Europa. Ein Skipass kostet im Sommer 84/125 SFr für einen bzw. zwei Tage.

Wandern

Im Sommer ist Zermatt mit seinen insgesamt 400 km Wanderwegen in einer der unglaublichsten Landschaften der Alpen ein Paradies für Wanderer. Wanderkarten gibt's in der Touristeninformation. Wer dem Matterhorn ganz nahe sein will, sollte den spektakulären **Matterhorn Glacier Trail** (2 Std., 6,5 km) vom Trockenen Steg zum Schwarzsee in Angriff nehmen. Auf den 23 an der Strecke stehenden Informationstafeln erfährt man alles, was man über Gletscher wissen muss.

Wer vorhat, viel zu wandern, für den bieten sich die regionalen Bahnpässe an. Mit dem **Peak Pass** kann man unbegrenzt die Schwarzsee-, Rothorn- und Matterhorn-Glacier-Paradise-Seilbahnen sowie die Gornergratbahn nutzen; der Pass kostet 220 SFr für drei Tage bzw. 315 SFr für eine Woche. Die perfekte Wanderung (Dauer, Länge und Schwierigkeitsgrad) kann sich jeder selbst auf der ausgezeichneten Website der Touristeninformation (www.zermatt.ch) zusammenstellen.

BERGSTEIGEN AM MATTERHORN

Rund 3000 Alpinisten besteigen jedes Jahr Europas meistfotografierten, 4478 m hohen Gipfel. Dafür benötigt man zwar keine übermenschlichen Kräfte, man muss aber dennoch ein geübter Kletterer (mit Klettereisen) und in körperlicher Höchstverfassung (12 Std. Ausdauertraining) sein. Außerdem muss man sich eine Woche akklimatisieren, bevor man den berühmten Aufstieg über Eis und nackte Felsen in Angriff nehmen kann.

Niemand besteigt das Matterhorn ohne sach- und ortskundige Hilfe. Die Bergführer vom Snow & Alpine Center (s. o.) verlangen 1600 SFr pro Person für den achtstündigen Auf- und Abstieg inkl. Seilbahn von Zermatt nach Schwarzsee und Übernachtung mit Halbpension in einer Berghütte. Auf einen Bergsteiger kommt dabei ein Führer. Mitte Juli bis Mitte September ist die beste Zeit für den Aufstieg. Wahrscheinlich muss man erst mal probeklettern, um zu beweisen, dass man auch wirklich in der Lage ist, die Aufgabe 100 % zu meistern. Das Matterhorn fordert schließlich jedes Jahr einige Menschenleben.

ABSTECHER

WAS MAN ÜBER DEN GLACIER EXPRESS WISSEN SOLLTE

Der als weltweit langsamster Expresszug vermarktete **Glacier Express** (www.glacier express.ch; Erw./Kind einfache Strecke St. Moritz–Zermatt 153/76,50 SFr, obligatorische Platzreservierung Sommer/Winter 33/13 SFr, 3-Gänge-Mittagessen im Speisewagen 45 SFr; ⏲ Mai–Okt. 3 Züge tgl., Mitte Dez.–Feb. 1 Zug tgl.) bietet eine Zugreise ohnegleichen. Die wahrhaft grandiose Fahrt beginnt und endet in zwei der ältesten und glanzvollsten Höhenkurorte der Schweiz: Zermatt und St. Moritz. Die Fahrkarte ist nicht billig. Es zahlt sich also aus und man wird nicht enttäuscht, wenn man das Wichtigste über diese 290 km lange Zugfahrt schon vorher weiß.

➡ Wie wird das Wetter? Wer an einem grauen, wolkigen Tag mit dem *Glacier Express* fährt, wird sich wohl verschaukelt fühlen. Es gibt nur ein Wetter, das für diese Fahrt geeignet ist: strahlend blauer Himmel.

➡ Man sollte nicht erwarten, dass die Berge während der ganzen Fahrt wie ein toller Film an einem vorbeiziehen. Die Aussicht in den 91 Tunneln ist nicht besonders schön.

➡ Die ganze Fahrt dauert fast acht Stunden. Wer mit Kindern unterwegs ist oder den Gedanken nicht ertragen kann, den ganzen Tag auf dem Platz zu sitzen und sich die Bergwelt anzuschauen – die übrigens auch monoton werden kann –, sollte nur eine Teilstrecke buchen. Am schönsten ist die einstündige Fahrt von Disentis nach Andermatt über den **Oberalppass** (2033 m), den höchsten Punkt der ganzen Strecke. Ein Highlight ist das 65 m hohe, von sechs Bögen gestützte **Landwasserviadukt**, das auf fast jeder *Glacier-Express*-Werbung abgebildet ist und das Herz der Fahrgäste auf dem 50 km langen Abschnitt zwischen Chur und Filisur höher schlagen lässt.

➡ Die Fenster in diesem schicken Panoramazug sind verschlossen und können nicht geöffnet werden. Gute Fotos oder Filme zu machen, ist also nicht gegeben. Wenn Fotos/Videos der Grund für die Fahrt sind, dann sollte man auf den Glamour-Zug verzichten und einen der SBB-Regionalexpresszüge nehmen. Die fahren die gleiche Strecke, sind billiger und müssen nicht reserviert werden. Außerdem kann man die Fenster öffnen und hat die Chance, sich beim Umsteigen die Beine vertreten zu können.

Abenteuersport

Air-Taxi GLEITSCHIRMFLIEGEN

(☎027 967 67 44; www.paragliding-zermatt.ch; Bachstrasse 8; Flüge ab 170 SFr) Wer die Berge von oben sehen will, kann sich in Zermatts Paragliding-Schule allein oder im Tandem von den warmen Aufwinden in die Höhe tragen lassen, sowohl im Sommer als auch im Winter.

Forest Fun Park ABENTEUERSPORT

(☎027 968 10 10; www.zermatt-fun.ch; Zen Steckenstrasse 110; Erw./Kind 33/23 SFr; ⏲ Juni–Okt. 10–19 Uhr; 👪) In diesem Park mit Seilrutschen, Flusstraversen, Brücken und Plattformen – alle nach Schwierigkeitsstufen markiert – kann man Abenteuer à la Tarzan erleben. Der einfachste der drei Wege ist für Kids ab vier.

Schlafen

Im Winter muss man frühzeitig buchen. Und man darf nicht vergessen, dass von Mai bis Mitte oder Ende Juni und von Mitte Oktober bis November oder Anfang Dezember fast alle Unterkünfte geschlossen sind. Wenn man vorher Bescheid sagt, kümmern sich viele Unterkünfte darum, ihre Gäste mit Elektrowagen am Bahnhof abzuholen – beim Buchen abchecken!

★ **Hotel Bahnhof** HOTEL €

(☎027 967 24 06; www.hotelbahnhof.com; Bahnhofstrasse; B 35–50 SFr, EZ/DZ ab 80/120 SFr; ⏲ Mai–Mitte Juni & Mitte Okt.–Nov. geschl.; 📶) Die Fünf-Sterne-Budgetunterkunft gegenüber vom Bahnhof hat bequeme Betten und blitzeblanke Bäder. Die Vier-Bett-Zimmer sind ideal für Familien. Es gibt gemütliche Schlafsäle und eine schicke Lounge mit Sesseln, in denen man wunderbar relaxen und in Büchern schmökern kann, sowie eine tolle offene Küche, in der auch gefrühstückt wird. Außerdem stehen ein Abstellraum für Skier, Schließfächer und Waschmaschinen zur Verfügung.

Jugendherberge Zermatt HOSTEL €

(☎027 967 23 20; www.youthostel.ch/zermatt; Staldenweg 5; B 42–45 SFr, DZ ohne/mit Bad 130/150 SFr; ⏲Rezeption 7–22 Uhr; 📶) Von den

Zermatt

an der Rezeption aufgestapelten Bettlaken bis hin zum Spielzimmer für Kids und den aneinandergereihten Abfallverwertungstonnen im Flur ist in diesem makellos sauberen HI-Hostel alles total durchdacht. Die hellen, modernen Zimmer sind auf zwei Gebäude verteilt. Das Vier-Gänge-Abendessen hat ein unschlagbares Preis-Leistungs-Verhältnis (17,50 SFr).

Chesa Valese CHALET €€
(☎ 027 966 80 80; www.chesa-valese.ch; Steinmattstrasse 2; EZ/DZ mit Frühstück ab 180/290 SFr; 📶) Das traditionelle, rote Holzchalet mit Schieferdach, Wintergarten und Blumengarten ist romantisch und bezaubernd, vor allem wenn im Sommer die roten Geranien blühen. Hier gibt's gemütliche Zimmer im Landhausstil, von denen die besten ganz unverhohlen aufs Matterhorn blicken. Im Zimmerpreis ist der Eintritt ins Wellness-Zentrum mit Sauna, Dampfbad und Whirlpool enthalten.

Suitenhotel Zurbriggen BOUTIQUEHOTEL €€
(☎ 027 966 38 38; www.zurbriggen.ch; Schluhmattstrasse 68; Hochsaison DZ/Suite/Apt. ab 290/420/490 SFr; 📶) Das moderne Hotel mit Doppelzimmern, Suiten und Apartments gehört dem legendären Schweizer Skirennfahrer Pirmin Zurbriggen und liegt sehr günstig bei

Zermatt

Highlights
1 Gornergratbahn ... B1
2 Matterhorn Museum ... A4

Sehenswertes
3 Glacier Express ... B1
Bergsteigerfriedhof ... (s. 4)
4 Pfarrkirche St. Mauritius ... A4
5 Sunnegga ... D2

Aktivitäten, Kurse & Touren
6 Air-Taxi ... B4
7 Snow & Alpine Center ... A3

Schlafen
8 Chesa Valese ... B5
9 Hotel Bahnhof ... C1
10 Vernissage Backstage Hotel ... B2

Essen
11 Bayard Metzgerei ... B2
12 Brown Cow Pub ... A3
13 Le Gitan – Zermatterstübli ... A3
14 Snowboat Bar & Yacht Club ... C3
15 Stefanie's Crêperie ... A3
16 Whymper Stube ... A4

Ausgehen & Nachtleben
17 Elsie Bar ... A4
18 Papperla Pub ... B5
19 Z'alt Hischi ... B3

der Seilbahnstation zum Matterhorn Glacier Paradise. Die Zimmer verfügen über Panoramafenster und sind mit heimischer Lärche eingerichtet. Die Suiten haben Südbalkone, sodass man im Matterhorn Blick schwelgen kann, und es gibt einen schicken Wellnessbereich ebenfalls mit Aussicht aufs Matterhorn.

★ **Firefly Hotel** BOUTIQUEHOTEL €€€
(☎027 967 76 76; www.firefly-zermatt.com; Schluhmattstrasse 55; DZ/4BZ ab 595/1590 SFr; 📶) Das exquisite Alpenhotel entzückt jeden – von den säuberlich übereinander gestapelten Holzscheiten draußen bis zu den mit Kuhhäuten bezogenen Stühlen in der Rezeption. Das Firefly ist nach einer Bar auf einer paradiesischen Insel benannt, in der die Eigentümer einst glückliche Ferienmomente erlebten. Die Gestaltung erweist den vier Elementen die Ehre – jedes Zimmer (mit Küche) hat Feuer, Wasser, Erde oder Luft zum Thema. Zum Glück ist die schicke **Bar 55** auch für Nichthotelgäste geöffnet (17–1 Uhr).

Vernissage Backstage Hotel DESIGNHOTEL €€€
(☎027 966 69 70; www.backstagehotel.ch; Hofmattstrasse 4; EZ/DZ ab 180/250 SFr; 📶) Das aus Holz und Glas mit der Kreativität des ortsansässigen Künstlers Heinz Julen geschaffene Hotel mit 19 Zimmern ist einfach cool. Es ist eines jener Hotels, in denen die Badewannen Füße haben und quasi alle Möbel Unikate sind. Die „Cube Lofts" sind genau das, was der Name sagt: ein Loft mit einem riesigen Glaswürfel in der Mitte und dem Bett oben drauf. In dem Würfel befinden sich Bad und Küche – man schaue sich die Fotos auf der Website an! Im Preis enthalten ist die Benutzung des Backstage Spa.

Essen

★ **Metzgerei Bayard** SCHWEIZERISCH €
(☎027 967 22 66; www.metzgerei-bayard.ch; Bahnhofstrasse 9; Würstchen 6 SFr; ⏰Juli–Sept. 12–18.30 Uhr, Dez.–März 16–18.30 Uhr) Wer auf die Schnelle ein Würstchen (vom Schwein, Kalb oder Rind) mit Brot und Bier möchte, reiht sich einfach in die Schlange ein und isst unterwegs oder in Gesellschaft von Spatzen auf einem der Barhocker, die vor dieser erstklassigen Metzgerei stehen.

★ **Snowboat Bar & Yacht Club** INTERNATIONAL €
(☎027 967 43 33; www.zermattsnowboat.com; Vispastrasse 20; Hauptgerichte 22–39 SFr; ⏰12–24 Uhr) Die am Fluss gelegene Mischung aus Restaurant und Bar mit Liegestühlen auf der sonnigen Dachterrasse ist ein wahres Vergnügen. Wer keinen Appetit mehr auf Fondue hat, kommt hier in den Genuss von lecker gegrillten Burgern (nicht nur mit Rindfleisch, sondern auch mit Krebsfleisch oder vegetarisch), kraftvollen, kreativen Salaten (der Omega-3-Salat ist phantastisch) und umwerfenden Cocktails. Total freundliche, lustige, funkige Stimmung.

Brown Cow Pub KNEIPENKOST €
(☎027 967 19 31; www.hotelpost.ch; Bahnhofstrasse 41; ⏰9–2 Uhr, Küche 9–22.30 Uhr) Dutzende Esslokale säumen die Bahnhofstrasse, darunter dieser immer volle Pub, eine von mehreren Verpflegungsmöglichkeiten im legendären **Hotel Post**. Die „Braune Kuh" serviert den ganzen Tag über Kneipenessen (Hotdogs ab 9 SFr, Burger ab 16 SFr).

Stefanie's Crêperie CRÊPES €
(Bahnhofstrasse 60; süße Crêpes 5–10 SFr, herzhafte Crêpes 11–14 SFr; ⏰13–22 Uhr) Perfekt

MIT KINDERN WANDERN IN ZERMATT

Mit kleineren Kindern kann man die folgenden kurzen Wanderungen in Angriff nehmen:

➡ Zuerst geht es mit dem *Sunnegga Express* hinauf auf die Sunnegga, dort nimmt man den Leisee-Shuttle (oder geht 10 Min. zu Fuß) zum **Leisee**, in dem man im Sommer ein kühles Bad nehmen oder an dessen Kieselsteinstrand man die Seele baumeln lassen kann, während die Kleinen auf einem altmodischen Kinder-Holzfloß wie Piraten über den See schippern.

➡ Im Ort kann man 20 Minuten am Fluss entlang zur **Gornerschlucht** (☎ 027 967 20 96; www.gornergorge.ch; Erw./Kind 5/2,50 SFr; ⏲ Juni–Mitte Okt. 9.15–17.45 Uhr) spazieren. Diese spektakuläre Schlucht mit ihren grünen Serpentinitfelsen ist über mehrere Holztreppen und Wege zu erreichen.

➡ Einen leichten Rundwanderweg bietet der **Ricola Schaugarten** (www.ricola.com; Blatten; ⏲ Juni–Sept.; 👪) GRATIS im netten Bergdorf Blatten (von der Gornergratschlucht den Schildern folgen) mit seinen aromatischen Kräutern, die zu Ricola-Kräuterbonbons verarbeitet werden. Dort garantiert das „Riech-und-Tast-Quiz" Spaß für die ganze Familie.

➡ Der 2,9 km lange Rundwanderweg (1¼ Std.) in Füri verläuft am **Gletschergarten Dossen** mit seinen bizarren Felsformationen und einem Picknickplatz mit Grillvorrichtungen aus Stein vorbei und führt über eine schwindelerregende 90 m hohe und 100 m lange Stahlhängebrücke über die Gornerschlucht.

dünne, leichte Crêpes – mit einer großen Auswahl an süßen und herzhaften Füllungen – gibt's hier zum Mitnehmen an der Hauptstraße. Nicht weit vom Snow & Alpine Center.

★ Chez Vrony SCHWEIZERISCH €€

(☎ 027 967 25 52; www.chezvrony.ch; Findeln; Frühstück 15–28 SFr, Hauptgerichte 25–45 SFr; ⏲ Dez.–April & Mitte Juni–Mitte Okt. 9.15–17 Uhr) Man fährt mit der Seilbahn *Sunnegga Express* hinauf auf 2288 m, wedelt auf Skiern hinunter oder wandert im Sommer in 15 Minuten zu Zermatts gemütlichster Hütte in Findeln. Das leckere Trockenfleisch, der hausgemachte Käse und die Würstchen stammen von Vronys eigenen Kühen, die im Sommer auf den umliegenden Hochweiden (2100 m) grasen. Der Vrony-Burger (31 SFr) ist legendär. Im Winter muss man reservieren.

Whymper Stube SCHWEIZERISCH €€

(☎ 027 967 22 96; www.whymper-stube.ch; Bahnhofstrasse 80; Raclettes 9 SFr, Fondues ab 25 SFr; ⏲ Nov.–April & Juni–Mitte Okt 11–23 Uhr) Das gemütliche Bistro im **Hotel Monte Rosa**, von dem aus Whymper 1865 zur Besteigung des Matterhorns aufbrach, ist legendär für seine ausgezeichneten Raclettes und Fondues. Das Sahnehäubchen ist ein unterteiltes Caquelon mit drei verschiedenen Käsefondues. Die Bedienung ist entspannt und freundlich, die Tische stehen dicht an dicht und es herrscht vor allem abends eine Bombenstimmung.

Le Gitan – Zermatterstübli SCHWEIZERISCH €€

(☎ 027 968 19 40; www.legitan.ch; Bahnhofstrasse 64; Hauptgerichte ab 23 SFr; ⏲ 12–15 & 19–22 Uhr) Das Gitan bietet ein elegantes Interieur im Chalet-Stil und eine herausragende Küche. Wie wär's mit einer kräftigen Schweine- oder Kalbswurst mit Zwiebelsauce und Rösti oder einem Käsefondue mit Schampus? Wem das nicht reicht, kann sich zum Champagner auch noch frische Trüffel bestellen. Als Dessert gibt's dann Kaffee-Eis mit Kirschwasser übergossen oder Aprikosen-Sorbet mit Abricotine (Walliser Aprikosenlikör).

Ausgehen & Nachtleben

Nach all den Schussfahrten ins Tal noch voller Energie? In Zermatt gibt's unzählige Après-Ski-Hütten, Loungebars und britisch inspirierte Pubs. Die meisten schließen (einige schmelzen) in der Nebensaison.

Hennu Stall BAR

(☎ 027 966 35 10; www.facebook.com/Hennustall-Zermatt; Klein Matterhorn; ⏲ Dez.–April 14–22 Uhr) Wer diesen eingeschneiten „Hühnerstall" zuletzt erreicht, ist ein faules Ei. Das Hennu ist der wildeste Après-Ski-Schuppen am Klein Matterhorn, unterhalb von Fri auf dem Weg nach Zermatt. Man kann sich einen Karamell-Wodka zu Gemüte führen und anschließend in Skistiefeln zu Livemusik auf der Terrasse schwofen. Nach dem meterlangen „Ski" mit einer Menge Schnapsgläsern gackert man auf dem ganzen Weg runter nach Zermatt.

Elsie's Bar WEINBAR
(☎ 027 967 24 31; www.elsiebar.ch; Kirchplatz 16; ⌚ 16–1 Uhr) Diese elegante, altmodische, holzvertäfelte Weinbar in einem Gebäude von 1879 gegenüber der Kirche ist seit 1961 als Elsie's bekannt. Auf der Winterkarte stehen Austern, Kaviar und Schnecken; dazu werden erstklassige Weine und Whiskys gereicht.

Papperla Pub PUB
(www.julen.ch; Steinmattstrasse 34; ⌚ 14–2 Uhr; WLAN) Diese Kneipe mit den roten Regie-Stühlen auf der Terrasse ist im Winter rappelvoll mit angetrunkenen Skiläufern und im Sommer mit glücklichen Wanderern. Geboten werden Musik, Jäger-Bombs, gute Stimmung und Kneipenessen (ab 17 Uhr). In der Hauptsaison rockt es im **Schneewittli Club** im Untergeschoss bis in die frühen Morgenstunden.

Z'alt Hischi BAR
(☎ 027 967 42 62; www.hischibar.ch; Hinterdorfstrasse 44; ⌚ Fr & Sa 21.30–2 Uhr) Diese Kneipe in Zermatts wohl am meisten fotografierter Straße versteckt sich in einem alten Holzchalet zwischen Getreidespeichern und Schweineställen aus dem 17. Jh. Hier sollte man mindestens einmal spätabends einen Drink nehmen.

Praktische Informationen

Touristeninformation (☎ 027 966 81 00; www.zermatt.ch; Bahnhofplatz 5; ⌚ 8.30–18 Uhr; WLAN) Infos en masse, iPads zum Surfen und kostenloses WLAN.

An- & Weiterreise

Zermatt ist autofrei. Autofahrer müssen ihr Fahrzeug in Täsch am **Matterhorn Terminal Täsch** (☎ 027 967 12 14; www.matterhornterminal.ch; Täsch; 24 Std. 15,50 SFr) abstellen und die letzten 5 km nach Zermatt mit dem Shuttle-Zug (Erw./Kind hin & zurück 16,80/8,40 SFr, 12 Min., 6–21.40 Uhr alle 20 Min.) fahren. Täsch liegt 31 km südlich von Visp.

Elektrotaxis surren durch den Ort. Sie transportieren Waren und müde Sportler (Vorsicht: Sie sind leicht zu überhören, also Augen auf!). Der Haupttaxistand befindet sich vor dem Bahnhof in der Bahnhofstrasse.

Direktzüge nach Zermatt fahren stündlich ab Brig (38 SFr, 1½ Std.) und halten unterwegs in Visp. Zermatt ist außerdem der Startpunkt des Glacier Express (S. 171) nach St. Moritz.

DREI TOP-UNTERKÜNFTE IN LUFTIGER HÖHE

In Zermatt dreht sich alles um die tolle Aussicht – und wo könnte man diese besser genießen als in einem Hotel über den Wolken?

Kulmhotel Gornergrat (☎ 027 966 64 00; www.gornergrat-kulm.ch; DZ mit HP ab 295/335 SFr; ⌚ Mitte Mai–Mitte Okt. & Mitte Dez.–April; WLAN) Die Unterkunft bei der Bergstation der Gornergratbahn auf 3100 m ist das am höchsten gelegene Hotel der Schweiz. Es lockt vor allem diejenigen, die Atmosphäre und den Ausblick einer Berghütte schätzen, denen aber bei dem Gedanken an dünne Matratzen und eiskaltem Wasser ein Schauer über den Rücken läuft. Von den schicken Zimmern mit Daunendecken hat man einen atemberaubenden Blick. Und wenn dann bei Sonnenuntergang die Massen davonziehen, herrscht in dem hundert Jahre alten Hotel eine magische Stimmung.

Berggasthaus Trift (☎ 079 408 70 20; www.zermatt.net/trift; B/DZ mit HP 70/160 SFr; ⌚ Juli–Sept.) Es ist ein langer Marsch hinauf zu dieser Berghütte auf 2337 m, aber die zweistündige Wanderung von Zermatt aus ist schon etwas Besonderes. Zu Füßen des Triftgletschers bietet die alpine Unterkunft einfache, aber gemütliche Zimmer und eine große Terrasse, von der aus man den Blick über die hypnotisch wirkende Gletscherlandschaft genießen kann. Vorher anrufen und ein Bett reservieren. Das familiengeführte Gasthaus bereitet Wanderern einen freundlichen Empfang.

Monte-Rosa-Hütte (☎ 027 967 21 15; www.section-monte-rosa.ch; B 45 SFr, mit HP 85 SFr) Hardcore-Kletterer lieben die Monte-Rosa-Hütte, die auf 2883 m am Rand des Monte-Rosa-Gletschers thront und nur zu Fuß über einen Gletscherweg (4 Std.) zu erreichen ist. Auch erfahrene Bergsteiger benötigen einen Führer. Alle anderen müssen die mit Solarenergie versorgte, silbern schimmernde Hütte, die als ultimative Lösung in Sachen alpiner Nachhaltigkeit gilt, von der Aussichtsplattform der Bergstation der Gornergratbahn aus bewundern.

Wandertour
Höhenweg Höhbalmen

START/ZIEL: ZERMATT
LÄNGE: 18 KM
DAUER: 6½ BIS 7½ STUNDEN

Der Rundweg durch herrliche Alpenlandschaft passiert glitzernde Bäche, zerfurchte Gletscher und bietet Ausblicke aufs Matterhorn und zwei Dutzend andere Viertausender. Gewöhnlich ist er von Juni bis Oktober begehbar.

Vom Bahnhof Zermatt aus geht's von der Bahnhofstrasse bei Grampi's Pub rechts einen Pfad hinauf. Über den Triftbach und durch Lärchenwald führt der Weg zur 1 **Pension Edelweiss** (1961 m). Danach steigt der Pfad sanft an und führt bei einem Wasserumleitungsstollen wieder über den Bach und beschreibt dann oberhalb der Triftschlucht mehrere weite Serpentinen. Bald ist das 2 **Berggasthaus Trift** (S. 175; 2337m) erreicht, eine tolle Basis für Leute, die die Wanderung auf zwei Tage ausdehnen möchten.

Anschließend geht's ein letztes Mal über den Triftbach, nach Süden über eine winzige Bergwiese und im Zickzack die Grashänge hinauf. Beim Aufstieg auf den Hochbalkon der 3 **Höhbalmenstaffel** tun sich sensationelle Ausblicke auf. Der Weg folgt jetzt den sanften Feldern von 4 **Höhbalmen**, wo die seltene violette Hallers Küchenschelle blüht, zu einem Wegweiser auf 2665 m Höhe, 40 bis 50 Minuten vom Berggasthaus Trift. Weiter geht's nach Westen: Der Weg folgt schmalen Graten gegenüber der Nordwand des Matterhorns und erreicht nach 40 bis 50 Minuten 5 **Schwarzläger** (2741 m), den höchsten Punkt der Wanderung.

Danach geht's an den kargen Flanken des 6 **Arben** stetig bergab zu einem ausgetreteneren Wanderweg an der hohen Randmoränenwand entlang, die der sich zurückziehende Zmuttgletscher hinterlassen hat. Dieser Weg führt im Zickzack über Gletschergeröll hinab und weiter über sanftere Terrassen oberhalb des eiskalten Zmuttbachs vorbei an einem Wasserfall zur 7 **Kalbermatten** (2105 m), eine bis 1¼ Stunden von Schwarzläger.

Oberhalb eines Stausees geht's weiter bergab und an der Staumauer rechts zum malerischen Weiler 8 **Zmutt** (1936 m). Von hier führt ein Pfad abwärts über Heufelder, dann am Rand des Tals entlang nach Zermatt, 1¼ bis 1½ Stunden von der Kalbermatten.

Saas-Fee

1760 EW. / 1800 M

Das Dorf Saas-Fee ist von 13 unerbittlich wirkenden, über 4000 m hohen Gipfeln wie von einem Amphitheater umgeben. Dahinter tut sich eine Kulisse aus neun bedrohlichen Gletschern auf. In der Sommersonne wirkt der Ort daher recht winzig. Bis 1951 führte von Saas-Grund im Tal darunter nur ein Maultierpfad zu diesem isolierten Außenposten und die Bewohner ernährten sich kümmerlich von der Landwirtschaft.

Heute sind die Auswirkungen des beliebten Wintersports und des weltweiten Tourismusbooms nicht zu übersehen. Saas-Fee ist ein wohlhabender, autofreier Ferienort, in dem sich wohlhabende Skifahrer und Wanderer tummeln. Moderne Chalets stehen rund um das Dorf, aber im Zentrum bewahren alte Holzchalets und Getreidespeicher aus dem 19. Jh. – sie stehen auf Stelzen, damit keine Ratten reinkönnen – den altmodischen Charme.

Nach Saas-Fee gelangt man nur mit einem eigenen Auto oder mit dem Bus. Im Gegensatz zu Zermatt ein Tal weiter ist der Ort nicht mit der Bahn zu erreichen.

Sehenswertes

Allalin GLETSCHER

(Saas-Fee–Allalin einfach/hin & zurück 53/72 SFr) Das ganze Jahr über meistert die unterirdische Mittelallalin-Standseilbahn den Weg hinauf in eisige Höhen (3500 m), wo auf dem Allalingletscher das höchste **Drehrestaurant** der Welt einen grandiosen Rundumblick auf Saas-Fees 4000 m hohe Gletscher präsentiert. Warm anziehen, denn in dem 10 m unter der Oberfläche in das Eis eingelassenen **Eispavillon** herrschen ganzjährig Minusgrade. Im Sommer kann man auch die 20 km langen Sommerskipisten auf dem Feegletscher in Angriff nehmen. Um den Gletscher zu erreichen, nimmt man den Alpin Express hinauf zum Felskinn (3000 m) und dann die Standseilbahn.

Hohsaas SEILBAHN

(www.hohsaas.info) Ab Saas-Grund unten im Tal führen die Kreuzboden- und Hohsaas-Gondelbahnen auf der Ostseite des Saastals hinauf auf 3145 m – von hier bieten sich umwerfende Ausblicke auf das Mischabel-Massiv mit Alphubel und Allalinhorn. Im Winter wird hier Ski gefahren, im Sommer gewandert. Für Abfahrten nach Saas-Grund stehen auch **Monsterroller** zur Verfügung. Von Saas-Fee (3,60 SFr, 10 Min.) fahren regelmäßig Postbusse nach Saas-Grund.

Saaser Museum MUSEUM

(Dorfstrasse 6; Erw./Kind 5/2,50 SFr; ⏲Mitte Dez.–April Di–So 10–11.30 & 14–17 Uhr, Juli & Aug. 10–11.30 & 13.30–17.30 Uhr) Über die Hauptstraße und vorbei an der Kirche gelangt man zu diesem alten Waliser Holzhaus, in dem traditionell bestickte Trachten, Haushaltsgegenstände und andere volkskundliche Exponate an das Dorfleben im 19. Jh. erinnern.

Aktivitäten

Skifahren & Snowboarden

Die Hänge in Saas-Fee sind schneesicher. Der Großteil der 145 km Skipisten liegt über 2500 m und ist sowohl für Anfänger als auch für Fortgeschrittene geeignet. Im Sommer toben sich die Snowboarder auf den Kickerlines, in den Halfpipes und der Chill-Out-Zone des Freestyleparks auf dem Allalingletscher (s. o.) und im Winter an den Hängen bei **Morenia** (2550 m) aus. Skiwanderungen sind auf der berühmten **Haute Route nach Chamonix** möglich. Der Skipass kostet für 1 Tag/6 Tage 71/376 SFr. Skikurse und Bergführer kann man bei der **Schweizer Ski- & Snowboardschule** (☎027 957 23 48; www.skischule-saas-fee.ch; Dorfplatz 1; ⏲Mo–Fr 9–12 & 15–18, Sa & So 15–18 Uhr) buchen.

Wandern

In der Touristeninformation (S. 179) gibt's Infomaterial über die 350 km Wanderwege, die im Sommer zur Verfügung stehen und von kinderleichten bis zu extrem schwierigen Strecken reichen. Wanderer können sich an den Seilbahnen Einzeltickets für eine Strecke kaufen.

Abenteuersport

★ **Abenteuerwald** ABENTEUERSPORT

(☎027 958 18 58; www.saas-fee.ch/de/seilpark; Hochseilgarten; Erw./Kind 31/26 SFr; ⏲Juli & Aug. Mo–Sa 10–19 Uhr, Juni & Sept.–Mitte Okt. Di–Sa 12–18 Uhr; 👪) Der bei Schweizer Outdoor-Freaks beliebte Parcours durch die Bäume ist wirklich spektakulär. In diesem Seilpark können sich mutige Janes und Tarzans über Hängebrücken, Affennetze und andere Hindernisse hoch oben in den Bäumen hangeln. Außerdem gibt's zwei Seilrutschen über die Feeschlucht: Der pure Wahnsinn. Menschen mit Höhenangst oder Kinder unter 115 cm sollten allerdings die Finger davon lassen.

Feeblitz RODELN

(www.feeblitz.ch; Panoramastrasse; 1/6/10 Abfahrten Erw. 6,70/37,70/61 SFr, Kind 4,70/26/42 SFr;

FAMILIENSPASS: MURMELTIERE BEOBACHTEN

Sie mögen 90% ihres Lebens im Untergrund verbringen (wo sie schlafen, sich vor Beutegreifern verstecken und überwintern), aber an warmen und sonnigen Julitagen gucken die Murmeltiere aus ihren sorgsam in die Hänge gegrabenen Tunneln und Bauten heraus, strecken sich, schnappen frische Luft und erfreuen so – unabsichtlich – die Wanderer.

Oberhalb der Baumgrenze leben an den felsigen Hängen in **Spielboden** (2443 m) ganze Kolonien der kleinen Alpenmurmeltiere, die für ihre schrillen Pfiffe bekannt sind. Die Walliser Murmeltiere zeigen untypischerweise keine Scheu vor den Menschen, sondern nehmen gerne Karotten, Erdnüsse oder Brot aus der Hand.

Um die Murmeltiere aus der Nähe zu sehen, die **Spielbodenbahn** von der Talstation Längfluh bis zur Mittelstation Spielboden (einfach/hin & zurück 24/34 SFr) nehmen und etwas Murmeltierfutter – dabei handelt es sich um kleine Plastikbeutel mit gehackten Karotten, Brotstücken und ungeschälten Erdnüssen (das Schälen übernehmen die possierlichen Nager selbst) – für 4,50 SFr beim Spielboden-Restaurant gegenüber der Seilbahnstation kaufen. Dann heißt es auf der Wanderung über den steil bergab führenden Pfad die Augen offen halten. Die Wanderung hinunter nach Saas-Fee dauert 2½ Stunden.

Juni–Okt. & Mitte Dez.–April;) Man überquert den Fluss, geht nach links in die Mischistrasse und kommt dann zu Saas-Fees superschneller Rodelbobbahn neben der Alpin-Express-Seilbahn.

Hannig ROLLERVERLEIH
(027 957 26 15; www.saas-fee.ch/de/aktivitaeten/abenteuer/; Roller 1 Abfahrt 10 SFr; 8.45–16.45 Uhr;) Im Sommer fahren Familien gern auf die Hannigalp (2350 m), um das beeindruckende Gletscherpanorama auf sich wirken zu lassen, während sich die Kinder auf dem Spielplatz mit der 14 m langen Röhrenrutsche austoben können. An der Bergstation der Hannigbahn kann man sich einen Roller und einen Helm leihen und dann die durchrüttelnde, 5,5 km lange unbefestigte Piste hinunterrasen. Wer weniger abenteuerlustig ist, kann die Strecke auch runterwandern (1½ Std.).

Schlafen

In der Skisaison im Winter (Dez.–April) bieten viele Hotels ausschließlich Halbpension an. Die meisten sind im Mai und November geschlossen. Ungeachtet der Saison bekommen alle Hotelgäste und Mieter von Ferienwohnungen eine kostenlose **Gästekarte**, mit der man in den Genuss zahlreicher Vergünstigungen kommt, z. B. bei Parkgebühren, Seilbahnen und vielem mehr.

★ **WellnessHostel 4000** HOSTEL €
(027 958 50 50; www.wellnesshostel4000.ch; Panoramastrasse 1; B/EZ/DZ mit Frühstück ab 43/106/127 SFr; Rezeption Juni–April 7–22 Uhr;) Das moderne Gebäude neben den auf Stelzen stehenden Getreidespeichern aus dem 17. Jh. ist wahrscheinlich das netteste Hostel in der Schweiz. Hinzu kommen ein Pool und ein Spa mit Fitnessraum, diverse Saunen und Dampfbäder, eine Teestation, stilvolle Sechsbettzimmer sowie elegante Familien- und Doppelzimmer. Im Standardpreis ist die Benutzung des Pools enthalten. In den „Experience4000plus"-Preisen ist die Benutzung des Fitnessraums und Spas inbegriffen.

Hotel Metropol Saas-Fee HOTEL €€
(027 958 58 58; www.metropol-saas-fee.ch; Untere Dorfstrasse 35; DZ mit Frühstück ab 220 SFr;) Mit dem alten Metropol Grand Hotel von 1893 wurde quasi der Tourismus in Saas-Fee eingeläutet und auch das modernisierte Metropol erfüllt alle Erwartungen – mit komfortablen Zimmern, köstlichem Essen, Spa und Hallenbad, riesiger Sonnenterrasse und beliebter Bar.

Sunstar Boutique Hotel Beau-Site BOUTIQUEHOTEL €€
(027 958 15 60; www.saasfee.sunstar.ch; Obere Dorfstrasse 30; Zi. ab 280 SFr; Mitte Dez.–Mitte April & Mitte Juni–Mitte Okt.;) Das Hotel an der Hauptstraße im Dorfkern ist wirklich so schön, wie der Name es verspricht. Der Service ist höflich, die Zimmer sind klassisch-elegant mit Antiquitäten möbliert. An Wintertagen gibt es wohl nichts Schöneres als einen Platz am Kamin in der Bar, die Dampfbäder im Spa, den wie eine Grotte anmutenden Pool oder die Saunen.

Essen

Gletschergrotte SCHWEIZERISCH €
(☎ 027 957 21 60; www.gletschergrotte.ch; Hauptgerichte ab 15 SFr; ⌚ Dez.–April & Juni–Okt. 9–16 Uhr) Einfach den hippen Leuten in das historische Holzchalet mitten in der Walachei folgen und sich in ein Schafsfell eingewickelt an Raclette, Rösti und anderen herzerwärmenden winterlichen Speisen erfreuen.

★ **Spielboden** SCHWEIZERISCH €€
(☎ 027 957 22 12; www.spielboden.ch; Spielboden; Hauptgerichte ab 20 SFr, 3-Gänge-Menü 65 SFr; ⌚ Mitte Dez.–April & Mitte Juli–Sept. 10–16 Uhr) Das stilvolle Bergrestaurant an der Seilbahnstation gleichen Namens auf einer Höhe von 2450 m ist wirklich etwas Besonderes. Hinter einem eher bescheidenen Äußeren verbirgt sich ein „bergschickes" Inneres mit moderner Holzeinrichtung und ansprechendem Barbereich. Als Sahnehäubchen gibt's eine traumhafte Terrasse mit Liegestühlen und Blick auf das atemberaubende Bergpanorama. Aus der Küche kommen leckere, kreativ zubereitete Gerichte.

La Gorge SCHWEIZERISCH €€
(☎ 027 958 16 80; www.lagorge.ch; Blomattenweg 2; Hauptgerichte 15–39 SFr; ⌚ Juli–April 8–23.30 Uhr; 👪) Hier genießt man die unglaubliche Aussicht auf das wild herunterstürzende Gletscherwasser tief unten in der Feeschlucht. Von der zweiten Terrasse aus sieht man den Allalingletscher. Zwei Steintürme, die an Ritterzeiten und schimmernde Rüstungen erinnern, vervollkommnen das außergewöhnliche Bild. Zu essen gibt's die übliche Schweizer Küche.

Fletschhorn FRANZÖSISCH €€€
(☎ 027 957 21 31; www.fletschhorn.ch; Eggen; Hauptgerichte 25–55 SFr, Mittagsmenü 90 SFr; ⌚ Mitte Dez.–April & Juli–Mitte Okt.) Das mit Michelin-Sternen ausgezeichnete Hotelrestaurant liegt auf einer Waldlichtung und bietet einen spektakulären Blick auf die Berge. Es gehört zu den Topadressen in der Schweiz. Küchenchef Markus Neff interpretiert die französische Küche mit viel Finesse. Zu seinen Spezialitäten gehören knuspriges Spanferkel mit Rosmarin und gebratene Taube mit schwarzen Trüffeln. Der Sommelier weiß, welcher der 30 000 Weine auf der Karte am besten zu den jeweiligen Gerichten passt.

Ausgehen & Nachtleben

Black Bull Snowbar BAR
(☎ 079 301 09 00; www.facebook.com/BlackBullSnowbar; Dorfstrasse 53; ⌚ 15.30–2 Uhr) Auf den Barhockern vor der Hütte beim Fluss kann man wunderbar Leute beobachten. Hier herrscht reinster Après-Ski-Spaß!

Popcorn! BAR, CLUB
(☎ 027 958 19 14; www.popcorn.ch; Obere Dorfstrasse 6; ⌚ 20–4 Uhr) Die hippe Bar wird wohl auf ewig in sein. Sie ist *der* Ort in Saas-Fee, an dem immer wilde Partys stattfinden. Die über dem Popcorn! liegenden Hotelzimmer (B 35 SFr, DZ ab 100 SFr) sind wirklich nur etwas für Feierwütige – wer schlafen möchte, bittet um ein so hoch wie möglich gelegenes Zimmer.

Praktische Informationen

Touristeninformation (☎ 027 958 18 58; www.saas-fee.ch; Obere Dorfstrasse 2; ⌚ Mo–Fr 8.30–12 & 14–18, Sa 8–18, So 9–12 & 15–18 Uhr) Am Ortseingang.

An- & Weiterreise

Busse fahren jede halbe Stunde von Brig (19,60 SFr, 1¼ Std.) und Visp (16,60 SFr, 45 Min.) ab. Wer aus Zermatt kommt, steigt in Stalden in einen Bus um.

Saas-Fee liegt 28 km südlich von Visp und 38 km von Zermatt. Saas-Fee ist autofrei; man parkt am Dorfeingang (Winter/Sommer 19/14 SFr pro Tag) und läuft zum Hotel oder nimmt ein **Elektrotaxi** (☎ 079 220 21 37).

Brig

13 000 EW. / 688 M

Das muntere Brig liegt in der Nähe der italienischen Grenze und wird von der Rhone und der Saltina geteilt. Schon in römischen Zeiten war der Ort ein wichtiger Dreh- und Angelpunkt und ist durchaus einen Besuch wert. Man kann sich den kopfsteingepflasterten Stadtplatz anschauen, der von Straßencafés und bunten Stadthäusern gesäumt ist. Caféterrassen, Restaurants und Hotels gibt's zuhauf am zentralen Hauptplatz und in der Alten Simplonstrasse. Eine hübsche Straße führt 22 km Richtung Süden zum **Simplonpass**, über den es ins italienische Domodossola geht.

Kaspar von Stockalper (1609–1991), ein gewitzter Geschäftsmann, der den Handel über den Simplonpass beherrschte, ließ sich das **Stockalperschloss** (☎ 027 921 60 30; www.facebook.com/stockalperschloss; Alte Simplonstrasse 28; Erw./Kind 8 SFr/frei; ⌚ Di–So 9.30–16.30 Uhr) erbauen und nannte sich selbst den „Großen Stockalper". Den Einheimischen sagte sein aufgeblasenes Ego eher weniger zu und sie verjagten ihn gen Italien. Der Haupthof des Schlosses und der schöne Barockgarten mit Parterres, Brunnen und gestutzten Hecken kann kostenlos besichtigt werden.

Praktische Informationen

Touristeninformation (027 921 60 30; www.brig-tourismus.ch; Bahnhofplatz 2; Mo–Fr 8–12 & 13.30–17 Uhr) Gegenüber vom Bahnhof.

An- & Weiterreise

Brig liegt 211 km östlich von Genf und 80 km östlich von Martigny an der E62. Nach Andermatt sind es noch einmal 68 km Richtung Osten.

In Brig hält der Glacier Express (S. 171) von Zermatt nach St. Moritz.

Brig liegt außerdem an der Hauptstrecke zwischen Italien (Mailand über Domodossola) und Genf (60 SFr, 2½ Std., stündl.).

Aletschgletscher

Mit einer Länge von 23 km ist der mächtige Aletschgletscher der längste Gletscher in den Alpen und ein Unesco-Welterbe. Er ergießt sich in einer weiten Kurve vom Aletschhorn (4195 m) – der Anblick ist atemberaubend!

Zwar sehen die meisten Besucher den Gletscher vom Jungfraujoch im Berner Oberland aus, doch die schönsten Ausblicke bieten sich von Eggishorn (2927 m), Bettmerhorn (2647 m) und Moosfluh (2333 m) im Wallis, zu erreichen per Seilbahn und Lift ab Fiesch, Bettmeralp (1950 m) und Riederalp (1925 m). Oberhalb des Gletschers lassen sich tolle Wanderungen (S. 182) unternehmen.

Je nach Standpunkt und Wetter sind mehr oder weniger direkt im Norden die Highlights des Berner Oberlands zu sehen – Eiger, Mönch und Jungfrau.

An- & Weiterreise

Zum Eggishorn, zum Bettmerhorn und zur Moosfluh gelangt man per Seilbahn und Lift ab Fiesch, Bettmeralp und Riederalp.

Fiesch liegt 18 km nordöstlich von Brig an der Bahnstrecke zwischen Brig (40 Min., 10,60 SFr, stündl.) und Andermatt (1½ Std., 26 SFr, stündl.). An der Talstation der Seilbahn gibt's einen großen Parkplatz.

Auch die Seilbahn-Talstationen Mörel (zur Riederalp) und Betten (zur Bettmeralp) liegen an der Bahnstrecke zwischen Brig und Andermatt. Die Abfahrtszeiten der Seilbahnen sind auf die Ankunftszeiten der Züge abgestimmt. Mörel liegt 8 km, Betten 15 km nordöstlich von Brig. An den Talstationen der Seilbahnen befinden sich jeweils große Parkplätze.

Fiesch

1000 EW.

Fiesch liegt 18 km nordöstlich von Brig auf 1049 m Höhe im Rhonetal. Im Winter ist es ein Wintersportort, im Sommer steht es im Zeichen des Wanderns, des Gleitschirmfliegens und der Bergpanoramen. Zwar kommen viele hierher, um sich in der großartigen umliegenden Berglandschaft auszutoben, doch die meisten nehmen die Seilbahn hoch zum Eggishorn, um den Ausblick auf den spektakulären Aletschgletscher zu genießen.

Die **Fiesch-Eggishorn-Seilbahn** (www.eggishorn.ch; Furkastrasse; Erw./Kind hin & zurück ab Fiesch 45/22,50 SFr) klettert in zwei Stufen hoch zum Aussichtspunkt Eggishorn: Zuerst geht's von Fiesch zur Fiescheralp (2212 m) mit Skiliften, Wanderwegen und Unterkünften und Lokalen. Von hier fährt eine zweite Seilbahn weiter zum Eggishorn.

Nichts bereitet einen auf das vor, was einen beim Verlassen der Gondel erwartet: der 23 km lange Aletschgletscher in seiner ganzen Pracht. In weiter Ferne erheben sich außerdem die gleißenden Gipfel von Jungfrau (4158 m), Mönch (4107 m), Eiger (3970 m) und Finsteraarhorn (4274 m).

Fiesch ist außerdem ein Mekka für Gleitschirmflieger. **Flug Taxi** (027 971 53 21; www.flug-taxi.ch; Fieschertalstrasse 57; Flüge ab 130 SFr) bietet tolle Tandemflüge und unterhält auch eine Paragliding-Schule.

Praktische Informationen

Touristeninformation (027 970 60 70; www.fiesch.ch; Furkastrasse; Mo–Fr 8.30–12 & 13.30–17, Sa 9–16 Uhr) Mitten im Dorf Fiesch, nicht am Bahnhof.

An- & Weiterreise

Fiesch liegt 18 km nordöstlich von Brig an der Bahnstrecke zwischen Brig (40 Min., 10,60 SFr, stündl.) und Andermatt (1½ Std., 26 SFr, stündl.).

Bettmeralp & Riederalp

990 EW.

Diese beiden familienfreundlichen, autofreien Weiler auf über 1900 m Höhe, die von unten aus dem Rhonetal nur mit der Seilbahn zu erreichen sind, sind der Stoff, aus dem Alpenträume gemacht werden. Von

Dezember bis März ist hier alles tief verschneit: Man zieht Kinder auf traditionellen Holzschlitten herum und fährt auf Skiern zum örtlichen Supermarkt an der Bergstation der Seilbahn.

Sehenswertes

Pro Natura Zentrum Aletsch MUSEUM
(www.pronatura-aletsch.ch; Riederfurka; ⌚ Mitte Juni–Mitte Okt. 9–18 Uhr) Zum sommerlichen Pflichtprogramm gehört in Riederfurka (2065 m), 20 Gehminuten oder eine Sesselliftfahrt oberhalb von Riederalp (1925 m), dieser Alpengarten mit seinen Ausstellungen zur örtlichen Flora und Fauna. Er befindet sich an der großen Villa Cassel, die sich ein reicher Engländer 1902 als Sommerhaus errichten ließ. In der Nähe führt ein schöner Naturlehrpfad um das Riederhorn herum.

Aktivitäten

Winter

Mit der Abfahrt an der Bergstation der Bettmerhorn-Seilbahn am Rand des Aletschgletschers gestaltet sich das Skifahren hier sehr malerisch. Insgesamt 250 km leichte und mittelschwere Pisten gibt's im Skigebiet **Aletsch Arena** (www.aletscharena.ch); der Skipass für einen Tag kostet 55 SFr (60 SFr mit der Seilbahnfahrt vom Tal aus).

Wandern

Die Wandermöglichkeiten im Sommer sind phänomenal. Von Bettmeralp aus nimmt man die Seilbahn zum Bettmerhorn, um aus der Vogelperspektive einen Blick auf den Gletscher zu werfen. Man verlässt die Station und folgt dem Plankenweg durch riesengroße Felsen zur sogenannten Eisterrasse, wo Schautafeln über den Gletscher informieren und mehrere Wanderwege beginnen.

Im Sommer fährt von der Riederalp eine Seilbahn hoch zur Moosfluh mit Wegen am und oberhalb des Aletschgletschers.

Schlafen & Essen

★ **Berghotel Riederfurka** HOTEL €
(☎ 027 929 21 31; www.artfurrer.ch; Riederfurka; B inkl. Frühstück 65 SFr, DZ 130–150 SFr; 📶) Die hoch auf den *alpages* (Almen) in Riederfurka thronende Oase des Friedens, der Ruhe und der alpenländischen Tradition mit Kühen gibt es schon seit Mitte des 19. Jhs. Die gemütlichen Zimmer sind mit viel Holz ausgestattet, das Restaurant ist eines der besten an den Hängen.

NICHT VERSÄUMEN

DER ULTIMATIVE GLETSCHERBLICK

Der ultimative Aussichtspunkt für unschlagbare Blicke auf den Aletschgletscher ist – zumindest für alle Schwindelfreien – die 124 m lange **Aletschji-Grünsee-Hängebrücke** (⌚ Ende Juni–Mitte Okt.), die am Fuß des Aletschgletschers über die unheimlich wilde, 80 m tiefe **Massaschlucht** führt. Der von Juni bis Oktober geöffnete Weg beginnt hinter dem Berghotel auf der Riederfurka. Für den gesamten Weg von der Riederalp zur Belalp muss man fünf Stunden einplanen.

Der Weg kann natürlich auch in entgegengesetzter Richtung gegangen werden, von der Belalp zur Riederalp. Die Belalp ist von Brig aus mit dem Postbus zu erreichen.

Villa Cassel HISTORISCHES HOTEL €€
(☎ 027 928 62 20; www.pronatura-aletsch.ch/ferienzimmer; Riederfurka; B inkl. Frühstück/HP 50/70 SFr, DZ 170/210 SFr; ⌚ Mitte Juni–Mitte Okt.; 📶) Die Saison ist kurz, aber schön in dieser sagenhaften Villa am Berg, dem erstaunlichen Sommersitz des reichen Engländers Ernest Cassel. Der soll, so heißt es, den hiesigen Bauern Geld dafür gegeben haben, dass sie Heu in die Glocken ihrer Kühe stopften, weil sich einer der Hausgäste – kein Geringerer als der junge Winston Churchill – von dem unaufhörlichen Gebimmel gestört fühlte. Heute kann man hier in einfachen, kiefernholzgetäfelten Zimmern mit Gemeinschaftsbad übernachten.

Chüestall SCHWEIZERISCH €€
(☎ 027 927 15 91; www.chuestall-blausee.ch; Riederalp; Hauptgerichte ab 20 SFr; ⌚ Juni–Okt. & Dez.–April 10–16.45 Uhr) Bis 1961 war dieses durch und durch moderne Restaurant auf 2207 m Höhe tatsächlich ein Kuhstall. Hin kommt man zu Fuß oder auf Skiern von der Bergstation der Moosfluh-Seilbahn in Riederalp oder der des Blausee-Sessellifts auf der Bettmeralp.

An- & Weiterreise

Die Talstationen dieser Ferienorte – Mörel (zur Riederalp) und Betten (zur Bettmeralp) – liegen an der Zugstrecke von Brig nach Andermatt.

Von Mörel fahren Züge Richtung Osten nach Andermatt (30 SFr, 1¾ Std., stündl.) und

Wandertour **Aletschgletscher**

START FIESCHERALP
ZIEL BETTMERALP
LÄNGE/DAUER 17 KM; 5 BIS 6 STUNDEN

Diese Hochgebirgswanderung führt durch wilde Natur voller Moore, Berge und Gletscher. Gleich ab der 1 **Seilbahnstation Fiescheralp** (2212 m) ist die Aussicht spektakulär. Auf dem ebenen, unbefestigten Weg marschiert man gen Nordosten. Nach den Abzweigungen hinauf zum Eggishorn und über den zum Märjelensee führenden kleinen 2 **Tälligrattunnel** – dessen Durchquerung den Weg um eine Stunde verkürzt – hält man sich rechts.

Die Strecke geht bald in einen breiten Weg über. Er bietet einen tollen Blick auf die Zunge des Fieschergletschers. Der Weg windet sich hoch über dem Fieschertal über die Alm 3 **Unners Tälli**. Serpentinen führen zu einem Holzkreuz auf einer Felsplattform.

Den rot-weißen Markierungen folgend kommt man ins 4 **Märjelatal**; ein Wegweiser markiert den Ort, wo die Wege aus dem Fieschertal und dem Tälligrat zusammenkommen. Rund zwei Stunden nach Fiescheralp erreicht man die 5 **Gletscherstube** (2363 m), eine gemütliche Holzhütte.

Bergab geht's an mehreren Seen vorbei. An einem Steinhaufen überquert man den Bach und gelangt nach ca. 30 Minuten zum 6 **Märjelensee** (2300 m) am Rand des Aletschgletschers. Man klettert südwärts um einen Felsgrat und kommt bei 7 **Roti Chumma** (2369 m) an eine Gabelung. Man nimmt den unteren, nach rechts abgehenden Weg hoch über schier endlosem Eis. Hinter dem 8 **Bielpass**, einem Felssattel auf dem Greichergrat auf 2292 m, wo ein Weg zum Aletschwald führt, folgt man in südwestlicher Richtung einem Kamm und passiert viele Seen. Weiter geht's zur 9 **Moosfluh** (2333 m).

Ein markierter, aber nicht überall eingezeichneter Wanderweg führt am Kamm entlang und nach links hinunter zum 10 **Blausee** (2204 m). Er verläuft unter dem Sessellift und fällt nach Osten ab zum 11 **Bettmersee**. Dann gelangt man über eine unbefestigte Straße zur 12 **Bettmeralp**.

Richtung Westen nach Brig (5,20 SFr, 15 Min., stündl.).

Von Betten fahren ebenfalls Züge Richtung Osten nach Andermatt (29 SFr, 1½ Std., stündl.) und Richtung Westen nach Brig (6,80 SFr, 25 Min., stündl.).

Mörel liegt 8 km, Betten 15 km nordöstlich von Brig. An den Talstationen der Seilbahnen befinden sich jeweils große Parkplätze.

Unterwegs vor Ort

Von der Bettmeralp zur Riederalp ist es ein lockerer 2-km-Spaziergang. Außerdem sind die beiden Orte durch Elektro-Shuttles (6 SFr, 10 Min., Juni–Okt. stündl.) und im Winter durch Schneemobiltaxis verbunden.

Furkapass

Der **Furkapass** (2431 m) markiert die Kantonsgrenze zwischen dem Wallis und Uri und ist das Tor zur südöstlichen Schweiz. Bei der Fahrt die Passstraße hinauf bieten sich tolle Ausblicke auf den tief eingeritzten Rhonegletscher. Vom winzigen Walliser Dorf Gletsch (1762 m) sind es 10 km fast stetig bergauf zur Passhöhe, gefolgt von einer atemberaubenden 21-km-Abfahrt nach Andermatt.

Die Auto- oder Motorradfahrt über den Pass ist sehr beliebt und wurde auch in der Verfolgungsjagd im James-Bond-Klassiker *James Bond 007 – Goldfinger* von 1964 verewigt. Das Befahren der 1867 eröffneten Serpentinenstraße erfordert schon einiges an Aufmerksamkeit.

Der Furka ist nicht der einzige Pass in dieser Gegend. Über den **Grimselpass** (2164 m) geht's Richtung Norden nach Meiringen, über den **Nufenenpass** (2478 m) Richtung Osten ins Tessin. Alle diese Alpenpässe sind nur im Sommer geöffnet, in der Regel ab dem 1. Juni. Trotzdem kommt man auch im Winter mit dem Auto vom Wallis nach Andermatt: Von Oberwald verkehren Autoreisezüge durch den 15 km langen **Furka-Basistunnel** nach Realp bei Andermatt.

Sehenswertes & Aktivitäten

★ Rhonegletscher GLETSCHER

Vom Wallis aus kommend ist der faszinierende Rhonegletscher das erste Mal vom winzigen Gletsch aus zu sehen. Der Gletscher speist die Rhone, die quer durchs Wallis fließt und in den Genfer See mündet, um von dort Richtung Mittelmeer weiterzufließen. Der Gletscher ist zwar immer noch 8 km lang, hat aber seit 1870 1,4 km an Länge eingebüßt. Schätzungen zufolge wird er bis 2050 50% seines Volumens verlieren und 2010 nur noch 10% seines derzeitigen Volumens umfassen.

★ Eisgrotte WANDERN

(☎ 027 973 11 29; www.gletscher.ch; Furkastrasse; Erw./Kind 9/6 SFr; ⌚8–18 Uhr, im Sommer bis 19 Uhr) Vom geschlossenen Hotel Belvédère nicht weit von der Passhöhe des Furka führt ein 1 km langer Weg zu dieser Eisgrotte. Unterwegs bieten sich tolle Ausblicke und auch der Spaziergang durch den Gletscher ist faszinierend. Die Eisgrotte öffnet zusammen mit der Passstraße.

Dampfbahnen EISENBAHN

(Dampfbahn Furka-Bergstrecke; www.dfb.ch; einfach/hin & zurück 73/121 SFr; ⌚Ende Juni–Anfang Okt. Fr–So, Anfang Juli–Mitte Aug. tgl.) Auf den alten Gleisen, die mit der Eröffnung des Furka-Basistunnels 1982 nicht mehr benötigt wurden, fahren historische Dampfeisenbahnen, und zwar von Realp westlich von Andermatt nach Oberalp im Wallis, mit Stopps in Tiefenbach, Furka, Muttbach-Belvédère und Gletsch. Die Bahnen fahren jedoch nicht über den Furkapass, sondern passieren ihn etwas unterhalb in einem Tunnel.

Schlafen

Grand Hotel Glacier du Rhône HISTORISCHES HOTEL €€

(☎ 027 973 15 15; www.glacier-du-rhone.ch; Gletsch; EZ/DZ mit Gemeinschaftsbad 85/145 SFr, DZ 170 SFr, Suite 240 SFr; ⌚Juni–Okt.; P 📶) Dies ist etwas ganz Besonderes: ein historisches Hotel von 1835 in Gletsch (1762 m), sorgsam renoviert und neu ausgestattet. Als das Haus entstand, befand sich der Rhonegletscher quasi vor der Haustür – heute allerdings nicht mehr. Das Restaurant ist morgens, mittags und abends geöffnet.

An- & Weiterreise

Um diese wunderbare Berglandschaft in vollen Zügen genießen zu können, benötigt man ein eigenes Fahrzeug. Vom Furkapass sind es nur 21 km nach Andermatt in der Zentralschweiz. Ins Wallis sind es 41 km nach Fiesch.

Von Ende Juni bis Oktober fahren gelbe Postbusse über den Pass: von Oberwald im Wallis nach Andermatt.

Tessin

351 946 EW.

Inhalt ➡

Gut essen

➡ Ristorante Castelgrande (S. 190)

➡ Arté al Lago (S. 195)

➡ Locanda Locarnese (S. 201)

➡ Ecco (S. 204)

➡ Ristorante le Bucce di Gandria (S. 197)

Schön übernachten

➡ Villa del Gusto (S. 189)

➡ Guesthouse Castagnola (S. 194)

➡ Villa Principe Leopoldo Hotel & Spa (S. 194)

➡ The View (S. 194)

➡ Villa Sempreverde (S. 201)

Auf ins Tessin!

Das ist das Tessin: Heiße, duftende Sommerluft. Vespas, die an palmengesäumten Promenaden vorbeiflitzen. Das Geläut eines barocken Campanile. Kinder, die auf Piazze vor pastellfarbenen Herrenhäusern spielen. Italienisches Wetter, italienischer Stil. Ganz zu schweigen von italienischem Eis, italienischer Pasta, italienischer Architektur, italienischer Sprache.

Die Alpen sind hier so herrlich wie im übrigen Land. Allerdings bewundert man sie hier bei vollmundigem Merlot in Straßencafés oder bei einem herzhaften Mittagessen in einem *grotto* (rustikales Gasthaus bzw. Restaurant im Tessiner Stil) unter schattigen Kastanienbäumen. Oder bei Bootsfahrten auf den spiegelblanken Seen von Lugano und Locarno. Das Tessin veredelt seinen klassisch alpinen Charakter mit italienischem Lebensgenuss.

Im Norden wacht die umwerfende mittelalterliche Festungsstadt Bellinzona über Täler mit heimeligen Weilern und romanischen Kapellen. Darüber erheben sich wilde, bewaldete Gipfel mit zahllosen Wanderrouten, die Seen und rauschende Bergflüsse passieren.

Reisezeit

➡ Vor der Fastenzeit sorgt der Rabadan in Bellinzona mit Umzügen und fröhlicher Feierwut für Karnevalsstimmung.

➡ Der Frühling lockt Wanderer zu den mit Wildblumen bedeckten Alpen und Fans klassischer Musik zum Lugano-Festival.

➡ Lugano veranstaltet im Juli Freiluftkonzerte; Locarnos renommiertes Kinofestival im August rückt filmschaffende Talente ins Rampenlicht.

➡ Im September stoßen Mendrisios und Bellinzonas Winzer auf die Weinernte an.

➡ Und an goldenen Herbsttagen schmeckt nichts besser als das langsam gegarte Wildbret mit neuem Wein in einer der rustikalen Tessiner *grotti*.

Highlights

1 Bellinzona (S. 186) Drei mittelalterliche Burgen mit grandiosem Blick auf Altstadt und Alpen besuchen.

2 Monte Brè (S. 191) Vom Gipfel den Blick auf schier unendliche Bergketten und den spiegelnden Lago di Lugano genießen.

3 Centovalli-Bahn (S. 206) Durch ein langes Tal nach Italien tuckern – zwischen schneebestäubten Bergen, durch spektakuläre Tunnel und Schluchten und über Viadukte.

4 Valle Verzasca (S. 204) Corippo, das kleinste und süßeste Dorf der Schweiz, bestaunen oder wie James Bond am Bungeeseil von der 220 m hohen Verzasca-Staumauer hüpfen.

5 Valle Maggia (S. 205) Zu gischtverschleierten Wasserfällen, italienisch anmutenden Granitdörfern und urigen *grotti* wandern oder radeln.

6 Locarno (S. 199) In einer der sonnigsten Städte der Schweiz im botanischen Garten am Seeufer oder in den Straßencafés der historischen Piazze relaxen.

7 Morcote (S. 197) Staunend durch das unglaublich hübsche Dorf spazieren, das am Uferhang des Luganer Sees balanciert.

Geschichte

Das Tessin war lange Zeit der arme ländliche Puffer zwischen den deutschschweizerischen Kantonen nördlich der Alpen und Italien im Süden. Die Schweizer erwarben die Landschaft im späten 15. Jh., nachdem hier jahrhundertelang abwechselnd die Herrscher Comos und die Herzöge von Mailand regiert hatten.

Die Gründungskantone der Alten Eidgenossenschaft – Uri, Schwyz, Unterwalden –

schlugen 1478 bei Giornico im Valle Levantina die Mailänder Streitmacht und eroberten 1503 Bellinzona, wodurch sie die verwundbare Südseite des Landes sicherten. 1803 trat das Tessin als freier, gleichberechtigter Kanton der von Napoleon geschaffenen neuen Schweizerischen Eidgenossenschaft bei.

Näher an Mailand als an Bern gelegen, ist das Tessin geprägt von einer doppelten Identität: Die Tessiner haben Sprache, Küche, Kunst und Architektur mit dem benachbarten Italien gemein, doch sie genießen als Teil der Schweiz politische und institutionelle Autonomie im Rahmen der Schweizerischen Bundesverfassung.

Im September 2016 machte das Tessin mal wieder Schlagzeilen, als die Tessiner mit großer Mehrheit gegen den freien Zuzug von Arbeitnehmern aus EU-Ländern in die Schweiz votierten und dafür stimmten, bei gleicher Qualifikation Einheimische bevorzugt einzustellen – eine Initiative, die vor allem italienische Pendler erbost haben soll. Die Kampagne unter dem Slogan „Prima i nostri" (Zuerst die Unseren), die im Widerspruch zu Vereinbarungen mit der EU über die Arbeitnehmerfreizügigkeit steht, wurde von der ultrakonservativen Schweizerischen Volkspartei (SVP) initiiert und errang 58 % der abgegebenen Stimmen. Die SVP behauptet, die grenzüberschreitende Beschäftigung habe überhandgenommen, immer mehr Jobs würden mit Italienern besetzt, was zu sinkenden Löhnen und zunehmenden Verkehrsstaus führe.

Der **Gotthard-Basistunnel**, mit 57 km der längste Eisenbahntunnel der Welt, wurde im Dezember 2016 für den regulären Bahnbetrieb eröffnet. Er verkürzt die Fahrtzeiten zwischen dem Tessin und Italien auf der einen Seite und der übrigen Schweiz auf der anderen Seite erheblich. Auf dieser ersten Flachbahn-Gleisstrecke durch die Alpen sind Züge zwischen Erstfeld (Uri) und Bodio (Tessin) nur 17 Minuten unterwegs.

ℹ Praktische Informationen

Die erste Anlaufstelle für aktuelle Infos über die Region ist **Ticino Turismo** (www.ticino.ch). Die Website liefert Insidertipps zu Sehenswürdigkeiten, Aktivitäten, Reiserouten, Verkehrsmitteln, Unterkünften, Essen und Veranstaltungen im Tessin. Wer will, kann sich hier auch Broschüren herunterladen und die Website nach bestimmten Regionen und/oder Themen durchsuchen.

Es lohnt sich auch, sich über die 31 Berghütten an den Wanderwegen zu informieren, die die **Federazione Alpinistica Ticinese** (www.fat-ti.ch) betreibt. Diese und andere (oft unbewirtschaftete) Hütten sind unter www.capanneti.ch (auf Italienisch und Deutsch) aufgelistet.

ℹ Anreise & Unterwegs vor Ort

Der nächstgelegene internationale Flughafen ist **Mailand-Malpensa** (☎ +39 02 23 23 23; www.milanomalpensa-airport.com; Ferno, Italien), 80 km südlich von Lugano. Er wird von zahlreichen Fluglinien angeflogen, auch von Billigfliegern wie Ryanair und easyJet. Vom Flughafen verkehren regelmäßig Flughafenbusse nach Lugano (25 SFr, 70 Min.) und Bellinzona (40 SFr, 2 Std.). Die Eröffnung des Gotthard-Basistunnels Ende 2016 hat die Fahrtzeit zwischen Bellinzona und dem **Flughafen Zürich** (ZRH; ☎ 043 816 22 11; www.zurich-airport.com; 64 SFr, 2 Std.) so drastisch verkürzt, dass dieser ebenfalls als Anreiseflughafen infrage kommt. Die Züge zwischen Bellinzona und Zürich halten unterwegs auch in Luzern (54 SFr, 1½ Std.).

Die Autobahn A2 verbindet Como im Süden des Kantons mit dem Gotthard-Tunnel im Norden. Da Letzterer für seine Staus berüchtigt ist, empfiehlt sich vor der Abfahrt ein Blick auf die Website www.gotthard-strassentunnel.ch. Holprige Passstraßen führen vom Tessin in den Rest des Landes – der San-Bernadino-Pass nach Graubünden, der St.-Gotthard-Pass in die Zentralschweiz und der Nufenenpass ins Wallis.

Das Tessin ist von gut markierten Radwegen durchzogen. Leihfahrräder bekommt man an den größeren Bahnhöfen, u. a. in Bellinzona, Lugano, Locarno und Ascona. Ein E-Bike kostet 54 SFr pro Tag, ein Touren- oder Cityrad 35 SFr und ein Mountainbike 43 SFr. Weitere Infos zur Fahrradleihe und zu Verleihstellen gibt es bei **Rent a Bike** (www.rentabike.ch).

BELLINZONA

18 700 EW. / 230 M

Bellinzona, die malerische Hauptstadt des Tessins, liegt im Schnittpunkt mehrerer Täler inmitten reizvoller Alpenlandschaft. Seine drei wuchtigen mittelalterlichen Festungen haben über die Jahrhunderte viele Künstler und Dichter fasziniert, darunter den größten Maler der Romantik, William Turner. Doch obwohl sein Burgentrio zu den nur zwölf Unesco-Weltkulturerbestätten der Schweiz zählt, übt sich Bellinzona in erstaunlicher Bescheidenheit.

Die Hauptburg Castelgrande thront auf einem Felshügel. Die Burg hat sich vom römischen Grenzposten über einen langobardischen Wehrturm zu einer stark befestigten,

Bellinzona

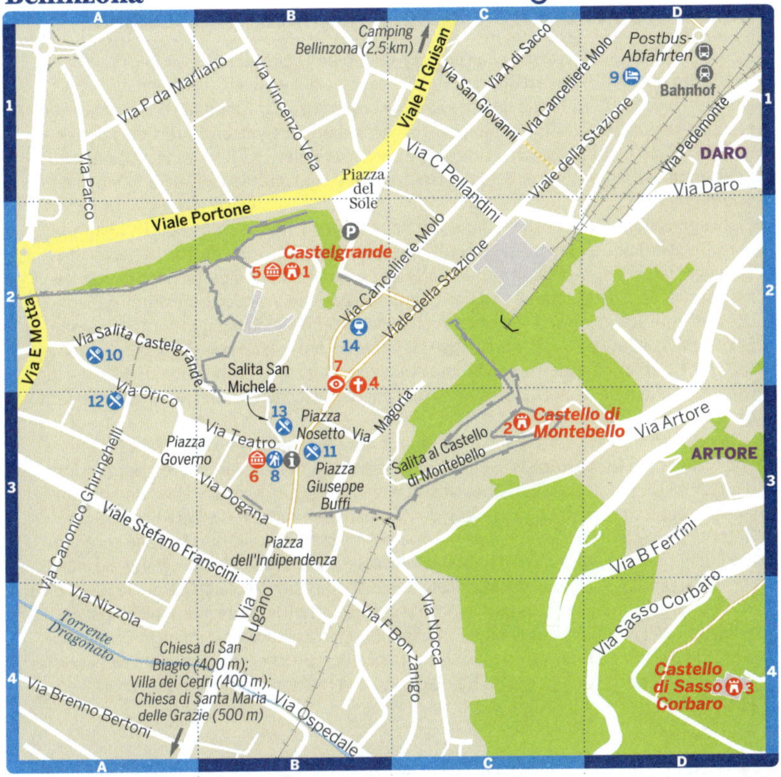

Bellinzona

Highlights
- 1 Castelgrande B2
- 2 Castello di Montebello C3
- 3 Castello di Sasso Corbaro D4

Sehenswertes
- 4 Chiesa Collegiata dei Santi Pietro e Stefano B2
- 5 Museo di Castelgrande B2
- 6 Palazzo del Comune B3
- 7 Piazza Collegiata B2

Aktivitäten, Kurse & Touren
- 8 Stadtrundgänge B3

Schlafen
- 9 Hotel Internazionale D1

Essen
- 10 Locanda Orico A2
- 11 Mercato di Bellinzona B3
- 12 Osteria Mistral A3
- Ristorante Castelgrande .... (s. 5)
- 13 Trattoria Cantinin dal Gatt B3

Ausgehen & Nachtleben
- 14 Il Fermento B2

von Mailand beherrschten Stadt entwickelt. Diese ist zwar heute stramm schweizerisch, aber doch mit einer gehörigen Portion italienischer Dolce Vita infiziert.

Neben der Mittelaltermagie und der umwerfenden Aussicht auf schneegekrönte Gipfel bezaubert auch die Altstadt von Bellinzona mit ihren blumengeschmückten Gassen, Renaissancekirchen und von Cafés gesäumten Plätzen, erfüllt von Leben, Lachen, Gläserklirren und dem vielstimmigen Geläut zahlloser Campanile.

ABSEITS DER ÜBLICHEN PFADE

BUMMELTOUR DURCH DIE NÖRDLICHEN TÄLER DES TESSINS

Nördlich von Bellinzona erstrecken sich die wilden und abgeschiedenen Täler **Valle di Blenio** und **Valle Leventina** am Fuße teils bewaldeter Gipfel, die eine natürliche Grenze zwischen dem Tessin und der Zentralschweiz bzw. Graubünden bilden. Mit ihren grauen Steindörfern, die in Kastanienwälder eingebettet liegen, und ihren jahrhundertealten *grotti* (rustikale Lokale in kühlen Felskellern) bieten die Täler eine authentische Kostprobe des Lebens in der Tessiner Bergwelt und sind das ideale Ziel für einen malerischen Roadtrip.

Zweimal stündlich verkehren Züge von Bellinzona nach **Biasca** (8,80 SFr, 13 Min.), dem Tor zum Valle di Blenio, mit einer Kirche aus dem 13. Jh. und *grotti*, die herzhafte Tessiner Hausmannskost auftischen. Von Biasca verläuft das wilde Tal nach Norden, auf majestätische, düstere Gipfel und den Lukmanierpass zu. Wanderwege durchziehen das gesamte Tal; in Passnähe gibt es auch bescheidene Möglichkeiten zum Skilaufen. Ein prima Stützpunkt für Wanderlustige ist **Olivone** am Fuß des dolchspitzen Sosto (2221 m). Schöne Wanderrouten führen auch zum Lago di Luzzone und auf die einsame Greina-Hochebene hinauf. Unterkünfte sind auf der Website www.blenioturismo.ch (auf Italienisch und Deutsch) aufgelistet.

Von Biasca führt die Autobahn Richtung Nordwesten nach **Airolo** im Valle Leventina und weiter zum Gotthardpass. Hoch über ihr erstreckt sich eine Reihe von Bergdörfchen, die atemberaubende Aussicht, traumhafte Wandermöglichkeiten und hier und da eine leckere Mahlzeit versprechen. Entlang der Bahnstrecke verläuft die Wanderroute Via Gottardo (www.gottardo-wanderweg.ch) vom Reusstal in Uri bis durchs Valle Leventina hinunter. Im traditionellen **Grotto Val d'Ambra** (☎ 091 864 18 29; www.grottovaldambra.ch; Via dei Grotti 2, Personico; Hauptgerichte 15–28 SFr; ⏲ Ostern–Anfang Okt. di–So 10–23 Uhr) in Personico schmeckt ein *brasato* (in Wein geschmorter Rinderbraten) mit selbst gekeltertem Wein im Garten unter schattenspendenden Kastanienbäumen. In **Giornico** lohnt ein Zwischenstopp, um seine zwei romanischen Brücken, die schönste romanische Kirche des Tessins (Chiesa di San Nicolao) und den malerischen historischen Ortskern zu bewundern.

Sehenswertes & Aktivitäten

Stadtführungen (www.bellinzonaturismo.ch; 10 SFr) durch Bellinzona starten samstags um 11 Uhr an der Touristeninformation. Sehenswert sind u. a. die kopfsteingepflasterte **Piazza Collegiata**, gesäumt von eleganten Patrizierhäusern mit schmiedeeisernen Balkonen, der **Palazzo del Comune** (Piazza Nosetto) im Renaissancestil mit seinem schönen, drei Stockwerke hohen Innenhof, die palmenbestandene Gartenanlage und die italienischen Kunstwerke der **Villa dei Cedri** (www.villacedri.ch; Via San Biagio 9; Erw./Kind 10/7 SFr; ⏲ Mi–Fr 14–18, Sa & So 11–18 Uhr) sowie die Kirchen **San Biagio** (Piazza San Biagio; ⏲ 7–12 & 14–17 Uhr), **Santa Maria delle Grazie** (Via Convento; ⏲ 7–18 Uhr) und **SS Pietro e Stefano** (Piazza Collegiata; ⏲ 8–13 & 16–18 Uhr).

★ Castelgrande BURG

(www.bellinzonese-altoticino.ch; Via Salita Castelgrande; ⏲ Gelände Mo 10–18, Di–So 9–22 Uhr; Murata 10–19 Uhr) Die spektakulär über der Altstadt thronende mittelalterliche Festung ist Bellinzonas auffälligstes Wahrzeichen. Hinauf geht's entweder zu Fuß von der Piazza Collegiata über die Salita San Michele oder mit dem Aufzug ab der Piazza del Sole, der sich tief im Fels in einem einzigartigen bunkerähnlichen Betonbau versteckt. Nach Besichtigung der Anlage und des Museums kann man noch einen Bummel entlang der Murata machen. Die Festungswälle schlängeln sich nach Westen und bieten einen schönen Panoramablick auf die weinbedeckten Berge und die Burgen auf den Hügeln.

★ Castello di Montebello BURG

(www.bellinzonese-altoticino.ch; Salita al Castello di Montebello; Burg frei, Museum Erw./Kind 5/2 SFr; ⏲ April–Okt. 10–18 Uhr, Nov.–März 10.30–16 Uhr) GRATIS An wolkenlosen Tagen kann man von hier aus den fernen Lago Maggiore entdecken. Die Burg aus dem 13. Jh. gehört zu den eindrucksvollsten der Stadt. Mit Zugbrücken, Festungswällen und einem kleinen Museum katapultiert sie Besucher zurück ins Mittelalter.

★Castello di Sasso Corbaro BURG
(www.bellinzonese-altoticino.ch; Via Sasso Corbaro; Burg frei, Museum & Turm Erw./Kind 5/2 SFr; ⌚ April–Okt. 10–18 Uhr, Nov.–März 10.30–16 Uhr) Vom Zentrum Bellinzonas führt ein 3,5 km langer Fußmarsch Richtung Süden zum Castello di Sasso Corbaro. Die Burg thront oben auf einem bewaldeten Hügel und ist eine herbe Schönheit mit undurchdringlichen Mauern und soliden Türmen.

Museo di Castelgrande MUSEUM
(Castelgrande; Erw./Kind 5/2 SFr; ⌚ April–Okt. 10–18 Uhr, Nov.–März 10–17 Uhr) Das Museum zeigt eine bescheidene Sammlung von teilweise prähistorischen Funden, die auf dem Hügel von Castelgrande geborgen wurden. Interessanter ist die Ausstellung mit Deckenbildern aus dem 15. Jh., die aus einem Patrizierhaus in Bellinzonas Zentrum stammen. Das Bilderspektrum reicht von verrückten Tierdarstellungen bis hin zu einer humoristischen Serie mit Szenen aus der „verkehrten Welt", etwa einem Ochsen, der einen Menschen vor den Pflug gespannt hat, oder einer wollüstigen Frau, die einen keuschen Mann jagt!

Feste & Events

Rabadan KARNEVAL
(www.rabadan.ch; ⌚ Ende Feb.) Siebeneinhalb Wochen vor Ostersonntag versetzen Kostümumzüge, Straßentheater, lärmende Narren und Blaskapellen die Stadt in Karnevalsstimmung.

La Bacchica KULTURFEST
(www.labacchica.ch) Traditionelles Winzerfest (Sept.) mit Weinproben, Umzügen, Theater und jeder Menge Musik.

Schlafen

Richtig ansprechende Unterkünfte sind in Bellinzona erstaunlich rar. Viele funktionale Hotels säumen die Viale della Stazione.

Villa del Gusto B&B €
(☎ 091 234 03 35; Via Pratocarasso 56; EZ 80 SFr, DZ 100–150 SFr; 📶) Eines der hübschesten Quartiere in Bellinzona ist dieses B&B mit zitronengelber Fassade. Piccobello geführt wird es von Michela und Massimo, die ihren Garten mit Blick auf die Berge liebevoll pflegen und zum Frühstück selbst gebackenen Kuchen auftischen. Wer ins Deluxe-Doppelzimmer investiert, wird mit zusätzlichem Platz, stilvoller Einrichtung und einer freistehenden Badewanne belohnt. Auf Wunsch können die Gäste auch Abendessen dazubuchen.

Camping Bellinzona CA
(☎ 091 829 11 18; www.campingbelli San Gottardo 131; Stellplätze pro F 11,50/5,50/20 SFr; 📶) Der grüne, g stattete Campingplatz mit Waschküche, L den, Snackbar, Spielplatz und jeder Menge Aktivitäten für Kinder befindet sich 2,5 km nördlich der Stadt. Vom Bahnhof Bus 1 oder 191 nach Arbedo nehmen.

Hotel Internazionale HOTEL €€
(☎ 091 825 43 33; www.hotel-internazionale.ch; Viale della Stazione 35; EZ 145–185 SFr, DZ 200–260 SFr, 3BZ 285–315 SFr; P ❄ 📶) Gegenüber vom Bahnhof steht dieses Hotel in Zuckerwatterosa. Es mischt Elemente der vorletzten Jahrhundertwende (Schmiedeeisen und Buntglas) mit dem glatten Design des 21. Jhs. Die Renovierung 2014 hat die hellen, modernen Zimmer enorm aufgewertet und das neue Spa lädt mit Sauna, Dampfbad, Hydromassagen und Salzinhalationsraum zur Entspannung ein.

Essen & Ausgehen

Mercato di Bellinzona MARKT
(Piazza Nosetto; ⌚ Sa 8–13 Uhr) Samstagvormittags werden auf diesem Wochenmarkt in den Altstadtgassen rund um die Piazza Nosetto lauter frische Erzeugnisse von Bergkäse über frisch gebackenes Brot bis zu *salumi* und Obst verkauft. Am besten tut man es den Einheimischen gleich, die den Einkauf hier zu einem Event machen, das sie mit einem Kaffee oder Mittagessen auf einer der Caféterrassen abrunden.

Trattoria Cantinin dal Gatt ITALIENISCH €€
(☎ 091 825 27 71; www.cantinindalgatt.ch; Vicolo al Sasso 4; Mittagsmenüs 18–28 SFr, Hauptgerichte 25–36 SFr; ⌚ Di–Fr 11–15 & 18–24, Sa 9–15 & 18–24 Uhr; 👪) In einem kopfsteingepflasterten Seitensträßchen empfängt diese geniale kleine Trattoria ihre Gäste mit herzlicher Gastfreundschaft und Geselligkeit. Das Backsteingewölbe ist ein einladendes Plätzchen, um die italienischen Köstlichkeiten des toskanischen Küchenchefs Luca zu genießen. Als leckerer Auftakt eignen sich z. B. die hausgemachten Gnocchi mit Hummercreme, Garnelen und schwarzer Olivenpaste, vielleicht gefolgt von einem Hauptgericht wie Kaninchen mit Paprikasalsa.

Osteria Mistral ITALIENISCH €€
(☎ 091 825 60 12; www.osteriamistral.ch; Via Orico 2; 2-/3-Gänge-Mittagsmenü 33/40 SFr, 3-/4-/6-Gänge-Abendmenü 68/82/115 SFr; ⌚ Mo–Fr 11.45–

TESSINER KÜCHE

In der Tessiner Küche trifft die Schweiz auf Italien. Ein paar der tollsten regionalen kulinarischen Erlebnisse warten in *grotti* – rustikale, entlegene Restaurants, wo man im Sommer an Granittischen unter schattenspendenden Kastanien speist. Der dreisprachige *Guida a Grotti e Osterie* gibt einen tollen Überblick (erhältlich bei www.editore.ch, 26 SFr).

Wenn man wie die Einheimischen essen möchte, sollte man folgende Tessiner Spezialitäten probieren.

Polenta Cremiger, herzhafter Maisgrießbrei

Brasato In Rotwein geschmortes Rindfleisch

Capretto in umido alla Mesolcinese Pikanter, in Rotwein gekochter Ziegenfleisch-Eintopf mit einer Prise Zimt

Cazzöla Herzhafter Fleischauflauf plus Kohl und Kartoffeln

Mazza casalinga Gemischte Aufschnittplatte mit edlen Fleischwaren

Cicitt Lange, dünne und oft gegrillte Ziegenfleisch-Würstchen

Robiola Weicher, cremiger Kuhmilchkäse in kleinen Scheiben

15 & Mo–Sa 18.45–24 Uhr) In Luca Braghellis schicker, lauschiger Osteria kommen frische und saisonale Produkte auf den Tisch. Ob hausgemachte Pasta oder Wild (im Herbst) – alles wird perfekt zubereitet und mit passendem Wein aus der Region serviert.

Ristorante Castelgrande ITALIENISCH €€
(☎ 091 814 87 81; www.ristorantecastelgrande.ch; Castelgrande; Hauptgerichte 29–42 SFr, Menüs 72 SFr; ⏲ Di–Sa 18.30–24 Uhr) Man hat nicht oft die Möglichkeit, in einer Unesco-Welterbestätte zu speisen. Schon das mittelalterliche Burgambiente ist einfach zauberhaft. Saisonale Spezialitäten wie Zanderfilet mit Vanille-Blumenkohl-Püree treffen hier auf Spitzenweine.

Locanda Orico ITALIENISCH €€€
(☎ 091 825 15 18; www.locandaorico.ch; Via Orico 13; Hauptgerichte 40–65 SFr, Mittagsmenü 48 SFr, Abendmenüs 110–125 SFr; ⏲ Di–Sa 11.45–14 & 18.45–24 Uhr) Saisonale Frische ist das oberste Motto des mit Michelin-Sternen ausgezeichneten Schlemmertempels, der sich in einem schick umgebauten Palazzo in der Altstadt befindet. Auf den Tisch kommen raffinierte Kreationen wie Kürbisgnocchi mit Gamsragout oder wilder Heilbutt mit Fettuccine und Basilikumbutter.

Il Fermento BRAUEREI
(www.ilfermento.ch; Via Codeborgo 12; ⏲ Mo–Mi 11–21, Do–Fr bis 1, Sa bis 21 Uhr) Die Craft-Biere dieser hippen neuen Mikrobrauerei gehören zu den besten der Stadt. Ihre hopfigen bernsteinfarbenen Ales, spritzigen India Pale Ales und malzigen Starkbiere kann man drinnen im coolen Industrieambiente oder bei Sonnenschein draußen auf der Straßenterrasse schlürfen.

ℹ Praktische Informationen

Die **Touristeninformation** (☎ 091 825 21 31; www.bellinzonaturismo.ch; Piazza Nosetto; ⏲ April–Okt. Mo–Fr 9–18.30, Sa 9–14, So 10–14 Uhr, restliches Jahr kürzere Öffnungszeiten) im Rathaus von Bellinzona verkauft den Bellinzona Pass (Erw./Kind/Fam. 15/7,50/25 SFr), der Zugang zu diversen Sehenswürdigkeiten der Stadt gewährt.

ℹ An- & Weiterreise

Bellinzona ist das Tor zum Tessin und ein wichtiger Verkehrsknotenpunkt. Die Autobahn A2, die die Stadt durchschneidet, verbindet sie mit Lugano im Süden und führt nordwärts bis nach Basel. Die Autobahn A13 führt zum 116 km nördlich gelegenen Chur, der Hauptstadt von Graubünden.

Bellinzona hat häufige **Zugverbindungen** (Viale della Stazione) nach Locarno (8,80 SFr, 27 Min.) und Lugano (10,20 SFr, 30 Min.). Es liegt auch an der Strecke Zürich–Mailand.

Bus 171 fährt etwa stündlich vom Bahnhof nordostwärts nach Chur (59,40 SFr, 2¼–3 Std.). Parken kann man in einer Tiefgarage an der **Piazza del Sole** (Piazza del Sole; 2 SFr/Std.).

LUGANO

63 583 EW. / 270 M

Der wunderschöne, von Bergen umgebene Luganer See stellt nicht das einzige flüssige Kapital des Kantons dar: Die größte Tessiner Stadt ist auch das drittwichtigste Bankenzentrum der Schweiz. Von den Schlipsträgern mal abgesehen, ist Lugano eine quicklebendige Stadt mit noblen Designerboutiquen, Bars und Straßencafés, die sich im Labyrinth der schmalen, steilen Kopfsteinpflastergassen verstecken. Letzteres entwirrt sich am Seeufer und entlang der romantischen Promenade. Das vor Kurzem eröffnete Kunst- und Kulturzentrum LAC hat auch der Kulturszene der Stadt einen kräftigen Schub verpasst.

Am Seeufer ragen die Zwillingsgipfel des Monte Brè und Monte San Salvatore auf. Beide bieten umwerfende Aussicht bis tief in die Alpen hinein und locken in den wärmeren Monaten zahlreiche Wanderer und Mountainbiker an.

Sehenswertes

Vom Luganer Bahnhof gelangt man über die Treppe oder mit der **Standseilbahn** (Piazzale della Stazione; 1,30 SFr; 5–24 Uhr) zum Zentrum hinunter, einem Flickenteppich aus miteinander verbundenen *piazze*.

MASI – Museo d'Arte della Svizzera Italiana — MUSEUM

(www.masilugano.ch; LAC Lugano Arte e Cultura, Piazza Bernardino Luini 6; Erw./Kind 15 SFr/frei; Di–So 10–18, Do bis 20 Uhr) Ein Aushängeschild des eindrucksvollen neuen Luganer Kunst- und Kulturzentrums LAC (S. 195) ist das Kunstmuseum MASI. Es widmet sich vorwiegend der Kunst des 20. Jhs. und der zeitgenössischen Kunst – vom Abstrakten bis zum höchst Experimentellen. Der Ausstellungsbereich erstreckt sich über drei Etagen. Anstelle einer Dauerausstellung wird ein anspruchsvolles Programm an Wechselausstellungen aus der Sammlung gezeigt, z.B. zum Werk der Schweizer Surrealistin Meret Oppenheim oder zu den gigantischen, zum Nachdenken anregenden Fotokunstwerken des Briten Craigie Horsfield.

Chiesa di Santa Maria degli Angioli — KIRCHE

(Hl. Maria von den Engeln; Piazza Luini; 7–18 Uhr) Diese schlichte romanische Kirche beherbergt zwei Bernardino-Luini-Fresken von 1529. Ihre ganze innere Trennmauer wird von einer lehrreichen Kreuzigungsdarstellung bedeckt. Kraft und Lebendigkeit der Farben sind erstaunlich

Parco Ciani — PARK

(Viale Carlo Cattaneo; 6–23 Uhr) GRATIS Vor einer Kulisse aus schroffen Bergen säumt diese Uferpromenade den spiegelglatten Luganer See. Besonders augenfällig sind die beiden markanten Kegel des Monte Brè und Monte San Salvatore. Im Sommer spenden Linden und Kastanien Schatten; das Frühjahr lässt Tulpen, Kamelien und Magnolien erblühen.

ABSTECHER

SCHÖNES IN SEENÄHE

Wer von oben auf Lugano und den Luganer See (Lago die Lugano) blicken will, geht in die Berge. Zwischen März und Dezember fährt eine Standseilbahn von Cassarate (vom Zentrum Luganos entweder zu Fuß oder mit dem Bus 2 erreichbar) auf den Gipfel des **Monte Brè** (www.montebre.ch; Standseilbahn einfache Strecke/hin & zurück 16/25 SFr; 9.10–18.45 Uhr). Dort beginnen diverse Wander- und Radwege, die einen weiten Blick auf den See bis tief in die Alpen eröffnen.

Von Paradiso trägt die **Standseilbahn** (www.montesansalvatore.ch; Standseilbahn einfache Strecke/hin & zurück 23/30 SFr; 9–18 Uhr) Besucher von Mitte März bis Anfang November hinauf auf den Monte San Salvatore. Nicht nur wegen des tollen Ausblicks lohnt sich der einstündige Abstieg zu Fuß nach Paradiso oder Melide.

Eine hübsche Übernachtungsmöglichkeit ist das **Locanda del Giglio** (091 930 09 33; www.locandadelgiglio.ch; Roveredo, Capriasca; B 40–45 SFr, EZ/DZ 95/150 SFr; P) in Roveredo, 12 km nördlich von Lugano. Die am Wald gelegene umweltfreundliche Lodge wird mit Solarstrom betrieben und hat Zimmer mit Balkon und Blick auf die Berge und den See. Vom **Bahnhof Lugano** (http://flpsa.ch/de/de-home/; Piazzale della Stazzione; Tickets 2,50–6,60 SFr; 5.25–1.20 Uhr alle 15 Min.) nimmt man den Bus nach Tesserete (6,60 SFr, 27 Min.) und steigt dort um in den Bus nach Roveredo (6,40 SFr, 11 Min.).

Lugano

0
200 m
A
B
C
D
E
F
G
1
2
3
4
Bahnhof
Touristen-information Bahnhof
Piazzale della Stazione
Via Antonio Galli
Via Cattedrale
14
15
Bahnhof Ferrovia Ponte Tresa
1
Piazza Cioccaro
Via P Peri
Piazza Dante
Via Pretorio
BSí (200 m)
TPL-Stadtbus-terminal
Contrada di Verla
Via Pioda
Via Magatti
Via Albrizzi
Piazza Maghetti
Corso Elvezia
Via Stauffacher
Piazza Indipendenza
Viale Carlo Cattaneo
Via Landriani
12
Viale Cassarate
Viale Castagnola
Monte-Brè-Seilbahn (300 m);
Arté al Lago (400 m);
Guesthouse Castagnola (1,5 km)
Cassarate
16
6
4
Hafen
10
18
13
Piazza della Riforma
Piazza Manzoni
Riva Giocondo Albertolli
Flughafen-Shuttle & Bus 39 nach Campione d'Italia
5
7
Haupt-touristen-information
8
Boots-anleger
Piazza Rezzonico
Via Nassa
Riva Vela
9
Via Tomaso Rodari
Via San Lorenzo
Via Montarina
Via Clemente Maraini
Via Giuseppe Motta
Parco Tassino
Lago di Lugano
11
2
3
17
Villa Principe Leopoldo Hotel & Spa (1,8 km)
Paradiso (800 m);
Monte-San-Salvatore-Seilbahn (1,2 km)

Lugano

Sehenswertes
1 Cattedrale di San Lorenzo B2
2 Chiesa di Santa Maria degli Angioli B4
3 MASI – Museo d'Arte della Svizzera Italiana B4
4 Parco Ciani E2
5 Piazza della Riforma C2

Aktivitäten, Kurse & Touren
6 Lido G2
7 Stadtführungen C2
8 Società Navigazione del Lago di Lugano C3

Schlafen
9 Hotel & Hostel Montarina A2
10 Hotel Gabbani B2
11 Hotel International au Lac B4

Essen
12 Al Portone F1
13 Bottegone del Vino C2
14 Pasta e Pesto B1
15 Trani B1

Ausgehen & Nachtleben
16 Al Lido G1

Unterhaltung
17 LAC – Lugano Arte e Cultura B4

Shoppen
18 Gabbani B2

Piazza della Riforma PLATZ
Gassen mit Säulengängen umgeben den Hauptplatz Luganos, der beherrscht wird vom klassizistischen **Municipio** (Rathaus) von 1844. Für noch mehr Betrieb sorgen die **Märkte**, die dienstag- und freitagvormittags auf der Piazza abgehalten werden.

Cattedrale di San Lorenzo KATHEDRALE
(Kathedrale San Lorenzo; Via San Lorenzo; 6.30–18 Uhr) Hinter der Renaissance-Fassade von Luganos Kathedrale aus dem frühen 16. Jh., die 2016 gründlich renoviert wurde, verbergen sich schöne Fresken und kunstvolle Barockstatuen. Die weite Aussicht vor dem Eingang reicht über die Terrakottadächer der Altstadt bis zum See und in die Berge.

Swissminiatur FREIZEITPARK
(www.swissminiatur.ch; Via Cantonale; Erw./Kind 19/12 SFr; Mitte März–Okt. 9–18 Uhr;) Die Anlage unter freiem Himmel besteht aus Modellen von über 120 Schweizer Attraktionen im Maßstab 1:25 – man kann hier quasi die ganze Schweiz an einem Tag besichtigen. Zweimal stündlich fahren Züge von Lugano hierheraus.

Museo Hermann Hesse MUSEUM
(www.hessemontagnola.ch; Torre Camuzzi, Montagnola; Erw./Kind 8,50 SFr/frei; März–Okt. tgl. 10–17.30 Uhr, Nov.–Feb. Sa & So 10.30–17.30 Uhr) Das Museum zeigt persönliche Gegenstände des in Deutschland geborenen Dichters, Romanciers und Malers Hermann Hesse, u. a. einige von mehreren Tausend Aquarellen, die er im Tessin malte, sowie Bücher und allerlei Krimskrams, der einen gewissen Einblick in sein Leben gewährt.

Von Lugano den Bus 436 (Richtung Agra, Roncone) bis Montagnola, Bellevue, nehmen (6,40 SFr, 19 Min.).

Parco Botanico San Grato BOTANISCHER GARTEN
(www.parcosangrato.ch; Carona; 24 Std.) GRATIS Fußwege schlängeln sich durch den botanischen Garten auf einer Hügelkuppe mit sensationellem Blick auf den See und die Berge. Im Mai leuchtet der Park in den Farben der blühenden Azaleen und Rhododendren.

Von Lugano nimmt man Bus 434 nach Carona (6,40 SFr, 25 Min.).

Schokoland MUSEUM
(www.alprose.ch; Via Rompada 36, Caslano; Erw./Kind 3/1 SFr; Mo–Fr 9–17.30, Sa & So bis 16.30 Uhr;) Im Alprose-Museum Schokoland (das nach Renovierungsarbeiten ab Sommer 2018 wieder geöffnet sein soll) taucht man in die Kakaokultur ein – der Himmel für Kinder! Besucher erhalten einen Überblick über die Geschichte der Schokolade, können bei der Herstellung der zuckrigen Substanz zuschauen und dürfen kostenlos probieren. Der Laden schließt schlauerweise erst eine halbe Stunde nach dem Museum. Caslano ist gut mit dem Zug zu erreichen.

Aktivitäten

Beliebte sommerliche Aktivitäten sind das Schwimmen, Segeln, Wakeboarden und Rudern im bzw. auf dem Luganer See, außerdem Wanderungen und Mountainbiketouren in den Bergen und Tälern der Umgebung. Streckenkarten und GPS-Downloads gibt es auf www.luganotourism.ch. **Società Navigazione del Lago di Lugano** (091 971 52 23;

www.lakelugano.ch; Riva Vela; ⌚April–Okt.) bietet verschiedene Schiffsausflüge auf dem See an. Außerdem gibt es am **Bootsanleger** (☎091 222 11 11; www.lakelugano.ch; Lugano-Centrale, Riva Vela; ⌚8.30–20.30 Uhr) Tretboote zu leihen.

Lido SCHWIMMEN
(Viale Castagnola; Erw./Kind 11/6 SFr; ⌚Mai & Sept. 9–19 Uhr, Juni–Aug. bis 19.30 Uhr; 👪) Das Schwimmbad direkt am See, mit atemberaubendem Blick auf die Berge am anderen Ufer, hat Strände, ein Volleyballfeld, Planschbereiche für Kinder und ein Schwimmbecken mit olympiatauglichen Maßen.

Feste & Events

LuganoMusica MUSIK
(www.luganomusica.ch) Bei dem Festival von Mitte April bis Juni lauscht Lugano klassischen Klängen im Palazzo dei Congressi.

Nationalfeiertag KULTUR
Am Schweizer Nationalfeiertag (1. Aug.) explodiert gegen Mitternacht ein zauberhaftes Feuerwerk über dem Luganer See.

Schlafen

Im Winter sind viele Hotels in Lugano zumindest zeitweise geschlossen. Für den Sommer sollte man sehr frühzeitig reservieren, da anständige Zimmer (zu anständigen Preisen) heiß begehrt und ruckzuck ausgebucht sind.

Hotel & Hostel Montarina HOTEL, HOSTEL €
(☎091 966 72 72; www.montarina.ch; Via Montarina 1; B/EZ/DZ 29/105/140 SFr; P 📶 🏊) In einer hellrosa Villa von 1860 heißt dieser Mix aus Hotel und Hostel seine Gäste herzlich willkommen. Die Mosaikböden, hohen Decken und schmiedeeisernen Geländer sind Überbleibsel altmodischer Pracht. Es gibt eine Gemeinschaftswohnküche, Spielzeug zur Unterhaltung der Kinder, einen Swimmingpool in einem Garten mit Palmen und sogar einen eigenen kleinen Weinberg. Wer frühstücken möchte, legt 15 SFr zusätzlich hin.

★ **Guesthouse Castagnola** PENSION €€
(☎078 632 67 47; www.gh-castagnola.com; Salita degli Olivi 2; Apt. 125–180 SFr; P 📶) Kristina und Maurizio geben alles, um die Gäste ihres B&B in einem hübsch restaurierten Stadthaus aus dem 16. Jh. zufriedenzustellen. Freiliegender Stein, Naturstoffe und erdige Farben prägen ihre drei Gästezimmer mit Nespresso-Maschinen und Flachbild-Fernsehern. Außerdem gibt es noch ein familienfreundliches Apartment mit Waschmaschine und voll ausgestatteter Küche. Man fährt mit dem Bus 2 nach Posta Castagnola, 2 km östlich vom Zentrum.

Hotel International au Lac HOTEL €€
(☎091 922 75 41; www.hotel-international.ch; Via Nassa 68; EZ 150–190 SFr, DZ 180–330 SFr; ❄ 📶 🏊) Das Hotel am See hat komfortable Zimmer, teilweise mit antiken Möbeln. Von den Balkonen der Vorderzimmer aus blickt man direkt auf den Lago di Lugano. Besonders reizvoll für Familien ist der Garten mit Tischtennistisch, Pool und Kinderspielplatz.

Hotel Gabbani BOUTIQUEHOTEL €€€
(☎091 921 34 70; www.hotel-gabbani.ch; Piazza Cioccaro 1; EZ 190–320 SFr, DZ 220–370 SFr; ❄ 📶) Die Familie Gabbani betreibt dieses ansprechende Hotel in Sichtweite ihres renommierten **Feinkostgeschäfts** (www.gabbani.com; Via Pessina 12; ⌚Mo–Fr 8–18.30, Sa bis 17 Uhr). Die schicken Zimmer sind mit knalligen Farbakzenten, viel Holz, Marmor und dänischen Designerstühlen durchgestylt und haben hypermoderne Bäder. Der Service ist ausgezeichnet.

Villa Principe Leopoldo Hotel & Spa LUXUSHOTEL €€€
(☎091 985 88 55; www.leopoldohotel.com; Via Montalbano 5; EZ 300–2000 SFr, DZ 360–2500 SFr; P ❄ 📶 🏊) Die rote Backsteinresidenz in einem Skulpturengarten entstand 1926 für ein Mitglied der verbannten deutschen Herrscherdynastie (Prinz Leopold von Hohenzollern). So herrscht hier königlich-nostalgische Atmosphäre. Die Gärten und viele Zimmer bieten Seeblick. Preise und Luxus sind gleichermaßen exorbitant. Für Gäste gibt es z. B. Gourmetrestaurants, Tennisplätze, beheizte Pools, Fitnesstrainer und ein Spa.

The View DESIGNHOTEL €€€
(☎091 210 00 00; www.theviewlugano.com; Via Guidino 29; Suite 700–2150 SFr; P ❄ 📶 🏊) Wer mal so richtig prassen will, kann diese Gelüste im neuen Fünf-Sterne-Designhotel in Lugano-Paradiso im großen Stil ausleben. Seine 18 Suiten bieten überwältigenden Seeblick und Einrichtung vom Edelsten – mit poliertem Teakholz, Leder und bodentiefen Panoramafenstern. Ein Spa, Gourmetrestaurants und kostenlos nutzbare E-Bikes und Elektro-Smarts sind nur ein kleiner Ausschnitt aus dem luxuriösen Angebot des Hauses.

Essen & Ausgehen

Pasta e Pesto ITALIENISCH €
(☎091 922 66 11; Via Cattedrale 16; Pasta 10,50–15 SFr, Menüs 15–19,50 SFr; ⏰Mo–Sa 9.30–17.30 Uhr) Der Name ist Programm in diesem netten kleinen Lokal in der Nähe der Kathedrale, das seine frische, hausgemachte Pasta mit verschiedenen Saucen auch auf einer winzigen Terrasse serviert.

Trani ITALIENISCH €
(☎091 922 05 05; www.trani.ch; Via Cattedrale 12; Hauptgerichte 29–43 SFr) Kopfsteingepflasterte Stufen führen von der Via Cattedrale zu dieser einladenden kleinen Osteria hinab. Das von Kerzen erleuchtete Backsteingewölbe ist ein ausgesprochen anheimelnder Rahmen, um Antipasti, appetitliche hausgemachte Pasta oder Fisch und Fleisch vom Grill zu genießen.

Bottegone del Vino ITALIENISCH €€
(☎091 922 76 89; Via Magatti 3; Hauptgerichte 20–42 SFr; ⏰Mo–Sa 11.30–24 Uhr) Das bei der Luganer Bankerszene sehr beliebte Lokal hat eine saisonal ausgerichtete Speisekarte; die ständig wechselnden Mittags- und Abendangebote werden täglich auf einer Kreidetafel angeschrieben. Eine typische Spezialität sind z.B. Ravioli mit einer Füllung aus feinstem toskanischen Chianina-Rindfleisch; dazu gibt es eine große Auswahl heimischer Tropfen. Die kompetenten Kellner schwirren um die Tische und empfehlen gern den passenden Tessiner Wein.

Arté al Lago FISCH & MEERESFRÜCHTE €€€
(☎091 973 48 00; www.villacastagnola.com; Piazza Emilio Bossi 7; Hauptgerichte 51–56 SFr, Menüs 110–120 SFr; ⏰Di–Sa 12–14 & 19–21.30 Uhr) Das mit Michelin-Sternen ausgezeichnete Restaurant in der am See gelegenen exklusiven Villa Castagnola ist Luganos kulinarischer Star. Chefkoch Frank Oerthle zaubert aus Fisch und Meeresfrüchten außergewöhnliche, täuschend schlicht klingende Spezialitäten. Beim Essen können die Gäste durch die Panoramafenster auf den See hinausblicken oder die moderne Kunst an den Wänden bewundern.

Metamorphosis MEDITERRAN €€€
(☎091 994 68 68; http://metaworld.ch; Riva Paradiso 2; Hauptgerichte 45–52 SFr, Probiermenüs 85–120 SFr; ⏰Mo–Di 9–15, Mi–Fr 9–24, Sa 10.30–24 Uhr) Eine Adresse für besondere Anlässe ist das Metamorphosis in Luganos futuristischem Palazzo Mantegazza, direkt am Seeufer. Küchenchef Luca Bellanca vollbringt hier wahre kulinarische Kunststücke und erweckt schlichte, natürliche Aromen der mediterranen Küche mit Phantasie und Gespür zu ganz neuem Leben.

Al Portone GOURMETRESTAURANT €€€
(☎078 722 93 24; www.ristorante-alportone.ch; Viale Cassarate 3; Hauptgerichte 44–57 SFr, Probiermenü 120 SFr; ⏰Di–Sa 18.30–21.30 Uhr) Kühne Kunst ziert diesen modernen Gourmettempel, in dem Francis seine Gäste mit saisonalen Geschmackssensationen wie Jakobsmuscheln und Kaviar auf Algenbett mit Passionsfruchtvinaigrette, Kürbisravioli mit Salbeisauce und frisch gemachten *parpadelle* mit Wildschweinragout verwöhnt.

Al Lido LOUNGE
(http://allidobar.com; Viale Castagnola 6; ⏰März–Dez. 9–21.30 Uhr, im Winter kürzer) Partygänger strömen im Sommer zu dieser coolen Strand-Lounge und genießen die DJ-Beats, Drinks, Snacks und das Flirten am Seeufer. Gleich nebenan lädt der Luganer Lido (S. 194) zum Planschen ein.

Unterhaltung

LAC – Lugano Arte e Cultura KUNST- & KULTURZENTRUM
(☎058 866 42 22; www.luganolac.ch; Piazza Bernardino Luini 6) Lugano ist zu Recht stolz auf sein hochmodernes neues Kunst- und Kulturzentrum, das der Stadt ihre kulturelle Strahlkraft zurückgegeben hat. Es vereint zeitgenössische Kunst (im MASI; S. 191), Musik, Theater, Dichterlesungen, Workshops u.v.a. unter einem Dach. Veranstaltungstermine und Tickets gibt es auf der Website.

Shoppen

Luganos fußgängerfreundliche Via Nassa ist ein Laufsteg für Designer wie Bulgari, Louis Vuitton oder Versace. Die mondänen Arkaden beherbergen auch Juweliere, Cafés und Eisdielen. Tipp für einzigartige Geschenke: Die Boutiquen bzw. Galerien der steilen, gewundenen Via Cattedrale verkaufen Antiquitäten, Secondhand-Klamotten, Kunsthandwerk und Schmuck.

Praktische Informationen

Von der zentral gelegenen **Touristeninformation** (☎058 866 66 00; www.lugano-tourism.ch; Piazza Riforma, Palazzo Civico; ⏰Mo–Fr 9–18, Sa 9–17, So 10–16 Uhr) starten ausgezeichnete **geführte Touren** (⏰Mitte März–Okt.) durch die Stadt und in ihre Umgebung. Sie hat noch eine **Filiale** (☎091 923 51 20; Piazzale della Stazione; ⏰Mo–Fr 9–19, Sa 9–13 Uhr) am Bahnhof.

An- & Weiterreise

AUTO & MOTORRAD

Die Autobahn A2 verläuft als Hauptverkehrsader in Nord-Süd-Richtung durch das Tessin. Sie verbindet Lugano mit dem 37 km nördlich gelegenen Bellinzona und mit Chiasso an der italienischen Grenze, 26 km weiter südlich.

BUS

Der einfachste Weg, um von Lugano nach St. Moritz zu kommen, führt per Zug nach Bellinzona und von dort mit einem Postauto weiter über Thusis (84 SFr, 4 Std., stündl.).

FLUGZEUG

Der **Flughafen Lugano** (☎ 091 610 12 82; www.lugano-airport.ch) wird von einigen schweizerisch-italienischen Fluglinien bedient.

ZUG

Lugano hat sehr häufige **Zugverbindungen** (Piazzale della Stazione) nach Bellinzona (11 SFr, 30 Min.), mit Anschlussmöglichkeiten zu Zielen weiter nördlich. Um nach Locarno (15,20 SFr, 1 Std.) zu kommen, muss man in Giubiasco umsteigen. Der Luganer Bahnhof ist zu Fuß oder mit der Seilbahn zu erreichen (S. 191).

Unterwegs vor Ort

Ab der Piazza Manzoni (einfache Strecke/hin & zurück 10/18 SFr) und dem Bahnhof (8/15 SFr, 20 Min.) verkehren Shuttle-Busse zum Flughafen Lugano (Fahrpläne unter www.shuttle-bus.com). Ein Taxi zum Flughafen kostet ca. 30 SFr (20 Min.).

Nahverkehrsbusse verkehren vom **TPL-Busbahnhof** (☎ 058 866 72 24; www.tplsa.ch; Corso Pestalozzi; ⏲Mo–Fr 8–18.30, Sa 9–12 Uhr).

Bus 1 (ab Castagnola im Osten; über Zentrum) und Bus 2 (ab Zentrum; über Bahnhof) rollen nach Paradiso. Für die Einzelfahrt bezahlt man 2,50 SFr, für die Tageskarte 7,50 SFr.

Lago di Lugano

LAGO DI LUGANO (LUGANER SEE)

Am Südzipfel des Tessins erstreckt sich die glitzernd blaue Wasserfläche des Lago di Lugano bis über die Grenze nach Norditalien hinüber und verbreitet bei schönem Wetter echtes Urlaubsfeeling. Er ist nicht so überlaufen wie viele Seen auf der anderen Seite der Grenze, aber nicht weniger bezaubernd, ob man ihn nun von einem der vielen Wanderwege an seinen Ufern, von einem Berggipfel oder vom Deck eines Ausflugsschiffs bewundert.

An klaren Tagen ist die Aussicht auf die bewaldeten Gipfelketten, die sich in der dunstigen Ferne verlieren, wirklich atemberaubend. Der höchste dieser Gipfel ist der 1704 m hohe Monte Generoso. Die Dörfer, die sich ans Seeufer und die umgebenden Berghänge schmiegen, wie Gandria, Meride und Morcote, gehören zu den malerischsten der Schweiz. Sie entzücken mit versteckten Gässchen, pastellfarbenen Häusern und botanischen Gärten.

Gandria

275 EW. / 327 M

Das Uferdorf Gandria, das so wirkt, als könne es beim leichtesten Windstoß vom terrassierten Berghang ins Wasser abrutschen, ist wirklich irrsinnig hübsch – mit pastellfarbenen Häusern, die wie Bauklötze übereinander gestapelt stehen, schmalen Treppen, Arkaden, Innenhöfen und terrassierten Gärten. Es liegt am Fuß des Monte Brè und ist das letzte Schweizer Dorf, bevor die SS340 Italien erreicht. Einst war es berühmt für seine Olivenölproduktion (vor dem Rathaus steht noch eine traditionelle Presse). Heute ist es mit seinen vielen versteckten Ecken und Winkeln und freskengeschmückten Häusern aus dem 16. und 17. Jh. ideal für einen ziellosen Bummel.

Gegenüber von Gandria am Seeufer liegt das **Museo delle Dogane Svizzere** (Schweizer Zollmuseum; www.zollmuseum.ch; Riva delle Cantine; Erw./Kind 3/1,50 SFr; ⌚April–Mitte Okt. 13.30–17.30 Uhr) GRATIS, das mit einem Boot zu erreichen ist. Das Museum erzählt die Geschichte des Zolls (und des Schmuggels) in dieser Grenzregion. Ausgestellt sind u.a. beschlagnahmte Boote von Schmugglern, die einst auf dem See ihr Unwesen trieben.

Der 5 km (1½ Std.) lange Wanderweg **Sentiero di Gandria** führt am Ufer des Luganer Sees von Gandria bis Lugano und passiert unterwegs wunderschöne Gärten mit jahrhundertealten Olivenbäumen und mediterraner Blumenpracht. Die Aussicht über den See und auf die Hänge des Monte Brè und des Monte San Salvatore ist phantastisch.

Wer die Stufen zum historischen Ortskern von Gandria hinaufkraxelt, kann dort den gigantischen Seeblick vom **Ristorante le Bucce di Gandria** (Via Cantonale; Hauptgerichte 22–32 SFr; ⌚Mi–Do 19–24, Fr–So 12–15 & 19–24 Uhr) genießen. Die Speisekarte konzentriert sich auf Regionales und Saisonales mit kreativem Pfiff, wie Stockfisch-Ravioli mit Zwiebel-Kardamom-Sahne und Hirschfilet mit glasierten Kartoffeln und Zimtbirne. Alle diese Köstlichkeiten werden mit einem freundlichen Lächeln kredenzt.

Gandria ist von Lugano über den Sentiero di Gandria in eineinhalb Stunden zu Fuß zu erreichen. Alternativ kann man ein Boot nehmen.

Campione d'Italia

2067 EW. / 273 M

Kaum zu glauben, aber dieser Ort ist wirklich eine italienische Enklave mitten in der Schweiz. Er liegt am Südufer des Luganer Sees und hat einen hübschen historischen Ortskern samt mittelalterlicher Kirche, eine Piazza mit zahlreichen Straßencafés und ein Restaurant, das sich mit einem Michelinstern schmücken darf: **Da Candida** (☎091 649 75 41; www.dacandida.net; Viale Marco da Campione 4; Menüs 45–105 SFr; ⌚Di 19–23, Mi–So 12–14 & 19–23 Uhr). Hinter dem Ort ragt eine malerische Kulisse bewaldeter Berghänge auf. Seine größte Attraktion ist das Kasino, das von dem Tessiner Stararchitekten Mario Botta entworfen wurde.

Es gibt keine Grenzformalitäten (trotzdem besser den Pass mitnehmen!). Viele Autos in dem Dorf haben Schweizer Nummernschilder und die Gegend nutzt das Schweizer Telefonnetz und den Schweizer Franken.

Die A2 verbindet Lugano mit dem 12 km südlich gelegenen Campione d'Italia. **Busse** (Corso Italia) verkehren ungefähr stündlich zwischen Lugano und Campione d'Italia (6,60 SFr, 25 Min.); außerdem fährt auch ein **Boot** (Piazza Roma; 13 SFr, 21 Min.).

Morcote

769 EW. / 272 M

Das ehemalige Fischerdorf, das sich am Fuß des Monte Abostora fotogen den Hang hinaufzieht, lädt mit seinem botanischen Garten und traumhaften Ausblicken auf See und Berge dazu ein, es in aller Ruhe zu Fuß zu erkunden. Es wurde 2016 zum schönsten Dorf der Schweiz gekürt und wird diesem Titel mit seinem reizenden Wirrwarr aus kopfsteingepflasterten Gässchen, Durchgängen, Patrizierhäusern mit Laubengängen und einer krönenden Kirche vollauf gerecht.

Der **Parco Scherrer** (Riva di Pilastri 20; Erw./Kind 7/2 SFr; ⌚März–Juni, Sept. & Okt. 10–17 Uhr, Juli–Aug. 10–18 Uhr), 400 m westlich des Bootsanlegers von Morcote, ist die Verwirklichung eines Lebenstraums des Textilhändlers und Kunstfreunds Hermann Arthur Scherrer, der das Hanggelände am See 1930 erwarb. Die durch seine Reisen inspirierte Gartenanlage verströmt mit ihren Palmen und Oleandern, Kamelien und Azaleen, Zypressen und Bambushainen ein exotisches Flair. In die subtropische Parklandschaft eingebettet stehen Nachbauten berühmter Gebäude, vom Tempel der Nofretete bis zu einem siamesischen Teehaus.

Die **Touristeninformation** (☎058 866 49 60; Riva dal Garavell 20; ⌚Ende März–Mitte Okt. Mo–Fr 8.30–12.30 & 13.30–17.30, Sa & So 10–12 & 13–17 Uhr) von Morcote befindet sich am Seeufer, gleich nördlich vom Ortszentrum.

Zwischen Lugano und Morcote verkehrt Bus 431 (6,60 SFr, 39 Min.). Eine Nebenstraße verbindet Morcote mit der nördlich des Orts verlaufenden Autobahn A2, über die man zum 14 km (25 Min.) entfernten Lugano gelangt.

Mendrisio & Umgebung

14 938 EW. / 354 M

Am Südzipfel des Tessins, nahe der Grenze zu Italien, wartet Mendrisio mit einer gut erhaltenen Altstadt auf, in der schmale Gässchen zu Innenhöfen, Häusern mit Terrakottadächern und stimmungsvollen *grotti* führen und wo Kirchen aus dem Mittelalter und dem Barock ihre Glocken erklingen las-

ABSTECHER

MONTE GENEROSO

Auf der Grenze zwischen Italien und der Schweiz erhebt sich der 1704 m hohe Gipfel des **Monte Generoso** (www.montegeneroso.ch; Zahnradbahn einfache Fahrt/hin & zurück 36/54 SFr; ⏲ 9–16.45 Uhr), der weiten Blick über ein Mosaik aus Seen und Bergen eröffnet. Die Zahnradbahn, die ungefähr stündlich von Capolago abfährt, zuckelt schon seit 1890 auf den Berg. Vom Gipfel gehen rund 51 km markierter Wanderwege aus. Ein einstündiger Naturlehrpfad gibt Einblick in die heimische Tierwelt, zu der u. a. eine große Gämsenkolonie gehört. Der Berg lockt auch Kletterer, Mountainbiker und Gleitschirmflieger an.

Von Lugano ist das 15 km südlich gelegene Capolago über die A2 zu erreichen. Außerdem verkehren häufige Züge zwischen Lugano und Capolago (6,60 SFr, 23 Min.). Von dort geht es dann mit der Zahnradbahn auf den Gipfel.

sen. Für Hochbetrieb in der Stadt sorgen die Gründonnerstagsprozession und die Weinlese im September, bei der die besten regionalen Merlots probiert werden können. In der Umgebung, die sich gut zu Fuß oder mit dem Fahrrad erkunden lässt, liegen Weinberge und urige Dörfchen mit Kirchen im italienischen Barockstil verstreut.

Das **Atenaeo del Vino** (☎ 091 630 06 36; www.atenaeodelvino.ch; Via Pontico Virunio 1; Hauptgerichte 36–42 SFr; ⏲ Mo–Sa 10–14.30 & 17–23 Uhr) im Gewölbe eines restaurierten Palazzo aus dem 17. Jh. hat eine relaxte, gemütliche Atmosphäre. Es kombiniert Saisonales (z. B. Spargel, Pilze, Meeresfrüchte, Wild) mit regionalen Spitzenweinen aus seinem riesigen Keller. Infos zu Kochkursen und Weinseminaren finden sich auf der Website.

Die zentral gelegene **Touristeninformation** (☎ 091 641 30 50; www.mendrisiottoturismo.ch; Via Luigi Lavizzari 2; ⏲ Mo–Fr 9–12, Sa 14–18 Uhr) von Mendrisio befindet sich im Herzen der Altstadt. Sie verleiht kostenlos mehrsprachige Audioguides für einen Rundgang durch das historische Stadtzentrum.

Von Lugano führt die Autobahn A2 zum 20 km südlich gelegenen Mendrisio. Außerdem verkehren von Lugano zweimal stündlich **Züge** (Via Stefano Franscini) nach Mendrisio (8,80 SFr, 19 Min.).

Meride

314 EEW. / 583 M

Meride ist ein verschlafenes Bilderbuchdorf, das von Weinbergen umgeben am Fuß des Monte San Giorgio liegt. Sein mittelalterliches Zentrum besteht aus gepflasterten Gassen, deren Häuser mit ihren Bruchsteinfassaden und hölzernen Fensterläden stark an das benachbarte Italien erinnern. Wer sich für Naturgeschichte interessiert, sollte seinem Fossilienmuseum unbedingt einen Besuch abstatten. Anderen Besuchern dürfte vor allem der urige, weltferne Charme des Ortes zusagen.

Der pyramidenförmige **Monte San Giorgio** ragt 1097 m hoch über den Luganer See auf. Er ist so etwas wie der mythische Berg des Tessins, seit hier große Mengen versteinerter Meereslebewesen aus der Trias entdeckt wurden, weshalb das Gebiet inzwischen sogar von der Unesco zum Welterbe erklärt wurde. Ein 12 km langer Rundweg (4 Std.) führt von Meride auf den Berg. Ein alter Maultierpfad schlängelt sich durch dichten Wald bis zum Gipfel, der prächtige Aussicht auf den See gewährt. Bergab geht es dann auf einem Weg, an dem Tafeln die Fossilien und ihre Ausgrabungsstätten erläutern.

Merides **Museo dei Fossili** (Fossilienmuseum; www.montesangiorgio.ch; Via Bernardo Peyer 9; Erw./Kind 12/6 SFr; ⏲ Di–So 9–17 Uhr), das vom Tessiner Stararchitekten Mario Botta aufgemöbelt und erweitert wurde, präsentiert Überreste der ersten Bewohner der Region – Reptilien und Fische, die vor über 200 Millionen Jahren hier lebten. Begrüßt werden die Besucher von der 2,5 m langen Nachbildung eines *Ticinosuchus*.

Wer mit dem Auto von Lugano kommt, nimmt die A2 Richtung Süden und verlässt sie bei Abfahrt 394. Bus 524 verkehrt häufig zwischen Meride und Mendrisio (6,40 SFr, 21 Min.), wo man Anschluss an Züge nach Lugano hat (8,80 SFr, 19 Min.). Die Bushaltestelle Meride/Paese liegt im Ortszentrum.

LAGO MAGGIORE

Nur die nordöstliche Ecke des Lago Maggiore gehört zur Schweiz; der Rest liegt in der italienischen Lombardei. Der zweitgrößte See Italiens bietet ein filmreifes Panorama: Tiefblaues Wasser kräuselt sich vor einer Kulisse gezackter, üppig bewaldeter Berge, auf deren Gipfeln bis weit ins Frühjahr hinein Schnee liegt. Am Seeufer reihen sich italienisch geprägte Dörfer und Städte mit Piazze, Renaissancekirchen und Straßencafés, die an die unmittelbare Nähe zu Italien erinnern. Dabei bedarf es kaum einer zusätzlichen Erinnerung, wenn hier die warme Sonne tagaus, tagein auf botanische Gärten voller Zitronenbäume, Oleander und Magnolien scheint, deren Duft die Uferpromenaden erfüllt.

Im Sommer zieht es alle zum See hinab – um zu promenieren, zu flirten, zu schwimmen, Eis zu schlecken oder zu den Inseln hinauszuschippern. Kühler ist es in den Nadelwäldern der Berge, deren Wanderwege von Locarno per Seilbahn erreichbar sind.

Locarno

15 968 EW. / 205 M

Mit seinen Palmen und viel gepriesenen 2300 Sonnenstunden pro Jahr lockt Locarno schon seit dem späten 19. Jh. Besucher an, die sich für sein nahezu mediterranes Ambiente begeistern. Die am tiefsten gelegene Stadt der Schweiz ist etwas ganz Besonderes, mit ihrer Atmosphäre, die elegante Unbekümmertheit versprüht, ihrer Seeuferpromenade mit Blick auf die Berge gegenüber und ihrem botanischen Garten voll subtropischer Vegetation. Außer dem Seeufer gibt es hier auch eine hübsche Altstadt aus der Renaissance zu erkunden. Ihr Zentrum bildet die Piazza Grande, auf der im Sommer ein bekanntes Musik- und Filmfestival stattfindet.

Wer den See aus der Vogelperspektive bewundern und dem Gedränge entkommen will, kann per Seilbahn auf die bewaldeten Gipfel von Cardada und Cimetta fahren. Oder man erklimmt die vielen Stufen zum Santuario della Madonna del Sasso, wie es die Pilger seit Jahrhunderten tun.

Sehenswertes

★ Santuario della Madonna del Sasso — KIRCHE

(www.madonnadelsasso.org; Via Santuario 2; ⌚ 7.30–18 Uhr) Der Wallfahrtsort oberhalb der Stadt wurde erbaut, nachdem der Mönch Bartolomeo d'Ivrea 1480 hier eine Marienerscheinung gehabt hatte. Dazu gehören eine reich verzierte Kirche und einige recht grob gehauene, fast lebensgroße Statuengruppen (u.a. eine Darstellung des Abendmahls) in Nischen am Treppenaufgang. Das berühmteste Gemälde im Gotteshaus ist *La fuga in egitto* (Die Flucht nach Ägypten; 1522) von Bramantino.

Eine **Standseilbahn** (einfache Strecke/hin & zurück Erw. 4,80/7,20 SFr, Kind 2,20/3,60 SFr; ⌚ Mai, Juni & Sept. 8–22 Uhr, Juli & Aug. bis 24 Uhr, April & Okt. bis 21 Uhr, Nov.–März bis 19.30 Uhr) fährt alle 15 Minuten vom Ortszentrum an der Kirche vorbei nach Orselina. Viel malerischer und auch pilgermäßiger ist allerdings der 20-minütige Aufstieg zu Fuß über die mit Kapellen gesäumte Via Crucis (von der Via Cappuccini die Via al Sasso entlang).

Castello Visconteo — MUSEUM, BURG

(Piazza Castello; Erw./Kind 7 SFr/frei; ⌚ April–Okt. Di–So 10–12 & 14–17 Uhr) Die Burg aus dem 15. Jh. ist nach der Visconti-Dynastie benannt, die lange über Mailand herrschte. Ihre Anfänge reichen bis ins 10. Jh. zurück. Heute beherbergt die Burg ein Museum, das neben Ausstellungstücken aus Römer- und Bronzezeit auch eine kleine italienischsprachige Ausstellung zum Vertrag von Locarno (1925) zeigt. Man nimmt an, dass Locarno in der Römerzeit ein Zentrum der Glasproduktion war, wovon die reichhaltige Glassammlung des Museums zeugt.

Piazza Grande — PLATZ

Die italienisch anmutende Città Vecchia (Altstadt) von Locarno erstreckt sich fächerförmig von der Piazza Grande aus, einem malerischen Ensemble aus Arkaden und Häusern im lombardischen Stil. Auf dem Platz findet jeden Donnerstag ein Markt mit Kunsthandwerk und frischen Landwirtschaftsprodukten statt. In der wärmeren Jahreszeit dient er als Bühne für zahlreiche Veranstaltungen.

Parco Muralto — PARK

(Viale Verbano) Locarnos Klima ist perfekt zum Herumlümmeln am See. Diese Gartenanlage voller Palmen und bunter Blütenpracht im Frühjahr und Sommer eignet sich hervorragend zum Picknicken oder Schwimmen. Kinder können sich auf dem Abenteuerspielplatz richtig austoben.

Falconeria Locarno — FALKNEREI

(www.falconeria.ch; Via delle Scuole 12; Erw./Kind/Fam. 28/18/60 SFr; ⌚ Di–So 10–17 Uhr; 👪) Besonders eindrucksvoll sind die Falknerei-Vorführungen, die jeweils um 11 und um 15 Uhr stattfinden. Dabei dürfen u.a. Adler, Falken, Eulen, Geier und Störche ihr Können zeigen.

Locarno

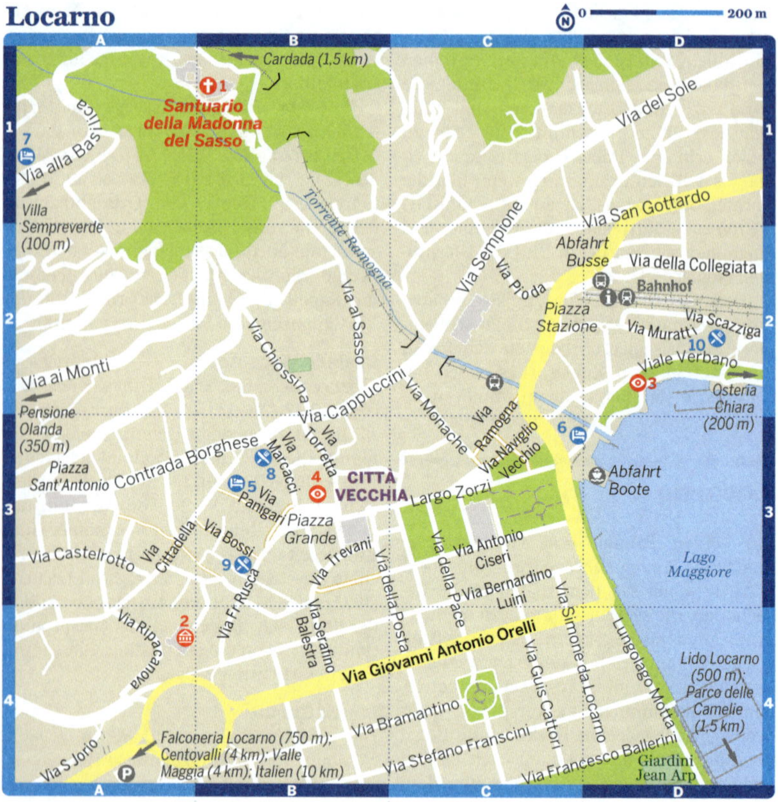

Locarno

Highlights

1 Santuario della Madonna del Sasso B1

Sehenswertes

2 Castello Visconteo A4
3 Parco Muralto D2
4 Piazza Grande B3

Schlafen

5 Caffè dell'Arte B3
6 Hotel Garni Millenium C3
7 Villa Sempreverde A1

Essen

8 L'Archetto B3
9 Locanda Locarnese B3
10 Osteria del Centenario D2

Aktivitäten

Das Seeufer ist ideal für ziellose Spaziergänge. Mehr Action verspricht eine Fahrt mit der Seilbahn von der Talstation in Orselina nach **Cardada** (1332 m) und anschließend mit dem Sessellift weiter auf die **Cimetta** (1671 m). Dort kann man dann je nach Lust, Laune und Wetterverhältnissen wandern, Mountainbike fahren, Gleitschirm fliegen oder Ski laufen.

Cimetta SEILBAHN

(www.cardada.ch; ab Orselina einfache Fahrt/hin & zurück Erw. 30/36 SFr, Kind 15/18 SFr; ⏲ März–Nov. tgl. 9.15–12.30 & 13.30–16.50 Uhr) An klaren Tagen bietet sich von der 1671 m hohen Cimetta ein unglaublicher Panoramablick – in der Tiefe liegt der blau glitzernde Lago Maggiore, hinter dem sich die Bergketten der Alpen bis in unendliche Ferne zu türmen scheinen. Wer genau hinsieht, kann vielleicht sogar den höchsten Gipfel der Schweiz ausmachen, die 4634 m hohe Dufourspitze mit ihrer Schneekappe.

Der Berg ist von zahlreichen (markierten) Wanderwegen überzogen; von anderthalb- bis gut vierstündigen Routen ist alles dabei. Längere Routen führen ins Valle Maggia und ins Val Verzasca. Im Winter sausen Skiläufer dieselben Hänge hinunter. Ein Tagesskipass kostet für Erwachsene 38 SFr, für Kinder 22 SFr.

Die Cimetta ist auch ein beliebter Startpunkt für Gleitschirmflieger. Wer selbst mal mit dem Schirm abheben will, kann sich z.B. an **Mountaingliders** (☎079 761 51 06; www.mountaingliders.com; Tandemflüge 180 SFr) wenden.

Lido Locarno SCHWIMMEN
(www.lidolocarno.ch; Via Respini 11; Erw./Kind 13/7 SFr, inkl. Wasserrutschen 18/11 SFr; ⏲8.30–21 Uhr) Locarnos Freibad bietet mehrere Schwimmbecken (u.a. eins mit olympischen Maßen), Kinderplanschbereiche, Wasserrutschen und einen fabelhaften Blick auf See und Berge. Der riesige Komplex erhält Strom durch Solarzellen und Wasserkraft.

Feste & Events

Moon and Stars MUSIK
(https://moonandstars.ch) Bei dem Freiluftmusikfestival im Juli standen schon Stars wie Sting, Jamiroquai und Amy Macdonald auf der Bühne. Das komplette Programm und Tickets gibt es auf der Website.

Locarno Festival FILM
(www.pardo.ch) Seit 1948 richtet Locarno dieses elftägige Filmfestival im August aus. Abends flimmern Filme über die Großleinwand auf der Piazza Grande (S. 199).

Schlafen

Zum Locarno Festival im August steigen die Zimmerpreise um 50 bis 100 % und die Nachtquartiere werden knapp. Für den Sommer ist rechtzeitige Reservierung ein Muss. Die Touristeninformation hat aktuelle Verzeichnisse der B&Bs und Ferienwohnungen.

Pensione Olanda B&B €
(☎091 751 47 27; www.pensione-olanda.ch; Via ai Monti 139a; EZ 65 SFr, DZ 130–160 SFr; P WLAN) Die Pensione in einem hübschen Garten oberhalb von Locarno gibt sich nett und schlicht – doch der Blick über den See auf die Berge im Hintergrund ist einfach unbezahlbar! Vom Zentrum läuft man 15 Minuten bergauf oder nimmt vom Bahnhof den Bus 32 bis zur Haltestelle Olanda.

★**Villa Sempreverde** B&B €€
(☎079 322 78 65; www.sempreverde.ch; Via alla Basilica 1; DZ/3BZ/4BZ 180/270/360 SFr; P WLAN) Das in ein B&B umgewandelte Haus aus dem 18. Jh. mit atemberaubendem Blick auf See und Berge liegt in einem Blumengarten auf einem Hügel oberhalb von Locarno. Die hellen Zimmer mit Holzböden sind voller heimeliger Details. Zum Frühstück gibt es Fiorenzas hausgemachte Konfitüre und Kuchen.

Caffè dell'Arte BOUTIQUEHOTEL €€
(☎091 751 93 33; www.caffedellarte.ch; Via Cittadella 9; DZ 230–370 SFr; WLAN) Das Boutiquehotel über einem Café mit Kunstgalerie wurde mit messerscharfem Blick für ausgefallene Details eingerichtet und strotzt von Flair und Originalität. Einige Zimmer zieren unechte Fresken, andere Sofas mit Leopardenmuster und alle sind mit Nespresso-Maschinen und iPads ausgestattet.

Hotel Garni Millenium B&B €€
(☎091 759 67 67; www.millennium-hotel.ch; Via Dogana Nuova 2; EZ 90–200 SFr, DZ 150–295 SFr; ❄ WLAN) Das babyblaue B&B im einstigen Zollhaus aus dem 19. Jh. bietet freundlichen Service, traumhaften Seeblick und Zimmer, die nach Jazzmusikern benannt sind.

Essen & Ausgehen

L'Archetto PIZZA €
(☎076 534 04 82; Via Marcacci 11; Pizza 7,50–16 SFr; ⏲Mo–Sa 11.30–14.30 & 17–20.30 Uhr) Sogar die Einheimischen schwärmen von der knusprig-leckeren Pizza zum Mitnehmen von diesem winzigen Imbiss.

Osteria Chiara ITALIENISCH €€
(☎091 743 32 96; www.osteriachiara.ch; Vicolo dei Chiara 1; Hauptgerichte 34–45 SFr; ⏲Mi–So 10–14.30 & 18.30–23 Uhr) Die Osteria Chiara liegt versteckt am oberen Ende einer Treppe und entzückt mit dem gemütlichen Flair eines *grotto* (rustikales Tessiner Lokal). Man sitzt an Granittischen unter der Pergola oder an den Holztischen am Kamin und genießt hausgemachte Pasta und deftige Fleischgerichte wie *ossobuco* (Kalbshachse) mit Safranrisotto. Vom See der Ausschilderung bergauf folgen.

Locanda Locarnese ITALIENISCH €€
(☎091 756 87 56; www.locandalocarnese.ch; Via Bossi 1; Hauptgerichte 40–45 SFr; ⏲Mo–Sa

Wandertour **Cima della Trosa**

START CARDADA, LOCARNO
ZIEL MERGOSCIA
LÄNGE/DAUER 10 KM; 3¾–5 STD.

Bei dieser Wanderung über die Bergkuppen blickt man von oben auf Alpengipfel und den Lago Maggiore. Die Route passiert alte Weiler und Dörfer, die nur zu Fuß zugänglich sind. Die detaillierteste Karte ist die Ausgabe *Locarno/Ascona* (Maßstab 1:25000) von Orell Füssli.

Ab der Gondelbahn-Bergstation 1 **Cardada** geht's nach rechts und bergauf um offene Hänge herum. Nach 30 bis 40 Minuten trifft man auf die rustikale Steinhütte 2 **Capanna Lo Stallone** in der Senke der Alpe Cardada (1486 m). Nun führt der Pfad nach links über farnbewachsene Hänge zurück, dann nach rechts am Wald entlang und erreicht die 3 **Capanna Cimetta** (1671 m).

Unterhalb der Sessellift-Bergstation läuft der Pfad links hinab zu einem Bergsattel (1610 m) mit Brunnen. Dort geht's bergauf über die Südwesthänge der 4 **Cima della Trosa**. Ein Nebenweg bringt einen in weiteren 35 bis 45 Minuten zum Gipfelkreuz (1869 m).

Bald folgt der Weg der Nordostflanke der Cima della Trosa bergab bis zu einem kleineren Pass (1657 m). Dort empfiehlt sich ein Abstecher zum oft verschneiten Gipfel des 5 **Madone** (2039 m): Die Route (1½–2 Std.) mit tollem Blick führt am Bergrücken entlang. Beim Aufstieg gibt's etwas harmlose Kletterei.

Jetzt geht's im Zickzack runter zur 6 **Alpe di Bietri** (1499 m), wo auf der Alm Ziegenkäse probiert werden kann. Dann folgt man einem Maultierpfad an den Nordhängen des Valle di Mergoscia. Vorbei an baufälligen Häusern und rustikalen Weilern erstreckt sich der abschüssige Weg bis 7 **Bresciadiga** (1128 m; 1¼–1¾ Std. ab der Cima della Trosa).

An einer Abzweigung läuft man dann nach rechts an kleinen Wegkreuzen vorbei, erreicht einen Parkplatz und marschiert von dort aus 600 m bergab zur Hauptstraße. Jenseits davon führt eine ansteigende Asphaltstraße über rebenbewachsene Steilhänge zum Platz neben der stattlichen Barockkirche des Bilderbuchdorfs 8 **Mergoscia** (1–1¼ Std.). Hoch über dem Val Verzasca startet hier Bus 312 nach Locarno (6,60 SFr, 36 Min., alle 2 Std.).

12–14.30 & 19–24 Uhr) Elegante Rustikalität – so lässt sich dieses schicke Restaurant mit Balkendecken, blütenweißen Tischdecken, offenem Kamin und Tischen auf dem Bürgersteig am besten umschreiben. Ein romantisches und gemütliches Ambiente für saisonale Gerichte!

Osteria del Centenario FUSIONSKÜCHE €€€
(☎ 091 743 82 22; Viale Verbano 17; Hauptgerichte 41–62 SFr, Mittagessen 25–45 SFr, Probiermenü abends 126 SFr; ⌚ Di–Sa 11.30–15 & 18.30–24 Uhr) Die kulinarische Topadresse am See serviert kreative Fusionsküche wie Taube auf zweierlei Art mit grünem Curry und Limette oder Panna cotta mit Adzukibohnen, Matcha-Tee-Sauce und Vanille. Aufmerksamer Service und dezent elegantes Ambiente.

Praktische Informationen

Touristeninformation (☎ 084 809 10 91; www.ascona-locarno.com; Piazza Stazione; ⌚ Mo–Fr 9–18, Sa 10–18, So 10–13.30 & 14.30–17 Uhr) Die Touristeninformation in günstiger Lage am Bahnhof von Locarno hält stapelweise Infomaterial über Locarno und die Umgebung bereit. Nach der Ticino Discovery Card und der Lago Maggiore Guest Card und deren Rabatten fragen!

An- & Weiterreise

Locarno liegt an der A13, welche die Stadt mit dem 2 km südwestlich gelegenen Ascona und dem 23 km östlich gelegenen Bellinzona verbindet.

Postbusse zu den umliegenden Tälern starten am Bahnhof, Boote am Seeufer, nahe der Piazza Grande. An der Via della Morettina kann man günstig am Straßenrand parken.

Stündlich verkehren Züge direkt nach/von Luzern (59 SFr, 2 Std.). Außerdem gibt es eine etwa stündlich verkehrende Verbindung nach/von Brig (56 SFr, 2¾ Std.), die über Italien führt (Pass mitbringen und in Domodossola umsteigen!). Die meisten Züge nach/von Zürich (64 SFr, 2¼ Std.) fahren über Bellinzona. Zweimal stündlich treffen Züge aus Lugano ein (15,20 SFr, 58 Min.).

Ascona

5439 EW. / 196 M

Einen Preis für den „perfekten Ort am See" würde Ascona zweifellos gewinnen: Die Promenade säumen Palmen und makellose Häuser in der Pastellfarbenpalette eines Freskenmalers. Von hier fällt der Blick über den spiegelglatten Lago Maggiore hinweg auf die schroffen grünen Berge dahinter. Restaurants mit Michelin-Sternen, ein Golfplatz mit 18 Löchern sowie die Boutiquen, Galerien und Antiquitätenläden der Altstadt locken viele Menschen hierher, die das Leben genießen und bei denen das Geld locker sitzt.

Sehenswertes & Aktivitäten

Museo Comunale d'Arte Moderna MUSEUM
(www.museoascona.ch; Via Borgo 34; Erw./Kind 10 SFr/frei; ⌚ März–Dez. Di–Sa 10–12 & 14–17, So 10.30–12.30 Uhr) Im Palazzo Pancaldi aus dem späten 16. Jh. bewundert man Gemälde von Künstlern mit Verbindung zur Stadt – darunter Paul Klee, Ben Nicholson, Alexej von Jawlensky und Hans Arp. Aber der ganze Stolz des Hauses ist seine Sammlung von 90 Gemälden und 170 Skizzenbüchern der russisch-schweizerischen Malerin Marianne von Werefkin, einer Wegbereiterin des Expressionismus.

Isole di Brissago INSEL
(www.isolebrissago.ch; Erw./Kind 8/2,50 SFr; ⌚ April–Ende Okt. 9–18 Uhr) Die beiden winzigen Inseln in den glitzernden Weiten des Lago Maggiore sind für ihre botanischen Gärten aus dem 19. Jh. bekannt. Unter den 1700 Pflanzenarten sind z. B. Magnolien, Orchideen, Palmlilien und Agaven.

Boote von Navigazione Lago Maggiore (16,80 SFr, 25 Min.) verkehren regelmäßig zwischen Ascona und Brissago.

Lido Ascona SCHWIMMEN
(https://lidoascona.ch; Via Lido 81; Erw./Kind 6/3 SFr; ⌚ Strandbad Juni–Mitte Sept. 8.30–17.30, Bar bis 1 Uhr) Wer im wunderschön blauen See planschen möchte, steuert am besten dieses Strandbad mit Sprungturm, Volleyballfeld und Rutschen für die Kinder an.

Schlafen & Essen

Albergo Antica Posta PENSION €€
(☎ 091 791 04 26; www.anticaposta.ch; Contrada Maggiore 4; EZ 130–280 SFr, DZ 200–300 SFr; P 📶) Das hübsch umgebaute Stadthaus aus dem 17. Jh. mitten im Zentrum von Ascona verfügt über neun helle Zimmer mit Parkettboden. Das Restaurant serviert marktfrische Gerichte und grenzt an einen mit Weinranken behangenen Hof.

Castello Seeschloss HISTORISCHES HOTEL €€€
(☎ 091 791 01 61; www.castello-seeschloss.ch; Via Circonvallazione 26; EZ 205–350 SFr, DZ 230–610 SFr; P ❄ 📶 🏊) Das Schloss aus dem

ABSTECHER

VALLE VERZASCA

Nordöstlich von Locarno hat sich die smaragdgrüne Verzasca ein tiefes, 26 km langes Tal durch die bewaldeten Berge gegraben. In seiner Wildnis liegen winzige Weiler verteilt, einer idyllischer als der andere.

Gleich hinter der 220 m hohen **Verzasca-Talsperre** sieht man auf der linken Seite das kleinste Dorf der Schweiz: **Corippo** (13 Ew.) ist eigentlich nicht mehr als eine Gruppe von Granithäusern mit Schieferdächern, die an dem dicht bewaldeten Berghang zu kleben scheinen. Es geht die Legende, dass die Bewohner ihren Hühnern früher Stoffbeutel unter den Schwanz banden, damit die Eier nicht den Hang hinunterrollten.

Etwa 5 km stromaufwärts liegt **Lavertezzo**, das für seine schmale romanische Doppelbogenbrücke und die Badestellen im eiskalten Fluss bekannt ist. Vorsicht: Stromaufwärts können Unwetter den Fluss in eine reißende Flut verwandeln! Übernachten kann man in der am Fluss gelegenen **Osteria Vittoria** (☎ 091 746 15 81; Lavertezzo; www.osteriavittoria.ch; DZ 120–140 SFr). Die belebte Familien-Lodge besitzt auch ein Restaurant und einen Garten. Die meisten Zimmer verfügen über einen Balkon mit Blick auf die Verzasca.

Nach weiteren 12 km erreicht man am Ende des Tals das früher verlassene **Sonogno** inmitten von Kastanien- und Buchenwäldern.

Der zweitägige, 34 km lange **Sentiero Verzasca** führt an allen oben genannten Highlights vorbei. Routendetails und -karten findet man unter http://wanderland.myswitzerland.com. Boulder- und Kletterprofis sind in diesem felsigen Tal in ihrem Element.

Echte Abenteurer können von ganz oben auf der Verzasca-Talsperre einen Bungeesprung wagen – ein unfassbarer Adrenalinkick für fünf Sekunden, bei dem einem fast das Herz stehen bleibt. Den großen Sprung gibt's an den Wochenenden zwischen Ostern und Oktober für 255 SFr. Bungee-Experten vor Ort sind z. B. **Trekking Outdoor Team** (☎ 091 780 78 00; www.trekking.ch) und **Swissraft** (☎ 081 911 52 50; www.swissraft.ch). Beide Veranstalter organisieren auch andere Freizeitaktivitäten, darunter Canyoning, Klettern, Rafting, Kanufahren, Gleitschirmfliegen und Fallschirmspringen.

Bus 321 fährt von Locarno bis zu einmal stündlich nach Sonogno (11 SFr, 1¼ Std.).

13. Jh. in der südöstlichen Ecke der Altstadt von Ascona wurde in ein romantisches Uferhotel mitsamt Blumengarten und beheiztem Freiluftpool umgewandelt. Die außergewöhnlichsten, teilweise mit Fresken verzierten Zimmer befinden sich im efeubewachsenen Turm.

★ **Ecco** FUSIONSKÜCHE €€€
(☎ 091 785 88 88; www.giardino.ch; Via del Segnale 10; Verkostungsmenüs 180–230 SFr; ⏲ Mitte April–Ende Okt. Mi–So 19–24 & So 12–14 Uhr) Das superschicke Ecco rühmt sich zweier Michelin-Sterne und eine Mahlzeit hier ist wirklich ein besonderes Erlebnis. Küchenchef Rolf Fliegauf zaubert in seiner Küche mit erlesenen saisonalen Zutaten aromatische Wunderwerke.

ℹ Praktische Informationen

Touristeninformation (☎ 0848 091 091; www.ascona-locarno.com; Via B Papio 5; ⏲ Mo–Fr 9–18, Sa 10–18, So 10–14 Uhr)

ℹ An- & Weiterreise

Ascona liegt an der A13, die am Nordufer des Lago Maggiore entlang verläuft und über Locarno, 2 km weiter nordöstlich, bis zum 25 km östlich gelegenen Bellinzona führt.

Ab dem **Bahnhof** (Piazza Staggione) und der Piazza Grande in Locarno fährt Bus 1 zum Postamt in Ascona (2,10 SFr, 18 Min., alle 15 Min.). Auch Lago-Maggiore-Verkehrsboote steuern Ascona an.

WESTLICHE TÄLER

Nördlich und westlich von Locarno erstrecken sich einige der märchenhaftesten Täler der Schweiz bis in die Hochalpen hinein, von Bergen umrahmt und von duftenden Kastanien- und Kiefernwäldern gesäumt. Ihre Ansammlungen von Steinhäusern mit schweren Schieferdächern, einladenden *grotti* (rustikale Tessiner Gasthäuser) und schlanken Campanili wirken zwergenhaft inmitten der wilden Naturkulisse aus brausenden Bergflüssen in unwirklichen Grüntönen, schroffen Gipfeln, spiegelnden Stauseen und in Gischt gehüllten Wasserfällen. In diesen Tälern können Besucher auf Wanderschaft gehen, ihre Abenteuerlust in allen möglichen Outdooraktivitäten ausleben oder einfach die Seele baumeln lassen und die unglaubliche Aussicht genießen.

Valle Maggia

421 M

Im weiten, sonnigen Valle Maggia nordwestlich von Locarno balancieren Granitdörfer an steilen Hängen und ragen 3000 m hohe Gipfel über rauschenden Wasserfällen auf. Die türkisblaue Maggia schlängelt sich durch das Tal, bis es sich beim Hauptort Cevio gabelt – die erste von mehreren Aufspaltungen in kleinere Täler. Dies ist ein herrliches, relativ wenig bekanntes Revier zum Wandern, Radfahren, Schwimmen in freier Natur, Mountainbiken und Felsklettern.

Sehenswertes & Aktivitäten

Wanderwege durchziehen das Tal, das auch reichlich Terrain für Mountain- und Downhillbiker bietet. Imposante Felsspitzen locken erfahrene Kletterer nach Ponte Brolla, Bosco Gurin und ins Val Bavona. Karten, Routenvorschläge und Infos zu Unterkünften gibt es unter www.vallemaggia.ch.

Cevio DORF

Cevios Herzstück ist der farbenfrohe **Pretorio** (Gemeindehaus) aus dem 16. Jh. – bedeckt mit vielen Familienwappen diverser regionaler Fürsten, vor allem aus dem 17. Jh. Rund 1 km entfernt zieren würdevolle Herrenhäuser aus dem 16. Jh. den alten Ortskern.

Val Bavona TAL

Eine glatte Straße folgt einem Bergbach durch das Tal, wo sich schmale Weiden zwischen steile Felswände quetschen. Das unglaublich hübsche Dörfchen **Foroglio** aus grauem Stein wird vom Gischtschleier seines 100 m hohen Wasserfalls geprägt.

Das letzte Dorf im Tal ist San Carlo, von wo eine Seilbahn zur **Robiei-Staumauer** (www.robiei.ch; Funivia San Carlo-Robiei; Seilbahn einfache Strecke/hin & zurück 19/24 SFr; ⏲ Mitte Juni–Anfang Okt. 8–17 Uhr) und ihrem tiefblauen Stausee hinauffährt. Die Umgebung ist ein traumhaftes Wanderrevier.

Bosco Gurin DORF

Eine scheinbar endlose Serpentinenstraße führt zu diesem kleinen Skiort hinauf. Das Dorf mit 30 Pistenkilometern, Hochweiden und weiß verputzten Schieferdachhäusern ist das einzige im ganzen Tessin, das Deutsch als Hauptsprache hat – ein Erbe von Einwanderern aus dem Wallis. Letzteres veranschaulichen die Exponate im **Walserhaus** (www.walserhaus.ch; Erw./Kind 5/1 SFr; ⏲ Mitte April–Okt. Di–Sa 10–11.30 & 13.30–17, So 13.30–17 Uhr) aus Holz und Stein.

Val di Campo TAL

Eine kurvige Waldstraße bringt Besucher zu diesem breiten, sonnigen, hoch gelegenen Tal. Dessen schönster Ort ist **Campo** mit verstreuten Häusern und einem romanischen Glockenturm. Das Talende markiert **Cimalmotto** mit Aussicht auf schroffe Berge.

Via Alta WANDERN

Eine der regionalen Paraderouten: Diese anstrengende Wanderung (52 km, 6 Tage) von Locarno nach Fusio bzw. umgekehrt führt durch Valle Maggia und Val Verzasca und passiert unterwegs kristallklare Seen, Berghütten und hohe Alpengipfel.

Sentiero Cristallina WANDERN

Die 41 km lange, zweitägige Wanderung, die Bignasco im Valle Maggia mit Airolo im Val Bedretto verbindet, ist eine wunderschöne Route mit Weilern aus Steinhäusern, Alpenseen, Bergwiesen, Wäldern und Hochmooren.

Avegno SCHWIMMEN

Besucher, die gern mal im eiskalten Fluss Maggia baden möchten, finden an den Stränden und in den Felsbecken bei Avegno die beste Gelegenheit dazu.

Schlafen & Essen

Casa Moni B&B €

(☎ 091 754 12 86, 079 688 79 91; Via Cantonale, Bosco Gurin; EZ/DZ 85/120 SFr; P ᯤ) Ein herzliches *benvenuto* erwartet die Gäste dieses überaus friedvollen B&B in Bosco Gurin, dessen Atmosphäre durch das Rauschen des nahen Flusses geprägt ist. Die bunten Zimmer haben Fluss- oder Bergblick; Wanderrouten und Skipisten liegen direkt vor der Tür.

Camping Gordevio CAMPINGPLATZ €

(☎ 091 753 14 44; www.tcs.ch; Gordevio; Stellplatz pro Erw./Kind/Zelt 16/8/32 SFr; ⏲ April–Okt.; P ᯤ) Der gepflegte Campingplatz in attraktiver Lage am Ufer der Maggia hat schattige Stellplätze, einen Picknickbereich und einen solarbeheizten Swimmingpool. Er ist ein guter Stützpunkt für Besucher, die in der Umgebung wandern, Kanu fahren oder klettern wollen.

Grotto Ca' Rossa SCHWEIZERISCH **€€**
(☎091 753 28 32; www.grottocarossa.ch; Via Cantonale 34, Gordevio-Ronchini; Hauptgerichte 25–40 SFr; ⏲Di–So 10–14.30 & 17.30–24 Uhr) Mit Außengastronomie im sommerlichen Blumengarten und offenem Kamin im Winter ist dieses Landgasthaus zu jeder Jahreszeit ein stimmungsvolles Plätzchen, um Tessiner Spezialitäten zu genießen.

Praktische Informationen

Touristeninformation (☎091 753 18 85; www.vallemaggia.ch; Maggia; ⏲Mo–Fr 9–12 & 14–18, Sa 9–12 Uhr) Die Touristeninformation des Tals befindet sich in Maggia.

An- & Weiterreise

Die Nebenstraße Via Cantonale führt von Locarno nordwärts ins Valle Maggia. Cevio liegt 25 Straßenkilometer nördlich von Locarno. Bus 315 fährt regelmäßig von Locarno nach Cevio und Bignasco (11 SFr, 51 Min.), wo man Anschluss an die weniger regelmäßigen Verbindungen zu den Nachbartälern hat. Bus 333 fährt zwischen April und Oktober drei- bis viermal am Tag von Bignasco nach San Carlo (6,60 SFr, 35 Min.).

Centovalli

708 M

Die Centovalli („100 Täler“) bilden die Route, die von Locarno/Ascona westwärts nach Domodossola in Italien führt. Von Ponte Brolla windet sich die Straße in engen Kurven hoch oben am Nordufer des überwiegend eingedämmten Alpenflusses Melézza entlang.

An den Hängen sind graue Steindörfer angesiedelt, die sich als beschauliche Stützpunkte für Bergwanderungen eignen. **Rasa** ist ein bezauberndes Dörfchen, das an lang vergangene, ruhigere Zeiten erinnert. Von hier führt ein 5 km langer Weg nach **Intragna**, dessen größte Sehenswürdigkeiten der 65 m hohe Glockenturm seiner barocken Chiesa di San Gottardo und der nahe Isorno-Viadukt von 80 m Höhe sind.

Schlafen & Essen

Das umweltfreundliche B&B **Alla Capanna** (☎091 798 18 04; www.montecomino.ch; Monte Comino, Intragna; Zi. mit/ohne HP pro Pers. 75/50 SFr; ⏲April–Okt.; 📶) 🌿 in Intragna ist mit der Seilbahn von Verdasio oder im Rahmen einer hübschen 8 km langen Wanderung durch Buchen- und Kastanienwälder erreichbar. Es bietet schlichte, in Kiefernholz eingerichtete Schlafsäle und Doppelzimmer und atemberaubenden Blick auf die Berge. Eine näher am Fluss gelegene Unterkunft ist **T3e Terre** in Ponte Brolla (☎091 743 22 22; www.3terre.ch; Via Vecchia Stazione 2, Ponte Brolla; DZ 185–215 SFr, 3BZ 240–270 SFr; P📶). Das kleine Hotel mit den grünen Fensterläden ist bei den Einheimischen wegen seiner mediterran angehauchten Hausmannkost beliebt.

An- & Weiterreise

Mit der malerischen **Centovalli-Bahn** (www.centovalli.ch; einfache Strecke Erw./Kind 45/22,50 SFr) lässt sich das Tal quasi in Zeitlupe bewundern: Auf seinem Weg von Locarno nach Domodossola (1¾ Std., 11-mal tgl.) rumpelt der Zug über 83 Brücken und durch 34 Tunnel. Unterwegs hat man sensationellen Blick auf schroffe Felswände mit Wasserfällen, Weinberge, Viadukte, von Kirchtürmen gekrönte Dörfer, tiefe Schluchten, Kastanienwälder und schneebedeckte Gipfel.

Zentralschweiz

718 400 EW

Inhalt ➔

Gut essen

- Wirtshaus Galliker (S. 214)
- Das Insel-Restaurant Schwanau (S. 224)
- Grottino 1313 (S. 214)
- Gasthaus Rathauskeller (S. 230)
- Gasthaus Ochsen (S. 222)

Schön übernachten

- Ski Lodge Engelberg (S. 226)
- The Bed & Breakfast (S. 212)
- River House Boutique Hotel (S. 231)
- Hotel Schmid & Alfa (S. 222)

Auf in die Zentralschweiz!

Für die Schweizer ist die Zentralschweiz der Inbegriff des Schweizertums. In dieser wunderschönen grünen Gebirgsregion wurde 1291 der Bundesbrief unterzeichnet, der als Gründungsdokument der Eidgenossenschaft gilt, und hier rebellierte der Nationalheld Wilhelm Tell gegen die Herrschaft der Habsburger. In geografischer, politischer und spiritueller Hinsicht ist dies das Kernland der Schweiz und nirgends wird die rot-weiße Fahne mit mehr Stolz gehisst.

Ebenso voll Stolz blicken die Einheimischen auf den Vierwaldstättersee: Geheimnisvoll liegt er morgens unter waberndem Nebel und in der Abenddämmerung schimmert er wie flüssiges Gold. Das traumhafte Luzern bietet den Charme einer kleinen, alten Stadt, ist aber groß genug, um Designerhotels und eine erstklassige Kunstgalerie voller Picassos zu beherbergen. Von hier aus ist man schnell in Orten wie Weggis oder Brunnen und die nahen Berge Pilatus und Rigi laden zum Wandern ein. Nordöstlich von Luzern lockt Zug mit reichhaltigen Kirschtorten und seinem mittelalterlichen Erbe. Im Winter bieten die Alpen um Andermatt schroffe Berge, und Engelberg punktet mit unberührtem Pulverschnee.

Reisezeit

- Luzern ist ganzjährig ein gutes Reiseziel. Allerdings herrscht im Sommer und während des Lucerne Festivals großer Andrang.
- Spätfrühling, Sommer und Frühherbst eignen sich hervorragend für Wanderungen oder Spaziergänge, z. B. in Andermatt oder Engelberg, und für Schiffsausflüge auf den Vierwaldstättersee.
- Im Winter locken die zahllosen Skigebiete der Region, allen voran Engelberg, Klewenalp und Andermatt, mit traumhaften Möglichkeiten zum Skilaufen und Snowboardfahren.
- Zug und der Urnersee sind im Sommer am schönsten; dann kann man auch super in den Seen baden.

Highlights

1. **Luzern** (S. 209) Die Atmosphäre der schönsten Schweizer Stadt genießen.
2. **Titlis** (S. 229) Die schwindelerregende Cliff-Walk-Hängebrücke überqueren, ohne in die Tiefe zu schauen.
3. **Vierwaldstättersee** (S. 216 Auf einer Schiffstour das magische Spiel von Licht, Schatten und Nebel erleben.
4. **Kapellbrücke** (S. 209) Auf Luzerns legendärer überdachter Brücke über die Reuss schlendern.
5. **Victorinox Museum & Brand Store** (S. 221) In Brunnen die eigenen Kenntnisse über Messer schärfen.
6. **Einsiedeln** (S. 224) Im Gefolge der Pilgerscharen die Klosterkirche entdecken.
7. **Rigi** (S. 218) Von Luzern aus einen Tagesausflug per Fähre, Zahnradbahn und Seilbahn unternehmen.
8. **Weggis** (S. 219) Die kultivierte Atmosphäre des friedlichen Ferienorts am Vierwaldstättersee auskosten.
9. **Stanserhorn** (S. 218) Sonne tanken auf dem offenen Oberdeck der CabriO-Seilbahn.
10. **Weg der Schweiz** (S. 221) Auf einer Wanderung um den fjordähnlichen Urnersee in Brunnen dem Geist Wilhelm Tells nachspüren.

Anreise & Unterwegs vor Ort

Der nächste Großflughafen befindet sich in Zürich. In alle Himmelsrichtungen besteht hervorragender Straßen- und Zuganschluss.

Wer keinen Swiss Travel Pass (gilt auch für Seeschiffe) besitzt, kann auch den regionalen **Tell-Pass** (www.tell-pass.ch; Erw. 2/3/4/5/ 10 Tage 180/210/230/240/300 SFr, Kind max. 10 Tage 30 SFr) bei allen Schiffsanlegestellen oder der Luzerner Touristeninformation erwerben. Während seines Gültigkeitszeitraums (April–Okt.) ermöglicht dieser Pass bis zu zehn Tage lang die unbegrenzte Nutzung von Zügen, Schiffen, Bussen sowie Seil- und Bergbahnen in der ganzen Region.

Luzern

80 500 EW. / 435 M

Man nehme einen kobaltblauen See inmitten sagenumwobener Berge, füge eine gut erhaltene **Altstadt** aus dem Mittelalter, ein paar überdachte Brücken, sonnige Plätze, bonbonfarbene Häuser und Uferpromenaden hinzu und würze alles mit dem Ruf, gute Musik zu produzieren – und heraus kommt eine prachtvolle Schweizer Stadt: das atemberaubende, verdientermaßen beliebte Luzern. Im 19. Jh. genossen hier schon Goethe, Königin Victoria und Wagner den traumhaften Blick. Der Legende nach wies den ersten Siedlern ein Engel mit einem Licht den Ort, an dem sie eine Kapelle in Luzern bauen sollten – und die Stadt wirkt bis heute erleuchtet.

Luzern erscheint mal nostalgisch und dann wieder höchst intellektuell. Die Läden sind zwar immer noch vollgestopft mit Dingen, die man als „Kitsch nach Souvenirart" bezeichnen könnte, trotzdem ist Luzern keine ewig gestrige Stadt. Regelmäßig sorgen Konzerte für Stimmung. Und dann gibt es da noch die Fasnacht … Der Sommer ist mild, der Herbst golden – kurz: Diese „Stadt der Lichter" strahlt zu jeder Jahreszeit.

Sehenswertes

★ Kapellbrücke — BRÜCKE

Man ist nicht in Luzern gewesen, wenn man nicht wenigstens einmal über die knarrende Kapellbrücke (14. Jh.) in der Altstadt gelaufen ist, die über die Reuss führt. Der achteckige Wasserturm ist ein Originalbau, doch sein Giebeldach kam erst in jüngerer Zeit dazu; er wurde nach einem verheerenden Feuer im Jahr 1993 errichtet. Beim Überqueren der Brücke einen Blick nach oben auf Heinrich Wägmanns mit dreieckigen Bildern verzierte Überdachung aus dem 17. Jh. werfen: Die Darstellungen illustrieren wichtige Ereignisse der schweizerischen Geschichte und Mythologie! Am schönsten wirkt die Brücke in der Abenddämmerung, denn dann ist sie in ein sanftes, goldenes Licht getaucht.

SPARTIPP FÜR MUSEUMSFANS

Wer mehrere Museen besuchen möchte, kann mit dem **Luzerner Museums-Pass** (www.luzern.com/de/museums-pass; 36 SFr/2 Tage) Geld sparen.

NICHT VERSÄUMEN

DER INSELI-PARK

In Bahnhofsnähe erstreckt sich mit dem Inseli ein grüner Park direkt am Seeufer. Bei sonnigem Wetter relaxen Einheimische hier auf dem Rasen und nutzen die Tischtennisplatten im Freien. Im Sommer laden obendrein die Bars **Volière** (☎041 410 00 70; www.facebook.com/voliere.3fach; ⊙Mai–Mitte Sept. 11.30–24 Uhr) und **Buvette** (www.facebook.com/buvetteiminseli; ⊙April–Mitte Sept. 12–24 Uhr) zum Bechern ein. Um vom Bahnhof aus hierherzukommen, in Richtung Osten am Kultur- und Kongresszentrum (KKL) vorbeigehen und dann dem Seeufer Richtung Süden folgen (100 m).

★ Löwendenkmal — DENKMAL

(Denkmalstrasse) Das Löwendenkmal ist die bei Weitem eindrucksvollste der Sehenswürdigkeiten aus dem 19. Jh., die damals schon so viele Besucher nach Luzern lockten. Zum Gedenken an die Schweizergardisten, die bei der Verteidigung Ludwigs XVI. während der Französischen Revolution starben, meißelte Lukas Ahorn 1820 diese 10 m lange Skulptur eines sterbenden Löwen in die Felswand. Mark Twain nannte das Denkmal einst das „traurigste und bewegendste Stück Stein der Welt". Narnia-Fans fühlen sich an Aslan auf dem Steintisch erinnert.

★ Museggmauer — AUSSICHTSPUNKT

(⊙April–Okt. 8–19 Uhr) GRATIS Wer von oben einen Blick auf die Dächer Luzerns, den glitzernden See und die Berge dahinter werfen will, sollte einen Spaziergang auf der historischen Stadtmauer von 1386 machen. Es gibt einen Wehrgang, der vom **Schirmerturm** zum **Wachturm** führt, wo man wieder umkehrt. Man kann auch den **Zytturm** und den **Männliturm** GRATIS besteigen (Letzterer ist weiter westlich und nicht über den Wehrgang zu erreichen).

Verkehrshaus — MUSEUM

(☎0900 333 456; www.verkehrshaus.ch; Lidostrasse 5; Erw./Kind 30/15 SFr; ⊙April–Okt. 10–18 Uhr, Nov.–März 10–17 Uhr; 👪) Das zu Recht

Luzern

beliebteste Museum des Landes ist faszinierend, interaktiv und ein Hit bei Kindern. Außer Raketen, Dampfloks, Flugzeugen, Oldtimern und Einbäumen warten hier auch Exponate zum aktiven Ausprobieren wie Tretboote, Flugsimulatoren, Rundfunkstudios und eine begehbare Karte der Schweiz im Maßstab 1:20 000.

Hinzu kommen ein **Planetarium** (Erw./Kind 15/9 SFr; ⊙ wechselnde Öffnungszeiten), das größte **3D-Kino** (www.filmtheater.ch; Erw./Kind 18/14 SFr) der Schweiz und das **Swiss Chocolate Adventure** (Erw./Kind 15/9 SFr). Diese multimediale Fahrt (20 Min.) beleuchtet die Herkunft, Geschichte, Produktion und Vermarktung von Schokolade, von Ghana bis in die Schweiz und darüber hinaus.

Kultur- und Kongresszentrum KULTURZENTRUM

(KKL; ☎ 041 226 79 50; www.kkl-luzern.ch; Europaplatz; Führung Erw./Kind 15/9 SFr; ⊙ Kartenschalter Mo–Fr 9–18.30, Sa 10–16 Uhr) Dieser Uferkomplex (entworfen vom französischen Architekten Jean Nouvel) ist ein postmoderner Hingucker in einer ansonsten historischen Stadt. Der hohe, schmale Konzertsaal im Inneren befindet sich teilweise unterhalb der Seeoberfläche. Er ist von einer Resonanzkammer umgeben und hat eine höhenverstellbare Decke. Dadurch entsteht eine nahezu perfekte Akustik in totaler Stille. Die zahllosen Lobeshymnen auf den Konzertsaal haben auch dem Renommee des Lucerne Festival (S. 212) genützt, das mehr und mehr zu einem Highlight des internationalen Konzertkalenders wird. Ausführlichere Infos zu den Öffnungszeiten gibt es auf der Website.

Spreuerbrücke BRÜCKE

(zw. Kasernen- & Mühlenplatz) Ein Stück flussabwärts befindet sich die Spreuerbrücke von 1408. Sie ist dunkel und klein, aber noch ganz im Original erhalten. Der Überlieferung nach durften Luzerns mittelalterliche Einwohner nur hier Spreu und Blätter in

Luzern

Highlights
1 Kapellbrücke B2
2 Museggmauer B1
3 Sammlung Rosengart B3

Sehenswertes
4 Historisches Museum A2
5 Inseli D3
6 Kultur und Kongresszentrum D3
Kunstmuseum ..... (s. 6)
7 Männliturm A1
8 Natur-Museum A2
9 Schirmerturm B1
10 Spreuerbrücke A2
11 Wachturm B1
12 Zytturm B1

Aktivitäten, Kurse & Touren
13 Next Bike D3
14 SNG C1

Schlafen
15 Hotel Alpha A4
16 Hotel des Alpes C2
17 Hotel des Balances B2
18 Hotel Waldstätterhof C3
19 The Hotel C4
20 Wilden Mann Hotel A2

Essen
Bam Bou by Thomas ..... (s. 19)
21 Brasserie Bodu B2
22 Jazzkantine B1
KKL World Café ..... (s. 6)
23 Schiffrestaurant Wilhelm Tell D1
24 Takrai D1
25 Wirtshaus Galliker A2

Ausgehen & Nachtleben
26 Buvette D3
27 Déjà-vu C4
28 Luz Seebistro C2
29 Rathaus Bräuerei B2
30 Volière D3

Unterhaltung
31 Stadtkeller B1

den Fluss werfen. Das Dach der Brücke ziert ein Gemäldezyklus von Caspar Meglinger: Die Bilderfolge *Totentanz* zeigt, wie die Pest einst alle Gesellschaftsschichten heimsuchte.

Bourbaki-Panorama WAHRZEICHEN
(041 412 30 30; www.bourbakipanorama.ch; Löwenplatz 11; Erw./Kind 12/7 SFr; April–Okt. 9–18 Uhr, Nov.–März 10–17 Uhr) Edouard Castres' unglaublich detailliertes Riesenrundgemälde (1100 m^2) zeigt die Internierung französischer Truppen in der Schweiz während des Deutsch-Französischen Kriegs (1870–1871). Zum Leben erweckt wird das Ganze durch einen ergreifenden Audiokommentar.

Gletschergarten WAHRZEICHEN
(041 410 43 40; www.gletschergarten.ch; Denkmalstrasse 4; Erw./Kind 15/8 SFr; April–Okt. 9–18 Uhr, Nov.–März 10–17 Uhr;) Auf dem hiesigen Fels hat ein Gletscher vor etwa 20 Mio. Jahren einige Narben hinterlassen (u. a. in Form riesiger Gletschertöpfe). Kinder und Kitschfans jeden Alters können sich lustvoll im Spiegellabyrinth verirren, dessen 1001-Nacht-Stil der Alhambra von Granada nachempfunden ist. Der Gletschergarten liegt gleich neben dem Löwendenkmal (S. 209).

Kunstmuseum MUSEUM
(041 226 78 00; www.kunstmuseumluzern.ch; Ebene K, Europaplatz 1; Erw./Kind 15/6 SFr; Di & Do–So 10–18, Mi 10–20 Uhr) Die ständige Sammlung dieses Museums im Kultur- und Kongresszentrum erntet gemischte Kritiken. Allerdings finden hier immer wieder großartige Sonderausstellungen statt.

Historisches Museum MUSEUM
(041 228 54 24; www.historischesmuseum.lu.ch; Pfistergasse 24; Erw./Kind 10/5 SFr; Di–So 10–17 Uhr) Luzerns Geschichtsmuseum ist intelligent in interessante Themenbereiche unterteilt. Jeden davon erklärt ein Audioguide mit Strichcode-Funktion.

Natur-Museum MUSEUM
(041 228 54 11; www.naturmuseum.ch; Kasernenplatz 6; Erw./Kind 8/3 SFr; Di–So 10–17 Uhr) Dieses interaktive Museum zeigt allerlei ausgestopfte Lebewesen und Krabbeltiere. Zu seinen Highlights gehören ein Waldpfad mit echten Bäumen und der berühmte *Luzerner Drachenstein*. Dieser fiel angeblich aus dem Maul eines Drachen, der über den Pilatus hinwegflog. Heutige Wissenschaftler vermuten, dass es sich bei dem Stein aus dem 15. Jh. um einen Meteoriten handelt.

Richard Wagner Museum MUSEUM
(041 360 23 70; www.richard-wagner-museum.ch; Richard-Wagner-Weg 27; Erw./Kind 10 SFr/frei; Mitte März–Nov. Di–So 10–12 & 14–17 Uhr) Das Museum im Tribschener Landhaus des Komponisten am südlichen Seeufer zeigt histori-

NICHT VERSÄUMEN

SAMMLUNG ROSENGART

Luzerns kulturelle Hauptattraktion ist die **Sammlung Rosengart** (041 220 16 60; www.rosengart.ch; Pilatusstrasse 10; Erw./Kind 18/10 SFr; 10–18 Uhr), die in einem anmutigen, klassizistischen Gebäudekomplex untergebracht ist. Ausgestellt ist die Sammlung von Angela Rosengart, einer Schweizer Kunsthändlerin und engen Freundin Picassos, die hier in einem Akt der Nächstenliebe rund 200 Kunstwerke der Öffentlichkeit zugänglich macht. Neben Werken des großen spanischen Meisters sind Gemälde und Skizzen von Cézanne, Klee, Kandinsky, Miró, Matisse und Monet zu sehen, darunter das erste Bild, das Rosengart kaufte, das kindlich anmutende X-chen (1938) des Schweizer Künstlers Paul Klee.

Ergänzt wird die Sammlung durch rund 200 Fotos von David Douglas Duncan, die Picassos Familienleben in seinem Haus bei Cannes in den letzten 17 Jahren seines Lebens dokumentieren. Die aufschlussreiche Serie porträtiert den Künstler als spitzbübischen Meister, Liebhaber, Freund und Vater.

sche Musikinstrumente, darunter auch Raritäten wie ein Regal (tragbare Kleinorgel). Vom Bahnhof den Bus 6, 7 oder 8 bis Wartegg nehmen!

Aktivitäten

Die Touristeninformation (S. 215) liefert Details zu möglichen Stadtspaziergängen (z. B. zum gemütlichen Bummel vom Schwanenplatz zur Sonnmatt).

Strandbad Lido SCHWIMMEN
(041 370 38 06; www.lido-luzern.ch; Lidostrasse 6a; Erw./Kind 7/4 SFr; Juni–Aug. 9–20 Uhr, Mai & Sept. 10–19 Uhr) Das Strandbad am Seeufer ist perfekt zum Baden und Sonnenbaden. Nahe dem Campingplatz Lido gibt's hier einen Kinderspielplatz, ein Volleyballfeld und ein beheiztes Becken. Am anderen Seeufer kann man gratis im Seepark beim Alpenquai schwimmen.

SNG BOOTFAHREN
(041 368 08 08; www.sng.ch; Alpenquai 11; Tret-/Motor-/Pontonboot ab 30/60/90 SFr pro Std.) Vermietet Boote und veranstaltet günstige Seekreuzfahrten (60 Min., Erw./Kind 19/10 SFr).

Next Bike RADFAHREN
(041 508 08 00; www.nextbike.ch; Bahnhof Luzern; Leihfahrräder pro Std./Tag 2/20 SFr) Das automatische Fahrradverleihsystem (z. B. am Bahnhof) ist per App nutzbar oder indem man seine Kreditkartendaten bei der Hotline durchgibt. Dann gibt's einen Zahlencode zum Öffnen des Zahlenschlosses an der jeweiligen Verleihstation. Am Seeufer sind mehrere landschaftlich schöne Radtouren möglich, wie etwa die leicht zu bewältigende 16 km lange Strecke über Kastanienbaum nach Winkel.

SkyGlide GLEITSCHIRMFLIEGEN
(041 620 20 22; www.skyglide.ch; Gleitschirmflüge ab 170 SFr) Renommierter Anbieter von Gleitschirm-Tandemflügen hoch über dem Vierwaldstätter See.

Feste & Events

Lucerne Festival MUSIK
(041 226 44 00; www.lucernefestival.ch) Dieses Musikfestival von Weltruf ist in drei separate Spielzeiten unterteilt: Ostern, Sommer und November („am Klavier"). Die Konzerte finden im KKL (S. 214) und in der ganzen Stadt statt.

Schlafen

Luzern ist ein extrem beliebtes Besucherziel und hat eine große Auswahl an Unterkünften. Zimmer für die Fasnacht oder das Lucerne Festival sollten frühzeitig reserviert werden. Anregungen gibt's unter www.luzern-hotels.ch.

★ **The Bed & Breakfast** B&B €
(041 310 15 14; www.thebandb.ch; Taubenhausstrasse 34; DZ ab 140 SFr, EZ/DZ/3BZ/4BZ ohne Bad ab 85/130/165/200 SFr; P) In dem freundlichen B&B fühlt man sich gleich zu Hause: In den stilvollen, modernen Zimmern warten Kissenberge und gestärkte weiße Bettwäsche. Gäste können im Garten oder in einer altmodischen Badewanne entspannen. Die Dachstube (rechtzeitig reservieren!) hat als einziges Zimmer ein eigenes Bad; ansonsten gibt's hier nur Gemeinschaftsbäder. Ankommende Gäste können Bus 1 nach Eichhof nehmen oder in 15 Minuten vom Bahnhof herspazieren.

★ **Schlössli Hotel & Restaurant** HOTEL €
(041 377 14 72; www.schloesslimeggen.ch; Luzernerstrasse 4, Meggen; EZ/DZ 80/100 SFr; P)

Dieses ausgesprochen nette Hotel in Meggen, 6 km östlich von Luzern, ist ein Supertipp für sparsame Reisende. Die Zimmer sind schlicht, aber makellos sauber, Parken und WLAN sind kostenlos und mit Bus 24 (4,10 SFr) ist man in zehn Minuten am Bahnhof in Luzern. Das hauseigene **Schlössli**-Restaurant serviert alles Mögliche von Pizza über Salate bis zu Schweizer Leibspeisen.

Camping Lido CAMPING €
(041 370 21 46; www.camping-international.ch; Lidostrasse 19; Stellplatz pro Erw./Kind 10/5 SFr, Zelt 10–15 SFr, B 25 SFr; P) Der schattige Campingplatz liegt östlich der Stadt am Nordufer des Sees. Er verfügt auch über Holzhütten mit vier bis acht Betten (Schlafsack mitbringen!), einen Spielplatz, eine Waschküche, einen Fahrradverleih und einen Hobbyraum mit WLAN. Mit Bus 6, 8 oder 24 bis zum Verkehrshaus fahren!

Hotel Alpha HOTEL €
(041 240 42 80; www.hotelalpha.ch; Zähringerstrasse 24; DZ 158 SFr, EZ/2BZ/3BZ ohne Bad 84/126/171 SFr;) Zehn Gehminuten vom Zentrum entfernt steht das so hübsche wie erschwingliche Alpha in einem ruhigen Wohngebiet. Die einfachen Zimmer sind hell und blitzsauber. Am günstigsten sind die Zimmer mit Gemeinschaftsbädern.

Backpackers Lucerne HOSTEL €
(041 360 04 20; www.backpackerslucerne.ch; Alpenquai 42; B/3BZ 33/111 SFr, 2BZ 78–84 SFr; Rezeption 7.30–10 & 16–23 Uhr;) 15 Gehminuten südöstlich vom Bahnhof und nur wenige Schritte vom See entfernt wartet diese sympathische Herberge mit Kunst an den Wänden, fröhlichem Personal und tadellos sauberen Zimmern samt Balkon. Frühstück gibt es nicht, dafür aber eine gut ausgestattete Gemeinschaftsküche. Gäste können Inliner und Mountainbikes leihen.

Hotel Waldstätterhof HOTEL €€
(041 227 12 71; www.hotel-waldstaetterhof.ch; Zentralstrasse 4; EZ/DZ/3BZ ab 110/140/210 SFr; P) Gleich gegenüber vom Bahnhof steht dieses Hotel mit nachgemachter gotischer Fassade und hervorragendem Service. Die feschen, modernen Zimmer haben hohe Decken und Hartholzböden.

Hotel des Balances HOTEL €€
(041 418 28 28; www.balances.ch; Weinmarkt 4; EZ/DZ/Suite ab 150/220/305 SFr; P) Aufwendige Fresken zieren die Fassade dieses Altstadthotels in perfekter Lage. Dahinter regiert luftig-helles Design: Die schneeweißen Zimmer haben vergoldete Spiegel und Parkettböden. Die Suiten besitzen Balkone mit Flussblick. Bei den Einzel- und Doppelzimmern zahlt man für den Flussblick einen Aufschlag. Frühstück kostet zusätzliche 32 SFr pro Person.

Hotel des Alpes HOTEL €€
(041 417 20 60; www.desalpes-luzern.ch; Furrengasse 3; EZ/DZ ab 115/175 SFr;) Hauptattraktion des Hotels ist seine Lage: Am Flussufer schaut man hier direkt auf die Kapellbrücke. Die Zimmer warten mit Komfort aus der Zeit der letzten Jahrtausendwende auf. Wer einen leichten Schlaf hat, findet darin aber eventuell keine rechte Ruhe. Flussblick kostet extra, wobei zu bedenken ist, dass es an der Uferpromenade besonders laut werden kann.

Art Deco Hotel Montana DESIGNHOTEL €€
(041 419 00 00; www.hotel-montana.ch; Adligenswilerstrasse 22; EZ/DZ ab 190/260 SFr;) Das opulente Art-déco-Hotel thront über dem See. Die hoteleigene Standseilbahn bringt die Gäste direkt in die Lobby. Die hübschen Zimmer sind bis ins Detail ausgearbeitet – vom Parkettboden mit Intarsien bis hin zu den Art-déco-Lampen. Viele bieten einen herrlichen Blick; Gleiches gilt für die Terrasse und den Eingangsbereich.

Wilden Mann Hotel BOUTIQUEHOTEL €€
(041 210 16 66; www.wilden-mann.ch; Bahnhofstrasse 30; DZ/DZ/Suite inkl. Frühstück ab 165/270/360 SFr;) Klassisch-elegante Zimmer mit Stuck, rubinroten Stoffen und Kommoden im Antik-Look locken Romantiker in dieses schöne, aus dem 16. Jh. stammende Hotel in Flussnähe. Auf der Terrasse im 1. Stock kann man prima im Freien speisen.

Hotel Hofgarten HOTEL €€
(041 410 88 88; www.hofgarten.ch; Stadthofstrasse 14; EZ/DZ/3BZ ab 165/240/295 SFr; P) Das Hofgarten in einem Gebäude von 1670 punktet mit großartigen und individuell gestalteten Zimmern und einem netten Innenhofrestaurant. Die Küche nutzt bevorzugt Zutaten aus der Region.

Château Gütsch HOTEL €€€
(041 289 14 14; www.chateau-guetsch.ch; Kanonenstrasse; DZ/Suite ab 330/450 SFr; P) Das Märchenschloss in russischem Besitz erfreut sich einer unvergleichlichen Hügellage: Von hier oben schweift der Blick weit über den Vierwaldstättersee. Dies gilt für viele der Zimmer und Suiten genauso wie für die Bar und die Frühstücksterrasse.

The Hotel HOTEL €€€
(☎041 226 86 86; www.the-hotel.ch; Sempacherstrasse 14; Zi./Suite ab 255/555 SFr; ❄📶) Dieses schamlos hippe und geschniegelt schicke Hotel trägt die Handschrift des Architekten Jean Nouvel. Fotos aus Filmklassikern zieren die Decken der eleganten Suiten. Im Untergeschoss beherbergt das Hotel eines der trendigsten Restaurants von Luzern. Gegenüber lädt ein toller Park zu Spaziergängen ein.

Palace Luzern HOTEL €€€
(☎041 416 16 16; www.palace-luzern.ch; Haldenstrasse 10; Zi. ab 450 SFr; 📶) Das luxuriöse Uferhotel aus der Belle Époque, mit dem man immer richtig liegt, wird allgemein sehr geschätzt. Im prachtvollen Ambiente der vorletzten Jahrhundertwende findet man hier Kronleuchter, glänzenden Marmor und luftige Zimmer.

Essen

Jazzkantine CAFÉ €
(☎041 410 73 73; www.jazzkantine.com; Grabenstrasse 8; Pasta ab 16 SFr, Sandwiches ab 7 SFr; ⏲Mo–Sa 9–0.30 Uhr) Am Rand der Altstadt liegt dieses künstlerisch angehauchte Café mit langer Bar und massiven Holztischen, das seine Gerichte auf Kreidetafeln anschreibt. Serviert werden hier guter Kaffee und Leckeres aus Italien. Im Untergeschoss finden regelmäßig Jazzworkshops und -konzerte statt.

Takrai THAILÄNDISCH €
(☎041 412 04 04; www.takrai.ch; Haldenstrasse 9; Hauptgerichte ab 14,50 SFr; ⏲Mo–Fr 11–14 & 17–22, Sa 11–22 Uhr) Das kleine Thai-Lokal verwendet für seine üppig portionierten Currys hauptsächlich regionale Bio-Produkte. Wer keinen Tisch ergattern kann, holt sich etwas zum Mitnehmen und futtert unten am See.

KKL World Café INTERNATIONAL €
(☎041 226 71 00; https://www.kkl-luzern.ch/de/restaurants; Europaplatz 1; Hauptgerichte ab 17 SFr; ⏲9–20 Uhr) Dieser elegante Mix aus Café und Cafeteria befindet sich im KKL. Salate und Sandwiches füllen die hiesigen Schautheken. Mittags und abends kommen zudem Gerichte aus dem Wok auf den Tisch.

★ **Wirtshaus Galliker** SCHWEIZERISCH €€
(☎041 240 10 02; Schützenstrasse 1; Hauptgerichte ab 21 SFr; ⏲Di–Sa 11.30–14 & 18–20.30 Uhr) Mit Herzblut betreibt die Familie Galliker diesen holzvertäfelten Oldtimer seit mehr als vier Generationen. Die mütterlichen Kellnerinnen versorgen das lebhafte Stammpublikum mit Luzerner Hausmannskost wie Rösti und Chögelipaschtetli (Kalbsragout in Blätterteigpastete) in gigantischen Portionen.

Brasserie Bodu FRANZÖSISCH €€
(☎041 410 01 77; www.brasseriebodu.ch; Kornmarkt 5; Hauptgerichte ab 22 SFr; ⏲Mo–Sa 9–24, So ab 11 Uhr) Holzvertäfelung und Sitzbänke an Gemeinschaftstischen geben dem klassisch französischen Bistro seine gemütliche Atmosphäre. Dicht gedrängt laben sich die Gäste z. B. an Bordeaux, *bouillabaisse* (Fischeintopf) und saftigen Sirloin-Steaks.

★ **Bam Bou by Thomas** MEDITERRAN €€€
(☎041 226 86 86 10; www.bambou-luzern.ch; Sempacherstrasse 14; Mittagsgerichte ab 23 SFr; ⏲Di–Sa 11.30–14 & 18–22 Uhr) Das Restaurant im Untergeschoss von The Hotel (s. o.) hat eine völlige Verwandlung durchgemacht und wird nun von den preisgekrönten Kochtalenten Corinna und Ralf Thomas geführt, die sich auf exzellente französisch-mediterrane Küche spezialisiert haben.

★ **Grottino 1313** ITALIENISCH €€€
(☎041 610 13 13; www.grottino1313.ch; Industriestrasse 7; Mittagsmenüs ab 20 SFr, Abendmenü

ABSTECHER

ENTLEBUCH

Südwestlich von Luzern schützt das über 39 000 km² große Gebiet **Entlebuch** (www.biosphaere.ch) ein gemischtes Ökosystem aus Berg- und Hochland. Es wurde 2001 zum Unesco-Biosphärenreservat erklärt und ist alles andere als ein abgeschiedenes Wildnisareal: Seine rund 17 000 Einwohner sind sehr erpicht darauf, ihre traditionelle Lebensweise mit Milchwirtschaft zu bewahren. Die Landschaft besteht aus Karstformationen, ausgedehnten Hochmooren (ca. 25 % der Gesamtfläche), Almwiesen und Gebirgsbächen. Zwischen 600 und etwa 2350 m über dem Meeresspiegel warten hier wunderbare Wandermöglichkeiten. Nähere Infos liefert die **Parkverwaltung** (☎041 485 88 50; Chlosterbüel 28; ⏲Mo–Fr 8–12 & 13.30–17 Uhr) in Schüpfheim.

64 SFr; ⌚Mo–Fr 11.30–14 Uhr, tgl. 18–23.30 Uhr) Eine angenehme Zuflucht vor den Touristenscharen bietet das relaxte, aber stilvolle Grottino südlich des Bahnhofs. Seine „Überraschungsmenüs" beginnen z. B. mit Feigen-Maronen-Suppe – gefolgt von kreativen Nudelgerichten, über offenem Feuer gegartem Fleisch und leckeren Desserts.

Schiffrestaurant Wilhelm Tell SCHWEIZERISCH €€€
(☎041 410 23 30; https://schiffrestaurant.ch; Landungsbrücke 9; 3-Gänge-Menü 54 SFr; ⌚Di–Sa 11–24, So bis 23 Uhr) Der Schaufelraddampfer *Wilhelm Tell* hat schon fast 110 Jahre auf dem Buckel, verlässt seinen Anleger aber heutzutage nicht mehr. Stattdessen hat er sich auf seine alten Tage in ein reizendes schwimmendes Restaurant mit Bar verwandelt. Hier kann man zu Mittag essen, zu Abend schmausen oder einfach draußen auf Deck sitzen und das Ambiente bei einem Kaffee, Cocktail oder Bier genießen.

Ausgehen & Nachtleben

Rathaus Brauerei BRAUEREI
(☎041 410 61 11; www.rathausbrauerei.ch; Unter der Egg 2; ⌚Mo–Sa 11.30–24, So bis 23 Uhr) Die belebte Schänke serviert selbst gebrautes Bier unter Gewölbebogen. Nahe der Kapellbrücke gibt's hier aber auch Straßentische mit Flussblick. Dass der Laden richtig gut sein muss, merkt man schon daran, dass sich die Einheimischen hier dicht an dicht drängen.

Déjà-vu BAR
(☎078 677 59 96; www.facebook.com/dejavu.lu; Sempacherstrasse 17; ⌚16.30–22 Uhr) Das bescheidene und stets gut gefüllte Déjà-vu verspricht tolle Abende zu zivilen Preisen. Das Speisenangebot ist nicht sehr umfangreich, aber wer mit Pizza, Nachos und einem Bier glücklich werden kann, ist hier goldrichtig. Gleichzeitig ist der Laden ein beliebter Partyschuppen mit durchaus anständigen Cocktails.

Luz Seebistro CAFÉ
(☎041 367 68 72; www.luzseebistro.ch; ⌚7.30–0.30 Uhr) Das stimmungsvolle Bootshaus aus der Zeit der vorletzten Jahrhundertwende liegt gleich gegenüber vom Bahnhof am Seeufer. Es empfiehlt sich für Sundowner und ansonsten immer für eine Kaffeepause.

Unterhaltung

Schüür LIVEMUSIK
(www.schuur.ch; Tribschenstrasse 1; ⌚19 Uhr–open end) Hier stehen Live-Events auf dem Programm. Gespielt wird alles von Metal, Garage, Electro und Pop bis hin zu kubanischer und Weltmusik. Außerdem gibt es Themenabende, bei denen DJs Britpop und Klassiker der 1980er-Jahre auflegen.

Stadtkeller VOLKSMUSIK
(☎041 410 47 33; https://www.stadtkeller.ch/de/; Sternenplatz 3; ⌚Mittagessenshow 12.15 Uhr, Abendessenshow 20 Uhr) Alphörner, Kuhglocken, Fahnenwerfen, Jodeln: Die regelmäßigen, auf Touristen ausgerichteten Folkloreshows mit Mittag- oder Abendessen bedienen alle Schweizer Klischees, machen aber trotzdem richtig Spaß.

La Madeleine LIVEMUSIK
(www.lamadeleine.ch; Baselstrasse 15; ⌚Mi–Sa 20 Uhr–open end) Der nette, kleine Treff ist prima für einen entspannten Gig. Es gibt zwei Bühnen und eine schick-gemütliche Bar. Das monatliche Veranstaltungsprogramm steht auf der Website.

Shoppen

Luzern ist voller Läden und ein perfekter Ort zum Shoppen. Bei einem gemütlichen Bummel in der Haldenstrasse entdeckt man Kunsthandlungen und Antiquitätenläden; in Sachen Second-Hand-Klamotten und Souvenirs wird man in der Löwenstrasse fündig. Dienstag- und samstagvormittags findet an den Kais ein Obst- und Gemüsemarkt statt. Einen Flohmarkt gibt es von Mai bis Oktober samstags in der Burgerstrasse.

Praktische Informationen

Touristeninformation (☎041 227 17 17; www.luzern.com; Zentralstrasse 5; ⌚Mai–Okt. Mo–Fr 8.30–19, Sa 9–19, So 9–17 Uhr, Nov.–April kürzer) Von der Zentralstrasse oder von Bahnsteig 3 des Hauptbahnhofs zugänglich. Hier können auch Tagesausflüge rund um den Vierwaldstättersee gebucht werden.

An- & Weiterreise

Züge verbinden Luzern regelmäßig mit Interlaken-Ost (33 SFr, 1¾ Std.), Bern (40 SFr, 1–1½ Std.), Lugano (61 SFr, 2 Std.) und Zürich (26 SFr, 45–60 Min.).

Die Autobahn A2 (Basel–Lugano) führt an Luzern vorbei. Über die A14/A4 geht's nach Zürich.

Unterwegs vor Ort

In der Altstadt (größtenteils Fußgängerzone) geht es prima per pedes voran. Für weiter entfernte Ziele empfehlen sich **Stadtbusse** (www.vbl.ch), die vor dem Hauptbahnhof am Bahnhofplatz abfahren. Eine Tageskarte für Zone 10, die das Stadtzentrum und die Umgebung abdeckt, kostet 8,20 SFr; Einzelfahrkarten kosten 4,10 SFr. Inhaber eines Swiss Travel Pass fahren gratis. Am Bahnhof ist eine Tiefgarage.

Fähren (www.lakelucerne.ch) befördern Passagiere vom Anleger vor dem Bahnhof zu verschiedenen Zielen rund um den See und legen dort auch zu Rundfahrten ab.

Vierwaldstättersee

Majestätische Gipfel ragen verschwörerisch rund um den Vierwaldstättersee mit seinen vielen Winkeln und Buchten in die Höhe.

Um die Aussicht zu genießen, kann man auf den Pilatus, die Rigi oder das Stanserhorn hinauffahren. Wenn die Wolkendecke aufreißt, enthüllt sich von schwindelerregenden Aussichtspunkten vor der Kulisse gletscherbedeckter Gipfel ein buckeliger Teppich aus grünen Hängen und kobaltblau schimmerndem Wasser.

Abgesehen von den Aussichtspunkten auf den Bergen gibt es am See versteckte Ferienorte, die alle mit dem Schiff erreichbar sind. Am östlichsten Teil des Vierwaldstättersees – dem Urnersee – liegt das Rütli, jene Wiese, auf der die Schweiz entstanden sein soll.

Das Nord- und das Ostufer des Sees sind leicht zugänglich. Wer einen fahrbaren Untersatz hat, kann von Luzern über Weggis und Brunnen bis nach Flüelen mehr oder weniger den ganzen Weg am Wasser entlangfahren.

Unterwegs vor Ort

Während des ganzen Jahres schickt die **SGV** (www.lakelucerne.ch) täglich Schiffe quer über den Vierwaldstättersee (u. a. ein paar Schaufelraddampfer). Längere Fahrten sind im Vergleich günstiger als kurze. Passagiere können unterwegs beliebig oft von Bord gehen.

DIE GÄSTEKARTE LUZERN-VIERWALDSTÄTTERSEE

Wer vor Ort übernachtet, sollte nicht vergessen, nach der kostenlosen **Gästekarte Luzern-Vierwaldstättersee** (www.luzern.com/de/festivals-events/visitors-card) zu fragen, die vom eigenen Hotel abgestempelt wird. Die Karte bringt Ermäßigung bei diversen Museen, Sporteinrichtungen, Seilbahnen und Seekreuzfahrten im Bereich von Luzern.

Ab Luzern geht's so z. B. nach Alpnachstad (einfache Strecke/hin & zurück 27/45 SFr, 1¾ Std.), Weggis (19,60/38 SFr, 50 Min.), Vitznau (27/45 SFr, 1¼ Std.), Brunnen (39/63 SFr, 1¾ Std.) und Flüelen (46/72 SFr, 3¼ Std.).

Eine SGV-Tageskarte kostet 72 SFr für Erwachsene und 36 SFr für Kinder. Der Swiss Travel Pass gilt auch für Linienschiffe; Inter-Rail-Inhaber bezahlen die Hälfte. Die Pässe bringen auch Rabatt bei bestimmten Berg- und Seilbahnen.

Ufernahe Straßen führen fast um den ganzen See herum. Eine Ausnahme ist der Abschnitt zwischen Flüelen und Stansstad: Hier verläuft die A2 ziemlich geradlinig, teilweise unterirdisch und zumeist in einiger Entfernung zum Wasser.

Pilatus

Neun Kilometer südwestlich von Luzern erhebt sich der Pilatus (www.pilatus.ch), auf den die steilste Zahnradbahn der Welt hinauffährt. Er ist ein wunderschönes Ziel für einen unvergesslichen Tagesausflug. Ruhm erlangte er im 19. Jh., als Wagner in höchsten Tönen von seinen Alpenpanoramen schwärmte und Königin Victoria von England den Berg auf einem Pferd bezwang. Der Legende nach ist der 2132 m hohe Berg nach Pontius Pilatus benannt, dessen Leiche auf seinem Gipfel in einen See geworfen worden sein soll; angeblich geistert er seither rastlos droben in der Höhe herum. Wahrscheinlicher ist aber, dass sich der Spitzname vom lateinischen *pileatus* ableitet, was „wolkenverhangen" bedeutet – denn das ist er wirklich oft.

Aktivitäten

Der Pilatus eignet sich phantastisch zum Wandern. Man kann eine steile, zum Teil mit Seilen versehene 2,8 km lange Strecke von der Fräkmüntegg zum Gipfel hinaufkraxeln (Juni–Sept.) oder die einfachere, 3,5 km lange Route durch Wald und Moor von der Krienseregg zur Fräkmüntegg nehmen. Auch der 1,5 km lange Marsch vom Pilatus-Kulm zum Tomlishorn ist toll. An klaren Tagen reicht der Blick bis zum Schwarzwald.

Pilatus Seilpark ABENTEUERSPORT
(www.pilatus-seilpark.ch; Erw./Kind 28/21 SFr; ⌚ Mai–Okt. 10–17 Uhr) Wer schon immer mal in den Baumwipfeln umherturnen wollte, ist im Sommer im Pilatus Seilpark richtig. Es gibt elf Routen in schwindelerregender Höhe mit verschiedenen Schwierigkeitsgraden; man hangelt sich über Hochseilbrücken und klettert auf Bäume. Zu erreichen ist der

Vierwaldstättersee

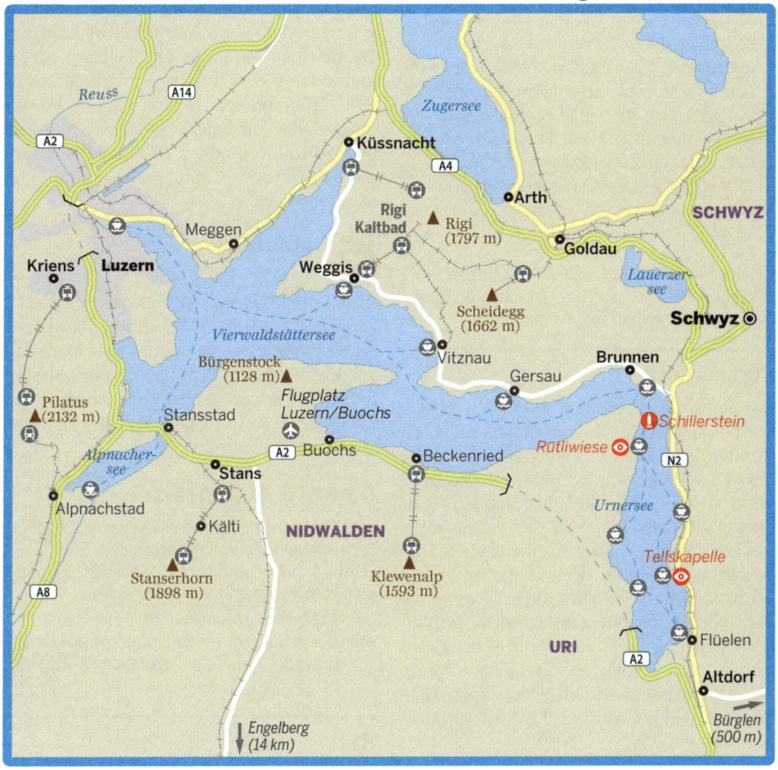

Seilpark per Seilbahn vom Pilatus hinab oder von Kriens zur Fräkmüntegg hinauf.

Im Winter kann man 6 km weit durch verschneite Waldgebiete von der Fräkmüntegg nach Kriens **rodeln**. Ein Tagespass für die Seilbahn von Kriens auf die Fräkmüntegg kostet für Erwachsene 35 SFr, für Kinder 17,50 SFr. An der Seilbahnstation auf der Fräkmüntegg gibt es Schlitten (ab 8 SFr) zu leihen.

Schlafen

Pilatus-Kulm HOTEL €€€

(☎041 329 12 12; https://www.pilatus.ch/entdecken/hotels/hotel-pilatus-kulm/; Pilatus; ab 210 SFr pro Pers.; 📶) In spektakulärer Gipfellage bietet das vor Kurzem gründlich renovierte Hotel von 1890 ein piekfeines Schlaferlebnis. Ein Frühstücksbuffet und ein viergängiges Abendessen sind im Preis enthalten. In der Nebensaison (Ende Nov.–März) winken Preisnachlässe.

An- & Weiterreise

Von Mai bis Oktober kann man den Pilatus als Tagesausflug im Rahmen einer „Goldenen Rundfahrt" besuchen. Dabei geht es erst mit dem Boot (einfache Fahrt/hin & zurück 27/45 SFr, 1¾ Std.) von Luzern nach Alpnachstad an der Südseite des Bergs und dann mit der weltweit steilsten Zahnradbahn hoch zum Pilatus. Vom Gipfel aus fahren Seilbahnen die Nordseite des Berges hinunter über die Fräkmüntegg und die Krienseregg nach Kriens, von wo aus einen der Bus 1 zurück nach Luzern bringt. Die Tour ist auch in Gegenrichtung (Kriens–Pilatus–Alpnachstad–Luzern) möglich. Die Hin- und Rückfahrt kostet 106 SFr (weniger mit Swiss-, Eurail- oder InterRail-Pass). Buchen kann man das Ganze bei der Touristeninformation (S. 215) in Luzern.

Die neue Luftseilbahn (2015 eröffnet), die von der Fräkmüntegg an der Nordseite des Pilatus zum Gipfel schwebt, ist bei Besuchern der Hit. Wegen ihrer todschicken Kabinen mit boden-

RIGI ZUM NULLTARIF

Wer einen Swiss Travel Pass hat, sollte beim Besuch von Luzern unbedingt einen Tagesausflug auf die Rigi einplanen. Mit dem Pass kann man nämlich sämtliche Verkehrsmittel der Tour – Fähre nach Vitznau, Zahnradbahn auf den Gipfel, Seilbahn nach Weggis und Fähre zurück nach Luzern – kostenlos nutzen.

tiefen Fenstern bekam sie den Spitznamen „Dragon Ride" verpasst. Der „Drachenflug" auf die Bergspitze dauert nur 3½ Minuten.

Stanserhorn

Das Stanserhorn (1898 m; www.stanserhorn.ch) 13 km südlich von Luzern begeistert mit Rundumblick auf Titlis, Pilatus und weitere Berge der Umgebung und den Vierwaldstättersee in der Tiefe. Die Fahrt zum Gipfel ist bereits der halbe Spaß: Die erste Etappe absolviert man mit einer historischen Standseilbahn von 1893, die zweite mit einer hochmodernen Seilbahn, deren Doppeldeckerkabinen mit offenem Oberdeck verblüffen. Auf dem Gipfel informieren Stanserhorn Ranger über Aktivitäten und Attraktionen wie Murmeltierbeobachtungen, einen Geo-Weg und den natürlichen „Kraftort" auf dem Stanserhorn.

Sehenswertes

Oldtimer-Standseilbahn STANDSEILBAHN
(☎041 618 80 40; www.stanserhorn.ch; Stand- & Luftseilbahn hin & zurück Erw./Kind 74/37 SFr; ⏲Mitte April–Anfang Nov.) Von 1893 bis 1974 fuhren von Stans aus Standseilbahnen in drei Etappen bis aufs Stanserhorn. 1974 wurden die beiden oberen Abschnitte durch eine Luftseilbahn ersetzt (die neuerdings wiederum durch die CabriO-Luftseilbahn ersetzt wurde). Nur auf dem Abschnitt von Stans bis Kälti verkehrt noch die schöne historische Standseilbahn. Die ursprüngliche Talstation von 1893 (auf 450 m) ist immer noch in Betrieb; sie liegt nur fünf Gehminuten vom Bahnhof Stans entfernt. Die Kombitickets gelten für die Standseilbahn und die CabriO-Luftseilbahn bis auf den Gipfel.

CabriO LUFTSEILBAHN
(☎041 618 80 40; www.cabrio.ch; Stansstaderstrasse 19; Stand- & Luftseilbahn hin & zurück Erw./Kind 74/37 SFr; ⏲Mitte April–Anfang Nov.) Wer mag, kann auf dem offenen Oberdeck der eindrucksvollen Doppeldeckerkabinen die spektakuläre Aussicht an der frischen Luft genießen. Von ihrer Talstation in Kälti auf 711 m Höhe bewältigt die Seilbahn innerhalb von 6½ Minuten Fahrtdauer über 1100 Höhenmeter. Bei windigem Wetter müssen die Passagiere auf dem Oberdeck ihre Mützen festhalten. Es handelt sich um die weltweit erste Kabinenseilbahn mit offenem Oberdeck.

Schlafen

Hotel Engel HOTEL €€
(☎041 619 10 10; www.engelstans.ch; Dorfplatz 1; EZ/DZ ab 120/170 SFr; P 📶) Hinter der historischen Fassade des renommierten Hotels Engel, nur ein bis zwei Minuten vom Bahnhof Stans, warten sehr attraktive Zimmer auf die Gäste. Zum Hotel gehört auch ein ausgezeichnetes Restaurant.

An- & Weiterreise

Stans liegt an der Bahnstrecke Luzern–Engelberg (einfache Fahrt von Luzern 8,60 SFr, 20 Min.). Zur Talstation der Standseilbahn geht man vom Bahnhof Stans fünf Minuten.

Das Stanserhorn kann auch als Tagesausflug von Luzern besucht werden. Nähere Infos dazu gibt es bei der Touristeninformation (S. 215) in Luzern.

Rigi

William Turner konnte sich einfach nicht entscheiden, wie ihm die 1797 m hohe Rigi (www.rigi.ch; 13 km östlich von Luzern) am besten gefiel, also malte das Genie den Berg 1842 in drei verschiedenen Versionen bei unterschiedlichen Lichtverhältnissen, um ihre wechselnden Stimmungen einzufangen. An klaren Tagen hat man von der Rigi einen tollen Blick auf eine Reihe zerklüfteter Bergriesen, darunter den Titlis und die Jungfrau. Im Norden und Westen erkennt man Arth-Goldau und den Zugersee, der einen großen Bogen beschreibt und dabei beinahe bis Küssnacht und zu einem Ausläufer des Vierwaldstättersees reicht. Vom Gipfel aus sind die Sonnenauf- und -untergänge einfach traumhaft.

Aktivitäten

Die Rigi ist ein Wanderparadies (Routenempfehlungen s. Website). Mehrere einfache Wege mit super Aussicht (1–2 Std.) führen von Rigi-Kulm hinunter nach Rigi-Kaltbad. Touristeninformationen in Luzern und Weg-

ABSTECHER

KLEWENALP

Oberhalb des südlichen Seeufers erstreckt sich mit der Klewenalp (www.klewenalp.ch; 15 km südöstlich von Luzern) ein unterschätztes Skigebiet mit gut präparierten Pisten (rot und blau, insgesamt 40 km). Diese verwandeln sich im Sommer in Wander-, Kletter- und Mountainbike-Routen. Außerdem gibt es hier einen **Alpenblumenweg** mit über 80 beschilderten Arten.

Um auf die Klewenalp zu gelangen, fährt man zunächst nach Beckenried am Ufer des Vierwaldstättersees. Der Ort ist von Luzern per Schiff (30 SFr, 1¼ Std.) oder über die Straße (22 km) und von Stans per Bus (6,70 SFr, 25 Min.) zu erreichen. Von Beckenrieds kombiniertem Bus- und Bootsterminal führt ein Fußmarsch (200 m) zur Seilbahn, die bergauf zur Klewenalp fährt (einfache Strecke/hin & zurück 25/39 SFr, 10 Min.) Ganz oben stellt eine Kartentafel die verschiedenen Pfade vor. Von Luzern werden auch Tagestouren auf die Klewenalp angeboten. Nähere Infos dazu gibt es bei der Luzerner Touristeninformation (S. 215).

gis liefern Details zum malerischen Rigi-Lehnenweg (17,5 km) rund um den Berg.

Der Aufstieg ist eine andere Geschichte und dauert ab Weggis mindestens viereinhalb Stunden. Alternatlv nimmt man die **Seilbahn** (www.luftseilbahnseebodenalp.ch; einfache Strecke/hin & zurück 13/22 SFr) von Küssnacht zur Seebodenalp, wo ein recht steiler Pfad zum Gipfel beginnt (knapp über 2 Std.). Beim Wandern an der Rigi heißt's nach den Chlyni Lüüt Ausschau halten. Dieses winzige „wilde Volk" mit übernatürlichen Kräften soll den Berg einst bewohnt haben.

Mineralbad & Spa Rigi Kaltbad SPA
(041 397 04 06; www.mineralbad-rigikaltbad.ch; Erw./Kind 37/17 SFr; 9–19 Uhr) Nach einem strapaziösen Wandertag freuen sich die Muskeln auf wohlige Entspannung im kürzlich eröffneten Mineralbad & Spa Rigi Kaltbad, das von dem Schweizer Stararchitekten Mario Botta entworfen wurde. Der Tagesgrundpreis bietet unbegrenzten Zugang zu den Mineralbecken. Im Angebot sind auch dekadentere Optionen wie Abendbaden mit Kerzenlicht oder Pauschalpakete mit Massagen und Prosecco.

Schlafen

Rigi Kulm Hotel HOTEL €€
(041 880 18 88; www.rigikulm.ch; Rigi; ab 115 SFr pro Pers.; WLAN) Am traumhaftesten ist das Panorama bei Sonnenaufgang. Schon seit dem 19. Jh. nächtigten Touristen im Rigi Kulm Hotel, um in aller Herrgottsfrühe aufzustehen und mitzuerleben, wie die aufgehende Sonne den Himmel entflammt. Das heutige Hotelgebäude stammt aus dem 20. Jh. und ist die einzige größere Restauration am Gipfel. Es hat ein Restaurant und ein Snackkiosk.

An- & Weiterreise

Zwei konkurrierende Bergbahnen bringen Besucher zum Gipfel (einfache Strecke/hin & zurück 42/68 SFr). Eine davon startet in Arth-Goldau (45 Min.), die andere in Vitznau (30 Min.). Bei der Vitznau-Route besteht die Möglichkeit, auf dem Rückweg in Rigi-Kaltbad zur Seilbahn nach Weggis umzusteigen. Mit einem Eurail- oder InterRail-Pass gibt es 50 % Ermäßigung; Inhaber des Swiss Travel Pass fahren umsonst.

Weggis

4200 EW. / 440 M

Weggis (9 km östlich von Luzern) wird durch die Rigi vor kalten Nordwinden geschützt und hat daher ein mildes Klima; am Seeufer wachsen sogar ein paar Palmen und Feigenbäume. Es ist kaum zu glauben, dass in diesem ruhigen, kleinstädtisch-freundlichen Ferienort die rebellische Kunstbewegung „der moderne Bund", ein Vorläufer des Dadaismus, ins Leben gerufen wurde.

Mit seinen vielen Uferhotels und -resorts ist Weggis ein ideales Nachtquartier, auch wenn die meisten Besucher nur auf einem Tagesausflug von Luzern zur Rigi hier durchkommen.

Schlafen & Essen

SeeHotel Gotthard HOTEL €€
(041 390 21 14; www.gotthard-weggis.ch; Gotthardstrasse 11; EZ/DZ ab 100/160 SFr; Mitte Okt.–Mitte Dez. geschl.; P WLAN) Die modernen Zimmer des freundlichen Uferhotels sind schick und blitzsauber. Die besten haben Balkone und Seeblick – es gibt aber auch günstigere Budgetquartiere. Gäste können kostenlos Fahrräder ausleihen und haben

Zugang zum Wellness- und Poolbereich des gegenüberliegenden Hotel Beau-Rivage.

Post Hotel Weggis HOTEL €€
(☎041 392 25 25; www.lh-group.ch; Seestrasse 8; EZ/DZ ab 160/220 SFr; P ❄ 📶) Die Lage gegenüber vom Bootsanleger in Weggis ist unschlagbar. Zu den weiteren Pluspunkten zählen erstklassige Zimmer, ein Spa, ein Weinkeller mit 45 000 Flaschen und mehrere Restaurants. Obwohl das Hotel im Herzen des Geschehens von Weggis thront, bietet es seinen Gästen einen ruhigen und ungestörten Aufenthalt.

Park Weggis LUXUSHOTEL €€€
(☎041 392 05 05; www.phw.ch; Hertensteinstrasse 34; EZ/DZ ab 350/550 SFr; P 📶) Diese opulente Schönheit am Ufer westlich vom Fähranleger ist bis 2019 wegen Renovierung geschlossen. Markenzeichen des Hotels sind normalerweise zurückhaltende Eleganz und erstklassiger Service. Gäste können vom Privatstrand aus den Seeblick genießen, das dazugehörige Restaurant **Park Grill** ist auf Iberisches Schwein und Gourmetsteaks aus den amerikanischen Great Plains spezialisiert.

Grape AMERIKANISCH €€
(☎041 392 07 07; www.thegrape.ch; Seestrasse 60; Pizza/Hauptgerichte ab 19/26 SFr; ⏲Mo, Di & Do 11.30–13.45 & 18–24, Fr–So 11.30–24 Uhr) Das angesagte Lokal im kalifornischen Stil serviert außer Dingen wie Holzofenpizza, Steaks und modernen Burger-Varianten auch zuckersüße Desserts wie Toblerone-Parfait mit Kirschen und Mandeln.

Praktische Informationen

Touristeninformation (☎041 227 18 00; www.wvrt.ch; Seestrasse 5; ⏲Mo–Fr 8.30–18, Sa & So 9–16 Uhr) Neben dem Bootsanleger in Weggis.

An- & Weiterreise

Von Luzern sind es per Fähre 40 Minuten (einfache Strecke/hin & zurück 19,60/38 SFr; 50 Min.) und mit dem Auto 19 km bis Weggis.

Von Weggis fährt eine Seilbahn nach Rigi Kaltbad auf halber Höhe der Rigi hinauf (einfache Strecke/hin & zurück 30/48 SFr, 10 Min.).

Urnersee

Der fjordartige Urnersee ist ein Teil des Vierwaldstättersees und liegt inmitten zerklüfteter Berge. In seinem glatten türkisblauen Wasser spiegelt sich die mittelalterliche Vergangenheit des Landes. An seinem Ostufer entlang verlaufen die Autostraße und die Bahnstrecke zwischen Brunnen und Flüelen. Sein von schroffen Bergflanken beherrschtes Westufer ist dagegen größtenteils nur zu Fuß oder mit dem Boot zugänglich. Um im unvergesslichen Blick auf den See und den legendären Ereignissen der Lokalgeschichte zu schwelgen, nimmt man am besten eine SGV-Fähre von Brunnen nach Flüelen.

Am Südende des Sees, 3 km südlich von Flüelen, liegt Altdorf, wo Wilhelm Tell angeblich den Apfelschuss ausführte. Eine Statue Tells ziert den Dorfplatz.

Sehenswertes

Rütliwiese HISTORISCHER ORT
(Seelisberg) Die Wiese auf einem Hang hoch über dem Westufer des Urnersees ist die legendäre Wiege der Schweizer Demokratie. Hier soll 1291 der Bund zwischen den Urkantonen Uri, Schwyz und Nidwalden geschlossen worden sein und hier versammelte General Guisan im Zweiten Weltkrieg die Schweizer Armee, um Stärke gegenüber potenziellen Invasoren zu demonstrieren. Deshalb steht sie im Zentrum der Feiern zum Nationalfeiertag am 1. August.

Von Brunnen sind es mit der Fähre zehn Minuten bis zur südwestlich gelegenen Fährstation Rütli.

Tell-Museum MUSEUM
(www.tellmuseum.ch; Postplatz, Bürglen; Erw./Kind 8/2 SFr; ⏲Juli & Aug. 10–17 Uhr, Mai, Juni, Sept. & Okt. 10.00–11.30 & 13.30–17.00 Uhr) Bürglen gilt als Geburtsort von Wilhelm Tell. Sein Tell-Museum zeigt eine Sammlung von Objekten, Dokumenten und Kunstwerken, die mit dem Sagenhelden in Verbindung stehen. Das Museum befindet sich 6 km südöstlich von Flüelen. Vom Fähranleger Flüelen verkehrt Bus 408 zum Postplatz in Bürglen.

Tellskapelle KAPELLE
Am Ostufer des Urnersees, acht Straßenkilometer südlich von Brunnen, steht die Tellskapelle. Ihre Wandmalereien stellen vier Episoden aus der Tellsage dar, u.a. Tells Flucht vom Boot Gesslers, die hier stattgefunden haben soll. Ein riesiges Glockenspiel ertönt hinter der Kapelle.

Schillerstein DENKMAL
Am Seeufer gegenüber von Brunnen ragt ein 30 m hoher, aus dem natürlichen Felsgestein gehauener Obelisk aus dem Wasser auf. Seine goldene Inschrift ehrt Friedrich Schiller, der als Autor des Dramas *Wilhelm*

WEG DER SCHWEIZ

Ausgerüstet mit guten Wanderstiefeln kann man den Urnersee zu Fuß von Brunnen bis zum Rütli umrunden. Der **Weg der Schweiz** (www.weg-der-schweiz.ch) wurde anlässlich des 700. Jahrestags des Schweizer Bundesbriefs von 1291 eingeweiht. Je eindrucksvoller die Aussicht, desto größer auch die Symbolik: Der Weg ist in 26 Abschnitte unterteilt, von denen jeder einen Kanton repräsentiert, von den drei Urkantonen bis zum letzten Neuzugang, dem 1979 geschaffenen Kanton Jura. 5 mm Weg stehen für einen Schweizer Bürger, sodass das dicht besiedelte Zürich auf 6,1 km und das ländliche Appenzell Innerrhoden auf nur 71 m Strecke kommt.

Die 35 km lange Zweitageswanderung führt über Berg und Tal durch eine der schönsten Landschaften, die die Zentralschweiz zu bieten hat. Es geht über Wiesen mit Orchideen und Margeriten, vorbei an Alpenpanoramen, am Ufer entlang und dann wieder hinein in den Wald. Unterwegs begegnen einem wichtige historische Wahrzeichen wie die Tellskapelle oder der Schillerstein. Um einen wirklichen Eindruck von der Gegend zu bekommen, sollte man die ganze Wanderung machen, doch kann man sich auch mit kürzeren Teilstücken begnügen. Karten und Entfernungsangaben findet man auf der Website.

Tell sehr viel zur Entstehung der Legende um Tell beitrug. Das Denkmal wurde 1860 mit einer großen Zeremonie eingeweiht.

Anreise & Unterwegs vor Ort

Am besten lässt sich der Urnersee auf einer Schiffstour von Luzern oder Brunnen nach Flüelen besichtigen.

Flüelen liegt am Südende des Urnersees, 40 km südöstlich von Luzern, und ist von dort über die A2 zu erreichen.

Brunnen

8600 EW. / 435 M

Versteckt in den Bergen, dort, wo der Vierwaldstättersee und der Urnersee im rechten Winkel aufeinandertreffen, liegt Brunnen und eröffnet eine umwerfende Sicht Richtung Süden und Westen. Turner, der regelmäßig hierher kam, war von der Aussicht so beeindruckt, dass er *The Bay of Uri from Brunnen* (1841) im Bild festhielt. Der Föhnwind, der von den Bergen herunterkommt, schafft ideale Bedingungen für Segelsport, Paragliding, Wind- und Kitesurfing. Bei frischem Wind wimmelt das Wasser von bunten Segeln. Schön folkloristisch sind die im Sommer einmal pro Woche stattfindenden Alphornkonzerte.

Sehenswertes & Aktivitäten

Victorinox Museum & Brand Store MUSEUM
(041 820 60 10; www.swissknifevalley.ch; Bahnhofstrasse 3; Mo–Fr 10–18.30, Sa & So 10–17 Uhr;) GRATIS Das winzige Museum zeigt u. a. historische Messer aus prähistorischen, römischen und mittelalterlichen Zeiten (darunter klappbare Vorläufer der Victorinox-Klassiker). Videos auf Touchscreens beleuchten die Geschichte des Messer und vor allem der Victorinox-Variante. Absolutes Highlight ist jedoch die Möglichkeit, mithilfe des Personals sein eigenes Souvenirmesser zu basteln (30 SFr, mind. 6 Jahre, Reservierung erforderlich).

Urmiberg SEILBAHN
(www.urmiberg.ch; Gersauerstrasse; einfache Strecke/hin & zurück 12/20 SFr; April–Okt. Di–So 9–18 Uhr) Über die Baumwipfel hinweg geht es auf den Urmiberg, wo man auf die Gipfel rund um den Vierwaldstätter- und Urnersee schaut. Kinder fahren zum halben Preis. Die Talstation liegt rund 1 km westlich der Stadt am Ufer.

Familienstrandbad Hopfräben SCHWIMMEN
(041 820 21 46; Gersauerstrasse 83; Erw./Kind 5/2,50 SFr; Mai–Sept. 10–19 Uhr) Das bessere der zwei Strandbäder in Brunnen punktet mit Liegestühlen, Pontons, einem Planschbecken und einer riesigen Hängematte. Zudem stehen Rettungsschwimmer bereit. Das Strandbad liegt 1,5 km nordwestlich des Ortszentrums auf der anderen Seite des Flusses.

Touch and Go GLEITSCHIRMFLIEGEN
(041 820 54 31; www.paragliding.ch; Parkstrasse 4; Gleitschirmflüge ab 180 SFr) Das Unternehmen veranstaltet Tandemflüge über den Vierwaldstättersee von fast allen Bergen rund um den See und bietet auch Unterricht im Gleitschirmfliegen an.

Schlafen

Brunnen bietet eine Reihe anständiger Übernachtungsmöglichkeiten, von Campingplätzen bis zu Hotels. Zwischen Brunnen und Weggis gibt es außerdem eine gute Jugendherberge.

Schlaf im Stroh FERIENBAUERNHOF €
(041 820 06 70; www.schlafimstroh-bucheli.ch; Schulstrasse 26a, Ingenbohl-Brunnen; Erw./Kind 27/15 SFr, Leihschlafsack 3 SFr; Mai–Okt.; P) Der Bauernhof der Familie Bucheli-Zimmermann begeistert Kinder mit Nutzvieh und Übernachtungen im Stroh. Ein herzhaftes Frühstück ist im Preis enthalten. Um von Brunnens Bahnhof aus hierherzukommen (5 Min. zu Fuß), die Brücke überqueren, den Schildern in Richtung Aula/Sporthalle folgen und dann an der Schulstrasse nach einer großen braunen Scheune Ausschau halten.

Hostel Rotschuo HOSTEL €
(041 828 12 77; http://www.hostelrotschuo.ch/; Seestrasse 163, Gersau; B/EZ/DZ 35/56/80 SFr; P) Die Jugend- und Familienherberge zwischen Vitznau und Gersau lockt mit idyllischer Seeuferlage, Kajaks, Schwimmplattform und tollem Frühstück. Die Zimmer im stimmungsvollen alten Hauptgebäude haben traumhaften Seeblick, niedrige Decken und dünne Wände. Von Weggis oder Brunnen fährt man mit dem Bus 15 Minuten bis zur Herberge (Bus 2; Haltestelle Gersau-Rotschuo).

Camping Hopfräben CAMPING €
(041 820 18 73; http://camping-hopfraeben.ch; Stellplatz pro Erw./Kind/Zelt/Auto 7,50/3,50/8/5 SFr; Mitte April–Mitte Sept.;) Der Campingplatz am westlichen Ortsrand von Brunnen ist sehr malerisch an der Mündung der Muota in den See gelegen und von Ostern bis September geöffnet.

★**Hotel Schmid & Alfa** HOTEL €€
(041 825 18 18; www.schmidalfa.ch; Axenstrasse 5–7; EZ/DZ/Apt. ab 75/140/260 SFr; P) Dieses familiengeführte Hotel besteht aus zwei Gebäuden am Seeufer. Die einladenden Zimmer überzeugen mit Parkettböden, schmiedeeisernen Balkonen und Farbgestaltung in Zitrustönen. Vermietet werden zudem vier familienfreundliche Apartments mit viel Platz, Wohnbereich und Küche (optional). Bewohner der Budgetquartiere müssen auf die schönste Aussicht verzichten. Das Terrassenrestaurant ist für seinen frischen Fisch aus dem See bekannt.

Essen & Ausgehen

★**Gasthaus Ochsen** EUROPÄISCH €€
(041 820 11 59; www.hotelochsen.ch; Bahnhofstrasse 18; Hauptgerichte 19,50–41 SFr; Mai–Sept. Mo–Sa 8–23, So 8–22 Uhr, Okt.–April kürzere Öffnungszeiten) Brunnens ältestes Lokal ist auf *Poulet im Chörbli* (Hähnchen im Korb) spezialisiert. An den Wänden hängen Fotos von Schweizer Promis. Die Inhaber betreiben gleich gegenüber noch eine tolle kleine Apéro-Bar und vermieten anständige Zimmer über dem Restaurant.

Weisses Rössli SCHWEIZERISCH €€
(041 825 13 00; www.weisses-roessli-brunnen.ch; Bahnhofstrasse 8; Hauptgerichte ab 22 SFr; 11–14 & 18–21.30 Uhr) Nett fürs Mittag- oder Abendessen: Von der vorderen Terrasse des Rössli schaut man schön auf Brunnens Hauptstraße vor dem See. Das freundliche Personal serviert herzhafte Schweizer Klassiker mit frischem Gemüse. Das Weisse Rössli ist auch ein Hotel.

Elvira's Trübli WEINBAR
(041 820 10 11; Olympstrasse 6; Di–Sa 16–24 Uhr) In der Nähe vom Ufer versteckt sich diese beliebte Weinbar am Ende einer Seitenstraße. Die sympathische Inhaberin Elvira wartet mit einer eindrucksvollen Auswahl an Weinen auf.

Praktische Informationen

Touristeninformation (041 825 00 40; www.brunnentourismus.ch; Bahnhofstrasse 15; Juni–Sept. Mo–Fr 8.30–18, Sa 9–13 Uhr, Okt.–Mai Mo–Fr 8.30–12 & 13.30–17.30 Uhr) Die hilfreiche Touristeninformation liegt fünf Gehminuten vom Bahnhof entfernt in Ufernähe.

An- & Weiterreise

Am schönsten von Luzern nach Brunnen geht's per Schiff. Bei der schnelleren und günstigeren Zugfahrt (17,60 SFr, 45–50 Min.) muss man eventuell in Arth-Goldau umsteigen.

Von Luzern, Zug und Flüelen kommt man auch per Auto hierher. Die Fahrt von Luzern rund um den See (39 km) ist ein spektakuläres Erlebnis.

Schwyz

14 663 EW. / 516 M

Wahrzeichen von Schwyz ist das Bergmassiv Mythen, das als markante Kulisse hinter dem Städtchen aufragt. Es besteht aus den spitzen Gipfeln des Großen (1898 m) und des Kleinen Mythen (1811 m). Doch spitz sind hier nicht nur die Gipfel: Das bescheidene Städtchen ist der „Geburtsort" des in jede Tasche passenden, multifunktionalen Lebensretters – des Schweizer Armeemessers. Ein Topziel für interessierte Besucher ist die Victorinox-Fabrik mit Laden. Und als wäre das noch nicht genug, hütet Schwyz auch noch das wichtigste Dokument der Schweizer Geschichte, den Bundesbrief von 1291!

Sehenswertes

Die Touristeninformation liefert Details zum **Museumspass** (10 SFr), der vergünstigten Zugang zu mehreren örtlichen Sehenswürdigkeiten gewährt.

Bundesbriefmuseum MUSEUM
(☎ 041 819 20 64; www.bundesbriefmuseum.ch; Bahnhofstrasse 20; Erw./Kind 5 SFr/frei; ⌚ Di–So 10–17 Uhr) Ein Besuch lohnt schon allein wegen des originalen Bundesbriefs, der 1291 von den Kantonen Nidwalden, Schwyz und Uri unterzeichnet wurde. Außerdem erfährt man etwas zur wissenschaftlichen Diskussion um die Authentizität des Dokuments, da viele Historiker die „Schweizer Gründungsmythen“ als unpräzise erachten.

Forum der Schweizer Geschichte MUSEUM
(☎ 058 466 80 11; www.forumschwyz.ch; Hofmatt, Zeughausstrasse 5; Erw./Kind 10 SFr/frei; ⌚ Di–So 10–17 Uhr) Das Kulturzentrum des Schweizer Nationalmuseums beleuchtet mit seinen hervorragenden Ausstellungen die Gründung der Schweizer Eidgenossenschaft und die Entwicklung der Schweizer Kultur und Handelstätigkeit im Lauf der Jahrhunderte.

Ital Reding-Hofstatt HISTORISCHES GEBÄUDE
(☎ 041 811 45 05; www.irh.ch; Rickenbachstrasse 24; Erw./Kind 5 SFr/frei; ⌚ Mai–Okt. Di–Fr 14–17, Sa &So 10–16 Uhr) Landsknechte bewohnten einst dieses mit Dachtürmchen geschmückte Herrenhaus (erb. im 17. Jh.), das von einer barocken Gartenanlage umgeben ist. Holzvertäfelte Räume, ein Gewölbekeller und das benachbarte **Haus Bethlehem** aus dem 13. Jh. vermitteln hier einen Eindruck von der Vergangenheit.

Hauptplatz PLATZ
Örtlicher Lebensmittelpunkt ist der Hauptplatz mit dem zentralen Springbrunnen. Am Rand des Kopfsteinpflasters erheben sich die barocke **Kirche St. Martin** und das **Rathaus**, dessen Wandbilder aus dem 19. Jh. die Schlacht von Morgarten zeigen.

Hölloch HÖHLE
Das verzweigte Höhlensystem liegt 13 km von Schwyz entfernt im Muotatal. Es ist mit 200 km Länge das zweitlängste in Europa und das viertgrößte der Welt – rund viermal so lang wie die Entfernung von Zürich nach Luzern! Zu seiner Erkundung braucht man einen Guide, stabiles Schuhwerk und warme Kleidung (in der Höhle herrschen fröstelige 6 °C). Die Firma **Trekking Team** (☎ 041 390 40 40; www.trekking.ch) organisiert alle möglichen Touren, von Kurztrips bis hin zu Varianten mit Übernachtung im Biwak. Letztere beinhalten ein surreales Erlebnis, das es so nur in der Schweiz gibt: einen Fondueschmaus in der tiefen Finsternis der Höhle.

Aktivitäten

Adventure Point ABENTEUERSPORT
(☎ 079 247 74 72; www.adventurepoint.ch) Diese Firma bietet Adrenalinkicks wie Canyoning (ab 125 SFr), Tubing (80–125 SFr), Höhlenwandern (95 SFr) oder Schneeschuhlaufen (ab 65 SFr). Geführte Kanu- und Kajaktrips werden ebenfalls angeboten (80–120 SFr). Paddelfans können alternativ auf eigene Faust losziehen (Leihboot ab 60 SFr/Tag).

Stoos WANDERN
(www.stoos-muotatal.ch) Hier beginnen viele Wanderungen auf einem Plateau oberhalb des Vierwaldstättersees. Dabei schweift der Blick weit über Muotatal, Rütli, Rigi und Pilatus. Von Schwyz aus fährt Bus 1 zur Talstation der Stoosbahn (15 Min.), die Standseilbahn hinauf nach Stoos (10 Min.).

Schlafen & Essen

Hirschen Backpacker-Hotel & Pub HOSTEL €
(☎ 041 811 12 76; www.hirschen-schwyz.ch; Hinterdorfstrasse 14; B 35 SFr, EZ/DZ 70/120 SFr, ohne Bad 60/100 SFr; P 📶) Mit freundlicher Atmosphäre und Begrüßungsgetränken entschädigt das Hostel für seine einfachen Zimmer. Hier gibt es eine Küche, eine Bar, einen Innenhof und einen bunten Veranstaltungskalender. Um herzukommen, Bus 1 zur Haltestelle Sonnenplätzli nehmen oder ab dem Hauptplatz nach Osten laufen (5 Min.).

Wysses Rössli HOTEL €€
(☎ 041 811 19 22; www.wrsz.ch; Am Hauptplatz; EZ/DZ ab 150/210 SFr; P @ 📶) Schon Goethe übernachtete in dem jahrhundertealten Hotel am Hauptplatz von Schwyz, dessen geräumige Zimmer im modernen Einheitslook renoviert wurden. Das Restaurant serviert Schweizer Küche mit mediterranem Einschlag.

CaféLaden CAFÉ €
(☎ 041 55 86 100; www.cafeladen.ch; Schulgasse 7; ⌚ Di–Fr 8–19, Sa bis 18 Uhr) Ein Café mit Cha-

rakter. Hier gibt es nicht nur Kaffee, Süßspeisen, Wein, Bier und glutenfreie Speisen, sondern auch Second-Hand-Kleidung und Schmuck. Zum Café gehört eine nette Terrasse.

★ **Das Insel-Restaurant Schwanau** SCHWEIZERISCH €€
(☎ 041 811 17 57; www.schwanau.ch; Hauptgerichte ab 32 SFr, 4-Gänge-Menü 98 SFr; ⏲ April–Okt. Mi–Sa 11–24, So bis 18 Uhr) Lust auf moderne Schweizer Küche im stimmungsvollen Ambiente? Dann nichts wie hin zu diesem Inselrestaurant im Lauerzerzee, das von den Ruinen eines Burgturms und einer Eremitenkapelle aus dem 17. Jh. flankiert wird. Um sich vom hauseigenen Boot abholen zu lassen, läuten Gäste einfach die Glocke am Anleger gleich neben der Straße.

Shoppen

Victorinox OUTDOORBEDARF
(☎ 041 818 12 99; www.victorinox.ch; Schmiedgasse 57, Ibach; ⏲ Mo–Fr 7.30–12 & 13.15–18, Sa 8–15 Uhr) Schweizer Taschenmesser sind praktisch und kompakt. Vor Ort bekommt man sie beim Fabrikladen von Victorinox, 650 m südwestlich vom Hauptplatz. Karl Elsener gründete die Firma 1884 und landete nach ein paar Startschwierigkeiten 1897 seinen großen Wurf mit dem „Offiziersmesser".

Praktische Informationen

Touristeninformation (☎ 041 810 19 91; www.info-schwyz.ch; Zeughausstrasse 10; ⏲ Mo–Fr 8–18, Sa 9–14 Uhr) Schräg gegenüber vom Forum der Schweizer Geschichte.

An- & Weiterreise

Züge verbinden Schwyz regelmäßig mit Zug (9,80 SFr, 30 Min.) und Luzern (15,40 SFr, 40 Min.). Der Bahnhof liegt 2 km nordwestlich der Stadt in Seewen. Um von dort zum Stadtzentrum zu gelangen, nimmt man einen Bus Richtung Schwyz-Post und steigt am Postplatz aus.

Schwyz liegt 2 km abseits der A4, die durch Brunnen führt. Von der Haltestelle Schwyz-Post fahren Linienbusse zu Brunnens Bahnhof (Bus 2, 10 Min., 2- bis 4-mal stündl.).

Einsiedeln

14 600 EW. / 900 M

Für Uneingeweihte ist Einsiedeln eine ziemliche Überraschung. Eine Kleinstadt am Ende der Bahnstrecke, am Ende des Tals … was wollen die vielen Besucher hier? Es sind Pilger. Ganze Pilgerscharen strömen nach Einsiedeln, dem Schweizer Pendant zu Lourdes. Der Legende nach wollte der Bischof von Konstanz 948 das Kloster weihen, aber eine Stimme vom Himmel tat kund: „Lass ab davon! Gott selbst hat dieses Gebäude geweiht." Per päpstlichem Dekret wurde dieses Ereignis später als ein echtes Wunder anerkannt. Selbst wer eigentlich nicht an Wunder glaubt, wird von dem sagenhaft pompösen Innenraum der Klosterkirche beeindruckt sein.

Sehenswertes

★ **Klosterkirche** KIRCHE
(☎ 055 418 61 11; www.kloster-einsiedeln.ch; Benzigerstrasse; ⏲ 6–20.30 Uhr) Einfach den Menschenmassen folgen! Das barocke Bauwerk wurde im 18. Jh. von Caspar Moosbrugger entworfen. Farbenfrohe Fresken, Marmor, Stuck- und Goldverzierungen schmücken das Innere. Die meisten Pilger nehmen dies aber gar nicht zur Kenntnis, sondern wenden ihre Aufmerksamkeit und ihre Gebete dem Allerheiligsten zu, der **Schwarzen Madonna** in der Gnadenkapelle im Eingangsbereich.

Statue des hl. Benedikt AUSSICHTSPUNKT
Vom Platz dieser Statue aus hat man einen wunderbaren Blick auf die Abtei und die Hügel. Man spaziert durch die Stallungen des Klosters und dann bergauf (15 Min.).

Schlafen

Hotel Sonne Einsiedeln HOTEL €
(☎ 055 412 28 21; http://hotel-sonne.ch; Hauptstrasse 82; EZ/DZ ab 80/130 SFr; P 📶) Direkt am Klosterplatz mit der Klosterkirche liegt dieses betriebsame Hotel, zu dem auch ein Restaurant und eine Pizzeria gehören. Die Zimmer sind schlicht und sauber; die meisten Gäste sind nicht auf Luxus aus. Das ideale Quartier für alle, die hier sind, um die Kirche zu besuchen.

Ausgehen & Nachtleben

Doc Holliday's Pub'n Dancing PUB
(☎ 055 412 14 41; www.doc-hollidays.ch; Hauptstrasse 7; ⏲ wechselnde Öffnungszeiten) Wer einer Pilgergruppe zur Kirche folgt, dürfte überrascht sein, unterwegs auf Doc Holliday's Pub'n Dancing zu stoßen, dessen Kneipenschild das Bild eines Wildwest-Revolverhelden zeigt. Hier kann man sich bei einem Bier vom Pilgertrubel erholen.

Praktische Informationen

Touristeninformation (☎ 055 418 44 88; www.einsiedeln-tourismus.ch; Hauptstrasse 85;

⌚Mo–Fr 9–17, Sa 9–16, So 10–13 Uhr) Die Touristeninformation liegt in der Nähe der Kirche, etwa zehn Gehminuten vom Bahnhof entfernt.

An- & Weiterreise

Da Einsiedeln am Ende einer Bahnstrecke liegt, müssen Bahnreisende normalerweise umsteigen. Auf der Weiterreise nach Luzern (24 SFr, 1¼ Std.) muss man in Biberbrugg und/oder Arth-Goldau umsteigen; die Zugreise nach Zürich (22 SFr, 50 Min.) führt über Wädenswil.

Engelberg

4000 EW. / 1050 M

Engelberg zieht zwei Arten von Pilgern an: jene, die im Benediktinerkloster spirituelle Erleuchtung suchen, und jene, die dem Pulverschnee auf den himmlischen Hängen huldigen. Dass Engelberg, eingerahmt vom vergletscherten Titlis und weiteren schneegekrönten Gipfeln, trotz des vielen Schnees, der tadellosen Skifahrmöglichkeiten abseits der Pisten und der Nähe zu Luzern weniger bekannt ist als andere Urlaubsorte dieser Größe, ist verwunderlich, aber wohl eher als Segen zu betrachten.

Sehenswertes

Kloster Engelberg KLOSTER
(☎041 639 61 19; www.kloster-engelberg.ch; Kirche Eintritt frei, 1-stündige Führung Erw./Kind 8 SFr/frei; ⌚Führungen Mi–Sa 10 & 16 Uhr) Von diesem Benediktinerkloster aus wurde das Engelberg-Tal einst klerikal kontrolliert. Heute betätigen sich die Mönche als Lehrer und nicht mehr als Herrscher. Nichtsdestotrotz hat ihr Domizil aus dem 12. Jh. nichts von seiner Erhabenheit eingebüßt. Nach einem verheerenden Brand (1729) wurde der Komplex mit seiner barocken Klosterkirche wieder aufgebaut. Unglaublich detaillierte Holzintarsien zieren einige Räume im Inneren.

Schaukäserei KÄSEREI
(☎041 638 08 88; www.schaukaeserei-engelberg.ch; ⌚Vorführungen 9.30–16 Uhr, Laden & Restaurant 9–17 Uhr) GRATIS Diese topmoderne Käserei gehört zum Gelände des Klosters Engelberg. Besucher können den Käsemachern zuschauen und leckere Molkereiprodukte im Bistro genießen. Zudem besteht die Möglichkeit, cremigen Käse aus Weidemilch und andere landestypische Souvenirs zu kaufen.

Aktivitäten

Wandern

In und rund um Engelberg erstreckt sich ein ca. 360 km langes Netz von markierten Wanderwegen. Gemütliche Spaziergänge in herrlicher Landschaft verspricht Brunni auf der anderen Seite des Tals. Mit der **Brunni-Seilbahn** (www.brunni.ch; Seilbahn einfache Strecke/hin & zurück 18/30 SFr, inkl. Sessellift 26/42 SFr) geht es zur Station Ristis (1600 m), wo ein Sessellift zur renovierten **Brunni-Hütte** (☎041 637 37 32; www.berghuette.ch; B Erw./Kind 26/14 SFr, B inkl. Frühstück & Abendessen 65/41 SFr) des Schweizer Alpen-Clubs (SAC) fährt.

Anstrengender ist z. B. die Wanderung über den Surenenpass (2291 m) nach Attinghausen, wo Busse nach Altdorf und zum Südende des Urnersees starten. Alternativ kann man über den Jochpass (2210 m) und die Engstlenalp nach Meiringen trekken. Achtung: Diese anspruchsvolleren Routen sollten nur mit einer guten Karte in Angriff genommen werden! Zudem heißt es vorher stets die Schneeverhältnisse checken.

Skifahren & Snowboarden

Der Titlis, die Engstlenalp und die Halfpipe am Jochpass sind super für erfahrene Snowboarder. Anfänger und fortgeschrittene Skifahrer fühlen sich auf den familienfreundlichen Abfahrtspisten (babyblau bzw. rot) von Brunni oder Gerschnialp wohl. Die echten Herausforderungen für Skifreaks warten jedoch abseits von präpariertem Terrain. Zu den legendären Strecken durch die Wildnis gehören z. B. Laub, Steinberg und die anspruchsvollste Route von allen: die Galtiberg-Abfahrt, die vom Kleinen Titlis aus über 2000 Höhenmeter zu Tal führt. Ein Tagesskipass kostet 62 SFr.

Die Touristeninformation beherbergt eine **Ski- & Snowboardschule** (☎041 639 54 54; www.skischule-engelberg.ch; Klosterstrasse 3; ⌚8–17.30 Uhr). Snowboard- und Skiausrüstung kann im ganzen Ort ausgeliehen werden (ab ca. 50 SFr/Tag). Eine tolle Infoquelle ist z. B. die Ski Lodge Engelberg. Alternativ empfiehlt sich Danis **Okay Ski Shop** (☎041 637 07 77; www.okay-shop.com; Hotel Bellevue, Bahnhofplatz), wo die Hardcore-Brettsportler abhängen und Tipps austauschen.

In Engelberg wird auch der **FIS Skisprung Weltcup** (www.weltcup-engelberg.ch) ausgetragen.

Radfahren

Bike 'n' Roll RADFAHREN
(☎041 638 02 55; www.bikenroll.ch; Dorfstrasse 31; Citybike/MTB-Hardtail/MTB-Fully pro Tag 25/30/40 SFr; ⌚Mo–Sa 8.30–12 & 14–18.30 Uhr) Bike 'n' Roll verleiht Mountainbikes und veranstaltet geführte Radtouren. Zudem kann man

Engelberg

Engelberg

Sehenswertes
1 Kloster Engelberg ... D2
2 Schaukäserei ... D2

Aktivitäten, Kurse & Touren
3 Bike 'n' Roll ... C2
Okay Ski Shop ... (s. 11)
4 Ski- & Snowboardschule ... C2

Schlafen
5 Alpenclub ... D1
6 Engelberg Youth Hostel ... A2
7 Hotel Edelweiss ... C1
8 Ski Lodge Engelberg ... C2

Essen
Alpenclub ... (s. 5)
Brasserie Konrad ... (s. 8)
9 Restaurant-Steakhouse Bierlialp ... C1
10 Spice Bazaar ... B2

Ausgehen & Nachtleben
Gadä Bar ... (s. 5)
11 Yucatan ... C2

hier Ausrüstung für Engelbergs fünf Klettersteige mieten.

Abenteuersport

Outventure ABENTEUERSPORT
(041 611 14 41; www.outventure.ch; Mühlebachstrasse 5, Stans; Mo–Fr 12–18, Sa & So 10–18 Uhr) Die in Stans ansässige Firma bietet Bungeejumping, Gleitschirm-Tandemflüge, geführte Klettersteigtouren u. v. a. m.

Schlafen

Jugendherberge Engelberg HOSTEL €
(041 637 12 92; www.youthhostel.ch; Dorfstrasse 80; B/EZ/DZ 33/73/96; P) Die saubere und moderne Jugendherberge im Berghüttenstil empfängt Gäste mit großen Schlafsälen und insgesamt 112 Betten. Hinzu kommen ein paar nette Einrichtungen (u. a. ein Billard-/Fußballraum) und ein weitläufiger Garten.

Camping Eienwäldli CAMPING €
(041 637 19 49; www.eienwaeldli.ch; Wasserfallstrasse 108; Stellplatz pro Erw./Kind/Zelt/Auto ab 9/4,50/7/2 SFr; P) Dieser familiengeführte Nobelcampingplatz gehört zum Sporthotel Eienwäldli. Dessen Restaurant und Spa können von Campern mitgenutzt werden. Nahe beim Eingang halten Ski- und Shuttlebusse. Ein Café komplettiert das Angebot.

★ **Ski Lodge Engelberg** HOTEL €€
(041 637 35 00; www.skilodgeengelberg.com; Erlenweg 36; EZ/DZ/3BZ/4BZ 150/270/360/450 SFr;

(P W) Gesellige Skiprofis aus Schweden leiten die Lodge in zentraler Lage. Die feschen Quartiere (u.a. zwei Familienzimmer) mixen Jugendstilflair mit modernem Komfort. Geziert werden sie von alten Skiern und Schwarz-Weiß-Fotos, die Skifahrer in Aktion zeigen. Nach dem Pistenspaß kann man hier in der Sauna schwitzen, vom Freiluft-Whirlpool den Blick auf verschneite Gipfel genießen und beim Ski-Fachsimpeln Köstlichkeiten der neuen nordischen Küche schmausen.

Alpenclub BOUTIQUEHOTEL €€
(041 637 12 43; www.alpenclub.ch; Dorfstrasse 5; EZ/DZ/Suite 150/220/480 SFr; P W) Niedrige Balkendecken, massive Mauern und Tierfelle auf dem Boden repräsentieren die 200-jährige Geschichte dieses romantischen Juwels im Zentrum. Das Steinberg-Zimmer punktet mit Traumblick auf den Titlis. Die ganz in Leder und Holz eingerichtete **Gadä Bar** (Do–Sa 16 Uhr–open end) ist ein beliebter Treffpunkt der Engelberger.

Hotel Edelweiss HOTEL €€
(041 639 78 78; www.edelweissengelberg.ch; Terracestrasse 10; EZ 160 SFr, DZ 280–320 SFr; P W) Das einladende Edelweiss stammt aus der Zeit der Wende zum 20. Jh. Viele seiner Zimmer mit hohen Decken bieten Gletscherblick. Das tolle Angebot für Kinder umfasst vier Spielzimmer und betreute Aktivitäten am Nachmittag. Außerhalb der Hauptsaison sinken die Preise um 50%.

Essen & Ausgehen

Spice Bazaar INDISCH €
(041 639 70 70; www.central-engelberg.ch; Dorfstrasse 48; Hauptgerichte ab 18 SFr; 11.30–23 Uhr) Das indische Restaurant erntet begeisterte Kritiken von Besuchern und Einheimischen. Es serviert verschiedenste Leckereien von Badami-Huhn bis zu Tandoori Mix Grill und schweizerisch-indische Fusionsküche wie das Spice of Life Fondue.

★ **Brasserie Konrad** MODERN-EUROPÄISCH €€
(041 637 35 00; www.skilodgeengelberg.com; Erlenweg 36; Hauptgerichte ab 29 SFr; 17.30–23 Uhr; W) Im Hausrestaurant der Ski Lodge Engelberg bereitet Chefkoch Jonas Bolling außergewöhnlich gute Speisen im Stil der neuen nordischen Küche zu. Die äußerst appetitlich angerichteten Gerichte sind die ideale Stärkung nach einem langen Pistentag. Das dreigängige Skifahrermenü (59 SFr) ist ein echtes Schnäppchen. Wer kein Hotelgast ist, sollte rechtzeitig reservieren!

Alpenclub SCHWEIZERISCH €€
(041 637 12 43; www.alpenclub.ch; Dorfstrasse 5; Pizza ab 16 SFr, Hauptgerichte ab 28 SFr; Mo–Fr 17.30–22, Sa & So ab 11.30 Uhr) Das Lokal mit niedrigen Decken und Kerzenlicht in der Hotelanlage Alpenclub ächzt unter der Last seiner 200-jährigen Geschichte. Gäste laben sich hier an Fondue, Pizza, italienischen Klassikern und der Spezialität des Hauses: brutzelnd heißem Tenderloin-Steak mit Knoblauch, Zwiebeln und Kräutersauce.

Restaurant-Steakhouse Bierlialp SCHWEIZERISCH €€
(041 637 17 17; www.restaurant-bierlialp.ch; Dorfstrasse 21; Pizza/Pasta/Fleischgerichte ab 15/22/35 SFr; 18–23 Uhr) In dem Lokal, das auf Fleisch, Pasta und Pizza spezialisiert ist, gibt es zum Auftakt ein Salatbüfett. Seine Pizza und Pastagerichte sind gut, aber Liebhaber fleischlicher Genüsse sollten unbedingt das irische Black-Angus-Rind probieren. Als Sahnehäubchen lockt dann das Dessertbüfett.

Yucatan BAR
(041 637 13 24; www.bellevue-terminus.ch; Bahnhofplatz; 15–24 Uhr) Das belebte Lokal gegenüber vom Bahnhof ist Engelbergs angesagtester Treff fürs Après-Ski. Auf den Tisch kommen hier Riesenburger, Fajitas, Quesadillas und Thai-Currys. Zudem heizen Caipirinhas die Partys mit DJs, Livebands und Tanzen auf dem Tresen an.

Praktische Informationen

Touristeninformation (041 639 77 77; www.engelberg.ch; Klosterstrasse 3; ganzjährig Mo–Sa 8–17.30 Uhr, Dez.–Ostern auch So) Die Touristeninformation fünf Gehminuten vom Bahnhof hilft bei Hotelreservierungen.

An- & Weiterreise

Engelbergs Bahnhof ist die südliche Endhaltestelle des Engelberg Express, der täglich nach/ab Luzern fährt (9,20 SFr, 45 Min.). Tagesausflügler sollten bei der Luzerner Touristeninformation (S. 215) nach Tickets für Touren zum Titlis fragen.

Die Straße nach Engelberg zweigt bei Stans von der A2 ab. Von Luzern sind es 35 Straßenkilometer bis Engelberg.

Gratisshuttles verbinden Engelbergs Bahnhof mit allen großen Hotels und Attraktionen des Orts (Ende April–Okt. 8–17 Uhr ca. alle 30 Min.). Im Winter gibt es mehrere kostenlose Skibusrouten zu bzw. ab den Hängen.

Zug

27 600 EW. / 426 M

Auf den ersten Blick ähnelt Zug vielen anderen Schweizer Kleinstädten: Es liegt an einem See und ist von Bergen umgeben. Allerdings liegt es auch im reichsten Kanton eines der reichsten Länder der Welt. Nach Daten von 2016 steht Zug auf der Liste der wohlhabenden Kantone ganz oben: Die Kaufkraft seiner Einwohner beträgt das Anderthalbfache des schweizerischen Durchschnitts. Der Ort genießt den Ruf einer unternehmensfreundlichen Steueroase und schon bei der Ankunft am Bahnhof merkt man beim Anblick der Geschäfte und der vorbeifahrenden Autos, dass die Stadt im Geld schwimmt. Darüber hinaus ist Zug aber auch für seine legendäre Kirschtorte und die gepflasterten Gassen der mittelalterlichen Altstadt bekannt.

Sehenswertes

Zytturm TURM

(Kolinplatz) Die Altstadt von Zug ist ein Stück lebendiges Mittelalter. Das fängt schon mit dem Wahrzeichen der Stadt an, dem Zytturm, dessen markantes Dach in den Kantonsfarben Blau und Weiß gedeckt ist.

Kunsthaus Zug MUSEUM

(☎041 725 33 44; www.kunsthauszug.ch; Dorfstrasse 27; Erw./Kind 8 SFr/frei; ⊙Di–Fr 12–18, Sa & So 10–17 Uhr) Das Kunstmuseum zeigt eine großartige Sammlung von Werken der Wiener Moderne (vor allem von Klimt, Kokoschka und Schiele). Regelmäßig sind hier auch hochkarätige Sonderausstellungen zu sehen.

Museum Burg Zug MUSEUM

(☎041 728 29 70; www.burgzug.ch; Kirchenstrasse 11; Erw./Kind 10 SFr/frei; ⊙Di–Sa 14–17, So 10–17 Uhr) Das Stadtmuseum in einer Burg aus dem 11. Jh. zeigt neben Gemälden, Gewändern und einem 3D-Modell von Zug auch Sonderausstellungen. Es bietet eine hervorragende Einführung in die Geschichte der Stadt – und deren frühere Tendenz, teilweise im See zu versinken.

Landsgemeindeplatz PLATZ

Cafés und Restaurants säumen den beliebten Platz am Ufer. Er ist von historischer Bedeutung, da hier vom 14. Jh. bis 1847 die Landsgemeinde tagte – die Versammlung der stimmberechtigten Bürger des Kantons. Heute finden auf dem Platz Märkte und Festivals statt; im Sommer gibt es hier jeden Mittwochabend Open-Air-Konzerte.

Aktivitäten

Zugerberg Bahn STANDSEILBAHN

(www.zbb.ch) Diese Standseilbahn fährt auf den Zugerberg (925 m) mit Wanderpfaden und toller Aussicht. Am besten kauft man gleich eine Tageskarte für den Kanton Zug (16,80 SFr), die für alle Bus- und Zugfahrten im Kanton und für die Seilbahn gilt. Vom Bahnhof aus geht es mit Bus 11 zur Talstation Schönegg (15 Min.).

Seebad Seeliken SCHWIMMEN

(☎041 711 14 56; http://seeliken.ch; Artherstrasse 2; ⊙Mitte Mai–Mitte Sept. 9 Uhr–Sonnenuntergang) GRATIS Die Einheimischen lieben das Strandbad gleich südlich der Altstadt. Hier kann man wunderbar schwimmen oder sich in der Sonne aalen.

Zuger Veloverleih RADFAHREN

(☎076 444 77 35; www.zug-tourismus.ch; Dammstrasse; ⊙Mai–Okt. 9–19, Juli & Aug. 9–21 Uhr) Kostenloser Fahrradverleih (Ausweis erforderlich) direkt am Bahnhof (Westseite).

Marcello's Bootsvermietung WASSERSPORT

(www.zuger-see.ch; Stehpaddelbrett/Tretboot/Motorboot pro Std. 30/40/75 SFr) Nahe dem Landsgemeindeplatz am Seeufer.

Strandbad Zug SCHWIMMEN

(☎041 711 09 82; Chamer Fussweg 13; ⊙Mai–Sept. 9–19.30 Uhr) GRATIS Das Strandbad am Seeufer, 2 km westlich vom Stadtzentrum, hat schattige Bereiche, Picknicktische und ein eigenes Restaurant.

Schlafen

Da hier so viele Großstädter auf Geschäftsreise übernachten, verbreiten die Zuger Hotels oft Business-Atmosphäre. Viele Hotels senken ihre Preise am Wochenende.

Jugendherberge Zug HOSTEL €

(☎041 711 53 54; www.youthhostel.ch/zug; Allmendstrasse 8; B/EZ/DZ 35/92/105 SFr; ⊙Dez.–Mitte März geschl.; P 🛜) Die moderne, saubere Jugendherberge liegt zehn Gehminuten westlich vom Bahnhof und in direkter Nähe zum Strandbad Zug.

★ Ochsen Zug HOTEL €€

(☎041 729 32 32; www.ochsen-zug.ch; Kolinplatz 11; Zi./Suite ab 195/320 SFr; P 🛜) Im Ochsen aus dem Jahr 1543 soll schon Goethe genächtigt haben. Heute ist das Ganze ein elegantes Businesshotel mit historischer Fassade in der Altstadt, ganz in der Nähe des Zytturms. Es hat u.a. ein mit Tatamimatten eingerich-

DER TITLIS

Der **Titlis** (www.titlis.ch) ist der höchste Berg der Zentralschweiz und hat deren einzigen Gletscher. Hinauf geht es u. a. mit der weltweit ersten **Drehseilbahn** (Rotair; www.titlis.ch/de/gletscher/rotair; Erw./Kind hin & zurück 89/44,50 SFr; ⌚8.30–17 Uhr). Seit 1992 übernimmt sie den letzten Abschnitt des dreiteiligen Trips: Das erste Stück führt über die Gerschnialp (1300 m; Achtung: Wer direkt zum Gipfel will, steigt hier nicht aus!) nach Trübsee (1800 m). Von dort gleitet eine weitere Gondel bergauf nach Stand (2450 m), wo man schließlich an Bord der Rotair geht. Bei deren schwindelerregender Fahrt über das tief zerklüftete Eis des herrlichen **Titlisgletschers** tauchen immer wieder Berge wie Haifischflossen vor einem auf, während der Flickenteppich aus kleinen Bergseen, Wiesen, Felsen und Wasserfällen im Hintergrund immer kleiner wird.

Oben an der Bergstation Titlis (3020 m) weht ein eisiger Wind. Das Gebäude beherbergt eine Art alpinen Themenpark mit einer kitschigen **Eishöhle**. Hinzu kommen ein überteuertes Restaurant und ein nostalgisches **Fotostudio** (4. Stock), das auf Schnappschüsse von Bollywoodstars in Dirndln spezialisiert ist.

Ergreifend ist dann der Panoramablick von der **Terrasse**, der über eisbedeckte Gipfel hinweg bis hinüber zu Eiger, Mönch und Jungfrau im Berner Oberland reicht. Eine noch eindrucksvollere Aussicht bietet der nahe **Cliff Walk** (www.titlis.ch/de/gletscher/cliff-walk; ⌚9.15–16.45 Uhr) GRATIS. Der an Drahtseilen baumelnde Laufsteg (100 m lang, 1 m breit; eröffnet 2012) ist Europas höchstgelegene Hängebrücke. Ehrgeizigere Wanderer mit festem Schuhwerk können zudem zum Gipfel des Titlis (3239 m) hinaufsteigen.

Der **Sessellift Ice Flyer** (hin & zurück Erw./Kind 12/6 SFr; ⌚9.30–16.30 Uhr) trägt Besucher hinunter zum **Gletscherpark** (www.titlis.ch/de/gletscher/gletscherpark; ⌚9.30–16.30 Uhr) GRATIS, der aufregenden Wintersport sogar im Hochsommer ermöglicht: Hier laden Reifenschläuche, Scooter und Schlitten gratis zum Ausprobieren ein. Der nahe Freestyle-Park wartet mit einer Halfpipe und guten Möglichkeiten zum sommerlichen Snowboarden auf.

Hin- und Rückfahrt ab Engelberg (einfache Strecke ca. 45 Min.) kosten zusammen 92 SFr. Bei schönem Wetter lassen sich manche Abschnitte am Titlis aber auch zu Fuß zurücklegen: Der Geologische Wanderweg zwischen Stand und Trübsee (Aufstieg/Abstieg ca. 2/1½ Std.) ist von Juli bis September offen. Von Trübsee hinauf zum Jochpass (2207 m) braucht man etwa 90 Minuten – ebenso hinunter nach Engelberg.

Zu den Wanderzielen ab Engelberg zählen die Gerschnialp (einfache Strecke/hin & zurück 9/13 SFr), Trübsee (23/32 SFr), der Jochpass (33/46 SFr) und Stand (38/53 SFr). Ein Swiss-Travel-, Eurail- oder InterRail-Pass bringt 50 % Rabatt auf alle Fahrtpreise (auch zum Titlis).

Ab Anfang November ruht der Seilbahnbetrieb (letzte Berg-/Talfahrt tgl. 15.40/16.50 Uhr) jedes Jahr zwei Wochen lang wegen Wartungsarbeiten.

tetes Japanzimmer im Angebot, aber auch Suiten und die üblichen Business-Zimmer. Dazu gehört ein Restaurant mit Bar.

Hotel Löwen am See HOTEL €€
(☎041 725 22 22; www.loewen-zug.ch; Landsgemeindeplatz 1; EZ/DZ ab 170/240 SFr; P ❄) Am Landsgemeindeplatz, mitten in der Altstadt am Seeufer, steht dieses Hotel mit schlichten, komfortablen Zimmern. Seine beliebte **französische Brasserie** ist von 9 Uhr bis Mitternacht geöffnet. Bei Online-Buchung winken Wochenend-Rabatte.

Hotel Zugertor HOTEL €€
(☎041 729 38 38; www.zugertor.ch; Baarerstrasse 97; EZ/DZ/3BZ ab 198/238/298 SFr; P) Fünf Gehminuten nördlich des Bahnhofs (Ostausgang) liegt das bei Geschäftsreisenden beliebte Hotel Zugertor, das höchsten Ansprüchen gerecht wird. Eine angenehme Unterkunft, auch wenn die Lage nicht ganz so stimmungsvoll ist wie in der Altstadt.

Essen

Wirtshaus Brandenberg SCHWEIZERISCH €
(☎041 711 95 96; www.brandenberg.ch; Allmendstrasse 3; Mittagsmenüs 20,50 SFr; ⌚Di–Sa 8–24 Uhr) Dieses Wirtshaus steht zehn Gehminuten westlich vom Bahnhof. Seit 1891 verköstigt es die Einheimischen mit klassischer Schweizer Hausmannskost zu erschwinglichen Preisen. Besonders beliebt sind die Mit-

tagsmenüs und Deftiges wie Brathähnchen, Weißwürste und *Hacktätschli* (Frikadellen).

★ **Gasthaus Rathauskeller** EUROPÄISCH €€€
(☎041 711 00 58; http://rathauskeller.ch; Ober-Altstadt 1; Hauptgerichte Bistro/Zunftstube ab 20/45 SFr; ⌚Di–Sa 11–24 Uhr) Die mit Wandmalereien verzierte spätgotische Fassade des Rathauskellers in direkter Nähe zum Zytturm ist nicht zu übersehen. Das Bistro im Erdgeschoss serviert erlesene Abwandlungen klassischer lokaler Spezialitäten, während man oben in der eleganten **Zunftstube** mit ihren knarrenden Böden von vergoldetem Rosenthal-Geschirr Delikatessen wie Hummerragout mit Sommertrüffeln speist.

Praktische Informationen

Touristeninformation (Reisezentrum Zug; ☎041 723 68 00; www.zugtourismus.ch; ⌚Mo–Fr 9–19, Sa 9–12 & 12.30–16, So 9–11.30 & 12–15 Uhr) Die Touristeninformation befindet sich im Bahnhof.

An- & Weiterreise

Zug liegt an der Hauptbahnstrecke zwischen Zürich (17 SFr, 25–45 Min.) und Lugano. Auch nach Luzern (7,30 SFr, 20–45 Min.) besteht regelmäßig Verbindung.

Über die N4, die gleich westlich von Zug verläuft, gelangen Selbstfahrer prima nach Zürich im Norden oder südwärts gen Luzern, St.-Gotthard-Pass, Lugano und Italien.

Zugs Schiffsstation liegt gleich nördlich vom Landsgemeindeplatz. Im Sommer schippern Schiffe von **Zugersee Schifffahrt** (www.zugersee-schiffahrt.ch) von hier nach Arth und zu anderen Zielen rund um den See.

Andermatt

1320 EW. / 1447 M

Inmitten karger Berge verbindet Andermatt Dorfcharme mit wilder Natur. Der Ort war einst eine wichtige Station an der Kreuzung zweier Hauptrouten – der Nord-Süd-Route über den Gotthardpass (2106 m), die Luzern mit dem Tessin verbindet, und der Hauptstraße, die sich westwärts über den Furkapass (2431 m) ins Wallis windet und ostwärts über den Oberalppass (2044 m) nach Graubünden führt. Doch seit der Eröffnung des 17 km langen Gotthard-Straßentunnels im Jahr 1980 läuft der Verkehr auf der extrem wichtigen Nord-Süd-Route an Andermatt vorbei.

Seit einiger Zeit wird in Andermatt die touristische Infrastruktur massiv ausgebaut – mit diversen neuen Hotels und einem Ausbau der Skiliftanlagen im Rahmen der sogenannten SkiArena. Weitere Hotels sind bereits geplant. Momentan wirkt das Zentrum jedoch noch so zauberhaft, traditionell und intakt wie eh und je.

Sehenswertes & Aktivitäten

Andermatt liegt in der Nähe von vier wichtigen Alpenpässen (Susten-, Oberalp-, Gotthard- und Furkapass). Somit ist dies eine super Ausgangsbasis für Wander-, Rad- und Bustrips. Die Touristeninformation verteilt Gratisbroschüren, die Möglichkeiten zum Wandern oder Radfahren vorstellen. Unter www.postbus.ch findet sich ein Verzeichnis mit aktuellen Angeboten für Bustouren.

Gemsstock BERG
(www.skiarena.ch; Seilbahn einfache Strecke/hin & zurück 36/50 SFr) Der 2961 m hohe Berg, auf den eine Seilbahn hinauffährt, lockt im Sommer die Wanderer und im Winter Skiläufer auf der Suche nach schneesicheren Pisten. Beliebt ist die Gegend auch bei Skifahrern, die frischen Pulverschnee abseits der Pisten bevorzugen. Das Skigebiet gehört zum Verbund der SkiArena, auf deren Website detailliertere Infos zu finden sind. Wer nicht Ski fährt, erfreut sich im Winter an Rodelbahnen, Schlittenfahrten und gut präparierten Wanderwegen.

Museo Nazionale San Gottardo MUSEUM
(☎091 869 15 25; http://www.passosangottardo.ch/de/musei/museo-nazionale.html; ⌚Juni–Okt. 9–18 Uhr) GRATIS Oben auf dem Gotthardpass vermittelt das Nationale St. Gotthard-Museum einen Eindruck von der wirtschaftlichen, politischen und kulturellen Bedeutung der Passstraße. Es ist im Gebäude einer ehemaligen Zollstation mit Gasthof untergebracht. Der Pass liegt 12 km südlich von Andermatt im Kanton Tessin.

Gotthardpass AUTOTOUR
(Passo San Gottardo; www.passosangottardo.ch/de/; ⌚Juni–Okt.) Die Fahrt über die Passstraße, die die beiden Kantone Tessin und Uri verbindet, ist ein berauschendes Erlebnis. Natürlich kann man den berühmten Pass (2108 m), der zwölf Straßenkilometer südlich von Andermatt im Tessin liegt, auch im Straßentunnel unterfahren, doch nur hier oben erlebt man die spektakuläre Berglandschaft und das echte Hochgefühl einer Alpenüberquerung.

Empfehlenswert ist dabei die Fahrt über die alte kopfsteingepflasterte Tremolastraße, die auf der Südseite des Gotthards in 37 Serpentinen zum italienischsprachigen Airolo hinabführt.

Lai da Tuma Hike WANDERN

Diese beliebte Wanderung (11 km, hin & zurück 3–4 Std.) führt vom Oberalppass (2044 m) zum funkelnden Lai da Tuma (2344 m; Tomasee), aus dem der Rhein entspringt. Zum Pass kommt man mit dem Auto oder dem Zug. Das aus dem See abströmende Wasser durchfließt vier Länder, bevor es sich bei Rotterdamm in die Nordsee ergießt.

Schlafen & Essen

Base Camp Andermatt HOSTEL, BERGHÜTTE €

(079 946 47 68; www.basecamp-andermatt.com; Rueti 2; B/EZ/DZ werktags 39/59/115 SFr, am Wochenende 49/69/135 SFr; P) Dieser Mix aus Hostel und Öko-Berghütte empfängt Outdoorfans das ganze Jahr über. Unter den Extras sind Gratis-WLAN, ein offener Kamin, eine Gästeküche, ein Grillbereich, ein großer Speiseraum, ein Fahrrad- und Skikeller mit Wartungsausrüstung und eine Sauna mit Panoramablick. Direkt neben dem Nätschen-Sessellift steht das Haus nur 350 m oberhalb vom Bahnhof am Hang.

★ **River House Boutique Hotel** DESIGNHOTEL €€

(041 887 00 25; www.theriverhouse.ch; Gotthardstrasse 58; EZ 150–210 SFr, DZ 200–280 SFr; P) Das stilvolle Ökohotel in einem 250 Jahre alten Gebäude gehört einem schweizerisch-amerikanischen Paar. Die schönen, individuell mit einheimischen Materialien eingerichteten Zimmer (zum Teil mit Flussblick) haben Balkendecken und Parkettböden mit Intarsien. Das Restaurant kocht mit regionalen Bio-Produkten. Dazu gibt es Schweizer Weine. Superlage mitten im Ort.

Hotel Sonne HOTEL €€

(041 887 12 26; www.hotelsonneandermatt.ch; Gotthardstrasse 76; EZ/DZ ab 90/150 SFr; P) Dieses Hotel an der Hauptstraße ist nicht zu übersehen: Die verwitterte Holzfassade wird von Geranienkästen und einem vergoldeten Sonnenschild geziert. In den gemütlichen Zimmern (teilweise mit netter Aussicht) warten bequeme Betten und viel Kiefernholz. Das behagliche Restaurant im Untergeschoss serviert Schweizer Spezialitäten unter Balkendecken.

Restaurant Zum Dörfli SCHWEIZERISCH €€

(041 887 01 32; www.zumdoerfli.ch; Furkastrasse, Zumdorf 1; Hauptgerichte 26–40 SFr) Außer diesem Restaurant hat Zumdorf Besuchern wenig zu bieten, aber das Lokal serviert sehr leckere Rösti und Fleischgerichte, im Herbst auch Wild aus eigener Jagd. Es liegt 6 km von Andermatt an der Furkastrasse, die nach Realp und zum Furkapass führt.

Praktische Informationen

Touristeninformation (041 888 71 00; www.andermatt.ch; Gotthardstrasse 2; Mo–Fr 8–12 & 13.15–17, Sa & So bis 16 Uhr) Die Touristeninformation teilt sich 200 m östlich vom Bahnhof ein Gebäude mit dem Ticketbüro für Postbusse.

An- & Weiterreise

Wer von Zürich (46 SFr, 2 Std.), Locarno (42,40 SFr, 2¼ Std.) oder anderen Startpunkten im Norden bzw. Süden anreist, muss in Göschenen umsteigen: Dort beginnt das letzte Stück Bergstrecke bis Andermatt (10 Min.). Die Hauptzugstrecke führt nämlich durch den Gotthardtunnel und nicht über Andermatt.

In Ost-West-Richtung verbindet der Glacier Express (www.glacierexpress.ch) Andermatt mit Zermatt (74 SFr, 3 Std.) und St. Moritz (85 SFr, 5 Std.).

Die Matterhorn-Gotthard-Bahn (www.mgbahn.ch) liefert Infos zu den Autozügen, die über den Oberalppass nach Graubünden bzw. durch den Furkatunnel ins Wallis fahren. An Andermatts Bahnhof halten außerdem Postbusse.

Der 17 km lange Gotthard-Straßentunnel gehört zu den am stärksten ausgelasteten Nord-Süd-Verbindungen in den Alpen. Ab Göschenen führt er bis in die Nähe von Airolo (Tessin) und umgeht dabei Andermatt.

2016 wurde der neue Gotthard-Basistunnel eröffnet, ein 57 km langer Eisenbahntunnel für Hochgeschwindigkeits- und Güterzüge. Er gilt als längster und tiefster Verkehrstunnel der Welt.

Nordwestschweiz

Inhalt ➡

Gut essen

- ➡ Restaurant Stucki (S. 242)
- ➡ Restaurant Schlüsselzunft (S. 242)
- ➡ Markthalle (S. 242)
- ➡ Speck (S. 246)
- ➡ Goldener Schlüssel (S. 246)

Schön übernachten

- ➡ Les Trois Rois (S. 242)
- ➡ Hotel Krafft (S. 242)
- ➡ Der Teufelhof (S. 239)
- ➡ Kettenbrücke Hotel (S. 246)
- ➡ SYHA-Jugendherberge Baden (S. 246)

Auf in die Nordwestschweiz!

Die Nordwestschweiz mit den Kantonen Basel und Aargau im Dreiländereck mit Frankreich und Deutschland bietet eine reizvolle Mischung kultureller Attraktionen.

Basel, das sich als Ausgangspunkt für Erkundungen empfiehlt, besitzt neben der zauberhaften Altstadt reichlich avantgardistische Gebäude, die zwar zu kommerziellen Zwecken gebaut wurden, aber zugleich kulturbezogen sind. In der Stadt selbst gibt es fast 40 Museen zu verschiedensten Themen, aber auch im Umland warten noch zahlreiche weniger bekannte Schätze.

Ein kurzer Ausflug von Basel führt zur Römerstadt Augusta Raurica, den schönsten römischen Ruinen der Schweiz. Die hübsche mittelalterliche Stadt Aarau weiter südöstlich von Basel war der Stammsitz der Habsburger, jenes Geschlechts, das schließlich über Österreich-Ungarn herrschen sollte. In den Tälern der Aare und der Limmat liegen die Schlossburgen Habsburg, Wildegg, Lenzburg und Hallwyl sowie etliche hübsche Dörfer und der reizende Kurort Baden.

Reisezeit

- ➡ Im Sommer zieht es die Leute an heißen, sonnigen Tagen zum Essen in den Uferrestaurants am rauschenden Rhein.
- ➡ Im Dezember und Januar finden hier die märchenhaften Weihnachtsmärkte statt und im Januar das Vogel-Gryff-Fest.
- ➡ Im Februar dreht sich in Basel alles um eine Sache: die Fasnacht und den gespenstischen, wilden und tollen Umzug Morgestraich.

Highlights

1 **Vitra Design Museum** (S. 237) Design-Souvenirs shoppen und die Architektur in Weil am Rhein bewundern.

2 **Kunstmuseum Basel** (S. 234) Die umwerfende Sammlung des kürzlich renovierten Kunstmuseums bestaunen.

3 **Fondation Beyeler** (S. 237) In Riehen die großzügigen Gönner dieser Pilgerstätte für klassische und moderne Kunst würdigen.

4 **Stiftung Langmatt** (S. 245) In Baden eine der reizendsten kleinen Galerien der Schweiz genießen.

5 **Fasnacht** (S. 238) Auf Basels schrägem, wildem Fest Stereotypen über die Schweizer ablegen.

6 **Augusta Raurica** (S. 238) In der größten archäologischen Stätte der Schweiz über das Römerreich nachsinnen.

7 **Schloss Habsburg** (S. 245) Die Wiege eines einstmals großen Imperiums besuchen.

Basel

176 117 EW. / 273 M

Die Lage Basels beidseits des mächtigen Rheins war einer der Gründe für die Entwicklung der Stadt zu einem wichtigen Handels- und Verkehrsknotenpunkt. Heute ist sie ein globales Zentrum der Pharmaindustrie – die Giganten Roche und Novartis haben hier ihre Geschäftszentralen. Das aber interessiert die vielen Tausenden Kunst- und Architekturfreunde kaum, die jedes Jahr zur weltberühmten Kunstmesse ART Basel strömen und die zahlreichen Galerien, Museen und bekannten Gebäuden schätze.

Basels Lage am Schnittpunkt der französischen, deutschen und schweizerischen Grenze trägt zum multikulturellen Reiz bei und Basel ist wohl auch jene Stadt, in der die deutsch-französischen Wurzeln der Schweiz am deutlichsten zum Vorschein treten. Gesprochen wird hier jedoch überwiegend Schweizerdeutsch.

Leicht lässt sich ein ganzer Tag mit einem Bummel durch die kopfsteingepflasterten Straßen der imposanten und schönen Altstadt in **Grossbasel** am Südufer des Rheins verbringen. Anschließend geht es über die Mittlere Brücke nach **Kleinbasel** mit seiner mehr vom Alltag geprägten Atmosphäre, um in einem Uferrestaurant auf der Terrasse zu speisen.

Geschichte

Die Römer gründeten 44 v. Chr. in Raurica, östlich von Basel, eine Kolonie auf keltischem Gebiet. Als die Stadt (Basileum) in Schriftstücken aus dem 3. Jh. n. Chr. zum ersten Mal erwähnt wurde, hatten die Römer auf den Höhen rund um den heutigen Münsterhügel bereits eine Festung erbaut, die Teil eines Verteidigungssystems entlang des Rheins war.

Die Herrschaft über das mittelalterliche Basel wechselte mehrere Male, von den Franken an die Hochburgunder und später an die Habsburger. Die Stadt, die sich mittlerweile mehr und mehr in der Hand ihrer mächtigen Zünfte befand, trat 1501 der Schweizer Eidgenossenschaft bei.

Gegen Anfang des 20. Jhs. war Basel ein geschäftiges Industrie-, Handels- und Bankenzentrum mit einer florierenden Wirtschaft, deren größter Motor schon damals die Chemie- und Pharmaindustrie war. Basel blickt zudem auf eine lange Tradition als Kunstzentrum zurück. In den 1930er-Jahren erstand das Kunstmuseum vom nationalsozialistischen Deutschland eine Sammlung moderner Kunst von unschätzbarem Wert, die Hitler und Co. als „entartete Kunst" verachteten.

Sehenswertes

Die meisten Museen haben montags geschlossen. Broschüren zu den 37 Museen und Galerien (bei der letzten Zählung) gibt es bei Basel Tourismus (S. 244), ansonsten informiert auch www.museenbasel.ch.

Grossbasel

★ Kunstmuseum Basel — MUSEUM

(☎ 061 206 62 62; www.kunstmuseumbasel.ch; St. Alban-Graben 16; Erw./Stud./Kind 16/8 SFr/frei; ⏲ Di, Mi & Fr–So 10–18, Do bis 20 Uhr; P) Das hervorragende Kunstmuseum, das die umfassendste Sammlung öffentlicher Kunst in der Schweiz besitzt, wurde Mitte 2016 nach Umbauarbeiten in den bestehenden Galerien (Hauptbau) und dem Neubau eines modernen Flügels wiedereröffnet. Zu den Tausenden Kunstwerken gehören die weltweit größte Holbein-Sammlung und bedeutende Werke der Renaissance und des Impressionismus. Der Eintrittspreis gilt für den Besuch der ständigen Sammlung – für Gastausstellungen wird ein Aufpreis erhoben. Führungen kosten ab 5 SFr.

Die Eintrittskarte gilt auch für die Ausstellungen zeitgenössischer Kunst im **Kunstmuseum Basel | Gegenwart** (St. Alban-Rheinweg 60; Erw./Stud./Kind 16/8 SFr/frei; ⏲ Di–So 11–18 Uhr) am Flussufer.

★ Spielzeug Welten Museum Basel — MUSEUM

(☎ 061 225 95 95; www.spielzeug-welten-museum-basel.ch; Steinenvorstadt 1; Erw./Kind 7/5 SFr; ⏲ 10–18 Uhr; P 👪) Erwachsene und Kinder begeistern sich für dieses faszinierende und liebevoll kuratierte Phantasieland mit der größten Teddybärensammlung der Welt und jeder Menge außerordentlich detailreicher Puppenhäuser. Über 6000 Objekte sind auf vier Etagen ausgestellt.

Mittlere Brücke — BRÜCKE

Es ist kaum zu glauben, dass diese Brücke, das Symbol Basels, bereits seit 1226 den rauschenden Rhein zwischen dem vornehmen Grossbasel und dem einfachen Kleinbasel überspannt. Die Brücke zu überqueren ist ein Muss bei einem Besuch in der Stadt.

Marktplatz — PLATZ

(P) Die Erkundung der reizenden mittelalterlichen Altstadt Basels beginnt am Markt-

NICHT VERSÄUMEN

MODERNE ARCHITEKTUR IN BASEL

In Basel und Umgebung stehen Gebäude, die von insgesamt sieben Gewinnern des Pritzker-Preises für Architektur entworfen wurden. Die Werke der meisten dieser Gewinner – Frank Gehry, Álvaro Siza, Tadao Ando, Zaha Hadid, Jacques Herzog und Pierre de Meuron – sind jenseits der Grenze im deutschen Vitra Design Museum (S. 237) zu sehen.

Einige Werke von Herzog & de Meuron liegen etwas zentraler. Das in Basel ansässige Büro ist u. a. für seine Entwürfe der Londoner Galerie Tate Modern, des Olympiastadions in Beijing und des Prada-Aoyama-Gebäudes in Tokio bekannt. Zu den in Basel umgesetzten Werken gehören neben dem **Schaulager** (www.schaulager.org; Ruchfeldstrasse 19) und dem Stadion im **St. Jakob-Park** auch weniger gigantische Projekte wie das in mattem Schwarz gehaltene **Zentralstellwerk** (Münchensteinerstrasse 115), das überraschende gläserne **Elsässertor** (Viaduktstrasse 3; P) nahe dem SBB-Bahnhof und das renovierte Volkshaus Basel (S. 243) in der Rebgasse in Kleinbasel.

Auf das Konto eines weiteren Pritzker-Preisträgers, des italienischen Architekten Renzo Piano, geht die Fondation Beyeler (S. 237), während der aus dem Tessin stammende Architekt Mario Botta das beeindruckende Museum Jean Tinguely (S. 237) entworfen hat.

platz, der von der überraschend lebendig wirkenden, roten Fassade des **Rathauses** (☎ 061 267 81 81; Marktplatz 9; ⌚ Mo–Fr 8–17 Uhr) aus dem 16. Jh. dominiert wird. Von hier sind es etwa 400 m Richtung Westen über die Spalenberg durch das ehemalige Handwerkerviertel bis zum 600 Jahre alten **Spalentor**, eines von nur drei Stadttoren, die das Schleifen der Stadtmauer im Jahr 1866 überlebt haben. Unterwegs lohnt sich ein gemächlicher Bummel durch bezaubernde Gassen wie die Spalenberg, Heuberg und Leonhardsberg, die von makellos erhaltenen jahrhundertealten Häusern gesäumt sind.

Münster KATHEDRALE

(☎ 061 272 91 57; www.baslermuenster.ch; Münsterplatz 9; ⌚ Mo–Fr 10–17, Sa bis 16, So 11.30–17 Uhr; P) Das Münster aus dem 13. Jh. vereint hauptsächlich gotische Fassadenelemente mit einem romanischen Kirchenraum. Nach einem Erdbeben 1356 wurde sie fast vollständig neu aufgebaut. Das Grab des Humanisten Erasmus von Rotterdam (1466–1536), der in Basel lebte, befindet sich im Nordschiff der Kirche. Gruppen ab zwei Personen können die hohen gotischen Türme hinaufgehen (5 SFr/Pers.). Der baumbestandene **Münsterplatz** hinter der Kirche bietet einen tollen Blick auf den Rhein.

Schweizerisches Museum für Papier, Schrift und Druck MUSEUM

(☎ 061 225 90 90; www.papiermuseum.ch; St. Alban-Tal 37; Erw./Kind 15/9 SFr; ⌚ Di–Fr & So 11–17, Sa 13–17 Uhr) Das Museum ist in einer alten Papiermühle an einem mittelalterlichen Kanal untergebracht und mit einem funktionstüchtigen Wasserrad ausgestattet. Es gibt einen Einblick in eine längst vergangene Zeit, als in der Nähe noch Dutzende solcher Mühlen in Betrieb waren. In dieser Papiermühle wurde jahrhundertelang Papier hergestellt – das Museum geht dieser Geschichte auf den Grund. Gleich östlich davon steht noch ein Teil der alten Stadtmauer.

Museum für Geschichte MUSEUM

(☎ 061 205 86 00; www.hmb.ch; Barfüsserplatz 4; Erw./Kind 12/7 SFr; ⌚ Di–So 10–17 Uhr) Das Aushängeschild der drei Museen, die unter „Historisches Museum Basel" zusammengefasst sind, wurde 1894 eröffnet und lohnt auf jeden Fall einen Besuch. Die vielseitige historische Sammlung, eine der größten ihrer Art in der Schweiz, ist unter den Gewölbedecken der ehemaligen Barfüsserkirche ausgestellt und zeigt u. a. Kunstgewerbe, Keramiken und Waffen aus zwei Jahrtausenden. Zu den Highlights gehören Fragmente eines Totentanz-Freskos aus dem 15. Jh und ein gut erhaltenes Chorgestühl aus dem 16. Jh

Museum für Wohnkultur MUSEUM

(☎ 061 205 86 78; www.hmb.ch; Elisabethenstrasse 27–29; Erw./Kind 10/5 SFr; ⌚ Di–Fr & So 10–17, Sa 14–17 Uhr; 👪) Die Zimmer des reizenden Museums auf zwei Etagen im schönen Haus zum Kirschgarten (1780) sind originalgetreu im Stil des Basler 18. und 19. Jhs. eingerichtet. Zu den vielen ausgestellten Antiquitäten gehört auch eine edle Sammlung Meißner Porzellans.

Basel

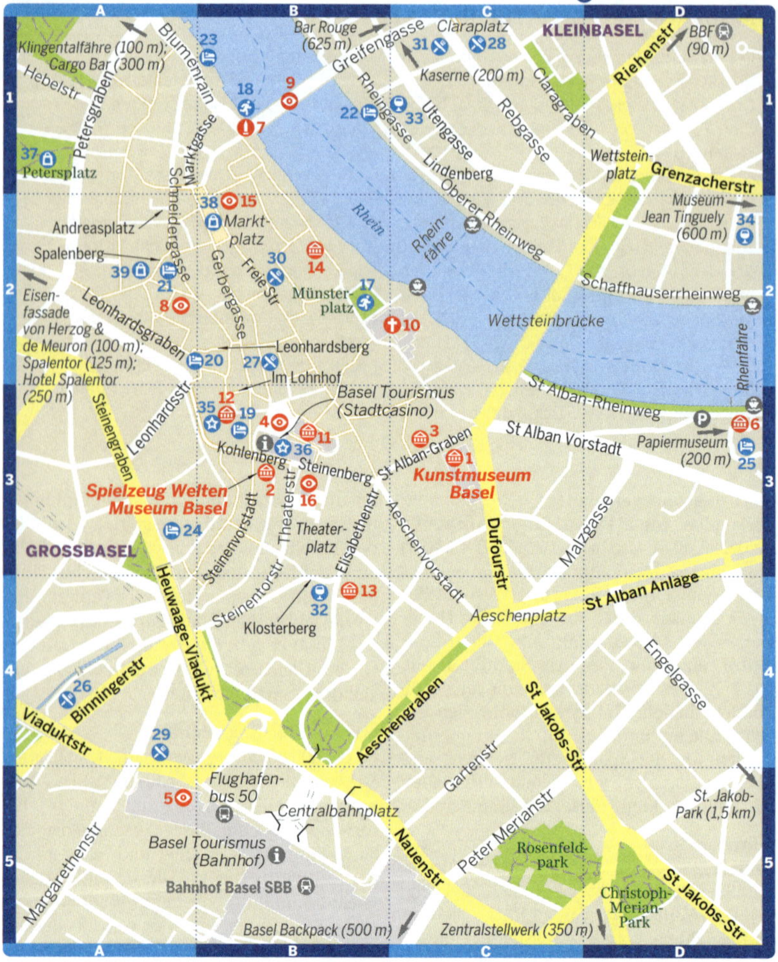

Antikenmuseum Basel

MUSEUM

(☎ 061 201 12 12; www.antikenmuseumbasel.ch/en; St. Alban-Graben 5; Erw./Kind 15 SFr/frei; ⏲ Di, Mi, Sa & So 10–17, Do & Fr bis 22 Uhr) Das mehrgeschossige Museum enthält die umfassendste Sammlung antiker Artefakte der Schweiz, von der Glanzzeit der ägyptischen Pharaonen bis zu den Römern. Donnerstags und freitags ist der Eintritt nach 19 Uhr frei.

Museum für Musik

MUSEUM

(☎ 061 264 91 60; www.hmb.ch; Im Lohnhof 9; Erw./Kind 10/5 SFr; ⏲ Mi–Sa 14–18, So 11–17 Uhr) Das Museum mit der größten Musikinstrumentensammlung des Landes aus einem Zeitraum von 500 Jahren geht auf den musikalischen und sozialen Kontext eines jeden Instruments ein.

Naturhistorisches Museum

MUSEUM

(☎ 061 266 55 00; www.nmbs.ch; Auginergasse 2; Erw./Kind 7/5 SFr; ⏲ Di–So 10–17 Uhr) Das Anliegen des Museums mit seinen fast acht Millionen zoologischen, anthropologischen und archäologischen Objekten und Artefakten ist die Archivierung menschlichen und tierischen Lebens in der Region. Es enthält zahlreiche lebensgroße und interaktive Exponate und informiert und unterhält gleichermaßen Kinder und Erwachsene.

Basel

Highlights
1 Kunstmuseum Basel ... C3
2 Spielzeug Welten Museum Basel ... B3

Sehenswertes
3 Antikenmuseum Basel ... C3
4 Barfüsserplatz ... B3
5 Elsässertor ... A5
6 Kunstmuseum Basel | Gegenwart ... D3
7 Lällekönig ... B1
8 Marktplatz ... A2
9 Mittlere Brücke ... B1
10 Münster ... C2
11 Museum für Geschichte ... B3
12 Museum für Musik ... B3
13 Museum für Wohnkultur ... B4
14 Naturhistorisches Museum ... B2
15 Rathaus ... B2
16 Tinguely-Brunnen ... B3

Aktivitäten, Kurse & Touren
17 Allianz Cinema Basel ... B2
18 Basler Personenschifffahrt ... B1

Schlafen
19 Au Violon ... B3
20 Der Teufelhof ... A2
21 Hotel Basel ... A2
22 Hotel Krafft ... B1
23 Les Trois Rois ... B1
24 Steinenschanze Stadthotel ... A3
25 Jugendherberge Basel ... D3

Essen
26 Acqua ... A4
Atelier ... (s. 20)
27 Latini ... B2
28 Lily's Maxim Basel ... C1
29 Markthalle ... A4
30 Restaurant Schlüsselzunft ... B2
31 Volkshaus Basel ... C1

Ausgehen & Nachtleben
32 Atlantis ... B4
33 Consum ... C1
34 SUD ... D2

Unterhaltung
35 Bird's Eye Jazz Club ... B3
36 Stadtcasino ... B3

Shoppen
37 Flohmarkt Petersplatz ... A1
38 Stadtmarkt ... B2
39 Weihnachtshaus Johann Wanner ... A2

Kleinbasel

★ Museum Jean Tinguely MUSEUM
(☎ 061 681 93 20; www.tinguely.ch; Paul Sacher-Anlage 2; Erw./Stud./Kind 18/12 SFr/frei; ⌚ Di–So 11–18 Uhr; P) Das vom führenden Tessiner Architekten Mario Botta erbaute Museum zeigt die verspielten, schelmischen und durchgeknallten künstlerischen Erfindungen des wahnwitzigen Bildhauers Jean Tinguely. Neben einigen der „kinetischen" Skulpturen sind Knöpfe angebracht, mit denen die Besucher Tinguelys Werke in Bewegung setzen können. Es macht Spaß zu beobachten, wie sie klappern, wackeln oder sich drehen und wie sich die Federn, Vogelfedern und Räder in alle Richtungen verdrehen. Im oberen Stock gibt die *Méta-Harmonies* eindringliche Melodien von sich.

Außerhalb des Zentrums

★ Vitra Campus MUSEUM
(☎ +49 7621 702 3500; www.vitra.com/en-hu/campus; Charles-Eames-Strasse 1, Weil am Rhein; Vitra Campus Erw./Kind 17/15 €, nur Design Museum 11/9 €, 1/2 Std. Führungen 7/14 €; ⌚ 10–18 Uhr) Der Vitra Campus, der die Arbeiten der benachbarten gleichnamigen Edelmöbelfabrik ausstellt, besteht aus dem großartigen **Vitra Design Museum** (des Architekten Frank Gehry, der auch das Guggenheim Bilbao entwarf), dem **Vitra Haus** und dem 2016 eröffneten **Vitra Schaudepot** (beide von Herzog & de Meuron). Hinzu kommen zahlreiche Installationen von innovativen Architekten und Designern, u.a. Carsten Höllers witziger, spiraliger 30 m hoher Vitra Rutschturm. Für Fans von Architektur und Industrie- und Innendesign ist ein Besuch ein Muss.

Der Campus befindet sich auf der deutschen Seite der Grenze in Weil am Rhein.

★ Fondation Beyeler MUSEUM
(☎ 061 645 97 00; www.fondationbeyeler.ch; Baselstrasse 101, Riehen; Erw./unter 25 J. 25 SFr/frei; ⌚ Do–Di 10–18, Mi bis 20 Uhr; P) Die erstaunliche Sammlung der früheren Kunsthändler Hildy und Ernst Beyeler ist in einem langen, niedrigen, lichten und offen gestalteten Gebäude des italienischen Architekten Renzo Piano untergebracht. Präsentiert werden Arbeiten von Picasso und Rothko aus dem 19. und 20. Jh., Skulpturen von Miró und Max

NICHT VERSÄUMEN

MIT DEM STROM SCHWIMMEN

Nervenkitzel für wenig Geld verspricht die Überquerung des Rheins auf einer von Basels vier stimmungsvollen alten Fähren, die an Kabeln zwischen den Flussufern befestigt sind. Diese uralten, nicht motorisierten Boote werden von erfahrenen Fährkapitänen geschickt über den Fluss navigiert.

Die beiden nützlichsten Boote sind die **Klingentalfähre** (www.faehri.ch; Erw./Kind 1,60/0,80 SFr) westlich der Mittleren Brücke und die **Münsterfähre** (www.faehri.ch; Erw./Kind 1,60/0,80 SFr), die den Rhein gleich unterhalb des Münsterplatzes überquert. Beide pendeln den ganzen Tag von etwa 9 Uhr bis zur Abenddämmerung hin und her.

Ernst, Stammesfiguren aus Ozeanien sowie regelmäßige Gastausstellungen.

★ Augusta Raurica RUINEN

(☎ 061 552 22 22; www.augustaraurica.ch; Giebenacherstrasse 17, Augst; Erw./Kind 8/6 SFr; ⏲10–17 Uhr; P 👪) Die größte römische Ruinenstätte der Schweiz liegt etwa 17 km östlich von Basel am Südufer des Rheins. Sie ist der letzte Rest einer Kolonie, die 43 v.Chr. gegründet wurde und deren Bevölkerung bis zum 2. Jh n.Chr. auf 20 000 Menschen angewachsen war. Heute können Besucher frei zwischen den Ruinen schlendern, zu denen eines der besterhaltenen römischen Theater in Zentraleuropa gehört. Zu erreichen mit der S-Bahn (S1) ab Basel bis Kaiseraugst (3,80 SFr, 11 Min.), ab dort zehn Minuten zu Fuß. Die Stätte ist ausgeschildert.

Das **Römermuseum** (☎ 061 552 22 22; www.augustaraurica.ch; Giebenacherstrasse 17, Augst; Erw./Kind 8/6 SFr; ⏲10–17 Uhr; P) am Eingang der Stätte lohnt ebenfalls einen Besuch. Sehenswert sind vor allem ein authentisch restauriertes römisches Haus und die unvergleichliche Sammlung von 270 Teilen antiken Silbers.

Aktivitäten

Beliebt als Sommerbeschäftigungen sind Schwimmen oder Treiben im rauschenden Rhein und Sonnenbaden an seinen Ufern. Ein „Wickelfisch" ist in den Informationsstellen von Basel Tourismus (S. 244) und in Geschäften erhältlich – es handelt sich um einen wasserdichten „Fisch" aus Plastik, um die Kleidung beim Schwimmen den Fluss hinab trocken aufzubewahren.

Rehberger-Weg WANDERN

Wer ein Smartphone hat, kann sich die App für diesen 5 km langen Wanderweg zwischen der Fondation Beyeler und dem Vitra Campus herunterladen. Der Weg ist von 24 farbenfrohen und einzigartigen Kunstinstallationen gesäumt, die vom Künstler Tobias Rehberger geschaffen wurden. Sie stehen entlang dem Weg, der durch die Landschaft und über die Grenze bis nach Deutschland führt.

Basler Personenschifffahrt BOOTSFAHRT

(☎ 061 639 95 00; www.bpg.ch; Schifflände; Bootstour 19 SFr; ⏲Di–Sa 14 Uhr) Zwischen Mitte Mai und Mitte Oktober bietet die Basler Personenschifffahrt 85-minütige Schiffsrundfahrten durch die Stadt und den Hafen, diverse längere Touren nach Rheinfelden sowie Mittagessen-, Jazz-, und Dinner-Fahrten an. Die Touren starten an der Schifflände nahe der Mittleren Brücke.

Feste & Events

★ Fasnacht FASTNACHT

(www.fasnachts-comite.ch; ⏲Feb. oder März) Basels berühmter dreitägiger Fasching beginnt am Montag nach Aschermittwoch mit dem **Morgestraich**: Um 4 Uhr morgens gehen alle Straßenlaternen aus – der Startschuss für einen Umzug durchs Zentrum, bei dem die Teilnehmer aufwendige Kostüme und Masken tragen. Die wichtigsten Paraden ziehen am Montag- und Mittwochnachmittag durch die Stadt, am Dienstag finden der Kinderumzug und eine Ausstellung bunter Laternen auf dem Münsterplatz statt.

★ ART Basel KUNST

(www.artbasel.ch; ⏲Juni) Eine von drei internationalen Ausstellungen (die anderen beiden finden in Miami und Hongkong statt), auf der über eine Woche im Juni die Arbeiten von über 4000 Künstlern aus fast 300 Galerien präsentiert werden.

Vogel Gryff TRADITIONSFEST

(⏲Jan.; 👪) Das alteingesessene Fest im Januar (das „Greifvogelfest") in Kleinbasel vertreibt auf symbolische Weise den Winter. Die drei Hauptfiguren – der Greif (Vogel Gryff), der Wilde Mann und der Löwe (Leu) – tanzen zum Rhythmus von Trommeln auf einem Floß auf dem Rhein und später auf Kleinbasels Straßen.

Herbstmesse TRADITIONSFEST
(www.messen-maerkte.bs.ch; Okt.;) Künstler, Kunsthandwerker, Händler und Fahrgeschäfte prägen während Basels riesiger Herbstmesse, die es schon seit über 500 Jahren gibt, das Bild der Stadt.

Schlafen

Während Kongressen oder Messen sind die Unterkünfte schnell voll; am besten möglichst frühzeitig reservieren. Beim Einchecken immer gleich nach dem Mobility Ticket fragen, mit dem alle Gäste eines Basler Hotels während der Dauer ihres Aufenthalts kostenlos die öffentlichen Verkehrsmittel nutzen können. Das Ticket ist hilfreich, da in der Altstadt günstige Hotelparkplätze nur schwer zu finden sind.

Infos zu B&Bs in der Gegend gibt's auf www.bbbasel.ch.

Grossbasel

★ **Basel Backpack** HOSTEL €
(061 333 00 37; www.baselbackpack.ch; Dornacherstrasse 192; B in 4/8B-Schlafsaal 39/31 SFr, EZ/DZ ab 75/89 SFr;) Das unabhängige Hostel in einer ehemaligen Fabrik hat freundliche Angestellte, helle und geräumige Schlafsäle mit vier und acht Betten und einige schicke, auf einfache Art stilvolle Einzel- und Doppelzimmer. Weitere Vorzüge sind Fahrradverleih, Frühstück, eine Bar, Gästeküche und Waschmaschine sowie zwei gesellige Aufenthaltsräume.

SYHA-Jugendherberge Basel HOSTEL €
(061 272 05 72; www.youthhostel.ch; St. Alban-Kirchrain 10; B/EZ/2BZ mit Gemeinschaftsbad 41/70/93 SFr, EZ/DZ ab 120/132 SFr;) Das todschicke, von den Basler Architekten Buchner & Bründler entworfene moderne Hostel liegt zwischen zwei baumbeschatteten Plätzen und einem rauschenden Bach. Es ist nur einen Katzensprung bis zum Rhein, zum SBB-Bahnhof sind es 15 Minuten zu Fuß (oder man nimmt die Straßenbahn 2 bis zum Kunstmuseum).

Hotel Basel HOTEL €
(061 264 68 00; www.hotel-basel.ch; Münzgasse 12; EZ/DZ/2BZ ab 126/153/180 SFr;) Das gepflegte Hotel mit 72 Zimmern in großartiger Lage inmitten der Altstadt hat einfache, aber komfortabel eingerichtete kompakte Einzel- und geräumigere Doppelzimmer. Wegen Form und Größe des Hotels sind die meisten Zimmer mit einer dekorativen Wand, Oberlicht oder anderen netten Dingen ausgestattet. Der Service ist hervorragend.

Au Violon HOTEL €
(061 269 87 11; www.au-violon.com; Im Lohnhof 4; EZ/DZ ab 120/140; SFr) Die Türen gehören zu den wenigen Hinweisen darauf, dass das reizende und stimmungsvolle Au Violon zwischen 1835 und 1995 als Gefängnis diente. Bei den meisten Zimmern wurde sozusagen aus zwei Zellen eine gemacht; sie blicken entweder auf einen entzückenden, gepflasterten Innenhof oder auf das Münster. Zu dem Hotel auf einem grünen Hügel gehört außerdem ein angesehenes Restaurant, das im Sommer auch Tische im Freien hat.

★ **Der Teufelhof** BOUTIQUEHOTEL €€
(061 261 10 10; www.teufelhof.com; Leonhardsgraben 49; EZ/DZ/Suite ab 138/158/178 SFr;) Der Teufelhof, der sich selbst „Gast- und Kulturhaus" nennt, ist etwas für Liebhaber von Kunst und Design. Es besteht aus zwei eleganten Hotels, dem avantgardistischen Kunsthotel mit neun Zimmern und dem größeren Galeriehotel (in einem ehemaligen Nonnenkloster), beide mit hochwertigen, lokal hergestellten Vitra-Möbeln eingerichtet.

Hotel Spalentor HOTEL €€
(061 588 06 26; www.hotelspalentor.ch; Schönbeinstrasse 1; EZ/DZ ab 153/178 SFr;) Das stilvolle Hotel, das sowohl Geschäfts- als auch Freizeitreisende anspricht, liegt gleich vor dem Spalentor am Eingang zur Altstadt. Die jüngst renovierten Zimmer sind elegant modern gehalten und mit edlen Ledersesseln und Großbild-TVs ausgestattet. Einige haben auch einen Balkon. Zudem gibt es einen wunderbaren Garten und höfliches, hilfsbereites Personal.

Steinenschanze Stadthotel HOTEL €€
(061 588 12 13; www.steinenschanze.ch; Steinengraben 69; EZ/FZ ab 162/180 SFr) Das recht preiswerte Hotel in guter Lage zwischen dem Bahnhof Basel SBB und der Altstadt hat einfache, kompakte Zimmer mit klaren Linien, komfortablen Betten, Parkettböden und Wandpanelen aus echtem Holz sowie viel natürliches Licht. Der Garten kann von den Gästen genutzt werden und die Angestellten sind freundlich und hilfsbereit.

1

2

. Pferde auf der Weide bei Gimmelwald (S. 136), Berner Oberland
. Corippo (S. 204), Tessin **3.** Werdenberg (S. 283), Appenzell

Bergdörfer

Heidi gibt's nur im Roman, die Bergdörfer aber wirklich – in der Schweiz werden Bilderbuchphantasien Realität: von kleinen Dörfern auf Bergkuppen im Berner Oberland, wo man von Kuhglocken geweckt wird, bis zu Holzchalets im Wallis, wo man es sich am Kamin gemütlich machen kann, während draußen der Schnee leise rieselt. Wenn das nicht idyllisch klingt!

Fextal

Das verschlafene Fextal ist umgeben von vergletscherten Bergen, Wäldern und Wiesen. Wer es romantisch mag, macht sich zu Fuß oder in einer Kutsche auf den Weg zu den Dörfern Fex-Platta und Fex-Cresta. Die Dörfer präsentieren sich wie aus einer Zeit, in der es noch keinen Tourismus gab.

Dorfarchitektur

Hübsche Dörfer gibt's im ländlichen Appenzell zuhauf, aber keines kann mit Werdenberg (S. 283) und seinem mittelalterlichen Schloss, den mit Geranien behangenen Holzchalets und seiner Traumlage mithalten.

Mürren & Gimmelwald

Mürrens (S. 135) Skipisten und Wanderwege sind herrlich, die hiesigen Chalets bieten Blick auf Eiger, Mönch und Jungfrau. Und wer eins mit der Natur sein will, besucht das zuckersüße Gimmelwald (S. 136) ganz in der Nähe.

Corippo

Corippo (S. 204), das kleinste Dorf der Schweiz, ist mit nur 13 Einwohnern eigentlich eher ein Familiensitz. Der Weiler an einem Hang im Valle Verzasca ist mit seinen Häusern und der tollen Bergkulisse für jeden Fotografen ein traumhaftes Motiv.

Aletschgletscher

Wer auf der Suche nach Postkartenmotiven ist, wird von Riederalp und Bettmeralp (S. 180) begeistert sein. Beide bieten einen Traumblick aufs Matterhorn und niedliche Chalets, die am Rand des Aletschgletschers stehen.

★ Les Trois Rois LUXUSHOTEL €€€
(061 260 50 50; www.lestroisrois.com; Blumenrain 8; EZ/DZ ab 350/570 SFr; P ❄ 📶) Das schöne Hotel direkt am Fluss ist zweifellos die beste Adresse der Stadt. Es vereint die würdevolle Eleganz vergangener Zeiten (Lust auf einen Walzer im Ballsaal?) mit jungem, teurem Stil. Das Angebot an Zimmern reicht von klassisch bis schick, aber alle sind komfortabel und reizvoll.

Kleinbasel

★ Hotel Krafft HOTEL €€
(061 690 91 30; www.krafftbasel.ch; Rheingasse 12; EZ/DZ ab 110/175 SFr; 📶) Designbewusste, urbane Menschen zieht es in dieses renovierte historische Hotel, das ihnen elegante, minimalistische Zimmer bietet, die Alt und Neu wunderbar verbinden; einige haben einen Balkon. Kostenlose Klappfahrräder, frisches Obst und Wasserkaraffen sind beeindruckend, aber das wichtigste Merkmal des Hotels ist die erstklassige Lage am Fluss neben der Mittleren Brücke mit Blick von Kleinbasel über den Rhein auf die hinreißende Stadtlandschaft von Grossbasel. Ein Zimmer mit Aussicht lohnt sich.

Essen

Basels Esskultur profitiert von der langen Einwanderungsgeschichte der Stadt und ihrer Nähe zur französischen und deutschen Grenze. Eines ist allerdings klar: Essengehen kann hier teuer werden. Einen billigen bzw. schnellen Imbiss gibt's in der Bahnhofsgegend, am Marktplatz (S. 234) oder jenseits der Grenze in Frankreich oder Deutschland, wo der Euro für günstigere Preise sorgt.

Grossbasel

★ Markthalle MARKTHALLE €
(www.markthalle-basel.ch; Steinentorberg 20; Gerichte 10–25 SFr; Mo 8–19, Di–Sa bis 24, So 10–17 Uhr;) Die große Markthalle gleich um die Ecke vom Bahnhof Basel SBB ist ein beliebtes Ziel für einen günstigen Mittagsimbiss auf die Schnelle. Es sind ständig andere Händler, die Schweizer Spezialitäten und Speisen aus aller Welt verkaufen. Lohnt einen Besuch.

Latini ITALIENISCH €€
(061 261 34 43; www.bindella.ch/de/latini.html; Falknerstrasse 31; Pasta 16–27 SFr, Hauptgerichte 25–35 SFr; So–Do 11–24, Fr & Sa bis 1 Uhr; ❄) Das stilvolle, aber zwanglose und beliebte Restaurant am Rand der Altstadt ist ein zuverlässiger Anlaufpunkt für preisgünstige italienische Küche samt verschiedenen Angeboten für Vegetarier. Es liegt gleich an der Ecke Barfüsserplatz.

★ Restaurant Stucki EUROPÄISCH €€€
(061 361 82 22; www.tanjagrandits.ch; Bruderholzallee 42; 3-/4-Gänge-Mittagsmenü 75/92 SFr, 8-/12-Gänge-Aromamenü 190/240 SFr; P ❄) Das seit je gelobte Restaurant mit der Chefköchin Tanja Grandits ist nach wie vor das feinste in Basel – ein Essen ist hier eine ganz besondere Freude. Das hauseigene „Aromamenü" mit z.B. Berglamm in Wacholderhonig und Buttermilch-Mousse mit karamellisiertem Puffreis und Melone ist so schön angerichtet, dass es wie ein Verbrechen anmutet, es mit dem Besteck zu attackieren. Geht aber nicht anders.

★ Restaurant Schlüsselzunft INTERNATIONAL €€€
(061 261 20 46; www.schluesselzunft.ch; Freie Strasse 25; Hauptgerichte 34–56 SFr; Mo–Sa 9–23.30, So 11–22 Uhr, Juni–Aug. So geschl.) Das elegante Restaurant ist in einem Zunfthaus aus dem 15. Jh. untergebracht, das Anfang des 20. Jhs. im Neorenaissancestil renoviert wurde und über einen Innenhof mit ausladendem Treppenaufgang verfügt. Auf der Speisekarte stehen innovative Geschmackskreationen wie Barschfilet mit Birnen und Fenchel oder Kalb an Massam-Curry-Sauce, zu dem mit Obst gefüllte Frühlingsrollen gereicht werden.

Acqua ITALIENISCH €€€
(061 564 66 66; www.acquabasilea.ch; Binningerstrasse 14; vegetarisches 2-/3-Gänge-Menü 45/62 SFr, nicht vegetarisch 65/82 SFr; Di–Fr 12–14 & 19–24, Sa 19–24 Uhr;) Böden aus unverputztem Stein und Wände aus Sichtbeton sowie braune Lederbänke, Kronleuchter und eine Terrasse im Kerzenschein verleihen diesem umgebauten Wasserwerk eine postindustriell-glamouröse Atmosphäre. Auf der Speisekarte stehen von der toskanischen Küche inspirierte Fleisch-, Fisch- und Gemüsegerichte, aus denen sich jeder sein ganz persönliches Zwei- oder Drei-Gänge-Menü zusammenstellen kann.

Atelier SCHWEIZERISCH, MEDITERRAN €€€
(061 261 10 10; www.teufelhof.com/en/eating-drinking/atelier; Leonhardsgraben 49; Mittagsgerichte werktags 27 SFr, Hauptgerichte abends 24–52 SFr; 12–14 & 18.30–22 Uhr;) Ein exzellentes und preisgünstiges Mittagessen

gibt es in diesem hellen, modernen Restaurant im Hotel Teufelhof (S. 239) mit Tischen im Innenhof. Geboten werden hervorragende schweizerische und mediterrane Küche und ein erstklassiger Service.

Kleinbasel

Lily's Maxim Basel ASIATISCH €
(☎061 683 11 11; https://lilys.ch/eatery/maxim; Rebgasse 1; Hauptgerichte 14–26 SFr; ⏲Mo–Fr 10–24, Sa 11–24, So 11–22.30 Uhr; ❄✍) Mit seiner lockeren Atmosphäre, fairen Preisen und den durchgehenden Öffnungszeiten ist dieses asiatische Restaurant ein Dauerbrenner in Kleinbasel. Auf der Speisekarte findet sich ein Mix aus authentischen thailändischen, chinesischen und indischen Gerichten, von Currys bis zu Nudeln und Suppen. Zu trinken gibt's Bier vom Fass oder Tee. Alles wird an langen Tischen oder an der Theke serviert, an der man auf einem Barhocker Platz nimmt.

★**Volkshaus Basel** BRASSERIE, BAR €€
(☎061 690 93 10; www.volkshaus-basel.ch/en; Rebgasse 12–14; Hauptgerichte 28–60 SFr; ⏲Restaurant Mo–Sa 12–14 & 18–22 Uhr, Bar Mo–Mi 10–24, Do–Sa bis 1 Uhr) Das stilvolle, von Herzog & de Meuron entworfene Gebäude ist teils Bar-Restaurant, teils Galerie und teils Bühne für diverse Aufführungen. Im stimmungsvollen Biergarten im kopfsteingepflasterten Hof lässt sich zwischen Säulen, mit Weinreben bewachsenen Wänden und mit Lichtern behängten Bäumen entspannt das Abendessen genießen. Angeboten werden Brasserie-Klassiker *(steak frites)* sowie innovativere Gerichte.

Ausgehen & Nachtleben

Die Gegend zwischen Barfüsserplatz und Klosterberg sowie das Viertel rund um die Rheingasse/Utengasse in Kleinbasel eignen sich hervorragend für eine Kneipentour.

★**Das Viertel** DACHBAR
(☎061 331 04 00; www.dasviertel.ch; Münchensteinerstrasse 81; ⏲Terrassenbar Mo–Sa 18–24, So ab 10 Uhr, Club Fr & Sa 23–3 Uhr) Die Dachbar an den Gleisen östlich des SBB-Bahnhofs lockt die ganze Woche zahlreiche Gäste auf ihre sonnige Terrasse. Am Wochenende wird sie zum Club.

Cargo Bar BAR
(☎061 321 00 72; www.cargobar.ch; St. Johanns Rheinweg 46; ⏲So–Do 16–1, Fr & Sa bis 2.30 Uhr) Der Veranstaltungskalender dieser Bar ist mit Kunstinstallationen, Liveauftritten, Videoshows und Auftritten von DJs prall gefüllt. Im Sommer stehen auch einige Tische im Freien, von denen man perfekt den Sonnenuntergang über dem Rhein beobachten kann.

> **ERMÄSSIGUNGEN**
>
> In den Büros von Basel Tourismus im Bahnhof oder im Stadtcasino ist die BaselCard (20/30 SFr für 24/48 Std.) erhältlich, die zahlreiche Ermäßigungen bietet, u. a. eine kostenlose Stadtführung und Fährfahrt sowie Eintrittskarten zum halben Preis für alle Museen im Stadtgebiet.

Atlantis BAR
(☎061 228 96 96; www.atlan-tis.ch/en/club; Klosterberg 13; ⏲Fr & Sa 23–4 Uhr) Die Bar mit ledergepolsterten Hockern an der langen geschwungenen Theke ist an den Wochenenden, an denen DJs auflegen, proppenvoll. Im Sommer ist die Dachterrasse geöffnet.

SUD CLUB
(☎061 683 14 44; www.sud.ch; Burgweg 7; ⏲Do 21–1, Fr & Sa bis 4.30, So 10–16 Uhr) Die fröhliche Mischung aus Bar, Club und Veranstaltungsraum in einer ehemaligen Brauerei in Kleinbasel hat eine einladende, relaxte Atmosphäre. Hier wird alles geboten, von DJ-Nächten bis zu Poetry-Slams.

Consum WEINBAR
(☎061 690 91 35; www.consumbasel.ch; Rheingasse 19; ⏲So–Do 17–24, Fr & Sa bis 1 Uhr) Die relaxte Bar ist ein herrlicher Ort, um sich auf eine Weinerkundung rund um die Welt zu begeben. Schon wenn man nur 3 dl (drei Gläser) eines Weins bestellt, wird extra eine Flasche der über 100 verschiedenen Weine für einen geöffnet.

Unterhaltung

Das komplette Unterhaltungsangebot steht auf www.basellive.ch. Jährliche Musikevents sind u. a. das mehrwöchige **Jazzfestival Basel** (www.offbeat-concert.ch) und **Baloise Session** (www.baloisesession.ch; ⏲Okt./Nov-). Beim **Allianz Cinema Basel** (www.allianzcinema.com/basel) werden jeden Abend im August Filme (viele auf Englisch) unter freiem Himmel auf dem Münsterplatz gezeigt.

Bird's Eye Jazz Club JAZZ
(☎061 263 33 41; www.birdseye.ch; Kohlenberg 20; ⏲Sept.–Mai Di–Sa 20–23.30 Uhr, Juni–Aug. Mi–

Sa) Eine der besten Jazzadressen in ganz Europa. Hier treten sowohl Musiker aus der Region als auch große internationale Acts auf.

Stadtcasino KONZERTHAUS
(061 226 36 00; www.stadtcasino.ch; Steinenberg 14; unterschiedl. Zeiten) Das Sinfonieorchester Basel und das Kammerorchester Basel geben in diesem Haus aus dem 19. Jh mit Konzerthalle mit 1500 Sitzen, Ballsaal und Kammermusiksaal regelmäßig Konzerte.

FC Basel ZUSCHAUERSPORT
(www.fcb.ch; St. Jakob Park) Basels Fußballteam ist eines der besten der Schweiz und spielt im St. Jakob-Park, 3 km östlich vom SBB-Bahnhof.

Shoppen

Weihnachtshaus Johann Wanner KUNSTHANDWERK
(061 261 48 26; www.johannwanner.ch; Spalenberg 14; Mo 12.30–18.30, Di–Fr 10–18.30, Sa 10–17 Uhr) In dem bekannten Weihnachtskaufhaus gibt's das ganze Jahr über schöne festliche Dekorationen zu kaufen.

Flohmarkt Petersplatz MARKT
(www.messen-maerkte.bs.ch/flohmarkt.htm; Petersplatz; Sa 7.30–16 Uhr) Jeden Samstag wird hier auf dem Petersplatz allerhand aus zweiter Hand angeboten.

Stadtmarkt MARKT
(www.messen-maerkte.bs.ch; Marktplatz; Mo–Do 8.30–14, Fr & Sa bis 18 Uhr) Auf dem Marktplatz findet das ganze Jahr über ein Wochenmarkt statt.

Praktische Informationen

Basel Tourismus (**Stadtcasino;** 061 268 68 68; www.basel.com; Steinenberg 14; Mo–Fr 9–18.30, Sa bis 17, So 10–15 Uhr) Die Niederlassung in der Altstadt des Basler Tourismusverbands organisiert zweistündige Stadtrundgänge (Erw./Kind ab 18/9 SFr) auf Deutsch, Englisch und Französisch und hat eine Fülle an Informationsmaterial, Stadtpläne und Links zu Apps der vielen Museen der Stadt. Eine weitere Niederlassung befindet sich im Bahnhof Basel SBB (061 268 68 68; www.basel.com; Centralbahnstrasse 10; Mo–Fr 8–18, Sa 9–17, So 9–15 Uhr).

An- & Weiterreise

Basel ist per Auto, Zug und Flugzeug gut angebunden.

Die A35 verbindet Basel mit Straßburg und führt am EuroAirport vorbei, die A3 ostwärts führt in Richtung Zürich, die A2 Richtung Süden nach Bern und Luzern.

Basel hat zwei Hauptbahnhöfe: im Süden Bahnhof Basel SBB für schweizerische und französische Züge, im Norden Basel Badischer Bahnhof für deutsche Züge.

Direktzüge verkehren häufig vom SBB-Bahnhof nach Zürich (34 SFr, 55 Min. bis 1¼ Std.) und Bern (41 SFR, 55 Min.). Nach Genf (77 SFr, 2¾ Std.) muss in Bern, Biel/Bienne oder Olten umgestiegen werden.

Weiterhin gibt es alle zwei Stunden einen direkten TGV-Zug nach Paris (142 SFr, 3 Std.) zur Gare de Lyon. Ermäßigte Fahrkarten für diese Strecke kosten ab 78 SFr.

EuroAirport (MLH oder BSL; +33 3 89 90 31 11; www.euroairport.com) bedient das Dreiländereck mit den Städten Basel, Mulhouse in Frankreich und Freiburg in Deutschland. Er liegt 5 km nördlich von Basel in Frankreich und bietet Flüge in zahlreiche europäische Städte mit verschiedenen Billigfliegern an.

Unterwegs vor Ort

Der **Flughafenbus 50** verkehrt zwischen 5 und 24 Uhr alle sieben bis 30 Minuten zwischen dem Flughafen und dem SBB-Bahnhof (4,70 SFr, 20 Min.). Tickets gibt's am Automaten vor der Ankunftshalle (Zahlung mit Scheinen, Münzen und Kreditkarte möglich). Die Fahrt mit dem **Taxi** (061 222 22 22; www.taxi-zentrale.ch) kostet etwa 40 SFr.

Hotelgäste in Basel erhalten automatisch das Mobility Ticket, mit dem in der gesamten Stadt öffentliche Verkehrsmittel der **BVB** (61 685 14 14; www.bvb.ch/en) kostenlos genutzt werden können.

Ohne dieses Ticket kostet eine Kurzstrecke mit Straßenbahn oder Bus 2,30 SFr (maximal vier Haltestellen), für längere Strecken innerhalb Basels 3,80 SFr und eine Tagesfahrkarte 9,80 SFr.

Baden

16 118 EW. / 388 M

Die Römer waren die ersten, die sich um die 18 mineralreichen, 47 °C heißen Thermalquellen in Baden niederließen, und nannten den Ort Aquae Helveticae. Aber wer sich jetzt so etwas wie japanische *rotenburo* (Thermalbäder im Freien) vorstellt, wird enttäuscht. Badens Quellen wurden weitgehend in etliche teure bis hin zu überteuerte Wellnesshotels geleitet.

Glanzstück von Baden ist die weitläufige öffentliche Bäderanlage, die derzeit eindrucksvoll umgebaut wird. Zur Zeit der Re-

ABSTECHER

VIER SCHLÖSSER AN EINEM TAG

Wer Märchen oder die mittelalterliche Atmosphäre von Fernsehserien wie *Game of Thrones* liebt, sollte mit dem eigenen oder gemieteten Auto die vier massiven, alten Schlösser in der Landschaft zwischen Baden und Aarau besuchen. Die folgende Route führt von Baden nach Aarau und dauert nur ein paar Stunden. Sie kann auch in umgekehrter Richtung unternommen werden.

Ab Baden geht es zunächst 13 km Richtung Westen über die Autostraße 3 bis nach Windisch, einem Städtchen mit einer einstmaligen römischen Garnison, deren Fundamente und Osttor noch intakt sind, und dort bis zum **Schloss Habsburg** (☎ 084 887 12 00; www.schloss-habsburg.ch; Habsburg; ⏲ April–Okt. 10–23.30 Uhr, Nov.–März Mi–So 11–22 Uhr; P) GRATIS. Das Geschlecht, das diese Festung 1020 erbaut hatte, entwickelte sich zu einer der bedeutendsten Dynastien Europas.

Von hier geht es 8 km weiter über die Autostraße 5 bis zum benachbarten Dorf Wildegg und dem gleichnamigen **Schloss Wildegg** (☎ 062 887 12 30; www.schlosswildegg.ch; Effingerweg 5; Etw./Kind 14/8 SFr, nur Gärten 7,50/2,50 SFr; ⏲ April–Okt. Di–So 10–17 Uhr; P). Das Schloss auf einem Hügel auf dem Gelände eines Bauernhofs mit Gärten und Obstbäumen steckt voller Antiquitäten.

Wer es gerne etwas mittelalterlicher mag, fährt südwärts über die Autostraße 26 zum **Schloss Lenzburg** (☎ 062 888 48 40; www.schloss-lenzburg.ch; Schlossstrasse, Lenzburg; Erw./Kind 14/8 SFr, nur Gärten 5/2,50 SFr; ⏲ April–Okt. Di–So 10–17 Uhr) mit seinen drei Museen und einem einstigen Kerker: Es liegt nur weitere 6 km entfernt.

Zum Abschluss der Schlösserrundfahrt geht die Fahrt 10 km Richtung Süden durch das Dorf Seengen zum reizenden **Wasserschloss Hallwyl** (☎ 062 767 60 10; www.schlosshallwyl.ch; Seengen; Erw./Kind 14/8 SFr; ⏲ April–Okt. Di–So 10–17 Uhr; P), das eigentlich aus zwei kleinen Schlössern in einem Fluss besteht, die durch eine Brücke miteinander verbunden sind.

Günstiger wird der Besuch mit dem Schlösserpass (Erw./Kind 34/19 SFr), der für drei der vier Schlösser gültig ist (Hallwyl, Lenzburg und Wildegg). Er ist in den Touristeninformationen Info Baden und aarau info erhältlich.

Alle vier Schlösser mit öffentlichen Verkehrsmitteln an einem Tag zu erreichen, ist ziemlich schwierig. Ohne Auto ist es aber möglich, eines oder zwei zu besuchen.

cherche wurde der Termin für die Wiedereröffnung von 2017 auf 2019 verschoben. Bis dahin ist die hübsche Stadt mit einigen hervorragenden Museen zwar ein nettes Ausflugsziel vom benachbarten Zürich aus, aber wer Luxushotel oder natürliche Thermalbäder schätzt, wird anderswo günstiger davonkommen.

Sehenswertes & Aktivitäten

Zur **Altstadt** Badens gehören eine reizende überdachte **Holzbrücke**, der sehr schön restaurierte mittelalterliche **Stadtturm**, gepflasterte Gassen und eine Reihe von Häusern mit Stufengiebeln.

★ Stiftung Langmatt GALERIE

(☎ 056 200 86 70; www.langmatt.ch; Römerstrasse 30; Erw./Kind 12 SFr /frei; ⏲ März–Nov. Di–Fr 14–17, Sa & So 11–17 Uhr) Das wunderbare kleine Museum in einer herrschaftlichen Villa inmitten eines wunderschön gestalteten Gartens ist ein Ensemble aus Kunst, Architektur und Botanik und birgt eine Fülle französischer impressionistischer Kunstwerke. Wer beim Museum vorab einen Picknickkorb bestellt, kann auf dem Rasen sein eigenes „Frühstück im Grünen" genießen.

Schweizer Kindermuseum MUSEUM

(☎ 056 222 14 44; www.kindermuseum.ch; Ländliweg 7; Erw./Kind 12/4 SFr; ⏲ Di–Sa 14–17, So 10–17 Uhr; P) Der Schwerpunkt des interaktiven Museums in 20 Räumen einer ehemaligen Villa ist es, Kindern etwas über Ahnenforschung und frühere Generationen beizubringen, ein vergnügliches Konzept für neugierige junge Köpfe. Es eignet sich zwar besser für Kinder zwischen etwa neun und zwölf Jahren, aber jeder mit etwas Phantasie und Verspieltheit (auch die Eltern) können an einem Besuch Freude haben.

Schlafen & Essen

★SYHA-Jugendherberge Baden HOSTEL €
(☎056 221 67 36; www.youthhostel.ch/baden; Kanalstrasse 7; B/EZ/DZ ab 35/87/95 SFr; ⊙April–Dez.; P@) Mit den grauen Schieferböden, den rotbraunen Wänden und Materialien bester Qualität ist diese Jugendherberge eines der attraktivsten Hostels der Schweiz. Vom Bahnhof zu Fuß Richtung Altstadt gehen, die Holzbrücke über die Limmat überqueren und dann an der ersten Abzweigung nach rechts in die Kanalstrasse abbiegen.

Atrium-Hotel Blume HOTEL €€
(☎056 200 02 00; www.blume-baden.ch; Kurplatz 4; EZ/DZ ab 170/185 SFr;) Das romantische alte Haus wird wegen seines Innenhofs mit Springbrunnen, Pflanzen und schmiedeeisernen Balkonen von Touristen geschätzt. Die Zimmer sind nett und komfortabel möbliert. Es gibt auch ein kleines Thermalbecken.

★Goldener Schlüssel INTERNATIONAL €€€
(☎056 221 77 21; www.goldenerschluessel.ch; Limmatpromenade 29; 2-/3-/4-/5-Gänge-Probiermenü 38/49/60/70 SFr; ⊙Di–Sa 18–24 Uhr) Das gemütliche Lokal mit seinen bemalten Balkendecken liegt unweit der Bäder. Die Gäste können ihr eigenes Traummenü aus über einem Dutzend *Schneuggereien* (kleine tapasähnliche Tellerportionen) zusammenstellen. Zur Auswahl stehen Schweizer Klassiker sowie italienisch und japanisch angehauchte Kreationen.

Praktische Informationen

Touristeninformation Info Baden
(☎056 200 87 87; www.baden.ch; Bahnhofplatz 1; ⊙Mo 12–18.30, Di–Fr 9–18.30, Sa bis 16 Uhr) Schlossfanatiker können sich hier, gleich gegenüber dem Bahnhof, den Schlösserpass besorgen.

An- & Weiterreise

Baden liegt etwa 24 km nordwestlich von Zürich (an der A1).

Die kleine Stadt ist von Zürich leicht mit dem Regionalzug (13,40 SFr, 15 Min.) zu erreichen und wird auch von den S-Bahnlinien S6 und S12 angefahren (30–40 Min.).

Aarau

20 782 EW. / 383 M

Die Glanzzeit Aaraus ist jetzt, da Besucher einen ganzen Schatz an faszinierender Geschichte in dieser zauberhaften mittelalterlichen Stadt geboten bekommen – seit dem 14. Jh gibt es diesen Ort auf einer Anhöhe über dem breiten Fluss Aare bereits.

Sehenswertes

★Aargauer Kunsthaus MUSEUM
(☎062 835 23 30; www.aargauerkunsthaus.ch; Aargauerplatz; Erw./Kind 15/10 SFr; ⊙Di, Mi & Fr–So 10–17, Do bis 20 Uhr) Das eindrucksvolle Aargauer Kunsthaus in einem bemerkenswerten, von Herzog & de Meuron entworfenen Glas- und Betonbau zeigt Schweizer Kunst aus mehreren Jahrhunderten und regelmäßige Wechselausstellungen.

Altstadt STADTTEIL
Aaraus ummauerte Altstadt besticht durch ihre Lage auf einer kleinen Anhöhe über der Aare und lädt zu einem gemütlichen Spaziergang ein. Die Straßen sind von anmutigen, jahrhundertealten Häusern gesäumt. Rund 70 Gebäude zeichnen sich durch ihre auskragenden Dächer aus, deren hölzerne Unterseiten farbenfroh bemalt sind.

Schlafen & Essen

In der mittelalterlichen Altstadt, die gern von Touristen und Wochenendausflüglern besucht wird, gibt es eine gute Auswahl an Restaurants und Kneipen.

★Kettenbrücke Hotel BOUTIQUEHOTEL €
(☎062 838 18 18; www.hotelkettenbruecke.ch; Zollrain 16; DZ/Suite ab 140/290 SFr; P) Das reizende historische Haus mit 27 Zimmern und eigenem Bar-Restaurant hat die neuesten und elegantesten Zimmer der Stadt. Sie sind in ruhigen Grau- und Blautönen gehalten und mit Birkenholzböden und neuen Möbeln und neuem Bettzeug ausgestattet. Zwei schöne Suiten stehen für Langzeitgäste bereit.

★Speck SCHWEIZERISCH €
(☎062 822 37 48; www.speck-metzgerei.ch; Zollrain 10; Menüs 16–17 SFr; ⊙Mo–Fr 10–14 & 17–23, Sa 10–14 Uhr; P) Endlich ein einfaches Restaurant, das deftige Schweizer Küche zu bezahlbaren Preisen serviert! Die schwere, deutsche Hausmannskost mit viel Fleisch und Kartoffeln bietet ein hervorragendes Preis-Leistungs-Verhältnis.

Praktische Informationen

aarau info (☎062 834 10 34; www.aarauinfo.ch; Metzgergasse 2; ⊙Mo 13.30–18, Di–Fr 9–18, Sa 9–13 Uhr) Touristeninformation im Herzen der Aarauer Altstadt.

Zürich

Inhalt ➡

Gut essen

- Alpenrose (S. 256)
- Didi's Frieden (S. 257)
- Kronenhalle (S. 257)
- Café Sprüngli (S. 256)
- Baltho Küche & Bar (S. 256)

Schön übernachten

- B2 Boutique Hotel & Spa (S. 255)
- Marktgasse Hotel (S. 255)
- Depot 195 (S. 265)
- Jakob (S. 263)
- Hotel Florhof (S. 255)
- Hotel Widder (S. 255)

Auf nach Zürich!

Natürlich steht Zürich am gleichnamigen See im Mittelpunkt des Kantons. Die Stadt hat exzellente Museen und Restaurants in der gut zu Fuß zu bewältigenden Altstadt, ganz zu schweigen von den angesagten Bars, Galerien und Boutiquen mit urbanem Schick im revitalisierten Stadtteil Zürich-West.

Aber es lohnt sich auch, für ein oder zwei Tage die Finanzhauptstadt der Schweiz zu verlassen, um diesen Kanton, in dem die Alpen an wolkenlosen Tagen verlockend nah zu sein scheinen, näher kennenzulernen. Im Umfeld locken Ziele, die innerhalb einer halben Stunde von der Stadt aus erreichbar sind: Wander- oder Mountainbikewege auf dem 871 m hohen Uetliberg oder eine Erkundung von Rapperswil mit seiner Burg und mittelalterlichen Altstadt am See. Wenn Kunst bevorzugt wird, empfiehlt sich ein Abstecher nach Winterthur, eine Art kultureller Brennpunkt mit drei großartigen Galerien und einem der führenden Fotografiemuseen Europas.

Reisezeit

- Der Frühlingsbeginn wird mit dem Verbrennen des Schneemanns Böögg beim Sechseläuten gefeiert.
- Im August geht's rund auf einer der größten Straßenumzüge Europas, der Street Parade.
- Im September gibt's Straßenstände, Kochkurse, Brunch und Abendessen unter Sternen bei Food Zürich.

Highlights

1 **Fraumünster** (S. 249) Die leuchtenden Buntglasfenster Marc Chagalls bestaunen.

2 **Kunsthaus** (S. 249) Die umfangreichen Kunstsammlungen in Zürichs beeindruckender Kunstgalerie bewundern.

3 **Street Parade** (S. 253) An der Street Parade im August teilnehmen.

4 **Frau Gerolds Garten** (S. 258) Unter Einheimischen im beliebtesten Biergarten Zürichs Bier trinken.

5 **Seebad Enge** (S. 253) Sonnenbaden oder flussabwärts treiben in einem der See- und Flussschwimmbäder der Stadt.

6 **Uetliberg** (S. 261) Auf den 871 m hohen Berg klettern und tolle Aussichten auf Stadt und Land genießen.

7 **Café Sprüngli** (S. 256) In diesem Epizentrum für Naschereien genüsslich in Gebäck und Schokolade schwelgen.

8 **Technorama** (S. 264) Im familienfreundlichen Technorama in Winterthur Spaß an der Wissenschaft erleben.

ZÜRICH

396 955 EW.

Zürich, diese kulturell aufregende, effizient verwaltete und schön am Fluss und See gelegene Stadt gilt als einer der lebenswertesten Orte der Welt. Die größte und wohlhabendste Stadt der Schweiz galt lange als cleveres, hart arbeitendes Finanzzentrum. Im 21. Jh. ist sie nun zu einer der hippsten Städte Mitteleuropas avanciert – mit einem künstlerisch angehauchten, postindustriellen Elan, der seinen Ausdruck in der sommerlichen Street Parade (S. 253) findet.

Weite Teile der Altstadt mit ihren verwinkelten Gassen und hohen Kirchtürmen wurden mit viel Liebe in Schuss gehalten. Aber Zürich hat sich auch mit ganzem Herzen neuen Trends gewidmet und z.B. alte Fabriken in Kulturzentren und kreative neue Lebensräume umgewandelt. Das wird nirgends deutlicher als in Zürich-West (S. 568), dem Zentrum des Züricher Nachtlebens.

Geschichte

Die Geschichte Zürichs begann mit einem römischen Lager namens Turicum. Etwa 400 n.Chr. siedelten sich hier germanische Stämme an und 1336 kam es in der bereits wohlhabenden Stadt zu einer kleinen Revolution, als Handwerker und Händler die Macht übernahmen, den Adel vertrieben und 13 Zünfte gründeten, die lange Zeit für den Werdegang der Stadt verantwortlich waren. Viele von ihnen gibt es auch heute noch, sie präsentieren sich beim jährlichen Sechseläuten (S. 253) im Frühling.

1351 schloss sich Zürich der Schweizerischen Eidgenossenschaft an und spielte im frühen 16. Jh. mit Huldrych Zwingli eine wichtige Rolle bei der Reformation. In den darauffolgenden Jahrhunderten wurde die Stadt durch Textilhandel und Bankgeschäfte reich.

Aufgrund der neutralen Stellung der Schweiz in beiden Weltkriegen zog Zürich die unterschiedlichsten Persönlichkeiten an, von James Joyce bis zu Lenin. Noch unter dem Eindruck der Schrecken des Ersten Weltkriegs entstand in Zürich der gegenkulturelle Dadaismus. Viele dadaistische Werke sind im Züricher Kunsthaus zu besichtigen.

Seit den frühen 1990er-Jahren hat Zürich sein Image als zugeknöpfte Bankenstadt verloren und ist zu einem der hipsten Treffpunkte Zentraleuropas geworden.

Sehenswertes

Die Stadt liegt am nordwestlichen Zipfel des Zürichsees, von dem aus der Fluss Limmat weiter nach Norden fließt und die Stadt in zwei Hälften teilt. Die meisten großen Sehenswürdigkeiten liegen im und um das mittelalterliche Zentrum, aber im trendigen Stadtteil Zürich-West gibt es ebenfalls einige tolle Galerien. Die engen Straßen des Viertels Niederdorf am Ostufer des Flusses, das sich am besten zu Fuß erschließt, stecken voller Restaurants, Bars, Läden und Sehenswürdigkeiten.

★ Kunsthaus — MUSEUM

(Karte S. 250; ☎044 253 84 84; www.kunsthaus.ch; Heimplatz 1; Erw./Kind 16 SFr/frei, Mi frei ⏲Mi & Do 10–20, Di & Fr–So bis 18 Uhr; 🚋5, 8, 9, 10 bis Kunsthaus) Zürichs beeindruckende Galerie der schönen Künste bietet eine große Sammlung an größtenteils europäischer Kunst. Die Bandbreite reicht vom Mittelalter über verschiedene alte Meister bis hin zu Alberto Giacomettis Strichmännchen-Skulpturen, Meisterwerken von Monet und Van Gogh, Skulpturen von Rodin und anderen Kunstwerken aus dem 19. und 20. Jh. Inhaber der ZürichCard (S. 261) haben freien Eintritt, die des Swiss Rail Passes und des Museum Passes nicht.

★ Fraumünster — KIRCHE

(Karte S. 250; www.fraumuenster.ch/en; Münsterhof; 5 SFr inkl. Audioguide; ⏲März–Okt. 10–18 Uhr, Nov.–Feb. bis 17 Uhr; 🚋6, 7, 10, 11, 14 bis Paradeplatz) Die Kirche aus dem 13. Jh. ist für ihre umwerfenden Buntglasfenster bekannt, die der jüdisch-russische Meister Marc Chagall (1887–1985) entworfen hat. Die fünf Fenster im Chor schuf er 1971 und das Rosettenfenster im südlichen Querschiff 1978. Das Rosettenfenster im nördlichen Querschiff wurde 1945 von Augusto Giacometti entworfen. Im Eintritt ist ein mehrsprachiger Audioguide enthalten.

Schweizerisches Landesmuseum — MUSEUM

(Karte S. 250; ☎058 466 65 11; www.nationalmuseum.ch/e/zuerich; Museumstrasse 2; Erw./Kind 10 SFr/frei; ⏲Di, Mi & Fr–So 10–17, Do bis 19 Uhr; 🚋Zürich Hauptbahnhof, 🚆Zürich Hauptbahnhof) Das vielschichtige und phantasievoll gestaltete Museum befindet sich in einer eigens dafür errichteten Kombination aus Herrenhaus und Schloss. Die Dauerausstellung bietet einen ausführlichen Ausflug in die Geschichte der Schweiz. Die Exponate reichen

Zürich Zentrum

ZÜRICH

Zürich Zentrum

Highlights
1 Fraumünster ... C5
2 Kunsthaus ... D5

Sehenswertes
3 Beyer Museum ... B5
4 Cabaret Voltaire ... C4
Grossmünster ... (s. 6)
5 James Joyce Foundation ... B5
6 Karlsturm ... C5
7 Lindenhof ... B4
8 Platzspitz ... B1
9 Schweizerisches Landesmuseum ... B1
10 St. Peterskirche ... B5
11 Zwinglis Haus ... D5

Aktivitäten, Kurse & Touren
12 Frauenbad ... C6
13 Sechseläuten ... D7
14 Zürich Food Tour ... B2

Schlafen
15 Baur au Lac ... B6
16 City Backpacker ... C4
17 Hotel Widder ... B4
18 Marktgasse Hotel ... C4
19 Oldtown Hostel Otter ... D6
20 Townhouse ... B3

Essen
Baltho Küche & Bar ... (s. 18)
21 Bauschänzli ... C6
22 Café Sprüngli ... B5
23 Coco ... B6
24 Didi's Frieden ... C1
25 Haus Hiltl ... A4
26 Kindli ... B4
27 Kronenhalle ... D6
28 Raclettestube ... D3
29 Restaurant zum Kropf ... B5
30 Zeughauskeller ... B5

Ausgehen & Nachtleben
31 Heaven ... C4
32 Loft Five ... A2
33 Mascotte ... D7

Unterhaltung
34 Opernhaus ... D7
35 Tonhalle ... B7

Shoppen
36 Flohmarkt Bürkliplatz ... B7
37 Max Chocolatier ... C5
38 Rosenhofmarkt ... C4

von aufwendig geschnitzten und bemalten Schlitten über alltägliche und religiöse Gegenstände bis hin zu rekonstruierten Zimmern aus sechs Jahrhunderten. Im August 2016 wurde der Erweiterungsbau mit der neuen archäologischen Abteilung eröffnet.

FIFA World Football Museum MUSEUM
(www.fifamuseum.com; Seestrasse 27; Erw./Kind 24 SFr; Di–Sa 10–19, So 9–18 Uhr; 2, 5, 6, 7, 8, 11, 13, 14, 17 bis Bahnhof Enge, Bahnhof Enge) Fußballfans sollten auf keinen Fall das 2017 eröffnete FIFA World Football Museum versäumen, das mittels interaktiver Exponate durch die Geschichte der FIFA und des Worldcup geleitet. Zu den Highlights zählen der originale WM-Pokal und ein gigantischer Flipperautomat, an dem jeder seine eigenen Fähigkeiten testen kann.

Museum für Gestaltung MUSEUM
(043 446 67 67; www.museum-gestaltung.ch; Toni-Areal, Pfingstweidstrasse 96; Erw./Kind 12 SFr/frei; Di & Do–So 10–17, Mi bis 20 Uhr; 3, 4, 6 bis Toni-Areal) Die eindrucksvollen, breit gefächerten Wechselausstellungen in diesem Museum zeigen so ziemlich alles von Arbeiten klassischer Fotografen wie Henri Cartier-Bresson bis hin zu Reklame für Designermöbel aus längst vergangenen Zeiten. Grafik und angewandte Kunst dominieren die Dauerausstellungen.

Beyer Museum MUSEUM
(Karte S. 250; 043 344 63 63; www.beyer-ch.com/uhrenmuseum; Bahnhofstrasse 31; Erw./Kind 8/3 SFr; Mo–Fr 14–18 Uhr; 4, 10, 14, 15 bis Paradeplatz) Das kleine Schmuckstück von einem Museum in den Räumen eines Händlers edler Uhren erzählt die Geschichte der Zeitmessung von Stundenkerzen aus dem Mittelalter bis zu modernen Uhren. Wer sich kurze Videos über die einfallsreichsten Stücke in Betrieb ansehen möchte (Moses, der mit seinen Leuten auf einen Felsen einschlägt, um Wasser hervorzubringen, ein Magier, der Tassen anhebt, um sich ständig ändernde geometrische Formen zu zeigen), kann das Personal um ein Leih-iPad bitten.

Grossmünster KIRCHE
(Karte S. 250; www.grossmuenster.ch; Grossmünsterplatz; März–Okt. 10–18 Uhr, Nov.–Feb. bis 17 Uhr; 4, 15 bis Helmhaus) Zürichs Kathedrale mit den beiden markanten Türmen wurde im 9. Jh. von Karl dem Großen begründet (später aber erheblich umgebaut). Sie ist das Wahrzeichen der Stadt und steht

POSTINDUSTRIELLE ZEITEN

Sinnbild für die Renaissance des alten Industriezentrums in Zürichs Westen ist der **Schiffbau** (Karte S. 258; Schiffbaustrasse; 3, 4, 6 bis Schiffbau). Die gewaltige Halle der einst mächtigen Fabrik, die Dampfer und bis 1992 Turbinenteile produzierte, wurde in das **Schauspielhaus** (Karte S. 258; Theaterkasse 044 258 77 77; www.schauspielhaus.ch; Schiffbaustrasse 4; 3, 4, 6 bis Schiffbau), ein riesiges Theater mit drei Bühnen, umgewandelt. Außerdem befinden sich hier ein stylishes Restaurant, eine Bar und der Jazzschuppen Moods (S. 260).

Weitere Umbauprojekte in der Stadt sind u.a. **Puls 5** (Karte S. 258; www.puls5.ch; Giessereistrasse 18; 17 bis Förrlibuckstrasse), eine ehemalige Gießerei, die jetzt ein Mehrzweck-Komplex mit Restaurants, Bars und Büros ist, und das B2 Boutique Hotel (S. 255) in der alten Hürlimann Brauerei. Hier haben die Architekten die äußere Struktur der Brauerei und die historischen Besonderheiten wie den Maschinenraum sorgfältig beibehalten.

auf der anderen Seite des Flusses direkt gegenüber dem Fraumünster. Im Kirchenraum sind Buntglasfenster von Augusto Giacometti zu bewundern. Einen weiten Blick über die Stadt bietet der südliche Turm, der **Karlsturm** (Erw./Kind 4/2 SFr; März–Okt. Mo–Sa 10–17, So 12.30–17.30 Uhr, Nov.–Feb. tgl. bis 16.30 Uhr).

Im 16. Jh. begann der hitzköpfige Prediger Huldrych Zwingli (1484–1531) hier, sich gegen die katholische Kirche aufzulehnen, und brachte so die Reformation nach Zürich. **Zwinglis Haus** (Karte S. 250; Kirchgasse 13; 2, 4, 15 bis Helmhaus) befindet sich ganz in der Nähe.

St. Peterskirche — KIRCHE

(Karte S. 250; St. Peterhofstatt; Mo–Fr 8–18, Sa bis 16 Uhr; 4, 10, 11, 14, 15 bis Paradeplatz) Der Turm der St. Peterskirche aus dem 13. Jh. ist fast von jedem Punkt der Stadt aus zu sehen. Das auffällige Ziffernblatt der Turmuhr mit einem Durchmesser von 8,7 m ist das größte in Europa. Das Chorgestühl der Kirche stammt aus dem 13. Jh., während der Rest der Kirche zum großen Teil im 18. Jh. neu gebaut wurde. Direkt unterhalb der Kirche befindet sich einer der malerischsten Plätze Zürichs: St. Peterhofstatt, ein hübscher Kopfsteinpflasterplatz mit einer schönen alten Linde in der Mitte.

James Joyce Foundation — MUSEUM

(Karte S. 250; 044 211 83 01; www.joycefoundation.ch; Augustinergasse 9; Mo–Fr 10–17 Uhr; 4, 6, 7, 10, 11, 13, 14, 15, 17 bis Rennweg) GRATIS James Joyce hielt sich während des Ersten Weltkriegs längere Zeit in Zürich auf und schrieb hier *Ulysses*. Die Stiftung, die Europas größte Joyce-Sammlung besitzt, veranstaltet regelmäßig englischsprachige Lesungen seiner Werke (Mo, Di & Do, jeweils nachmittags).

Cabaret Voltaire — GALERIE

(Karte S. 250; 043 268 57 20; www.cabaretvoltaire.ch; Spiegelgasse 1; Galerie Di–Fr 14–18, Sa & So 12–18 Uhr, Bar Di–Fr ab 18, Sa & So ab 16 Uhr; 2, 4, 15 bis Rathaus) GRATIS Die Galerie, in der der hintersinnige Dadaismus entstand, ist heute eine Brutstätte provokativer Kunstausstellungen und sozialkritischer künstlerischer Aufmüpfigkeit. Im Erdgeschoss wird die Geschichte des Dadaismus nachvollzogen, oben befindet sich eine Café-Bar, die mit Plakaten zugepflastert ist. Im Laden werden Kunstbücher und Publikationen über den Dadaismus verkauft.

Aktivitäten

Zürich zeigt sich besonders im Sommer von seiner besten Seite, wenn die Parks am See von Badegästen, Sonnenanbetern, Inlineskatern, Fußballspielern, Liebespärchen, Picknickenden, Feierwütigen und Posern bevölkert sind. Selbst die Polizei ist hier auf Rollerblades unterwegs!

Von Mai bis Mitte September öffnen am See und an der Limmat offizielle Badestellen, sogenannte Badis (meist Holzstege mit Pavillon). Es gibt aber auch genügend kostenlose, inoffizielle Plätze zum Baden.

Thermalbad & Spa Zürich — SPA

(044 205 96 50; http://thermalbad-zuerich.ch; Brandschenkestrasse 150; Thermalbäder Erw./Kind 36/18 SFr, irisch-römisches Spa 60 SFr; 9–22 Uhr; 13 bis Enge) Das Thermalbad in der ehemaligen Hürlimann-Brauerei hat einen Freiluft-Infinity-Pool mit Whirlpool-Düsen und Blick über die funkelnden Lichter von

Zürich. Das Thermalwasser wird aus den mineralreichen Aqui-Quellen tief unter Zürich gepumpt. In den Gewölben befinden sich die wundervoll atmosphärischen irisch-römischen Bäder (nur für Erwachsene) mit schön beleuchteten Becken und Heilwasserbehandlungen.

Seebad Enge SCHWIMMEN
(☎044 201 38 89; www.seebadenge.ch; Mythenquai 9, 700 m südwestlich vom Bürkliplatz; Schwimmen/Sauna 8/29 SFr; ⌚Mai & Sept. 9–19 Uhr, Juni–Aug. bis 20 Uhr; Sauna Ende Sept.–Anfang Mai Mo–Sa 11–23, So 10–22 Uhr; 🚋2, 5, 10, 11 bis Rentenanstalt) In dem angesagten Bad bleibt die Bar bei schönem Wetter bis Mitternacht geöffnet. Im Angebot sind zudem Massage, Yoga, Stand-up-Paddeln und im Winter eine Sauna (montags nur für Frauen, sonst gemischt). Keine Kinder.

Seebad Utoquai SCHWIMMEN
(☎044 251 61 51; www.bad-utoquai.ch; Utoquai 49; Erw./Kind 8/4 SFr; ⌚Mitte Mai–Ende Sept. 7–20 Uhr; 🚋2, 4, 10, 11, 14, 15 bis Kreuzstrasse) Das Seebad gleich nördlich der Parkanlage Zürichhorn, 400 m südlich vom Bellevueplatz, ist das beliebteste am Ostufer des Zürichsees.

Frauenbad SCHWIMMEN
(Karte S. 250; ☎044 211 95 92; Stadthausquai; Erw./Kind 8/4 SFr; ⌚Mitte Mai–Mitte Sept. 9–19.30 Uhr; 🚋2, 5, 8, 9, 10, 11, 14, 15 bis Bürkliplatz) Ein Stück Nostalgie bietet dieses Jugendstil-Freibad am Ufer der Limmat. Tagsüber ist das Schwimmbecken nur für Frauen geöffnet. Die trendige Bar ist abends für beide Geschlechter zugänglich.

Letten SCHWIMMEN
(Karte S. 258; ☎044 362 92 00; Lettensteg 10; 🚋3, 4, 6, 10, 11, 13, 15, 17 bis Limmatplatz) GRATIS Das Schwimmbad nördlich des Bahnhofs am Ostufer der Limmat (direkt südlich der Kornhausbrücke) ist besonders bei den Trendsettern aus Zürich-West beliebt, die hier schwimmen, von den Brücken springen, skaten, Volleyball spielen oder einfach nur einen Drink an den Bars am Fluss nehmen und sich auf den Rasenflächen und Betonstufen unterhalten.

Geführte Touren

eTuk-Tuk AUTORIKSCHA
(Karte S. 258; ☎044 514 33 44; www.etuktuk.ch; Lagerstrasse 107; ⌚9–19 Uhr) Die Touren in den umweltfreundlichen Tuk-Tuks sind eine originelle Art, eine Spritztour durch Zürich zu unternehmen. Kenntnisreiche Stadtführer begleiten die 40-minütigen Touren „Heart of Zurich" (29 SFr) durch die Altstadt und Niederdorf, einstündige Touren durch das Stadtzentrum (36 SFr), 90-minütige Touren durch Zürich und Umgebung 45 SFr) sowie die irrsinnigen 90-minütigen Schokoladen-Fondue-Touren (154 SFr) einschließlich Früchten, Marshmellows, Schokolade und Dessertwein. Vorher checken, wo die Touren beginnen.

Zürich Food Tour ESSEN & TRINKEN
(Karte S. 250; ☎044 215 40 00; www.zuerich.com; 85 SFr; ⌚Fr 16–19 Uhr; 🚋Zürich Hauptbahnhof, 🚆Zürich Hauptbahnhof) Die von der Touristeninformation angebotene Führung gibt einen Einblick in die kulinarische Welt Zürichs. Drei Stunden geht es durch das einst industrielle und heute trendige Viertel Zürich-West mit Kostproben in Restaurants, Bars, auf Märkten und in Brauereien. Der stets wechselnde Startpunkt wird bei der Buchung bekanntgegeben.

Feste & Events

Street Parade STRASSENFEST
(www.streetparade.com; Utoquai; ⌚2. Sa im Aug.; 🚋2, 5, 8, 9 bis Bellevue) Die Techno-Parade, die seit 1992 jedes Jahr Mitte August stattfindet, ist zu einer der größten und wildesten Straßenpartys Europas geworden.

Food Zürich ESSEN & TRINKEN
(www.foodzurich.com; ⌚Ende Mai–Anfang Juni) Bei dem Festival, das über elf Tage im Mai und Juni stattfindet, dreht sich alles um Essen und Trinken, von Straßenständen bis zu Kochkursen, Brunch auf dem Markt und Abendessen unter den Sternen. Das Angebot reicht von schweizerischer bis zu internationaler Küche.

Sechseläuten PARADE
(Sächsilüüte; Karte S. 250; www.sechselaeuten.ch; Sechseläutenplatz; ⌚3. oder 4. Mo im April; 🚋2, 4, 10, 11, 14 bis Opernhaus) Das Highlight dieses Frühlingsfestes ist das Anzünden eines mit Feuerwerkskörpern gefüllten „Schneemanns" (der *Böögg*); die Geschwindigkeit, mit der sein Kopf explodiert, soll das Wetter für den kommenden Sommer vorhersagen (je schneller er explodiert, desto milder wird das Wetter).

Pride LGBT
(Karte S. 258; http://zurichpridefestival.ch; Kasernenareal; ⌚2. Wochenende im Juni; 🚋3, 14 bis Sihlpost) Auf dem riesigen LGBT-Straßenfest am zweiten Wochenende im Juni flattert in Zürich die Regenbogenflagge. Es findet auf dem Festgelände Kasernenareal statt.

Schlafen

Viele Hotels haben am Wochenende niedrigere Preise. Allerdings ist zu beachten, dass am Wochenende der Street Parade im August nur schwer ein Zimmer zu finden ist und die Preise in die Höhe schießen. Erheblich teurer kann es auch während verschiedener großer Messen werden (auch jenen in Basel).

Kafischnaps HOTEL €
(Karte S. 258; ☎043 538 81 16; www.kafischnaps.ch; Kornhausstrasse 57; EZ 69 SFr, DZ 88–118 SFr; 📶; 🚊11, 14 bis Schaffhauserplatz) Das coole, viel besuchte Nachbarschaftscafé in einer ehemaligen Fleischerei vermietet im Obergeschoss fünf freundliche kleine Zimmer. Jedes hat einen anderen Obstlernamen und ist dementsprechend eingerichtet. Vorab online buchen, denn die Zimmer sind schnell weg. Die Café-Bar (tgl. 8 oder 9 bis 24 Uhr) eignet sich hervorragend für einen Kaffee, ein Bier oder einen Brunch.

City Backpacker HOSTEL €
(Karte S. 250; ☎044 251 90 15; www.city-backpacker.ch; Niederdorfstrasse 5; B/EZ/DZ 37/77/118 SFr; ⏰Rezeption 12–15 Uhr geschl.; @📶; 🚊2, 4, 15 bis Rathaus) Das privat geführte Hostel hat eine schöne Lage in der Altstadt und eine junge Partyatmosphäre. Es ist freundlich und gut ausgestattet, wenn auch etwas beengt. Im Sommer kann man auf der Dachterrasse Zuflucht suchen vor der Enge. Treppensteigen ist allerdings angesagt, da die Rezeption und die Zimmer mehrere Treppen hoch liegen und es keinen Aufzug gibt.

Jugendherberge Zürich HOSTEL €
(☎043 399 78 00; www.youthhostel.ch; Mutschellenstrasse 114; B 40.50 SFr, EZ 82–118 SFr, DZ 92–139 SFr; @📶; 🚊7 bis Morgental, Ⓢ S8, S24 bis Wollishofen) Das rosafarbene Gebäude aus den 1960er-Jahren beherbergt eine gut besuchte, nüchterne Jugendherberge mit 24-Stunden-Rezeption, Speisesaal, modernen blitzeblanken Bädern und zuverlässigem WLAN in der Lounge im Erdgeschoß. Zum Frühstück (im Preis enthalten) gibt's Misosuppe und Reis sowie die schweizerischen Standards. Das Hostel befindet sich etwa 20 Minuten südlich vom Hauptbahnhof.

Oldtown Hostel Otter HOSTEL €
(Karte S. 250; ☎044 251 22 07; www.oldtownzurich.com; Oberdorfstrasse 7; B/DZ ab 43/134 SFr; 📶; 🚊2, 4, 15 bis Helmhaus) Das ehemalige Hotel und heutige Hostel in einer Seitenstraße in Niederdorf ist eine der günstigeren Unterkünfte für die Lage. Es hat sieben Schlafsäle und acht private Zimmer mit unterschiedlicher Ausstattung sowie eine Teeküche für Gäste. Es liegt fünf Minuten zu Fuß von mehreren Sehenswürdigkeiten entfernt, u. a. dem Fraumünster, dem Kunsthaus, der Limmat und dem Zürichsee.

25hours Hotel Zürich West DESIGNHOTEL €€
(☎044 577 25 25; www.25hours-hotels.com; Pfingstweidstrasse 102; DZ 162–370 SFr; 🅿📶; 🚊3, 4, 6 bis Toni-Areal) 🍃 Das Hotel in Zürich-West, das zur jungen Kette 25hours gehört, verbindet höchst raffiniertes Design mit auffallenden, verspielten Elementen, originaler Kunst und leuchtenden Farbtupfern. Die Zimmer sind minimalistisch flippig und mit Ökokosmetik, Bluetooth-Lautsprechern, Läufern in geometrischen Mustern, kostenlosen Minibars und recycelten Freitag-Taschen zum Ausleihen ausgestattet. Nette Extras sind kostenloser Verleih von Mini Coopern, Tischtennis am Eingang und ein langes, spätes Frühstück.

Townhouse BOUTIQUEHOTEL €€
(Karte S. 250; ☎044 200 95 95; www.townhouse.ch; Schützengasse 7; EZ 195–365 SFr, DZ 225–395 SFr, Suite 315–425 SFr; 📶; 🚊Zürich Hauptbahnhof, 🚆Zürich Hauptbahnhof) Das stilvolle, fünfstöckige Hotel in toller Lage nur ein paar Schritte vom Bahnhof und den Läden der Bahnhofstrasse entfernt bietet freundlichen Service und viele nette Extras. Die 21 Zimmer sind unterschiedlich groß, von 15 bis 35 m², und mit luxuriösen Tapeten, Wandbehängen, Parkettboden, Retro-Möbeln, DVD-Player und iPod-Dockingstation ausgestattet.

Lady's First HOTEL €€
(☎044 380 80 10; www.ladysfirst.ch; Mainaustrasse 24; Zi. 180–338 SFr; 📶; 🚊2, 4, 10, 11, 14, 15 bis Feldeggstrasse) Trotz des Namens sind anspruchsvolle Gäste jeden Geschlechts in diesem attraktiven Hotel nahe Opernhaus und See willkommen. Nur das zugehörige Wellnesscenter mit Dachterrasse ist ausschließlich Frauen zugänglich. Die blitzblanken, weitgehend geräumigen Zimmer sind ansprechend mit traditionellen Parkettböden und Designermöbeln ausgestattet.

Hotel Ni-Mo B&B €€
(☎044 370 30 30; www.hotel-nimo.ch; Seefeldstrasse 16; EZ 180–200 SFr, DZ 210–290 SFr; 📶; 🚊2, 4, 10, 11, 14, 15 bis Kreuzstrasse) Die gesellige Filmproduzentin Eva Stiefel hat dieses B&B in der Nähe der Oper zu einem der einladendsten kleinen Hotels Zürichs gemacht. Außer zehn minimalistisch-modern

eingerichteten Zimmern mit Holzfußböden und gefliesten Bädern gibt's einen winzigen Frühstücksraum im Erdgeschoss mit Werken einheimischer Künstler an den Wänden. Die in Zürich geborene Betreiberin hilft ihren Gästen gern bei der Erkundung ihrer Stadt.

Hotel Hottingen HOTEL €€

(☎044 256 19 19; www.hotelhottingen.ch; Hottingerstrasse 31; B 50 SFr, EZ 110–200 SFr, DZ 160–300 SFr, EZ/DZ mit Gemeinschaftsbad ab 85/115 SFr; P 📶; 🚋3, 8, 9, 11, 15, 17 bis Hottingerplatz) Nach einer Renovierung 2016 ist diese Unterkunft vielversprechender, als es von außen den Anschein hat. Die 32 Zimmer sind zwar eher nüchtern eingerichtet, dafür aber preiswert, einige haben einen Balkon. Auf jeder Etage gibt es Duschen und eine Gemeinschaftsküche, im obersten Stockwerk einen Frauenschlafsaal mit einer Dachterrasse.

★ Hotel Widder BOUTIQUEHOTEL €€€

(Karte S. 250; ☎044 224 25 26; www.widderhotel.ch; Rennweg 7; EZ/DZ ab 523/625 SFr; P ❄ @ 📶; 🚋4, 6, 7, 10, 11, 13, 14, 15, 17 bis Rennweg) Ein höchst stilvolles Boutiquehotel im großartigen Augustinerviertel. Das Widder ist eine gelungene Mischung aus Fünf-Sterne-Luxus und dem Charme des 12. Jhs. Die Zimmer und öffentlichen Bereiche der acht individuell gestalteten Stadthäuser, in denen das Hotel untergebracht ist, sind mit Kunst, Designermöbeln und originellen Extras ausgestattet – von Eichenbalken bis zu antiken Öfen und Wandbildern.

★ B2 Boutique Hotel & Spa BOUTIQUEHOTEL €€€

(☎044 567 67 67; www.b2boutiquehotels.com; Brandschenkestrasse 152; EZ 290–420 SFr, DZ 295–555 SFr; @ 📶 🏊; 🚋13 bis Enge) Das trendige Boutiquehotel in einer renovierten Brauerei abseits des Stadtzentrums (aber neben dem europäischen Hauptsitz von Google) ist überaus verlockend ausgestattet, u.a. mit einem umwerfenden Thermalbad auf dem Dach, einem Spa (S. 252) und einer phantastischen Bibliothek, deren deckenhohe Regale mit 30 000 Büchern gefüllt sind, die bei einem lokalen Antiquar erworben wurden. Die geräumigen Zimmer sind elegant und urban cool eingerichtet.

Hotel Florhof HOTEL €€€

(☎044 250 26 26; www.hotelflorhof.ch; Florhofgasse 4; EZ 185–230 SFr, DZ 300–360 SFr, Juniorsuite 540–640 SFr; 📶 🐾; 🚋3, 17 bis Neumarkt) Das in einer ehemaligen Seidenmanufaktur und dem früheren Sitz einer Adelsfamilie untergebrachte Hotel mit wunderschönem Garten hat 32 geschmackvoll eingerichtete Zimmer. Es ist nur einen Katzensprung vom Kunsthaus entfernt. Anlässlich der Rundum-Renovierung wurden viele Originaldetails restauriert, u.a. der gemusterte Steinfußboden, der Keramikholzofen in der Rezeption und die Parkettfußböden in den Gästezimmern.

Marktgasse Hotel BOUTIQUEHOTEL €€€

(Karte S. 250; ☎044 266 10 10; www.marktgassehotel.ch; Marktgasse 17; EZ 199–250 SFr, DZ 259–385 SFr, Suite 359–535 SFr; 📶; 🚋4, 15 bis Rathaus) Das Marktgasse Hotel im historischen Stadtteil Niederdorf wurde nach einem Umbau Ende 2015 eröffnet. Es verbindet Elemente aus dem 15. Jh. wie Stuck, Kachelöfen und Holztäfelungen mit dezent modernem Design in den Zimmern – je höher das Stockwerk, desto besser ist die Aussicht. Die Baltho Küche & Bar sowie ein Wellnessbereich mit Hammam und Fitnessraum laden zum Entspannen ein.

Baur au Lac HOTEL €€€

(Karte S. 250; ☎044 220 50 20; www.bauraulac.ch; Talstrasse 1; EZ/DZ ab 570/680 SFr; P ❄ @; 🚋2, 5, 8, 9, 10, 11, 14, 15 bis Bürkliplatz) Dieses familiengeführte Juwel am Ufer des Sees liegt in einem privaten Park und bietet jegliche Art von Komfort sowie ein sehr wohltuendes Maß an Privatsphäre. Die Zimmer sind in klassischen Farben und Stilen gehalten, z.B. Empire, Regency und Art déco. Wenn man dann noch den Wellnessbereich, die Restaurants und den tadellosen Service betrachtet, wird einem schnell klar, warum hier häufig VIPs absteigen.

✕ Essen

★ Haus Hiltl VEGETARISCH €

(Karte S. 250; ☎044 227 70 00; www.hiltl.ch; Sihlstrasse 28; pro 100 g 4,90 SFR, Hauptgerichte 25–35 SFr; ⌚Mo–Sa 6–24, So 8–24 Uhr; 🌱; 🚋4, 6, 7, 10, 11, 13, 14, 15, 17 bis Rennweg) Es steht im Guinness-Buch: Das Hiltl ist das älteste vegetarische Restaurant der Welt (gegründet 1898). Aus der Küche kommt eine unglaublich bunte Mischung aus fleischlosen Leckereien, von indischen und thailändischen Currys bis zu gegrilltem mediterranen Gemüse sowie Salate und Desserts. Zur Auswahl stehen das Buffet (Preis je 100 g) und reichhaltigere Hauptgerichte. Gegessen wird im zwanglosen Café oder im schickeren Restaurant nebenan. Preiswertes Takeaway gibt es ebenfalls.

★ **Café Sprüngli** SÜSSWAREN €
(Karte S. 250; ☎ 044 224 46 46; www.spruengli.ch; Bahnhofstrasse 21; Süßwaren 8–16 SFr; ⏲ Mo–Fr 7.30–18.30, Sa 8–18 Uhr; 🚊 4, 6, 7, 10, 11, 13, 14, 15, 17 bis Paradeplatz) In diesem Epizentrum der Schweizer Süßwarenherstellung wird man seit 1836 mit Kuchen, Schokolade, Eiscreme und exzellentem Kaffee verwöhnt. Ein leichtes Mittagessen ist ebenfalls erhältlich. Unbedingt lohnenswert ist auch ein Besuch in dem zugehörigen himmlischen Schokoladengeschäft, wo köstliche Pralinen und Trüffel sowie die Spezialität des Hauses verkauft werden, die regenbogenbunten Macarons namens Luxemburgerli.

Bauschänzli CAFETERIA €
(Karte S. 250; ☎ 044 212 49 19; www.bauschaenzli.ch; Stadthausquai 2; Hauptgerichte 13–22 SFr; ⏲ April–Sept. 11–23 Uhr; 🚊 2, 4, 5, 8, 9, 10, 11, 14, 15 bis Bürkliplatz) Das große Plus dieses Biergarten-Restaurants mit Selbstbedienung ist die Lage auf den Befestigungsmauern aus dem 17. Jh. an der Limmat. Hier kann man Schwäne, Boote und Passanten beobachten. Auf der Speisekarte stehen Bratwurst, gebratener Barsch, Wiener Schnitzel, Pommes frites und kühles Bier. Von Anfang Oktober bis Anfang November findet hier Zürichs Version des Oktoberfests statt.

Burgermeister BURGER €
(Karte S. 258; www.burger-meister.ch; Langstrasse 238; Burger 11–22 SFr; ⏲ Mo–Mi 11–22.30, Do bis 23, Fr bis 24, Sa 12–24 Uhr; 🚊 3, 4, 6, 10, 11, 13, 15, 17 bis Limmatplatz) Bei Burgermeister gibt es echt überzeugende Burger – mit Schweizer Rindfleisch und würzigen Saucen hausgemacht. Richtig scharf sind die Chili-Cheeseburger mit Jalapeño-Pfeffer, für Vegetarier gibt es Tofu-Burger mit Mango-Currysauce.

Alpenrose SCHWEIZERISCH €€
(Karte S. 258; ☎ 044 431 11 66; www.restaurantalpenrose.ch; Fabrikstrasse 12; Mittagsmenüs 23–27 SFr, Hauptgerichte abends 24–38 SFr; ⏲ Di–Fr 9–23.30, Sa & So ab 17 Uhr; 🚊 3, 4, 6, 10, 11, 13, 15, 17 bis Quellenstrasse) Die Alpenrose verströmt mit ihren hohen Ätzglasfenstern, den warm wirkenden Holztäfelungen und der Stuckdecke einen altmodischen Charme und die Küche entspricht dem Ambiente. Deftige Schweizer Klassiker wie Kräuterforelle mit hausgemachten Spätzle und Butterkarotten sind hervorragend zubereitet und angerichtet und begleitet von einer guten Weinauswahl.

Raclettestube SCHWEIZERISCH €€
(Karte S. 250; ☎ 044 251 41 30; www.raclette-stube.ch; Zähringerstrasse 16; Fondue 29–32 SFr, Raclette 40 SFr; ⏲ 18–23 Uhr; 🚊 2, 4, 15 bis Rudolf-Brun-Brücke) Das gemütliche, einladende Restaurant mit drei Filialen in der Stadt bietet urschweizerische Käsegerichte: Fondue und Raclette.

Restaurant zum Kropf SCHWEIZERISCH €€
(Karte S. 250; ☎ 044 221 18 05; www.zumkropf.ch; In Gassen 16; Hauptgerichte 25–43 SFr; ⏲ Mo–Sa 11.30–23.30 Uhr; 🚊 4, 10, 11, 14, 15 bis Paradeplatz) Wenn den Einheimischen der Sinn nach einer herzhaften Mahlzeit und einem guten Bier steht, gehen sie am liebsten ins Kropf. Das Restaurant mit der historischen Einrichtung, der Holztäfelung, den Marmorsäulen, Buntglasfenstern und Deckenmalereien gibt es schon seit 1888.

My Kitchen MALAYSISCH €€
(☎ 043 810 06 78; Franklinstrasse 6; Hauptgerichte 22,50–28,50 SFr; ⏲ Mo 11–14, Di–Sa 11–14 & 18–21 Uhr; 🚊 10, 11, 12, 14, 15 bis Sternen Oerlikon) Das Restaurant liegt abseits des Zentrums in Oerlikon, aber die einnehmend frischen und authentischen malaysischen Gerichte lohnen den Weg. Es ist immer voll mit Einheimischen, die sich Rinder-*rendang* (scharfes Rindfleisch mit Kokosnuss, Nelken, Zimt und Kaffir-Limette) schmecken lassen oder Kokosnuss-Curry-Gerichte mit *roti* (knuspriges Fladenbrot) aufstippen. In der Nähe ist eine Haltestelle der Straßenbahn nach Sternen Oerlikon.

Baltho Küche & Bar INTERNATIONAL €€
(Karte S. 250; ☎ 044 266 10 14; www.balthokuechebar.ch; Marktgasse Hotel, Marktgasse 17; Mittagsmenüs 21–24 SFr, Hauptgerichte 28–42 SFr; ⏲ Mo–Mi 11–24, Fr bis 2, So bis 23 Uhr; 👪; 🚊 4, 15 bis Rathaus) Monochrome Farben, viel Licht und Tische mit gutem Abstand verleihen dem Baltho im Hotel Marktgasse das Flair einer urban-schicken Brasserie. Die aufmerksame Bedienung serviert hübsch angerichtete Speisen, die sich nach der Saison richten – von hausgeräuchertem Lachs mit Essiggurken bis zu Burrata-Ravioli mit Datteltomaten und Hühnchen Bang Bang. Kinder bekommen ihren eigenen Tisch und am Wochenende Bastelangebote.

Kindli INTERNATIONAL €€
(Karte S. 250; ☎ 043 888 76 78; www.kindli.ch; Rennweg; Hauptgerichte 36–56 SFr; ⏲ Mo–Sa 11–14 & 18–22 Uhr; 🚊 4, 6, 7, 10, 11, 13, 14, 15, 17 bis Rennweg) Das Kindli vermittelt in seinem freundlichen, holzgetäfelten Gastraum mit Bistrotischen, die für ein romantisches Essen adrett gedeckt und mit Kerzenlicht beleuchtet sind, die Herzlichkeit und Lie-

DIE BESTEN PARKS FÜR EIN PICKNICK

Für eine Stadt dieser Größe hat Zürich erstaunlich viele Grünflächen. Bei schönem Wetter lohnt es sich, ein Picknick einzupacken oder sich ein Lunchpaket bei Hiltl zu besorgen und sich damit zu einem der folgenden idyllischen Stadtparks zu begeben.

Lindenhof (Karte S. 250; 4, 6, 7, 10, 11, 13, 14, 15, 17 bis Rennweg) Der Park mit vielen schattigen Bäumen auf einem Hügel mitten in der Altstadt bietet einen spektakulären Blick über die Limmat bis hin zum Grossmünster. Außerdem kann man hier Boule-Spielern zusehen.

Platzspitz (Karte S. 250; Zürich Hauptbahnhof, Zürich Hauptbahnhof) Ein grüner Zipfel am Zusammenfluss von Limmat und Sihl direkt nördlich von Bahnhof und Landesmuseum. James Joyce liebte dieses Fleckchen Erde ganz besonders und erwähnte die beiden Flüsse in seinem Werk *Finnegans Wake*.

Josefswiese (Karte S. 258; ; 3, 4, 6 bis Schiffbau) Stimmungsvoller Park im Kreis 5 im Schatten eines hohen Schornsteins und Eisenbahnviadukts. Große, familienfreundliche Grünfläche mit einem Springbrunnen, in dem sich die Kleinen austoben können. Getränke und Snacks gibt's am angrenzenden **Kiosk Josefswiese** (Karte S. 258; www.josefswiese.ch; März–Mai & Sept.–Okt. 10–18 Uhr, Juni–Aug. 9–22 Uhr;).

Zürichhorn (2, 4, 10, 14, 15 bis Fröhlichstrasse) Der lang gezogene, grüne Park erstreckt sich am Ostufer des Zürichsees, südlich des Opernhauses. Hier befindet sich auch das Seebad Utoquai (S. 253), wo man nach dem Picknick ins kühle Nass springen kann.

benswürdigkeit längst vergangener Zeiten. Serviert werden hier traditionelle Schweizer Gerichte, wie Zürcher Geschnetzeltes (Kalbfleisch mit Champignoncremesauce und Rösti), aber auch thailändisches Curry und Languste mit sardischer Pasta, Tomaten und Rosmarin.

Zeughauskeller — SCHWEIZERISCH €€

(Karte S. 250; 044 220 15 15; www.zeughauskeller.ch; Bahnhofstrasse 28a; Tagesgericht mittags 21,50 SFr, Hauptgerichte 19–37 SFr; 11.30–23 Uhr; 4, 10, 11, 14, 15 bis Paradeplatz) In der großen, stimmungsvollen Bierhalle aus dem 15. Jh. samt vielen Straßentischen gibt's unter den schweren Eichenbalken deftigste Schweizer Gerichte. Die Speisekarte (in acht Sprachen) glänzt mit einem Dutzend verschiedener Würstchen und anderen Schweizer Klassikern wie Schweinebraten mit einer ordentlichen Portion Sauerkraut. Vegetarier gehen auch nicht leer aus.

★ Didi's Frieden — SCHWEIZERISCH €€€

(Karte S. 250; 044 253 18 10; www.didisfrieden.ch; Stampfenbachstrasse 32; 4-/5-Gänge-Menü 98/108 SFr; Mo–Fr 11–14.30 & 17–24, Sa 18–24 Uhr; 7, 11, 14, 17 bis Stampfenbachplatz) Didi's Frieden zählt mit seiner einzigartigen Mischung aus Vertrautem und Raffiniertem zu den Spitzenrestaurants Zürichs. Das Ambiente mit Holzboden, weißen Tischtüchern und Kronleuchtern aus Weingläsern ist dezent elegant. Die Bedienung ist unaufdringlich und dennoch aufmerksam und die Speisekarte richtet sich mit Gerichten wie Wild-Ravioli und dunkler Schokolade und Schalottenjus nach der Saison – sehr abgerundete Geschmackskombinationen und mit Flair serviert.

Coco — EUROPÄISCH €€€

(Karte S. 250; 044 211 98 98; www.coco-grill.ch; Bleicherweg 1a, am Paradeplatz; 2-Gänge-Mittagsmenüs 25–45 SFr, 5-Gänge-Abendmenüs 120–130 SFr; Mo–Fr 11–15 & 17–24, Sa 17.30–0.30 Uhr; 4, 6, 7, 10, 11, 13, 14, 15, 17 bis Paradeplatz) Das Restaurant mit der romantischen Atmosphäre versteckt sich in einer kurzen Gasse am Paradeplatz und bietet abends ein Fünf-Gänge-„Überraschungsmenü" aus gegrilltem Fleisch und Fisch – Cocos Markenzeichen. In der winzigen Bar vorn sollte man vorab ein Schlückchen Wein genießen, bevor man sich in die fast verschwörerische Atmosphäre des dahinterliegenden Gastraums begibt.

Kronenhalle — BRASSERIE €€€

(Karte S. 250; 044 262 99 00; www.kronenhalle.ch; Rämistrasse 4; Hauptgerichte 36–76 SFr; 12–24 Uhr; 4, 5, 8, 9, 10, 15 bis Bellevue) Die Kronenhalle im Brasseriestil mit weißen Tischdecken, dunklem Holz und einem altmodischen Flair ist ein beliebter Treffpunkt der Großkopfeten der Stadt. Tadellos geschulte Kellner servieren diskret unter Originalen von Chagall, Miró, Matisse und Picasso die täglich wechselnden Tagesmenüs. Die Speisekarte ist international und reicht von Gazpacho über Thunfisch-Sashimi und Garnelen-Ravioli mit Curry bis zu Chateaubriand in Sauce Béarnaise.

Ausgehen & Nachtleben

Der neu belebte Stadtteil Zürich-West besteht aus zwei ehemaligen Arbeitervierteln: Kreis 4 und Kreis 5. Nachts wird er zum Tummelplatz der Hedonisten. Der Kreis 4 rund um die Langstrasse ist noch immer so etwas wie ein Rotlichtviertel mit zahlreichen Bars. Im Kreis 5 jenseits der Eisenbahntrasse gibt es etliche andere Nachtlokale rund um die Hardstrasse.

★Frau Gerolds Garten BAR

(Karte S. 258; www.fraugerold.ch; Geroldstrasse 23/23a; ⏲Bar-Restaurant April–Sept. Mo–Sa 11–24, So 12–22 Uhr,Okt.–März Mo–Sa 18–24 Uhr, Markt & Geschäfte ganzjährig Mo–Fr 11–19, Sa bis 18 Uhr; 🚸; Ⓢ Hardbrücke) Hm, wo anfangen? In der Weinbar? In der Margaritabar? In der Ginbar? Welches Getränk auch bevorzugt wird, der ungemein beliebte Brennpunkt der sommerlichen Kneipenszene Zürichs ist das reinste Vergnügen und einer der besten Spielplätze für Erwachsene in Europa.

Das Gelände mit Schiffscontainern und bunten Lichterketten, gesäumt von farben-

Zürich-West

prächtigen Blumenbeeten und einem quietschenden Gleisgelände bietet verschiedene Sitzgelegenheiten, von Picknicktischen bis zu Kissen auf Terrassen, sowie eine Sonnenterrasse im zweiten Stock. Im Winter öffnet das Restaurant in einem flippigen Pavillon, wo ein tolles Fondue die Seele wärmt.

★ Rimini Bar — BAR

(Karte S. 258; www.rimini.ch; Badweg 10; ⏲ April–Okt. So–Do 19.15–24, Fr 18.45–24, Sa 14–24 Uhr; 🚊 2, 6, 7, 8, 9, 13, 17, 19 bis Bahnhof Selnau) Die Bar im Männerbad hinter einem Zaun am Sihl gehört zu Zürichs einladendsten Open-Air-Kneipen. Die große Holzterrasse mit ihren rotorangen Lichtern bietet Picknicktische und Sitzkissen, auf denen man toll relaxen und dem Plätschern des Wassers in den benachbarten Pools lauschen kann. Nur bei schönem Wetter geöffnet.

Clouds — BAR

(Karte S. 258; http://clouds.ch; Prime Tower, Maagplatz 5; ⏲ Di–Do 16–24, Fr & Sa bis 2 Uhr; S Hardbrücke) Zürich erscheint unglaublich winzig von dieser verglasten Lounge-Bar im 35. Stock des Prime Tower im angesagten 5. Bezirk. Bei Gin Tonics, Antipasti und Cocktails sind hier die Wahrzeichen der Stadt, der See und der Uetliberg zu sehen. Der „Martini in C" ist eine Mischung aus dem hauseigenen Gin, Ingwerlikör, trockenem Orangen-Curaçao und Wermut.

Hive Club — CLUB

(Karte S. 258; ✆ 044 271 12 10; www.hiveclub.ch; Geroldstrasse 5; Eintritt 35 SFr; ⏲ Do 23–4, Fr bis 7, Sa bis 9 Uhr; S Hardbrücke) In diesem szenigen, alternativen Club neben Frau Gerolds Garten im Kreis 5 sorgt elektronische Musik für Stimmung. Der Eingang befindet sich in einer Gasse, die mit unzähligen bunten Regenschirmen, riesigen Tierköpfen, Pilzen und Gießkannen geschmückt ist. Dreimal pro Woche stehen bekannte DJs bis in die frühen Morgenstunden am Plattenteller.

Eldorado — CRAFTBIER

(Karte S. 258; www.eldorado-zh.ch; Limmatstrasse 109; ⏲ Mo & Di 17–24, Mi & Do bis 1, Fr bis 2, Sa 20–2 Uhr; 🚊 3, 4, 6, 10, 11, 13, 15, 17 bis Limmatplatz) Das Eldorado, ein Paradebeispiel der wachsenden Züricher Craftbierszene, ist eine tolle kleine, coole Kneipe, die schummrig beleuchtet und mit Vintage-Möbeln und einer beleuchteten Chrombar eingerichtet ist. Zur Auswahl stehen 101 Craftbiere (darunter über ein Dutzend Schweizer Gebräue).

Mascotte — CLUB

(Karte S. 250; ✆ 044 260 15 80; www.mascotte.ch; Theaterstrasse 10;Eintritt frei–25 SFr; ⏲ 21.30 Uhr–open end; 🚊 2, 9, 11, 15 bis Stadelhofen) Das ehemalige Variété „Corso" mit der riesigen Fensterfront zum Sechseläutenplatz und zum See ist heute einer der angesagtesten Clubs in Zürich. Ein dichtes Programm sorgt die ganze Woche über für Stimmung. Die „Cool Mondays" mit House, Hip-Hop, Electropop, Nu-Disco und Indie Dance sind ein Dauerbrenner (Eintritt frei).

Kanzlei — CLUB

(Karte S. 258; ✆ 044 291 63 11; www.kanzlei.ch; Kanzleistrasse 56; Eintritt frei–23 SFr; ⏲ Fr & Sa

Zürich-West

Sehenswertes
1 Josefswiese ... B2
2 Puls 5 ... A1
3 Schiffbau ... A1

Aktivitäten, Kurse & Touren
4 eTuk-Tuk ... C3
5 Letten ... D2
6 Pride ... C4

Schlafen
7 Kafischnaps ... D1

Essen
8 Alpenrose ... B2
9 Burgermeister ... C2

Ausgehen & Nachtleben
10 Clouds ... A2
11 Eldorado ... C2
12 Frau Gerolds Garten ... A2
13 Hive Club ... A2
14 Kanzlei ... B5
15 Kiosk Josefwiese ... B2
16 Rimini Bar ... C5

Unterhaltung
17 Bogen F ... A2
18 Helsinki ... A2
19 Moods ... A1
Schauspielhaus ... (s. 3)

Shoppen
20 Flohmarkt Kanzlei ... B5
21 Freitag ... A2
22 Im Viadukt ... B2

23–5, So 23–24 Uhr; 8 bis Helvetiaplatz) Hier verwandelt sich ein Schulhof nachts in eine Outdoorbar und einen Underground-Club. Auf dem Veranstaltungskalender stehen Reggae, Dancehall, Hip-Hop und vieles mehr.

Heaven SCHWULE
(Karte S. 250; 078 667 80 01; www.heavenclub.ch; Spitalgasse 5; Eintritt 15–20 SFr; Fr 23–6, Sa 21.30–7 Uhr; 2, 4, 15 bis Rudolf-Brun-Brücke) Der ausgelassene Club mit seiner bunt gemischten Musik ist das Zentrum des schwulen Nachtlebens in Niederdorf.

Loft Five LOUNGE
(Karte S. 250; www.loftfive.ch; Europaallee 15; Mo–Do 8–24, Fr 8–2, Sa 10.30–14 Uhr; Zürich Hauptbahnhof, Zürich Hauptbahnhof) Lila Hintergrundbeleuchtung, knallige Kunst und Vintage-Stühle schaffen ein Flair zwischen Shabby-Chic und Dekadenz. Im Sommer werden flotte Cocktails und Craftbier auf der tollen Terrasse geschlürft, dazu gibt es gelegentlich Livemusik und DJ-Auftritte.

Unterhaltung

Rote Fabrik LIVEMUSIK
(Konzerte 044 485 58 68, Theater 044 485 58 28; www.rotefabrik.ch; Seestrasse 395; 161, 165) Das wunderbar am See gelegene, vielseitige Zentrum für darstellende Künste bietet Rock-, Jazz- und Hip-Hop-Konzerte, Filme in Originalfassung und Theater- und Tanzaufführungen. Es gibt auch eine Bar und ein Restaurant. Hin kommt man vom Bürkliplatz mit Bus 161 oder 165.

Bogen F LIVEMUSIK
(Karte S. 258; 043 204 18 90; www.bogenf.ch; Viaduktstrasse 97; Café Do & Fr ab 15, Sa ab 11 Uhr; Konzertbeginn wechselt; S Hardbrücke) In dem pulsierenden Bühnenraum, der zum gleichnamigen Café im Einkaufszentrum Viadukt im Kreis 5 gehört, treten Indie-Bands aus der ganzen Welt auf, in jüngerer Zeit z. B. aus den USA, Kanada, Schweden, Südafrika und Japan.

Helsinki LIVEMUSIK
(Karte S. 258; www.helsinkiklub.ch; Geroldstrasse 35; Do 20–1.30, Fr & Sa 20–4, So 20–2 Uhr; S Hardbrücke) Ins schummrige, relaxte Helsinki, ein Überbleibsel aus der Industriezeit der Gegend, zieht es Leute unterschiedlichster Vorlieben und Altersgruppen. Sonntags tritt die Hausband Hollander Trio from Hell auf (Country, Rockabilly, Rock, Blues und sogar Polka!); in den anderen Nächten reicht die bunte Mischung von Soul und Funk bis zu Hip-Hop und Tango. Vom Hauptbahnhof mit einem Zug bis Hardbrücke zu erreichen.

Moods LIVEMUSIK
(Karte S. 258; 044 276 80 00; www.moods.ch; Schiffbaustrasse 6; Mo–Sa 19.30 Uhr–open end, So 18 Uhr–open end; 3, 4, 6 bis Schiffbau) Dies ist eine der besten Locations für Jazz in Zürich, aber auch andere Musikrichtungen wie Funk, Hip-Hop, Swing, Latin und Weltmusik stehen auf dem prall gefüllten Terminkalender.

Tonhalle KLASSISCHE MUSIK
(Karte S. 250; 044 206 34 34; www.tonhalle-orchester.ch; Claridenstrasse 7; 2, 4, 5, 8, 9, 10, 11, 14, 15 bis Bürkliplatz) Opulente Spielstätte des Züricher Orchesters und des Kammerorchesters.

Opernhaus OPER
(Karte S. 250; 044 268 66 66; www.opernhaus.ch; Falkenstrasse 1; ; 2, 4, 10, 11, 14, 15 bis Opernhaus) Das Opernhaus der Stadt mit seiner opulenten, klassizistischen Fassade genießt weltweit einen guten Ruf mit Konzerten, Opern und Ballettaufführungen der Spitzenklasse. Es gibt auch ein tolles Opernprogram für Kinder.

Shoppen

Edle Mode gibt's in der Bahnhofstrasse, originelle Boutiquen sind reichlich in Stadtteilen wie Niederdorf und Zürich-West zu finden. Beliebte Straßenmärkte sind u. a. der **Flohmarkt am Bürkliplatz** (Karte S. 250; www.buerkli-flohmarkt.ch; Bürkliplatz; Mai–Okt. Sa 7–17 Uhr; 2, 4, 5, 8, 9, 10, 11, 14, 15 bis Bürkliplatz), der **Flohmarkt Kanzlei** (Karte S. 258; www.flohmarktkanzlei.ch; Kanzleistrasse 56; Sa 8–16 Uhr; 8 bis Helvetiaplatz) und der **Kunsthandwerksmarkt Rosenhof** (Karte S. 250; Rosenhof; März–Dez. Do 10–20, Sa bis 17 Uhr; 4, 15 bis Rathaus).

★ **Freitag** MODE & ACCESSOIRES
(Karte S. 258; 043 366 95 20; www.freitag.ch; Geroldstrasse 17; Mo–Fr 10.30–19, Sa 10–18 Uhr; 3, 4, 6 bis Schiffbau) In ihrer Fabrik stellen die Gebrüder Freitag aus Lkw-Planen recycelte, bunte, wasserfeste Kuriertaschen her. Jedes Stück, von der Geldbörse bis zur Laptop-Tasche, ist ein Unikat. Das Outlet ist wahrhaft schräg – ein übereinander gestapelter Haufen von Schiffscontainern, den man den ersten Wolkenkratzer von Kreis 5 nennt und den die Kunden sogar besteigen

ABSTECHER

DER UETLIBERG

Der 872 m hohe Uetliberg vor den Toren der Stadt markiert den unmittelbaren Übergang zwischen Stadt und Natur und ist im Frühjahr von leuchtenden Wildblumen bedeckt und im Herbst von Rost- und Goldtönen gesprenkelt. Wenn den Städtern der Sinn nach Bewegung steht, zieht es sie hierher, um zu wandern, zu joggen oder mit dem Mountainbike auf den Wegen quer durch die Wälder und die Landschaft zu strampeln. Der **Aussichtsturm** (Uetliberg; S 10 bis Uetliberg), eine Stahlfachwerkkonstruktion ganz oben auf dem Berg, bietet einen schönen Blick über den See, die Stadt und an klaren Tagen auf die Alpen dahinter – am schönsten bei Sonnenuntergang.

Vom S-Bahnhof Uetliberg führt der **Planetenweg** (www.uetliberg.ch; Uetliberg;) GRATIS 1½ bis zwei Stunden über den streckenweise dicht bewaldeten Bergkamm und sanft auf und ab zu den Aussichtspunkten Felsenegg und Buchenegg. Entlang der Strecke mit schönem Seeblick sind Planetenmodelle im Verhältnis von 1:1 Mrd. aufgestellt.

Die S10 fährt zweimal stündlich vom Hauptbahnhof zum Bahnhof Uetliberg (8,80 SFr, 27 Min.). Von dort sind es zehn Minuten zu Fuß bergauf bis zum Aussichtsturm. Am Aussichtspunkt Felsenegg fährt alle 15 Minuten eine Seilbahn hinab nach Adliswill, von wo die S4 in häufigem Abstand zurück nach Zürich fährt (3,40 SFr, 23 Min.). Die Albis-Tageskarte für 17,60 SFr ermöglicht die Fahrt zum Uetliberg und zurück sowie unbegrenzte Fahrten in der Stadt.

können. Oben befindet sich eine Dachterrasse mit grandiosem Blick auf die Stadt.

Max Chocolatier SCHOKOLADE

(Karte S. 250; www.maxchocolatier.com; Schlüsselgasse 12; Di–Fr 10.30–19, Sa 10–17.30 Uhr; 4, 10, 11, 14, 15 bis Paradeplatz) All die verlockenden Chocolatiers in Zürich werden von Max übertroffen. Der schicke Altstadtladen bietet ein fabelhaftes Sortiment wunderschön verpackter Tafeln, Trüffel und Pralinen, alle zu 100% aus schweizerischen Zutaten hergestellt. Zu beachten sind auch die Geschmacksangebote nach Saison wie Alpenheu, Cassis und Veilchen, Holunderblüte, weißer Pfirsich und grüner Pfeffer. Auf der Website sind die Einzelheiten zu Degustationen aufgeführt.

Im Viadukt EINKAUFSZENTRUM

(Karte S. 258; www.im-viadukt.ch; Viaduktstrasse; Mo–Do 10–20, Fr & Sa 8–20 Uhr; 3, 4, 6, 10, 11, 13, 15, 17 bis Dammweg) In einer Stadt, die sich mit Begeisterung der Neuerfindung und Neunutzung widmet, ist Im Viadukt ein Paradebeispiel. Die einstmals heruntergekommenen Lagerstätten unter den steinernen Eisenbahnbögen wurden jüngst zu einem belebten Komplex aus Geschäften (Kleidung, Möbel usw.), Restaurants, Cafés und Feinkostmärkten umgebaut. Über drei Straßenblöcke zwischen Limmatstrasse und Geroldstrasse erstreckt sich der Viadukt, in dem wohl jeder etwas finden wird.

Praktische Informationen

Bellevue Apotheke (044 266 62 22; www.bazh.ch; Theaterstrasse 14) Durchgehend geöffnete Apotheke.

Polizei (044 411 71 17; www.stadtpolizei.ch; Bahnhofquai 3)

Post (Karte S. 250; Europaallee 11; Mo–Fr 6.30–22.30, Sa 6.30–20, So 10–22.30 Uhr) Gleich westlich des Hauptbahnhofs.

UniversitätsSpital Zürich (Universitätsklinik; 044 255 11 11; www.en.usz.ch; Schmelzbergstrasse 8; 24 Std.) Notaufnahme.

Zürich Tourismus (Karte S. 250; 044 215 40 00, Hotelreservierungen 044 215 40 40; www.zuerich.com; Hauptbahnhof; Mai–Okt. Mo–Sa 8–20.30, So 8.30–18.30 Uhr, Nov.–April Mo–Sa 8.30–19, So 9–18 Uhr) Die sehr hilfsbereite Touristeninformation befindet sich im Hauptbahnhof. Sie bucht Führungen, reserviert Zimmer und verkauft die ZürichCard (www.zuerichcard.ch; Erw./Kind 24 Std. 24/16 SFr, 72 Std. 48/32 SFr).

An- & Weiterreise

Der **Flughafen Zürich** (ZRH; 043 816 22 11; www.zurich-airport.com) liegt 9 km nördlich des Stadtzentrums und hat Verbindungen zu den meisten europäischen Hauptstädten, auch einige mit Afrika, Asien und Nordamerika.

Die A3 von Süden nach Zürich verläuft am Südufer des Zürichsees. Die A1 ist die schnellste Strecke von Bern und Basel und geht weiter Richtung Nordosten nach Winterthur.

Häufige Direktverbindungen mit dem Zug gibt es mit Stuttgart (63 SFr, 4 Std.), München (96 SFr, 4–4¼ Std.), Innsbruck (76 SFr, 3½ Std.) und anderen Städten im Ausland. Regelmäßig fahren auch Züge zu den meisten größeren Städten in der Schweiz, z. B. Luzern (26 SFr, 45–50 Min.), Bern (51 SFr, 1–1½ Std.) und Basel (34 SFr, 55 Min.–1¼ Std.).

Unterwegs vor Ort

AUTO & MOTORRAD

Ein Parkplatz ist schwer zu finden und in den Parkhäusern kostet er bis zu 45 SFr für 24 Stunden. Die **Parking Zürich AG** (www.parkingzuerichag.ch) betreibt 13 Parkhäuser in der Stadt. Die günstigsten befinden sich am Sihlquai 41 in Bahnhofsnähe und in der Uraniastrasse 3.

BUS, S-BAHN & STRASSENBAHN

Das von Zürichs **ZVV** (☎ 0848 988 988; www.zvv.ch) unterhaltene Netz öffentlicher Verkehrsmittel (Bus, S-Bahn und Straßenbahn) ist flächendeckend. Sie fahren täglich von 5.30 Uhr bis kurz nach Mitternacht. An den Wochenenden fahren darüber hinaus Nachtbusse und -bahnen, für die aber ein Aufpreis fällig wird.

Fahrkarten bekommt man vor Fahrtantritt an den Automaten an den Bus- und Bahnhaltestellen. Man muss entweder den vierstelligen Code der Zielhaltestelle eingeben oder ein bestimmtes Ticket auswählen. Die Kurzstrecke (fünf Stationen) kostet 2,70 SFr. Das Ticket für eine Fahrt im Bereich Zürich (1. Std. gültig) kostet 4,40 SFr, das 24-Stunden-Ticket fürs Stadtzentrum 8,80 SFr.

FAHRRAD

Züri Rollt (☎ 044 415 67 67; www.schweizrollt.ch) ist ein innovatives Programm, das Besuchern ermöglicht, sich an mehreren Stationen in der Stadt ein Fahrrad auszuleihen, auch an der **Velostation Nord** (Museumstrasse 2; ⏲ Mo–Fr 8–23.30, Sa & So 8–23 Uhr) gegenüber vom Hauptbahnhof (Nordseite). Man benötigt einen Ausweis und muss 20 SFr Kaution hinterlegen. Wird das Rad am gleichen Tag zurückgebracht, ist es gratis, wird es über Nacht behalten, kostet es 10 SFr pro Tag.

VOM/ZUM FLUGHAFEN

Mehrmals stündlich verkehren zwischen ca. 5 und 24 Uhr Züge zwischen Hauptbahnhof und Flughafen (6,80 SFr, 10–13 Min.). Ein Taxi ins Zentrum kostet etwa 60 SFr.

SCHIFF/FÄHRE

Die **ZSG** (Zürichsee-Schifffahrtsgesellschaft; Karte S. 250; ☎ 044 487 13 33; www.zsg.ch) veranstaltet von April bis Oktober Bootsfahrten auf dem See, los geht's am Bürkliplatz. Eine kleine Rundfahrt dauert 1½ Stunden (Erw./Kind 13,80/9,40 SFr) und beginnt zwischen 11 und 19.30 Uhr alle 30 Minuten. Die große Rundfahrt dauert vier Stunden (Erw./Kind 31/18 SFr). Tickets sind am ZVV-Schalter erhältlich.

Die gleiche Gesellschaft bietet auch **Flussfahrten** (Karte S. 250; Erw./Kind 9,40/8,10 SFr, Ostern–Mitte Okt. alle 30 Min.) an. Das Boot schippert die Limmat hinauf und dreht eine kleine Runde auf dem See (1 Std.). Los geht's am Anleger Schweizerisches Landesmuseum.

TAXI

Taxis sind teuer und angesichts des Angebots an öffentlichen Verkehrsmitteln eigentlich überflüssig. Einsteigen kann man am Hauptbahnhof oder an anderen Taxiständen. Unter **Taxi 444** (☎ 044 444 44 44; www.taxi444.ch) kann man sich auch ein Taxi bestellen.

RUND UM ZÜRICH

Rapperswil-Jona

26 034 EW. / 405 M

Rapperswil am Ostufer des Zürichsees ist ein gepflegtes Städtchen mit mittelalterlichem Zentrum, einem Schloss, einer zukunftsorientierten Kunstgalerie und einem Stadtmuseum. Wenn das Wetter wärmer wird und Einheimische und Besucher auf der Seepromenade spazieren und durch Gärten schlendern, in denen Damhirsche leben und 15 000 Rosenarten blühen, schaltet die Stadt in den Urlaubsmodus um. Die Stadt produziert sogar ihren eigenen Wein, den Rapperswiler Schlossberg AOC – einen Spätburgunder, der an den Hängen des Schlosses wächst.

Sehenswertes

Schloss Rapperswil SCHLOSS
(www.schlossrapperswil.com; Lindenhügel) GRATIS
Die Altstadt von Rapperswil wird von den stämmigen Türmen des oft fotografierten Schlosses aus dem 13. Jh. überragt. Oben von der Terrasse bietet sich ein Blick über die vielen Giebel und den See. An wolkenlosen Tagen sind auch die Konturen der Glarner Alpen zu sehen. Im Schloss ist heute das **Polenmuseum** (www.muzeum-polskie.org; Erw./Kind 5/3 SFr; ⏲ April–Okt. tgl. 13–17 Uhr, März, Nov., Dez. Sa & So 13–17 Uhr) untergebracht. Auf dem schönen Schlossgelände lassen sich manchmal Damhirsche ganz aus der Nähe blicken.

Stadtmuseum Rapperswil-Jona MUSEUM
(www.stadtmuseum-rapperswil-jona.ch; Herrenberg 30/40; Erw./Kind 6 SFr/frei; ⌚Mi–Fr 14–17, Sa & So 11–17 Uhr; 👪) Das größte Museum der Stadt, das 2012 von oben bis unten renoviert wurde, hat jetzt eine coole Fassade, die zur einen Hälfte modernistisch aus durchlöcherten Bronzeplatten und zur anderen aus einem Steinturm aus dem 14. Jh. besteht. Die breit gefächerten historischen und kulturellen Artefakte stammen aus mehreren Jahrhunderten – vom ausgehenden Mittelalter bis in die Gegenwart. Highlights sind die Goldsammlung, ein spätgotischer Bankettsaal mit leuchtend bunten Wandbildern und ein schöner, holzgetäfelter Raum aus der Renaissance. Vom obersten Stock im Turm reicht der Blick über die ganze Stadt und den See.

Kunst(zeug)haus GALERIE
(www.kunstzeughaus.ch; Schönbodenstrasse 1; Erw./Kind 10 SFr/frei; ⌚Mi–Fr 14–18, Sa & So 11–18 Uhr) Das gigantische Kunstmuseum in einem umgewandelten Zeughaus mit ins 21. Jh. passendem welllenförmigen Dach, einem Markenzeichen der Züricher Architekten Isa Stürm und Urs Wolf, stellt erstklassige zeitgenössische Schweizer Kunst aus.

Schlafen & Essen

Viele Restaurants säumen den Fischmarktplatz, den Hauptplatz, die Marktstrasse und den Seequai – von traditionellen Gasthäusern mit historischem Touch bis zu Brunch-Cafés sowie italienischen und asiatischen Restaurants.

Jakob HOTEL €€
(☎055 220 00 50; http://jakob-rapperswil.ch; Hauptplatz 11; EZ 107–177 SFr, DZ 169–223 SFr; 📶) Das Hotel Jakob mitten in der Altstadt hat schicke, minimalistische Zimmer in neutralen Tönen und Holzböden. Der Chefkoch im exzellenten Restaurant (Hauptgerichte 28–58 SFr) legt Wert auf regionale Zutaten. Das Frühstücksbuffet besteht aus Bioerzeugnissen vom Bauernhof und leckerem Brot aus dem Holzofen.

Praktische Informationen

Touristeninformation (☎055 225 77 00; www.vvrj.ch; Fischmarktplatz 1; ⌚April–Okt. 10–18 Uhr, Nov.–März 13–17 Uhr) Befindet sich an einem Platz am Seeufer auf halber Strecke zwischen Bahnhof und Bootsanleger.

An- & Weiterreise

Rapperswil ist vom Hauptbahnhof in Zürich mit den S-Bahnen S5, S7 und S15 (17,20 SFr, 36 Min.) oder mit dem Boot ab Bürkliplatz (2 Std.) zu erreichen.

Das günstigste Angebot für einen Tagesausflug ist der 9-Uhr Tagespass (26 SFr), der montags bis freitags von 9 bis 17 Uhr und samstags, sonntags und an Feiertagen 24 Stunden gültig ist. Das Ticket gilt nur für die S-Bahn; wer mit dem Boot fahren will, muss 5 SFr zusätzlich bezahlen.

Für Autofahrer ab Zürich (40 km nördlich) ist die schnellste Strecke die A3 am Westufer des Sees. Eine landschaftlich schönere, aber längere Route ist die Seestrasse (Route 17) direkt am See entlang.

Winterthur

108 044 EW. / 447 M

Winterthur, die sechstgrößte Stadt der Schweiz und von den Reizen des benachbarten Zürich oft in den Schatten gestellt, hat kulturell ganz schön was zu bieten. Hier befindet sich eine wahrhaft phantastische Kunstsammlung (S. 264), finanziert vom Kunstsammler Oskar Reinhart, eines der führenden Museen für Fotografie Europas und ein Wissenschaftsmuseum (S. 264), das Kinderherzen erfreut – nicht zu vergessen ein richtiges Schloss mit Türmen (S. 265) auf einem Felsen gleich südlich der Stadt.

Neben den üblichen Sehenswürdigkeiten hat Winterthur auch eine der größten verkehrsfreien Altstädte der Schweiz voller pastellfarbener Cafés und Bars sowie Boutiquen, die ideal zum gemächlichen Durchstöbern sind.

Sehenswertes

Winterthur verdankt seinen Ruf als Kunstmekka größtenteils dem Sammler Oskar Reinhart, Nachkomme einer mächtigen Banker- und Versichererfamilie. Seine Sammlung wurde nach seinem Tod 1965 dem Staat vermacht und seiner Heimatstadt anvertraut.

Bei der Touristeninformation (S. 263) ist der Museumspass Winterthur (1 Tag/2 Tage 25/35 SFr) erhältlich, der für fast alle Sehenswürdigkeiten gilt.

Fotomuseum MUSEUM
(☎052 234 10 60; www.fotomuseum.ch; Grüzenstrasse 44 & 45; Erw./Kind 10 SFr/frei; ⌚Di & Do–So 11–18, Mi 11–20 Uhr; 🚌2, 2E bis Fotozentrum) In der großen Sammlung in Winterthurs hervorragendem Fotomuseum finden sich große Namen und Stilrichtungen vom 19. Jh. bis heute, mit vielfältigen Themen von Mode bis zu Kunst und Architektur. Weitere Fotoausstellungen sind auf der gegenüberliegenden

Winterthur

Straßenseite in den beiden Partnerhäusern des Museums, der Fotostiftung und dem Zentrum für Fotografie, zu sehen. Das Kombiticket für alle drei Museen kostet 19 SFr. Zu erreichen mit der Buslinie 2 bis Fotozentrum.

Kunstmuseum
MUSEUM

(☎052 267 51 62; www.kmw.ch; Museumstrasse 52; Erw./Kind 15 SFr/frei; ⏲Di 10–20, Mi–So 10–17 Uhr; 🚌3, 10 bis Stadthaus) Wer den Gang durch eine gediegene Sammlung von Klassikern aus dem 19. und 20. Jh. zu schätzen weiß, ist in Winterthurs Kunstmuseum gut aufgehoben. Hier sind die üblichen Verdächtigen ausgestellt – von Klee über Monet und van Gogh bis zu Rodin – sowie Skulpturen des Schweizer Bildhauers Alberto Giacometti und eine beachtliche Anzahl von Werken zeitgenössischer Kunstschaffender. Ein Audioguide kostet 3 SFr.

Technorama
MUSEUM

(www.technorama.ch; Technoramastrasse 1; Erw./Kind 28/17 SFr; ⏲Di–So 10–17 Uhr; 👪; 🚌5 bis Pfaffenwiesen) Genug Kunst gesehen? Wie wäre es denn nun mit etwas Wissenschaftlichem? Das Technorama bietet eine außergewöhnliche Reise in verschiedenartige Welten der Wissenschaft. Auf drei mit Exponaten vollgepackten Etagen kann man an etwa 500 Probierstationen (außer auf Deutsch auch auf Englisch, Französisch und Italienisch erklärt) experimentieren – was sowohl Kinder als auch Erwachsene fasziniert. Bus 5 fährt vom Hauptbahnhof zum Technorama. Der Swiss Museum Pass ist hier nicht gültig.

Sammlung Oskar Reinhart am Römerholz
GALERIE

(www.roemerholz.ch; Haldenstrasse 95; Erw./Kind 15 SFr/frei; ⏲Di & Do–So 10–17, Mi 10–20 Uhr; 🚌3 bis Spital) Die Sammlung in einem zauberhaften Landhaus fasziniert vor allem durch die Verbindung zwischen traditioneller und moderner Kunst. Sie stellt Werke von Goya, Rembrandt, Bruegel und Rubens denen von Cézanne, Monet, Picasso, Renoir und van Gogh gegenüber. Die Werke aus der Sammlung, die zu sehen sind, hängen von der jeweiligen Ausstellung ab.

Museum Oskar Reinhart am Stadtgarten
MUSEUM

(http://museumoskarreinhart.ch; Stadthausstrasse 6; Erw./Kind 15 SFr/frei; ⏲Di, Mi & Fr–So 10–17, Do 10–20 Uhr; 🚆Winterthur Hauptbahnhof) In diesem Museum am Rande des Stadtparks wird Reinharts Sammlung von 500 schweizerischen, deutschen und österreichischen Kunstwerken aus dem 18., 19. und 20. Jh. ausgestellt. Zu den herausragenden Exponaten zählen Bilder des deutschen Romantikmalers

Caspar David Friedrich und des österreichischen Biedermeiermalers Ferdinand Georg Waldmüller sowie Schweizer Landschaften des 18. Jhs. von Caspar Wolf.

Schloss Kyburg SCHLOSS

(www.schlosskyburg.ch; Schloss 1, Kyburg; Erw./Kind 9/4 SFr; Di–So 10–17.30 Uhr; 655 bis Kyburg) Das 1027 erstmals erwähnte Schloss Kyburg mit seinen Türmen und Türmchen liegt auf einem Felsen oberhalb der Töss und ist eines der bedeutendsten mittelalterlichen Feudalschlösser der Schweiz. Das Museum bietet auch Vergnügliches zum Mitmachen, z. B. kann man eine Ritterrüstung anprobieren – von den Folterinstrumenten sollte man aber besser die Finger lassen. Zu erreichen mit der S-Bahn bis Effretikon, dann mit dem Bus 655 nach Kyburg.

Schlafen & Essen

Anonyme Kettenhotels überwiegen in Winterthur, aber es gibt einige nennenswerte Ausnahmen. Preisgünstige Restaurants mit vielen unterschiedlichen Küchen aus aller Welt sind in der Straße Neumarkt zu finden.

Depot 195 HOSTEL €

(052 203 13 63; www.depot195.ch; Lagerplatz 4; B/EZ/DZ/FZ 36–41/99/129/194 SFr; P; 4, 11 bis Wylandbrücke) Das hippe Hostel in einer ehemaligen Fabrik ist ein leuchtendes Beispiel der Winterthurer Stadterneuerung. Backpacker sind hier in ihrem Element: coole Unterkünfte mit Sichtmauerwerk und Holzböden, ein Gemeinschaftsraum, eine Dachterrasse und ein Fahrradverleih (7 SFr pro Tag). Frühstück kostet 10 SFr extra.

Hotel Loge HOTEL €€

(052 268 12 00; www.hotelloge.ch; Oberer Graben 6; EZ 155–220 SFr, DZ 190–250 SFr; ; 2, 3 bis Technikum) Das Designhotel mit eigener Bar, Restaurant und sogar einem Programmkino bietet Komfort und Stil in dezent gestalteten Zimmern mit Parkettboden. Einige der 17 geräumigen Zimmer hinter dem gotischen Eingang haben einen schönen Blick über die baumbestandene Straße hinweg bis zur Altstadt.

Nachbarsgarten INTERNATIONAL €€

(052 534 89 47; http://nachbarsgarten.ch; Feldstrasse 22; Hauptgerichte 25–49 SFr; Di–Fr 9–14 & 17–23.30, Sa 11.30–14 & 17–23.30 Uhr; 2, 2E bis Tellstrasse) Das kleine Restaurant am Rand von Winterthur mit nur einem Koch in der Küche ist mit seiner gemütlichen Holzeinrichtung, der Bistrobeleuchtung und eng gestellten Tischen herrlich einladend. Im Angebot: kreativ zubereitete Salate (z. B. italienischer Fenchel mit Feige, Parmaschinken und frischen Kräutern), Pastagerichte, *tarte flambée* und herzhafte Klassiker wie Schweinebraten mit Portweinjus und Butterspätzle.

Praktische Informationen

Touristeninformation (052 267 67 00; www.winterthur-tourismus.ch; Hauptbahnhof; Mo–Fr 9–18.30, Sa 10–16 Uhr) Befindet sich günstigerweise im Hauptbahnhof.

An- & Weiterreise

Pro Stunde fahren mehrere Züge nach Zürich (6.50 SFr, 22–32 Min.). Die Busse nach Zürich fahren von den Standbuchten gegenüber dem Bahnhof ab.

Der kleine Museumsbus (hin & zurück 5 SFr) fährt zwischen 9.45 und 16.45 Uhr stündlich vom Bahnhof zur Sammlung Oskar Reinhart am Römerholz, zum Museum Oskar Reinhart am Stadtgarten und zum Kunstmuseum (S. 264). Am Wochenende hält der Bus auch am Fotomuseum (S. 263).

Autofahrer aus Zürich nehmen die A1.

FEDOR SELIVANOV/SHUTTERSTOCK ©

1. Walensee (S. 285) **2.** Spiez (S. 140) am Thunersee (S. 138) **3.** Château de Chillon (S. 77), Genfer See **4.** Holzskulptur am Brienzersee (S. 137)

2

9MOT/SHUTTERSTOCK ©

4

Schweizer Seen

Das kleine Land hat Seen für jeden Geschmack: eisig kalte und warme, von Palmen gesäumte und von Bergen umgebene, alpine und innerstädtische, grüne und blaue. Wie wär's mit einer Radtour um den Bodensee oder einem Sundowner am Zürichsee? Oder einfach nur an einem Bergsee träumen, in dem sich die Alpen spiegeln ...

Lago Maggiore

Der Lago Maggiore (S. 198) gehört teils zur Schweiz, teils zu Italien und hat von beiden das Beste: die Alpen im Norden, Palmen und Sonne im Süden. Einmaliges Flair spürt man vor allem in Locarno (S. 199) oder Ascona (S. 203).

Thuner- & Brienzersee

Die türkisblauen Zwillingsseen (S. 137) am Fuß der Berner Alpen begeistern im Sommer Spaziergänger und Wassersportler. Die Highlights sind Thun mit seinem Schloss (S. 137) hoch oben auf dem Berg, Spiez (S. 140) mit seinen Weinreben und Brienz (S. 142) mit seinen Holzschnitzereien.

Genfer See

Was gibt es Schöneres, als über den Genfer See (S. 43) zu schippern, wenn die Dämmerung den Mont Blanc rosa schimmern lässt? Der glitzernde See bildet u. a. die bezaubernde Kulisse von Genf (S. 41), dem Château de Chillon (S. 77) und den Terrassen des Weinbaugebiets Lavaux (S. 73).

Urnersee

Morgens ist der Urnersee (S. 220) in Nebel gehüllt, abends spiegelt sich darin die Sonne– die passende Kulisse für die Story von Wilhelm Tell. Der romantische Maler William Turner liebte und verewigte den Blick von Brunnen (S. 221) auf den See.

Walensee

Das Churfirsten-Gebirge ragt hinter dem Walensee (S. 285) empor. An dessen Ufer ist Weesen ein guter Standort für Surfer, Wakeboarder und Faulpelze. Die Seerenbachfälle (S. 286) sind phantastisch.

Nordostschweiz

927 988 EW.

Inhalt ➡

Gut essen

- Romantik Hotel Säntis (S. 285)
- Bäumli (S. 282)
- Wirtschaft zum Frieden (S. 273)
- Burg Hohenklingen (S. 276)

Schön übernachten

- B&B Stein am Rhein (S. 275)
- Schloss Wartegg (S. 278)
- Märchenhotel Bellevue (S. 288)
- Hotel Hecht (S. 285)
- Arcona Living (S. 271)

Auf in die Nordostschweiz!

Die Nordostschweiz ist perfekt, um auf einer Tour durch die Schweiz die geplante Reiseroute zu verlassen und ein paar Tage die Natur zu genießen. Landstraßen ziehen sich wie Bänder quer über den Flickenteppich aus Wiesen bei Appenzell, vorbei am stahlblauen Gewässer des Walensees und südwärts zu entlegenen Weilern, die von den gletscherbedeckten Gipfeln der Glarner Alpen umringt sind. Diese Region muss man gemächlich erkunden, ob an einem wolkenlosen Sommertag mit dem Fahrrad durch Kornfelder und Apfelplantagen oder auf Schusters Rappen im diffusen Herbstlicht durch die golden schimmernden Weinberge des Klettgau.

Vom tosenden Rheinfall bis zum ruhigen Bodensee präsentiert sich die Natur in ihrer ganzen Schönheit. Das märchenhafte Bild wird abgerundet durch Städte wie Stein am Rhein und Schaffhausen, deren Fassaden mit Fresken und Erkerfenstern geschmückt sind, während über all dem alte Burgen thronen. Und im hübschen St. Gallen raubt einem die Stiftsbibliothek mit ihrer Rokoko-Pracht buchstäblich den Atem.

Reisezeit

- St. Gallen begrüßt den Sommer mit Open-Air-Konzerten, Musikfestivals und Opern.
- Feuerwerke erleuchten im August die Nacht am Rheinfall und in Kreuzlingen am Bodensee.
- Der Winter bringt glitzernde Weihnachtsmärkte in die Städte der Region und Skifahrer auf die Pisten.

Highlights

1 Stein am Rhein (S. 274) Einen der hübschesten Plätze der Schweiz im Fachwerkzentrum dieser Stadt bestaunen.

2 Rheinfall (S. 274) Dem Donnern von Europas größtem Wasserfall lauschen.

3 Stiftsbibliothek (S. 279) In St. Gallens Meisterwerk des Rokoko quer durch die Literaturgeschichte reisen.

4 Zwinglipass (S. 284) Auf diesem Bergweg oberhalb von Appenzell durch ein herrliches Karstgebirge wandern.

5 Bodensee (S. 276) An bzw. auf dem drittgrößten See Europas nach Deutschland und Österreich radeln, wandern oder paddeln.

6 Bolderhof (S. 275) Auf diesem Bauernhof in Hemishofen Landleben pur erleben und auf Kühen zum Rhein reiten.

7 Schaffhausen (S. 270) Die mittelalterliche Stadt mit ihren Brunnen und Erkerfenstern erkunden.

8 Piz Sardona (S. 281) In der abgeschiedenen Wildnis um den 3056 m hohen Berg Einsamkeit finden.

Praktische Informationen

Zu der Touristenregion Ostschweiz gehören mehrere Kantone sowie Liechtenstein. Infos gibt es auf den Seiten von **Schweiz Tourismus** (www.myswitzerland.com) oder auf der offiziellen Website von **Ostschweiz Tourismus** (www.ostschweiz.ch).

Anreise & Unterwegs vor Ort

Die Flughäfen von Zürich und Friedrichshafen sind aus der Region mit öffentlichen Verkehrsmitteln zu erreichen. Straßen und Bahnlinien verbinden Zürich mit Schaffhausen, Stein am Rhein, St. Gallen und Linthal (Richtung Braunwald). Zwischen Friedrichshafen und dem Verkehrsknotenpunkt Romanshorn verkehrt eine Fähre über den Bodensee.

Für mehrere Gebiete, darunter die Bodenseeregion und Appenzell, gibt es Regionalpässe.

Die A1 verbindet St. Gallen mit Zürich, das 86 km westlich liegt, die A4 verläuft von der deutschen Grenze über Schaffhausen südwärts nach Winterthur.

NICHT VERSÄUMEN

RADTOUR AM RHEIN

Der Rhein fließt rasant durch das Zentrum Schaffhausens und es gibt nichts Besseres, um seinen Verlauf zu erkunden, als sich ein Fahrrad zu leihen. Eine Reihe gut markierter Wege folgt dem Fluss und schlängelt sich durch die Umgebung. Landschaftlich reizvoll ist die 20 km lange **Rheinfall-Rheinau-Route**, die am tosenden Rheinfall (S. 274) vorbei zum Benediktinerkloster Rheinau führt. Oder man gönnt sich zwischendurch einen Schluck Wein, wenn man durch Weinberge und vorbei an Fachwerkhäusern auf der 43 km langen **Klettgauer Weinroute** radelt. Details zu diesen und anderen Routen finden sich unter www.veloland.ch.

Am Bahnhof verleiht **Rent a Bike** (☎ 051 223 42 17; www.rentabike.ch) Flyer-E-Bikes/Cityräder für 54/35 SFr pro Tag.

Schaffhausen

35 948 EW. / 404 M

Das malerische mittelalterliche Schaffhausen erinnert eher an Deutschland – angesichts der Nähe zur deutschen Grenze ist das auch kein Zufall. Die autofreie Altstadt am Ufer des Rheins ist gesäumt von pastellfarbenen Häusern mit schönen Fresken und Erkerfenstern, während das runde Kastell Munot auf einem Weinberg über der Stadt thront.

Im Zweiten Weltkrieg hielten alliierte Piloten Schaffhausen fälschlich für eine deutsche Stadt und warfen im April 1944 zweimal Bomben über den Außenbezirken ab. So wurde Schaffhausen die zweifelhafte Ehre zuteil, das einzige Gebiet der Schweiz zu sein, das unmittelbar vom Krieg betroffen war.

Sehenswertes

★ Allerheiligen Münster KATHEDRALE

(Münsterplatz; ⌚ Di–So 10–12 & 14–17 Uhr, Kreuzgang Mo–Fr 7.30–20, Sa & So 9–20 Uhr) Schaffhausens 1103 fertiggestelltes Münster ist ein seltenes, weitgehend intaktes Beispiel der Romanik in der Schweiz. Es öffnet sich zu einem wunderschön schlichten Kreuzgang. Der Kräutergarten wird seit dem Mittelalter liebevoll gepflegt und ist ein beschaulicher Ort der Einkehr. Durch den Kreuzgang gelangt man zum **Museum zu Allerheiligen** (www.allerheiligen.ch; Klosterstrasse 16; Erw./Kind 12 SFr/frei; ⌚ Di–So 11–17 Uhr), das Altertümer, Kunstwerke sowie archäologische und naturwissenschaftliche Exponate ausstellt.

★ Munot FESTUNG

(⌚ Mai–Sept. 8–20 Uhr, Okt.–April 9–17 Uhr) GRATIS Zu diesem Prachtexemplar einer Festung aus dem 16. Jh. führen Treppen durch terrassierte Weinberge. Die ungewöhnliche kreisförmige Festung wurde nach der Reformation von Zwangsarbeitern erbaut und verbirgt eine stimmungsvolle gewölbte Kasematte. Am Ende der Wendeltreppe belohnt die Aussicht über ein buntes Flickwerk aus Dächern und Turmspitzen bis hin zum Rhein und zu den bewaldeten Hügeln rund um die Stadt.

Vorstadt STRASSE

Schaffhausen trägt wegen seiner 171 Erkerfenster, die einst Statussymbol reicher Händler waren, den Spitznamen Erkerstadt. Einige der schönsten Fenster befinden sich in der Vorstadt, darunter jenes am Haus **Zum Goldenen Ochsen** (Vorstadt 17) aus dem 17. Jh., dessen Fassade ein Fresko mit dem namensgebenden goldenen Ochsen zeigt. Die Fresken am Haus **Zum Grossen Käfig** (Vorstadt 45) aus dem 16. Jh. zeigen in leuchtenden Farben die Geschichte des siegreichen mongolischen Militärführers Timur, wie er den türkischen Sultan Bayezid I. in einem Käfig vorführt.

Ein Block weiter östlich präsentiert das auffällige **Haus zum Ritter** (Vordergasse 65) aus dem Jahr 1492 ein detailreiches Fresko im Renaissancestil, auf dem ein Ritter abgebildet ist.

Fronwagplatz PLATZ

Im Zentrum der Altstadt liegt dieser Platz, der von kunstvoll verzierten Fassaden flankiert wird. Der **Mohrenbrunnen** aus dem 16. Jh. steht an der Nordseite des alten Marktplatzes, am südlichen Ende befinden sich der **Metzgerbrunnen**, eine Wilhelm-Tell-Statue und ein großer Uhrenturm. Gegenüber liegt die spätbarocke **Herrenstube** (Fronwagplatz 3), die 1748 erbaut wurde und früher die Trinkstube zechender Patrizier war.

Herrenacker PLATZ

Pastellfarbene Häuser mit steilen Ziegeldächern umringen einen der schönsten Plätze in Schaffhausen. Im August bildet er die Kulisse für das Musikfestival **Stars in Town** (www.starsintown.ch).

Aktivitäten

Rhybadi SCHWIMMEN

(www.rhybadi.ch; Rheinuferstrasse; Erw./Kind 4/2 SFr; Mai–Sept. So–Do 8–21, Fr & Sa bis 22.30 Uhr) Wer schon immer einmal in den Rhein hüpfen wollte, hat an diesem klapprigen hölzernen Badehaus aus dem 19. Jh. die Gelegenheit dazu. Es gibt Sprungbretter und nostalgische Umkleidekabinen, die an eine Zeit erinnern, als „anständige" Bürger in voller Montur badeten.

Geführte Touren

Altstadtführungen STADTRUNDGANG

(Erw./Kind 14/10 SFr; Mai–Mitte Okt. Sa 14 Uhr) Die 1¼-stündigen Führungen durch die Altstadt beginnen an der Touristeninformation.

Untersee und Rhein BOOTSTOUR

(052 634 08 88; www.urh.ch; Freier Platz; einfache Fahrt bis Stein am Rhein/Konstanz 26/50 SFr; April–Okt.) Die 45 km lange Bootsstrecke von Schaffhausen nach Konstanz über Stein am Rhein und Reichenau ist einer der reizvolleren Abschnitte des Rheins. Die Tour dauert knapp vier Stunden flussabwärts nach Schaffhausen und knapp fünf Stunden in die Gegenrichtung. Fahrpläne stehen auf der Website.

Schlafen

Die Touristeninformation kann B&Bs (EZ ca. 55 SFr, DZ ca. 95 SFr) und Ferienwohnungen empfehlen.

Arcona Living DESIGNHOTEL €€

(052 631 00 00; http://schaffhausen.arcona.ch; Bleicheplatz 1; EZ/DZ/Suite 180/225/306 SFr; P) Das Arcona Living neben dem Bahnhof ist neu im Hotelangebot Schaffhausens. Die Ästhetik der Zimmer ist zeitgenössisch funktional und praktisch mit leuchtenden Farbakzenten und viel Platz. Zum Hotel gehören zudem ein asiatisch angehauchtes Spa sowie ein Bistro mit regionalem Essen und Wein.

Hotel Kronenhof HOTEL €€

(052 635 75 75; www.kronenhof.ch; Kirchhofplatz 7; EZ 120–140 SFr, DZ 140–210 SFr, Suite 230–270 SFr;) Der Kronenhof dient bereits seit 1489 als Gästehaus und hat schon so illustre Gäste wie Goethe und Zar Alexander beherbergt. Nach der kürzlich abgeschlossenen Renovierung erstrahlen die historischen Innenräume in neuem Glanz, die besten Zimmer haben jetzt dunkle Holzböden, Kunst an den Wänden und Aussichten auf die Fes-

ABSEITS DER ÜBLICHEN PFADE

KLETTGAUER WEINROUTE

Westlich von Schaffhausen erstreckt sich das Weingebiet Klettgau, das sich bis ins benachbarte Deutschland erstreckt. In Reih und Glied verlaufen die Reben über die erbsengrünen Felder und sanften Hügel. Größtenteils gedeihen hier Pinot-Noir-Trauben.

Die sanfte Landschaft ist von netten kleinen Ortschaften übersät, darunter das mittelalterliche **Neunkirch**, 13 km von Schaffhausen entfernt. Auch hübsch anzusehen sind u. a. **Beringen**, **Hallau** und **Osterfingen**. Einige der verschlafenen Dörfer erwachen Mitte Oktober bei Weinfesten zum Leben. Besonders zu empfehlen ist das **Trottenfest** (www.trottenfest.ch; Mitte Okt.) in Osterfingen, bei dem die Winzer in ihren Weinkellern Verkostungen anbieten. Das restliche Jahr über kann man im **Bad Osterfingen** (052 681 21 21; www.badosterfingen.ch; Zollstrasse; Hauptgerichte 30–45 SFr; Mi–So 11–23 Uhr), einer seit 1472 florierenden urigen Kneipe eines Weinguts, herzhafte lokale Küche und Wein aus eigener Kellerei kosten.

Die Ortschaften sind von Schaffhausen aus mit Bussen zu erreichen

Schaffhausen

0 200 m

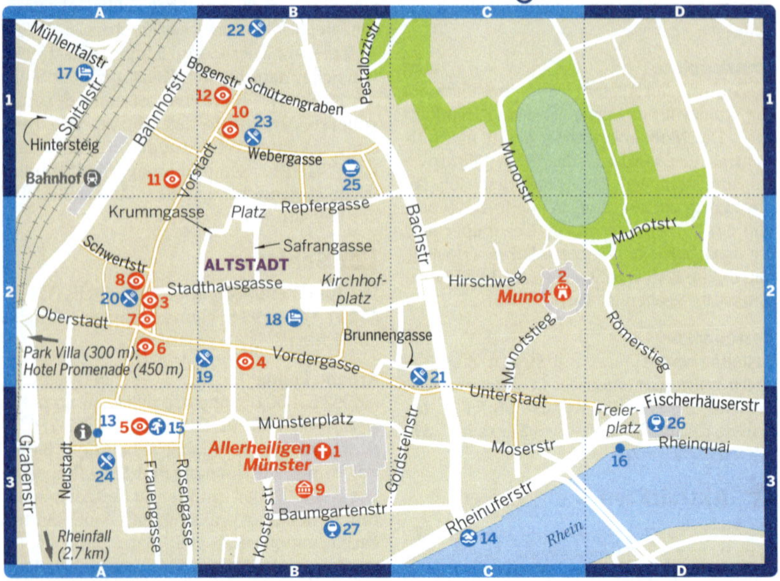

Schaffhausen

Highlights

1 Allerheiligen Münster B3
2 Munot C2

Sehenswertes

3 Fronwagplatz A2
4 Haus zum Ritter B2
5 Herrenacker A3
6 Herrenstube A2
7 Metzgerbrunnen A2
8 Mohrenbrunnen A2
9 Museum zu Allerheiligen B3
10 Vorstadt B1
11 Zum Goldenen Ochsen A1
12 Zum Grossen Käfig B1

Aktivitäten, Kurse & Touren

13 Altstadtführungen A3
14 Rhybadi C3
15 Stars in Town A3
16 Untersee und Rhein D3

Schlafen

17 Arcona Living A1
18 Hotel Kronenhof B2

Essen

19 Café Vordergasse B2
20 Chäs Marili A2
21 D'Chuchi C2
22 Gasthaus zum Adler B1
23 Suppenglück B1
24 Wirtschaft zum Frieden A3

Ausgehen & Nachtleben

25 Fass-Beiz B1
26 Güterhof D3
27 Kammgarn B3

tung Munot. Zur Entspannung tragen ein Dampfbad im kleinen Spa oder ein Steak im Bistro Ox bei.

Hotel Promenade HOTEL €€
(☎052 630 77 77; www.promenade-schaffhausen.ch; Fäsenstaubstrasse 43; EZ 135–175 SFr, DZ 180–280 SFr; P 📶) Das Hotel zeichnet sich durch freundlichen Service, die beschauliche Lage und die großen, makellosen Zimmer aus. Es hat einen Garten voller Blumen und ein Restaurant, das saisonale Gerichte serviert.

Park Villa HOTEL €€
(☎052 635 60 60; www.parkvilla.ch; Parkstrasse 18; EZ/DZ 169/229 SFr, ohne Bad 98/130 SFr; P 📶) Die ausgefallenen Möbel in diesem gotisch angehauchten Haus wirken wie eine private Antiquitätensammlung: Die Zimmer warten mit diversen Himmelbetten, Perser-

teppichen, Kronleuchtern, Mustertapeten und Kopien von Ming-Vasen auf, gegessen wird im Bankettsaal im prunkvollen Stil Ludwigs XVI.

Essen

Suppenglück SUPPEN €
(☎079 254 56 26; http://suppenglueck.ch; Webergasse 46; Suppen & Salate 8,50–11,50 SFr; ⏲Mo–Fr 11–14 Uhr) Das kleine Café serviert das, was der Name schon sagt, nämlich gesunde, hausgemachte Suppen, von scharfen thailändischen Varianten bis zu Gulasch und Spargelcreme. Dazu gibt's Brot aus dem Holzofen.

Chäs Marili FEINKOST €
(www.chaes-marili.ch; Fronwagplatz 9; ⏲Mo 9–12 & 13.30–18.30, Di–Fr 8–18.30 Uhr) Ein reines Käseparadies mit 120 Sorten aus der Schweiz und Frankreich sowie anderen Leckereien für den Picknickkorb.

Café Vordergasse CAFÉ €
(☎052 625 50 30; Vordergasse 79; Snacks & kleine Speisen 10–20 SFr; ⏲Mo–Fr 6–19, Sa 7–17, So 10–17 Uhr) Das Jugendstilcafé mit seiner beliebten, blumengeschmückten Terrasse lädt zum Verweilen ein. Empfehlenswert sind die Sandwiches, Salate und Quiches sowie die selbst gemachte Limonade oder Smoothies ebenso wie ein geruhsamer Sonntagsbrunch (20–27 SFr).

D'Chuchi SCHWEIZERISCH €€
(☎052 620 05 28; www.dchuchi.ch; Brunnengasse 3; Hauptgerichte 28–44 SFr; ⏲Di 18–23.30, Mi–Fr 11.30–14 & 18–23.30, Sa 18–23.30 Uhr) Das kleine und gemütliche D'Chuchi mit Sichtmauerwerk, sanfter Beleuchtung und Sitzbänken hat nur ein paar Tische, Reservierung ist also ratsam. Der Koch legt Wert auf regionale Zutaten der Saison und präsentiert eine knappe, aber wohlüberlegte Speisekarte.

Gasthaus zum Adler SCHWEIZERISCH €€
(☎052 625 55 15; www.gasthaus-adler.ch; Vorstadt 69; Hauptgerichte 24,50–44,50 SFr; ⏲Di–Sa 8.30–23, So 9–22 Uhr; ✎) Im 16. Jh. wohnte der berühmte Schaffhauser Maler Tobias Stimmer im Adler, das seit 300 Jahren als Gasthaus floriert. Die Speisen sind traditionell und regional mit Tendenz zu saisonalen Produkten. Für Vegetarier ist ebenfalls gut gesorgt.

Wirtschaft zum Frieden SCHWEIZERISCH €€
(☎052 625 47 67; http://wirtschaft-frieden.ch; Herrenacker 11; Hauptgerichte 35–50 SFr; ⏲Di–Fr 11–14.30 & 17–23.30, Sa 10–14.30 & 17–23.30 Uhr; ✎) Die Einheimischen speisen, trinken und feiern in diesem holzgetäfelten Wirtshaus schon seit 1445. Es ist mit seinem Kachelofen, eng gestellten Tischen und alten Schwarz-Weiß-Fotos noch immer urgemütlich. Serviert werden regionale Speisen mit mediterranem Einschlag wie Tatar vom Aargauer Wasserbüffel mit Pecorino-Püree oder Zitronen-Ravioli mit Bärlauch-Pesto. Es sind auch immer ein paar vegetarische Speisen im Angebot.

Ausgehen & Nachtleben

Kammgarn LIVEMUSIK
(www.kammgarn.ch; Baumgartenstrasse 19; ⏲Di–Fr 11.30–23.30, Sa 16–23.30 Uhr) Die heimische Livemusik- und Kulturszene lässt sich in diesem Kulturzentrum in einer ehemaligen Textilfabrik erleben. Das Angebot reicht von Blues, Rock und Jam-Sessions bis zu Disco und Sommerpartys – das Programm steht auf der Website.

Güterhof LOUNGE
(☎052 630 40 40; www.gueterhof.ch; Freier Platz 10; ⏲So–Do 8–24, Fr & Sa bis 3 Uhr) Das Fachwerkhaus diente einst als Lagerhalle der Rheinfrachtschiffer. Heute ist es eine superschicke Kombination aus Kneipe, Café, Restaurant und Sushi-Bar samt einer wunderbaren Uferterrasse. Hinzu kommen diverse Veranstaltungen, von Livemusik bis zu Themenpartys und DJ-Nächten.

Fass-Beiz CAFÉ
(www.fassbeiz.ch; Webergasse 13; ⏲Di–Do 11.30–23.30, Fr 11.30–0.30, Sa 10–0.30 Uhr) Ein entspanntes, alternatives Café mit einem anständigen Mittagstisch (18–23 SFr). Im Keller unter dem Café finden Konzerte, Theateraufführungen und Kunstausstellungen statt. Samstagsabends gibt's Livemusik.

Praktische Informationen

Touristeninformation (☎052 632 40 20; www.schaffhausen-tourismus.ch; Herrenacker 15; ⏲Mai–Sept. Mo 13.30–18, Di–Fr 10–18, Sa 10–15 Uhr, Okt.–April kürzere Zeiten) Verteilt Broschüren und führt Radkarten und Radwanderführer.

An- & Weiterreise

Alle 30 Minuten gibt es Zugverbindungen nach Zürich (23,20 SFr, 40 Min.) und Stein am Rhein (9,20 SFr, 24 Min.). Regelmäßig verkehren Züge nach St. Gallen (31 SFr, 1½–2 Std.), meist muss man jedoch in Winterthur oder Romanshorn umsteigen.

Schaffhausen liegt an der A4, die nach Norden zur deutschen Grenze und nach Süden nach Winterthur führt, wo sie auf die A1 nach Zürich trifft.

Rheinfall

Der **Rheinfall** (www.rheinfall.ch), der durch tektonische Verschiebungen während der letzten Eiszeit vor 15 000 Jahren entstand, ist ein beeindruckender Anblick: Er donnert mit einer Geschwindigkeit von rund 700 m^3 pro Sekunde in mehreren wirbelnden Kaskaden und einer Wolke aus Sprühnebel und Gischt 23 m tief in ein Becken. Der größte Wasserfall Europas lässt sich am besten vom Pfad aus beobachten, der vom mittelalterlichen Schloss Laufen hinabführt oder auf einem der Boote, die unterhalb des Felsens hinüberschippern.

Sehenswertes

Schloss Laufen am Rheinfall SCHLOSS
(www.schlosslaufen.ch; Erw./Kind 5/3 SFr; Juni–Aug. 8–19 Uhr, sonst kürzere Zeiten) Das mittelalterliche Schloss mit einer stolzen 1000-jährigen Geschichte bietet einen Blick auf den Rheinfall aus nächster Nähe. Im Souvenirladen gibt's Tickets zur Aussichtsplattform Känzeli, die entweder zu Fuß oder mit dem Panoramaaufzug erreicht werden kann. Dort lässt sich das donnernde Spektakel des Wasserfalls hautnah erleben.

Aktivitäten

Rhyfall Mändli BOOTSTOUR
(www.maendli.ch; Erw./Kind hin & zurück 10/5 SFr) Im Sommer gleiten Fähren auf dem Wasser unterhalb des Rheinfalls. Am schönsten ist die Rundfahrt mit Halt am hohen Felsen in der Mitte des Wasserfalls. Fahrgäste können dort auf die Spitze klettern und beobachten, wie das Wasser rundherum rauscht.

Adventure Park ABENTEUERSPORT
(www.ap-rheinfall.ch; Nohlstrasse; Erw./Kind 40/26 SFr; April–Okt. 10–19 Uhr;) Einen Blick von oberhalb der Baumwipfel auf den Rheinfall ermöglicht der Adventure Park, einer der größten Seilparks der Schweiz, mit Routen, die nach Schwierigkeitsgrad aufgeteilt sind.

Schlafen & Essen

Jugendherberge Dachsen am Rheinfall HOSTEL €
(052 659 61 52; www.youthhostel.ch/dachsen; B 30,50;) Wer es mag, vom Rauschen des Rheinfalls in den Schlaf gelullt zu werden, sollte in diesem Hostel im Schloss Laufen nächtigen.

Schlössli Worth INTERNATIONAL €€€
(052 672 24 21; www.schloessliwoerth.ch; Rheinfallquai 30; Hauptgerichte 42–68 SFr; 11.30–23.30 Uhr) Das Schlössli Worth am Nordufer des Rheinfalls hat ein salonartiges Restaurant mit raumhohen Fenstern, die einen magischen Blick auf den Wasserfall ermöglichen, der abends eindrucksvoll angestrahlt wird. Marktfrische Küche wird von gutem heimischen Wein ergänzt.

An- & Weiterreise

Die Buslinien 1 und 6 verkehren alle zehn Minuten zwischen Schaffhausen und Neuhausen am Rheinfall (4,80 SFr, 15 Min.). Von dort geht es rechts weiter Richtung Schlössli Worth oder links über die Zug- und Fußgängerbrücke zum Schloss Laufen.

Wer mit dem Zug von Schaffhausen oder Winterthur zum Schloss Laufen am Rheinfall kommt, muss den Berg zum Schloss hinaufsteigen. Autofahrer parken auf dem Parkplatz hinter dem Schloss. Neuhausen am Rheinfall liegt 4 km südwestlich von Schaffhausen.

Stein am Rhein

3343 EW. / 407 M

Stein am Rhein sieht mit seiner Minidampfeisenbahn, der begrünten Uferpromenade und den schnuckeligen Häusern aus, als wäre es einem Schweizer Märchenbuch entsprungen. Der Effekt ist am stärksten auf dem kopfsteingepflasterten Rathausplatz, wo sich Häuser in allen Formen und Größen, manche aus Fachwerk, andere mit Fresken bemalt, unentwegt als Fotomotiv präsentieren. Es bleibt ein ewiges Rätsel, warum dieser Ort nicht zum Welterbe der Unesco gehört.

Sehenswertes & Aktivitäten

Rathausplatz PLATZ
Der längliche Rathausplatz, der oft als schönster Stadtplatz der Schweiz gepriesen wird (eine beachtliche Leistung!), entlockt oft erstaunte Ahs und Ohs, weil er so unglaublich verschnörkelt ist. Das bunt bemalte **Rathaus** überragt die Häuser aus dem 16. Jh., die nach ihren kunstvollen Wandbildern benannt sind, z.B. Sonne und Der weiße Adler. Ein Stockwerk höher sind auch bei vielen filigrane Erkerfenster und überquellende Blumenkästen zu sehen. Einfach märchenhaft.

Klostermuseum St. Georgen MUSEUM
(www.klostersanktgeorgen.ch; Fischmarkt 3; Erw./Kind 5/3 SFr; ⏲April–Okt. Di–So 10–17 Uhr) Zwischen Rathaus und Rhein befindet sich das einstige benediktinische Kloster, das im Jahr 1007 errichtet wurde. Was man jedoch heute noch hier sieht, etwa den Kreuzgang und den prächtigen Festsaal, ist weitgehend spätgotischer Bauart.

Museum Lindwurm MUSEUM
(Unterstadt 18; Erw./Kind 5/3 SFr; ⏲März–Okt. 10–17 Uhr) Das vierstöckige Haus wurde zu einem Museum umfunktioniert, in dem Wohnzimmer, Bedienstetenzimmer und Küche Einblicke in den Alltag einer bürgerlichen Familie Mitte des 19. Jhs. gewähren.

La Canoa KANUFAHREN
(☎052 741 27 82; www.lacanoa.com; Strandbad Niderfeld, Hemishoferstrasse 69; Kanu/Kajak/SUP für 3 Std. 14/18/30 SFr) Wer Lust auf eine Paddeltour auf dem Rhein hat, kann hier Kanus, Kajaks und Stand-up-Paddleboards leihen.

Schlafen

★ **B&B Stein am Rhein** B&B €
(☎052 741 45 44; Bollstieg 22; EZ/DZ/FZ 90/130/170 SFr; P 🛜) In einer ruhigen Ecke der Stadt versteckt sich dieses bezaubernde B&B. Die freundliche Familie Keller sorgt dafür, dass sich die Gäste in dem Chalet mit seinen hellen, gepflegten Zimmern mit Kiefernholzmöbeln, einem Garten und einer Sauna sofort wie zu Hause fühlen. Familien sind herzlich willkommen, Rad-, Berg- und Mountainbike- sowie Kajaktouren können organisiert werden.

Jugendherberge HOSTEL €
(☎052 741 12 55; www.youthhostel.ch/stein; Hemishoferstrasse 87; B 34–37 SFr, EZ/DZ/4BZ52/100/152 SFr; 🛜) Die nette und saubere Jugendherberge am Ufer des Rheins hat einen schönen Garten, Grillplatz und Spielplatz. Das Haus liegt 15 Minuten zu Fuß nordwestlich vom Rathausplatz entfernt.

Hotel Adler HISTORISCHES HOTEL €€
(☎052 742 61 61; www.adlersteinamrhein.ch; Adlergässli 4; EZ/DZ/Suite 135/185/205 SFr; 🛜) Hinter der mit Fresken bemalten Fassade befinden sich einfache, aber gemütliche Zimmer, aber die eigentliche Attraktion ist die Lage am Rathausplatz. Die Speiseräume vermitteln ein angenehm altmodisches Gefühl und das Essen – nichts übermäßig Kreatives – schmeckt perfekt. Wer Fisch aus der Region bestellt, ist auf der sicheren Seite. Die Bedienung kann gelegentlich etwas mürrisch sein.

Essen

In den Fachwerkhäusern am Rhein wird Schweizer Küche aufgetischt, aber die Qualität ist oft Glückssache.

La P'tite Crêperie CRÊPES €
(☎052 741 59 55; Unterstadt 10; Crêpes 8–17 SFr; ⏲11–19 Uhr) In diesem winzigen Lokal mit alternativem Flair gibt es superleichte Crêpes mit Käse und Bündnerfleisch, Ahornsirup oder – was könnte typischer sein? – Toblerone. In der Nachsaison dienstags und mittwochs geschlossen.

Kafi und Me CAFÉ €
(☎052 558 20 45; www.kafiundme.ch; Unterstadt 13; Imbiss & kleine Speisen 5–15 SFr; ⏲Mi–So 10–17 Uhr) Das altmodisch-coole Café mit seinen zusammengewürfelten Möbeln, auffälligem Nippes und dem freundlichen Service gehört zu den besten in Stein am Rhein. Es hat sehr guten Kaffee, Teespezialitäten, hausgebackene Kuchen und kleine Speisen, von Quiche bis zu Salaten und getoasteten Sandwiches.

NICHT VERSÄUMEN

RAUF AUF DIE KUH UND AB DIE POST!

Reiten auf Pferden? Nein, der neueste Schrei in dieser Ecke der Schweiz ist Kuhtrekking – doch, wirklich. Das Ganze ist dem abgedrehten Geistesblitz des Bauern Heinz Morgenegg zu verdanken, der den **Bolderhof** (www.bolderhof.ch; 90-min. Treck pro Pers. 95 SFr, halber Tag inkl. Picknick 150 SFr) in **Hemishofen**, 3 km westlich von Stein am Rhein, bewirtschaftet und ist Teil seiner experimentellen Ansatzes einer biologischen Milchviehhaltung. Man wählt also eine der braunäugigen Schönheiten aus, schwingt sich in den Sattel und reitet im Kuhtempo durch die ländliche Natur zu den Ufern des Rheins. Doch Obacht, die Kühe spüren es, wenn jemand sie nicht im Griff hat, und sind bekannt dafür, plötzlich einen Sprint zu irgendeiner saftig grünen Wiese hinzulegen! Eine feste Hand – und eine Reitgerte – sind also durchaus hilfreich.

Burg Hohenklingen SCHWEIZERISCH €€
(☎ 052 741 21 37; www.burghohenklingen.com; Hohenklingenstrasse 1; Hauptgerichte 36,50–55 SFr; ⌚ Di–Sa 10–24, So bis 18 Uhr, Ende Dez.–Anfang März geschl.) In puncto Mittelalterflair ist diese Bergfestung aus dem 12. Jh. mit erstklassigen Aussichten über die Dächer von Stein am Rhein nicht zu toppen. Im Rittersaal werden Schweizer Klassiker wie etwa in Pinot Noir geschmortes Rindfleisch oder heimische Forelle in Riesling serviert.

Praktische Informationen

Touristeninformation (☎ 052 632 40 32; www.steinamrhein.ch; Oberstadt 3; ⌚ Mo–Fr 9.30–12 & 13.30–17 Uhr, im Winter kürzere Zeiten) Die kleine Touristeninformation liegt östlich vom zentralen Rathausplatz.

An- & Weiterreise

Von Stein am Rhein fahren Züge zweimal stündlich nach Schaffhausen (9,20 SFr, 24 Min.) und St. Gallen (26,20 SFr, 1½ Std.).

Die B13 am Südufer des Bodensees verläuft durch Stein am Rhein und dann westwärts nach Schaffhausen und zur deutschen Grenze.

BODENSEE

Vor der Erfindung des Pauschalurlaubs in südlicheren Gefilden in den 1970er- und 1980er-Jahren war der Bodensee mit seinem milden Klima, den Blumengärten und den Palmen so etwas wie das deutsche Mittelmeer. Das „Schwäbische Meer“, wie der Bodensee auch genannt wird, ist Mitteleuropas drittgrößter See. Ein entspanntes Fleckchen Erde, das an die Schweiz, Deutschland und Österreich grenzt und sich perfekt eignet, um zu relaxen, ob bei einer Radtour durch Apfelplantagen und Weinberge, beim Sonnenbaden am Ufer oder bei einer Kanutour über den See.

Praktische Informationen

Für Ersparnisse bei Sehenswürdigkeiten, Aktivitäten und Fährüberfahrten sorgt die **Bodensee Erlebniskarte** (www.bodensee-erlebniskarte.de; für 3/4/7 Tage 81/109/158 SFr), die von Mitte April bis Mitte Oktober erhältlich ist. Sie berechtigt in der teuersten Variante („Seebären“) zu unbegrenzt vielen Fahrten mit Fähren sowie zu freiem Eintritt in viele Museen und zu diversen Attraktionen (außer zur Insel Mainau); außerdem ist eine Rückfahrt mit der Pfänder-Seilbahn in Bregenz und mit der Säntisbahn enthalten.

An- & Weiterreise

Züge verkehren häufig zwischen Zürich und Konstanz (33 SFr, 80 Min.) sowie München (96 SFr, 5 Std.). Züge fahren auch zwischen Bregenz in Österreich und St. Margrethen in der Schweiz (.7 SFr, 17 Min.).

Die A7 und A1 verbinden Schweizer Ortschaften am See mit Städten im Westen wie St. Gallen, Winterthur und Zürich.

Unterwegs vor Ort

Fähren verschiedener Schifffahrtsunternehmen, z. B. die Schweizer **SBS Schifffahrt** (www.sbsag.ch), die österreichischen **Vorarlberg Lines** (www.bodenseeschifffahrt.at) und die deutschen **Bodensee-Schiffsbetriebe** (www.bsb-online.com), verkehren von Mitte April bis Ende Oktober über und um den See herum sowie entlang dem Gewässer, ab Ende Mai in kürzeren Abständen. Der Swiss Pass gilt nur auf der Schweizer Seite des Sees.

Wer ohne Auto unterwegs ist, nimmt auf der Schweizer Seite am besten den Zug und auf der deutschen Seite den Bus. Die stark befahrene B31 führt am Nordufer entlang. Am Südufer verläuft die N13 neben der Bahnlinie um den See.

Kreuzlingen

21 524 EW. / 404 M

Kreuzlingen im Schweizer Kanton Thurgau steht häufig im Schatten seiner hübscheren, lebhafteren Schwesterstadt Konstanz nur ein paar Schritte jenseits der deutschen Grenze. Aber die Uferlage der Stadt ist reizvoll und bietet Aktivitäten wie Schwimmen, Kajakfahren oder Wandern und Radfahren auf dem hervorragenden Radweg, der einmal rund um den Bodensee führt.

Napoleon III. wuchs auf **Schloss Arenenberg** (www.napoleonmuseum.tg.ch; Salenstein; Erw./Kind 12/5 SFr; ⌚ April–Okt. 10–17 Uhr, sonst Mo geschl.) auf, einem schönen, zartrosa Schlösschen in einer wundervollen Parkanlage am Bodensee. Es stammt aus dem 16. Jh., wurde aber im 18. Jh. von Hortense de Beauharnais, Napoleons Stieftochter, komplett umgebaut. Die Räumlichkeiten blieben erhalten und der Barockgarten am Seeufer eignet sich im Frühjahr und Sommer herrlich für einen Spaziergang.

Die reizende **Jugendherberge** (☎ 071 688 26 63; www.youthhostel.ch/kreuzlingen; Promenadenstrasse 7; B 37,50 SFr, DZ 75–80 SFr, 4BZ 164 SFr; ⌚ März–Nov.; 📶) in schöner Lage in einem Park am See ist in einer Jugendstilvilla untergebracht und verleiht Kanus und Kajaks.

ABSTECHER

SPRITZTOUR UM DEN BODENSEE

Wer in Kreuzlingen die schweizerisch-deutsche Grenze überquert, landet in der beschwingten, sonnigen Universitätsstadt Konstanz, die wegen ihres romanischen Münsters, der hübschen Altstadt und des von Bäumen gesäumten Hafens einen Abstecher lohnt. Nördlich von **Konstanz** befindet sich das Benediktinerkloster **Reichenau** (www.reichenautourismus.de), das 724 gegründet wurde und zum Welterbe der Unesco gehört. Nicht weit davon liegt die schöne, grüne **Insel Mainau** (www.mainau.de; Erw./Kind 20/11,50 €; ⌚Sonnenaufgang–Sonnenuntergang) mit ihren mediterranen Gärten, zu denen Rhododendronhaine, ein Schmetterlingshaus und ein italienischer Garten mit Wasserfällen gehören.

Am Nordufer des Bodensees liegt das Winzerstädtchen **Meersburg**, in dem Kopfsteinpflastergassen zwischen Fachwerkhäusern zur mittelalterlichen Burg mit ihren außergewöhnlichen Türmen führen. Weiter ostwärts folgt **Friedrichshafen**, das wohl für immer mit dem Zeppelin verbunden sein wird, jenem Luftschiff in Zigarrenform, das 1900 seinen Jungfernflug antrat. Das **Zeppelin Museum** (www.zeppelin-museum.de; Erw./Kind 9/4 €; ⌚9–17 Uhr) erläutert die Geschichte dieses bombastischen, aber unglückseligen Luftfahrzeugs. Die malerische Inselstadt **Lindau**, gerade noch auf deutschem Boden, wartet mit aufwendig mit Fresken bemalten Häusern, einer hübschen, palmengesäumten Promenade und einem Hafen auf, der von einem Leuchtturm und dem Bayerischen Löwen bewacht wird.

Lindau liegt nur ein paar Kilometer nördlich von Österreich und **Bregenz**, dem Schauplatz der renommierten **Bregenzer Festspiele**, bei denen von Mitte Juli bis Mitte August Opern und Konzerte auf der riesigen Seebühne stattfinden. Über der Stadt erhebt sich eindrucksvoll der 1064 m hohe Pfänder. Eine Seilbahn, die **Pfänderbahn** (www.pfaenderbahn.at; Steinbruchgasse 4, Bregenz; Erw./Kind hin & zurück 12,70/6,40 €; ⌚8–19 Uhr), schwebt zum Gipfel, wo sich ein Rundumblick über den Bodensee und auf die nahen Alpen bietet.

Wer nicht mit dem eigenen Auto unterwegs ist, kann die Gegend auch problemlos mit dem Rad oder dem Boot erkunden. Der gut ausgeschilderte und weitgehend flache, 273 km lange **Bodensee-Radweg** (www.bodensee-radweg.com) umrundet den See und führt dabei durch Weizenfelder, Weingärten, Obstplantagen und über schattige Kastanien- und Platanenalleen. An den meisten Bahnhöfen der Region werden Fahrräder verliehen; **La Canoa** (www.lacanoa.com) betreibt in allen größeren Städten am See Kanustationen.

Die **Touristeninformation** (☎071 672 38 40; www.kreuzlingen-tourismus.ch; Hauptstrasse 39; ⌚Mai–Sept. Mo–Fr 9.30–12.30 & 13.30–18 Sa 9.30–14 Uhr, sonst kürzere Zeiten) befindet sich in der Hauptstraße von Kreuzlingen, einige Straßenzüge östlich des Bahnhofs.

Von Kreuzlingen gibt es häufige Zugverbindungen nach St. Gallen (19,20 SFr, 55 Min.) und Zürich (32 SFr, 1½ Std.), auch zu Orten am Seeufer, u.a. Arbon (12 SFr, 40 Min.). Die A7 verläuft westlich von Kreuzlingen mit Anschluss an die A1 nach Zürich.

Arbon

14 266 EW. / 400 M

Arbon am Südufer des Bodensees ist ein netter Ausgangspunkt für Ausflüge am See. Es besitzt eine mittelalterliche Altstadt mit etlichen hohen Fachwerkhäusern und wird von einem Schloss aus dem 16. Jh. überragt. Von der Seepromenade, die gern von Spaziergängern, Radfahrern und Inlineskatern genutzt wird, reicht an klaren Tagen der Blick bis weit in die schneebedeckten Alpen.

Sehenswertes

Historisches Museum MUSEUM

(http://museum-arbon.ch; Alemannenstrasse 4; Erw./Kind 6 SFr/frei; ⌚Mai–Sept. 14–17 Uhr, sonst kürzere Zeiten) Das Museum im Schloss Arbon aus dem 16. Jh. führt durch 5500 Jahre Geschichte, von der Steinzeit bis zum Leinenhandel im 18. Jh. Zu den ausgestellten Fundstücken zählen ein römisches Schwein aus Blei, eine frühmittelalterliche Gürtelschnalle aus Bronze und Biedermeiermöbel.

Schlafen & Essen

Hotel Brauerei Frohsinn HOTEL €€
(☎071 447 84 84; www.frohsinn-arbon.ch; Romanshornerstrasse 15; EZ/DZ/FZ 120/175/235 SFr; P 📶) Das Hotel Frohsinn in einem hübschen Fachwerkhaus hat helle, luftige Gästezimmer und eine eigene Kleinbrauerei. Der Abstieg in den Gewölbekeller lohnt sich – man bekommt ein kühles Blondes und deftige Gerichte wie Weißwurst mit Bier-Zwiebel-Sauce.

Römerhof INTERNATIONAL €€
(☎071 447 30 30; www.roemerhof-arbon.ch; Freiheitsgasse 3; Hauptgerichte 44–52 SFr; ⏲Di–Fr 12–14 & 18–22, Sa 18–22.30 Uhr) Der Römerhof in einem Haus aus dem 16. Jh. macht mit seiner Holzvertäfelung, den Buntglasfenstern und weißen Tischtüchern einen eleganten Eindruck. Das Speisenangebot tendiert zu französischer und internationaler Küche, z. B. als Vorspeise Bärlauchcreme mit karamelisierten Jakobsmuscheln und als Hauptgericht Ente mit Kumquat-Sauce und schwarzen Linsen. Bei warmem Wetter wird auch die Terrasse geöffnet.

Praktische Informationen

Touristeninformation (☎071 440 13 80; www.arbontourismus.ch; Schmiedgasse 5; ⏲Mo–Fr 9–11.30 & 14–18, Sa 9–11.30 Uhr) Die hilfsbereite Touristeninformation befindet sich in der Altstadt von Arbon.

An- & Weiterreise

Arbon liegt an der Bahnstrecke zwischen Zürich (33 SFr, 1½ Std.) und Rorschach (5,80 SFr, 10 Min.). Der Bahnhof befindet sich 1 km südlich der Altstadt.

Die Stadt liegt gleich abseits der A1, die den Bodensee mit Zürich verbindet.

Rorschach

9214 EW. / 398 M

Rorschach ruht beschaulich am Ufer des Bodensees vor dem Hintergrund eines bewaldeten Hügels. Das Hafenstädtchen ist zwar so etwas wie eine verblühte Schönheit, aber es besitzt einige schöne Häuser aus dem 16. bis 18. Jh. mit Erkerfenstern, einen auffallenden Kornspeicher aus dem 18. Jh., der an die einstige Bedeutung des Orts als Handelszentrum erinnert, und ein wahrhaft nostalgisches Badehaus aus den 1920er-Jahren. Die Seepromenade bietet sich zum Spazierengehen, Radfahren oder Inlineskaten an.

Sehenswertes

Badhütte NATURSCHWIMMBAD
(Thurgauerstrasse; Erw./Kind 4/2 SFr; ⏲Mitte Mai–Mitte Sept. 8–19 Uhr) Die Badhütte aus den 1920er-Jahren steht auf dem See und ist mit dem Ufer über eine kleine überdachte Brücke verbunden – ein nettes Plätzchen für ein Bad im See und einen Drink.

Markthalle Altenrhein ARCHITEKTUR
(www.markthalle-altenrhein.ch; Knotternstrasse 2, Staad; Erw./Kind 5/2 SFr; ⏲10–17.30 Uhr) Das exzentrische Gebilde des österreichischen Künstlers Friedensreich Hundertwasser (1928–2000), der seinerzeit gerade Linien als „gottlos" bezeichnete, trägt mit den schiefen Wänden, leuchtenden Farben und goldenen Zwiebeltürmen seine unverkennbare Handschrift – wie eine halluzinogene Vision des legendären Arabiens in der dörflichen Schweiz.

Schlafen

Schloss Wartegg HOTEL €€
(☎071 858 62 62; http://wartegg.ch; Rorschacherberg; EZ 135–175 SFr, DZ 195–355 SFr; P 📶) 🍃 Einen außergewöhnlichen Aufenthalt bietet dieses Märchenschloss, das eine zehnminütige Fahrt vom Zentrum Rorschachs entfernt am Hang oberhalb der Stadt liegt. Das einstige österreichische Königsschloss aus dem 16. Jh. steht in einem Park mit riesigen Mammutbäumen und Blick auf den Bodensee. Die eleganten Zimmer sind inzwischen aber mit modernen Annehmlichkeiten wie iPod-Dockingstationen und Minibars ausgestattet. Zum Frühstück werden regionale Bioprodukte serviert.

Praktische Informationen

Touristeninformation (☎071 841 70 34; www.tourist-rorschach.ch; Hauptstrasse 56; ⏲Mo–Fr 8.30–18, Sa & So 9–14.45 Uhr, im Winter kürzere Zeiten)

An- & Weiterreise

Der Bahnhof Rorschach Hafen liegt günstigerweise an der Hauptstraße mitten in der Altstadt. Züge verkehren häufig zu anderen Orten am See, auch nach Arbon (5,80 SFr, 9 Min.) und Kreuzlingen (14,40 SFr, 49 Min.). Schnelle Verbindungen gibt es mit St. Gallen (7,20 SFr, 18 Min.).

Rorschach liegt an der A1, die westwärts nach St. Gallen, Winterthur und Zürich verläuft.

St. Gallen

74 111 EW. / 670 M

St. Gallen ist eine der kultiviertesten Städte der Nordschweiz und lohnt auf jeden Fall einen Besuch. Ihre reiche Geschichte zeigt sich im Gewirr der kopfsteingepflasterten Seitenstraßen und Plätze mit Fachwerkhäusern, die mit Türmchen und kunstvollen Erkerfenstern verziert sind.

Sehenswertes & Aktivitäten

Führungen in mehreren Sprachen durch die **Altstadt** und das **Kloster** (pro Pers. 25 SFr) beginnen von Mai bis Oktober montags und mittwochs um 11.30 Uhr und samstags um 10.30 Uhr an der Touristeninformation (S. 282). Von Dezember bis April finden die Führungen samstags um 11.30 Uhr statt. Sie dauern alle etwa 90 Minuten. Die Touristeninformation verleiht auch 90-minütige Audioguides für 15 SFr.

★Stiftsbibliothek BIBLIOTHEK

(www.stibi.ch; Klosterhof 6d; Erw./Kind 12/9 SFr, Audioguide 5 SFr; ⏲10–17 Uhr) Die Stiftsbibliothek von St. Gallen ist eine der weltweit ältesten Bibliotheken und das schönste Beispiel der Rokokoarchitektur in der Schweiz. Die Bibliothek ist zusammen mit dem Rest des Benediktinerklosters, das 612 vom hl. Gallus gegründet wurde, ein Welterbe der Unesco. Sie ist verschwenderisch mit Fresken, Stuck, Putten und kunstvoll gelegtem Parkett ausgestattet und birgt unschätzbare ledergebundene Bücher und Manuskripte, die im Mittelalter von Mönchen sorgfältig per Hand geschrieben und illustriert wurden. Mehrsprachige Audioguides stehen zur Verfügung, ebenso Filzpantoffeln, die zum Schutz des Bodens obligatorisch sind.

Stiftskirche KATHEDRALE

(Klosterhof; ⏲Mo, Di, Do & Fr 9–18, Mi 10–18, Sa 9–16, So 12–17.30 Uhr) Die doppeltürmige Kathedrale St. Gallens aus der Mitte des 18. Jhs. ist nicht ganz so verschnörkelt wie die weltberühmte Stiftsbibliothek nebenan. Sie ist mit finsteren, ungestümen Fresken und mintgrünen Stuckverzierungen geschmückt. In der Kuppel ist eine Vision des Paradieses mit der heiligen Dreieinigkeit in der Mitte dargestellt. Merkwürdigerweise wird die Kirche durch zwei unscheinbare Türen an der Nordseite betreten – es gibt keine Tür an der Hauptfassade, die tatsächlich die Apsis der Kathedrale ist. Manchmal finden hier Konzerte statt, wann und was steht auf www.dommusik-sg.ch. Während der Gottesdienste kann die Kirche nicht besichtigt werden.

St. Laurenzen-Kirche KIRCHE

(Zeughausgasse; Turm Erw./Kind 5/2,50 SFr; ⏲Mo 9.30–11.30 & 14–16, Di–Sa 9.30–16 Uhr) Zwar bekommt St. Gallens Stiftskirche die meiste Aufmerksamkeit, doch einen Besuch lohnt auch diese protestantische, neogotische Kirche mit ihrem Mosaikdach, den grazilen Blumenfresken und einer mit goldenen Sternen übersäten dunkelblauen Decke, die an einen Nachthimmel erinnert. Vom Turm aus hat man einen Panoramablick über die terrakottafarbenen Dächer und Turmspitzen.

Textilmuseum MUSEUM

(www.textilmuseum.ch; Vadianstrasse 2; Erw./Kind 12 SFr/frei; ⏲10–17 Uhr) St. Gallen ist seit langer Zeit ein wichtiges Zentrum der Schweizer Textilindustrie und dieses Museum ist jener Tradition gewidmet. Die Sammlung birgt Textilien aus vielen Jahrhunderten und aus aller Welt – von Stoffen aus antiken ägyptischen Gräbern bis zu mittelalterlichen Stickereien und unglaublich komplizierter Spitze. Auch die Gerätschaften zur Textilherstellung sind hier ausgestellt.

Stadtlounge WAHRZEICHEN

(Schreinerstrasse; ⏲24 Std.) GRATIS Erstaunlicherweise ist ein Teil der St. Gallener Altstadt mit einem Tennisplatzbelag aus rotem Kunststoffgranulat gepflastert und mit Gartenmöbeln wie Stühlen, Sofas, Tischen und sogar einem Auto bestückt. Die verrückte Kunstinstallation von Pipilotti Rist und Carlos Martínez soll ein „Outdoor-Wohnzimmer" darstellen.

Maestrani's Chocolarium ESSEN

(☎071 228 38 11; www.chocolarium.ch; Toggenburgerstrasse 41, Flawil; Erw./Kind 14/8 SFr; ⏲Mo–Fr 9–18, Sa 9–17, So 10–17 Uhr; 👪) Einen Einblick in die Schokoladenherstellung von der Bohne bis zur Tafel bietet die einstündige Führung durch das neue Maestrani's Chocolarium in einem architektonisch innovativen Gebäude. Teilnehmer können ihre eigene Schokolade verzieren (für zusätzlich 10 SFr) oder einfach nur im Café und Laden die süße Nascherei genießen.

Von St. Gallen ist es mit dem Zug nach Flawil und von dort mit dem Bus nach Bütschwil (Haltestelle Maestrani) zu erreichen.

St. Gallen

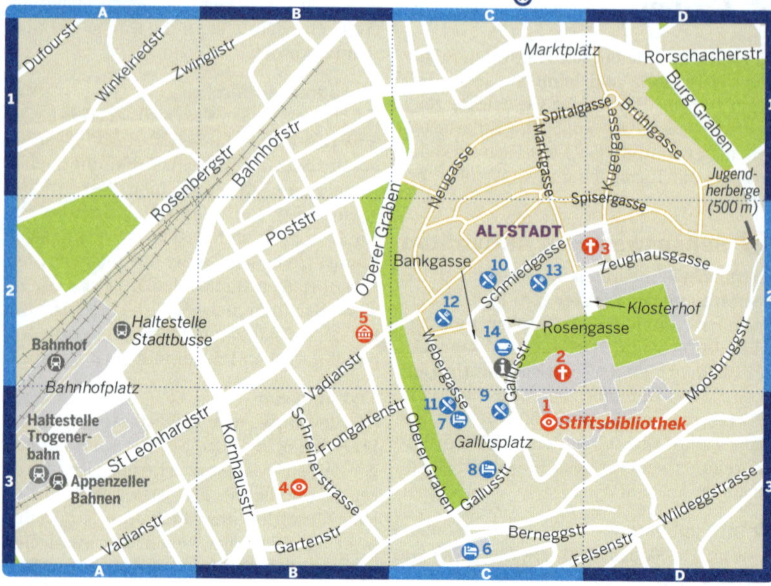

St. Gallen

Highlights
1 Stiftsbibliothek C3

Sehenswertes
2 Stiftskirche C2
3 St. Laurenzen D2
4 Stadtlounge B3
5 Textilmuseum B2

Schlafen
6 Einstein St. Gallen C3
7 Hotel Dom C3
8 Hotel Vadian C3

Essen
9 Am Gallusplatz C3
10 Bäumli C2
Einstein Gourmet .... (s. 6)
11 Lansin C3
12 Metzgerei Gemperli C2
13 Wirtschaft zur Alten Post C2

Ausgehen & Nachtleben
14 Chocolaterie Kölbener C2

Feste & Events

St. Galler Festspiele MUSIK
(www.stgaller-festspiele.ch; Ende Juni–Anfang Juli) Zwei Wochen lang Freiluftoper auf dem Platz hinter der Stiftskirche.

Schlafen

St. Gallen ist eine Geschäftsstadt, weswegen ein Bett eventuell schwer zu bekommen ist und die Preise hoch sein können. Es gibt einige reizende Unterkünfte, aber nicht so viele, wie angesichts der schönen Altstadt zu erwarten wäre.

Hotel Vadian HOTEL €
(071 228 18 78; www.hotel-vadian.com; Gallusstrasse 36; EZ 99–120 SFr, DZ 160–170 SFr;) Näher kommt man ans Zentrum von St. Gallen zu diesen Preisen nicht ran. Das Hotel wurde jüngst instandgesetzt und die modernen Zimmer sind nun in perfektem Zustand.

Jugendherberge HOSTEL €
(071 245 47 77; www.youthhostel.ch/st.gallen; Jüchstrasse 25; B/EZ/DZ/4BZ 34/64/90/150 SFr; P) Mitten im Grünen liegt diese moderne Jugendherberge am Hang, nur einen 15-minütigen Fußmarsch von der Altstadt

entfernt – wer nicht laufen will, nimmt das Trogenerbähnli (S12) vom Bahnhof nach Birnbäume.

Hotel Dom BOUTIQUEHOTEL €€
(☎071 227 71 71; www.hoteldom.ch; Webergasse 22; EZ 85–185 SFr, DZ 120–255 SFr, 3BZ r245–305 SFr; 📶) Ein fast überraschend modernes Hotel mitten in der Altstadt. Die Zimmereinrichtung ist ausgesprochen elegant: klare Linien, Wände mit Hintergrundbeleuchtung und kräftige Farben. Die günstigeren Zimmer sind einfach und haben ein Gemeinschaftsbad. Leichte Schläfer sollten wissen, dass die Wände hellhörig sind. Eine Lounge im ersten Stock mit kostenlosem Tee, Kaffee und Obst sowie ein üppiges Frühstücksbuffet versüßen den Aufenthalt.

Einstein St. Gallen HISTORISCHES HOTEL €€€
(☎071 227 55 55; www.einstein.ch; Berneggstrasse 2; EZ 185–275 SFr, DZ 275–470 SFr, Suite 495–2500 SFr; P@📶) Seidenvorhänge, Kirschholzmöbel und Schafswollvorleger zieren die geräumigen Zimmer in diesem prächtigen Gemäuer aus dem 19. Jh. Erholung findet man beim Schwimmen im effektvoll beleuchteten Atriumpool oder bei einer Massage im Spa. Im Panorama-Restaurant auf dem Dach liegt der Schwerpunkt auf regionaler Küche.

Essen & Ausgehen

St. Gallen ist für seine Erststockbeizli bekannt, traditionelle Gaststätten im ersten Stock der Fachwerkhäuser. Sie sind ebenso wie Cafés, Konditoreien, Imbissläden und Restaurants mit internationaler Küche in den Gassen der Altstadt zu finden.

Lansin VIETNAMESISCH €
(☎071 223 20 00; http://lansin.ch; Webergasse 16; Hauptgerichte 17–20 SFr; ⌚Mo–Sa 11.30–14.30, Di–Do 17.30–22, Fr & Sa bis 23 Uhr) Wer traditionelles schweizerisches Essen nicht mehr sehen kann, sollte sich in dieses angenehm relaxte vietnamesische Restaurant begeben. Empfehlenswert ist eine Schüssel mit klassischer, magenwärmender *pho bo* (Reisnudelsuppe mit Rindfleisch, Bambussprossen und Kräutern) und das duftende Curry.

Metzgerei Gemperli WÜRSTCHEN €
(Schmiedgasse 34; Würstchen 6,50–7,50 SFr, ⌚Mo–Fr 8–18.30, Sa 7–17 Uhr) In dieser Metzgerei mit Wurstbude gibt's die beste OLMA-

ABSEITS DER ÜBLICHEN PFADE

SARDONA

Um den **Piz Sardona** (3056 m), den höchsten Gipfel in St. Gallen, erstreckt sich eine wilde und herrliche Landschaft aus gezackten, gletscherbedeckten Bergen. In diese abgeschiedene Alpenregion an der Grenze mit Graubünden zieht es nur wenige Besucher, weswegen sie umso reizvoller für Wanderer, Mountainbiker und überhaupt alle Leute ist, die sich für ein paar Tage aus dem Getriebe verziehen und etwas abschalten wollen. Ihr ganzer Stolz ist die 32 000 ha große **Swiss Tectonic Arena Sardona** (http://tourismus.unesco-sardona.ch), eine Welterbestätte der Unesco und einer der besten Orte der Welt, um Gebirgsbildung und Plattentektonik zu betrachten.

Zu erreichen ist die Tektonikarena über eine der beiden Nebenstraßen südwestlich von Bad Ragaz. Beide steigen steil an, eine führt über Pfäfers und die andere über Valens und Vasön. Sie verbinden sich am Eingang zum spektakulären **Taminatal**, wo Hochweiden sich mit dichten Wäldern abwechseln (im Herbst leuchten die Blätter der Laubbäume hier in den prächtigsten Farben).

Nach 20 km ist der Fuß des leuchtend blauen, fjordartigen Stausees **Gigerwaldsee** erreicht, der zwischen steilen Berghängen liegt, an denen Wasserfälle hinabrauschen. Die Straße führt bergauf und am Südufer entlang bis zum Walserdorf St. Martin im Calfeisental. Hier bietet sich eine Übernachtung im beschaulichen **Gasthaus Sankt Martin** (☎081 306 12 34; www.sanktmartin.info; B 40–45 SFr, EZ 85 SFr, DZ 130–140 SFr, 3BZ 180 SFr, 4BZ 210 SFr) an, der perfekten Basis für ein paar Tage Wandern in majestätischer Umgebung.

Ein einfacher Weg führt zwei Stunden westwärts zum reizvollen Aussichtspunkt auf der Sardonaalp. Eine weitere Stunde braucht man zur **Sardona-Hütte** (☎081 306 13 88; www.sardonahuette.ch; B pro Erw./Kind 33/16 SFr, mit HP 68/49 SFr; ⌚Juli–Sept.) auf 2158 m Höhe.

Bratwurst, die im Bürli (Brötchen) gereicht wird. Die weiche, weiße Wurst, die es nur in St. Gallen gibt, besteht aus Kalbfleisch, Gewürzen und Speck und hat eine knusprig braune Haut.

Wirtschaft zur Alten Post INTERNATIONAL €€
(☎071 222 66 01; www.apost.ch; Gallusstrasse 4; Hauptgerichte 29–45 SFr; ⌚Di–Sa 11.30–14 & 17.30–22.30 Uhr) In diesem exklusiven historischen Beizl geht es etwas vornehmer zu. Serviert werden St. Gallener Spezialitäten wie z.B. fette Kalbswürste mit Rösti, aber auch originellere Kreationen wie junger Seeteufel mit warmem Gemüsesalat, frischen Kräutern und Büffelmozzarella.

Bäumli SCHWEIZERISCH €€
(☎071 222 11 74; www.weinstube-baeumli.ch; Schmiedgasse 18; Hauptgerichte 25–47 SFr; ⌚Di–Fr 11–14 & 17–23, Sa 11–23 Uhr) In der spätmittelalterlichen Weinschenke mit der Patina aus 500 Jahren ist ein holzgetäfeltes, kerzenbeleuchtetes Restaurant untergebracht, das all die typischen Spezialitäten eines Erststockbeizlis serviert. Dazu gehören Bratwurst mit gebratenen Zwiebeln, Lammkoteletts, Wiener Schnitzel, Cordon bleu und Geschnetzeltes.

Am Gallusplatz SCHWEIZERISCH €€
(☎071 230 00 90; http://amgallusplatz-sg.ch; Gallusstrasse 24; Hauptgerichte 38–44 SFr; ⌚Di–Sa 10–14 & 17–23 Uhr) Das Gasthaus mit seinen stimmungsvollen Gewölbedecken gegenüber der Kathedrale war früher ein Pferdestall und besitzt noch heute einen Hauch von spätmittelalterlichem Charme. Auf der Speisekarte stehen klassische Fleischgerichte wie Bœuf Stroganoff und Wiener Schnitzel. Dazu gibt es hervorragende Weine.

Chocolaterie Kölbener CAFÉ
(☎071 222 57 70; www.chocolaterie-koelbener.ch; Gallusstrasse 20; ⌚Mo–Fr 8.30–18, Sa & So bis 17 Uhr) Kaffee, Kuchen und Schokolade sind teuflisch gut in diesem Café in einem Fachwerkhaus gegenüber der Kathedrale.

Praktische Informationen

Touristeninformation (☎071 227 37 37; www.st.gallen-bodensee.ch; Bankgasse 9; ⌚April–Okt. 9–18, Sa 9–15, So 10–15 Uhr, sonst kürzere Zeiten; 📶) Die schicke neue Touristeninformation St. Gallens direkt gegenüber der Stiftskirche ist gut mit Informationsmaterial zu Stadt und Region ausgestattet. Sie hat auch einen Geschenkeladen und kostenloses WLAN. Hier können zudem Führungen durch die Altstadt gebucht werden.

An- & Weiterreise

St. Gallen ist eine kurze Bahn- oder Busfahrt von Romanshorn entfernt (12 SFr, 20 Min.). Regelmäßig fahren auch Züge nach Bregenz in Österreich (17 SFr, 35–50 Min.), Chur (36 SFr, 1½ Std.) und Zürich (31 SFr, 65 Min. via Winterthur).

Die A1 verbindet St. Gallen mit Zürich, Winterthur und der österreichischen Grenze.

Appenzell

5822 EW. / 785 M

Appenzell sieht aus, als wäre es einer Gutenachtgeschichte für Kinder entsprungen. In den farbenfroh bemalten Giebelhäusern haben sich Konditoreien, Kunsthandwerksläden, Feinkostgeschäfte, Metzgereien und Gasthäuser niedergelassen, die käselastige Spezialitäten servieren. Der Fluss Sitter schlängelt sich durch die Stadt und schließlich durch samtgrüne Wiesen, die allmählich in steile und zerklüftete Berge übergehen. Dies ist Schweizer Milchkuhland par excellence: zutiefst traditionell, liebenswert authentisch und noch immer in bäuerlichen Bräuchen verwurzelt, die seit Generationen gepflegt werden.

Sehenswertes

Zahllose Wanderwege ziehen sich von Appenzell hoch ins Weideland der Umgebung und in die Alpen, darunter der familiengerechte Barfussweg (S. 283) von Jakobsbad nach Gonten. Auch die Bergwanderwege auf den Säntis und die Ebenalp sind von hier aus zu erreichen. Weitere Informationen stehen auf www.appenzell.info oder in der Broschüre *Wandern* aus der Touristeninformation.

Altstadt STADTTEIL
Die Appenzeller Altstadt zu Füßen sanfter Hügel, die sich zu schroffen Bergen anheben, ist ein Anblick wie aus Grimms Märchen. Die Häuser mit ihren geschnitzten Giebeln in der Altstadt, in der alles nah beisammen liegt, sind großzügig mit Fresken und verschnörkelten Ladenschildern geschmückt. Glanzstück ist der **Landsgemeindeplatz**, aber es gibt auch reihenweise fotogene Häuser und Ladenfassaden in der **Hauptgasse**, in der auch die Pfarrkirche steht.

Pfarrkirche St. Mauritius KIRCHE
(Hauptgasse 2; ⌚9–18 Uhr) Die fast 1000 Jahre alte Appenzeller Kirche ist leicht an ihrem massiven spätgotischen Glockenturm zu erkennen, der mit einem Wandbild des

Schutzheiligen des Kantons, St. Mauritius, geschmückt ist. Die Fassade ist zwar etwas nüchtern, der Kirchenraum mit seinen Fresken, Buntglasfenstern und Vergoldungen aber das genaue Gegenteil. Die Kirche ist eine Mischung aus gotischen, barocken und klassizistischen Stilformen.

Brauquöll Appenzell BRAUEREI
(www.brauquoell.ch; Brauereiplatz 1; Besucherzentrum frei, Bierverkostung 8,50 SFr; ⌚ April–Okt. Mo 13–17, Di–Fr 10–12.15 & 13–17, Sa & So 10–17 Uhr, im Winter kürzere Zeiten) GRATIS Aus reinem Quellwasser wird erfrischendes Appenzeller Bier gebraut. Im Besucherzentrum erfahren Besucher viel über die Brauprozesse. Am Eingang werden Sorten wie das hopfige „Vollmond" und das alkoholfreie „Leermond" verkauft.

Appenzell Museum MUSEUM
(Hauptgasse 4; Erw./Kind 7/3 SFr; ⌚ April–Okt. Mo–Fr 10–12 & 13.30–17, Sa & So 11–17 Uhr, sonst kürzere Zeiten) Das Heimatmuseum gibt einen Einblick in Landleben und volkstümliche Traditionen in Appenzell. Auf sieben Stockwerken zeigt es u.a. schön mit ländlichen Szenen bemalte Holzmöbel im Stil der heimischen Bauernmalerei, Spitzen, Trachten, Waffen, Sakralkunst, Flaggen und Banner sowie Gerätschaften zur Käseherstellung. Zu den Glanzlichtern zählen eine intakte Stube mit Kassettendecke, ein 3000 Jahre alter ägyptischer Sarkophag, ein Flügelaltar aus dem 16. Jh. und gemütvolle Gemälde vom bäuerlichen Leben des lokalen Künstlers Carl August Liner.

Appenzeller Schaukäserei MOLKEREI
(www.schaukaeserei.ch; Dorf 711, Stein; Eintritt in die Molkerei frei, iPad-Tour & Verkostung Erw./Kind 10/5 SFr, Käseproben 8,50 SFr; ⌚ Mai–Okt. 9–18.30 Uhr, Nov.–April bis 17.30 Uhr) Wer Käse liebt, wird um einen Besuch dieser Molkerei nicht herumkommen. Eine iPad-Tour ermöglicht einen Blick hinter die Kulissen der Käseherstellung, einschließlich eines kurzen Besuchs im Keller, wo 12 500 Käselaibe regelmäßig in einer Kräutersalzlake gebadet werden. Es geht auch ohne iPad mit abschließender Kostprobe von fünf Appenzeller Käsesorten.

Appenzeller Volkskunde-Museum MUSEUM
(www.appenzeller-museum-stein.ch; Stein; Erw./Kind 7/3,50 SFr; ⌚ Di–So 10–17 Uhr) Das Volkskundemuseum, dessen Sammlung von bäuerlichen Gemälden bis zu Stickereiarbeiten reicht, vermittelt einen Einblick in das ländliche Dasein in Appenzell. Von April bis Oktober gibt es täglich Webereivorführungen, zweimal wöchentlich auch Demonstrationen der traditionellen Käseherstellung in der 400 Jahre alten Molkerei des Museums.

Werdenberg DORF
Das kleine Dorf ist leicht zu übersehen – und das wäre wirklich schade! Das 1289 gegründete Werdenberg soll die älteste Holzhaussiedlung in der Schweiz sein. Dieses Wirrwarr von etwas mehr als 40 Wohnhäusern liegt zwischen einem überdimensionierten Teich und einem mit Weinreben bedeckten Berg, auf dem ein Schloss thront.

Werdenberg liegt 40 Minuten Fahrt Richtung Süden über die A13 und eignet sich gut als Tagesausflug von Appenzell.

Aktivitäten

Barfussweg WANDERN
(www.barfusspark.info; 👪) Der 5 km lange Barfussweg, der von Jakobsbad bis Gonten durch Wiesen und über Bergbäche verläuft, ist eine großartige Wanderung für die ganze Familie. An dem markierten, leichten Weg liegen Attraktionen, die Kinder erfreuen, wie Schwebebalken, Wassertretstationen und Armbäder.

Feste & Events

Landsgemeinde TRADITIONSFEST
(⌚ letzter So im April) Die Gemeindeversammlung, die Landsgemeinde, findet unter freiem Himmel auf dem gleichnamigen Platz statt, bei dem die Einheimischen in traditionellen Trachten abstimmen (im Fall der Männer mit einem erhobenen kurzen Degen). Diese einzigartige Form direkter Demokratie wird seit 1294 praktiziert und lockt rund 3000 Menschen an – mehr als die Hälfte der Appenzeller Einwohnerschaft.

Alpabfahrt Urnäsch TRADITIONSFEST
(⌚ Mitte Sept.) Kühe und Ziegen werden bei der Alpabfahrt stilgerecht von ihren Sommerweiden hinabgetrieben. Dazu gibt es einen Bauernmarkt mit regionalen Spezialitäten. Das Fest findet in Urnäsch statt, 10 km westlich von Appenzell.

Schlafen & Essen

★ **Null Stern Hotel** DESIGNHOTEL €€
(☎ 071 898 33 00; http://nullsternhotel.ch; Gonten; DZ 295 SFr; P) Wie der Name schon sagt, besitzt das Hotel keine Sterne – abgesehen von jenen, die am Himmel funkeln ... Wer

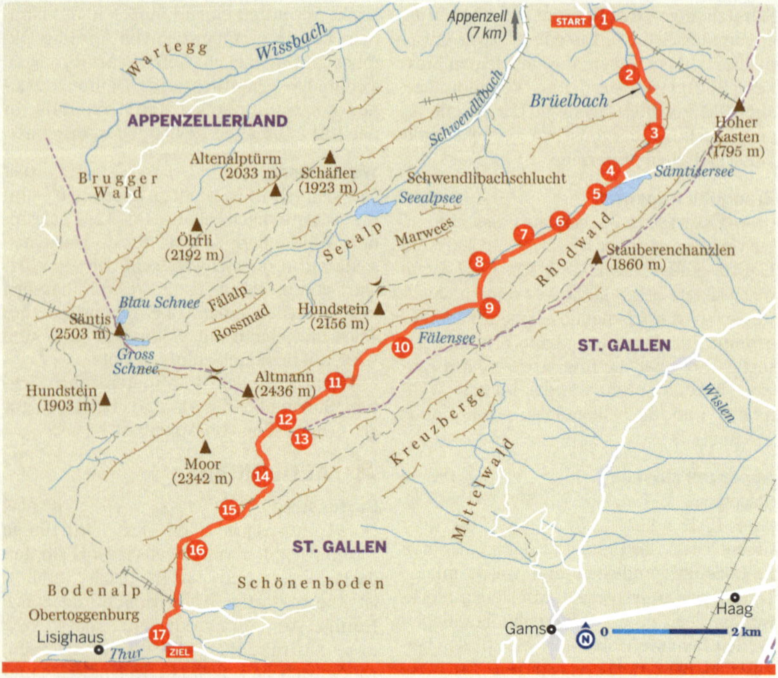

Wandertour **Zwinglipass**

START BRÜLISAU
ZIEL WILDHAUS
LÄNGE/DAUER 17,5 KM; ZWEI TAGE

Die mittelschwere Wanderung führt nördlich der Churfirsten durch Karstlandschaft, Täler und über einen Pass. Regelmäßig fahren Busse von Appenzell nach Brülisau.

Von 1 **Brülisau** folgt man der Straße zum 2 **Pfannenstiel** (940 m). Weiter geht's in den 3 **Brüeltobel** und nach 75 Minuten zum 4 **Gasthaus Plattenbödeli**. Dann nimmt man den Waldabstieg links zum 5 **Sämtisersee**. Beim 6 **Appenzeller Sämtis** rechts halten und weiter in Richtung der hohen Gipfel des Alpsteins wandern. Der Feldweg endet am 7 **Rheintaler Sämtis** (1295 m), dort führt ein Weg hinauf zur 8 **Chalberweid** unterhalb des Marwees-Grats. Dann nach Süden durch eine Schlucht auf den kleinen Bergsattel steigen, von wo aus man Ausblick auf den kargen, länglichen Fälensee (1446 m) hat (90 Min. vom Gasthaus Plattenbödeli). Über dem Fälensee thront das malerische 9 **Berggasthaus Bollenwees** mit Übernachtsmöglichkeiten.

Um die Nordseite des Fälensees herum und quer über breite Geröllfelder gelangt man zur 10 **Alphütte Fälenalp**. Darüber erheben sich die Spitzen der Felswände vom Hundstein (2156 m). Nach dem Aufstieg auf einen Bergrücken geht es zu den Steinhütten auf der 11 **Häderen**, 75 Minuten von der Bollenwees. Ab jetzt geht's über Karstfelder sanfter bergauf, mit Blick auf den zipfelmützigen Gipfel des Altmann (2436 m). Über den 12 **Zwinglipass** (2011 m) steigt man nach links zur 13 **Zwinglipasshütte** ab, 50 Minuten weiter. Die Terrasse bietet einen tollen Blick auf die sieben gezackten Gipfel der Churfirstenkette. Jetzt noch den Berghang runterstapfen zur 14 **Chreialp** (1817 m) und weiter in steilen Serpentinen zur 15 **Teselalp** (1433 m); das dauert rund eine Stunde. Dann folgt man 1,25 km weit dem Feldweg, biegt nach links ab und geht 400 m hinab am 16 **Flürentobel** vorbei, bevor man nach rechts über Lichtungen des Fichtenwalds läuft. Weiter geht's nach 17 **Wildhaus**, 50 bis 60 Minuten von der Teselalp entfernt.

in einer der romantischsten Unterkünfte der Schweiz nächtigt, wird vom Bahnhof Gonten abgeholt und bis zum Bett mitten in der Natur gefahren. Keine Wände. Kein Dach. Nur Vogelgesang und als Weckruf das erste Licht, das über die schroffen Alpengipfel schleicht.

Die Lage (bei Gonten) wird ziemlich geheim gehalten, also holt ein Butler (bzw. Bauer) die Gäste ab und begleitet sie zum Hotel, bringt einen Frühstückskorb und sorgt für einen Willkommenstrunk. Noch nie war der Begriff „Zimmer mit Aussicht" treffender. Von Appenzell nach Gonten sind es sechs Minuten mit dem Zug.

Hotel Hecht HISTORISCHES HOTEL €€
(☎ 071 788 22 22; www.hecht-appenzell.ch; Hauptgasse 9; EZ/DZ/3BZ/4BZ 100/170–260/270/320 SFr; 📶) Das historische Hotel mit mehreren verwinkelten Stockwerken steckt voller knarzendem Charme und liegt zudem mitten im Geschehen. Die elegant mit Vorhängen, warmen Farben und poliertem Holz eingerichteten Zimmer sind geräumig, einwandfrei und geruhsam. Besonders zeichnet jedoch die Gastlichkeit das Haus aus.

Hotel Appenzell HOTEL €€
(☎ 071 788 15 15; www.hotel-appenzell.ch; Landsgemeindeplatz; EZ/DZ 135/230 SFr; P 📶) Dieses typische Appenzeller Gebäude mit seiner großen, bunt verzierten Fassade hat großzügig geschnittene Zimmer mit Holzbetten. Zartes Rosa und Blau dominieren die Einrichtung der Zimmer; die Panoramafenster haben Rüschengardinen aus Spitze. Das Restaurant bietet eine vielfältige, saisonal orientierte Speisekarte, auf der auch vegetarische Gerichte stehen. Elektrofahrräder können für 25 SFr ausgeliehen werden – ideal für Ausflüge in die hügelige Umgebung.

Romantik Hotel Säntis FEINSCHMECKER €€
(www.saentis-appenzell.ch; Landsgemeindeplatz 3; Hauptgerichte 32–52 SFr) Das Restaurant im ersten Stock des Romantik Hotels Säntis ist das Spitzenrestaurant Appenzells. Blütenweiße Tischtücher, schön geschnitztes Kiefernholz und ein Blick auf den Landsgemeindeplatz erwarten die Gäste. Das Ambiente ist formell und die routinierte Bedienung serviert Gerichte nach Saison.

Marktplatz INTERNATIONAL €€
(☎ 071 787 12 04; www.marktplatz-appenzell.ch; Kronengarten 2; Hauptgerichte 24–39 SFr; ⏲ Mi–Sa 11–14 & 17.30–23 Uhr; 👪) Das Restaurant an einem der hübschesten Plätze Appenzells hat eine tolle Terrasse und ein mit kunstvoll geschnitztem Holz verziertes Interieur. Die Gerichte ändern sich nach Saison und zeigen italienische und schweizerische Einflüsse.

Praktische Informationen

Touristeninformation (☎ 071 788 96 41; www.appenzell.ch; Hauptgasse 4; ⏲ Mo–Fr 9–12 & 13.30–17, Sa 10–17, So 11–17 Uhr) Hilfsbereite Information mit stapelweise Infomaterial zu Appenzell und Umgebung, auch Karten sowie Wander- und Radwegebroschüren. Hier sind auch Einzelheiten zur Appenzeller Ferienkarte zu erfahren, mit der sich Geld sparen lässt.

An- & Weiterreise

Von St. Gallen aus fährt die Schmalspurbahn jede halbe Stunde über Gais oder Herisau (wo man manchmal umsteigen muss) nach Appenzell (9,60 SFr, 48 Min.); Abfahrt am südwestlichen Ende des Bahnhofsplatzes.

Appenzell liegt 17,5 km südlich von St. Gallen, das mit Zürich über die A1 verbunden ist.

Walensee

Der Walensee ist ein lang gezogener See, der sich an der Kantonsgrenze zwischen Glarus und Graubünden tief ins Bergland erstreckt. Die zerklüfteten Gipfel der Churfirsten-Kette ragen am grünblauen, fjordartigen Gewässer empor, ab und zu durch ein Dörfchen oder Almweiden und ungefähr in der Mitte jäh durch die Seerenbachfälle unterbrochen, den höchsten Wasserfällen der Schweiz.

Sehenswertes & Aktivitäten

Windsurfer und Wakeboarder sausen im Sommer über das türkisfarbene Wasser des Walensees. Die Kalksteinberge der Churfirsten-Kette, die bis zu 2306 m hoch reicht, verlockt Wanderer, Bergsteiger, Canyonkletterer und Gleitschirmflieger. Bei Schnee im Winter tummeln sich auf den gleichen Hängen Skifahrer, Snowboarder und Tiefschneefahrer.

Flumserberg BERG
(www.flumserberg.ch; 👪) Wer ein bisschen Alpenspaß haben will, nimmt die kurvige Bergstraße bis zum Flumserberg, der hoch oben über dem See liegt und vor der undurchdringlichen Felswand der Churfirstenkette aufragt. Der Berg ist der Ausgangspunkt für hochalpine Wanderungen wie die 13 km lange Sieben-Gipfel-Tour. Für Familien gibt es buggyfreundliche Wanderwege, Abenteu-

ABSTECHER

SÄNTIS & EBENALP

Der zerklüftete Gipfel des Säntis (2503 m) ist zwar für Schweizer Verhältnisse klein, aber immerhin der höchste in diesem Teil des Landes. Er bietet einen herrlichen Rundblick über den Bodensee, den Zürichsee, die Alpen und die Berge Vorarlbergs. Von der Schwägalp schweben die Gondeln der **Säntisbahn** (www.saentisbahn.ch; einfach/hin & zurück 32/45 SFr; ⌚ Ende Mai–Mitte Okt. Mo–Fr 7.30–18, Sa & So bis 18.30 Uhr, sonst 8.30–17 Uhr) alle 30 Minuten zum Gipfel.

Vom Säntis aus sind es über den Bergrücken etwa 3½ Stunden zu Fuß zur benachbarten **Ebenalp** (1640 m). Das Wildkirchli auf der Ebenalp besteht aus prähistorischen Höhlen mit Spuren von Steinzeitmenschen.

Von der Ebenalp ist es ein 1½-stündiger Marsch bergab zum leuchtend blauen Seealpsee und der familienbetriebenen Molkerei **Seealpchäs** (www.seealpchaes.ch; ⌚ Juni–Aug.), die köstliche Käsespezialitäten verkauft, darunter auch Sorten mit Bärlauch und Chili. Für einen strahlenden Teint kann man in einer Holzbadewanne in Molke baden (45 SFr) und dabei die Berge bestaunen.

Die Gondeln der **Ebenalpbahn** (www.ebenalp.ch; einfach/hin & zurück 20/31 SFr; ⌚ Ende Mai–Mitte Okt. 7.30–19 Uhr, sonst 9.30–17 Uhr) fahren ungefähr alle 15 Minuten von der Ebenalp hinab nach Wasserauen, wo es per Bahn (5,80 SFr, 11 Min.) oder über Nebenstraßen weiter nach Appenzell geht.

Wer die Bergaussichten noch etwas länger genießen will, kann eine Nacht im zauberhaft urigen, familiengeführten **Berggasthaus Alter Säntis** (☎ 071 799 11 60; www.altersaentis.ch; B 44 SFr, DZ 140–188 SFr, HP 24 SFr; ⌚ Mitte Mai–Okt.) oder im schicken, kleinen **Säntis – das Hotel** (☎ 071 365 66 00; https://saentisbahn.ch; EZ 135 SFr, DZ 240–260 SFr, Suite 300–340 SFr; P) oben auf dem Säntis verbringen.

erspielplätze und die Rodelbahn Floomzer. Im Winter locken dieselben Hänge Skifahrer und Snowboarder an, die den Puderschnee auf 65 km gut präparierter Pisten aufwirbeln.

Seerenbachfälle WASSERFALL

Diese Kaskade aus drei gigantischen Wasserfällen, die 585 m in die Tiefe donnern, wird durch unterirdische Flüsse gespeist, die den ganzen Weg vom Gipfel des Säntis durch das Felsgestein zurücklegen. Der mittlere Wasserfall, der eine senkrechte Felswand hinabschießt, ist mit 305 m der höchste der Schweiz. Mit dem Auto fährt man bis Betlis und wandert dann noch 30 Minuten weiter.

7-Gipfel Tour WANDERN

Die 13 km lange 7-Gipfel-Tour zwischen dem Flumserberg-Maschgenkamm und der Flumserberg-Tannenbodenalp führt über sieben Gipfel und bietet umwerfende Aussichten auf die Schweizer Alpen und den Walensee. Für die Wanderung hin und zurück ist mit ungefähr 6½ Stunden zu rechnen.

Murgseen WANDERN

Ein anspruchsvoller, klassischer Höhenweg führt von der Bergstation Maschgenkamm auf dem Flumserberg zu den tiefblauen Murgseen. Man wandert über stille, mit Wildblumen übersäte Weiden und durch Kastanien- und Kiefernwälder. Die Wanderung hin und zurück dauert sieben Stunden.

Amden ABENTEUERSPORT

(www.amden-weesen.ch; 👪) Das Hochalmplateau von Amden am Nordwestufer des Walensees bietet faszinierende Aussichten auf See und Berge, zudem einige schöne Wanderwege – auch für Familien – durch Wiesen voller Murmeltierhöhlen. Im Winter gibt es auch verschiedene Wintersportmöglichkeiten. Der Ort ist außerdem ein guter Standort für waghalsigere Sportarten in der weiteren Umgebung, z. B. Bergsteigen, Canyoning und Gleitschirmfliegen.

Schiffsbetrieb Walensee BOOTSFAHRTEN

(www.walenseeschiff.ch; Unterterzen) Boote verkehren regelmäßig auf dem fjordartigen Walensee und legen in Dörfern und Ferienanlagen an, z. B. in Murg, Quinten, Betlis, Weesen und Walenstadt. Eine Bootstour ist eine entspannte Art, den von Bergen umgebenen See vom Wasser aus zu erleben.

Schlafen & Essen

Flyhof HOTEL €

(☎ 055 616 12 30; www.flyhof.ch; Betliserstrasse 16, Weesen; EZ 85 SFr, DZ 130–150 SFr; P 📶) Der bezaubernde familiengeführte Flyhof liegt auf einem üppig bewachsenen Grundstück am

Berg, das malerisch bis ans Seeufer abfällt. Alte Möbel und Balkendecken verleihen den ruhigen, komfortablen Zimmern Charakter. Im holzgetäfelten Restaurant werden mediterran angehauchte Speisen aus regionalen Zutaten serviert.

Lofthotel Murg BOUTIQUEHOTEL €€
(☎081 720 35 75; www.lofthotel.ch; Alte Spinnerei, Murg; EZ 120–170 SFr, DZ 180–270 SFr; P 📶) Eine Baumwollspinnerei aus dem 19. Jh. wurde als Lofthotel zu neuem Leben erweckt. Von hier hat man einen schönen Ausblick auf die Churfirstenkette und den Walensee. Klare Linien, Schleifbeton und auffallende Kunstwerke dominieren die Zimmer im Industrie-Chic. Zum Frühstück gibt's frische Produkte vom Bauernhof und hausgemachte Konfitüre.

Fischerstube FISCH & MEERESFRÜCHTE €€
(☎055 616 16 08; www.fischerstubeweesen.ch; Marktgasse 9, Weesen; Hauptgerichte 40–59 SFr; ⌚Do–Mo 11.45–15 & 18–23 Uhr) Schneeweiße Tischdecken und flaschengrüne Holzverkleidungen bilden hier die vornehme Kulisse für gut zubereitete Fischgerichte. Es empfiehlt sich, feine Weine mit einheimischer Renke und Barsch zu kombinieren.

Praktische Informationen

Informationen zum Walensee und seinen Ortschaften gibt's bei **Heidiland Tourismus** (☎081 720 17 17; www.heidiland.com; Walenseestrasse 18; ⌚Mo–Fr 9–12 & 13–17, Sa 9–13 Uhr) in Unterterzen.

An- & Weiterreise

Walenstadt und Weesen liegen verkehrsgünstig an der A3 (und an der Bahnstrecke) zwischen Zürich und Graubünden. Wer mit dem Zug aus Zürich kommt, steigt in Ziegelbrücke aus (27,80 SFr, 43 Min.), von wo es 15 Minuten zu Fuß bis zum Zentrum von Weesen sind. Züge fahren auch regelmäßig von Zürich nach Walenstadt (29 SFr, 1 Std.).

Glarus

12 570 EW. / 472 M

Glarus zu Füßen der herb-schönen Glarner Alpen ist die Hauptstadt des gleichnamigen Kantons. Die Stadt, die 1861 zu zwei Dritteln durch ein Feuer zerstört wurde, ist eine elegante Schöpfung des 19. Jhs. mit einigen wenigen typisch ländlichen Holzhäusern, die den Flammen entkamen.

Der abgeflachte Gipfel des **Tödi**, mit 3614 m der höchste Berg der Glarner Alpen, ist ausschließlich erfahrenen Bergsteigern vorbehalten.

Die beste Unterkunft im Ort ist der **Glarnerhof** (☎055 645 75 75; www.glarnerhof.ch; Bahnhofstrasse 2; EZ 145–160 SFr, DZ 170–190 SFr; 📶). Die Zimmer besitzen zwar nicht sonderlich viel Charme, machen dies aber durch Platz, Komfort und Alpenblick wieder mehr als wett.

Informationen über Glarus und Umgebung gibt es bei **Glarner Tourismus** (☎055 610 21 25; www.glarnerland.ch; Raststätte A3, Niederurnen).

Einige Züge aus Zürich (27,80 SFr, 1 Std.) erfordern Umsteigen in Rapperswil oder Ziegelbrücke. Es gibt auch häufige Verbindungen mit St. Gallen (28,40 SFr, 1¼ Std.).

Braunwald

308 EW. / 1256 M

Entschleunigung ist das Stichwort in dem autofreien Bergdorf Braunwald in den Glarner Alpen, das nur mit der Standseilbahn zu erreichen ist. Das bemerkenswert friedliche Braunwald liegt an der Seite einer sonnigen Bergterrasse, die sanft zu Almen und Fichtenwäldern abfällt. Am südlichen Horizont erheben sich hohe Berge, deren höchster der gletscherbedeckte Gipfel des Tödi ist (3614 m). Der Ort hat viele Aktivitäten in der Natur zu bieten, auch für Familien. So gibt es hier Wanderwege, Mountainbikestrecken und eine *via ferrata*, einen Klettersteig.

Sehenswertes & Aktivitäten

Braunwald ist im Sommer ein herrlicher Ausgangspunkt für Wanderungen. Im Winter ist der Ferienort mit den mittelschweren Pisten und Optionen abseits der Piste wie Schlittenfahren und Snow-Tubing ein ideales Ziel für Familien.

Oberblegisee SEE
Der leuchtend blaue See, der von einer Gletschermoräne gebildet wurde, ist von Braunwald über einen herrlichen Bergwanderweg zu erreichen. Die mittelschwere, 3½-stündige Wanderung führt durch Wiesen und lichten Wald und an einer Sennhütte vorbei. Der See ist ein wunderbares Fleckchen für ein Familienpicknick.

Zwerg-Bartli Erlebnisweg WANDERN
(👪) Der Abenteuerweg lockt garantiert auch Kinder zum Wandern. Er folgt den Spuren eines Zwergs namens Bartli und führt an einem Turm, an Höhlen und verborgenen

Schätzen vorbei. Die 3½-stündige Wanderung beginnt in Gumen und endet an der Bergstation der Braunwaldbahn. Es gibt auch kürzere Varianten – in der Touristeninformation ist dazu ein Faltblatt erhältlich.

Braunwald Via Ferrata ABENTEUERSPORT
Von Braunwald fährt eine Seilbahn nach Gumen hoch, dem Startpunkt dieser anspruchsvollen *via ferrata*, eines Klettersteigs auf den Leiteregg, den Mittleren und den Hinteren Eggstock (2½–5½ Std.). Die aufregende Klettertour bietet schwindelerregende Bergaussichten und Highlights wie eine große Hängebrücke. Die Ausrüstung kann bei **Kessler Sport** (☎079 612 81 83; www.kesslersport.ch; Dorfstrasse 5; Verleih pro Tag 30 SFr) bestellt werden.

Schlafen

Hostel Adrenalin HOSTEL €
(☎079 347 29 05; www.adrenalin.gl; Alpinaweg 3; B 42–48 SFr, EZ 52–64 SFr, DZ 116 SFr) Das Hostel Adrenalin ist im Winter der Treffpunkt junger Snowboarder und Abenteuersportler. Videospiele und viele Partys sind inklusive, fürs Frühstück werden 8 SFr fällig und das Leihen von Handtüchern/Bettwäsche kostet jeweils 5 SFr.

Märchenhotel Bellevue HOTEL €€€
(☎055 653 71 71; www.maerchenhotel.ch; Dorfstrasse 24; DZ mit HP 370–450 SFr, FZ 390–510 SFr; P) Vielleicht ist dies das Kinderparadies. Das umgebaute Hotel aus dem 19. Jh. verbindet eine herrliche Lage und moderne Zimmer mit allerlei kindgerechten Vergnügungen – von Alpakas und Lamas bis zu Rutschen, Kletterwänden, Trampolins und gestalterischen Workshops.

Praktische Informationen

Die **Touristeninformation** (☎055 653 65 65; www.braunwald.ch; Dorfstrasse 2; Mo–Fr 8.15–12 & 14–17, Sa 8.45–2.45 Uhr) befindet sich im ersten Stock der Standseilbahnstation.

An- & Weiterreise

Züge fahren stündlich von der Talstation Linthal der Braunwaldbahn nach Zürich (27,80 SFr, 1½ Std.) via Ziegelbrücke (9,60 SFr, 43 Min.). Mit dem Auto braucht man von Zürich über die A3 1¼ Stunden.

Die **Braunwaldbahn** (einfach/hin & zurück 7,20/14,40 SFr) fährt von Linthal ein Gefälle von 64 % bergauf. Die Standseilbahn ist die einzige Zugangsmöglichkeit zum Dorf. Autos sind nicht gestattet.

Graubünden

196 600 EW.

Inhalt ➡

Gut essen

- ➡ Hotel Albrici (S. 320)
- ➡ KaffeeKlatsch Easy (S. 305)
- ➡ Burestübli (S. 298)
- ➡ Schloss Brandis (S. 304)

Schön übernachten

- ➡ Berghaus Diavolezza (S. 319)
- ➡ Romantik Hotel Muottas Muragl (S. 319)
- ➡ Hotel Engiadina (S. 310)
- ➡ Berghotel Schatzalp (S. 307)
- ➡ Zunfthaus zur Rebleuten (S. 293)

Auf nach Graubünden!

Fragt man Einheimische, was ihren Kanton so besonders macht, schwärmen sie, wie ... nun ja ... wild er ist! In einem ohnehin traumhaft schönen Land bietet Graubünden reinste Naturschönheit. Ob nun auf den windigen Hochplateaus des Engadins, wo sich Wolken über mächtige Bergrücken schieben, am Rhein, der bei Flims tiefe, steile Schluchten auswusch, oder in der düsteren, alpinen Erhabenheit des Schweizerischen Nationalparks – diese wunderbar abgelegene Region schreit geradezu nach Outdoor-Abenteuern.

Davos mit seinen sagenhaften Pisten, das glamouröse St. Moritz und Heidi (die im Roman hier geboren wurde) mag zwar jeder kennen, aber weite Teile Graubündens sind wenig bekannt. Wer sich zu Fuß in die Alpen begibt oder einer der einsamen Passstraßen folgt, die sich hoch in die Berge schlängeln, wird sich oft allein in einer atemberaubenden Landschaft wiederfinden, in der nur vereinzelte Murmeltiere und Gämsen oder die eigenen Ahs und Ohs die Stille durchbrechen.

Reisezeit

- ➡ An Graubündens Skihängen herrscht von Mitte Dezember bis Ostern Hochbetrieb. Langlaufprofis treffen sich im Dezember in Davos zum FIS-Weltcup, während das noble St. Moritz im Januar zum Snow Polo World Cup eine erlesene Gästeschar anzieht.
- ➡ Im Sommer wird's richtig verrückt, wenn Männer beim Churerfest ihre Bärte und beim Sertig Schwinget in Davos im August ihre Kräfte im Schwingen (Schweizer Ringkampf) messen.
- ➡ In vielen Ferienorten herrscht von Mai bis Mitte Juni sowie im Oktober und November tote Hose. Wer dann nach Graubünden kommt, kann sich unter Umständen über einen deftigen Rabatt und überraschend gutes Wetter freuen.

Highlights

1 Schweizerischer Nationalpark (S. 316) Sich beim Wandern vor der herrlichen Alpenkulisse erhaben fühlen.

2 Ruinaulta (S. 299) Raften oder Wandern zwischen bizarren Kalksteinformationen in der Rheinschlucht.

3 St. Moritz (S. 312) In dem aufregenden, noblen Wintersportort Ski fahren, schlemmen und shoppen.

4 Morteratsch-Gletscherwanderung (S. 319) An einer Wandertour über den spektakulären Gletscher teilnehmen.

5 Corvatsch 3303 (S. 317) Auf Silvaplana und eine der

großartigsten Alpenansichten überhaupt blicken.

6 Kreisviadukt von Brusio (S. 320) Die erstaunliche Konstruktion für den Bernina-Express fotografieren.

7 Davos (S. 305) Mit dem Mountainbike über aufregende Singletrails und Bergpässe flitzen.

8 ClauWau (S. 311) Beim Wettbewerb der Weihnachtsmänner in Samnaun zuschauen.

9 Chur (S. 292) Durch die Altstadtgassen der Kantonshauptstadt schlendern.

Geschichte

Die heutige Aufgeschlossenheit des Kantons gegenüber allen Ankömmlingen ist weit entfernt von seiner weltabgewandten, argwöhnischen Vergangenheit. Früher lebten die Menschen dieser schroffen Region weitgehend in abgeschiedenen, ländlichen Siedlungen, misstrauten allen Fremden und konnten sich, auch dank der nahezu unüberwindbaren Berge, möglicher Eindringlinge erwehren.

Im Mittelalter hieß die Region Rätien. Sie bildete eine lockere Konföderation, die Drei Bünde. Der heutige Name des Kantons leitet sich von dem Grauen Bund ab.

Graubünden wurde 1803 zu einem Kanton der Schweizerischen Eidgenossenschaft; einschneidender war jedoch das Jahr 1864, als ein Hotelbesitzer in St. Moritz Sommergäste einlud, über den Winter zu bleiben – und zwar kostenlos. So kam erst in Graubünden und später in der gesamten Schweiz der Wintertourismus ins Rollen.

Praktische Informationen

Graubünden Ferien (081 254 24 24; http://en.graubuenden.ch; Alexanderstrasse 24; Mo–Fr 8–12 & 13–17 Uhr) Graubündens Hauptstadt ist Chur; hier befindet sich auch die kantonale Touristeninformation, und zwar im Publicitas-Gebäude 200 m östlich vom Bahnhof.

An- & Weiterreise

Die Graubündener Hauptstadt Chur ist ein Verkehrsknotenpunkt mit Bahnverbindung nach Zürich. Von Chur fährt der Bernina Express nach Tirano in Italien, zudem hält hier auch der Glacier Express zwischen St. Moritz und Zermatt.

Drei große Pässe führen vom Norden und Westen Graubündens in den Südosten des Engadins: der Julierpass (ganzjährig geöffnet), der Albulapass (nur im Sommer geöffnet) und der Flüelapass (ganzjährig geöffnet, sofern das Wetter es zulässt). Auch nach Italien gibt es drei Pässe: den Malojapass, den Berninapass und den Ofenpass (alle ganzjährig geöffnet). Der Oberalppass westwärts Richtung Andermatt ist im Winter gesperrt, doch gibt es – wie auch beim Albulapass – die Möglichkeit, einen Autozug zu nehmen. Im Winter sind Schneeketten oder Winterreifen nötig.

Chur

34 650 EW. / 585 M

Chur ist die größte Stadt im größten Kanton der Schweiz und lohnt einen Besuch, vor allem einen Bummel durch die Altstadt. Mit ihren prätentiösen Boutiquen, den authentischen Restaurants und gemütlichen Kneipen wirkt die Stadt selbst wie ein lebendiges Museum.

Die Alpen umgeben Chur, die älteste Stadt des Landes, die seit 3000 v. Chr. bewohnt ist, wie ein Amphitheater. Als 1464 ein Feuer Chur beinahe vernichtete, reisten deutschsprachige Handwerker an, um sie wieder aufzubauen, und verdrängten dabei unbeabsichtigt die bislang vorherrschende rätoromanische Sprache. Heute wird hier eine Variante des alemannischen Schweizerdeutsch gesprochen.

Sehenswertes & Aktivitäten

★ Altstadt STADTTEIL

Nahe der Plessur markiert das **Obertor** den Eingang ins Gassenlabyrinth von Churs Altstadt. Von der alten Stadtbefestigung sind nur noch der gedrungene **Malteserturm** (der frühere Pulverturm) und der **Sennhofturm** (das heutige Gefängnis der Stadt) erhalten.

★ Martinskirche KIRCHE

(Kirchgasse 12) Das prägnanteste Wahrzeichen Churs ist die Martinskirche mit ihrer charakteristischen Kirchturmspitze. Die Kirche aus dem 8. Jh. wurde 1491 spätgotisch umgebaut. Ihr Innenraum ist durch drei Buntglasfenster des Künstlers Augusto Giacometti in ein dramatisches Licht getaucht. Vor der Kirche thront der hl. Martin über einem plätschernden Steinbrunnen.

Kathedrale St. Mariä Himmelfahrt KATHEDRALE

(Hof; Mo & Mi–Sa 6–19, Di ab 8, So ab 7 Uhr) Die im 12. Jh. erbaute Kathedrale von Chur, deren Vollendung ein Jahrhundert dauerte, besitzt einen Hochaltar, dessen prächtiges Triptychon Jakob Russ im späten 15. Jh. schuf. Die ersten Anzeichen einer Besiedlung dieser Stätte stammen aus der Bronzezeit (1300–800 v. Chr.).

Bündner Kunstmuseum GALERIE

(081 257 28 68; www.buendner-kunstmuseum.ch; Postplatz; Erw./Kind 15 SFr/frei; Di–So 10–17, Do bis 20 Uhr) Die hervorragende Galerie zeichnet die Kunstgeschichte Graubündens nach und zeigt auch Werke von Künstlern, die in Verbindung mit dem Kanton stehen. Sie gewährt einen Einblick in das künstlerische Erbe des aus Graubünden stammenden Alberto Giacometti (1877–1947) und seiner Zeitgenossen, darunter Giovanni Segantini und Ernst Ludwig Kirchner.

NICHT VERSÄUMEN

UNVERGESSLICHE BAHNREISEN

Die schroffe, hochalpine Landschaft Graubündens ist die Kulisse für einige der großartigsten Bahnstrecken der Schweiz. Die malerische **Rhätische Bahn** (RhB; www.rhb.ch) ist ein atemberaubendes Zeugnis der technischen Errungenschaften des frühen 20. Jhs. Die Fahrt über Viadukte und durch Tunnel ermöglicht einen Panoramablick auf bewaldete Hänge, smaragdgrüne Seen und schneebedeckte Gipfel. Auf der Website finden sich Infos zur Vorbestellung von Tickets, zur Platzreservierung und zu speziellen Angeboten. Inhaber des Swiss Half Fare Pass, der Swiss Card und des Swiss Travel Pass bekommen ansehnliche Rabatte. Die schönsten Strecken der Rhätischen Bahn befahren der Glacier Express (S. 293) und der **Bernina Express** (www.berninaexpress.ch; einfach Chur–Tirano 64 SFr; ⌚Mitte Mai–Anfang Dez.). Der Bernina Express, einer der klassischen Züge der Schweiz, verbindet die deutsch- und die italienischsprachigen Regionen Graubündens. Auf seiner vierstündigen Strecke von Chur nach Tirano fährt er hoch in die Gletschergebiete der Alpen, durch 55 Tunnel und über 196 Brücken. Der Abschnitt zwischen Thusis und Tirano gehört zum Welterbe der Unesco. Von Tirano fährt ein Anschlussbus (34 SFr) weiter nach Lugano im Westen.

Brambrüesch SEILBAHN
(☎081 250 55 90; www.facebook.com/brambruesch; Kasernenstrasse 15; Erw./Kind hin & zurück 25/5 SFr, Alpenbikepark 39/20 SFr; ⌚Mitte Juni–Ende Okt. & Mitte Dez.–Mitte März 8.45–16.45 Uhr) Die Seilbahn, die nur ein paar Minuten zu Fuß von der Altstadt entfernt ist, fährt auf den Brambrüesch bis auf eine Höhe von 1600 m mit spektakulären Aussichten hinauf. Im Sommer ist die Wanderung durch bunte Wiesen und Wälder und vorbei an glitzernden Seen nach **Feldis** (hin & zurück 13 km) einfach herrlich. Mountainbiker locken aufregende Freeride-Trails und Abfahrten im **Alpenbikepark** (http://alpenbikepark.ch).

Feste & Events

Churer Fest VOLKSFEST
(http://www.churerfest.ch; ⌚Mitte Aug.) Auf dem großen Churer Sommerfest werden drei Tage lang Konzerte, kulinarische Köstlichkeiten, Kuhmelkmarathons und jede Menge Spaß für Kinder geboten. Große Klasse ist das Alpenbarttreffen, ein Wettbewerb der Bartträger.

Schlafen

VIVA Hostel HOSTEL €
(☎081 868 83 48; https://viva-hostel.ch; Welschdörfli 19; B/EZ ab 31/65 SFr; P 📶) Das VIVA ist ein Traum für Backpacker: Es hat geräumige Schlafsäle, überreicht bei der Ankunft einen Getränkegutschein für die Lobby-Bar, bietet kontinentales Frühstück für 7 SFr an und Partyhasen können sich im hauseigenen VIVA Club austoben (Do & Sa). Die Lage in Altstadtnähe ist ebenfalls super, auch wenn die Umgebung etwas zwielichtig ist.

★ **Zunfthaus zur Rebleuten** HISTORISCHES HOTEL €€
(☎081 255 11 44; www.rebleutenchur.ch; Pfisterplatz 1; EZ/DZ/4BZ ab 75/140/210 SFr; P 📶) Das Zunfthaus zur Rebleuten, ein imposantes, mit Fresken bemaltes Gebäude an einem hübschen Platz in der Altstadt, blickt stolz auf eine 500-jährige Geschichte zurück. Die zwölf Zimmer sind frisch und einladend. Besonders romantisch sind diejenigen im Dachgeschoss (Kopf einziehen!). Die Restaurants im Haus sind wunderbar und werden auch gerne von Nichtgästen besucht.

Hotel Freieck HOTEL €€
(☎081 255 15 15; www.freieck.ch; Reichsgasse 44; EZ/DZ/3BZ ab 100/160/240 SFr; P 📶) Das Freieck ist in einem wunderschönen Gebäude aus dem 16. Jh. in günstiger Lage untergebracht und schafft es mühelos, Geschichte und Modernität miteinander zu vereinen. Unverputzte Steinwände, Holzbalken und Gewölbedecken verleihen ihm Charakter, während die Zimmer hell und modern eingerichtet sind.

Romantik Hotel Stern HISTORISCHES HOTEL €€
(☎081 258 57 57; www.stern-chur.ch; Reichsgasse 11; EZ/DZ/Suite ab 120/220/320 SFr; P 📶) Das jahrhundertealte Hotel, das zur schweizerischen Romantik-Kette gehört, besitzt dank der Flure mit Gewölbedecken und den niedrigen Zimmern mit Holzmöblierung noch das Flair vergangener Zeiten. Natürlich gibt

Chur

es hier auch ein exzellentes Restaurant und einen gut gefüllten Weinkeller. Zudem liegt es günstig, um die Altstadt zu erkunden.

Essen

Restaurants säumen die Bahnhofstrasse, die vom Bahnhof in die Altstadt führt, wo es noch sehr viel mehr Angebote gibt.

Da Mamma ITALIENISCH €

(☎ 081 252 14 12; www.damammabistro.com; Obere Gasse 35; Mittagsmenü ab 16,50 SFr; ⌚ Mo–Fr 8–18.30, Sa bis 17 Uhr) Das adrette kleine italienische Lokal hat das, was jedes Bistro braucht: Menschen, die mit Leidenschaft kochen und mit Herz auftischen. Mit seinem schicken Ambiente und der freundlichen Atmosphäre ist der Laden ideal für ein günstiges Mittagessen mit Salat und hausgemachter Pasta. Auch die sizilianischen Backwaren und Desserts sind himmlisch.

Evviva Plankis CAFÉ €

(☎ 081 252 40 21; www.plankis.ch/de/betrieb/arbeitsstaetten/evvivaplankis; Kornplatz 9; Snacks & Hauptgerichte 13 SFr; ⌚ Di–Do 9–18.30, Fr & Sa bis 22, So 13–18 Uhr) Das einladende Café hat eine sonnige Terrasse an einem Altstadtplatz und serviert köstliches italienisches Eis und authentische Pasta, Gnocchi und Risotto.

★ Bündner Stube SCHWEIZERISCH €€

(☎ 081 258 57 57; www.stern-chur.ch; Reichsgasse 11; Hauptgerichte ab 25 SFr; ⌚ Mo–Sa 11–24, So bis 23 Uhr) Kerzenschein und holzgetäfelte Wände sorgen im hoch angesehenen Restaurant des Romantik Hotel Stern für eine anheimelnde Atmosphäre. Der Chefkoch setzt auf frische, saisonale Gerichte, serviert also im Frühjahr Spargel (vom eigenen Acker!) und im Herbst Wild. Bündner Spezialitäten wie Capuns (Spätzleteig und Wurststücke, eingewickelt in Mangoldblätter), Maluns (wie

Chur

Highlights
1 Altstadt ... B4
2 Martinskirche ... C4

Sehenswertes
3 Bündner Kunstmuseum ... C2
4 Kathedrale St. Mariä Himmelfahrt ... D4
5 Malteserturm ... B4
6 Obertor ... B4
7 Rätisches Museum ... D4
8 Sennhofturm ... D3

Aktivitäten, Kurse & Touren
9 Bernina Express ... B1
10 Brambrüesch ... A4

Schlafen
11 Hotel Freieck ... C3
12 Romantik Hotel Stern ... D2
13 VIVA Hostel ... A4
14 Zunfthaus zur Rebleuten ... C4

Essen
Bündner Stube ... (s. 12)
15 Da Mamma ... B4
16 Drei Bünde ... C4
17 Evviva Plankis ... C4

Ausgehen & Nachtleben
18 Felsenbar ... B4
19 Tom's Beer Box ... B4

Unterhaltung
20 Werkstatt Chur ... B4

Shoppen
21 Rätische Gerberei ... B3

Rösti) und Gerstensuppe werden hier bestens zubereitet.

Drei Bünde SCHWEIZERISCH €€
(081 252 27 76; www.dreibuende.ch; Rabengasse 2; Hauptgerichte ab 22 SFr; Di–Sa 11–14 & 17.30–23 Uhr) Die heimelige Weinschenke mit kiefernholzverkleideten Wänden liegt versteckt in einer Nebenstraße abseits des Martinsplatzes und serviert Fleischklassiker wie Schnitzel und Rindsmedaillons.

Ausgehen & Unterhaltung

Eine lebhafte Studentengemeinde sorgt dafür, dass in den Bars und Clubs der Stadt, vor allem am Wochenende rund um die Untere Gasse in der Altstadt und im Welschdörfli, ganz schön was los ist.

Tom's Beer Box KNEIPE
(www.toms.ch; Untere Gasse 11; Mo–Do 17–24, Fr & Sa 15–1 Uhr) Das Fenster mit Flaschenverschlüssen huldigt dem Bier in dieser relaxten Kneipe in der Altstadt, wo sich die Einheimischen draußen mit Freunden treffen und sich eine der 140 verschiedenen Biersorten schmecken lassen.

Felsenbar BAR
(081 284 50 50; www.fels.bar; Welschdörfli 1; Di–Do 17–2, Fr & Sa bis 3, So 13–20 Uhr) Themenabende wie DJ-Wettbewerbe oder Bier-Pong locken eine lebhafte Meute in die komplett in Schwarz gehaltene Felsenbar mit hufeisenförmigem Tresen. Sie liegt gegenüber der Altstadt am anderen Flussufer.

Werkstatt Chur KULTURZENTRUM
(081 525 42 46; http://werkstattchur.ch; Untere Gasse 9; Mo–Do 17–24, Fr & Sa bis 1 Uhr) Die ehemalige Kupferschmiede ist heute ein dynamisches Kulturzentrum, das Musikkonzerte, Jam-Sessions, Programmkino, Theaterstücke und Partys veranstaltet. Das Programm steht auf der Website.

Shoppen

Rätische Gerberei KUNSTHANDWERK
(081 252 52 42; www.felle.ch; Engadinstrasse 30; Mo 13.30–18.30, Di–Fr 8–12 & 13.30–18, Sa 9–12 & 13.30–16 Uhr) Im Obergeschoss dieses Ladens zwischen Bahnhof und Altstadt gibt's flauschige Schafsfelle, im Untergeschoss kann man echte Kuhglocken zu einem Bruchteil dessen kaufen, was man anderswo dafür bezahlt.

Praktische Informationen

Touristeninformation (081 252 18 18; www.churtourismus.ch; Bahnhofplatz 3; Mo–Fr 8–20, Sa 2–12.15 & 13.15–18, So 10–12.15 & 13.15–18 Uhr) Die Information befindet sich unten im Bahnhof.

An- & Weiterreise

Es gibt Züge nach Klosters (11 SFr, 1¼ Std.) und Davos (15,50 SFr, 1½ Std.) sowie Schnellzüge nach Sargans (11,40 SFr, 20 Min.) mit Anschluss nach Liechtenstein und Zürich (41 SFr, 1¼–1½ Std.). An der Bushaltestelle oberhalb des Bahnhofs fahren Postbusse ab. Die Autobahn A13 führt von Chur Richtung Norden nach Zürich und zum Bodensee.

Unterwegs vor Ort

Der Bahnhofplatz ist der Knotenpunkt der Stadtbusse. Eine Fahrt kostet 2,80 SFr (und erlaubt das Umsteigen innerhalb von 30 Min.).

Die Altstadt ist größtenteils Fußgängerzone. An ihrem Rand gibt es ausgeschilderte Parkhäuser, z. B. an der Gäuggelistrasse.

Avis (081 300 33 77; www.avis.com; Comercialstrasse 20; Mo–Fr 7.30–12 & 14–18, Sa bis 14 Uhr) hat Mietwagen.

Lenzerheide & Valbella

1540 EW. / 1500 M

Die Zwillingsdörfer am blauen Heidsee überwältigen mit herrlicher bewaldeter Berglandschaft und sind mit ihrer ungezwungenen Atmosphäre für Familien reizvoll. Sie liegen nur 15 km südlich von Chur und sind gut mit dem Postbus oder dem Auto zu erreichen, allerdings geht es ordentlich bergauf. Lenzerheide ist im Sommer von Tagesausflüglern überlaufen, die überwiegend die Natur genießen, im Sommer wandern und im Winter Ski fahren wollen. Auch ist es möglich, von hier den Nachbarort Arosa im nächsten Tal im Osten mit Skiern oder zu Fuß zu erreichen.

Aktivitäten

Von den insgesamt 170 km an Wanderwegen in diesem Gebiet ist die fünf- bis siebenstündige Wanderung hinauf aufs 2865 m hohe Parpaner Rothorn (S. 298) eine der schönsten Optionen. Die Wanderung führt bis nach Arosa, lässt sich aber auch von dort nach Lenzerheide unternehmen.

Auf dem **Globi-Wanderweg** können Kinder ihre überschüssige Energie beim Tannenzapfenwerfen und bei lustigen Spielen am Wasser loswerden. In der Hauptsaison reichen die kinderfreundlichen Aktivitäten von Zirkustagen über Lama-Trekking bis hin zum Iglubau. Nähere Details bei der Touristeninformation.

Mountainbiken

Lenzerheide ist eine der Topadressen für Mountainbiker und Freerider. Es gibt über 305 km markierte Radwege, 1000 km GPS-Touren, die auf eigene Faust zu bewältigen sind, und sieben Downhill-Strecken, die nichts für schwache Nerven sind.

Activ Sport Baselgia MOUNTAINBIKEN
(www.activ-sport.ch; Voa Sporz 19; Mo–Fr 8.30–12 & 14–18.30, Sa bis 17 Uhr) Verleiht im Sommer Mountainbikes/Downhill-Mountainbikes/E-Bikes/Kinderräder für 42/70/49/28 SFr pro Tag, im Winter Schneeschuhe/Langlaufskier für 19/40 SFr. Nach den geführten Schneeschuh-Wanderungen im Winter fragen (rund 50 SFr).

Wintersport

Skifahren in Lenzerheide SKIFAHREN
(http://lenzerheide.com; Skipass Erw./Kind 1 Tag 72/24 SFr, 6 Tage 332/111 SFr, Skilanglauf Tages-/Wochenkarte 8/25 SFr) An den Lifts in Lenzerheide bilden sich selten Schlangen. Die Pisten (insgesamt 225 km) sind mit dem benachbarten Arosa verbunden und überwiegend auf Anfänger und mittelgute Skifahrer ausgelegt; überdies gibt es einige herrliche Tiefschneepisten. Der Snowpark versorgt Snowboarder mit Rails, Boxes und Kickers. Langläufer können sich auf insgesamt 56 km langen Loipen auspowern. Für familienfreundliches Vergnügen sorgen u. a. 80 km Winterwanderwege und eine 3 km lange Rodelbahn.

Schlafen & Essen

Die vielbesuchten Alpenresorts leben von Gästen, daher gibt es viele Unterkünfte. In der Touristeninformation ist eine Liste von Ferienwohnungen und Chalets erhältlich.

Camping St. Cassian CAMPINGPLATZ €
(081 384 24 72; www.st-cassian.ch; Voa Principala 106, Lenz; Stellplatz pro Erw./Kind/Zelt/Auto 8,40/4,70/9,50/2,50 SFr; P) Der 3 km südlich von Lenzerheide gelegene und von Bäumen beschattete Campingplatz ist bei Radfahrern beliebt. Gäste können hier die Stille, die Aussicht auf Berge und erstklassige Einrichtungen genießen, darunter Grillplätze und ein Restaurant.

★ **Berghotel Tgantieni** HOTEL €€
(081 384 12 86; www.tgantieni.ch; Voa Tgantieni 17; Zi. pro Pers. Winter/Sommer ab 130/90 SFr; P) Die Kuhglocken wecken einen in diesem Hotel mit traumhaften Bergblick auf einem Hügel hoch über Lenzerheide. Die Pisten und Wege liegen direkt vor der Haustür. Die hellen, geräumigen Zimmer öffnen sich zu Balkonen oder Terrassen. In der hoteleigenen Hütte Marola ist die Aussicht bei Drinks und Snacks noch einmal so schön.

Hotel Kurhaus BOUTIQUEHOTEL €€
(081 384 11 34; www.kurhaus-lenzerheide.ch; Voa Principala 40, Lenzerheide; DZ/Apt. 160/400 SFr; P) Historisches trifft auf Modernes in diesem jung gebliebenen Hotel an der Hauptstraße durch Lenzerheide. Die besten Zimmer sind streng elegant in monochromen

Tönen eingerichtet, haben abgefahrene Tische aus Baumstämmen und Balkone mit Blick auf die Berge. Im Erdgeschoss gibt's ein Restaurant in rustikalem Schick und einen Nachtclub in einem ehemaligen Kino.

★ La Riva INTERNATIONAL €€
(☎ 081 384 26 00; www.la-riva.ch; Voa Davos Lai 27; Hauptgerichte ab 26 SFr; ⌚ Mi–So 11.30–23 Uhr; 👪) Das wegen seiner einfallsreichen Gerichte und der Frische der regionalen Zutaten gerühmte Restaurant hat eine elegante Kiefernholzeinrichtung und Blick über den Heidsee. Es ist ein höchst stimmungsvolles Ambiente für exquisit angerichtete Spezialitäten wie Pfifferlingsuppe mit Rehschinken oder Perlhuhnbrust auf thailändische Art.

ℹ Praktische Informationen

Touristeninformation Lenzerheide
(☎ 081 385 57 00; http://lenzerheide.com; Voa Principala 37; ⌚ Dez.–Ende April Mo–Sa 8.30–18, So 8.30–12 & 15–18 Uhr, Mai–Nov. kürzere Zeiten) Die Information befindet sich in der Hauptstraße gegenüber der Bushaltestelle.

ℹ Anreise & Unterwegs vor Ort

Beide Orte sind mit dem stündlich verkehrenden Bus aus Chur (10,60 SFr, 30 Min.) gut zu erreichen. In der Hochsaison im Sommer und im Winter pendelt ein kostenloser Bus zwischen Lenzerheide und Valbella.

Arosa

3350 EW. / 1800 M

Für Leute, die Wintersportorte und viel freie Natur mögen, ist Arosa wie ein wahrgewordener Traum. Der Ort liegt zwischen den Gipfeln des Weisshorns, des Hörnlis und des von Moränen überzogenen Schiesshorns und bietet alles, was zu den Alpen gehört: im Winter prima Pisten und Loipen, im Sommer Wanderwege oder Downhill-Strecken für Mountainbiker und das ganze Jahr über ein kinderfreundliches Angebot. Es ist auch möglich, mit den Skiern rüber ins Nachbardorf Lenzerheide zu fahren oder dorthin zu wandern.

Auch die Anreise ist klasse. Der Ort liegt zwar nur 30 km südöstlich von Chur, doch die Fahrt ist einfach atemberaubend. Die Straße schlängelt sich von Chur in 365 Haarnadelkurven hoch, die so brenzlig sind, dass keine Postbusse nach Arosa fahren können. Die einstündige, aussichtsreiche Bahnfahrt von Chur ist ebenfalls atemberaubend.

ABSEITS DER ÜBLICHEN PFADE

PARC ELA

Der **Parc Ela** (www.parc-ela.ch) ist der größte Naturpark der Schweiz. Er erstreckt sich über nahezu 600 km² und ist damit dreimal so groß wie der Schweizerische Nationalpark. Drei Kulturen und drei Sprachen (Deutsch, Rätoromanisch und Italienisch) gibt es in dieser Region der historischen Verkehrswege. Wer die Zeit und Muße hat, kann die spektakuläre 15-tägige Fernwanderroute **Veia Parc Ela** in Angriff nehmen. Sie führt durch die zauberhaftesten Alpenlandschaften des Parks.

Aktivitäten

Tschuggen Bergoase Spa SPA
(Sonnenbergstrasse; https://tschuggen.ch/de/spa; Tschuggen Grand Hotel; Nichtgäste vormittags/abends 65 SFr, Massage ab 80 SFr; ⌚ 7–21 Uhr) Die Tschuggen Bergoase ist nicht nur ein imposantes Spa, sondern dank Mario Botta, eines der berühmtesten Architekten des Landes, auch ein architektonisches Statement. Der Bau ist kühn, schön und mit seinen blattähnlichen Formen und Granitstrukturen der Umgebung angepasst – es lohnt sich wirklich, in diesem besonderen Ort eine Behandlung zu buchen oder eine Besucherkarte zu kaufen.

Winter

Mit 225 km an Pisten aller Art, die auch die von Lenzerheide mit umfassen und bis zu einer Höhe von 2653 m (am Weisshorn) reichen, lockt Arosa Skifahrer aller Leistungsklassen an. Wer Lust auf ein paar Sprünge hat, sollte an der Halfpipe oder dem Funpark vorbeischauen. Die Langlaufbedingungen sind ebenfalls top: Die 30 km an präparierten Loipen umfassen einfache Waldrouten bei Maran genauso wie die herausfordernderen Strecken bei La Isla und der Ochsenalp.

Auch Familien und Nicht-Skifahrer kommen auf ihre Kosten. Man kann auf 40 km präparierten Winterwanderwegen durch den Schnee stapfen, auf der Open-Air-Eisbahn Pirouetten drehen oder eine Runde Curling spielen.

Swiss Ski and Snowboard School SKIFAHREN
(☎ 081 378 75 00; www.sssa.ch; Seeblickstrasse; ⌚ 8.30–17.30 Uhr) Die Skischule für Abfahrtslauf in Arosa an der Talstation des Hörnli Express.

Langlauf- und Skiwanderschule Geeser SKIFAHREN
(081 377 22 15; www.geeser-arosa.ch; Maranerstrasse; 9–12 & 13–18 Uhr) Die Schule verleiht Ausrüstung und gibt Unterricht. Ein Schnupperkurs im Skilanglauf oder Schneeschuhlaufen kostet ab 55 SFr. Man kann auch geführte Schneeschuhwanderungen buchen (50–70 SFr).

Prätschli WINTERSPORT
Prätschli ist der Ausgangspunkt einer von Flutlicht beleuchteten, 1 km langen Rodelbahn durch den glitzernden Wald.

Sommer

Rund um Arosa gibt es 200 km gepflegte **Wanderwege**. Zu den malerischen Optionen zählen der dreieinhalbstündige Aufstieg zum **Weisshorn** und die leichten Waldwanderungen am Ufer der Plessur nach **Litzirüti** (1 Std.) und **Langwies** (2 Std.). Kinder halten am **Eichhörnchenweg** nach den rotbraunen Nagern Ausschau.

Dank 700 km an Routen sind **Mountainbiker** hier in ihrem Element. Für den richtigen Adrenalinkick mietet man ein Downhill-Mountainbike für die Fahrt von der Mittelstation nach Litzirüti oder vom Hörnli nach Arosa – auf beiden Strecken geht es mehr als 500 m bergab.

Parpaner Rothorn WANDERN
Die 18 km lange, fünf bis sieben Stunden dauernde Wanderung zum Parpaner Rothorn beginnt an der Bergstation des Hörnli Express. Von dort geht es über Wiesen am Schwellisee und Älplisee vorbei, hinauf bis zum rostroten Gipfel des Parpaner Rothorn und dann auf der anderen Seite hinunter nach Lenzerheide.

Feste & Events

Im Januar werden Pferderennen und Fußballspiele im Schnee ausgetragen.

Arosa Classic Car RENNEN
(www.arosaclassiccar.ch; Sept.) Über die kurvenreiche Straße von Langwies nach Arosa sausen historische Sport- und Rennwagen.

Schlafen

Arosa Vetter Hotel HOTEL €€
(081 378 80 00; www.arosa-vetter-hotel.ch; Seeblickstrasse; EZ/DZ 165/210 SFr; P) Das stilvolle Vetter hat rustikal-schicke Zimmer, die in dunklem Holz und Stein gehalten sind. Das Frühstück mit Joghurt aus der Region, Käse, Eiern, Brot und selbst gemachter Marmelade ist ein wahrer Genuss. Das Restaurant serviert saisonal orientierte Gerichte. Das Hotel liegt äußerst günstig zum Bahnhof und zu den Liften.

Hotel Arlenwald HOTEL €€
(081 377 18 38; www.arlenwaldhotel.ch; Prätschli; EZ/DZ 140/280 SFr; P) Der direkte Zugang zum Restaurant Burestübli ist nur einer der Vorteile dieses Hotels am Prätschli (1908 m). Die geräumigen, lichtdurchfluteten Zimmer sind mit klobigen Holzmöbeln, Familienerbstücken und Balkons mit Blick auf die Berge ausgestattet. Aussichten auf schneebedeckte Gipfel gibt es auch unten von der Sauna.

★ **Waldhotel** HISTORISCHES HOTEL €€€
(081 378 55 55; www.waldhotel.ch; EZ/DZ/Suite ab 200/430/660 SFr; P) In diesem Waldrefugium verbrachte der deutsche Literaturnobelpreisträger Thomas Mann die ersten Wochen seines Exils. Das luxuriöse Chalet versprüht mit den warmen, mit Kiefernholz verkleideten Zimmern und dem Pferdekutschenservice für Gäste gediegenen, altmodischen Charme.

Essen & Ausgehen

Hörnlihütte SCHWEIZERISCH €
(081 377 15 04; http://hoernliarosa.ch; Imbiss & kleine Speisen 8,50–20 SFr; 9–17 Uhr) In der malerischen Hütte an der Bergstation des Hörnli Express in 2511 m Höhe können sich Hungrige mit einem Teller Gulasch oder Makkaroni stärken.

Sennerei Maran KÄSE €
(081 377 22 77; www.sennerei-maran.ch; Maranerstrasse; Snacks & kleine Gerichte 8–14,50 SFr; 10–18 Uhr) Hier kann man seinen Picknickkorb mit preisgekröntem Käse füllen oder sich im Café eine Käseplatte oder ein Stück Käsekuchen gönnen.

★ **Burestübli** SCHWEIZERISCH €€
(081 377 18 38; www.arlenwaldhotel.ch; Hotel Arlenwald, Prätschli; Hauptgerichte ab 25 SFr; 8–24 Uhr) Das hölzerne Chalet am Waldrand bietet einen sagenhaften Blick über die Baumwipfel. Im Winter kehren hier gerne durchgefrorene Schlittenfahrer ein, um sich an leckeren Fondues, butterzarten Steaks und Glühwein zu laben, bevor sie weiter über den vom Flutlicht erhellten Schnee düsen. Der wunderbar exzentrische Koch legt Wert darauf, nur erstklassige regionale Produkte zu verwenden.

Grischuna Arosa SCHWEIZERISCH €€
(☎ 081 377 17 01; www.grischuna-arosa.ch; Poststrasse; Hauptgerichte ab 18,50 SFr; ⌚12–14 & 19–22 Uhr) Die Kuhglocken im Fenster dieser mit Antiquitäten eingerichteten Schenke fallen sofort ins Auge. Im geselligen Grischua mit seinen niedrigen Deckenbalken gibt's Bündner Spezialitäten wie hausgemachte Capuns, Rösti mit Käse und in der Saison frisches Wildfleisch.

Los Arosa BAR
(☎ 081 356 56 10; www.losbar.ch; Poststrasse, Haus Madrisa; ⌚Mo–Fr 16–2 Uhr, Sa & So 14–2 Uhr) Abgesehen von den ganzen Bars direkt an den Pisten ist Los Arosa im Winter die Location für ein ordentliches Après-Ski. Neben entspannten Gästen gibt's hier DJs, Tischkicker und jede Menge Schnäpse.

Praktische Informationen

Touristeninformation (☎ 081 378 70 20; www.arosa.ch; Poststrasse, Sport- und Kongresszentrum; ⌚Mo–Fr 8–18, Sa & So 9–12 & 13–16 Uhr) Bei der hilfreichen Auskunft erfährt man auch Einzelheiten zum Fahrrad- und Scooter-Verleih.

Anreise & Unterwegs vor Ort

Arosa ist nur von Chur aus zu erreichen, z. B. mit der Schmalspurbahn, die stündlich vor dem Bahnhof abfährt (15,40 SFr, 1 Std.). Die malerische, kurvenreiche Strecke führt an Bergen vorbei, durch Kiefernwälder und über Bergbäche und Brücken. Der Zug überquert auch die älteste Stahlbeton-Bahnbrücke der Welt. Die eindrucksvolle, 62 m hohe Meisterleistung der Ingenieurkunst wurde 1914 fertiggestellt.

Mit dem Auto ab Chur ist es eine kurvenreiche, 30 km lange Fahrt, die bei guten Straßenverhältnissen 40 Minuten dauert.

Busse im Ort sind gratis. Zwischen 0 und 6 Uhr herrscht ein Fahrverbot.

Flims, Laax & Falera

4200 EW.

Es heißt, dass selbst wenn es nirgendwo anders schneit, rund um Flims, Laax und Falera auf jeden Fall Schnee liegt. Das Trio in Höhenlage bildet das Skigebiet Weisse Arena, in dem Skifahrer jeder Leistungsklasse aus 220 Pistenkilometern ihre Lieblingsabfahrt wählen können. Als Gastgeber der Laax Open im Januar ist Laax ein Mekka für feierwütige Snowboarder auf der Suche nach dem großen Sprung.

Sowohl Flims als auch Laax haben in den letzten Jahren einen wahrhaften Designboom mit Architekten erlebt, die den Alpenkitsch meiden und stattdessen auf zeitgenössisches, cooles Design setzen. Historisches gibt es jedoch auch. Das älteste erhaltene Gebäude in Laa wurde 1580 gebaut und das erste Hotel 1880 eröffnet.

Sehenswertes

Caumasee SEE
Der schöne, von dichten Wäldern umgebene türkisblaue See südlich von Flims Waldhaus ist von dort zu Fuß in 15 Minuten und anschließend mit dem Lift über eine kurze Strecke zu erreichen. Der See bietet sich im Sommer für ein kühles Bad an. Man kann auch Ruderboote mieten und auf der Restaurantterrasse am See speisen. Auf Rätoromanisch heißt er Lag la Cauma, was „See der Mittagsruhe" bedeutet.

St. Remigiuskirche KIRCHE
(Falera) Die romanische Kirche thront auf einem Hügel, der schon in prähistorischer Zeit eine Kultstätte war, wie eine Reihe kleiner Menhire bezeugt. Im Inneren der schindelgedeckten Kirche befindet sich ein umwerfendes Fresko aus der Mitte des 17. Jhs., das das letzte Abendmahl darstellt. Vom Friedhof aus hat man einen weiten Blick in das Vorderrheintal.

Aktivitäten

Winter

Skifahren in Laax SKIFAHREN
(www.laax.com; Tageskarte Erw./Kind inkl. Skibusse 75/50 SFr) Laax ist ein Mekka für Snowboarder. Es hat die kleinste wie auch die größte Halfpipe in Europa, ausgezeichnete Freestyle-Anlagen und viele Hänge abseits der Pisten. Skifahrer können auf den Pisten der miteinander verbundenen Ferienorte brettern: Insgesamt 235 Pistenkilometer (meist in über 2000 m Höhe) stellen Skifahrer aller Leistungsklassen – abgesehen von den hartgesottensten Extremfahrern – voll zufrieden. Zu sehen ist auch oft das weite Hochplateau des Flimsersteins (rätoromanisch: Crap da Flem).

Sommer

Im Sommer steht ein Wanderwegenetz von 250 km Gesamtlänge zur Verfügung.

★ **Ruinaulta** WANDERN
(Rheinschlucht) Eine spektakuläre, dreieinhalbstündige Wanderung führt durch

die von Gletschern geformte, 400 m tiefe Rheinschlucht, die auch als „Schweizer Grand Canyon" bezeichnet wird. Vom Ausgangspunkt Trin, 7 km östlich von Flims, folgt der Weg dem schnell strömenden Vorderrhein vorbei an Kalksteinklippen, die zu einem wahrhaftigen Wald aus Felsnadeln und -pfeilern erodiert sind.

Klettersteig Pinut KLETTERSTEIG
(www.flims.com; Führung pro Pers. 135 SFr; ⏲ Mitte Mai–Okt.) Der Klettersteig Pinut gilt als der älteste, noch genutzte Klettersteig der Schweiz, der über steile Felswände führt und aus luftiger Höhe einen Blick über das Tal bietet. Er wurde erstmals 1739 erwähnt, aber keine Sorge, er ist jüngst instand gesetzt worden. Die erforderliche Ausrüstung kann für rund 25 SFr in den Sportläden oder der Touristeninformation in Flims ausgeliehen werden.

Naturlehrpfad WANDERN
Der 6 km lange Naturlehrpfad auf dem Cassonsgrat informiert über Geologie und Flora und Fauna der Region und ist eine gute Gelegenheit, um wilde Alpenblumen und Tiere zu sehen.

Swissraft RAFTING
(☎ 081 911 52 50; www.swissraft.ch) Mit diesem Veranstalter geht's durch die Rheinschlucht – der reißende, 17 km lange Abschnitt des Vorderrheins zwischen Ilanz und Reichenau ist ein Paradies für Wildwasserfahrer. Swissraft organisiert halb-/ganztägige Raftingtouren für 115/165 SFr, außerdem Kanufahrten (125 SFr) und Hydrospeeding (140 SFr).

Schlafen & Essen

In den drei Dörfern gibt es jede Menge Unterkünfte. In der Touristeninformation gibt's eine Liste mit preisgünstigen Ferienwohnungen und -häusern.

Riders Palace HOSTEL €
(☎ 081 927 97 00; www.riderspalace.ch; Via Murschetg 1, Laax Murschetg; B/DZ ab 45/190 SFr; P 📶) Schlaf? Kann man vergessen. Dieses designorientierte Boutique-Hostel mit auffälliger Beleuchtung und Betonwänden zieht partyfreudige Wintersportler an. Sie haben die Wahl zwischen einfachen Fünf-Betten-Schlafsälen, schicken Zimmern mit Philippe-Starck-Badewannen und Hightech-Suiten mit PlayStation und Dolby-Surround-Anlagen. Das Hostel liegt 200 m abseits der Skilifte von Laax. In der Nebensaison sind die Preise niedriger.

★ **Posta Veglia** HISTORISCHES HOTEL €€
(☎ 081 921 44 66; www.postaveglia.ch; Via Principala 54, Laax; DZ & Suite 180–230 SFr; P 📶) Das alte Postamt aus dem 19. Jh. bietet heute unaufdringlichen Service und ein rustikales Ambiente. Die acht Zimmer und Suiten im Landhausstil sind mit Holzmöbeln ausgestattet; die teureren Suiten bieten zusätzliche Romantik und luxuriöse Extras in Form von Balkendecken, Wasserbetten und Badewannen, von denen aus man in die Sterne blickt. Das Restaurant (Hauptgerichte ab 29 SFr) serviert Bündner Klassiker wie Gerstensuppe und Capuns (Spätzleteig und Wurststücke in Mangoldblätter gewickelt).

Arena Flims PENSION €€
(☎ 081 911 24 00; www.arenaflims.ch; Via Prau da Monis 2, Flims; Lodge/Pension pro Pers. ab 55/85 SFr; P 📶) Das Arena Flims an der Talstation in Flims lockt Snowboarder mit Designerzimmern, DJs und Livekonzerten. Die Gäste werden in einer Lodge, einer Pension und einem Penthouse untergebracht. Mit einem Restaurant und der lebhaften **Arena Bar** ist für jedes Bedürfnis gesorgt.

Fidazerhof HOTEL €€
(☎ 081 920 90 10; www.fidazerhof.ch; Via da Fidaz 34, Flims-Fidaz; EZ/DZ ab 145/190 SFr; P 📶) Das aus dunklem Holz erbaute Chalet ist mit weitem Bergblick, sonnigen Zimmern mit Holzböden und einem Spa, dessen Ayurveda-Anwendungen nach dem Skifahren Entspannung verheißen, ein wirklich erholsames Refugium. Slow Food heißt die Devise im Restaurant, das wunderbare regionale und vegetarische Gerichte zubereitet. Im Winter macht man es sich am Kamin gemütlich.

★ **Cavigilli** MEDITERRAN €€
(☎ 081 911 01 25; www.cavigilli.ch; Via Arviul 1, Flims Dorf; Hauptgerichte ab 37 SFr; ⏲ Mo–Fr 11.30–14 & 18.30–22.30, Sa & So 11.30–22.30 Uhr) In Flims' ältestem Haus, das von 1453 stammt, gibt es eine gotische Stube und einen eleganten Speisesaal mit Balkendecke. Der Akzent liegt auf marktfrischen Erzeugnissen und raffinierten Gerichten aus erstklassigen Zutaten, z. B. Muscheln mit Wassermelone, Kichererbsen, Mango und Kräutern oder Taube mit Mairübchen, schwarzen Johannisbeeren, Mandeln und Sternanis.

Ausgehen & Nachtleben

Riders Palace Club BAR
(www.riderspalace.ch; Laax Murschetg; ⏲ 6–4 Uhr) Die obercoole Bar in der Lobby des gleich-

namigen Hostels ist der Lieblingstreff der Freestyler. Hier steigen Konzerte und DJs lassen es bis in die frühen Morgenstunden so richtig krachen.

Crap Bar BAR
(☎081 927 99 45; Laax-Murschetg lifts; ⌚16–2 Uhr) Die angesagte Après-Ski-Adresse wurde aus 24 t Granit erbaut. Dies ist der Ort, um ein Schnäpschen zu kippen, Mails zu checken und in Skistiefeln abzurocken.

Praktische Informationen

Haupttouristeninformation (☎081 920 92 00; www.alpenarena.ch; Via Nova 62, Flims; ⌚Mitte Juni–Mitte Aug. Mo–Fr 8–18, Sa bis 12 Uhr, Mitte Dez.–Mitte April Mo–Sa bis 17 Uhr) In Flims.

Anreise & Unterwegs vor Ort

Jede Stunde fahren Postbusse aus dem 20 km östlich gelegenen Chur nach Flims (14,20 SFr, 35 Min.) und in die anderen Orte der Weissen Arena. Die drei Dörfer sind durch einen kostenlosen Shuttlebus miteinander verbunden.

Vals

990 EW. / 1252 M

Das zauberhafte Graubündener Dorf Vals (1252 m) liegt im Valsertal, 20 km südlich von Ilanz. Im Dorf selbst stehen zahlreiche schöne, verwitterte Holzhäuser mit Schindeldächern, auf den grünen Almwiesen der bergigen Umgebung verteilen sich etliche Chalets und Schäferhütten.

Die Schweizer selbst verbinden mit Vals das Mineralwasser Valser, das hierher stammt, und die Fabrik steht tatsächlich auch am Dorfeingang. Aber der Ort ist außerdem bekannt für sein heilsames Thermalwasser, besonders seit der in Basel geborene Architekt Peter Zumthor die Therme Vals in einen hochmodernen Tempel der Coolness umgebaut hat. Neu ist das jedoch nicht: Das erste Kurhotel von Vals wurde bereits 1893 eröffnet.

Das Valsertal ist ein Seitental, von wo der Glenner (rätoromanisch: Glogn) Richtung Norden fließt und bei Ilanz in den Vorderrhein mündet. Das Tal ist ein Endtal, hat also nur einen Zu- und Ausgang.

Aktivitäten

In den Bergen oberhalb von Vals gibt es im Winter einige ganz anständige Skipisten und im Sommer gute Wanderwege.

7132 Therme SPA
(☎058 7132 011; http://7132therme.com; Erw./Kind 80/52 SFr, mit Vals-Gästekarte 45/30 SFr; ⌚11–20 Uhr) Aus 60 000 Steinplatten aus Valser Quarzit hat Peter Zumthor eines der bezauberndsten Thermalbäder der Schweiz geschaffen. Neben den beheizten Becken drinnen und draußen verstecken sich in dem grauen Steinlabyrinth allerlei kleine, schön beleuchtete Ecken zum Baden, die ein höhlenartiges Flair verbreiten. Es gibt das Feuerbad mit Badewannentemperatur (42 °C) und das parfümiertes Blütenbad, geschwitzt wird im Dampfbad mit anschließender Abkühlung im zum Zähneklappern kalten Eisbad.

Zervreilasee WANDERN
Der See 8 km südlich von Vals entstand, als der 151 m hohe Damm 1957 fertiggestellt war und das Dorf Zervreila flutete. Er liegt im Schatten des eisigen Gipfels des Rheinwaldhorns (3402 m) und ist normalerweise nur von Juni bis Oktober über einige großartige Wanderwege zu erreichen. Tipps gibt's in der Touristeninformation.

Schlafen

Neben einigen Hotels und B&Bs sind auch Ferienwohnungen im Angebot – Näheres auf www.vals.ch.

★ **Brücke 49** B&B €€
(☎081 420 49 49; www.brucke49.ch; Poststrasse 49; DZ ab 200 SFr; P 📶) Eine klare, nordische Ästhetik und alpine Wärme kommen in diesem unglaublich schicken kleinen B&B zusammen, das Ruth und Thomas mit echter Leidenschaft betreiben. Die Zimmer sind mit Holzböden, gedämpften Farben und Designelementen individuell eingerichtet. Der offene Kamin, der Garten und das Lesezimmer laden zum Verweilen ein. Das Frühstück ist so hervorragend wie alles Übrige und bietet beste Qualität, frische Produkte von Höfen aus der Region und selbst gebackenes Brot.

7132 Hotel DESIGNHOTEL €€€
(☎058 7132 000; http://7132.com; Vals; DZ ab 533 SFr; P 📶) Die Zimmer in dem Koloss aus den 1960er-Jahren (jüngst in 7132 Hotel umbenannt, da 7132 die Postleitzahl von Vals ist) wurden unter dem designbewussten Blick der weltberühmten Architekten Peter Zumthor aus der Schweiz, Tadao Ando und Kengo Kuma aus Japan sowie Thom Mayne aus den USA umgestaltet. Auf der Website sind mehrere Pauschalen im Angebot. Das 7132 hat außerdem drei Restaurants und eine Bar.

Praktische Informationen

Touristeninformation (081 920 70 70; www.vals.ch; Mo–Sa 9–11.30 & 14–17 Uhr) Liegt rechts an der Hauptstraße am Dorfeingang.

An- & Weiterreise

Postbusse fahren mehr oder weniger stündlich von Ilanz (das mit dem Zug ab Chur zu erreichen ist; 16,60 SFr, 35 Min.) nach Vals (13,20 SFr, 40 Min.).

Vals liegt 20 km über eine kurvige Straße südlich von Ilanz.

Disentis/Mustér

2070 EW. / 1130 M

Das kleine Dorf im westlichen Graubünden – Disentis auf Deutsch und Mustér auf Rätoromanisch – heißt offiziell Disentis/Mustér. Es gehört ebenso wie die Täler und Berge der Umgebung zur Surselva, einem Bezirk des Kantons, in dem 20 000 Menschen leben, die Rätoromanisch sprechen.

Das gewaltige Benediktinerkloster Disentis erhebt sich wie eine Vision über Disentis/Mustér und ist vom Bahnhof aus bei der Durchfahrt mit dem Glacier Express (S. 293) leicht zu erkennen. Fahrgäste des Glacier Express können hier für etwa 15 Minuten aussteigen, während die Lokomotive ausgewechselt wird – Zahnradloks übernehmen die steile Strecke bergauf zum Oberalppass in 2044 m Höhe über etwa 21 km Richtung Westen. Zwar bleiben nur die wenigstens Leute, die entweder westwärts nach Andermatt oder ostwärts nach Chur reisen, über Nacht hier, aber der Ort wäre durchaus eine reizvolle Zwischenstation.

Sehenswertes

Kloster Disentis KLOSTER
(www.kloster-disentis.ch; Via Claustra 1; Museum Erw./Kind 10/5 SFr; Museum 8.30–17 Uhr) Zu dem riesigen Benediktinerkloster hoch über Disentis/Mustér gehört eine mit Stuck verzierte Barockkirche. Das Kloster besteht schon seit dem 8. Jh, der heutige Komplex wurde jedoch im 18. Jh. errichtet. Das **Klostermuseum** steckt voller Zeugnisse zur Klostergeschichte.

Schlafen

Hotel Alpsu HOTEL €
(081 947 51 17; www.hotelalpsu.ch; Via Alpsu 4; EZ/DZ/3BZ/4BZ ab 75/120/165/200 SFr; P) Das zentral gelegene Hotel Alpsu, das im Sommer mit Geranienkästen geschmückt ist, hat individuell eingerichtete Zimmer. Die Lage ist ideal, nämlich nur jeweils fünf Minuten zu Fuß zum Bahnhof und zum Kloster. Das Restaurant bereitet gute Capuns und Pizokel (eine Art Spätzle) zu.

Praktische Informationen

Touristeninformation (081 920 40 30; www.disentis-sedrun.ch; Bahnhof Disentis/Mustér; Mo–Fr 7.30–17.45, Sa & So ab 7.50 Uhr) Im Bahnhof.

An- & Weiterreise

Züge fahren über den Oberalppass nach Andermatt (21,20 SFr, 1 Std.) im Westen und nach Chur (30 SFr, 1¼ Std.) im Osten.

Disentis/Mustér liegt an der N19, 32 km östlich von Andermatt und 60 km westlich von Chur.

BÜNDNER HERRSCHAFT

Die Bündner Herrschaft nördlich von Chur ist als Weinbauregion bekannt, besonders das Gebiet östlich des Rheins namens **Fünf Dörfer** – Fläsch, Maienfeld, Jenins, Malans und Zizers. Es ist die beste Weinregion des Kantons, in der überwiegend Blauburgunder (Pinot noir) angebaut wird, der hervorragende Rotweine ergibt. Ein Spaziergang durch die Weingärten ist eine wahre Freude.

Das beschauliche Städtchen Bad Ragaz mit seinen zahlreichen Skulpturen und Thermalquellen ist das Zentrum des Gebiets aus 17 Gemeinden und 37 Dörfern, das nunmehr als „Heidiland" vermarktet wird. Heidi ist zwar eine fiktive Gestalt, aber die Region hat sie für sich vereinnahmt. Besucher treffen daher auf alle möglichen Attraktionen, die mit Heidi zu tun haben.

Bad Ragaz & Umgebung

4950 EW. / 502 M

Das hübsche Städtchen Bad Ragaz liegt am Rhein und besitzt ein Kurbad, das 1840 eröffnet wurde und schon badefreudige Gäste wie Douglas Fairbanks und Mary Pickford anzog. Das berühmte Wasser soll das Immunsystem in Schwung bringen und die Durchblutung verbessern. Es gibt zwar immer noch Kurgäste, aber heute kommen Besucher auch zum Skifahren, Wandern, Golfspielen, Durchstreifen der Weingärten und um die gepflegte Natur der Region und der

Stadt zu genießen, die keine Mühe scheute, die Straßen mit schönen und faszinierenden Skulpturen zu bestücken.

Im Nachbardorf Maienfeld am anderen Flussufer lässt sich prima der lokale Wein probieren – und bei entsprechender Neigung die ganz eigenen Heidi-Phantasien (S. 303) ausleben.

Aktivitäten

Fünf-Seen-Wanderung WANDERN

Eine der schönsten Tageswanderungen der Region beginnt an der Pizolhütte auf 2227 m. Der fünfstündige Weg führt vorbei an Kalksteingipfeln, Gletschern und fünf zauberhaft schimmernden Seen. Unterwegs hat man einen unvergesslichen Ausblick auf die schweizerischen und österreichischen Alpen.

Tamina Therme SPA

(☎ 081 303 27 40; www.taminatherme.ch; Hans-Albrecht-Strasse; Eintritt werktags Erw./Kind 36/22 SFr; ⌚ So–Do 8–22, Fr bis 23 Uhr) Die ultraschicke Therme von Bad Ragaz hat mehrere Thermalbecken mit 36,5 °C warmem Wasser, Massagedüsen, Whirlpools, Saunen und jede Menge Anwendungen und Massagen zu bieten.

Pizol SKIFAHREN

(☎ 081 300 48 20; www.pizol.com; Tageskarte Erw./Kind 54/27 SFr) Die bewaldeten Hänge des Pizol, der sich hoch über Bad Ragaz erhebt, bieten 40 Pistenkilometer für Anfänger und mittelgute Skifahrer. Im Sommer tummeln sich an den gleichen Hängen die Wanderer.

Skulpturenpromenade WANDERN

In der Touristeninformation gibt es einen Stadtplan für die Skulpturenpromenade von Bad Ragaz, deren Besichtigung etwa eine Stunde dauert. Kunst und Skulpturen sind auch jenseits der Skulpturenpromenade überall in dem beschaulichen Städtchen zu sehen.

Vinothek von Salis WEIN

(☎ 081 300 60 60; www.vonsalis-wein.ch; Kruseckgasse 3, Maienfeld; ⌚ Mo–Fr 14–18, Sa 9.30–16 Uhr) Weinproben und Informationen zu den lokalen Tropfen gibt es in der geselligen Vinothek von Salis.

Schlafen & Essen

★ **Schlaf Fass** PENSION €€

(http://schlaf-fass.ch; Weingut zur Bündte, Maienfeld; pro Pers. ab 90 SFr; P 📶) Wer sich ein paar Gläschen des heimischen Weins zu viel gegönnt hat, kann sich auf ganz originelle Weise in einem der beiden riesigen Weinfässer im Schlaf Fass inmitten der Weingärten nordöstlich von Maienfeld aufs Ohr hauen. Auf der Website ist erklärt, wie es funktioniert.

Hotel Krone HOTEL €€

(☎ 081 303 84 44; www.kroneragaz.ch; Kronenplatz 10; EZ 84–97 SFr, DZ 160 SFr; P 📶) Das schöne Hotel direkt im Zentrum von Bad Ragaz hat elegant renovierte, individuell eingerichtete Zimmer sowie ein eigenes exzellentes Restaurant. Jeder wird wohl das Haus selbst fotografieren, da es so niedlich ist und es schon seit dem späten 19. Jh. als Hotel im Geschäft ist.

Hotel Schloss Ragaz HOTEL €€

(☎ 081 303 77 77; www.hotelschlossragaz.ch; Schlossstrasse; EZ/DZ ab 160/280 SFr; P 📶 🏊) Das Hotel ist ein kleines, mit Türmchen bewehrtes Schloss mit geräumigen, ruhigen Zimmern inmitten von gepflegten Garten-

ABSTECHER

HEIDIDORF

In **Maienfeld**, 3 km östlich von Bad Ragaz, beginnt das Heidiland-Abenteuer. Johanna Spyri (1827–1901) hatte die Idee, die Geschichte um Heidi in der Gegend um Maienfeld anzusiedeln. Und die Einheimischen hatten die fragwürdigere Idee, ein Dorf mit dem Heidis zu identifizieren. Es heißt heute – na wie wohl! – Heididorf. Zu erreichen ist es über den 1½-stündigen **Heidi-Erlebnisweg** von Maienfeld durch idyllische Landschaft. Viel gibt es nicht zu entdecken, außer dem Heidihaus, wo sie natürlich nie wohnte, da sie niemals existierte.

Im Zentrum von Maienfeld gibt's zudem den **Heidi-Shop** (www.heididorf.ch; Bahnhofstrasse 1; ⌚ März–Nov. 10–17 Uhr), wo lauter Heidikram verkauft wird. Wer das erledigt hat, könnte wohl etwas Heidiwein gegen die Heidikopfschmerzen gebrauchen. Um das Ganze auf die Spitze zu treiben, betreibt die ganze Umgebung nun ihr Tourismusmarketing unter dem Banner „Heidiland" (www.heidiland.com).

anlagen. Das Restaurant ist sehr beliebt und wird auch von vielen Nichtgästen besucht. Im Spa schwindet mit naturnahen Anwendungen wie Heublumenwickeln aller Stress.

★ Schloss Brandis SCHWEIZERISCH €€
(☎ 081 302 24 23; www.schlossbrandis.ch; Maienfeld; Hauptgerichte ab 26 SFr; ⏲ 11–22 Uhr) Im hohen Turm aus dem 15. Jh. von Schloss Brandis, fünf Minuten zu Fuß nordwestlich des Maienfelder Bahnhofs, residiert eines der besten Restaurants des Kantons. Im Gastraum mit Balkendecke und Laternenlicht, im Garten oder im Kellergewölbe kann man sich Maienfelder Rieslingsuppe oder fleischhaltigere Spezialitäten schmecken lassen.

Weinstube Alter Torkel SCHWEIZERISCH €€
(☎ 081 302 36 75; www.torkel.ch; Jeninserstrasse 3, Malans; Hauptgerichte ab 30 SFr; ⏲ 9–23 Uhr) Auf der Terrasse der Weinstube Alter Torkel in Malans kann man sich mit Blick auf die Weingärten ein Glas hiesigen Pinot Noir oder ein Mittagessen gönnen. Das rustikale Lokal serviert wunderbare regionale Gerichte wie knusprigen Schweinebraten mit Rotweinsauce und Kartoffelgratin.

ℹ Praktische Informationen

Touristeninformation (☎ 081 300 40 20; www.heidiland.com; Am Platz 1; ⏲ Mo–Fr 8.30–12 &13–17, Sa 9–14 Uhr) Liegt im Ortszentrum, 900 m südlich des Bahnhofs über die Bahnhofstrasse.

ℹ An- & Weiterreise

Bad Ragaz liegt an der Bahnstrecke zwischen Chur und Zürich. Von Chur fahren stündlich Züge (9 SFr, 15 Min.) über Maienfeld. Zürich liegt 1¼ Stunden entfernt (34 SFr).

Mit dem Auto sind es 21 km von Bad Ragaz nach Chur und 99 km bis Zürich.

Klosters

4280 EW. / 1194 M

Egal ob man im Sommer hierher kommt, um durch die mit Blumen getupften Berge zu wandern, oder im Winter, wenn die Blockhäuser von Schnee bedeckt sind und Eiszapfen von ihnen herabhängen – Klosters ist ein Ort wie aus dem Bilderbuch. Und in der Tat haben seine hinreißende Schönheit und die Abwesenheit der Paparazzi schon zahllose Promis und Prinzen angelockt. Hier lernte schon der 14-jährige Prinz Charles das Skifahren und Harry und William sausten als kleine Kinder über die Pisten.

Es mag überraschen, dass Klosters, das oft mit dem 12 km entfernten Davos in Zusammenhang gebracht wird, auf 1194 m im Tal, Davos jedoch oben auf 1560 m liegt.

Aktivitäten

Winter

Skifahren in Klosters SKIFAHREN
(www.davos.ch; Regionalpass 2/6 Tage 139/332 SFr) Davos und Klosters arbeiten im Verbund und betreiben gemeinsam 320 km Pisten, für die der Regionalpass gültig ist. Westlich von Klosters liegt **Parsenn**, das sich bis nach Davos (S. 305) erstreckt. Das große Skigebiet reicht hinauf bis zum Weissfluhjoch (2844 m), von wo aus man bis zum 12 km entfernten und 2000 m tiefer gelegenen Küblis abfahren kann.

Madrisa an der Ostseite des Tals eignet sich mit den langen, sonnigen Pisten, meist oberhalb der Baumgrenze, gut für Familien.

Rodelbahn WINTERSPORT
(Madrisa; Tageskarte Erw. 37 SFr, Kind 15–26 SFr; ⏲ Dez.–April 8.15–16 Uhr) Zu den kinderfreundlichen Winteraktivitäten gehört diese holprige Abfahrt von Madrisa nach Saaseralp.

Pferdeschlitten WINTERSPORT
(☎ 081 422 18 73; www.pferdekutschen.ch; Doggilochstrasse 1) Wenn die Schneeflocken vom Himmel rieseln, gibt es nichts Schöneres als eine Fahrt mit dem Pferdeschlitten. Wird in der Touristeninformation gebucht.

Sommer

Im Sommer bietet das 700 km lange, gut instand gehaltene Wegenetz der Region allerlei Optionen für Wanderer, von leichten Familienspaziergängen bis hin zu mehrtägigen Wanderungen ins Hochgebirge. Angehende Kletterer können in Marisa über Seilbrücken balancieren und auf Kletterbäume kraxeln.

Auch Mountainbiken und Downhill sind in Klosters sehr beliebt. Ideen gibt's auf www.davos.ch.

Bardill RADFAHREN
(☎ 081 422 10 40; www.bardill-sport.ch; Landstrasse 185; ⏲ Mo–Fr 8.30–12 & 14–18.30, Sa 8.30–12.30 & 14–17 Uhr) Verleiht Mountainbikes/E-Bikes/Tandems für 30/49/75 SFr pro Tag. Im Winter werden auch Skier verliehen.

Gotschna Freeride MOUNTAINBIKEN
www.davos.ch/sommer/aktivitaeten/bike/mountainbike/gotschna-freeride; ⏲ Juni–Okt.) Die atemberaubend steile, 5,7 km lange Strecke von der Mittelstation Gotschna bis nach Klos-

ters ist mit über 200 Steilkurven, Sprüngen und Wellen ein Paradies für Freerider. Vor der Abfahrt kann man sich im Trainingszentrum auf Vordermann bringen.

R&M Adventure ABENTEUERSPORT
(☎079 384 29 36; www.ramadventure.ch; Landstrasse 171) Dieser renommierte Anbieter hilft beim Zusammenstellen des ganz persönlichen Abenteuers und hat Rafting und Canyoning im Programm. Infos zu Preisen und Optionen stehen auf der Website.

Strandbad Klosters SCHWIMMEN
(Doggilochstrasse 51; Erw./Kind 7/5 SFr; ⊙Mai–Sept. 9–19 Uhr) Beim Planschen in diesem beheizten Freibad lässt sich der Blick auf die Silvretta-Gebirgsgruppe genießen. Es gibt einen Kinderspielplatz, ein Volleyballfeld und eine Kletterwand über einem Tauchbecken.

Madrisa Land VERGNÜGUNGSPARK
(www.madrisa-land.ch; Madrisastrasse 7; Erw./Kind inkl. Seilbahn 24/10 SFr; ⊙Juli–Okt. 10–16.45 Uhr) Das Wunderland für Kinder auf der Madrisa hat einen Abenteuerspielplatz mit Märchenmotiven und Seilrutschen, einen Streichelzoo, Ponyreiten, Roller, Baumhäuser und allerlei Vergnügungen für die ganze Familie.

Schlafen & Essen

Klosters ist ganz auf Tourismus eingestellt. Ein Verzeichnis von Privatzimmern und Ferienwohnungen gibt es in der Touristeninformation. Im Sommer sinken die Preise um 30 bis 50 %.

R&M Adventure Hostel HOSTEL €
(☎081 422 12 29; www.ramadventure.ch; Landstrasse 171; B/EZ/DZ ab 45/75/110 SFr; P 📶) Mitten in Klosters bietet das R&M farbenfrohe Zimmer, einen Aufenthaltsraum, in dem man Tee und Snacks zubereiten kann, sowie einen Fernseh- und Spieleraum im Dachgeschoss. Es bietet auch alle möglichen Winter- und Sommeraktivitäten an, z. B. Rafting – Genaueres steht auf der Website.

Steinbock HOTEL €€
(☎081 422 45 45; www.steinbock-klosters.ch; Landstrasse 146; DZ ab 250 SFr; P 📶) Im Steinbock fühlt man sich wirklich hoch in den Bergen: Der Blick schweift in die Weite, die Zimmer sind mit honigfarbenem Kiefernholz verkleidet und drei Restaurants servieren herzhafte Schweizer Kost. Die etwas teureren Zimmer haben sogar einen eigenen Kamin. Alle Gäste können sich im Whirlpool, in der Sauna und im Dampfraum aufwärmen.

★ **Romantik Hotel Chesa Grischuna** HISTORISCHES HOTEL €€€
(☎081 422 22 22; www.chesagrischuna.ch; Bahnhofstrasse 12; EZ/DZ/Suite ab 126/198/234 SFr; P 📶) Das familiengeführte Haus, ein typisches Schweizer Chalet, hat urige Zimmer aus Kiefernholz mit altertümlichen Akzenten und prachtvollen geschnitzten Decken. Das von kleinen Leuchten erhellte Restaurant (Hauptgerichte ab 42 SFr) versprüht denselben alpinen Charme. Kellnerinnen im Dirndl servieren frische, saisonale Gerichte wie Forelle aus der Region oder Rinderbraten.

★ **KaffeeKlatsch Easy** CAFÉ €
(☎081 422 66 30; www.kaffeeklatsch-klosters.ch; Bahnhofstrasse 8; Mittagsgerichte ab 16,50 SFr; ⊙Mo–Sa 8–18 Uhr; 📶) KaffeeKlatsch hat zwei Betriebe in Klosters. Das Easy neben dem Co-op in der Bahnhofstrasse ist tagsüber für Frühstück, Mittagessen, kleinen Imbiss und himmlische Süßspeisen geöffnet. Alles ist hausgemacht. Die **KaffeeKlatsch Lounge** (☎081 417 68 40; Gotschnastrasse 21; Mittagsgerichte 11,90 SFr) auf der anderen Seite der Bahngleise neben dem Goschna Skilift ist freitags bis sonntags von 8.30 bis 18 Uhr geöffnet.

Praktische Informationen

Touristeninformation (☎081 410 20 20; www.davos.ch/klosters; Alte Bahnhofstrasse 6; ⊙Mo–Fr 8.30–12 & 14–18, Sa 9–17, So 9–13 Uhr) Befindet sich in der Dorfmitte.

Anreise & Unterwegs vor Ort

Klosters besteht aus zwei Teilen: Klosters Platz, der eigentliche Ferienort, liegt rund um den Bahnhof. Das kleinere Klosters Dorf und die Madrisa-Seilbahn liegen 2 km links vom Bahnhof.

Klosters liegt an der gleichen Bahnstrecke (Landquart–Filisur) wie Davos. Wer eine Gästekarte oder einen Skipass hat, kann die Busse zwischen Klosters und Davos kostenlos nutzen.

Davos

11 700 EW. / 1560 M

Anders als der kleine Nachbarort Klosters ist Davos eher cool als urig. Seinen Mangel an alpiner Schönheit macht der Urlaubsort mit verlockenden Pisten, zu denen Monsterstrecken mit einem Höhenunterschied von bis zu 2000 m gehören, und mit Après-Ski-Partys wieder wett. Die ersten Besucher trafen ab 1865 ein, als entdeckt wurde, dass sich Höhenluft positiv auf Tuberkulose auswirkte. Heute kommen die Leute wegen des Trubels in dieses Alpenstädtchen, im Winter wie im Sommer.

Davos ist zudem Treffpunkt der führenden Wirtschaftsexperten, die hier einmal im Jahr zum Weltwirtschaftsforum zusammenkommen. Abgesehen davon hat Davos Sir Arthur Conan Doyle, den Schöpfer von Sherlock Holmes, zum Skifahren und Thomas Mann zum Verfassen des Romans Der Zauberberg inspiriert. Davos ist in zwei benachbarte Abschnitte aufgeteilt, die jeweils einen eigenen Bahnhof haben: Davos Platz und das ältere Davos Dorf.

Sehenswertes

★ Kirchner Museum MUSEUM
(☎081 410 63 00; www.kirchnermuseum.ch; Promenade 82; Erw./Kind 12/5 SFr; ⊙ Di–So 11–18 Uhr) In dem riesigen Kubus ist die weltweit größte Sammlung von Werken des deutschen Expressionisten Ernst Ludwig Kirchner (1880–1938) zu sehen, der die hiesige Landschaft auf außergewöhnliche Weise auf die Leinwand brachte. Als die Nazis ihn als „entarteten Künstler“ einstuften und seine Werke aus den deutschen Galerien entfernten, nahm er sich 1938 das Leben.

Wintersportmuseum MUSEUM
(☎081 413 24 84; www.wintersportmuseum.ch; Promenade 43; Erw./Kind 5/3 SFr; ⊙ Dez.–März & Juli–Okt. Di & Do 16.30–18.30 Uhr) Das Museum versetzt Besucher in eine Zeit zurück, in der Skier noch einfache Holzbretter waren und Schneeschuhe umfunktionierte Tennisschläger.

Aktivitäten

Winter

Skifahren in Davos SKIFAHREN
(www.davos.ch; Regionalpass 2/6 Tage 139/332 SFr) Davos und Klosters (S. 304) betreiben gemeinsam 320 km Skipisten, die der Regionalpass abdeckt, sowie einige herrliche Tiefschneepisten. Sie arbeiten im Verbund, aber wer sich in Davos einquartiert, hat es nicht weit zu den wirklich tollen Liften auf das **Jakobshorn** an der Südseite des Tals. Ebenfalls an der Südseite liegt das familienfreundliche **Rinerhorn**.

Parsenn an der Nordseite besteht aus vielen verschiedenen Terrains und ist sowohl von Klosters als auch von Davos zu erreichen. Im Skigebiet **Schatzalp/Strela** geht es hauptsächlich um „entschleunigtes“ Skifahren auf sanften Hängen. Großartig ist es allemal!

Davos ist ein Langlauf-Mekka mit gut gepflegten Loipen von insgesamt 75 km Länge, darunter Strecken für klassischen Langlauf, für Nordic Blading und eine mit Flutlicht beleuchtete Strecke für nächtliche Touren. Außerdem wurden mehrere Rodelbahnen angelegt, z. B. die abends beleuchtete, 2,5 km lange Bahn von der Schatzalp nach Davos Platz. Schlitten kann man an der Talstation der Schatzalpbahn ausleihen.

Schweizer Schneesportschule SKIFAHREN
(☎081 416 24 54; www.ssd.ch; Promenade 157) Eine der besten Ski- und Snowboardschulen der Schweiz.

Sommer

Davos und Klosters bieten zusammen ein Netz aus 700 km markierter Wanderwege und 1300 km an Mountainbike-Strecken, zu denen einige recht anspruchsvolle Abfahrten und Singletrails gehören; Routen, Karten und Infos über Mountainbikeverleih gibt's auf www.bike-davos.ch.

Zu den angesagten Wassersportarten gehören Surfen und Segeln auf dem **Davosersee**.

Flüelapass PANORAMASTRASSE
Die Straße über den großartigen Flüelapass (2383 m), 14 km südöstlich von Davos, verbindet Davos (1560 m) mit Susch (1438 m) im Unterengadin. Am Pass selbst befinden sich ein schöner Bergsee, ein Hospiz und ein kleines Restaurant. Die Passstrasse ist generell ab Juni geöffnet und bietet herrliche Aussichten auf die Berge.

Davos Bike Park MOUNTAINBIKEN
(☎081 416 18 68; www.davos.ch/bikepark; Flüelastrasse; ⊙ Juli–Okt. Sonnenaufgang–Sonnenuntergang) Hier kann man an den Tables, Kurven und Sprüngen sein Können unter Beweis stellen. Dirtbikes können für 20 SFr pro Stunde ausgeliehen werden.

Luftchraft – Flugschule Davos PARAGLIDING
(☎079 623 19 70; www.luftchraft.ch; Mattastrasse 9) Waghalsige, die sich vom Jakobshorn oder dem Gotschnagrat stürzen wollen, können bei diesem renommierten Anbieter einen Tandemflug für 175 SFr buchen. Termin telefonisch vereinbaren.

Eau-là-là SCHWIMMEN
(www.eau-la-la.ch; Promenade 90; Pool Erw./Kind 10/7 SFr, Spa 28 SFr; ⊙ Mo–Sa 10–22, So 10–18 Uhr) Wer seine Freizeit lieber im Liegen als im Fallen verbringt, ist in diesem Spa richtig. Hier gibt's beheizte Freiluftpools, ein

Davos

Davos

Highlights
1 Kirchner Museum B2

Sehenswertes
2 Wintersportmuseum A2

Aktivitäten, Kurse & Touren
3 Eau-là-là C2
4 Luftchraft – Flugschule Davos A3

Schlafen
5 Davos Youthpalace D1
6 Waldhotel Davos C1

Essen
7 Hänggi's B3
8 KaffeeKlatsch B2

Ausgehen & Nachtleben
9 Mountain's Akt B2

Planschbecken für die Kleinen und einen Wellnessbereich mit Blick auf die Berge.

Feste & Events

Schwingen TRADITIONSFEST
(www.davos.ch; Aug.) Schweizer Wahnsinn pur: Beim Sertig Schwinget messen sich die Champions beim Schwingen (Schweizer Ringkampf) in der Sägemehlarena.

Davos Festival MUSIK
(www.davosfestival.ch; Aug.) Zwei Wochen lang ertönt auf dem Davos Festival klassische Musik.

FIS-Skilanglauf-Weltcup SPORT
(www.davosnordic.ch; Dez.) Davos ist jeden Dezember Austragungsort eines Durchlaufs für den FIS-Skilanglauf-Weltcup.

Schlafen

Im Winter ist in Davos Hochsaison, im Sommer können Zimmerpreise um bis zu 30 % fallen.

Davos Youthpalace HOSTEL €
(081 410 19 20; www.youthhostel.ch; Horlaubenstrasse 27; B/EZ/DZ ab 39/110/114 SFr; P) Das frühere Sanatorium wurde zu einem klasse Backpacker-Palast umgebaut. Sparsame Skifahrer schätzen die hellen, modernen Schlafsäle mit Etagenbetten aus Kiefernholz (mit Balkon etwas teurer), den entspannten Aufenthaltsraum und den Abstellraum für die Skier.

★ **Berghotel Schatzalp** BERGHOTEL €€
(081 415 51 51; www.schatzalp.ch; Schatzalp; EZ/DZ ab 125/230 SFr;) Es ist irgendwie cool,

in einem historischen Berghotel 300 m oberhalb von Davos zu nächtigen, das mit einer eigenen Standseilbahn erreicht wird, die von 8 bis 24 Uhr verkehrt. Das Hotel besteht aus einer Villa (erbaut 1907) und einem Chalet, hinzu kommen zwei Restaurants, eine Terrasse und eine Pianobar. Direkt vor der Haustür sind gute Pisten für Familien und Anfänger.

Bellevue Hotel-Restaurant HOTEL €€
(081 404 11 50; http://bellevuewiesen.com; Hauptstrasse 9, Davos Wiesen; DZ/Suite ab 139/349 SFr; P) Das Bellevue im ruhigen Dorf Wiesen bietet ein elegantes Ambiente und ein freundliches Willkommen. Die Zimmer sind mit auffälligen Tapeten, gedämpften Farben und Holzböden schick in modernem Alpenstil eingerichtet. Die sehr gemütliche Lounge, das ausgezeichnete Restaurant und die Terrasse mit Blick in die Berge runden das Ganze perfekt ab.

Schraemli's Lengmatta B&B €€
(081 413 55 79; www.lengmatta-davos.ch; Lengmattastrasse 19, Davos Frauenkirch; pro Pers. ab 80 SFr; P) Einen großartigen Ausblick in die Berge bietet dieses Chalet aus nachgedunkeltem Holz, das alle Erwartungen erfüllt. Die mit Kiefernholz verkleideten Zimmer mit karierten Stoffen und Daunendecken sind urgemütlich. Es gibt einen Kinderspielplatz, eine Terrasse mit Gipfelblick und ein gutes Restaurant mit Bündner Spezialitäten (ab 17 SFr). Halbpension kostet 35 SFr pro Person.

★ **Waldhotel Davos** HISTORISCHES HOTEL €€€
(081 415 15 15; www.waldhotel-davos.ch; Buolstrasse 3; EZ/DZ ab 205/390 SFr; P) Das ehemalige Sanatorium von 1911, das als Vorlage für Thomas Manns Roman *Der Zauberberg* von 1924 diente, ist heute ein Hotel und wurde stilvoll aufgemöbelt. Selbst die Standardzimmer haben sonnige Balkone. Wer sich an den Bergen sattgesehen hat, kann im Wellnessbereich in den Salzwasserbecken und Saunen relaxen. Im Restaurant gibt's passend zur Bündner Küche edle Tropfen aus dem preisgekrönten Weinkeller. Das Hotel ist nur im Winter geöffnet.

Essen

KaffeeKlatsch CAFÉ €
(081 413 30 16; Promenade 72; kleine Mahlzeiten ab 19 SFr; Mo–Sa 7.30–21, So 8–21 Uhr) Sanfte Musik sorgt in diesem künstlerisch angehauchten Café für eine entspannte Atmosphäre. Empfehlenswert sind das köstliche hausgemachte Schweizer Müsli zum Frühstück, die gefüllte Focaccia, der Bio-Salat und Kuchen mit Kaffeespezialitäten, z. B. mit Vanilleschoten oder der „Heidi-Latte" mit gerösteten Bio-Haferflocken. In der Nebensaison verkürzte Öffnungszeiten.

Strela-Alp SCHWEIZERISCH €
(081 413 56 83; www.schatzalp.ch; Schatzalp; Hauptgerichte ab 17 SFr; Juli–Mitte Okt. 9–18 Uhr, Mitte Okt.–Juni bis 17 Uhr) Ein weiter Blick in die Berge, eine sonnige Terrasse und Schweizer Gerichte wie Rösti und Fondue erwarten die Gäste in diesem rustikalen Restaurant zehn Minuten zu Fuß von der Bergstation der Schatzalpbahn. Ein hervorragendes Ziel für ein Mittagessen.

Hänggi's ITALIENISCH €€
(081 416 20 20; www.haenggis.ch; Mattastrasse 11; Pizza/Hauptgerichte ab 16/23 SFr; 11.30–14 & 18–21 Uhr) Das gemütliche Restaurant mit Balkendecke ist für knusprige, leckere Holzofenpizza bekannt. Ebenso zu empfehlen sind die gut zubereiteten italienischen Gerichte wie Tagliatelle mit frischen Pfifferlingen, der marktfrische Fisch und das herbe, hausgemachte Sorbet.

Montana Stube SCHWEIZERISCH €€
(081 420 71 77; www.montanastube.ch; Bahnhofstrasse 2, Davos Dorf; Hauptgerichte ab 24 SFr; Mi–Sa 17–23 Uhr) Das warme, mit Holz verkleidete Restaurant ist ein geselliger Ort für ein Abendessen in Davos Dorf. Fleisch und Käse stehen im Mittelpunkt der ganz auf Schweizer Gerichte ausgerichteten Küche. Sehr zu empfehlen ist das Fondue chinoise.

Ausgehen & Nachtleben

Jatzhütte BAR
(081 413 73 61; www.jatzhuette.ch; Jakobshorn; ab 14.30 Uhr) Der abgefahrenste Après-Ski-Treff von Davos liegt in 2560 m Höhe auf dem Jakobshorn. Wer sich traut, sich teilweise zu entblößen, kann in den von vereisten Gipfeln umrahmten 39 °C warmen Whirlpool springen.

Mountain's Akt BAR
(079 829 79 16; www.facebook.com/mountainsakt; Promenade 64; Di–Do & So 15–1, Fr & Sa bis 4 Uhr) Am Wochenende legen DJs in dieser schrillen Bar House und Electro auf. Es gibt eine tolle Bierauswahl, von Kilkenny bis Leffe. Der sommerliche Biergarten wird im Winter zur Schneebar.

ERMÄSSIGUNGEN IM SOMMER: DIE GÄSTEKARTE DAVOS-KLOSTERS

Wer im Sommer in Davos oder Klosters übernachtet, bekommt die Gästekarte überreicht, mit der man Busse und Seilbahnen und in begrenztem Umfang auch die **Rhätische Bahn** (S. 293) kostenlos nutzen kann. Freien Eintritt gibt's auch im Botanischen Garten auf der Schatzalp und auf der Kunsteisbahn in Davos. Hinzu kommen noch Rabatte für allerlei Aktivitäten von geführten Wanderungen bis hin zu Einführungskursen im Klettern. Detaillierte Infos finden sich unter www.davos.ch.

Praktische Informationen

Touristeninformation (081 415 21 21; www.davos.ch; Tourismus- und Sportzentrum, Talstrasse 41; Mo–Fr 8.30–18, Sa 13–17, So 9–13 Uhr) Die am zentralsten gelegene Filiale befindet sich in Davos Platz und ist gut mit Karten und Broschüren bestückt.

An- & Weiterreise

Wer mit dem Zug nach Chur (15,50 SFr, 1½ Std.) oder Zürich (28 SFr, 2½ Std.) fahren will, muss in Landquart umsteigen. Nach St. Moritz (30 SFr, 1½ Std.) nimmt man den Zug in Davos Platz und steigt in Filisur um. Um die stündliche Verbindung nach Scuol (32 SFr, 1¼ Std.) im Unterengadin zu erwischen, steigt man in Davos Dorf in den Zug und in Klosters um.

DAS ENGADIN

Der fast 520 km lange Inn (rätoromanisch: En) entspringt in den schneebedeckten Alpen Graubündens im Gebiet des Malojapasses und ist Namensgebers des Engadin.

Hier werden Schweiz-Träume wahr. Zu St. Moritz, dem wohl nobelsten Skiort des Landes, gesellen sich etliche weitere Tummelplätze der Pistenhasen im Oberengadin und im benachbarten Pontresina. Das Unterengadin weiter östlich besitzt reichlich ländlichen Charme, dichte Wälder und den spektakulären Schweizerischen Nationalpark. Das gesamte Tal bietet majestätische Aussichten auf schneebedeckte Felsgipfel, Täler und silbern schimmernde Bergbäche.

Wenn das nicht reicht, locken außerdem Ausflüge in hinreißende Täler wie das Val Bregaglia, Val Poschiavo und Val Müstair, die sich über Bergpässe erstrecken und sich wie Finger Richtung Italien ausdehnen.

Die eigentümlichen kulturellen Wurzeln des Engadin zeigen sich in Festen wie dem **Schlittéda** (Jan.), wenn junge Männer in prächtig aufgeputzten Pferdeschlitten junge Frauen (zu deren Entzücken oder Entsetzen) durch den Schnee in benachbarte Dörfer entführen, und dem **Chalandamarz** (1. März), wenn der Winter mit Gesang, Peitschenknallen und Kuhglockenläuten feierlich vertrieben wird.

Scuol

4690 EW. / 1250 M

Scuol inmitten von zerfurchten Gipfeln und dichten Wäldern ist der letzte größere Ort im Unterengadin vor der österreichischen Grenze (25 km entfernt). Er ist ideal für einsame Bergwanderungen im Sommer, Skifahren abseits der Massen im Winter und das ganze Jahr über für Entspannung in den Thermen. Es ist ein Vergnügen, durch den alten Ortsteil, das Unterdorf, zu schlendern, ein reizvolles Wirrwarr aus bemalten Chalets, kopfsteingepflasterten Plätzen und Brunnen, die aus 20 Quellen der Umgebung gespeist werden.

Sehenswertes & Aktivitäten

★Guarda DORF

Guarda, 11 km westlich von Scuol, ist mit seinen verwinkelten Kopfsteinpflasterstraßen, niedlichen Häuschen und zahlreichen Brunnen ebenso reizvoll und wird daher gern von Schweizern besucht. Es hat 160 Einwohner und liegt auf einem Bergabsatz 30 Minuten zu Fuß bergauf ab der Talstation. Das **Hotel Piz Buin** (081 860 30 40; https://pizbuin.ch; Chantun Sura 21; EZ/DZ ab 100/150 SFr; P) ist empfehlenswert für eine Übernachtung. Ein Pfad führt 8 km nordwärts von Guarda zu den Ausläufern des Piz Buin (Namensgeber der Sonnencreme), der die gletscherbedeckte Silvretta-Gebirgskette an der schweizerisch-österreichischen Grenze dominiert.

Schloss Tarasp SCHLOSS

(081 864 93 68; www.schloss-tarasp.ch) Das 1000 Jahre alte, turmbewehrte Schloss hoch über dem Tal auf einer Felskuppe ist wahrlich märchenhaft. 2016 kaufte es der Schweizer Künstler Not Vital, der es zu einer kulturellen Attraktion von nationaler und internationaler Bedeutung machen will. Das Schloss

kann nur im Rahmen einer Führung besichtigt werden. Aktuelle Infos stehen auf der Website.

Motta Naluns SKIFAHREN
(www.bergfex.com/scuol; Erw./Kind Tagespass 56/28 SFr) Im Skigebiet Motta Naluns gibt's 80 km an Pisten und für Snowboarder einen Snow-Park. Im Sommer tummeln sich auf denselben Hängen Wanderer und Downhill-Biker. An der Seilbahnstation kann man Scooter (18 SFr), Mountainbikes (35 SFr), Downhill-Mountainbikes (48 SFr) und E-Bikes (43 SFr) mieten, um durch die Wiesen und Wälder zu flitzen.

Engadin Bad Scuol SPA
(www.engadinbadscuol.ch; Via dals Bogns 323; Erw./Kind 26,50/16 SFr; ⌚Mo–So 8–21.45 Uhr) Die Saunen, Massagedüsen, Wasserfälle und Whirlpools dieses Thermalbads lassen Badegäste tief entspannen. Besonders stimmungsvoll ist das schneckenhausförmige Außenbecken abends. Das volle Verwöhnprogramm gibt's mit verschiedenen Badegängen und Massagen im textilfreien römisch-irischen Bad (66 SFr, 2¼ Std.).

Engadin Adventure ABENTEUERSPORT
(☎081 861 14 19; www.engadin-adventure.ch; Via da Ftan 495) Maßgeschneiderte Naturabenteuer wie halbtägige Raftingausflüge (ab 95 SFr) oder Singletrail-Biken ab Motta Naluns mit garantiert hohem Adrenalinpegel (69 SFr).

Schlafen & Essen

In Scuol gibt es mehrere reizvolle Hotels, besonders im alten Ortsteil unterhalb der Hauptstraße des Dorfs. Einige günstige Unterkunftsmöglichkeiten sind ebenfalls vorhanden.

Chasa Valär B&B €
(☎081 864 19 59; www.ferienhaus364.ch; Vi 364; Zi. pro Pers. ab 55 SFr; P 📶) Das Haus oberhalb der Hauptstraße von Scuol ist eine exzellente Budgetunterkunft. Die günstigeren Zimmer haben Gemeinschaftsbäder, die geringfügig teureren haben jeweils ein eigenes Bad. Das 400 Jahre alte Gebäude besitzt viel Charakter und hat direkt vor der Haustür eine Kopfsteinpflasterstraße und einen Trinkwasserbrunnen. Parkplätze gibt's ca. 300 m weiter.

★**Hotel Engiadina** HISTORISCHES HOTEL €€
(☎081 864 14 21; www.engiadina-scuol.ch; Rablüzza 152; DZ 184–264 SFr; P 📶) Jedes der lichtdurchfluteten Zimmer des Engiadina ist anders: Einige sind weiß gestrichen, andere haben Gewölbedecken, wieder andere sind mit Holzdecken ausgestattet. Das Highlight ist das preisgekrönte Restaurant (Hauptgerichte ab 27 SFr), in dem Spezialitäten wie Wild aus der Region oder hausgemachte Pfefferminz-Pizokel mit Engadiner Bergkäse auf den Tisch kommen. Schöne Lage inmitten der Altstadt.

Praktische Informationen

Touristeninformation (☎081 861 88 00; www.scuol.ch; ⌚Mo–Fr 8–18.30, Sa 9–12 & 13–17.30, So 9–12 Uhr) Liegt an der Hauptstraße durch Scuol.

An- & Weiterreise

Hier befindet sich der östlichste Bahnhof der Schweiz. Der Zug aus St. Moritz (29 SFr, 1¼ Std.), mit Umsteigen in Samedan, endet am Bahnhof Scuol-Tarasp. Von Klosters (24 SFr, 45 Min.) fahren Direktzüge. Postbusse fahren vom Bahnhof ganzjährig nach Samnaun (11 SFr, 1¼ Std.).

Scuol liegt 60 km nordöstlich von St. Moritz und 47 km östlich von Davos. Bis zur österreichischen Grenze sind es weitere 25 km Richtung Osten.

Samnaun

793 EW. / 1844 M

Der zollfreie Skiort Samnaun liegt quasi direkt an der österreichischen Grenze in der abgelegenen Nordostecke der Schweiz. Durch eine skurille Laune der Geschichte und Gesetzgebung wurde Samnaun im 19. Jh. aus dem Schweizer Zollgebiet ausgeschlossen. Der Grund: Das abgelegene Tal gehörte zwar zur Schweiz, aber es war nur von Österreich aus zugänglich. Selbst als 1905 vom Schweizer Territorium aus eine Straße gebaut wurde, behielt Samnaun die Zollfreiheit bei, wenn auch nicht ganz unumstritten. Somit ist Samnaun heute die einzige zollfreie Zone der Schweiz und behauptet von sich, Europas höchst gelegenes Einkaufszentrum zu sein: Über 50 Geschäfte mit dem „Duty-Free"-Zeichen verkaufen Kosmetik, Parfum, Alkohol, Zigaretten und Designerwaren.

Praktische Informationen

Touristeninformation (☎081 861 88 30; www.samnaun.ch; Dorfstrasse 4; ⌚Mo–Fr 8.30–16, Sa 8.30–12 & 13–17.30, So 13–17.30 Uhr) Die Touristeninformation befindet sich am Eingang von Samnaun-Dorf.

SCHÖN BRAV SEIN!

Den Großteil des Jahres über ist Samnaun lediglich ein kleines, verschlafenes Nest. Am letzten Novemberwochenende stiehlt es Lappland jedoch die Show. Dann findet nämlich das **ClauWau** (www.clauwau.ch; ⏲ Nov.), die Weltmeisterschaft der Weihnachtsmänner statt, bei der um die 100 Möchtegern-Weihnachtsmänner zusammenkommen und um den Titel „Weltbester Weihnachtsmann" wetteifern. Sie müssen ihre Weihnachtstauglichkeit in Disziplinen wie Schornsteinklettern, Lebkuchenverzieren und Schneeskulpturenbau unter Beweis stellen. Das Event sorgt für jede Menge vorweihnachtlichen Spaß und Ho-ho-ho im Überfluss.

An- & Weiterreise

Vom Bahnhof Scuol-Tarasp (11 SFr, 1¼ Std.) fährt stündlich ein Postbus nach Samnaun Dorf.

Samnaun liegt in einem eigenen Nebental, das sich (überraschendererweise) vom Inntal nach Westen windet. Mit dem Auto sind es 36 km (45 Min.) von Scuol. Autofahrer sollten in der zollfreien Zone auftanken, da Benzin dort unglaublich billig ist.

Müstair

764 EW. / 1273 M EW.

Müstair liegt in einer abgelegenen Ecke am östlichsten Punkt der Schweiz, knapp einen Kilometer vor der italienischen Grenze. Der Ort ist eins der frühchristlichen Juwele Europas und von der Unesco als Welterbe gelistet. Karl der Große soll hier im 8. Jh. ein Kloster und eine Kirche gestiftet haben – der Ort lag strategisch günstig südlich des Ofenpasses (rätoromanisch: Pass dal Fuorn; 2149 m), der Mitteleuropa mit Italien und damit mit dem Zentrum der westlichen Christenheit verband.

Durch das Val Müstair fließt der Rambach (rätoromanisch: Rom) bis nach Italien. Zu erreichen ist das Tal ab Zernez Richtung Südosten, durch den Schweizerischen Nationalpark und über den Ofenpass. 2005 wurde in der Nähe des Passes ein Braunbär gesehen und fotografiert, die erste Sichtung eines wilden Bären in der Schweiz seit 1923.

Leuchtende karolingische (9. Jh.) und romanische (12. Jh.) Fresken schmücken den Innenraum der Kirche des **Benediktinerinnenklosters St. Johann**. (www.muestair.ch). Unterhalb der karolingischen Darstellung Christi als Weltenherrscher zeigen die romanischen Bilder in den Apsiden die schrecklichen Martyrien des gekreuzigten hl. Petrus, des geköpften hl. Paulus und des gesteinigten hl. Stephanus. Der Eintritt in die Kirche ist kostenlos; Führungen können vereinbart werden.

Die **Touristeninformation** (☎081 861 88 40; www.val-muestair.ch; ⏲Mo–Sa 9–18, So 13.30–18 Uhr) für Dorf und Tal ist im Museum untergebracht.

Postbusse verkehren zwischen Zernez und Müstair (22 SFr, 1 Std.) durch das Tal.

Mit dem Auto sind es 38 km von Zernez durch den Schweizerischen Nationalpark und über den Ofenpass nach Müstair. Nach Meran in Italien sind es weitere 65 km.

Zernez

1570 EW. / 1474 M

Die Steinhäuser von Zernez vor den Toren des Schweizerischen Nationalparks werden von einer barocken Kirche und dem gedrungenen mittelalterlichen Turm von Schloss Wildenberg überragt. Das gemächliche Dorf bildet den Hauptzugang zum ältesten Nationalpark der Alpen und ist der perfekte Standort, um die Berge, Seen und Flusstäler zu erkunden. Hier befindet sich auch das informative Nationalparkzentrum (S. 316) und von der Hauptstraße durch den Park gleich östlich des Orts Richtung Pass dal Fuorn (Ofenpass) geht es zu 21 Wanderwegen.

Schlafen & Essen

Hotel Bär & Post HOTEL €

(☎081 851 55 00; www.baer-post.ch; B/EZ/DZ from 25/90/150 SFr; P 📶) Die zentral gelegene Unterkunft heißt schon seit 1905 Gäste willkommen. Sie hat einladende Zimmer mit viel Stein, Kiefernholz und Daunendecken sowie schlichte Schlafsäle. Es gibt auch eine Sauna und ein rustikales Restaurant, das gute Steaks und Pasta auftischt.

★ **Hotel Parc Naziunal Il Fuorn** HOTEL €€

(☎081 856 12 26; www.ilfuorn.ch; EZ/DZ 120/196 SFr, ohne Bad 95/150 SFr, HP zusätzlich 35 SFr; ⏲Nov., 2. Hälfte Jan. & Ostern–Ende April geschl.; P 📶) Mitten im Nationalpark bietet diese Pension helle, komfortable Zimmer mit Kiefernholzmöbeln. Im exzellenten Restaurant spielen Forelle und Wild die erste Geige. Das Haus hat reichlich Geschichte zu bieten, da es bereits 1509 als „Gasthaus" erwähnt wurde.

Praktische Informationen

Touristeninformation (☎ 081 856 13 00; www.zernez.ch; Via d'Urtatsch 2; ⌚ 8.30–18 Uhr) Befindet sich im Nationalparkzentrum.

An- & Weiterreise

Von Zernez fahren regelmäßig Züge nach St. Moritz (19,60 SFr, 45–55 Min.) und nach Scuol-Tarasp (14,20 SFr, 30 Min.).

Der Postbus 811 fährt alle ein bis zwei Stunden vom Bahnhof in Zernez zum Hotel Il Fuorn im Zentrum des Nationalparks (9,80 SFr, 25 Min.).

Celerina

1534 EW. / 1714 M

Bei Celerina (rätoromanisch: Schlarigna) denken viele gleich an die Rodelbahn Cresta Run und die olympische Bobrennbahn, zwei furchterregend eisige Bahnen, die seit Jahrzehnten Raser und Draufgänger anlocken. Beide Bahnen sind nicht mehr nur furchtlosen Goldmedaillengewinnern vorbehalten. Aber wenn die 75 Sekunden, in denen die Fliehkraft an den Backen zerrt, nicht der eigenen Vorstellung von Freizeitvergnügen entsprechen, hat der herrlich sonnige Ort dank der Hoteliers, die Gäste anlocken wollen, auch anderes zu bieten.

Das familienfreundliche Skigebiet Corviglia/Piz Nair gehört zum Skiresortverbund St. Moritz. Das glamouröse, von Promis bevorzugte Dorf ist nur drei Minuten Bahnfahrt entfernt.

Aktivitäten

Bob Run WINTERSPORT

(☎ 081 830 02 00; www.olympia-bobrun.ch) Celerina wird oft in einem Atemzug genannt mit seiner 1722 m langen olympischen Bobrennbahn, der ältesten der Welt (1904) und aus Natureis gemacht. Mitfahrer zahlen für die haarsträubende, 75 Sekunden dauernde Fahrt mit einer Höchstgeschwindigkeit von 135 km/h stolze 250 SFr, aber der Nervenkitzel ist jeden Rappen wert. Keine Sorge, wer in den Bob steigt, sitzt sicher zwischen einem Piloten und einem Bremser.

Cresta Run WINTERSPORT

(www.cresta-run.com) Die atemberaubende, 1 km lange Rodelbahn Cresta Run wurde 1885 von britischen Besuchern angelegt. Fünf Fahrten kosten einschließlich Einführung 600 SFr, jede Fahrt danach 51 SFr. Anders als bei der Bobrennbahn düsen die Fahrer solo auf dem Bauch liegend und mit dem Kopf voran hinab. Zum Bremsen und Steuern werden Harken an der Spitze von speziellen Stiefeln genutzt.

Praktische Informationen

Touristeninformation (☎ 081 830 00 11; www.celerina.ch; Plazza da la Staziun 8; ⌚ Mo–Fr 8.30–18, Sa 9–12 & 14–18 Uhr, Hauptsaison auch So 16–18 Uhr) Die Touristeninformation befindet sich im Bahnhof.

An- & Weiterreise

Celerina ist von St. Moritz aus leicht mit dem Zug zu erreichen (3 SFr, 3 Min.).

St. Moritz

5067 EW. / 1856 M

St. Moritz, das originale Winterwunderland der Schweiz und die Wiege des alpinen Tourismus, lockt seit 1864 gekrönte Häupter, Berühmtheiten und reiche Emporkömmlinge an. Mit seinem schimmernden tiefblauen See, den grünen Wäldern und unnahbaren Bergen besitzt der Ort wahrlich eine märchenhafte Kulisse.

Doch trotz der Anhäufung von Designerboutiquen mit großem Namen an der Via Serlas und Promis, die die Pisten hinuntersausen, ist hier nicht alles nur Show. Die wahre Pracht ist draußen in den Bergen zu finden, auf den herrlichen Carving-Pisten von Corviglia, den gefährlichen schwarzen Pisten von Diavolezza und auf den kilometerlangen Wanderwegen, wenn der Schnee geschmolzen ist. St. Moritz war zweimal Austragungsort der Winterolympiade. Daher dürften die meisten Leute überrascht sein zu erfahren, dass die Stadt zunächst wegen ihrer Thermalquellen berühmt wurde, die vor 3000 Jahren entdeckt wurden und die Stadt zum sommerlichen Kurort machten.

Sehenswertes

Segantini Museum MUSEUM

(www.segantini-museum.ch; Via Somplaz 30; Erw./Kind 10/3 SFr; ⌚ Di–So 10–12 & 14–18 Uhr, 20. Okt.–10. Dez. & 20. April–20. Mai geschl.) Das Museum in einem auffallenden Steingebäude mit Kuppel obenauf stellt Gemälde von Giovanni Segantini (1858–1899) aus. Der italienische Künstler vermochte auf wundervolle Weise, die in spektakuläres Licht getauchte Alpenlandschaft auf der Leinwand festzuhalten.

St. Moritz

St. Moritz

Sehenswertes
1 Engadiner Museum A3
2 Segantini Museum A3

Aktivitäten, Kurse & Touren
3 Schweizer Skischule B1

Schlafen
4 Hotel Eden C1

Essen
5 Chesa Veglia B1
6 Hanselmann B1

Ausgehen & Nachtleben
7 Bobby's Pub B2
8 Roo Bar B1

Engadiner Museum MUSEUM
(☎081 833 43 33; www.engadiner-museum.ch; Via dal Bagn 39; Erw./Kind 13 SFr/frei; ⌚20. Mai–20. Okt. Mi–Mo 10–18 Uhr, Dez.–April 14–18 Uhr) Wer immer schon mal einen Blick in eine typische Engadiner Behausung und auf deren bescheidene Einrichtung werfen wollte, kann sich in diesem Museum traditionelle Öfen und archäologische Funde ansehen.

Aktivitäten

Winter

Skifahren in St. Moritz ist hervorragend, zumal ein einziger Skipass für ein riesiges Gebiet mit Liften und Hängen um St. Moritz selbst sowie im Engadin und in Bernina gültig ist. Wer in der Nähe der Stadt auf die Pisten will, kann mit der **Corviglia-Standseilbahn** zu den Skigebieten oberhalb von St. Moritz Dorf fahren. Weiter weg hingegen warten irrsinnig viele Schneetummelplätze. In den Tälern gibt es zudem reichlich Skilanglauf-Loipen.

Skigebiete um St. Moritz SKIFAHREN
(www.engadin.stmoritz.ch; Skipass für Abfahrten Hauptsaison 2/6 Tage 156/376 SFr, Langlaufpass pro Tag/Woche 8/25 SFr) Mit 350 Pistenkilometern, ultramodernen Lifts und wundervollem Panoramablick ist das Skifahren in St. Moritz ein unvergleichliches Erlebnis. Der Skipass gilt für alle Hänge, auch für Silvaplana, Sils-Maria, Celerina, Zuoz, Pontresina und Diavolezza.

Wem der Sinn mehr nach Langlauf steht, kann auf 220 km präparierten Loipen über sonnige Ebenen und durch verschneite Wälder gleiten.

Wandertour **Macun-Seen**

START LAVIN
ZIEL ZERNEZ
LÄNGE/DAUER 16 KM/7½–8½ STUNDEN

Die äußerst lohnende Wanderung führt vom Haupttal des Engadins bis zur Macuner Seenlandschaft. Zwischen Zernez und Lavin (6,20 SFr, 15 Min.) verkehren stündlich Züge.

Ausgangspunkt ist 1 **Lavin**, wo der Inn über eine Holzbrücke überquert wird. Dem Schotterweg folgen und links in den Weg einbiegen, der sich bergauf ostwärts zum 2 **Plan Surücha** (1577 m) schlängelt. Der Weg driftet allmählich nach Süden und quert den Aua da Zeznina. Nach ca. zwei Stunden rücken der Piz Macun (2889 m) und der Fuorcletta da Barcli (2850 m) ins Blickfeld und die 3 **Alp Zeznina Dadaint** (1958 m) ist erreicht, wo einige Szenen des Spielfilms *Heidi* gedreht wurden.

Weiter geht's zum 4 **Val Zeznina** über steile Serpentinen durch Wiesen voller Rhododendren. Kurz vor einem Unterstand an einer Felswand neben einem Bergsee wird's flacher. Der Weg führt auf der anderen Seite des Bachs an dessen felsigem Westufer entlang bis zum Nationalpark. Das obere Tal geht ins Becken von 5 **Macun** über, das 1½ bis zwei Stunden hinter der Alp Zeznina Dadaint liegt. Wie ein natürliches Amphitheater ist das Becken mit fast zwei Dutzend Bergseen von schroffen Dreitausendern umrahmt.

Nach der Bachquerung folgt man den weiß-rot-weißen Markierungen gen Süden über Grate aus Geröll. Steil hinauf geht's zur 6 **Fuorcletta da Barcli**, einer Schneise in der Gebirgskette auf 2850 m. Von hier führt die Tour über einen Grat gen Westen, bis etwa 90 Minuten hinter Macun ein Gipfel auf 2945 m erreicht ist. Vom 7 **Aussichtspunkt** hat man einen himmlischen Ausblick.

Ein gut erkennbarer Pfad führt vom Gipfel südwestwärts. Von diesem biegt man nach rechts aus dem Nationalpark hinaus ab. Der Weg führt an Lawinenschutzgittern vorbei auf die Hänge des 8 **Munt Baselgia**, wo er am 9 **Plan Sech** (2268 m) auf einen Bergwanderweg stößt. Hier beginnt der Abstieg über Serpentinen in die Nadelwälder von 10 **La Rosta** und 11 **God Baselgia**. Das letzte Stück führt über Wiesen oberhalb des Orts nach 12 **Zernez** (nach 2½–3 Std.) hinab.

Präparierte Pisten mit tollem Bergblick erwarten einen in **Corviglia** (2486 m), das mit der Seilbahn von St. Moritz Dorf aus zu erreichen ist. Von St. Moritz Bad führt eine Seilbahn hinauf zur Bergstation **Signal**, mit kürzeren Warteschlangen und Zugang zu den Hängen des **Piz Nair**. Unterschiedliche Optionen bieten sich am **Corvatsch** (3303 m) oberhalb des nahe gelegenen Silvaplana, so u.a. spektakuläre Gletscher-Abfahrten und die schwarze, aber einigermaßen zahme Hahnensee-Abfahrt. Die Hänge an der **Diavolezza** (2973 m) vor der Kulisse gletscherbedeckter Viertausender ist ein Muss für Freerider und Fans rasender Abfahrten.

Schweizer Skischule SKIFAHREN
(☎ 081 830 01 01; www.skischool.ch; Via Stredas 14; ⊙ Mo–Sa 8–12 & 14–18, So 8–9 & 16–18 Uhr) Die erste Skischule in St. Moritz wurde 1929 gegründet. Heute gibt's hier Ski- und Snowboardkuse – Genaueres steht auf der Website.

Sommer

Im Sommer locken die exzellenten Wanderwege der Region, z.B. der Wasserweg am Corvatsch, der zwischen sechs Bergseen verläuft. Hoch über St. Moritz ragt der **Piz Nair** (3057 m) empor, von dem aus man einen tollen Blick auf die blau und grün schimmernden Seen hat, die sich im Tal aneinanderreihen. Einen atemberaubenden Blick auf den Persgletscher und die Berner Alpen bietet der schwindelerregende, 2½-stündige Aufstieg auf dem Klettersteig am **Piz Trovat** an der Diavolezza. Die nötige Ausrüstung kann an der Talstation ausgeliehen werden. Weitere Anregungen für Wanderungen im Oberengadin enthält die an der Touristeninformation erhältliche Karte.

Eine weitere Wanderung ist die umweltfreundliche, 2½-stündige **Clean Energy Tour** (www.clean-energy.ch) vom Piz Nair, die verschiedene Arten erneuerbarer Energie im natürlichen Umfeld erläutert. Von Chantarella geht es zuerst auf dem Heidi-Blumenweg und dann auf dem Schellenursliweg wieder hinunter, vorbei an Norman Fosters kürbisförmiger, mit Holzschindeln verkleideter **Chesa Futura** (www.fosterandpartners.com/projects/chesa-futura; Via Tinus 25), deren rätoromanischer Name „Haus der Zukunft" bedeutet.

Medizinisches Therapiezentrum Heilbad SPA
(☎ 081 833 30 62; www.heilbad-stmoritz.ch; Plazza Paracelsus 2; Mineralbad ab 35 SFr; ⊙ Mo–Fr 8–19, Sa bis 12.30 Uhr) Nach einem anstrengenden Tag in den Bergen ist es Zeit für eine Entspannung im Mineralbad oder mit einer Alpenkräuteremulsion. So viele Möglichkeiten!

Schlafen

Für die Wintersaison sollte frühzeitig gebucht werden. Viele Hotels spendieren ihren Gästen im Sommer, wenn die Preise um bis zu 30 % fallen, zusätzlich noch den kostenlosen Transport in die Berge, wenn sie länger als zwei Tage bleiben. In der Nebensaison ist in St. Moritz praktisch alles geschlossen.

Jugendherberge St. Moritz HOSTEL €
(☎ 081 836 61 11; www.youthhostel.ch/st.moritz; Via Surpunt 60; B/EZ/DZ/4BZ 47/148/188/268 SFr; P 📶) Die Jugendherberge am Waldrand, die als erstklassiges Familienhostel gilt, hat saubere, ruhige Schlafsäle mit vier Betten und Doppelzimmer, ein Spielzimmer für Kinder, einen Fahrradverleih und eine Waschküche. Die Buslinie 3 sorgt für eine direkte Verbindung ins Stadtzentrum und zum Bahnhof (10 Min.).

Chesa Spuondas HOTEL €€
(☎ 081 833 65 88; www.chesaspuondas.ch; Via Somplaz 47; EZ/DZ/FZ inkl. HP 155/280/330 SFr; P 📶) Das Familienhotel steht inmitten von Wiesen am Fuß bewaldeter Berghänge, 3 km südwestlich des Stadtzentrums. Die Zimmer haben hohe Decken und Parkettböden. Kinder stehen im Mittelpunkt: Es gibt für die Kleinen spezielle Essenszeiten, Aktivitäten und Spielbereiche sowie eine Skischule für Kinder zehn Minuten zu Fuß entfernt.

Hotel Eden HOTEL €€
(☎ 081 830 81 00; www.eden.swiss; Via Veglia 12; EZ/DZ ab 171/341 SFr; P 📶) Das Hotel im Ortszentrum gliedert sich um ein schönes, zentrales Atrium und eine Lounge voller Antiquitäten, in der im Winter das Kaminfeuer knistert. Die altmodisch-eleganten Zimmer mit Kiefernholztäfelung sind gemütlich; von denen im obersten Stockwerk hat man einen herrlichen Blick.

Piz HOTEL €€
(☎ 081 832 11 11; www.piz-stmoritz.ch; Via dal Bagn 6; EZ/DZ/Apt. ab 110/190/280 SFr; 📶) Rote Farbtupfer, Hartholzböden und klare Linien zeichnen dieses moderne B&B in St. Moritz Bad aus. Die schicken und komfortablen Zimmer sind mit Regenduschen, Flachbild-TVs und Holzböden ausgestattet. Sauna und Dampfbad sorgen nach einem Tag auf den Wegen oder Pisten für Entspannung.

NICHT VERSÄUMEN

SCHWEIZERISCHER NATIONALPARK

Der ganze Stolz des Engadin ist der **Schweizerische Nationalpark** (www.nationalpark.ch) GRATIS, der von Scuol, Zernez und S-chanf aus leicht zu erreichen ist. Der einzige Nationalpark der Schweiz umfasst 172 km² und wurde als erster Nationalpark in den Alpen am 1. August 1914 gegründet.

Da die Natur ein Jahrhundert lang sich selbst überlassen blieb, vermittelt der Park einen guten Eindruck von den Alpen vor dem Aufkommen des Tourismus. Von den rund 80 km gut markierten Wanderwegen lassen sich mit etwas Glück und einem ordentlichen Feldstecher Steinböcke, Gämsen, Murmeltiere, Hirsche, Bartgeier und Steinadler entdecken. Die erste Anlaufstelle für Infos zu Aktivitäten und Unterkünften ist das **Nationalparkzentrum** (081 851 41 41; www.nationalpark.ch; Ausstellung Erw./Kind 7/3 SFr; Juni–Okt. 8.30–18 Uhr, Nov.–Mai 9–12 & 14–17 Uhr). Hier erhält man auch eine ausgezeichnete Karte des Parks im Maßstab 1 : 50 000 (14 SFr, mit Wanderbuch 20 SFr), in der 21 Wanderstrecken durch den Park verzeichnet sind.

Man kann zwar problemlos auf eigene Faust losziehen, hat aber vielleicht mehr von den informativen geführten Wanderungen (25 SFr), die das Zentrum von Ende Juni bis Mitte Oktober anbietet. Dazu gehören Tierbeobachtungstouren zum Val Trupchun und Hochgebirgswanderungen zum Ofenpass und den Macun-Seen. Es wird empfohlen, telefonisch oder direkt im Parkbüro in Zernez zu reservieren.

Der Besuch des Parks und die Parkplätze sind kostenlos. Naturschutz ist hier oberstes Gebot, also immer schön auf den Wegen bleiben und alle Regeln beachten!

Essen

Laudinella Pizzeria Caruso PIZZA €

(081 836 06 29; www.laudinella.ch; Via Tegiatscha 17; Pizza ab 13,50 SFr; 12–2 Uhr;) Pizzafans schwärmen von der knusprigen neapolitanischen Holzofenpizza der Pizzeria des Hotels Laudinella – egal ob die schlichte Margherita oder die Feinschmeckerversion Domenico mit Trüffeln und Rindfleisch. Das Laudinella bietet auch einen Lieferservice an.

Hanselmann CAFÉ €

(081 833 38 64; www.hanselmann.ch; Via Maistra 8; Gebäck & Kuchen 3–6 SFr, Snacks & kleine Gerichte 12–24 SFr; 7.30–19 Uhr) Die verschwenderisch mit Fresken bemalte Fassade der berühmten Bäckerei und Teestube von St. Moritz ist nicht zu übersehen. Spezialität ist die mit viel Karamell und Walnüssen zubereitete Engadiner Nusstorte.

Chesa Veglia ITALIENISCH €€€

(081 837 28 00; www.badruttspalace.com; Via Veglia 2; Pizza/Hauptgerichte ab 25/45 SFr; 12–23.30 Uhr) Das weiß getünchte Chalet mit Schieferdach stammt von 1658. Warmes Kiefernholz und knarrende Dielen bestimmen den gedämpft beleuchteten Gastraum und die Terrasse bietet einen schönen Blick auf den See und in die Berge. Auf den Tisch kommen Pizza und regionale Spezialitäten wie Bündner Gerstensuppe oder Rehmedaillons mit Spätzle.

Ecco St. Moritz ITALIENISCH €€€

(081 836 63 00; www.giardino-mountain.ch; Giardino Mountain, Champfèr; Menüs 190–240 SFr; Mi–So 19–24 Uhr) Im feinsten Restaurant von St. Moritz lässt Chefkoch Rolf Fliegauf im Winter seiner kulinarischen Phantasie freien Lauf. Ein eleganter Speisesaal in Gold und Weiß bildet das Ambiente für die exquisit angerichteten, geschmackssicheren Gerichte, bei denen erstklassige Zutaten die wichtigste Rolle spielen.

Ausgehen & Nachtleben

Bobby's Pub PUB

(081 834 42 83; www.bobbys-pub.ch; Via dal Bagn 50a; Mo–Fr 9–1, Sa 11–1, So 12–1 Uhr) Das freundliche englische Pub hat 20 internationale Biersorten im Angebot und gehört zu den wenigen Lokalen, die ganzjährig geöffnet sind.

Roo Bar BAR

(081 837 50 50; www.facebook.com/RooBarSt Moritz; Via Traunter Plazzas 7; 14–22 Uhr) Auf der Terrasse des Après-Ski-Schuppens im Hotel Hauser sorgen abends Hip-Hop, Techno und heiße Schokolade mit Rum für beste Laune.

Praktische Informationen

Die Zentrale der **Touristeninformation** (081 837 33 33; www.stmoritz.ch; Via Maistra 12; Mo–Fr 9–18.30, Sa bis 18 Uhr) befindet sich in St. Moritz-Dorf, aber Bahnreisende können sich auch an die **Nebenstelle** (Bahnhof St. Moritz; ⌚10–14 & 15–18.30 Uhr) im Bahnhof wenden.

An-& Weiterreise

St. Moritz Bad liegt etwa 1,5 km südlich des eigentlichen Orts St. Moritz Dorf.

Züge fahren mindestens stündlich von Zürich nach St. Moritz (77 SFr, 3–3½ Std.) mit einem Umstieg (in Landquart oder Chur).

Zwischen Mitte Dezember und Ende Oktober befährt einer der berühmtesten Züge der Schweiz, der Glacier Express (S. 293), die malerische, achtstündige Strecke von St. Moritz nach Zermatt.

In der Hauptsaison verkehren häufig Postbusse zwischen St. Moritz und Maloja (6 SFr, 30 Min.) im Südwesten mit Zwischenstopps in Silvaplana (2,80 SFr, 20 Min.) und Sils-Maria (4,20 SFr, 25 Min.).

Unterwegs vor Ort

Stadt- und Postbusse pendeln zwischen St. Moritz Bad und St. Moritz Dorf.

Silvaplana

915 EW. / 1815 M

Der quirlige Skiort am leuchtend türkisfarbenen, vom Wind gewellten Silvaplanasee, nur 5 km südöstlich von St. Moritz, ist im Winter wie im Sommer ein großartiger Tummelplatz. Silvaplana (rätoromanisch: Silvaplauna) ist als Kite- und Windsurfermekka bekannt; sobald das Wetter wärmer wird, sprenkeln leuchtend bunte Kites und Segel den See. Im Winter locken die Pisten auf der anderen Seeseite. Die **Seilbahn Corvatsch 3303** (☎081 838 73 73; www.corvatsch.ch; Via dal Corvatsch; hin & zurück Erw./Kind 60/30 SFr) transportiert Skifahrer und -boarder ab Silvaplana-Surlej zu spektakulären Pisten auf 3303 m Höhe. Natürlich gibt's im Sommer auch großartige Wanderwege.

Sehenswertes & Aktivitäten

Wanderung von Murtèl zum Val Roseg WANDERN

Eine grandiose Tageswanderung beginnt mit einer Seilbahnfahrt auf den Corvatsch bis auf 3303 m Höhe, um die Aussicht zu genießen, dann wieder zurück zur Mittelstation Murtèl (2702 m). Dort geht es zu Fuß für 45 Minuten nach Osten zum Berghaus Fuorcla Surlej (2760 m), das auf der Kammlinie zu sehen ist. Von dort sind es 1½ Stunden bergab bis zum Hotel Roseg Gletscher (S. 320) im Rosegtal.

Weiter geht's entweder zu Fuß (1½ Std.) oder mit der **Pferdekutsche** (☎81 842 60 57; www.stalla-costa.ch; pro Pers. ab 25 SFr; 50 Min.) bis zum Bahnhof in Pontresina.

Kite Sailing School Silvaplana WASSERSPORT

(☎081 828 97 67; www.kitesailing.ch; Silvaplana; Kurs Anfänger/2/5 Tage 190/350/800 SFr; ⌚9–18.30 Uhr) Die Schule bietet Kurse und verleiht Ausrüstung, auch Neoprenanzüge. Im Sommer sind Einführungskurse für Kitesurfen, Windsurfen und Stand-up-Paddling im Angebot, im Winter für Snowkiting. Genaueres steht auf der Website.

Schlafen

Camping Silvaplana CAMPINGPLATZ €

(☎081 828 84 92; www.campingsilvaplana.ch; Platz pro Erw./Kind 11/8 SFr, Zelt 7–10 SFr; P 📶) Auf dem beliebten Campingplatz direkt am Silvaplanasee an der Südseite der Stadt tummeln sich im Sommer die Kite- und Windsurfer. Hier gibt's alles, was das Herz begehrt, auch einen Laden, einen überdachten Picknickplatz, Billardtische und Whirlpools.

★ **Aparthotel Chesa Bellaval** FERIENWOHNUNG €€

(☎081 838 74 00; www.chesa-bellaval.ch; Via suot Pignia 9; P 📶) Die geräumigen Ferienwohnungen hinter dem Ort sind ideal für Langzeitbesucher, besonders außerhalb der Hauptsaison. Es gibt verschiedene Optionen, aber selbst die kleinen Wohnungen haben ein Wohnzimmer, eine voll ausgestattete Küche, ein Bad und ein Schlafzimmer.

Praktische Informationen

Touristeninformation (☎081 838 60 00; www.engadin.stmoritz.ch; Via dal Farrèr 2; ⌚8.30–12 & 13.30–18 Uhr) Liegt mitten im Dorf; außerhalb der Hauptsaison hat sie kürzere Öffnungszeiten.

Anreise & Unterwegs vor Ort

Silvaplana ist nur 5 km von St. Moritz entfernt und mit dem Postbus (2,80 SFr, 12 Min.) zu erreichen. In die Berge oberhalb von Silvaplana geht es mit dem Postbus ab St. Moritz bis zur Surlej-Corvatschbahn (2,80 SFr, 25 Min.), dann mit der spektakulären Seilbahn Corvatsch 3303 über die Mittelstation Murtèl (2702 m) zum 3303 m hohen Gipfel.

Sils-Maria

760 EW.

Sils-Maria (rätoromanisch: Segl) liegt nur 10 km südöstlich von St. Moritz friedlich zwischen dem Silsersee und dem Silvaplanasee, eine beschauliche Enklave aus pastellfarbenen, schiefergedeckten Chalets vor dem spektakulären Hintergrund schroffer, gletscherbedeckter Berge. Hoch geschätzt wurde das Dorf bereits von Berühmtheiten wie Nietzsche, Chagall, Strauss und David Bowie.

Das Dorf bildet den Eingang zum Val Fex, das sich zu Fuß oder mit der Pferdekutsche erkunden lässt. Eine Seilbahn fährt hoch zum Furtschellas (2312 m) mit seinen Wanderwegen und Skipisten.

Sehenswertes

Nietzsche-Haus MUSEUM

(☎081 826 53 69; www.nietzschehaus.ch; Via da Marias 67; Erw./Kind 8 SFr/frei; ⏲Juni–Okt. & Dez.–April Di–So 15–18 Uhr) Sils-Maria mag heute ein verschlafenes Dorf am See sein, aber einst umwehte diese Gipfel das Rumoren der Existenzphilosophie: Friedrich Nietzsche verbrachte von 1881 bis 1888 hier die Sommermonate und schrieb über das Los des modernen Menschen. Das kleine Museum zeigt Fotos, Briefe und Erinnerungsstücke.

Schlafen & Essen

★Hotel Fex HOTEL €€

(☎081 832 60 00; www.hotelfex.ch; Via da Fex 73; pro Pers. inkl. HP ab 155 SFr; 📶) Wer Lust hat, im abgeschiedenen Val Fex südlich von Sils-Maria zu nächtigen, kann sich im herrschaftlichen Hotel Fex aus dem 19. Jh. einquartieren, einem Bergrefugium mit sensationellen Aussichten und einem Restaurant, das erstklassige regionale Küche serviert. Schon allein der Weg hierher ist ein Erlebnis, gleichgültig ob man zu Fuß (von Sils-Maria aus rund 2½ Std.) oder per Pferdekutsche kommt, die vom Dorfplatz in Sils-Maria zum Fextal fährt. Die Fahrt durch malerische Landschaft kostet 22,50 bis 40 SFr zum Hotel Fex; Abfahrtzeiten und Preise hängen von der Zahl der Mitfahrer ab.

Hotel Privata HOTEL €€

(☎081 832 62 00; http://hotelprivata.ch; Via da Marias 83; EZ/DZ inkl. HP ab 170/280 SFr; 🅿📶) Das seit 1921 familiengeführte, traumhafte Hotel im Landhausstil ist einfach super. Es hat große, holzgetäfelte Zimmer mit traditionellem Mobiliar und vom Kräuter- und Blumengarten Aussichten auf die Wälder. Das Restaurant serviert das Beste aus der Küche Italiens und des Engadin.

Hotel Waldhaus LUXUSHOTEL €€€

(☎081 838 51 00; www.waldhaus-sils.ch; Via da Fex 3; EZ/DZ inkl. HP ab 290/580 SFr; 🅿📶🏊) Fünf-Sterne-Pracht bietet dieses luxuriöse Hotel auf einer Anhöhe inmitten der Wälder. Wenngleich 1908 erbaut, bietet es modernsten Komfort (Swimmingpool, Dampfbad, Tennisplätze), ohne hierfür die Opulenz früherer Tage geopfert zu haben. Mit verbundenen Zimmern, Kinderbetreuung und Aktivitäten und Gerichten speziell für Kinder ist es eine wunderbare Wahl für Familien.

Praktische Informationen

Touristeninformation (☎081 838 50 50; www.engadin.stmoritz.ch; Via da Marias 93; ⏲Mo–Sa 9–12 & 13–18, So 15–18 Uhr) Liegt mitten im Dorf.

Nach Sils-Maria fährt ein Postbus ab St. Moritz (4,20 SFr, 20 Min.).

BERNINAPASS

Kahle, düstere Berge und Gletscher, die über dem Ackerland aufragen, verleihen der Landschaft rund um den Berninapass (2323 m; italienisch: Passo del Bernina) eine strenge, erhabene Note. Eine Straße und eine Bahnlinie winden sich jeweils vom Engadin hinauf zum Pass, überqueren ihn und führen dann hinab ins Val Poschiavo. Hier im Hochalpengebiet gibt es hervorragenden Skipisten und Wanderwege.

Der Streckenabschnitt über den Pass, die Berninalinie, wurde 2008 zum Welterbe der Unesco erklärt. Die 1910 angelegte Schmalspurbahnstrecke ist eine der steilsten der Welt und die höchstgelegene Gebirgsbahn Europas. Auf der Fahrt öffnet sich der Blick auf Gletscher, Schluchten und Felszinnen.

Sehenswertes & Aktivitäten

Der 2973 m hohe Diavolezza hoch oben im Berninatal ist ein Muss für Freerider und Fans von umwerfenden Abfahrten. Der Skipass für das Skigebiet St. Moritz ist auch hier gültig.

Diavolezza SEILBAHN

(☎081 838 73 73; www.diavolezza.ch; hin & zurück Erw./Jugendl./Kind 36/24/12 SFr) Die Seilbahn mit eigener Station an der Berninalinie (Bernina Diavolezza) und einem riesigen Parkplatz an der Talstation bringt Passagiere ab 2093 m hoch zum Diavolezza, wo überwältigende Aussichten auf die höchsten Gipfel der Berninagruppe warten, zu denen auch der Piz Bernina (4049 m) und der Piz Palü (3905 m) gehören. An schönen Tagen ist der Blick schlichtweg umwerfend. Wer will, kann im Berghaus Diavolezza (S. 319) übernachten oder sich einer geführten Gletscherwanderung (S. 319) runter nach Morterasch anschließen. Im Winter sind die Skipisten hier super.

★ Gletscherwanderung vom Diavolezza nach Morteratsch WANDERN
(☎ 081 842 82 82; http://bergsteiger-pontresina.ch; Wanderführung 60 SFr; ⏲ Juni–Okt.) Startpunkt der einzigartigen Gletscherwanderung ist das Berghaus Diavollezza auf 3000 m Höhe (mit der Diavolezza-Seilbahn zu erreichen). Dort geht es 1100 m auf dem Pers- und dem Morteratsch-Gletscher nahezu vertikal bergab bis zum Bahnhof Morteratsch. Die Wanderung ist 12 km lang und dauert rund fünf Stunden. Teilnehmer sollten sich mit Proviant, Stiefeln oder Wanderschuhen, Regen- und Sonnenschutz, Handschuhen und Wanderstöcken versorgen.

Wanderung vom Ospezio Bernina zur Alp Grüm WANDERN
Eine wunderbare, leichte Wanderung vom Bahnhof Ospizio Bernina (2253 m) über den Berninapass zur Alp Grüm (2091 m) im Süden. Sie dauert etwa 2½ Stunden, führt über Blumenwiesen und bietet einen klaren Blick auf den Lago Bianco und den Palü-Gletscher.

Schlafen

★ Berghaus Diavolezza BERGHOTEL €
(☎ 081 839 39 00; www.diavolezza.ch; B/EZ/DZ pro Pers. ab 80/131/228 SFr; P ᯤ) Das Berghotel auf 3000 m Höhe an der Bergstation der Diavolezza-Seilbahn hat sowohl Schlafsäle als auch Einzel- und Doppelzimmer sowie ein hervorragendes Restaurant, eine Sonnenterrasse, einen Whirlpool im Freien und so ziemlich den besten Berg- und Gletscherblick in den Alpen. Im Preis sind Abendessen und Frühstück sowie die Seilbahnfahrt (hin & zurück) enthalten.

An- & Weiterreise

Von St. Moritz fahren häufig Züge über Pontresina (5,40 SFr, 10 Min.) direkt nach Tirano (30 SFr, 2½ Std.) in Norditalien. Der Bahnhof am Pass ist der Ospezio Bernina (7,60 SFr, 45 Min.).

Es verkehren auch Postbusse von St. Moritz zum Ospezio Bernina (7,60 SFr, 40 Min.).

Mit dem Auto sind es zum Berninapass 22 km ab St. Moritz und 41 km vom italienischen Tirano.

Pontresina

2080 EW. / 1805 M

Der Skiort Pontresina am Eingang des Val Bernina ist die ruhigere Alternative zu St. Moritz, das nur 8 km entfernt liegt. Er ist ein großartiger Urlaubsort, besonders wenn Natur gefragt ist. Es gibt eine lebhafte Hauptstraße, dazu tolle Wanderwege und Skipisten gleich oberhalb des Orts. Die spektakulären Höhen des Punt Muragl oben an der Bergstation der Standseilbahn Muottas Muragl sind von hier aus leicht zu erreichen. Das Val Roseg mit Wanderwegen, Langlaufloipen und Kutschfahrten liegt gleich auf der anderen Seite des Val Bernina, auch der großartige Morterasch-Gletscher ist in der Nähe.

Sehenswertes & Aktivitäten

Standseilbahn Muottas Muragl STANDSEILBAHN
Die wunderbare alte Standseilbahn stammt von 1906 und war die erste im Engadin. Sie transportiert Passagiere 700 m auf steiler Strecke hoch zum Punt Muragl (2454 m) und zu herrlichen Aussichten über das Oberengadin samt St. Moritz, Piz Palü und Piz Bernina. Oben warten ein erstklassiges Hotel, das **Romantik Hotel Muottas Muragl** (www.muottasmuragl.ch; pro Pers. ab 141 SFr; P ᯤ) mit Restaurant, und im Sommer tolle Wanderwege. Skipisten gibt es im Winter nicht, aber beliebt sind Schneeschuhwanderungen und eine Rodelbahn.

Wanderung vom Muottas Muragl nach Pontresina WANDERN
Die spektakuläre Wanderung auf dem sogenannten Klimaweg sollte man sich für einen schönen Tag vorbehalten. Er beginnt mit einer Fahrt mit der Zahnradbahn Muottas Muragl hoch zum Punt Muragl auf 2454 m Höhe, wo es zu Fuß über die Berge um Pontresina zum Alp Languard (2330 m) geht und dann mit dem Sessellift hinab nach Pontresina. Der 9 km lange Weg mit 18 Informationstafeln dauert ungefähr 2½ bis drei Stunden.

Schlafen & Essen

★Hotel Roseg Gletscher HOTEL €
(☎081 842 64 45; www.roseg-gletscher.ch; pro Pers. ab 85 SFr; 📶) Das abgelegene, familiengeführte Hotel und Restaurant liegt im Val Roseg. Es fährt zwar ein kostenloser Pendelbus dorthin, aber viel vergnüglicher ist die Fahrt mit der Kutsche (S. 317) oder dem Pferdeschlitten ab dem Bahnhof Pontresina. Das Hotel ist auch zu Fuß oder mit dem Fahrrad zu erreichen oder über den Wanderweg von Murtèl zum Val Roseg (S. 317). Die Zimmer sind stilvoll und modern eingerichtet, auch Gemeinschaftszimmer werden vermietet.

★Gondolezza SCHWEIZERISCH €€
(☎081 839 36 26; www.hotelsteinbock.ch/en/kulinarik/en-gondolezza; Via Maistra 219; Fondue/Raclette ab 29/32 SFr; ⏲Winter/Sommer ab 17/14 Uhr) Es kommt nicht oft vor, dass in einer ehemaligen Diavolezza-Seilbahngondel erstklassiges Fondue und Raclette serviert werden. Die gelbe Seilbahngondel steht samt Sonnenterrasse am Hang hinter Pontresina.

Praktische Informationen

Touristeninformation (☎081 838 83 00; www.pontresina.ch; Via Maistra 133; ⏲Mo–Fr 8.30–18, Sa 8.30–12 & 15–18, So 16–18 Uhr) Die Touristeninformation befindet sich mitten im Ort, vom Bahnhof ostwärts und jenseits der beiden Flüsse Rosegg und Bernina.

An- & Weiterreise

Der Bahnhof von Pontresina liegt auf der anderen Seite des Tals, etwa zehn bis 15 Minuten zu Fuß vom Ortszentrum entfernt. Nach St. Moritz sind es nur zehn Minuten mit dem Zug (2,80 SFr).

Auch Postbusse fahren von St. Moritz ins Zentrum von Pontresina (2,80 SFr, 10 Min.).

Val Poschiavo

Das Val Poschiavo, in dem Italienisch gesprochen wird, erstreckt sich südlich des Berninapasses (2323 m) bis hin zur schweizerisch-italienischen Grenze kurz vor der italienischen Stadt Tirano (441 m). Die ganze Länge des Tals ist gesäumt von einer 1900 m hohen, nahezu vertikalen Felswand, weswegen das Gefälle manchmal atemberaubend steil ist. Das Tal zwischen hohen Gipfeln ist in Teilen so schmal, dass die Bahngleise in der Mitte der Straße verlaufen.

In der Umgebung des Passes gibt es großartige Wanderwege, hinreißende kleine Dörfer voller idyllischer Häuser und beeindruckende Technikwunder wie den **Kreisviadukt von Brusio**, eine schleifenförmige Brücke, die 1908 erbaut wurde, um das Gefälle der Eisenbahntrasse auf den erforderlichen Maximalwert von 7 % zu halten und dafür zu sorgen, dass die Lokomotive bei der Abwärtsfahrt nicht zu schnell wird.

Das Dorf **Poschiavo** (3500 Ew.; 1014 m Höhe) ist der Hauptort im Tal. Der alte Dorfkern mit seinen pastellfarbenen Häusern und der hübschen Kirche San Vittore steht unter Denkmalschutz. Auf der anderen Seite des Flusses Poschiavino ist die zentrale Plazza da Cumün mit dem zauberhaften **Hotel Albrici** (www.hotelalbrici.ch; Plazza da Cumün 137; EZ/DZ ab 140/190 SFr; P 📶), einem Haus aus dem 17. Jh., das kostenlose Fahrradnutzung anbietet und ein Spa mit Sauna und Dampfbad hat.

Der herrliche **Lago di Poschiavo** auf 962 m Höhe nur ein paar Kilometer weiter im Tal entstand auf natürliche Art durch Bergstürze beidseits des Tals, die auf dem Talgrund einen natürlichen Damm bildeten.

An- & Weiterreise

Von St. Moritz fahren häufig Züge über Pontresina (5,40 SFr, 10 Min.) direkt nach Tirano (30 SFr, 2½ Std.) in Norditalien. Der Bahnhof am Pass ist der Ospezio Bernina (7,60 SFr, 45 Min.).

Auch Postbusse fahren von St. Moritz zum Ospezio Bernina (7,60 SFr, 40 Min.).

Zum Berninapass sind es mit dem Auto 22 km von St. Moritz und 41 km von Tirano in Italien.

Val Bregaglia

Das umwerfend schöne Tal erstreckt sich vom **Malojapass** (1815 m) am oberen Ende des Engadin nach Südosten Richtung Italien. Es ist geprägt von spitzen Granitgipfeln, Kastanienwäldern und Dörfern aus Steinhäusern, die von Kirchen im Italianate-Stil überragt werden.

Das Val Bregaglia, wo italienisch gesprochen wird, wird auch Tal der Künstler genannt. Aus dem Dorf **Stampa** stammte Alberto Giacometti (1901–1966), heute befindet sich hier die **Touristeninformation** (www.bregaglia.ch; Strada Principale 101; ⏲Mo, Di & Do 9–11.30 & 14–17.30, Mi & Fr 9–11.30 Uhr). Das Schlossmuseum im **Palazzo Castelmur** (www.palazzo-castelmur.ch; Coltura; Erw./Kind 8/4 SFr; ⏲Juni–Aug. Di–So 11–17 Uhr) in der Nähe zeigt eine Fotoausstellung und andere Exponate zur Geschichte des Tals.

Ein weiterer schöner Zwischenstopp nahe der italienischen Grenze ist das Dörfchen **Soglio**, ein Gewirr aus Gassen und Steinhäusern gegenüber dem 3308 m hohen Pizzo Badile. Das **Hotel Palazzo Salis** (www.palazzo-salis.ch; Villaggio 131; pro Pers. inkl. HP ab 152 SFr; P ᯤ), erbaut 1630, ist mit seinen schönen Gärten und einem Restaurant, das heimische Erzeugnisse verarbeitet, eine reizvolle Unterkunft. Soglio ist der Startpunkt von Wanderwegen, allen voran der historischen, 11 km langen Strecke **La Panoramica** nach Casaccia unten im Tal.

Postbusse fahren stündlich ab St. Moritz nach Chiavenna in Italien. Sie fahren durch die ganze Länge des Val Bregaglia und lassen Fahrgäste an verschiedenen Punkten aussteigen.

Liechtenstein

38 000 EW.

Inhalt ➡

Gut essen

- ➡ Torkel (S. 326)
- ➡ Adler Vaduz (S. 326)
- ➡ Bergrestaurant Sareis (S. 327)
- ➡ Vanini Café Bar (S. 326)

Schön übernachten

- ➡ Parkhotel Sonnenhof (S. 325)
- ➡ Familienhotel Gorfion (S. 327)
- ➡ Gasthof Löwen (S. 325)
- ➡ Hotel Kulm (S. 325)
- ➡ Camping Mittagspitze (S. 325)
- ➡ Jugendherberge Schaan-Vaduz (S. 325)

Auf nach Liechtenstein

Das winzige Liechtenstein liegt zwischen der Schweiz und Österreich inmitten von Gebirgsketten, die sich steil und schroff über dem Rhein erheben. Liechtenstein ist nicht nur eines der kleinsten und reichsten Länder, sondern wirkt auch, als sei es einem Märchen entsprungen: Ein Alpenfürstentum mit von Türmen gekrönten Burgen, das von einem Fürsten mit eisernem Willen regiert wird.

Liechtenstein ist gerade mal 25 km lang und an seiner breitesten Stelle nur 12 km breit. Es hat keinen internationalen Flughafen und aus der Schweiz und Österreich reist man mit dem Regionalbus an. Der westliche, dichter besiedelte Teil des Landes liegt im Rheintal und ist recht flach, der östliche Teil ist bergig.

Freizeitsportler kommen hier voll auf ihre Kosten: Gemessen an der Größe des Landes gibt's außerordentlich viele Wanderwege und Skihänge. Begibt man sich in die wilde Alpenlandschaft jenseits von Vaduz, erscheint einem der Zwergstaat plötzlich gar nicht mehr so winzig.

Reisezeit

- ➡ Liechtenstein hat Besuchern zu jeder Zeit des Jahres etwas zu bieten, denn die verschiedenen Monate und Jahreszeiten haben jeweils ihren eigenen Charme.
- ➡ Im Frühjahr stehen bunte Wildblumen in voller Blüte, während der goldene Herbst ideal ist, um in Liechtensteins Spitzenrestaurants jungen Wein und Wildgerichte zu genießen.
- ➡ Einen Gang runterschalten ist beim autofreien slowUp-Rundkurs in Liechtenstein im Mai angesagt.
- ➡ Im Juli stimmt das Land bei den Gitarrentagen seine Saiten und am 15. August wird mit einem Feuerwerk der Nationalfeiertag begangen.
- ➡ Im Sommer stehen Hochgebirgswanderungen und Radtouren am Rheinufer auf dem Programm.
- ➡ Der Winter steht ganz im Zeichen des Skiabfahrts- und des Skilanglaufs an den Hängen von Malbun.

Geschichte

Der österreichische Fürst Johann Adam von Liechtenstein kaufte die Herrschaften Schellenberg (1699) und Vaduz (1712) von verarmten deutschen Adligen und gab ihnen seinen Namen. Lange war Liechtenstein ein Fürstentum des Heiligen Römischen Reichs. 1866 wurde es dann unabhängig und ging 1923 eine Zollunion mit der Schweiz ein.

Highlights

1. **Schloss Vaduz** (S. 323) Hinauf zu den pittoresken Türmchen wandern, um den wunderbaren Blick auf die Alpen zu genießen.
2. **Malbun** (S. 326) Mit Wanderschuhen oder auf Skiern die Hänge erkunden.
3. **Vaduz** (S. 323) Durch die Fußgängerzone der quirligen Mini-Hauptstadt bummeln.
4. **Fürstensteig** (S. 325) Auf dem schwindelerregenden Wanderweg zwischen Gipfeln herumkraxeln.
5. **Drei-Länder-Tour** (S. 326) Am Rhein entlang und in die Schweiz und nach Österreich radeln.

Doch damals sah sich keiner der von Liechtensteins bemüßigt, ihr Wiener Schloss zu verlassen und ihre Erwerbung in Augenschein zu nehmen. Erst nachdem sich Fürst Franz Josef II. und seine geliebte Frau Gina in Folge der Annektierung Österreichs durch Nazi-Deutschland 1938 zur Übersiedlung in ihr Fürstentum entschlossen hatten, begann der Umbau des ärmlichen Agrarlands zu dem heutigen reichen Bankenstaat. Ihr Sohn, Fürst Hans-Adam II., bestieg 1989 nach dem Tod des Fürsten den Thron.

Da in Liechtenstein der Schweizer Franken als Währung verwendet wird, sehen viele Menschen den kleinen Nachbarstaat nur als Erweiterung der Schweiz; Liechtenstein verfolgt in der Außenpolitik aber einen gänzlich anderen Kurs: Es trat relativ früh der UNO (1990) und dem Europäischen Wirtschaftsraum (EWR; 1995) bei.

Lang galt das Fürstentum als Steueroase, aber seit 2000 sind hier anonyme Bankgeschäfte untersagt. Vor Kurzem wurden noch weitere Reformen auf den Weg gebracht, die das Bankgeheimnis weiter lockern und dem Fürstentum ein neues Image als seriöses Finanzzentrum verleihen sollen.

Vaduz

5430 EW. / 455 M

Der winzige Hauptort eines winzigen Landes: Vaduz ist ein briefmarkengroßes Städtchen vor einer Bilderbuchkulisse. Der Ort liegt wunderschön: Er schmiegt sich zu Füßen bewaldeter Berge ans Rheinufer und wird von einem mit Türmen bekrönten Schloss überragt. Vaduz ist überwiegend flach; über dem Städtchen thront die Burg, hinter der hohe Gipfel aufragen.

Das quirlige Zentrum von Vaduz wirkt jedoch sonderbar modern, würfelförmige Betonbauten und Läden, die steuerfrei Luxusartikel verkaufen, bestimmen das Bild. Doch es gibt auch zahlreiche ältere Gebäude, sodass sich das Städtchen für einen netten Bummel anbietet, besonders durch die Fußgängerzone unterhalb der Burg. Schon nach wenigen Gehminuten entdeckt man Spuren des idyllischen Dorfs, das hier vor 50 Jahren noch existierte, und ruhige Weinberge, von denen aus die Alpen noch ein wenig näher wirken.

Sehenswertes

★ Schloss Vaduz SCHLOSS

Das Schloss Vaduz thront auf einem Hügel über dem Residenzstädtchen. Obwohl das Gebäude für Besucher nicht zugänglich ist,

Vaduz

Vaduz

Highlights
1 Kunstmuseum Liechtenstein B2
2 Liechtensteinisches Landesmuseum B3
3 Schloss Vaduz B2

Sehenswertes
4 Mitteldorf A1
5 Parlamentsgebäude B3
6 Postmuseum B2
7 Schatzkammer B3

Schlafen
8 Gasthof Löwen A1

Essen
9 Adler Vaduz B2
10 Torkel A1

Ausgehen & Nachtleben
11 Vanini Café Bar B2

lohnt sich wegen der Aussicht der Aufstieg. Vom Ende der Egertastrasse führen Wege den Hügel hinauf. Wer die seltene Gelegenheit nutzen will, einen Blick auf das Schlossgelände zu werfen, sollte am 15. August kommen, Liechtensteins Nationalfeiertag, an dem es ein Feuerwerk gibt und der Fürst alle Landeskinder auf ein Glas Wein oder Bier in seine Residenz einlädt.

★ Liechtensteinisches Landesmuseum MUSEUM

(www.landesmuseum.li; Städtle 43; Erw./Kind 8 SFr/frei, inkl. Kunstmuseum Liechtenstein 15 SFr/frei; ⌚ Di & Do–So 10–17, Mi bis 20 Uhr) Das gut konzipierte Museum gibt einen erstaunlich interessanten Überblick über die Geschichte, das Erbe und die Naturgeschichte des Fürstentums von mittelalterlichen Hexenprozessen bis hin zur Herstellung von Zahnprothesen und ausgestopften Hochgebirgstieren.

★ Kunstmuseum Liechtenstein MUSEUM

(www.kunstmuseum.li; Städtle 32; Erw./Kind 12 SFr/frei, inkl. Liechtensteinisches Landesmuseum 15 SFr/frei; ⌚ Di, Mi & Fr–So 10–17, Do bis 20 Uhr) Der schwarze Würfel aus Beton und Basalt am Städtle zeigt Wechselausstellungen rund um die hauseigene Sammlung zeitgenössischer Kunst, zu der u. a. Originalwerke von Ernst Ludwig Kirchner, Paul Klee und Joseph Beuys gehören.

Postmuseum MUSEUM

(www.landesmuseum.li; 1. OG, Städtle 37; ⌚ 10–12 & 13–17 Uhr) GRATIS Liechtenstein verdiente früher viel Geld mit Sammlerbriefmarken. Doch mit dem Aufkommen der E-Mails ist dieser Markt eingebrochen. Das überraschend interessante kleine Museum zeigt Exemplare aller Briefmarken, die das Fürstentum seit 1912 in Umlauf brachte.

Die benachbarte **Schatzkammer** (Erw./Kind 8 SFr/frei; ⌚ 10–17 Uhr) beherbergt Juwelen, Jagdmesser, russische Ostereier und andere Geschenke, die verschiedene Herrscher dem Land überlassen haben.

Mitteldorf ORTSTEIL

Wer wissen will, wie Vaduz früher aussah, braucht sich nur in Mitteldorf nördlich der Stadt umzusehen. Die Straßen bilden ein charmantes Viertel mit traditionellen Häusern und Rosengärten. Besonders sehenswert ist das spätmittelalterliche **Rote Haus** mit seinem Stufengiebel, das über den Weinbergen thront.

Parlamentsgebäude BESONDERES GEBÄUDE
Seit 2008 tagt das 25 Abgeordnete umfassende Parlament Liechtensteins, der „Landtag", in diesem auffallend modernen Gebäude. Der Münchner Architekt Hansjörg Göritz entwarf sowohl das Gebäude als auch den Peter-Kaiser-Platz im Ortszentrum, benannt nach einem bekannten Liechtensteiner Historiker. Der Komplex besteht aus dem Langen Haus, dem Hohen Haus und dem Verbindenden Haus.

Aktivitäten

Planetenweg WANDERN
Auf dem Planetenweg kann man Jupiter, Mars und Pluto entdecken. Er beginnt am Parkplatz des Rheinpark-Stadions. Der 5 km lange Weg entlang dem Rhein gibt das Sonnensystem im Maßstab von 1:1 Mrd. wieder.

Schlafen

Infos zu B&Bs und Ferienwohnungen findet man unter www.tourismus.li.

Vaduz

★ **Gasthof Löwen** HISTORISCHES HOTEL €€
(☎ 238 11 44; www.hotel-loewen.li; Herrengasse 35; EZ/DZ ab 199/299 SFr; P Wi-Fi) Das historische und auf altmodische Art elegante, 600 Jahre alte Gasthaus hat acht geräumige Zimmer mit alten Möbeln und modernen Bädern. Es gibt hier eine gemütliche Bar, ein feines Restaurant und eine hintere Terrasse mit Blick auf die Weinberge.

Parkhotel Sonnenhof BOUTIQUEHOTEL €€€
(☎ 239 02 02; www.sonnenhof.li; Mareestrasse 29; EZ/DZ ab 195/380 SFr; P Wi-Fi Pool) Von den kunstvoll angelegten Gärten des Sonnenhofs bietet sich ein atemberaubender Ausblick auf die Alpen und das Rheintal. Das Boutiquehotel setzt mit seinem orientalischen Pool und Spa, den eleganten Zimmern und dem erstklassigen Service ganz auf Luxus. Das mit Michelin-Sternen ausgezeichnete Restaurant Maree widmet sich der saisonalen Küche.

Rund um Vaduz

★ **Hotel Kulm** HOTEL €
(☎ 237 79 79; www.hotelkulm.li; Schlossstrasse 3, Triesenberg; EZ/DZ/3BZ 80/130/160 SFr; P Wi-Fi) Das Hotel Kulm bietet in Triesenberg, zehn Minuten mit dem Auto von Vaduz, auf 888 m Höhe atemberaubende Ausblicke auf die Berge und das Rheintal. Das Frühstücksbuffet ist im Preis inbegriffen und die 20 Zimmer sind schön ausgestattet.

> ABSTECHER
>
> **FÜRSTENSTEIG**
>
> Der berühmteste Wanderweg des Landes ist der **Fürstensteig** (https://tourismus.li/erlebnisse/sommerurlaub-in-liechtenstein/wandern/). Man muss fit und schwindelfrei sein, weil der Pfad teils schmal ist und sich tiefe Abgründe auftun. Die einschließlich des Drei-Schwestern-Steigs 12 km lange Wanderung dauert rund fünf Stunden. Sie beginnt in Gaflei und endet in Planken.
>
> Übernachten kann man in der **Gafadurahütte** (☎ 787 14 28; www.gafadurahuette.li; B Erw./Kind 22/10 SFr; ⏲ Mitte Mai–Mitte Okt.) auf 1428 m Höhe oberhalb von Planken. Die Touristeninformation hat die aktuellsten Infos zum Zustand der Wege, zu Wetterbedingungen und zu den Busfahrplänen zwischen Gaflei und Planken.

Camping Mittagspitze CAMPINGPLATZ, HOSTEL €
(☎ 392 36 77; www.campingtriesen.li; Sägastrasse 29; Stellplatz Erw./Kind/Auto 9/4/5 SFr, Zelt 6–8 SFr; P Wi-Fi Pool) Der gut ausgestattete, ganzjährig betriebene Campingplatz ist sehr gut für Familien geeignet. Er bietet einen Spielplatz, einen Pool und sogar ein Restaurant, eine TV-Lounge und einen Kiosk. Außerdem gibt's hier ein neues Hostelgebäude – perfekt für Backpacker.

Jugendherberge Schaan-Vaduz HOSTEL €
(☎ 232 50 22; www.youthhostel.ch/schaan; Under Rüttigass 6; B/EZ/DZ 35/66/92 SFr; ⏲ März–Okt.; P Wi-Fi) In Liechtenstein zu übernachten muss einen nicht ruinieren! Das Hostel, auf halbem Weg zwischen Schaan und Vaduz und von beiden Orten aus gut zu Fuß zu erreichen, ist besonders auf Radfahrer und Familien ausgerichtet.

Hotel Garni Säga HOTEL €
(☎ 392 43 77; www.saega.li; Alte Landstrasse 17, Triesen; EZ/DZ/3BZ 89/148/180 SFr; P Wi-Fi) Die familienbetriebene Pension mitten in einem Garten und mit hübschem Blick in die Berge ist eine tolle Unterkunft für Wanderer und Radfahrer. Die gemütlichen Zimmer sind schön ruhig und die besten haben einen Balkon mit Blick aufs Rheintal.

Essen & Ausgehen

Cafés, Pizzerien und nichtssagende Restaurants wetteifern am Städtle, der autofreien Hauptstraße, um die Franken der Besucher.

Adler Vaduz SCHWEIZERISCH €€
(☎232 21 31; www.adler.li; Herrengasse 2; Hauptgerichte ab 18 SFr; ⌚Mo–Fr 8.30–24 Uhr) Knarrende Holzböden und fliederfarbene Wände sorgen für die rustikal-schicke Kulisse im Adler. Serviert werden Schweizer Klassiker wie Zürcher Geschnetzeltes, zu denen prima ein Pinot Noir aus Vaduz schmeckt.

★ **Torkel** SCHWEIZERISCH €€€
(☎232 44 10; www.torkel.li; Hintergasse 9; Hauptgerichte ab 49 SFr; ⌚Mo–Fr 11.30–13.30 & 18.30–21, Sa 18.30–21 Uhr) Gleich oberhalb des fürstlichen Weinguts befindet sich das mit Efeu bewachsene Restaurant des Fürsten. Von der Gartenterrasse hat man einen wunderbaren Blick auf das darüber thronende Schloss. Der alte, holzverkleidete Innenraum ist im Winter sehr gemütlich. Die Küche setzt auf lokale, saisonale und internationale Spezialitäten.

Vanini Café Bar BAR
(☎232 21 31; www.adler.li/de/vanini-cafe-bar; Herrengasse 2; ⌚Mo–Fr 8–23 Uhr; Wi-Fi) Das Vanini direkt hinter dem Restaurant Adler Vaduz ist ein tolles Fleckchen für ein entspannendes Bier, ein Gläschen Wein oder einen Kaffee.

Praktische Informationen

Allgemeine Infos zum Land findet man unter www.liechtenstein.li und www.tourismus.li.

Liechtenstein Center (☎239 63 63; www.tourismus.li; Städtle 39, Vaduz; ⌚Nov.–April 9–17 Uhr, Mai–Okt. 9–18 Uhr) Bietet Broschüren, Stempel in den Pass (3 SFr) und Bildschirme mit Videosequenzen über das Land.

ZWEI RÄDER, DREI LÄNDER

Wegen Liechtensteins Lage an der Grenze zwischen Österreich und der Schweiz kann man hier mit dem Rad an einem Tag gleich zwei Grenzen passieren. Eine der schönsten und denkwürdigsten Strecken ist die 59 km lange **Drei-Länder-Tour**, die von Vaduz nach Feldkirch in Österreich führt. Die Strecke verläuft dann über Illspitz und am Rhein entlang nach Buchs in der Schweiz, in dessen Nähe in dem kleinen Ort Werdenberg das aus dem 13. Jh. stammende Schloss Werdenberg thront, und schließlich zurück nach Vaduz.

Karten und E-Bikes bekommt man bei der Touristeninformation in Vaduz.

An- & Weiterreise

Die Haltestelle der Postbusse befindet sich mitten im Ort. Nach Vaduz verkehren regelmäßig Busse von den Schweizer Orten Buchs (4 SFr, 20 Min.) und Sargans (5,80 SFr, 25 Min.) sowie von Feldkirch in Österreich. Die Liechtensteiner Busse sind hellgrün; Fahrscheine gibt's beim Fahrer.

Vaduz liegt nur 1 km von der Schweizer Grenze entfernt und es sind keine Einreiseformalitäten zu erfüllen. Die Straßen von Vaduz ins nördliche und südliche Liechtenstein sind hervorragend.

Vaduz liegt zumeist im flachen Rheintal, sodass man hier gut radeln kann.

Malbun

75 EW. / 1600 M

Nach einem langen Anstieg fühlt man sich am Ende der Straße hoch von Vaduz (455 m) in dem auf 1600 m Höhe gelegenen Ferienort Malbun – auf nette Weise – wie am Ende der Welt. Hier befindet sich auf jeden Fall das Ende der Straße: Mit dem Auto kann man den Ort nur auf dem Weg verlassen, den man hergekommen ist. Aber so abgelegen ist Malbun gar nicht und in der Hauptsaison ist es geradezu überlaufen. Ansonsten ist der Ort ideal zum Entspannen, vor allem wenn man mit Familie unterwegs ist. Für wenig Geld kann man Ski fahren, auch wenn es nicht viel Piste gibt. Dafür kann man in der schönen Landschaft ausgiebig wandern.

Aktivitäten

Die Skipisten sind vor allem für Anfänger interessant, es gibt aber auch ein paar für Fortgeschrittene und einige Langlaufloipen. Ältere Mitglieder der britischen Königsfamilie haben hier das Skifahren gelernt. Der Generalskipass (inkl. Sessellift Sareis) kostet pro Tag/Woche 48/215 SFr für Erwachsene und 29/127 SFr für Kinder. Ausrüstung kann man bei Malbun Sport mieten.

Fürstin-Gina-Weg WANDERN
Der 12 km lange Fürstin-Gina-Weg wartet mit schönen Ausblicken nach Österreich, in die Schweiz und auf Liechtenstein auf. Er beginnt an der Bergstation des Sareis-Sessellifts (im Sommer 9,80/15,30 SFr einfach/hin & zurück) und führt zurück nach Malbun.

Schlafen & Essen

Alpenhotel Vögeli PENSION €
(☎263 11 81; www.alpenhotel.li; Zi. 90 SFr pro Pers.; P Wi-Fi Pool) Die einladende Pension hat helle, komfortable Zimmer im klassischen Alpenstil. Der Pool mit Bergblick, die Sauna und das mit Kiefernholz verkleidete Restaurant

laden zur Entspannung ein. Von hier aus ist man im Nu im Winter auf den Skihängen bzw. im Sommer auf den Wanderwegen.

★**Familienhotel Gorfion** HOTEL €€
(☎265 90 00; http://en.gorfion.li; Stubistrasse 8; Zi. Erw./Kind ab 135/50 SFr; P 📶 🏊) Wer Kinder im Schlepptau hat, ist hier genau richtig! Während die Kleinen mit dem Spielplatz, dem Streichelzoo und diversen Aktivitäten bei Laune gehalten werden, können sich die Eltern dank der Mittagschlafbetreuung im Whirlpool entspannen. Auch bei den Mahlzeiten ist Kinderbetreuung vorhanden. Außerdem sind im Hotel Buggys, Rucksäcke und Hochstühle verfügbar.

Bergrestaurant Sareis SCHWEIZERISCH €
(☎263 46 86; www.bergrestaurant-sareis.li; kleine Gerichte 9,50–21,50 SFr; ⏲Juni–Mitte Okt. 8–17 Uhr, Mitte Dez.–April 9–16 Uhr) Der Alpenblick von dieser Blockhütte am Ende des Sareis-Sessellifts ist nicht zu toppen.

ℹ Praktische Informationen

Touristeninformation (☎263 65 77; www.malbun.li; ⏲Mitte Dez.–Mitte April 9–12 & 13–16 Uhr, Juli–Mitte Okt. Mo–Fr 9–12, Sa & So 9–13.30 Uhr) Befindet sich an der Hauptstraße.

ℹ An- & Weiterreise

Täglich fährt Bus 21 zwischen 7.15 und 20.15 Uhr etwa stündlich von Vaduz nach Malbun (3,50 SFr, 30 Min.), zurück geht es zwischen 8.20 und 19.20 Uhr. Von Vaduz sind es 14 km – bergauf! – nach Malbun. Oben gibt's dann genügend Parkplätze.

Die Schweiz verstehen

Die Schweiz aktuell

Die Schweiz gilt nicht umsonst als Bollwerk. Das Land scheint immun gegen die Probleme und Schwierigkeiten zu sein, mit denen sich die Nachbarländer plagen. Die Schweiz wirkt darauf erpicht, ihre Sonderstellung und die Das-geht-uns-nichts-an-Haltung noch zu verstärken. Mit seiner starken Wirtschaft, sozialer Stabilität, einem wegweisenden öffentlichen Verkehrsnetz und betonter Nachhaltigkeit kultiviert das Land seine Eigenständigkeit und seinen einmaligen Ruf.

Top-Filme

Puppy Love (2013) Geschichte über das Erwachsenwerden mit dem in Lausanne geborenen Vincent Perez.
Winterdieb (2012) Ursula Meiers preisgekrönter Film über die Beziehung zwischen zwei in ärmlichen Verhältnissen lebenden Geschwistern in einem Schweizer Skigebiet.
Home (2008) In diesem Drama von Ursula Meier gerät das Leben einer Familie völlig aus den Fugen.
Reise der Hoffnung (1991) Oscarprämierte Story über eine kurdische Familie, die in die Schweiz auswandert.
Außer Atem (1960) Nouvelle-Vague-Klassiker des Schweizer Avantgarde-Filmemachers Jean-Luc Godard.

Top-Bücher

Heidi (Johanna Spyri; 1881) Kinderbuch über ein Waisenmädchen in den Alpen.
Der Zauberberg (Thomas Mann; 1924) Der berühmte Roman spielt in einem Sanatorium im verschneiten Davos.
Auf den Gipfeln der Welt: Die Eiger-Nordwand und andere Träume (Jon Krakauer; dt. 2000) Mitreißende Schilderung spannender Bergabenteuer.
Der Schweizversteher: Ein Engländer unter Eidgenossen (Diccon Bewes; 2012) Einblicke in das „Land, wo Milch und Moneten fließen".
Frankenstein (Mary Shelley; 1818) Die britische Autorin schrieb das Grusel-Kultwerk bei einem Schweizaufenthalt.

Entfesselter Franken, florierender Tourismus

Im Januar 2015 traf die Schweizerische Nationalbank (SNB) die umstrittene Entscheidung, den Schweizer Franken vom Euro abzukoppeln und den 2011 eingeführten Mindestkurs von 1,20 Franken je Euro aufzuheben. Der Kurs des Frankens schnellte in die Höhe und stürzte die Märkte ins Chaos. *The Economist* kommentierte, die Aufwertung des Frankens schade der Wirtschaft der Schweiz, die Waren und Dienstleistungen im Wert von über 70 % des BIP exportiere. Doch inzwischen hat sich die Schweizer Konjunktur erholt. Wie *Focus Economics* im Mai 2017 ausführte, sank der Kurs des Frankens angesichts positiver Nachrichten und Daten aus der Eurozone allmählich wieder, was die Aussichten für die exportabhängige Schweizer Wirtschaft verbessere. Das spiegelte sich auch in einem Bericht des schweizerischen Staatssekretariats für Wirtschaft (SECO), wonach das BIP im ersten Quartal 2017 um 0,3 % gewachsen sei. Trotz der Nachwirkungen des Franken-Schocks dürfte sich das Wachstum fortsetzen und die Arbeitslosenquote weiter fallen – im Mai 2017 lag sie mit 3,3 % weit unter dem europäischen Durchschnitt von 9,3 %.

Auch der Tourismus hat sich erholt. Das Schweizer Bundesamt für Statistik (BFS) gab die Zahl der Übernachtungen von November 2016 bis April 2017 mit 15,7 Mio. an, 2 % mehr als im Vorjahreszeitraum.

Insgesamt sieht die wirtschaftliche Zukunft der Schweiz rosig aus. Im Lebensqualitätsindex der Firma Mercer für 2017 belegte Genf den achten und Zürich sogar den zweiten Platz. Das hat allerdings seinen Preis: Laut Ranking der Analyse-Firma Economist Intelligence Unit (EIU) war Zürich 2017 die teuerste Stadt der Welt.

Grüne Aussichten

Mit der Energiestrategie 2050 treibt die Schweiz den nachhaltigen Umbau der Energieversorgung weiter voran. Sie setzt Ziele für den Ausbau der Wasserkraft und die Nutzung kosteneffizienter erneuerbarer Energien und will zugleich den Pro-Kopf-Verbrauch und die Umweltbelastung senken. Im Mai 2017 votierten bei einer bindenden Volksabstimmung 58,2 % für einen schrittweisen Ausstieg aus der Kernkraft, die derzeit rund ein Drittel des Schweizer Stromverbrauchs deckt, und die Umstellung auf erneuerbare Energien. Das Gesetz tritt Anfang 2018 in Kraft. Das erste der fünf Schweizer Kernkraftwerke (Mühleberg im Kanton Bern) soll 2019 abgeschaltet werden. Das neue Gesetz will die erneuerbaren Energien mit Milliarden Franken fördern, verbietet den Bau neuer Kernkraftwerke und leitet die sukzessive Stilllegung der bestehenden Kernkraftwerke ein.

„Nachhaltigkeit" ist in der Schweiz nicht nur ein Schlagwort, sondern Mentalität und Lebensstil. Vorbildhaft ist z. B. die Jungfrau-Region im alpinen Herzen der Schweiz, wo jetzt schon fast der gesamte Energiebedarf aus erneuerbaren Quellen gedeckt wird. Selbst die Jungfraubahn erzeugt einen Teil der Energie, die sie verbraucht, selbst: Bergauf fahren die Züge mit elektrischer Energie; auf der Talfahrt wird der Effekt umgekehrt und die Motoren verwandeln sich in Generatoren, um die Bremsenergie zurückzugewinnen.

Vorbildliche Verkehrsmittel

Die Schweizer bauen ihre traditionelle Vorreiterfunktion in puncto öffentliche Verkehrsmittel weiter aus. Im Dezember 2016 wurde der Gotthard-Basistunnel, mit 57 km der längste Tunnel der Welt, in Betrieb genommen, um die Verkehrsströme durch die Alpen von der Straße auf die Schiene zu verlagern. Bei seinem Bau wurden intelligente Maßnahmen zum Schutz der Luftqualität, zur Abwasseraufbereitung und zum Schutz von Flora und Fauna umgesetzt. Wie im Mai 2017 bekanntgegeben, sollen ab 2019 auf der Strecke Basel-Mailand 29 elektrische „Giruno"-Hochgeschwindigkeitszüge mit bis zu 250 km/h durch den Tunnel brausen.

Außerdem wurde 2017 in Kooperation mit Tesla die E-Grand Tour of Switzerland angekurbelt, der weltweit erste Roadtrip für Elektrofahrzeuge: Die neue, 1600 km lange Route mit 300 Ladestationen klappert alle Highlights des Landes ab. Die Schweizer Bundesbahnen führen ein neues Jahresticket „SBB Green Class E-Bike" ein, bei dem die E-Bike-Nutzung im Preis enthalten ist. Das Umweltbewusstsein ist auch in der Tourismusbranche spürbar. An den meisten Bahnhöfen stehen E-Bikes zur Verfügung, und viele regionale Tourismusorganisationen ermöglichen Übernachtungsgästen die kostenlose Nutzung öffentlicher Verkehrsmittel; ein Beispiel hierfür ist das 2017 eingeführte Ticino Ticket im Tessin.

BEVÖLKERUNG: **8,18 MIO.**

EINWOHNER ANDERER STAATSANGEHÖRIGKEIT: **24,6 %**

FLÄCHE: **41 285 KM²**

BIP: **659,3 MRD. US$**

INFLATION: **0,5 %**

ARBEITSLOSENQUOTE: **3,3 %**

Gäbe es nur 100 Schweizer, sprächen ...

64 Deutsch
20 Französisch
8 eine andere Sprache
7 Italienisch
1 Rätoromanisch

Religionszugehörigkeit

(% der Bevölkerung)

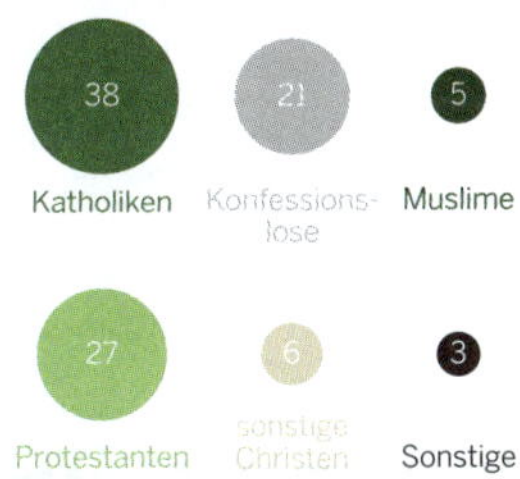

Einwohner pro km²

Geschichte

Die Schweiz ist einzigartig. Und nirgendwo deutlicher als in ihrer Geschichte zeigt sich das. Das kleine Binnenland bildet eine Ausnahme vom Prinzip des Nationalstaats. Das ungewöhnliche und kultivierte Land erhielt seine Verfassung im Jahr 1874 und musste sich alsbald in zwei Weltkriegen behaupten (in denen es entschieden neutral blieb). Trotz der überwältigenden Präsenz globaler Institutionen und Schritten zu einer stärkeren internationalen Zusammenarbeit bleibt die moderne Schweiz eigenständig, eigenwillig und unerschütterlich einzigartig.

Stämme & Burgen – die Wurzeln der Schweiz

Das Jahr 1291 gilt als Geburtsjahr der Schweizer Eidgenossenschaft, was aber nicht heißen soll, dass die Jahrtausende davor nicht von Bedeutung sind – denn genau das ist die Zeit, der sie ihre schönsten Schlösser und Burgen zu verdanken hat.

Die ersten Einwohner waren die Kelten, darunter die Helvetier aus dem Juragebirge und dem schweizerischen Mittelland und die Rätoromanen aus Graubünden. Zunächst drangen die Römer in ihre Heimat ein: Unter Julius Cäsar traten sie 58 v. Chr. ihren Eroberungsfeldzug an und machten Aventicum (das heutige Avenches) zum Zentrum Helvetiens (der Römischen Schweiz). Die größten römischen Ruinen in der Schweiz befinden sich heute jedoch in Augusta Raurica in der Nähe von Basel. Um 400 n. Chr. drangen mit den Alemannen germanische Stämme in die Schweiz vor und vertrieben die Römer aus dem Land.

Die Alemannen siedelten in der Ost- und Zentralschweiz, während sich mit den Burgundern ein weiterer germanischer Stamm im Westteil des Landes niederließ. Die Burgunder übernahmen bald das Christentum und die lateinische Sprache und legten somit den Grundstein für die Teilung in eine französisch- und eine deutschsprachige Schweiz. Im 6. Jh. wurden die beiden Stämme von den Franken erobert. Als 870 das Reich Karls des Großen zerfiel, wurden auch die beiden Gebiete wieder auseinandergerissen.

Die Schweiz kann sich der zweitlängsten Neutralität rühmen – an erster Stelle steht Schweden, das seit seiner Beteiligung an den Napoleonischen Kriegen 1814 neutral ist.

ZEITLEISTE

58 v. Chr.

Zur Überwachung der Rheingrenze und um die Germanen davon abzuhalten in römisches Gebiet einzudringen, siedelt Julius Caesar zwischen den Alpen und dem Juragebirge die Helvetier an.

1032

Die in der Westschweiz ansässigen Ortschaften werden zusammen mit dem Königreich der Burgunder dem Heiligen Römischen Reich einverleibt, bleiben jedoch weitgehend selbstständig.

1273

Der Habsburger Rudolf I. wird König des Heiligen Römischen Reichs und herrscht über große Teile der Schweiz. Als die Habsburger mit harter Hand Steuern eintreiben, wächst der Widerstand.

Nach der Wiedervereinigung unter den Ottonen im Jahr 1033 erlangte die Schweiz, die nun wieder vollständig zum Heiligen Römischen Reich gehörte, erstmals größere Eigenständigkeit. Örtlich ansässige Adelsgeschlechter übten den größten Einfluss aus: vor allem die Zähringer, die Fribourg, Bern und Murten gründeten und in Thun im Berner Oberland ein Schloss mit hohen Türmen und roten, runden Ecktürmchen bauten, und die Savoyer, die rund um den Genfer See einen Ring von Schlössern, u. a. das bemerkenswerte Château de Morges und das prachtvolle Château de Chillon direkt am Ufer in der Nähe von Montreux, errichteten. Eine der erfolgreichsten Adelsdynastien Europas überhaupt, die Habsburger, stammen ursprünglich aus dem Aargau. Unter Rudolf I. erlangten diese 1273 erstmals die Krone des Heiligen Römischen Reiches. Umgehend ließ Rudolf mit unbarmherziger Hand mehr Steuern einziehen und straffte das Verwaltungssystem. Die Unzufriedenheit unter den Schweizern wuchs schnell.

Burgen & Schlösser

- *Château de Chillon (S. 77), Montreux*
- *Château de Morges (S. 69), Morges*
- *Schloss Thun (S. 137), Thun*
- *Mittelalterliche Burgen (S. 188), Bellinzona*
- *Burg Hohenklingen (S. 276), Stein am Rhein*
- *Wasserschloss Hallwyl (S. 245), Kanton Aargau*

Confoederatio Helvetica – die moderne Schweiz

Als Rudolf I. 1291 starb, kam es zu ersten Unabhängigkeitsbestrebungen. Der Legende nach trafen sich am 1. August desselben Jahres die drei Waldstätten Uri, Schwyz und Nidwalden auf der Rütliwiese im Kanton Schwyz in der Zentralschweiz, um dort feierlich zu schwören, dass sie sich keinen fremden Machthabern oder Gesetzgebern unterwerfen würden. Historikern zufolge verzerrt der Mythos die wahren Begebenheiten ein wenig. Fest steht aber, dass ein Bündnis geschlossen wurde. Die Urkunde, die man im Bundesbriefmuseum bewundern kann, gilt als Gründungsakt der (Alten) Schweizerischen Eidgenossenschaft. Deren lateinischer Name Confoederatio Helvetica lebt bis heute im Schweizer Länderkürzel CH – z. B. auf ovalen Autoaufklebern und als Internet-Domain-Endung – weiter.

1315 entsandte Herzog Leopold I. von Österreich eine mächtige Armee, um den aufmüpfigen Untertanen Einhalt zu gebieten. Diese fügten jedoch seinen Truppen in der Schlacht am Morgarten eine historische Niederlage zu – was andere Gemeinden dazu veranlasste, sich dem Bund anzuschließen. In den nächsten 200 Jahren machten die Freiheitskämpfer durch militärische Siege, Landeroberungen und dem Hinzugewinn neuer Verbündete weiter an Boden gut. Kanton nach Kanton schloss sich ihnen an: Luzern (1332), Zürich (1351), Glarus und Zug (1352), Bern (1353), Fribourg und Solothurn (1481), Basel und Schaffhausen (1501) und Appenzell (1513). In diese ereignisreiche Zeit fällt auch der Schwabenkrieg, in dem die Schweizer Eidgenossen bei Dornach 1499 die Truppen des Kaisers Maximilian I. besiegten.

1291

Das auf der Rütliwiese geschlossene Unabhängigkeitsbündnis gilt als offizielle Geburt der modernen Schweiz. Viele Historiker datieren dieses Ereignis und somit die Wilhelm-Tell-Legende auf das Jahr 1307.

1315

Schweizer Truppen schlagen in der Schlacht am Morgarten überraschend habsburgisch-österreichische Streitkräfte. Es soll nicht der einzige Schweizer Sieg über Eindringlinge bleiben.

1499

Die Schweizer Eidgenossenschaft wird nach einer Reihe von Siegen gegen die kaiserlichen Streitkräfte entlang des Rheins und auf Schweizer Gebiet faktisch vom Heiligen Römischen Reich unabhängig.

1515

Nach ihrem Siegeszug durch Mailand und Pavia werden die Schweizer 1512 bei Marignano von französisch-venezianischen Truppen geschlagen. Daraufhin ziehen sie sich zurück und erklären sich für neutral.

Das Ende der Niederlagen – die Schweizer Neutralität

Die Schweizer Neutralität entstand im Wesentlichen aus der schweren Niederlage der zerrütteten Schweiz: Nachdem sich die Eidgenossen bis nach Mailand vorgekämpft hatten, wurden sie 1515 bei Marignano, 16 km südöstlich von Mailand, von den französisch-venezianischen Truppen geschlagen. Nach den blutigen Auseinandersetzungen gab die Schweiz ihren Traum von einer Expansion auf, zog sich von der internationalen Bühne zurück und erklärte erstmals ihre Neutralität. In den folgenden Jahrhunderten zeigte sich der Kriegsgeist der Schweiz dann lediglich im Einsatz von Söldnern; diese Tradition spiegelt sich bis heute in der Schweizergarde wider, die noch immer für den Schutz des Papstes im Vatikan verantwortlich ist.

Die Kombination aus Schweizer Neutralität und Völkervielfalt erwies sich als schützender Faktor, als der religiös motivierte Dreißigjährige Krieg (1618–1648) in Europa ausbrach. Die von den Predigern Huldrych Zwingli und Jean Calvin angeführte Protestantische Reformation hatte zunächst in Zürich und Genf Einzug gehalten, während die Zentralschweiz katholisch geblieben war. So gespalten, konnten sich die Schweizer nicht darauf verständigen, wen sie im Dreißigjährigen Krieg unterstützen sollten, und blieben neutral.

1798 drangen die Franzosen in die Schweiz ein und errichteten die Helvetische Republik. Sie waren nicht willkommener als die Österreicher vor ihnen und innere Auseinandersetzungen veranlassten Napoleon, das frühere Bündnis der Kantone 1803 wiederherzustellen – die Kantone Aargau, St. Gallen, Graubünden, das Tessin, Thurgau und Waadt traten so der Eidgenossenschaft bei.

Nach Napoleons Niederlage gegen die Briten und Preußen wurde auf dem Wiener Kongress 1815 die Schweiz erstmals offiziell als unabhängiger und neutraler Staat anerkannt. Zudem traten ihr die Kantone Wallis, Genf und Neuenburg der Eidgenossenschaft bei, die vorerst nurmehr ein Staatenbund war.

Auch wenn Teile der Bevölkerung mit den Deutschen sympathisierten, beschränkte sich die Schweiz im Ersten Weltkrieg auf das Organisieren von Einheiten des Roten Kreuzes. Nach Kriegsende trat die Schweiz dem Völkerbund bei, beschränkte ihre Mitgliedschaft aber ausschließlich auf finanzielle und wirtschaftliche Mittel (so wurde Genf als Sitz des Bundes bestimmt). Eine militärische Beteiligung gab es nicht.

Auch im Zweiten Weltkrieg verhielt sich die Schweiz neutral und überstand die Zeit vergleichsweise unbeschadet – abgesehen von vereinzelten Bombenangriffen auf Schaffhausen im April 1944: Die Piloten der Alliierten bombardierten die Stadt im Nordosten der Schweiz zweimal, weil sie es aufgrund eines Navigationsfehlers mit Ludwigshafen

Historische Museen

- Bundesbriefmuseum (S. 223), Schwyz
- Schweizerisches Landesmuseum (S. 249), Zürich
- Historisches Museum Bern (S. 106)
- Château de Prangins (S. 70), Nyon
- Château de Chillon (S. 77), Montreux

1519

Der Protestant Huldrych Zwingli predigt in Zürich „Betet und arbeitet!", setzt sich für die Priesterehe und eine neue Art des Gottesdienstes ein. 1523 nimmt die Stadt seine Reformvorschläge an.

1590–1600

Ca. 300 Frauen werden im Kanton Waadt gefoltert und bei lebendigem Leibe als Hexen verbrannt; Protestanten in anderen Schweizer Kantonen kämpfen in dieser Zeit bereits für ein Ende der Hexenverfolgung.

1847

„Hasenjagd": der Sonderbundskrieg zwischen Protestanten und Katholiken dauert nur 26 Tage. Die Bilanz: 86 Tote und 500 Verwundete, doch der Weg für die Verfassung von 1848 ist geebnet.

1863

Nachdem er 1859 bei der Schlacht bei Solferino Zeuge des Gemetzels und des Leids unbehandelter Verwundeter wurde, gründet der Geschäftsmann Henri Dunant in Genf das Internationale Rote Kreuz.

bei Mannheim verwechselten. Das bedeutsamste Ereignis des Zweiten Weltkriegs für die Schweizer war, als Henri Guisan, Oberbefehlshaber der Schweizer Armee, die militärische Elite auf der Rütliwiese (1291 Schauplatz des Rütlischwurs) versammelte, um der Weltöffentlichkeit zu demonstrieren, wie entschlossen die Schweiz sei, das eigene Land zu verteidigen.

Die Verfassung – die Kantone bekommen ein Mitspracherecht

1847 brach ein Bürgerkrieg aus, der sogenannte Sonderbundskrieg. Die von General Dufour geführte protestantische Armee vernichtete in kürzester Zeit den Sonderbund, zu dem sich zuvor einige katholisch-konservative Kantone, darunter auch Luzern, zusammengeschlossen hatten. Der Spuk war bereits nach 26 Tage vorüber, was den deutschen Kanzler Otto von Bismarck später dazu veranlasste, ihn als „Hasenjagd" zu bezeichnen. Aber der Zusammenbruch und das Durcheinander war den friedliebenden Schweizern Warnung genug. Und so wurde der Sieg der Streitkräfte Dufours umgehend dazu genutzt, eine neue föderale Verfassung zu schaffen. Bern wurde zur Hauptstadt ernannt.

Die 1848 errichtete Verfassung, die größtenteils noch heute in Kraft ist, stellte einen Kompromiss zwischen Befürwortern einer zentralistischen Machtstruktur und konservativen Kräften dar, die die Souveränität der einzelnen Kantone beibehalten wollten. Die Kantone traten schließlich ihr Recht an die Bundesregierung ab, Geld zu drucken, postalische Dienste zu leisten und Zölle und Steuern zu erheben. In lokalen Angelegenheiten behielten sie jedoch die legislative und exekutive Gewalt. Außerdem wurde die neue Bundesversammlung mit der Zielsetzung konzipiert, den einzelnen Kantonen ein Mitspracherecht zu geben. Die große Kammer, der Nationalrat, hat 200 Mitglieder aus 26 Kantonen, die Zahl der Abgeordneten entspricht der Bevölkerungszahl der jeweiligen Kantone. Die kleine Kammer, der Ständerat, hat 46 Mitglieder mit jeweils zwei aus jedem Kanton; lediglich die sogenannten Halbkantone (Appenzell Ausserrhoden und Appenzell Innerrhoden, Basel-Stadt und Basel-Land sowie Obwalden und Nidwalden) entsenden nur ein Mitglied.

Der Widerstand gegen politische Korruption mündete in der immer lauter werdenden Forderung nach mehr Demokratie. 1874 wurde die Verfassung dahingehend überarbeitet, dass viele Bundesgesetze durch nationale Volksabstimmungen abgesegnet werden müssen – ein Phänomen, für das die Schweiz noch heute berühmt ist. Mit 50 000 Unterschriften kann ein Gesetzvorhaben gestoppt werden, 100 000 Unterschriften sind nötig, um eine öffentliche Abstimmung über eine beliebige Angelegenheit herbeizuführen.

Mit dem „Zürcher Wurstessen" von 1522 rebellierten die Schweizer Protestanten erstmals offen gegen die katholische Kirche. Damals verstießen ein Drucker und mehrere Geistliche demonstrativ gegen das geltende Abstinenzgebot, indem sie in der Fastenzeit am Aschermittwoch Würstchen verdrückten.

1918

Ein Sechstel der Bevölkerung lebt unter der Armutsgrenze, 20 000 Menschen fallen der Spanischen Grippe zum Opfer. Der Streik der Arbeiter führt dazu, dass langfristig u. a. die 48-Stunden-Woche eingeführt wird.

1940

Im Zweiten Weltkrieg werden 430 000 Soldaten an den Grenzen stationiert. Der Großteil der Armee positioniert sich aber wegen eines möglichen Partisanenkriegs gegen Deutschland in Alpenfestungen.

1979

Nach einer Volksabstimmung wird der Jura (mit seiner vorwiegend französischsprachig-katholischen Bevölkerung), der sich 1815 (das deutschsprachig-protestantische) Bern einverleibt hat, ein unabhängiger Kanton.

1990

Das World Wide Web wird im Genfer CERN „geboren", wo Tim Berners-Lee die Sprache HTML entwickelt, die Grundlage zur Erstellung von Websites und zur Verbindung von Text mit Grafik.

Streng geheim – das Schweizer Bankwesen

Selbst in einer neuen, fiskalisch transparenteren Welt ist die neutrale Schweiz noch immer ein attraktiver Ort, um sein Vermögen zu bunkern. Jeder Schweizer Kanton legt seine Steuersätze selbst fest, was sowohl Privatpersonen als auch Geschäftsleute ermutigt, auf den Märkten der einzelnen Kantone zu „spielen". Zug etwa ködert die Geschäftswelt mit den niedrigsten Einkommens- und Körperschaftssteuersätzen sowie Steuererleichterungen.

Das Schweizer Bankgeheimnis reicht bis ins Mittelalter zurück und wurde 1934 mit der Einführung von Nummernkonten (statt Namenkonten) gesetzlich verankert. Seitdem wächst und gedeiht das Schweizer Bankenwesen, was hauptsächlich einer beneidenswerten, durch die Neutralität sichergestellten Stabilität zu verdanken ist. Als die Bank für Internationalen Zahlungsausgleich (BIZ, die Bank der Zentralbanken) im Jahr 1930 Basel als ihren Hauptsitz wählte, geschah dies aus gutem Grund – die Schweiz war neutral.

In den späten 1990er-Jahren sah sich die Schweiz dann nach einer Reihe von Skandalen dazu gezwungen, ihr auf strenger Geheimhaltung basierendes Bankwesen zur reformieren, das zusammen mit der Gründung mehrerer Geschäftsbanken Mitte des 19. Jhs. entstanden war. 1995 gaben Schweizer Banken auf Druck von jüdischen Gruppen bekannt, millionenschwere Konten aus der Zeit vor 1945 entdeckt zu haben; das Geld stammte von Opfern und Überlebenden des Holocaust. Wiederholt mit Anschuldigungen konfrontiert, die Geldinstitute säßen auf dem Geld, ohne ernsthafte Bemühungen unternommen zu haben, die rechtmäßigen Eigentümer ausfindig zu machen, erklärten sich drei Jahre später die beiden größten Banken, UBS und Credit Suisse, dazu bereit, den Überlebenden des Holocaust und ihren Familien eine Entschädigung in Höhe von 1,25 Mrd. US$ zu zahlen.

Die Schweiz war lange Zeit bei Reichen beliebt, die dort ihr Vermögen bei Privatbanken bunkerten. Deshalb üben seit 2009 die USA, Großbritannien, Deutschland und andere Länder mit hohen Steuern enormen Druck auf die Schweiz aus, ihr Bankgesetz von 1934 zu ändern, das Kontoinhaber schützt, denen in ihren Heimatländern Steuerhinterziehung vorgeworfen wird.

Die Schweizer machten Zugeständnisse, was Kritiker triumphierend als Todesurteil für das Schweizer Bankgeheimnis sahen. Mitten in dem Hin und Her wurde Wegelin & Co., die älteste Bank der Schweiz, in den USA der Beihilfe zur Steuerhinterziehung angeklagt, bekannte sich schuldig und stellte 2013 den Geschäftsbetrieb ein. Im selben Jahr unterzeichneten die Schweiz und die USA eine gemeinsame Erklärung, die den Schweizer Banken in Fragen der Steuerhinterziehung die freiwillige Kooperation mit den US-Behörden gestattet. 2014 bekannte sich die zweitgrößte Bank der Schweiz, Credit Suisse, der Beihilfe zur Steuerflucht amerikanischer Bürger über viele Jahre schuldig und erklärte sich außergerichtlich bereit, dafür eine Strafe von 2,815 Mrd. US$ zu zahlen.

Die Ära der geheimen Schweizer Konten könnte jedoch bald zu Ende sein: neue Regularien, ab 2018 in Kraft, sollen sicherstellen, dass Kontodetails im Einklang mit internationalen Transparenzstandards an die Steuerbehörden anderer Staaten weitergegeben werden.

2001

Swissair meldet Konkurs an, 14 Politiker sterben bei einem Amoklauf im Zuger Parlament, 21 Personen kommen bei einem Canyoning-Unfall und 11 bei einem Feuer im Gotthardtunnel ums Leben.

2008

Die weltweite Finanzkrise trifft auch die beiden größten Schweizer Banken, UBS und Credit Suisse. Die Regierung greift der UBS mit 60 Mrd. US$ unter die Arme, Credit Suisse sucht eigene Wege aus der Krise.

2009

Am CERN, der Europäischen Organisation für Kernforschung mit Sitz in Genf, gelingen die ersten Experimente in dem weltgrößten Teilchenbeschleuniger, dem Großen Hadronen-Speicherring.

2011

Der steigende, überbewertete Schweizer Franken veranlasst die Schweizer Nationalbank, den Franken an den Euro zu binden. 2015 wird diese Entscheidung wieder rückgängig gemacht.

DIE ZAUBERFORMEL: DIE REGIERUNG DER SCHWEIZ

Die Zusammensetzung der Schweizer Regierung, des Bundesrats, ist nicht abhängig davon, welche Partei die meisten Parlamentssitze gewinnt (d. h. nicht die Partei mit den meisten Stimmen regiert), sondern richtet sich seit 1959 nach der „Zauberformel" – einer Vereinbarung zur Machtaufteilung zwischen den vier größten Parteien.

- Der Bundesrat besteht aus sieben Ministern (Bundesräten), die einzeln vom Parlament gewählt werden.
- Die vier größten Parteien im Parlament erhalten so viele Sitze im Bundesrat, wie es ihrem Anteil bei den Wahlen entspricht.
- Der Bundespräsident wird nach dem Rotationsprinzip aus den sieben Bundesräten bestimmt und nimmt für ein Jahr faktisch das Amt des Staatsoberhaupts wahr.
- Die sieben Bundesratsmitglieder übernehmen jeweils die Leitung eines der sieben Departements der Bundesversammlung (Finanzen, Auswärtige Angelegenheiten usw.).
- Viele Bundesgesetze müssen zuerst mit einer Volksabstimmung gebilligt werden. Davon finden mehrere pro Jahr statt.

Jahrzehntelang hatten die drei größten politischen Parteien – die FDP. Die Liberalen (FDP), die Christlichdemokratische Volkspartei (CVP) und die Sozialdemokratische Partei (SP) – jeweils zwei Sitze im Bundesrat, die vierte Partei, die rechtsgerichtete Schweizerische Volkspartei (SVP), einen Sitz. Dies änderte sich 2003, als die SVP an der CVP vorbeizog, und dann nochmals 2008, als sich die SVP aufspaltete, die Bürgerlich-Demokratische Partei (BDP) entstand und damit die Zauberformel ausgehebelt wurde.

Bei den jüngsten Bundesratswahlen 2015 erhielt die SVP, die für ihre ablehnende Haltung zur Einwanderung und höchst umstrittene Wahlplakate bekannt ist, 29 % der Stimmen und gewann damit eine Rekordzahl von Sitzen.

Für immer neutral – eine Nation für sich

Seit Ende des Zweiten Weltkriegs erlebt die Schweiz eine Phase der wirtschaftlichen, sozialen und politischen Stabilität. Während sich der Rest Europas noch von den Folgen des Krieges erholen musste, befand sich die Schweiz bereits auf dem Weg nach oben und konnte dabei von ihrer bereits vorhandenen Stabilität in Wirtschaft, Handel und Industrie profitieren. Zürich entwickelte sich zum internationalen Banken- und Versicherungszentrum, Genf wurde zum Sitz der Weltgesundheitsorganisation und vieler anderer internationaler Einrichtungen. Wegen ihrer Neutralität beschränkte sich die Schweiz in der Organisation der Vereinten Nationen (UN) aber lange Zeit lediglich auf einen Beobachterstatus (und das obwohl in Genf eine Außenstelle des UN-Sekretariats sitzt). Auf eine Mitgliedschaft in der Europäischen Union wird bis heute verzichtet.

Auf www.parlament.ch und www.admin.ch gibt's Einblick in das ungewöhnliche politische System der Schweiz, die Prinzipien der direkten Demokratie und der Zauberformel sowie die Arbeit der Abgeordneten als Teilzeitpolitiker.

2014
Die Volksinitiative für Höchstgrenzen bei der Einwanderung wird an den Wahlurnen angenommen.

2016
Die *Solar Impulse 2*, das Solarflugzeug des aus Lausanne stammenden Abenteurers Bertrand Piccard, beendet erfolgreich seinen treibstofffreien 40 000-km-Flug rund um den Globus.

2016
Der Gotthard-Basistunnel, mit 57 km der längste der Welt, wird im Dezember in Betrieb genommen und verkürzt die Fahrtzeit nach Italien.

2017
Die Schweizer entscheiden sich per Volksabstimmung für einen Atomausstieg und die Umstellung auf erneuerbare Energien.

Als die Schweiz 2002 den Vereinten Nationen beitrat, wurde irrtümlicherweise eine rechteckige Schweizer Flagge bestellt, die vor dem New Yorker Hauptsitz gehisst werden sollte. Die Schweizer Funktionäre protestierten aufs Heftigste und bestanden darauf, dass schnell die richtige quadratische Flagge im Wind flatterte.

Bei den Parlamentswahlen von 2003 erlebte die Schweiz einen gewaltigen Ruck hin zum rechtskonservativen Lager, ein weiteres Zeichen dafür, dass die Schweiz ein Land für sich ist. 2006 forderte die antieuropäische, gegen Zuwanderung kämpfende Schweizerische Volkspartei (SVP) eine Verschärfung der Einwanderungs- und Asylpolitik. Ein entsprechendes Referendum wurde mit überwältigender Mehrheit angenommen. Dann gab es auch noch den Minarettstreit, eine Kontroverse um den Bau neuer Minarette, die international große Empörung hervorrief. Nachdem sich aber 57,7 % der Stimmberechtigten in einem von den Rechtspopulisten initiierten Referendum gegen den Bau neuer Minarette ausgesprochen hatten, war das Verbot rechtlich wirksam. Während der Kampagne veröffentlichte die SVP Anti-Einwanderungs-Poster, auf dem drei weiße Schafe ein schwarzes Schaf von dem strahlend weißen Kreuz der Schweizer Flagge stießen.

Trotz der streng konservativen Programmatik der SVP gab es aber auch deutliche Anzeichen dafür, dass sich die Schweiz dem Rest der Welt gegenüber öffnet. 2002 wurde sie 190. UN-Mitglied (ein Referendum war noch 1986 fehlgeschlagen); und drei Jahre später entschloss sich die Schweiz, dem Schengener Abkommen beizutreten (seit Ende 2008 gehört das Land offiziell zur Schengen-Zone). Im selben Jahr stimmten die Schweizer auch knapp für die Anerkennung gleichgeschlechtlicher Partnerschaften (die jedoch rechtlich nicht mit Ehen gleichgestellt sind) – eine weitere Niederlage für die SVP.

Freilich rechnet kaum jemand damit, dass die Schweiz irgendwann mal mit dem Gedanken spielen könnte, der Europäischen Union oder gar der Euro-Zone beizutreten. Traditionell findet man die EU- und Euro-Befürworter eher in den französischsprachigen Kantonen im Westen, während sich die deutschsprachigen Kantone und das Tessin tendenziell dagegen aussprechen.

Schweizer Lebensart

Schokolade, Käse, Präzisionsuhren, Bankgeheimnis, Birchermüsli, Heidi, Wilhelm Tell, Jodeln und die Alpen: Die Schweiz wird mit jeder Menge Klischees in Verbindung gebracht. Die wohlerzogenen Bewohner des Landes sind arbeitsam, perfekt organisiert, ordentlich, gehorsam (wer hat schon einmal einen Schweizer bei Rot über die Straße gehen sehen?), sehr umsichtig und schonungslos effizient – der Traum einer jeden Schwiegermutter. Oder vielleicht doch nicht?

Sonderfall Schweiz

Die Schweizer bestehen zu Recht auf ihrer ganz eigenen Kultur. Das Land ist von einer überwältigenden kulturellen Vielfalt geprägt, die sich in vier Sprachen und Lebensweisen widerspiegelt. In der deutsch-, französisch- und italienischsprachigen Schweiz zeigen sich jeweils Ähnlichkeiten mit Deutschland, Frankreich und Italien, wobei sich die verschiedenen Lebensarten als facettenreich, divers und oft auch überraschend erweisen. Und dann gibt es da noch Graubünden, wo Rätoromanisch gesprochen wird. So lassen sich der Sonderfall Schweiz und seine so unterschiedlichen Bewohner mitnichten in eine Schublade stecken.

Das Gegenteil ist der Fall. Von jahrhundertealten, rustikalen Alpentraditionen wie Ringen und Steinstoßen bis hin zu jungen Google-Mitarbeitern in Zürich, die an Feuerwehrstangen zur Arbeit rutschen, und Genfer Juwelieren, die exklusive Uhren aus Mondstaub oder aus der Vulkanasche des isländischen Eyjafjallajökulls herstellen, und zu trendbewussten Mittdreißigern, die Taschen aus recycelten Abdeckplanen fertigen: Die Schweizer wissen, was Innovation bedeutet.

Zu ihrer Kreativität gesellt sich aber auch Entschlossenheit – das beweist der unermüdliche Ehrgeiz der Schweizer, auf sportlicher Ebene bis an ihre Grenzen zu gehen, und bei der außerordentlich robusten, eigenständigen Tatkraft, mit der Schweizer Bauern Landwirtschaft für einen nachhaltigen Lebensstil betreiben. Der Sonderfall Schweiz mag in den letzten Jahrzehnten etwas an Strahlkraft eingebüßt haben, ist aber zweifellos noch am Leuchten.

Angesichts der hohen Lebensqualität der Menschen in der Schweiz kann es nicht überraschen, dass auch die Lebenserwartung hoch ist: Frauen erreichen durchschnittlich ein Alter von 84,7 Jahren, Männer von 80,5 Jahren.

Ein gehobener Lebensstil

Als Schweizer geboren zu sein, darf als Glück betrachtet werden – dank der flächendeckenden medizinischen Versorgung, eines guten Bildungssystems und einer starken Wirtschaft (ganz zu schweigen von all den Bergen und Seen). Niemand geringerer als die Economist Intelligence Unit erklärte die Schweiz 2013 zum lebenswertesten Land der Welt, gestützt auf elf Indikatoren (z. B. geografische Lage, Arbeitsplatzsicherheit und politische Stabilität). Darüber hinaus erscheinen Schweizer Städte – allen voran Zürich und Genf – regelmäßig auf der Liste der „weltbesten" Städte. So lagen diese Städte in der Untersuchung zur Lebensqualität von Mercer Consulting von 2017 auf dem zweiten und achten Platz.

Dabei unterscheidet sich der Lebensstil der Schweizer nicht unbedingt wesentlich von dem anderer westlicher Länder; sie genießen das Leben nur mehr. Sie können sich darauf verlassen, dass ihr kleines Land, eines der zehn reichsten Länder der Welt in Sachen Bruttoinlandspro-

In Sachen Geld und Währung sind die Schweizer konservativ. Seit der Schweizer Franken in den 1850er-Jahren in Umlauf gebracht wurde, hat man nur wenig an ihm herumgedoktert. Es gibt einige wenige Rappen-Münzen, die 1879 geprägt wurden – und man kann immer noch ganz normal mit ihnen zahlen.

dukt, eine ausgezeichnete Gesundheitsversorgung, ein effizientes öffentliches Transportwesen und rundum Sicherheit gewährleistet. Wer eine Weile unter ihnen lebt, begreift, dass ihre Sportlichkeit und ihr Umweltbewusstsein einfach nur ein Symptom dafür sind, dass sie das Leben so gut es geht genießen wollen.

Bei der Schweizer Lebensart dreht sich nicht alles um feucht-fröhliche Geselligkeit auf den Skipisten am Wochenende im Chalet. In ländlichen Regionen wie dem Appenzellerland, dem Wallis und dem Jura geht es weniger um materialistischen Glamour als vielmehr um lebendige kulturelle Tradition: Die Menschen folgen im Jahreslauf altehrwürdigen regionalen Traditionen und Bräuchen. Sie feiern die Weinlese im Herbst mit überlieferten Festen und im Frühling schmücken die Hirten ihre Kühe mit Blumen und Glocken, wenn die Herden hinauf auf die Almwiesen ziehen, wo sie den Sommer über weiden.

Alpenmuseen

Matterhorn Museum (S. 169), Zermatt

Schweizerisches Alpines Museum (S. 107), Bern

Engadiner Museum (S. 313), St. Moritz

Rätisches Museum (www.raetisches museum.gr.ch), Chur

Freilichtmuseum Ballenberg (S. 142), bei Brienz

Saaser Museum (S. 177), Saas Fee

Alpentourismus

Die Geografie der Schweiz bestimmt den sportlichen Schwerpunkt des Landes und macht seine Bewohner so unglaublich naturorientiert. Deswegen auch hat sich die kleine Schweiz zu so einem großen Touristenziel entwickelt. Im 19. Jh., während des goldenen Zeitalters des Alpinismus, fühlten sich besonders britische Bergsteiger von den Schweizer Alpen magisch angezogen. Alfred Wills bestieg 1854 als Erster das Wetterhorn (3692 m) bei Grindelwald. Bald folgten weitere Gipfelbesteigungen in der Schweiz, u.a. Edward Whympers berühmte Matterhorn-Expedition von 1865. Dieser Ansturm neuer Aktivitäten in den Schweizer Alpen führte 1857 zur Gründung des weltweit ersten Bergsteigervereins, dem Londoner Alpine Club. 1863 folgte der Schweizer Alpenverein.

Mit dem Bau der ersten Berghütte auf dem Tödi (3614 m) im gleichen Jahr und der Entwicklung von St. Moritz und seinem berauschenden „Champagnerklima" ein Jahr später als *dem* Winterurlaubsort für britische Aristokraten war der alpine Wintertourismus geboren. Hotels, Zugstrecken und Seilbahnen folgten und als St. Moritz 1928 die zweiten Olympischen Winterspiele austrug, präsentierte sich die Schweiz der Welt als echtes Winterwunderland. Als logische Konsequenz eröffnete ein Jahr später die erste Schweizer Skischule in St. Moritz.

Ein Jahrhundert später setzt sich der Schweizerische Olympische Verband für Sion als Austragungsort der Winterolympiade 2026 ein.

Schräge Sportarten

Zu den Schweizer Sportbesonderheiten zählt *Hornussen,* ein Spiel mittelalterlichen Ursprungs, das zwischen zwei Mannschaften mit 16 oder 18 Spielern ausgetragen wird. Ein Spieler schlägt den 78 g schweren Nouss ins Feld; der Gegenspieler versucht mit seiner Schindel, einem 4 kg schweren Utensil, das an ein Verkehrsschild erinnert, zu verhindern, dass dieser den Boden berührt. Zur Skurrilität des Spiels trägt weiter bei, dass der Nouss mit einem biegsamen Stecken über eine Stahlrampe in einer Bewegung geschossen wird, die wie ein Zwischending aus Kugelstoßen und Fliegenfischen wirkt. Um den anfliegenden Nouss mit der Schindel zu stoppen, kann die Schindel als Schläger eingesetzt, aber auch geworfen werden.

Wer sich für skurrile Sportarten interessiert, sollte ins französischsprachige Wallis eilen, wo Kuhkämpfe sehr ernst genommen werden – vor allem im Val d'Hérens (Eringertal).

Schwingen ist die Schweizer Version des Sumo-Ringkampfs. Die beiden Kämpfer stellen sich in kurzen Hosen in einem Kreis aus Sägemehl einander gegenüber. In einer komplizierten Abfolge von vorgeschriebenen Griffen (auch in die Schrittgegend), Schwüngen und Finten wird versucht, den Gegner (oder die Gegnerin) auf den Rücken zu zwingen. Der Wettkampf ist auf Festen und Jahrmärkten in den Bergen zu sehen, vor allem beim phänomenalen Unspunnenfest (www.unspunnenfest.ch), das alle zwölf Jahre in Interlaken veranstaltet wird - das letzte fand von Ende August bis Anfang September 2017 statt.

MOBILITÄT MIT SOLARENERGIE

Auf typisch umweltbewusste Schweizer Art beschäftigt sich das Land mit Solarstrom und erzielt dabei bahnbrechende Erfolge im Bereich nachhaltiger Technologien. *Solar Impulse 2* (www.solarimpulse.com), ein ultraleichtes, solarbetriebenes Flugzeug, schrieb 2016 als erstes Flugzeug Geschichte, das 40 000 km einmal um die ganze Welt ohne auch nur einen Tropfen Treibstoff flog. Für die innovativen Lausanner Abenteurer, Forscher und Wissenschaftler André Borschberg und Bertrand Piccard ging damit ein Traum in Erfüllung. Die bemerkenswerte Leistung, für die viele logistische Probleme gelöst werden mussten, ist sowohl in der Geschichte der Luftfahrt als auch der erneuerbaren Energie eine Premiere.

Die Schweizer wollen aber nicht nur durch die Lüfte mit Solarenergie reisen: 2010 brach die *PlanetSolar*, das weltweit größte solarbetriebene Schiff, in Monaco zu einer Weltumrundung auf und legte dabei 50 000 km zurück. Der Katamaran unter Schweizer Flagge wird von 536 m^2 Photovoltaikzellen auf dem Deck angetrieben und steht unter der Leitung des Schweizer Projektgründers und Expeditionsleiters Raphaël Domjan. Seit 2015 wird es von der in der Schweiz ansässigen Race for Water Foundation als wissenschaftliche Plattform im Kampf gegen Plastikmüll in den Meeren genutzt. Infos zum Boot gibt's unter www.planetsolar.org.

E = mc^2, WWW & LSD: Schweizer Wissenschaftler

In der Schweiz gibt es, gemessen an der Einwohnerzahl, mehr angemeldete Patente und Nobelpreisgewinner (meist im naturwissenschaftlichen Bereich) als sonst irgendwo auf der Welt.

Die Relativitätstheorie entwickelte Albert Einstein während seiner Zeit in Bern (zwischen 1903 und 1905). Er wurde in Deutschland geboren und studierte in Aarau sowie später in Zürich, wo er einen Abschluss als Physik- und Mathematiklehrer erwarb. 1901 erlangte er die Schweizer Staatsangehörigkeit. Da er keine geeignete Stelle als Lehrer fand, verdingte er sich als schlecht bezahlter Angestellter des Patentamts in Bern. 1905 erhielt er den Doktortitel und wurde Professor in Zürich. Er blieb bis 1914 in der Schweiz, dann zog er nach Berlin. Die gesamte Geschichte dokumentiert das Einstein-Haus (S. 107) in Bern.

Das Internet wiederum wurde im Zentrum der Europäischen Organisation für Kernforschung, besser bekannt als CERN, in Bern an Weihnachten 1990 geboren. Das Genie hinter dem globalen Netzwerk zum Informationsaustausch war der Oxford-Absolvent Tim Berners-Lee, der am CERN als Software-Entwickler arbeitete. Er schrieb ein Programm, damit die vielen Forscher des Zentrums ihre Experimente, Daten und Entdeckungen miteinander teilen konnten. Zwei Jahre später hatte er ein Instrument geschaffen, das an Größe und Macht alle Vorstellungen übertraf.

Eine vergleichbare Dimension hat der Große Hadronen-Speicherring des CERN, an dem Genfer Wissenschaftler mit Urknallexperimenten Gott spielen. Eine Führung durch das weltweit größte physikalische Experiment in einem Genfer Vorort ist eine großartige Erfahrung.

Weitere wichtige naturwissenschaftliche Beiträge der Schweiz sind die bahnbrechenden Forschungsarbeiten, die mutige Wissenschaftler im 19. Jh. am 23 km langen Aletschgletscher im Oberwallis durchführten, und der weltweit erste LSD-Trip (Lysergsäurediethylamid, eines der stärksten bekannten Halluzinogene), den 1943 der Chemiker Albert Hofmann unabsichtlich in Bern erlebte.

Ausflüge in die Wissenschaft

CERN (S. 47), Genf

Technorama (S. 263), Winterthur

Einstein-Haus (S. 107), Bern

Maison d'Ailleurs (www.ailleurs.ch), Yverdon-les-Bains

Der jüngste sensationelle Erfolg des CERN war 2012 der experimentelle Nachweis des Higgs-Bosons, eines subatomaren Elementarteilchens, das auch als „Gottesteilchen" bezeichnet wird.

Architektonischer Innovationsgeist

Die Schweiz leistete dank Le Corbusier (1887–1965) einen entscheidenden Beitrag zur modernen Architektur. Le Corbusier wurde in dem kleinen Ort La Chaux-de-Fonds im Jura geboren und ist für sein radikal sparsames Design, seinen Formalismus und Funktionalismus bekannt. Den Großteil seines Lebens arbeitete Le Corbusier in Frankreich, ehrte jedoch sein Geburtsland mit seinem ersten und letzten Werk.

Schweizer Architekten sind auch weiterhin innovativ. Die bekanntesten sind die in Basel ansässigen Partner Jacques Herzog und Pierre de Meuron. Zu ihren berühmtesten Werken gehören die Galerie Tate Modern in London und das Stadion für die Olympischen Spiele in Peking 2008. In der Schweiz ist ihre Arbeit in einer Kunstgalerie in Basel zu bewundern und – hoffentlich im nächsten Jahrzehnt – in Davos in Form eines 105 m hohen schmalen Turms, der sich über dem berühmten Schatzalp-Hotel emporwindet, vorausgesetzt, die Diskussion, ob gebaut werden soll oder nicht, nimmt jemals ein Ende.

Architektur-Highlights

- *La Maison Blanche (S. 98), La Chaux-de-Fonds*
- *Villa Le Lac (S. 74), Corseaux*
- *Schaulager (S. 235), Basel*
- *Pavillon Le Corbusier (www.museen-zuerich.ch), Zürich*
- *7132 Therme (S. 301), Vals*
- *Freilichtmuseum Ballenberg (S. 142), bei Brienz*

Ein weiterer großer Schweizer Architekt ist der im Tessin geborene Mario Botta, der sich mit dem Museum of Modern Art in San Francisco international einen Namen gemacht hat. In seiner Heimat schuf er die Chiesa di San Giovanni Battista in Mogno im Tessiner Maggiatal und das einer Kathedrale ähnliche Spa-Hotel Tschuggen-Bergoase in Arosa, Graubünden. Im Gegensatz zu den beiden meditativ anmutenden Bauwerken zeichnet sich seine futuristische Restauration des romanischen Schlosses in Leuk im Oberwallis durch eine gewisse Extravaganz aus. Seine jüngste Schweizer Arbeit ist der Fiore di Pietra („Steinblume"), der im Frühjahr 2017 eröffnet wurde und von seinem Standort auf dem Monte Generoso im Tessin großartige Aussichten auf den Luganersee bietet.

Daneben gibt es die preisgekrönte 7132 Therme in Vals des in Basel geborenen Peter Zumthor, das Kirchner Museum Davos von Annette Gigon und Mike Guyer aus Zürich sowie verschiedene Designhotels in Zermatt des ortsansässigen Avantgarde-Architekten Heinz Julen.

Nach echter Schweizer Tradition beschränken die modernen Architekten des Landes ihre Arbeit nicht auf die Städte. Der Fokus wird vermehrt auf die Berghütte und die Frage gerichtet, wie man diese im Einklang mit Natur und Umwelt modernisieren kann. Eindrucksvolle Beispiele sind die Tschiervahütte (2753 m) im Engadin, Chetzeron, eine aus den 1960er-Jahren stammende Seilbahnstation aus Beton an den Hängen in Crans-Montana, die zu einem hippen Pistentreffpunkt umgebaut wurde, und vor allem die visionäre Monte-Rosa-Hütte (2883 m) auf dem Monte Rosa.

Heidi & Co.: Literatur

James Joyce lebte während des Ersten Weltkriegs überwiegend in Zürich und schrieb dort *Ulysses*. In der James Joyce Foundation (S. 252) wird jede Woche aus *Ulysses* und *Finnegans Wake* gelesen.

Dank eines Shirley-Temple-Films aus den 1930er-Jahren ist Johanna Spyris *Heidi* der berühmteste Roman der Schweizer Literatur. Die Geschichte von dem Waisenmädchen, das bei seinem Großvater in den Schweizer Alpen lebt und dann in die Stadt gehen muss, ist sentimental und absolut untypisch für die Schweizer Literatur, die sonst generell eher düster und ernst ist.

So verknüpft der in Deutschland geborene und in die Schweiz eingebürgerte Nobelpreisträger Hermann Hesse (1877–1962) in Romanen wie *Siddharta* (1922) und *Steppenwolf* (1927) fernöstliche Mystik mit Jung'scher Tiefenpsychologie, um zu zeigen, dass die westliche Kultur zum Untergang verurteilt sei, wenn die Menschen nicht ihr Menschsein wiederentdeckten. In späteren Werken wie dem Kultbuch *Das Glasperlenspiel* (1943) erkundet Hesse den Konflikt zwischen individueller Freiheit und gesellschaftlicher Kontrolle.

Stiller (1954), ein früher Roman des Zürcher Autors Max Frisch (1911–1991), ist eine düstere, kafkaeske Geschichte einer Verwechslung. Scheinbar leichtere Kost sind die Werke Friedrich Dürrenmatts (1921–1990), der auch viele Kriminalromane schrieb.

Gottfried Kellers (1819–1900) schwergewichtiger Roman *Der grüne Heinrich* (1854), der die Lebensgeschichte eines Zürcher Studenten erzählt, gilt als Meisterwerk der deutschsprachigen Literatur.

Ländlich bis poppig: Musik

Jodeln und das Alphornblasen sind die traditionellen Formen der Schweizer Musik. Das Jodeln entstand in den Alpen als Mittel, um sich von Berggipfel zu Berggipfel zu verständigen. Daraus entwickelten sich zwei Formen: das *Juchzen*, das aus kurzen Rufen von unterschiedlicher Bedeutung wie „Zeit zum Abendessen" oder „wir kommen" besteht, und der *Naturjodel*, bei dem ein oder mehrere Stimmen eine Melodie ohne Worte singen. Jodeln ist heute in städtischen Gebieten ein durchaus trendiger Spaß – auch dank schweizerischer Volksmusiker wie Nadja Räss, die mit großem Erfolg jodeln.

Dr Schacher Seppli ist ein traditionelles Volkslied, das vom bekanntesten Jodler der Schweiz, dem Bauern und Käsemacher Rudolf Rymann (1933–2008) neu verjodelt wurde. Einen anderen Sound bietet Sonalp, eine neunköpfige Band aus der Region Gruyères/Château d'Œx – einen ansteckenden Ethno-Folk-Mix mit Jodeln, Kuhglocken, singender Säge, klassischer Violine und Didgeridoo.

Das Alphorn , das einst die Viehhirten beim Hüten ihrer Herde in den Bergen nutzten, ist ein 2 bis 4 m langes, unten geschwungenes Blasinstrument mit einem becherförmigen Mundstück; je kürzer das Horn, umso schwieriger ist es zu spielen. Ein Konzert von über hundert Alphörnern, die unisono auf ihrer „Bühne" – in aller Regel unter freiem Himmel an einem See zwischen Berggipfeln – spielen, ist ein eindrucksvolles Erlebnis. Schlüsseltermine dafür sind der September mit dem Festival Alphorn in Concert (www.alphorninconcert.ch) in Oesingen bei Solothurn und der Juli mit dem International Alphorn Festival (www.nendaz.ch), das in einer stimmungsvollen Alpenkulisse am Lac de Tracouet in Nendaz, 13 km südlich von Sion (Sitten) im Wallis stattfindet – eine Wanderung oder eine Seilbahnfahrt in die Berge machen das Alpenerlebnis komplett.

Wer jazzige Folk-Balladen mag, wird von der zerbrechlichen Stimme der in Bern geborenen Sophie Hunger begeistert sein, die in ihren Texten zwischen Englisch, Deutsch und Schweizerdeutsch wechselt. Ihre letzten Alben, *1983* (2010), *The Danger of Light* (2012) und *Supermoon* (2015), waren sehr erfolgreich. Sehr viel härtere Töne schlägt Stress, der angesagteste Hip-Hop-Musiker der Schweiz, an, der für seine manchmal umstrittenen politischen Texte bekannt ist.

Der coolste Wolkenkratzer des Landes in Zürichs angesagtem Bezirk Kreis 5 ist ein Turm aus aufgestapelten Containern im Fabrikladen Freitag. Die Gebrüder Freitag, Pioniere des Schweizer Designs, verarbeiten Abdeckplanen zu schicken, wasserfesten Taschen für jede Gelegenheit.

Malerei, Bildhauerei & Design

Abgesehen vom Dadaismus hat die Schweiz kaum Kunstrichtungen hervorgebracht. Der Maler, der sich am ausgeprägtesten „Schweizer Themen" widmete, war Ferdinand Hodler (1853–1918), der Volkshelden wie Wilhelm Tell und historische Ereignisse darstellte. Anders als die meisten in der Schweiz geborenen Künstler blieb der Berner Hodler in seinem Heimatland ansässig. Es lohnt sich, sich seine expressiven Landschaftsbilder, die den Genfer See oder die Alpen zeigen, in den Museen der Schweiz anzuschauen.

Der bekannteste Künstler des Landes, der abstrakte Maler und Farbexperte Paul Klee (1879–1940) verbrachte den größten Teil seines Lebens in Deutschland, darunter als Lehrer am Dessauer Bauhaus, aber die umfassendste Sammlung seines Werks befindet sich im eindrucksvollen und

KOMPLETT DADA

Antibürgerlich, rebellisch, nihilistisch und bewusst sinnentleert: Der Dadaismus erwuchs als Revolte gegen den Ersten Weltkrieg und die Mechanisierung des modernen Lebens. Seine Vertreter ebneten den Weg für fast jede Form zeitgenössischer Kunst, so nutzten sie Collagen, ließen sich von indigener Kunst inspirieren, brachten abstrakte Ideen in Literatur, Film und Performance ein und machten Industriegüter zu Kunstobjekten.

Zürich ist der Geburtsort der Bewegung. Hugo Ball, Tristan Tzara und Emmy Jennings gründeten im Februar 1916 in der Spiegelgasse 1 das Cabaret Voltaire (gibt es heute noch), in dem exzentrische Kabarett-Programme und Performance-Art aufgeführt wurden. Der Begriff Dada wurde angeblich willkürlich gewählt, in dem man mit einem Messer in ein deutsch-französisches Wörterbuch stach.

1923 löste sich die Bewegung auf, doch ihr Geist lebt in den Werken überzeugter Dadaisten wie George Grosz, Hans Arp und Max Ernst sowie von deren Ideen beeinflussten Künstlern wie Marcel Duchamp, dessen zu Kunst erklärtes Pissoir diese prägnant auf den Punkt bringt, und dem Fotografen Man Ray weiter. Dadaistische Werke sind im Kunsthaus (S. 249) und Museum für Gestaltung (S. 251) in Zürich zu sehen.

faszinierenden Zentrum Paul Klee (S. 106) in Bern. Der Bildhauer Alberto Giacometti (1901–1966) ist ein ähnlicher Fall: Er stammte aus Graubünden und arbeitete in Paris, aber viele seiner drahtig dünnen Skulpturen (oft stehende oder schreitende Figuren) zeigt das Zürcher Kunsthaus (S. 249). Viele der skurrilen metamechanischen Skulpturen des in Paris arbeitenden Jean Tinguely (1925–1991) finden sich rund um Basel (wo es ein ihm gewidmetes Museum gibt) und in Fribourg (Freiburg).

Die Schweiz ist ein ausgezeichneter Boden für Grafikdesign. Die „Schweizer Typografie“ von Josef Müller-Brockmann (1914–1996) und Max Bill (1908–1994) ist immer noch hoch angesehen, ebenso die Markenentwicklungen Karl Gerstners (1930–2017) für IBM und die Schriften von Büro Destruct, die bei vielen Platten-Covern eingesetzt werden.

Auch im Produktdesign und in der Installationskunst ist die Schweiz spitze. Pipilotti Rist (geb. 1962) schenkte der Welt die größte urbane Lounge Europas in St. Gallen in der Nordostschweiz. Und die lebensgroßen Kühe aus bemaltem Fiberglas der *CowParade* tummeln sich auf dem ganzen Globus. Die erste 800 Tiere umfassende Herde hatte 1998 in Zürich ihren Auftritt. Noch heute findet man vereinzelte Tiere in verschiedenen Outfits im Land verteilt.

Schweizer Küche

Die Schweizer Küche hat mehr zu bieten als Käse und Schokolade. Das Essen in der weitgehend ländlich geprägten Schweiz ist von der Jahreszeit und dem Umfeld bestimmt: luftgetrocknete Wurst und Schinken auf einem Bauernhof, Fondue in einem Wald – und so weiter. Alpine Traditionen sind der Kern der Schweizer Küche, aber die Geografie sorgt für zusätzliche Überraschungen: Köche in französischsprachigen Kantonen lassen sich von Frankreich inspirieren, die Tessiner Küche richtet sich gen Italien und ein recht großer Teil des Landes nimmt Deutschland und Österreich als kulinarische Vorbilder.

Nicht nur Löcher: Käse

Nicht jeder Schweizer Käse hat Löcher. Sowohl der Hartkäse Emmentaler aus dem gleichnamigen Tal östlich von Bern als auch der ähnliche Schweizer Tilsiter haben zwar welche, doch ein Großteil der 450 Schweizer Käsesorten (franz.: *fromage*, ital.: *formaggio*) kommt ohne Löcher aus. Berühmte Beispiele sind der bekannte Hartkäse Gruyère aus der Stadt Gruyères nahe Fribourg, der geruchsintensive Appenzeller, der in der gleichnamigen Stadt im Nordosten der Schweiz zu leckeren, ebenso stark duftenden Gerichten verarbeitet wird, oder Sbrinz, der älteste Hartkäse des Landes; der transalpine Vorfahre des italienischen Parmesans erhält durch eine 24-monatige Reifezeit sein charakteristisches Aroma und schmeckt am besten pur in hauchdünne Scheiben geschnitten oder – im Frühling – geschmolzen über Spargel.

Ein weiterer Schweizer Käse ohne jegliches Loch ist der harte, nussige Tête de Moine („Mönchskopf") aus dem Jura. Der kleine runde Käse wird mittels eines speziellen Käsehobels, der *girolle*, zu feinen Rosetten geschabt (das großartige Souvenir bekommt man in den Supermärkten).

Ebenso einzigartig ist L'Etivaz, der – den zeitlosen alpinen Traditionen folgend – nur hoch oben auf den saftigen Sommerwiesen der Waadtländer Alpen (Alpes Vaudoises) hergestellt wird. Während draußen Kühe grasen, erhitzen Käser in ihren 100 Jahre alten *chalets d'alpage* (Berghütten) die Morgenmilch in einem traditionellen Kupferkessel über offenem Feuer. Der mit dem Siegel Appellation d'Origine Contrôlée (AOC) versehene Käse darf nur von Mai bis Ende Oktober und ausschließlich aus Milch von Kühen zubereitet werden, die in den Bergen auf einer Höhe von 1000 bis 2000 m weiden.

Es gibt noch viele weitere Käsesorten, die in den Bergen nach alter Tradition hergestellt werden. Bei einer Reise im Sommer durch das Wallis, die Berner Alpen, das Tessin und andere ländlich geprägte Bergregio-

Die Schweizer verzehren im Durchschnitt täglich 8 bis 12 g Salz (die WHO empfiehlt 5 g Salz pro Tag). Einige Mediziner führen das auf die Vorliebe der Schweizer für Käse mit hohem Salzgehalt (z. B. Gruyère) zurück.

OFENKÄSE

Kenner bohren ein kleines Loch in die Mitte des weichschaligen Käses, füllen es mit fein gehackten Zwiebeln und Knoblauch, gießen Weißwein darauf, wickeln alles in Alufolie und backen ihn 45 Minuten. Danach tunkt man Brot oder andere schmackhafte Kleinigkeiten in die *boîte chaude* („heiße Schachtel") – eine Alternative zum herkömmlichen Fondue.

Fondues

La Tour de Gourze (S. 72), Lavaux – mit Ausblick auf den See und die Weinberge

Café Tivoli (S. 75), Châtel-St.-Denis – Fonduetempel in Fribourg

Café du Midi (www.cafedumidi.ch), Martigny – mit Bier oder Ziegenkäse

Le Namasté (S. 158), Verbier – Skifahren, Essen, Schlittenfahren

Bains des Pâquis (S. 51), Genf – nur im Winter gibt's Fondue auf Schaumwein-Basis

Le Chalet (S. 80), Château-d'Œx – touristisch, aber traditionell

Burestübli (S. 298), Arosa – und anschließend geht's mit dem Schlitten ins Tal

Wer zum Fondue Wasser trinkt, riskiert angeblich Bauchschmerzen, da das Wasser den warmen Käse im Magen gerinnen lässt – muss nicht unbedingt stimmen, aber warum das Risiko eingehen (oder den Gastgeber beunruhigen)? In jedem Fall passt ein leichter Weißwein wie der Fendant aus dem Wallis dazu.

nen weisen Schilder den Weg zu abgelegenen Bauernhöfen, die *fromage d'alpage* (Hobelkäse, ital.: *fromaggio d'Alpe*) herstellen und verkaufen.

Von der schweizerisch-italienischen Grenze stammt der Zincarlìn, ein aus Rohmilch hergestellter Frischkäse in Form einer Tasse.

Fondue & Raclette

Bei einem Urlaub in der Schweiz sollte man zumindest einmal ein Fondue (*fondre* ist das französische Wort für „schmelzen") probiert haben. Der wichtigste französische Beitrag zur Schweizer Küche besteht aus einem Topf mit geschmolzenem Käse, der auf den Tisch platziert und bei geringer Hitze warmgehalten wird, während die Gäste knusprige Brotwürfel mittels Fonduegabeln hineintauchen. Wer sein Brotstück verliert, zahlt die nächste Getränkerunde oder wird, jedenfalls in Genf, in den See geworfen. Die Schweizer essen das traditionelle Wintergericht meist nur, wenn Schnee liegt oder in einer angemessenen Höhenlage.

Die klassische Schweizer Fonduemischung besteht zu gleichen Teilen aus Emmentaler und Gruyère, die mit Weißwein geschmolzen, mit einem Schuss Kirschwasser verfeinert und dann mit Kartoffel- oder Maismehl angedickt werden. Das Fondue wird mit einem Korb Brotscheiben (die gleich zu kleinen Würfeln verarbeitet werden) serviert, wobei meistens noch eine Wurstplatte und kleine Essiggurken dazu bestellt werden. Ein *fondue moitié moitié* (wörtlich: „Fondue halb halb") besteht aus Gruyère und Vacherin Fribourgeois, ein *fondue savoyarde* zu gleichen Teilen aus Comté, Beaufort und Emmentaler. Zudem sind Varianten mit weiteren Zutaten wie Pilzen oder Tomaten üblich.

Das zweite typische Käsegericht der Schweiz, das ein ebenso fabelhaftes Festessen abgibt, ist Raclette. Im Gegensatz zu Fondue wird Raclette – der Name bezeichnet sowohl das Gericht als auch den dafür verwendeten Käse – das ganze Jahr über gegessen. Bei der klassischen Variante wird ein halber Käselaib in einen speziellen Racletteofen gespannt und die oberste Schicht erhitzt. Der geschmolzene Käse wird dann auf Teller geschabt und mit Pellkartoffeln, Wurst, eingelegten Zwiebeln oder sauren Gurken verzehrt.

Wer selbst einen Laib Raclette kaufen möchte oder mit einem waschechten Walliser über das Thema spricht, sollte den Unterschied kennen zwischen Raclette Suisse (Schweizer Raclette), der industriell im ganzen Land aus pasteurisierter Milch hergestellt wird, und Raclette du Valais, der seit dem 16. Jh. im Wallis mit *lait cru* (Rohmilch) zubereitet wird. 2007 erhielt der Raclette du Valais, der stets einen Durchmesser von 29 bis 31 cm sowie ein Gewicht von 4,8 bis 5,2 kg aufweisen muss, sein eigenes AOC-Schutzsiegel. Käser in anderen Kantonen kritisierten die Entscheidung vehement und argumentierten, dass Raclette (das französische Wort *racler* bedeutet „schaben, kratzen") sich auf das Gericht bezieht, nicht auf den Käse, und deswegen nicht auf eine Region beschränkt sein sollte.

Spätzli, Rösti, Fleisch & Wild

Was gibt es Besseres als ein typisches Schweizer Mittagessen unter freiem Himmel mit luftgetrocknetem, einmalig zartem, in dünne Scheiben geschnittenem Bündnerfleisch, *der* Delikatesse aus Graubünden. Serviert wird es pur oder auch in dem Gericht Capuns, einer herzhaften Mischung aus Spätzleteig, Bündnerfleisch, Schinken und Kräutern; die Zutaten werden gekocht, in kleinen Portionen in Mangold eingewickelt und mit Spätzli gegessen. Dünne Scheiben *viande séchée* (getrocknetes Rindfleisch) sind eine Spezialität des herrlich abgeschiedenen Eringer-Tals im Wallis, in dem samtig-schwarze Eringer-Rinder auf fruchtbaren Weiden grasen und Gourmets das butterzarte Fleisch der Tiere in jeder erdenklichen Variante genießen. Die Restaurants Au Vieux Mazot

ERNTEFESTE

Nichts bietet einen schöneren Anlass für ein Fest als eine Ernte und so haben jedes Dorf und jede Region ganz eigene Erntefesttraditionen.

In den Weinbergen des französischsprachigen Wallis werden die Trauben dann geerntet, wenn *châtaignes* (Kastanien) von den Bäumen fallen und Familien und Freunde dazu veranlassen, sich zu La Brisolée zu versammeln, einem reichhaltigen Festessen, das es schon seit Jahrhunderten gibt. Es besteht aus heißen Maronen, fünf Käsesorten – *d'alpage* (aus dem Hochland), *de laiterie* (aus Milch), *tomme* (Halbhartkäse aus Rohmilch), *sérac* (Molke) und *Tête de Moine* –, Schinken, luftgetrocknetem Rindfleisch, *lard sec* (luftgetrockneter Speck), Roggenbrot mit Butter, Trauben und Äpfeln. Hinuntergespült wird das Ganze mit *vin nouveau* (dem ersten Wein des Jahres) und *le moût* (Most, also Wein im Gärungsprozess).

Im Kanton Fribourg wird die Ernte seit Jahrhunderten mit Le Bénichon gefeiert, einem geselligen kulinarischen Marathon. Die traditionelle Mahlzeit beginnt mit *cuchaule,* einem mit Safran verfeinerten Brot, das mit *moutarde de Bénichon* (einer dickflüssigen Würzsauce aus gekochtem Weinmost, Gewürzen, Zucker und Mehl) serviert wird.

(S. 161) in Evolène und Au Cheval Blanc (S. 161) in Sion (Sitten) sind zwei typische und einfache, aber großartige Geheimtipps, um dieses Rindfleisch in jeglicher Form zu probieren.

Weiter östlich sind Würste ein beliebtes Mittagessen. Meist werden sie mit Rösti, dem Stargericht der deutschsprachigen Schweiz, und manchmal noch mit einem Spiegelei serviert. In der französischen Schweiz werden die knusprigen Kartoffelfladen übrigens in Öl, im deutschsprachigen Teil hingegen in Butter oder Schmalz gebraten. Sie sind heute fast so weit verbreitet und so günstig wie Pommes Frites, allerdings sind die vakuumverpackten Rösti aus dem Supermarkt in keiner Weise mit jenen zu vergleichen, die in authentischen Restaurants in den Bergen serviert werden. Die oft auf einem Holzherd knusprig gebratenen Fladen aus geriebenen Kartoffeln ergeben mit saisonalen Pilzen, Speck und grünem Salat serviert ein perfektes Mittagessen. Ein Gedicht aus den Schweizer Alpen.

Kalbfleisch ist sehr beliebt und wird in Zürich als Geschnetzeltes in feiner Rahmsauce serviert. Auch Pferdefleisch steht auf dem Speiseplan. Bemerkenswert sind zwei ungewöhnliche Schweizer Salamisorten, die sogar in die Slow-Food-Liste für gefährdete Lebensmittel (siehe www.slowfood-foundation.com) aufgenommen wurden: *sac* (eine aus Schweinefleisch, Leber, Schmalz und Gewürzen bestehende, zwölf Monate gereifte Wurst) und *fidighèla* (eine zwei bis drei Wochen gereifte Wurst, in gerader Form im Kalbsdarm und in runder Form im Schweinedarm).

Eingefleischte Karnivore begeistert vor allem der Herbst in dem dicht bewaldeten Land, wenn Restaurants überall Wildspezialitäten (franz.: *gibier*; ital.: *cacciagione*) servieren. Wildbret und Wildschwein sind zu Recht beliebt.

Ein typischer Schweizer Snack, den man unbedingt probieren sollte, ist die Cervelat (oder Cervelas), eine kleine geräucherte Brühwurst aus Rind und Schwein im Naturdarm. Schweizer essen die Wurst zu Salaten, gebraten über einem offenen Feuer oder roh. Die Wurst gibt's in jedem Supermarkt und ist ein praktischer Imbiss beim Wandern.

Die Zeit für Völlerei

Der Herbst ist mit seinem frischen Wild, jeder Menge Pilze, Kastanien und der Traubenernte die Zeit für Gourmets in der Schweiz. Je kürzer die Tage, desto leckerer wird's! Das über den Sommer gemästete, hofeigene Schwein wird nun geschlachtet, traditionell am Martinstag (11. November), der das Ende der Arbeit auf den Feldern und den Beginn des Winters markiert. Nach dem Schlachten, das seit Jahrhunderten auf Bauernhöfen und in Dörfern stattfindet, folgt das Pökeln und Verwursten des Schweinefleischs. Nach getaner Arbeit wird dann ordentlich gefeiert. Im Mittelpunkt des Festgelages: natürlich Schwein.

SCHWEIZER SCHOKOLADE

In den ersten nachchristlichen Jahrhunderten, als das römische Imperium mit einer Diät aus derbem Wein und Oliven seinem langsamen Untergang entgegensah, zerstießen die Maya in Mittelamerika bereits Kakaobohnen, konsumierten das Ergebnis und verwendeten die Bohnen sogar als Zahlungsmittel.

Ein Jahrtausend später, anno 1528, brachte der spanische Konquistador Hernán Cortés die erste Schiffsladung Kakao nach Europa. Die Begeisterung, die das auslöste, hatte er sicher nicht vorausgesehen – die Spanier und bald auch andere Europäer entwickelten ein unstillbares Verlangen nach dem süßen Getränk, das aus der Bohne zubereitet wurde. Die feste Form der Schokolade kam erst später.

Dank innovativer Geister wie François-Louis Cailler (1796–1852), Philippe Suchard (1797–1884), Henri Nestlé (1814–1890), Jean Tobler (1830–1905), Daniel Peter (1836–1919) und Rodolphe Lindt (1855–1909) sicherte sich die Schweizer Schokolade (www.chocolat.ch) im 19. Jh. ihre Reputation. Cailler gründete 1819 die erste Schweizer Schokoladenfabrik bei Vevey, Daniel Peter fügte 1875 Milch zur Schokolade hinzu und Lindt erfand das Conchieren, ein spezielles Rührverfahren, das der Schokoladenmasse eine zart schmelzende Konsistenz verleiht.

Im französischsprachigen Jura werden die Festlichkeiten rund um die Fête de la St. Martin in Porrentruy mit besonderer Inbrunst begangen. Bars und Restaurants vor Ort veranstalten an mehreren aufeinanderfolgenden Wochenenden im Oktober und November festliche Mahlzeiten. Ein typisches Festessen mit Schweinefleisch besteht aus sieben ausgiebigen Gängen und beginnt beispielsweise mit *gelée de ménage* (Schweinesülze). Es folgen *boudin, purée de pommes et racines rouges* (Blutwurst, Apfelkompott und Rote Bete), jede Menge Würste mit Rösti und *atriaux* (scharf angebratenes Gericht aus Schweineschmalz, Wurst und Leber) und das Hauptgericht: *rôti, côtines et doucette* (Schweinsbraten, Rippchen und grüner Salat). Damit anschließend auch noch eine Portion *choucroute* (mit Speck verfeinertes Sauerkraut) gemeistert werden kann, regt ein oft alkoholisches Sorbet zunächst die Verdauung an. Den Abschluss bildet ein traditionelles Dessert wie *striflate en sauce de vanille* (frittierte Teigstreifen in Vanillesauce).

Im Mittelalter wurde Martinmas (Martinstag) in Bern traditionell mit Zwiebeln, nicht mit einem Schwein gefeiert. Zwiebelprodukte stehen daher bis heute im Mittelpunkt des Jahrmarkts Zibelemärit (Zwiebelmarkt) am vierten Sonntag im November.

Zu Schweinefleischgerichten, die das ganze Jahr über serviert werden, gehören Rippli (ein brodelnder Eintopf mit Schweinerippchen, Speck, Kartoffeln und Bohnen) in und um Bern sowie *papet vaudois* (Eintopf mit Kartoffeln, Lauch, Kohl und Würsten) und *taillé aux greubons* (knuspriges, herzhaftes Gebäck mit Schweineschmalzstückchen bespickt) im Kanton Waadt. Im Engadin wird *pian di pigna* serviert, eine mit Zwiebeln und Kartoffeln zubereitete Wurst.

Rund um die Seen: Fisch

In an Seen gelegenen Orten steht Fisch hoch im Kurs. Barsch (franz.: *perche*) und Felchenfilet *(féra)* sind weit verbreitet, allerdings stammen die in fast jedem Restaurant am Genfer See auf Tafeln angepriesenen *filets de perche* mitnichten alle aus dem See: Die große Mehrheit der am Ufer und in Genf selbst verarbeiteten Fische werden tiefgefroren aus Osteuropa bezogen.

Leckerste Früchte & Süßigkeiten

Vernünftige Schweizer: Sie essen die prallen Walliser Aprikosen, Pflaumen, Birnen und süßen Schwarzkirschen in ihren Obstgärten, die im April und Mai weiß und rosa blühen, nicht einfach nur pur. Nach alter Tradition werden die vielen Früchte getrocknet, eingemacht oder destilliert und so zu feurigen Schnäpsen, winterlichen Kompotten und dickem

Sirup verarbeitet, der wiederum zum Backen oder als Brotaufstrich verwendet wird.

Berudge eau de vie wird aus Berudge-Pflaumen hergestellt, die an den Hängen des Mont Vully im Kanton Freiburg wachsen. Kirschen aus dem Umland von Basel werden zu dickem *Chriesimues*-Sirup und süßem Kirschwasser verarbeitet. Dieses verleiht der köstlichen Zuger Kirschtorte, einer mit Kirschwasser aromatisierten Torte aus Baiser, Biskuit, Mandelpaste und Buttercreme, das gewisse Etwas. Echtes Schweizer Kirschwasser ist übrigens selten geworden, da Obstbauern alte Kirschsorten durch weniger aromatische, moderne Sorten ersetzen. Über 24 Stunden eingekochter Apfel- oder Birnensaft wird zu Fribourger *vin cuit*, einem kompakten, halbfesten Konzentrat, das für Tartes und andere fruchtige Desserts verwendet wird, sowie zu Waadtländer *raisinée;* Buttemoscht wiederum ist die weniger bekannte Variante aus Hagebutten.

Die Botzi-Birne, die rund um Gruyères angebaut wird, hat sogar ihr eigenes AOC-Prädikat. Entweder genießt man sie pur oder mit der ortstypischen *crème de Gruyères*, dem gehaltvollsten Doppelrahm überhaupt, der traditionell mit zuckersüßen Baisers gegessen wird. *Cuisses de dame* („Frauenschenkel"), süßes, schenkelförmiges Fettgebäck, sind neben *amandines* (Mandeltörtchen) in den französischsprachigen Kantonen typisch. In deutschsprachigen Kantonen kommen neben dem allgegenwärtigen Apfelstrudel mit Vanillesauce häufig auch Vermicelles, eine Kreation aus Kastaniencreme in Spaghetti-Form, auf den Tisch.

Das Müsli wurde Ende des 19. Jhs. in der Schweiz erfunden. Die am weitesten verbreitete Variante des gesunden Frühstücks ist das Birchermüsli, das manchmal mit einem der Figur wenig zuträglichen Klecks Sahne serviert wird.

Schweizer Weine

Einen Schweizer Wein außerhalb der Schweiz zu genießen ist ein seltenes Vergnügen – auch in unserer globalisierten Welt: Die Schweiz exportiert nur einen winzigen Prozentsatz ihres Weins (rund 1,5 %). Das bedeutet, dass die guten Rot-, Weiß- und Roséweine eigentlich nur vor Ort zu haben sind. Die meisten Weine stammen aus den französischsprachigen Kantonen, z. B. vom Genfer See, wo er an den steilen Hängen dicht an dicht auf Terrassen angebaut wird, die von alten Bruchsteinmauern begrenzt werden.

Beim Bestellen eines Weins in einer Weinbar oder einem Restaurant sollte man ihn auf Schweizer Art in Mengen von *déci* (Deziliter) ordern – oder einfach gleich eine Flasche bestellen ...

Genfer See & Waadt

Einige kleine private Weingüter rund um Genf öffnen ihre Türen für eine *dégustation* (Weinprobe). Der Tag der *caves ouvertes* (offene Kellereien) des Kantons findet jedes Jahr an einem Wochenende Ende Mai statt und ist eine einmalige Gelegenheit, die Weine der Kellereien und *domaines viticoles* (Weingüter) kennenzulernen, die sonst für Besucher nicht zugänglich sind. Die meisten Weingüter am Genfer See befinden sich jedoch weiter östlich um Lausanne im Kanton Waadt. Die Weißweine, die auf den hellgrünen Weinbergterrassen des Lavaux, des Weinanbaugebiets zwischen Lausanne und Montreux, angebaut werden, sind ausgezeichnet. Heute gehört das Gebiet zum Welterbe der Unesco. Zu den zwei besten Sorten aus dem Lavaux zählen Calamin und Dézaley.

Der typische Rotwein des Kantons ist der Salvagnin, der unter verschiedenen Bezeichnungen bekannt und normalerweise eine Kombination aus Pinot-Noir- und Gamay-Trauben ist. Eine lokale Neuzüchtung ist der Gamaret oder Garanoi, ein tanninreicher Rotwein, der seit den 1970er-Jahren hergestellt wird und besonders gut altert. Südlich vom Genfer See liegt das kleine Weinanbaugebiet Chablais, das besonders für seinen Weißwein Yvorne bekannt ist.

Die Winzer um Lausanne feiern Ende September und Oktober zur Weinlese ausgelassene Feste, bei denen der *vin nouveau* („neuer Wein") getrunken wird.

Weinproben

- *Domaine du Daley (S. 71), Lutry*
- *Lavaux Vinorama (S. 73), Rivaz*
- *Musée de la Vigne et du Vin (S. 78), Aigle*
- *Le Cube Varone (S. 161), Bisse de Clavaux*
- *Château de Villa (S. 163), Sierre*
- *Vinothek von Salis (S. 303), Maienfeld*

Wallis

Der Großteil des Landes nördlich der Rhone im westlichen Wallis erhält hier in den südlichen Alpen besonders viel Sonne und Licht und ist von Weinreben überzogen – von hier stammen einige der besten Weine der Schweiz. Nur hier gibt es die sogenannten *bisses* (schmale Bewässerungskanäle), die sich durch die Weingärten ziehen.

Der bekannteste Wein der Region ist der trockene, weiße Fendant, der sich besonders zu Fondue und Raclette genießen lässt und am besten eiskalt serviert wird. Er macht zwei Drittel der Weinproduktion des Wallis aus. Ein weiterer exzellenter Weißwein ist der Johannisberg, hergestellt aus der Silvaner Traube. Wer es eher lieblich mag, sollte einen Petite Aryine oder einen Amigne probieren.

Dôle heißt der typische Rotwein der Gegend, der aus Pinot-Noir- und Gamay-Trauben gewonnen wird und ein ausgeprägt fruchtiges Bukett besitzt. Rotweine aus Salgesch sind stets hervorragend. Die Region nutzt

LIEBER ETWAS STÄRKERES?

Die heimischen Obstbrände werden oft mit oder im Kaffee serviert. Kirschwasser ist ein Destillat aus speziellen Brennkirschen, für das besonders die Region rund um Zug bekannt ist. Der Appenzeller Alpenbitter wird aus den Essenzen von 67 Blüten und Wurzeln hergestellt. Der Damassine, der hauptsächlich in den französischsprachigen Kantonen beheimatet ist, wird aus der gleichnamigen Pflaumensorte gebrannt und ist ein guter Verdauungsschnaps. Birnen sind das Rohmaterial für den beliebten Williamine. Vor allem in deutschsprachigen Kantonen erhältlich ist der Pflaumenschnaps Pflümli.

Nach einem Jahrhundert auf dem Index verbotener Getränke kann der Absinth, die „grüne Fee", wieder legal erworben werden, z. B. im Kanton Neuenburg, in dem das Wermutgetränk im 18. Jh. erstmals destilliert wurde.

mehr und mehr innovative Verschnitte, die spannende Weine wie den Maîtresse de Salquenen ergeben, der aus 13 Rebsorten besteht.

Probier- und Erkundungsmöglichkeiten gibt es massenhaft. Das ganze Jahr über bieten die vielen gemächlichen Wanderwege durch die Weinberge der Region eine perfekte Annäherung an das Thema Wein. Zu den schönsten Wegen gehört der Chemin du Vignoble (www.chemin duvignoble.ch) von Martigny (Unterwallis) bis nach Leuk (Oberwallis). Er führt an den höchsten Bruchsteinmauern der Welt vorbei, die die grünen Reben bei Sitten umgeben. Empfehlenswert sind auch der Sentier Viticole (Weinlehrpfad; 6 km) zwischen Sierre und Salgesch und zwei Weinmuseen, auf dem die großartige Marche des Cépages (Rebsortenwanderung) im September stattfindet, sowie der zweieinhalbstündige Weg von Visp zum höchsten Weinberg von Europa (1150 m) in Visperterminen.

Die Weinmesse Vinea (www.vinea.ch), die jedes Jahr Anfang September für drei Tage in Sierre im Wallis stattfindet, bietet die einmalige Gelegenheit, Winzer aus der ganzen Schweiz zu treffen und ihre Weine zu probieren.

Neuenburgersee & Bielersee

Der fruchtige Rosé Œil-de-Perdrix (wörtlich „Rebhuhnauge") wächst an den malerischen Ufern des Neuenburgersees. Probieren und genießen kann man ihn auf der Route du Vignoble, einer 30 km langen Weinstraße, die an den steilen Terrassen der Weinberge vom Neuenburgersee bis zum Westufer des Bielersees im Mittelland entlangführt.

Wer in dieser Gegend nach einer ähnlich atemberaubenden Kulisse wie im Lavaux und nach herrlichen Weinrouten und -proben sucht, der sollte den bezaubernden Ort Ligerz in der hervorragenden Weinregion am Nordufer des Bielersees besuchen.

Unterkunft auf Weingütern

Auberge de Dully (www.auberge dully.ch), La Côte

Hotel Lavaux (S. 73), Cully

Hôtel Masson (S. 77), Montreux

Hotel Arkanum (S. 164), Salgesch

Eulenhof (www. fermeduhibou.ch), Mur, bei Murten

Schlaf Fass (S. 303), Maienfeld

Tessin

In den italienischen Gefilden der Schweiz wird ein großartiger Merlot gekeltert, der beinahe 90 % der Weinproduktion im Tessin ausmacht. Sogar einige weiße Merlots werden hier hergestellt, darüber hinaus auch ein paar Weine aus einer Handvoll anderer Rebsorten. Die wichtigsten Weinanbaugebiete liegen zwischen Bellinzona und Ascona, um Biasca und zwischen Lugano und Mendrisio (mit einem wunderbaren Weinfest im September).

Schweizerdeutsche Weine

Sie sind zwar nicht so bekannt wie die Weine aus der französischen Schweiz und werden auch in erheblich geringeren Mengen hergestellt, doch auch die schweizerdeutschen Weine sind nicht zu verachten. Etwa

75 % davon sind Rotweine, überwiegend Pinot Noir (Blauburgunder). Sie können in Weinstuben und Verkostungsräumen in der Bündner Herrschaft, der führenden Weinregion von Graubünden nördlich von Chur, probiert werden.

Ein trockener Weißwein ist der Gewürztraminer, als beliebtester Tropfen unter den Weißen gilt jedoch der Müller-Thurgau (eine spritzige Kreuzung aus Riesling und Silvaner), der in Spiez am Thuner See im Berner Oberland gekeltert wird. Die beste Zeit für eine Kostprobe ist das Läset-Sunntig-Weinfest Ende September.

Praktische Informationen

Allgemeine Informationen

Arbeiten in der Schweiz

Bürger der EU-25-Staaten sowie Norweger und Isländer brauchen für bis zu 90 Tage im Jahr keine Arbeitserlaubnis für die Schweiz. Andere Ausländer und EU-Bürger, die länger arbeiten wollen, brauchen eine Genehmigung. Genauere Informationen gibt das **Staatssekretariat für Migration** (www.sem.admin.ch).

Französische bzw. italienische Sprachkenntnisse sind je nach Kanton für Arbeiten im Dienstleistungsbereich unerlässlich und für Tätigkeiten in Skiorten und Chalets notwendig. Über Jobs im Gastgewerbe informiert **Rolling Pin** (www.rollingpin.at). Zwei gute Websites für Kontakte und Tipps sind **Season Workers** (www.sea sonworkers.com) und **Natives** (http://jobs.natives.co.uk/switzerland).

Im Oktober werden Helfer bei der Weinlese in der Waadt und im Wallis gebraucht.

Botschaften & Konsulate

Unter www.eda.admin.ch sind alle ausländischen Botschaften in der Schweiz und alle eidgenössischen Auslandsvertretungen aufgeführt. Neben ihrer Botschaft in Bern unterhalten einige Länder auch Konsulate in Zürich und Genf.

Ermäßigungen

Gästekarten

In vielen Großstädten und Ferienorten sind Gästekarten bei der eigenen Unterkunft erhältlich. Sie bieten verschiedene Vorteile wie Ermäßigungen in Museen, Schwimmbädern oder Seilbahnen sowie die kostenlose Nutzung öffentlicher Verkehrsmittel.

Schweizer Museumspass

Wer die Schweiz länger oder regelmäßig bereist, kann sich den **Schweizer Museumspass** (www.museumspass.ch; Erw./Fam. 166/288 SFr) zulegen. Dieser gewährt ein Jahr lang kostenlosen Eintritt in 500 Schweizer Museen.

Senioren

Senioren bekommen bei den Schweizerischen Bundesbahnen keine Rabatte – wohl aber in Museen, bei Skipässen und manchen Seilbahnen. Dies wird durch die Abkürzungen AHV (Alters- und Hinterlassenenversicherung) bzw. AVS (Assurance Vieillesse et Survivants) gekennzeichnet. Das Mindestalter liegt oft bei 62 Jahren (manchmal auch höher; Alternachweis erforderlich).

Studenten & Jugendliche

Ein Internationaler Studentenausweis (International Student Identity Card; ISIC) bringt Ersparnis bei Eintrittsgebühren, Flugtickets, internationalen Zugfahrkarten und manchen Skipässen. Für Nichtstudenten unter 30 Jahren gibt's den Internationalen Reiseausweis für Jugendliche (International Youth Travel Card; IYTC). In der Heimat sind beide Ausweisvarianten bei Studentenwerken und jugendorientierten Reisebüros erhältlich.

Feiertage & Ferien

Manche Kantone haben eigene staatliche und kirchliche Feiertage – z. B. 2. Januar (Berchtoldstag), 1. Mai (Tag der Arbeit), Fronleichnam, 15. August (Mariä Himmelfahrt) oder 1. November (Allerheiligen).

Neujahr 1. Januar

Ostern März/April; Karfreitag, Ostersonntag und -montag

Christi Himmelfahrt 40 Tage nach Ostern

Pfingstsonntag und -montag sieben Wochen nach Ostern

Nationalfeiertag 1. August

Weihnachten 25. und 26. Dezember

Freiwilligenarbeit

Freiwilligenarbeit mag zwar in der Schweiz nicht so verbreitet sein wie in anderen Ländern, aber einige Einrichtungen ermöglichen für eine Woche bis zu 18 Monaten die Mitarbeit in Projekten und damit die Einbeziehung in den Schweizer Alltag. Interessierte können im jeweiligen Heimatland mit den Netzwerken Kontakt aufnehmen oder sich direkt an eine Schweizer Organisation wenden.

Bergwaldprojekt (www.bergwaldprojekt.ch) Teilnahme an einem der kostenlosen, einwöchigen Arbeitseinsätze zur Rettung der herrlichen Schweizer Wälder, organisiert von dieser Umweltinitiative.

SCI – International Voluntary Service (https://ivsgb.org/sci) Angebote für Freiwilligenarbeit, die eine breite Palette abdecken – vom Anlegen neuer Wanderwege über den Einsatz für Artenvielfalt bis hin zu Kulturprojekten.

Service Civil International (www.sci.ngo) Die weltweite Friedensorganisation hat Netzwerke in vielen Ländern und bietet Arbeitseinsätze für Freiwillige (kurz-, mittel- und langfristig), die viele Themen abdecken, von nachhaltiger Lebensweise bis zum Einsatz für Asylbewerber.

Swiss Volunteers (www.swissvolunteers.ch) Erste Anlaufstelle für alle, die sich für Schweizer Sportevents einsetzen wollen.

TravelnStudy (http://travelnstudy.com) Bietet in Lugano (Tessin) Programme mit einer Kombination aus Reisen, Freiwilligenarbeit und Lernen.

Geld

Bargeld

Ein Schweizer Franken (SFr) besteht aus 100 Rappen (frz./ital./rätorom. *centimes/centesimi/raps*). Banknoten kursieren im Wert von 10, 20, 50, 100, 200 und 1000 SFr. Münzen gibt's zu 1, 2 und 5 SFr sowie zu 5, 10, 20 und 50 Rappen.

Geschäfte (u. a. die meisten Hotels, einige Restaurants und Souvenirshops) im ganzen Land akzeptieren auch Euro. Wechselgeld erhält man aber stets in Schweizer Franken zum aktuellen Tageskurs zurück.

Geldautomaten

Geldautomaten – in Banken Bancomat und in Postämtern Postomat genannt – sind weit verbreitet und rund um die Uhr zugänglich. Sie akzeptieren die meisten internationalen Kredit- oder Bankkarten und verfügen über mehrsprachige Anleitungen. Die eigene Bank oder Kreditkartengesellschaft erhebt normalerweise eine Bearbeitungsgebühr von 1 bis 2,5 %. Hinzu kommt eventuell noch ein kleiner Extrabetrag des Automatenbetreibers.

Geldwechsel

In Banken, an Flughäfen und fast allen Bahnhöfen lässt sich Geld bis spätabends umtauschen. Im Gegensatz zu manchen Wechselstuben erheben Banken meist eine Umtauschgebühr (ca. 5 %).

Kreditkarten

Kreditkarten werden weithin in Hotels, Geschäften und Restaurants akzeptiert. Am verbreitetsten sind EuroCard/MasterCard und Visa.

Trinkgeld

Trinkgeld ist in der Schweiz nicht obligatorisch: Restaurants, Bars und sogar manche Taxigesellschaften berechnen eine gesetzlich vorgeschriebene Servicegebühr von 15 %.

Restaurants Wer mit einer Dienstleistung zufrieden ist, kann den Rechnungsbetrag wie die Einheimischen aufrunden.

Hotels Bahnhofs- und Hotelgepäckträger erwarten 1 bis 2 SFr pro Gepäckstück.

PREISKATEGORIEN: ESSEN

Die folgenden Preiskategorien beziehen sich auf ein Hauptgericht.

€ unter25 SFr

€€ 25–50 SFr

€€€ über 50 SFr

Gesundheit

Die medizinische Versorgung in der Schweiz ist von hoher Qualität, aber auch teuer. Botschaften, Konsulate und Hotels empfehlen normalerweise Ärzte oder Krankenhäuser vor Ort.

Mit einer Europäischen Krankenversicherungskarte (EHIC) haben europäische Bürger Anspruch auf staatliche Gesundheitsversorgung in der Schweiz zu reduzierten Kosten. Ansonsten ist bei einem einfachen, nicht dringlichen Arztbesuch mit rund 150 SFr zu rechnen. Rezeptfreie Medikamente sind in den Apotheken mit ihren sachkundigen Mitarbeitern erhältlich.

Höhenkrankheit

Diese Krankheit kann in Höhen ab 3000 m auftreten, aber nur sehr wenige Wanderrouten oder Skipisten in den Schweizer Alpen befinden sich so weit oben. Zu den Symptomen zählen Kopfschmerzen, Erbrechen, Benommenheit, extreme Mattigkeit, Atem- und Schlafprobleme. Schwache Formen sind mit Ruhe und normalen Schmerzmitteln behandelbar. Falls der Zustand trotzdem anhält oder sich verschlechtert, heißt es schnellstmöglich auf niedrigere Höhe absteigen und ärztliche Hilfe in Anspruch nehmen.

Unterkühlung

Unterkühlung (Hypothermie) tritt ein, wenn der Körper schneller Wärme verliert, als er sie produzieren kann – dadurch sinkt die Körpertemperatur. Eine Kombination von Wind, nasser Kleidung, Erschöpfung und Hunger kann selbst bei Temperaturen über dem Gefrierpunkt gefährlich schnell zu Unterkühlung führen. Somit trägt man beim Wandern oder Skifahren am besten mehrere Kleidungsschichten aus zuverlässig wärmenden Materialien, eine Kopfbedeckung und eine äußerste Kleidungsschicht aus robustem, wasserabweisendem Material. Essenziell sind eine Rettungsdecke für Notfälle sowie ein ausreichender Vorrat an Nahrungsmitteln (vor allem mit Einfachzucker) und Getränken.

Symptome einer Hypothermie sind Erschöpfung, Taubheitsgefühl (vor allem in Fingern bzw. Zehen), Zittern, Lallen, irrationales oder gewalttätiges Verhalten, Lethargie, Torkeln, Schwindelanfälle, Muskelkrämpfe und plötzliche Energieschübe.

Leichte Formen von Unterkühlung behandelt man, indem die betroffene Person aus Wind und/oder Regen an einen geschützten Ort gebracht und in warme, trockene Kleidung gepackt wird. Dann warme Flüssigkeit (keinen Alkohol) und kalorienreiche, leicht verdauliche Nahrung verabreichen. Den Patienten auf keinen Fall warmrubbeln, sondern dessen Selbsterwärmung schrittweise fördern. Rechtzeitiges Erkennen und Behandeln einer leichten Unterkühlung ist die einzige Methode, eine schwere und potenziell lebensbedrohliche Verschlimmerung zu verhindern.

Zecken

Bis zu einer Höhe von 1200 m bevölkern diese kleinen Blutsauger die gesamte Schweiz – bevorzugt im Buschwerk am Wald- oder Wegrand.

Nach Wanderungen in potenziellen Zeckengebieten sollte immer der ganze Körper sorgfältig abgesucht werden. Zum Entfernen einer festsitzenden Zecke drückt man die Haut rund um deren Kopf mit einer Pinzette nach unten, packt den Kopf und zieht vorsichtig nach oben. Auf keinen Fall am Hinterleib ziehen! Andernfalls wird der Mageninhalt des Tiers eventuell durch die Mundwerkzeuge in die Haut gedrückt, was das Infektions- bzw. Krankheitsrisiko erhöhen kann. Auch ein Beträufeln mit Chemikalien ist keinesfalls zu empfehlen.

FRÜHSOMMER-MENINGO-ENZEPHALITITS (FSME)

Diese Entzündung des Gehirns und der Hirnhäute wird von einem Virus verursacht, das Zecken übertragen können. Ein FSME-Risiko besteht in den meisten ländlichen und bewaldeten Gebieten der Schweiz. Wer von einer Zecke gebissen wurde, sollte nach deren Entfernung sorgsam auf Symptome wie Flecken rund um die Bissstelle achten (manchmal sind diese in der Mitte blass). Kopfschmerzen, Steifheit, andere grippeähnliche Erscheinungen und extreme Müdigkeit, die oft erst ein bis zwei Wochen nach dem Biss auftreten, können zu ernsthafteren Problemen führen. Dann ist schnellstens ärztliche Hilfe zu suchen. Den besten Schutz bietet eine vorsorgliche Impfung.

LYME-BORRELIOSE

Diese Infektionskrankheit wird in Europa durch Zecken übertragen. Sie beginnt normalerweise mit einem Ausschlag, der sich um die Bissstelle herum ausbreitet. Gleichzeitig treten Fieber, Kopfschmerzen, extreme Müdigkeit, leichte Nackenversteifungen, Gelenk- und Muskelschmerzen auf. Unbehandelt klingen solche Symptome zumeist nach mehreren Wochen wieder ab. In den folgenden Wochen oder Monaten können jedoch Probleme mit Nervensystem, Herz oder Gelenken auftreten. Da eine Behandlung im Frühstadium die besten Heilungschancen bietet, sollte man unbedingt ärztliche Hilfe in Anspruch nehmen.

Internetzugang

- Öffentliche WLAN-Hotspots gibt's an großen Flughäfen, zahlreichen Bahnhöfen oder in der 1. Klasse (Business-Bereich) auf vielen Zugstrecken.
- Die meisten Hotels haben kostenloses WLAN, ebenso viele Cafés und öffentliche Einrichtungen.
- Öffentliche Hotspots wie jene von **Swisscom** (www.swisscom.ch) erheben eine Gebühr von 5 SFr pro Tag bis zu 35 SFr pro Monat, die mit Kreditkarte oder Prepaid-Karte bezahlt wird. Letztere werden an den 3400 Hotspots von Swisscom verkauft, zu finden über http://hotspotlocator.swiss com.ch.
- In größeren Ortschaften und Städten sind noch vereinzelt Internetcafés vorhanden.

Karten & Stadtpläne

Hallwag, Kümmerly + Frey (www.swisstravelcenter.ch) gibt zahlreiche Straßenatlanten, Stadtpläne und Wanderkarten heraus, die auch online verkauft werden. Karten des **Schweizer Alpen-Clubs** (www.sac-cas.ch), von **Kompass** (www.kompass.de) und vom **Bundesamt für Landestopografie** (www.swisstopo.admin.ch) – manchmal im kleinen Maßstab von 1:15 000 – sind in Reisebuchläden erhältlich.

Die 48-seitige Broschüre *Swiss Travel System*, die

es kostenlos bei Schweiz Tourismus und in größeren Bahnhöfen gibt, enthält eine Karte von Bus- und Bahnstrecken im A3-Format. Auch Touristeninformationen haben kostenlose Karten und Broschüren.

Kinder

Die friedliche, saubere und nicht extrem kommerzielle Schweiz ist ein ideales Familienziel.

- Schweiz Tourismus (www.myswitzerland.com/de) gibt die umfangreiche Broschüre *Familien* mit vielen Anregungen heraus. Zudem führt die Website kinderfreundliche Unterkünfte oder spezielle Familienangebote auf.
- Familienreisen mit den **Schweizerischen Bundesbahnen** (www.sbb.ch) sind umwerfend günstig: Kinder unter sechs Jahren fahren kostenlos, von sechs bis 16 Jahren können sie in Begleitung von mindestens einem Elternteil mit der ein Jahr gültigen **Juniorkarte** (30 SFr) unbegrenzt mit der Bahn reisen, ebenso auch in Begleitung anderer Erwachsener mit der **Kinder-Mitfahrkarte** (30 SFr). Die alternativ erhältliche Kindertageskarte (16 SFr) ermöglicht ebenfalls unbegrenzte Fahrten. Die genannten Karten gelten außerdem für viele Seilbahnen in Skiorten.
- Die zahllosen Möglichkeiten für malerische Zug- und Bootstrips durch die Schweiz begeistern Kinder jeden Alters. Am Ziel sind Dutzende Abschnitte der perfekt markierten Wander-, Rad-, Inlineskate- und Kanurouten, die dank **Switzerland Mobility** streng für Kraftfahrzeuge gesperrt sind, als geeignet für kleine Kinder ausgewiesen.
- Die Fremdenverkehrsämter in Skiorten haben Infos zu kinderwagenfreundlichen Wanderwegen und allerlei Aktivitäten für Kinder bzw. Jugendliche aller Altersstufen.
- B&Bs sind super Familienunterkünfte: Während die Kleinen oben selig schlummern, können müde Eltern unten in Ruhe bei Essen und Wein relaxen (Babyfon nicht vergessen!). Bauernhof-B&Bs oder Schlafen im Stroh bzw. Heuschober sind für abenteuerlustige Kids ein unvergessliches Erlebnis.
- Für Eltern mit Nachwuchs zwischen sechs und zwölf Jahren empfiehlt sich der Familien-Reiseführer (2005) von Walter Justi-Jöllenbeck. Nützliche allgemeine Infos enthält *Travel with Children* von Lonely Planet.

Praktisch & Konkret

Die Schweizer sind Familien gegenüber meist sehr zuvorkommend.

- Viele große Hotels haben spezielle Familien- oder Verbindungszimmer, selbst kleinere Hotels stellen kurzfristig noch ein Kinder- oder Zusatzbett ins Zimmer.
- Die meisten größeren Autovermietungen verleihen gegen eine Zusatzgebühr von etwa 45 bis 65 SFr auch Kinder- und Babysitze nach neuestem Sicherheitsstandard.
- Wickelräume sind weit verbreitet und Windeln sind überall in Apotheken und Supermärkten erhältlich.
- Die Schweizer sind generell tolerant, wenn Mütter öffentlich stillen, solange es diskret geschieht.
- Viele Hotels und Touristeninformationen haben Adressen von Kinderbetreuungsagenturen und Babysitterdiensten.
- Einige, aber keineswegs alle Restaurants stellen Kinderstühle zur Verfügung und haben eine Kinderkarte. Im Zweifel sollte man vorher nachfragen.

Öffnungszeiten

Jeder Schweizer Kanton legt Geschäfts- und Öffnungszeiten selbst fest. Mit Ausnahme von Läden in durchgängig geöffneten Tankstellen und Geschäften in Flughäfen und Bahn-

PRAKTISCH & KONKRET

Radio World Radio Switzerland (WRS; www.worldradio.ch, englisch) aus Genf sendet landesweit Musik und Nachrichten auf FM 101,7.

Rauchen In allen geschlossenen öffentlichen Räumen (u. a. Restaurants, Kneipen, Büros, Verkehrsmittel) herrscht Rauchverbot. Gequalmt werden darf in abgetrennten Raucherbereichen und draußen auf Terrassen.

Twitter Neueste Nachrichten und Einblicke in Schweizer Kulturangelegenheiten und Events gibt's unter @Switzerland, @TheLocalSwitzer, @swissinfo und @MySwitzerland.

Websites Swissinfo (www.swissinfo.org) ist die nationale Nachrichten-Website der Schweiz.

Zeitungen In der Schweiz erscheinen u. a. die *Neue Zürcher Zeitung* (www.nzz.ch, deutsch) und der *Tages-Anzeiger* (www.tagesanzeiger.ch, deutsch) aus Zürich, *Le Temps* (www.letemps.ch, französisch) und *La Tribune de Genève* (www.tdg.ch, französisch) aus Genf sowie der *Corriere del Ticino* (www.cdt.ch, italienisch) aus Lugano.

höfen ist am Sonntag alles geschlossen. Die Öffnungszeiten in der Hochsaison sind bei den Adressen der Sehenswürdigkeiten und Attraktionen aufgeführt. In der Nebensaison sind sie fast immer eingeschränkt.

Banken Mo–Fr 8.30–16.30 Uhr

Restaurants 12–14.30 & 18–21.30 Uhr; die meisten schließen ein oder zwei Tage in der Woche

Läden Mo–Fr 10–18, Sa bis 16 Uhr

Museen 10–17 Uhr, u.U. montags geschlossen und donnerstags bis spät geöffnet

Rechtsfragen

Aufgrund ihrer umfangreichen Machtbefugnisse kann die Polizei Personen ohne Anklage in Untersuchungshaft nehmen. Zudem ist stets der Personalausweis bzw. Reisepass mitzuführen und bei Personenkontrollen vorzuzeigen.

Zwischen den 26 Kantonen bestehen ein paar wenige rechtliche Unterschiede. So ist z.B. Straßenmusik nur mancherorts erlaubt. Im Zweifelsfall ist es empfehlenswert nachzufragen.

Reisen mit Behinderung

Die Schweiz zählt zu den weltweit am besten ausgestatteten Ländern für Reisende mit körperlicher Behinderung. Die meisten Bahnhöfe verfügen über einen mobilen Lift für den Einstieg in Zügen, Stadtbusse besitzen Rampen und viele Hotels sind auf Gäste mit Behinderung eingestellt. Budgetunterkünfte haben jedoch oft keine Aufzüge.

Schweiz Tourismus (www.myswitzerland.com) liefert ausgezeichnete Tipps für Reisende mit Behinderung. Gute Informationen gibt's auch bei **Mobility International Switzerland** (MIS; ☎062 212 67 40; www.mis-ch.ch).

Der kostenlose Ratgeber Accessible Travel von Lonely Planet kann über http://lptravel.to/AccessibleTravel heruntergeladen werden.

Schwule & Lesben

In der Schweiz begegnet man Schwulen und Lesben sehr tolerant. Gleichgeschlechtliche Ehen werden anerkannt; per Gesetz dürfen homosexuelle Paare aber keine Adoptionen oder Fruchtbarkeitsbehandlungen vornehmen. In größeren Städten gibt's Schwulen- und Lesbenbars. Schwulenparaden finden in Genf (Anfang Juli) und Zürich (Mitte Juli) statt.

Nützliche Websites:

www.gay.ch (deutsch)

www.myswitzerland.com Infos zu schwulenfreundlichen Unterkünften und Events („Gay & Lesbian" eingeben).

www.pinkcross.ch (deutsch, französisch)

Sicherheit

- Straßenkriminalität ist in der Schweiz recht selten. Dennoch sollte man sich in Großstädten wie überall auf der Welt stets vor Taschendieben hüten.
- Die Schweizer Polizei zeigt nicht sonderlich viel Präsenz. Sie hat aber den Ruf, bei Menschen mit fremdländischem Erscheinungsbild willkürliche Personenkontrollen durchzuführen.

Strom

Die Netzspannung in der Schweiz beträgt 230 V, 50 Hz. Die versenkten, dreipoligen, sechseckigen Schweizer Steckdosen sind nicht kompatibel mit deutschen und österreichischen Steckern. Zweipolige Euro-Flachstecker können aber verwendet werden.

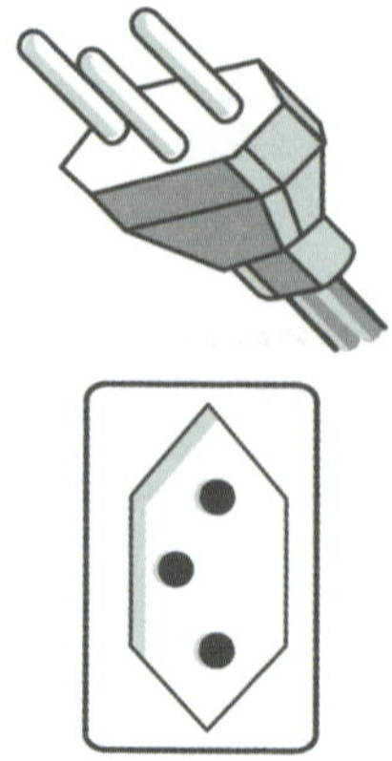

Typ J
230 V / 50 Hz

Telefon

Ein Online-Telefonverzeichnis gibt's unter http://tel.local.ch/de.

Die staatliche Telefongesellschaft **Swisscom** (www.swisscom.ch) betreibt öffentliche Telefonzellen, die Münzen und die gängigsten Kreditkarten akzeptieren.

Handys

Die meisten europäischen GSM-Handys funktionieren in der Schweiz problemlos. Der eigene Mobilfunkanbieter informiert über anfallende Kosten. Prepaid-SIM-Karten für die Schweiz sind weithin erhältlich.

Diese SIM-Karten gibt es von den Mobilfunkanbietern **Salt** (www.salt.ch), **Sunrise** (www.sunrise.ch) und **Swisscom Mobile** (www.swisscom.ch/mobile) für nur 10 SFr. Sie werden überall in der Schweiz in Zeitungsgeschäften verkauft und auch aufgeladen. Prepaid-Karten müssen offiziell registriert werden, ein Ausweis oder Reisepass ist beim Erwerb erforderlich.

Vorwahlen

- Die Ländervorwahl der Schweiz aus Deutschland

ACHTUNG: ALLES WÄHLEN!

Ortsvorwahlen gibt es in der Schweiz nicht. Alle Anschlussnummern einer bestimmten Stadt oder Ortschaft teilen sich dieselbe dreistellige Ortsvorwahl (z. B. Bern ☎031, Genf ☎022), die selbst bei Ortsgesprächen immer komplett mitzuwählen ist.

und Österreich lautet ☎0041. Bei Anrufen aus dem Ausland entfällt die Null der Ortsvorwahl (z. B. ☎0041 31 bei Anschlüssen in Bern).

- Telefonate von der Schweiz ins Ausland beginnen immer mit ☎00.
- Gebührenfreie Nummern sind durch ☎0800 gekennzeichnet. Bei ☎0848 am Anfang gilt der Ortstarif. Am teuersten wird's bei Nummern mit ☎0900, ☎156 oder ☎157.
- Schweizer Handynummern beginnen mit ☎076, ☎078 oder ☎079.

Toiletten

- Öffentliche Toiletten sind in aller Regel sauber und relativ häufig zu finden.
- Urinale sind oft kostenlos, ebenso viele Toilettenkabinen, für Letztere wird aber manchmal auch eine Gebühr von 0,50 SFr verlangt.
- Die blitzblanken Toiletten des Unternehmens Mr. Clean in großen Bahnhöfen sind mit 2 SFr teurer.

Touristen-information

Zur Vorbereitung einer Schweizreise lohnt es sich, die ausführliche, mehrsprachige Website von Schweiz Tourismus (www.myswitzerland.com) anzuschauen, die detailliert über Reiseziele, Unterkünfte, Verkehrswege, Sehenswürdigkeiten, Sport, Kultur, Events und vieles mehr berichtet. Was wo los ist in der Schweiz, ist über Nachrichten, Wetterberichte und Webcams zu erfahren, zusätzlich lassen sich Broschüren sowie Apps fürs Handy herunterladen.

Die Touristeninformationen der Schweiz sind ausnahmslos hilfsbereit. Informationen, Karten und Stadtpläne sind kostenlos, viele Informationsbüros buchen auch Zimmer, geführte Touren und Ausflüge. In der deutschsprachigen Schweiz heißen sie Verkehrsbüro, in einigen Urlaubsorten auch Kurverein (frz./ital. *office du tourisme/ ufficio turistico*).

Unterkunft

Die Schweiz bietet Unterkünfte in jeder Preislage. Die Touristeninformationen haben Verzeichnisse und reservieren auch Zimmer.

B&Bs Kleine und meist familiengeführte B&Bs reichen von einfachen Häusern auf dem Land bis zu edlen Unterkünften mit erstklassiger Ausstattung.

Berghütten Sehr schlichte Hütten sind überall in den Alpen zu finden. Die meisten haben einfache Schlafsäle oder Matratzenlager.

Campingplätze Campingplätze in der Schweiz sind generell gut gepflegt und befinden sich oft in herrlicher See- oder Berglage.

Hotels Von Kettenhotels bis zu Luxusdomizilen in den Alpen und Stadthotels mit sämtlichem Fünf-Sterne-Brimborium ist alles vorhanden.

Unterkunft auf Bauernhöfen Familienfreundliche Unterkunft auf dem Land oder in den Bergen, oft mit Erzeugnissen aus eigenem Anbau und mit Streicheltieren.

B&Bs

B&Bs zählen zu den reizvollsten Schweizer Unterkünften: ein Zimmer in einem Privathaus (von Schlössern bis zu Bauernhöfen) mit Frühstück, das oft aus hausgemachten Lebensmitteln besteht. Auf Voranmeldung servieren manche Gastgeber Abendessen (zzgl. 30–40 SFr pro Pers. inkl. Wein).

Touristeninformationen führen Verzeichnisse von B&Bs in ihren Gegenden, die auf dem Land zahlreicher zu finden sind als in Städten. Hunderte sind über **BnB** (www.bnb.ch) zu finden. Zudem haben Privathäuser im ländlichen Raum oft günstige Zimmer frei (frz./ ital. *chambres libres/camere libere*, manchmal inkl. Frühstück).

Camping

Je nach Standard und Lage haben Schweizer Campingplätze ein bis fünf Sterne. Sie liegen oft abgeschieden und wunderschön an Flüssen oder Seen. Die Preise pro Person und Übernachtung liegt bei ca. 10 SFr (zzgl. 8–15 SFr/Zelt; ab 5 SFr/ Auto).

Wildes Camping (frz. *camping sauvage*) ist nicht ausdrücklich erlaubt, ist aber in der freien Natur in den Bergen möglich.

Einige nützliche Informationsquellen:

www.camping.ch Verzeichnis mit Details zu 350 Campingadressen mit praktischen Infos, Tipps und News für Zelt- bzw.

UNTERKÜNFTE ONLINE BUCHEN

Auf http://lonelyplanet.com/hotels gibt's weitere Informationen zu Unterkünften und Empfehlungen unserer Autoren. Und das Beste: Die Unterkünfte können gleich online gebucht werden.

PREISKATEGORIEN: SCHLAFEN

Die folgenden Preiskategorien beziehen sich auf ein Doppelzimmer mit Bad, außer in Hostels oder wenn anders angegeben. Die genannten Preise gelten für die Hochsaison und enthalten Frühstück, wenn nicht anders vermerkt.

€ unter 170 SFr

€€ 170–350 SFr

€€€ über 350 SFr

Wohnmobilurlauber in der Schweiz.

www.sccv.ch Website des Schweizerischen Camping und Caravanning Verbands (SCCV) mit super Suchfunktion.

www.tcs.ch Der Touring Club der Schweiz liefert alle erdenklichen Informationen, die man zum Organisieren von regionalen Campingtrips braucht (z. B. Platzverzeichnisse, Versicherungen, Verkehrslage bzw. Straßenzustand in Echtzeit).

Ferienwohnungen

Chalets oder Ferienwohnungen für Selbstversorger müssen rechtzeitig reserviert werden, für Spitzenzeiten sechs bis zwölf Monate im Voraus. Während der Hauptsaison sind einwöchige Mindestaufenthalte (meist Sa–Sa) die Regel. Nützliche Infos liefern Plattformen wie **REKA** (www.reka.ch), **Interhome** (www.interhome.ch) und **Switzerland Tourism** (www.myswitzerland.com). **Ski Suisse** (http://de.ski-suisse.com) empfiehlt sich für Selbstversorger, die Chalets bzw. Apartments in Skiorten mieten möchten (Sommer und Winter).

Hostels

Bei Schweizer Jugendherbergen (frz./ital. *auberge de jeunesse/alloggio per giovanni*) reicht die Palette von älteren, unpersönlichen Häusern bis hin zu modernen Varianten, die an Designunterkünfte grenzen. Ein Paradebeispiel für Letztere ist Saas Fes großartiges neues **Wellness-Hostel 4000** (S. 178) mit Pool und Spa.

- Betreiber ist zumeist der Landesverband der **Schweizer Jugendherbergen** (www.youthhostel.ch), der wiederum zum Internationalen Jugendherbergsverband (Hostelling International; HI) gehört. Wer noch kein Mitglied bei einem HI-Verband ist, kann vor Ort beitreten (Jahresmitgliedschaft Erw./Kind unter 18 J. 33/22 SFr, Fam. 44 SFr). Andernfalls wird pro Übernachtung und Person eine Zusatzgebühr (6 SFr) fällig.
- Der Preis für ein Schlafsaalbett (30–45 SFr) beinhaltet Bettwäsche und Frühstück. Achtung: Eigene Schlafsäcke sind in Schweizer HI-Hostels wegen der Bettwanzengefahr verboten!
- Die Herbergen von **Swiss Hostels** (www.swisshostels.com) haben zumeist etwas flexiblere Hausregeln (einige erlauben z. B. Schlafsäcke) sowie Rezeptions- und Öffnungszeiten. Zudem erfordern sie keinerlei Mitgliedschaft.
- Hostels nehmen Reservierungen über ihre Website an, nur in wenigen Fällen auch per Telefon. Zu Spitzenzeiten kann mitunter nur dreimal hintereinander übernachtet werden.

Hotels & Pensionen

- Die günstigsten Hotelzimmer haben ein Waschbecken, aber teilen sich Gemeinschaftsduschen und -toiletten im Flur. Hier betragen die Preise für Einzel-/Doppelzimmer rund 70/100 SFr in kleinen Ortschaften, in Städten und Skiorten rund 90/140 SFr. Eine eigene Dusche verteuert eine Übernachtung um mindestens 20 SFr. Der Preis beinhaltet normalerweise ein Frühstück.
- Eine Frühstückspension bzw. ein Hotel-Garni serviert nur Frühstück. Kleine Pensionen mit Restaurant haben oft Ruhetage, an denen Einchecken ohne Voranmeldung eventuell nicht möglich ist – daher unbedingt vorher anrufen!
- Hotels mit dem Label „Green Living" sind Ökohotels mit umweltgerechtem Standard.

Unterkunft auf Bauernhöfen

Agrotourismus Schweiz (☎031 359 50 30; www.agro tourismus.ch) ist eine einmalige Gelegenheit, den Alltag auf einem Schweizer Bauernhof kennenzulernen – das ultimative Abenteuer im Stroh. Wenn die Kühe im Sommer auf den Weiden sind, lassen die Bauern Reisende für 20 bis 30 SFr pro Erwachsenem und 10 bis 20 SFr pro Kind unter 15 Jahren in der Scheune oder auf dem Heuboden nächtigen (beim Klang der Kuhglocken). Die Bauern stellen Bettlaken (gegen pieksendes Stroh) und Wolldecken für mehr Wärme zur Verfügung, aber Gäste müssen ihren eigenen Schlafsack und unbedingt eine Taschenlampe mitbringen. Im Übernachtungspreis enthalten ist ein Bauernfrühstück. Morgendusche (2 SFr) und Abendessen (20–30 SFr) kosten extra. Im Sommer ist eine Reservierung notwendig. Ein Verzeichnis der landesweit über 170 Höfe, die Übernachtungen anbieten, steht auf der Website.

Wer lieber in einem Zimmer im Bauernhaus nächtigt statt über den Kühen, kann sich an **Ferien auf dem Bauernhof** (☎031 329 66 99; www.bauernhof-ferien.ch), wenden, einen landesweiten Verein von rund 200 Bauernhöfen, die sowohl Zimmer mit Frühstück als auch Selbstversorgerunterkünfte in einer umgebauten Scheune oder Bauernkate für mindestens eine Woche vermieten.

Versicherung

Eine Reisekrankenversicherung sollte unbedingt Rettungsflüge per Hubschrauber und den Rücktransport in die Heimat abdecken, wenn Wandern, Skifahren oder Snowboarden geplant ist: Die meisten normalen Policen decken nur wenige Outdoor-Aktivitäten ab; dies bedingt höhere Versicherungsprämien für Wintersportler und weitere Beiträge für Abenteuer-Sportarten wie Bungeejumping oder Fallschirmspringen.

Die weltweit gültige Reiseversicherung unter www.lonelyplanet.com/bookings kann jederzeit online abgeschlossen und erweitert werden – selbst wenn man schon unterwegs ist.

Visa

Dank des erweiterten Schengenraums können deutsche sowie österreichische Staatsbürger mit Reisepass, vorläufigem Reisepass, Kinderreisepass oder Personalausweis in die Schweiz einreisen und sich dort drei Monate lang nach Belieben bewegen. Eidgenössische Auslandsvertretungen und das **Schweizer Bundesamt für Migration** (www.sem.admin.ch) informieren über die aktuellen Einreisebestimmungen und Voraussetzungen für längerfristige Aufenthalte.

In der Schweiz besteht Ausweispflicht. Reisepass bzw. Personalausweis sind daher stets mitzuführen und bei Personenkontrollen auf Verlangen vorzuzeigen.

Zeit

Wie in Deutschland oder Österreich gilt in der Schweiz die Mitteleuropäische Zeit (MEZ). Zu Beginn der Sommerzeit (letzter Märzsonntag) werden die Uhren eine Stunde vorgestellt, am letzten Oktobersamstag dann wieder eine Stunde zurück.

Hinweis zum hiesigen Sprachgebrauch: „Halb acht" bedeutet wie üblich 7.30 Uhr. Dazu gibt's noch „viertel acht" (viertel nach sieben; 7.15 Uhr) und „dreiviertel acht" (viertel vor acht; 7.45 Uhr).

Verkehrsmittel & -wege

AN- & WEITER-REISE

Die Schweiz ist ein Binnenstaat zwischen Frankreich, Deutschland, Österreich, Liechtenstein und Italien und hat daher gute Verkehrsanbindungen, besonders per Bahn.

Flug- und Zugtickets und geführte Touren können unter www.lonelyplanet.com/bookings gebucht werden.

Einreise

Die Einreise ist unkompliziert: Dank des Schweizer Beitritts zum Schengener Abkommen ist bei der Anreise aus einem EU-Land nur ein gültiger Personalausweis vorzuzeigen. Da die Schweiz aber nicht zur europäischen Zollunion gehört, werden an der Grenze weiterhin Zollkontrollen durchgeführt.

Flugzeug

Die nationale Fluggesellschaft Swiss (www.swiss.com) wird gemeinhin Swissair genannt. Neben vielen nationalen Fluggesellschaften verbinden folgende Billig- und/oder kleinere Fluglinien die Schweiz mit anderen europäischen Städten.

EasyJet (www.easyjet.com) Billigflüge nach Genf, Zürich und zum EuroAirport (Basel) von Flughäfen u.a. in Deutschland und Österreich.

Eurowings (www.eurowings.com) Deutsche Billigfluglinie mit Verbindungen von Zürich und Genf mit deutschen und österreichischen Städten.

Helvetic Airways (www.helvetic.com) Schweizer Billigflieger mit Verbindungen zu europäischen Urlaubszielen, aber auch Flügen zwischen Zürich und Rostock.

SkyWork Airlines (www.flyskywork.com) Fluggesellschaft aus **Bern** (BRN; ☎031 960 21 11; www.flughafenbern.ch) mit Flugverbindungen u.a. mit Berlin, München und Wien.

Fluss & See

Die Schweiz kann auch mit dem Dampfer erreicht werden, was aber eher eine etwas ungewöhnliche Wahl ist. Über den Bodensee fahren Ausflugsschiffe, zwischen Friedrichshafen und Romanshorn verkehrt eine Autofähre. Ist der Weg das Ziel, bieten sich Rheinkreuzfahrten nach Basel an.

CGN (☎0848 811 848; www.cgn.ch) Fährverbindungen über den Genfer See.

Auf dem Landweg

Auto & Motorrad

Aus allen Nachbarländern geht's über gut ausgebaute

REISEN & KLIMAWANDEL

Jede Form des Reisens, die auf Brennstoff auf Kohlenstoffbasis beruht, erzeugt CO_2, die Hauptursache des von Menschen verursachten Klimawandels. Modernes Reisen ist von Flugzeugen abhängig, die vielleicht pro Kilometer und Person weniger Kraftstoff als die meisten Autos verbrauchen, aber sehr viel weitere Strecken zurücklegen. Auch die hohen Luftschichten, in die Flugzeuge Treibhausgase (auch CO_2) und Schadstoffe ausstoßen, spielen eine wichtige Rolle beim Klimawandel. Viele Websites bieten „Emissionsrechner", mit denen Reisende die CO_2-Emissionen ihrer Reise ausrechnen und die Auswirkung dieser Treibhausgase mit einem Beitrag für klimafreundliche Projekte in der ganzen Welt ausgleichen können. Lonely Planet gleicht die CO_2-Bilanz aller Reisen der Mitarbeiter und Autoren aus.

GEPÄCKSERVICE FLY-RAIL

Wer in Genf oder Zürich landet, kann sein Gepäck ohne Wartezeit am Flughafen direkt zu einem von rund 50 Schweizer Bahnhöfen weiterschicken lassen. Bei der Abreise kann man das Gepäck ebenfalls an diesen Bahnhöfen abgeben (bis zu 24 Std. vor Abflug) und es dann einfach bei Ankunft am Zielflughafen abholen. Der Preis beträgt 22 SFr pro Gepäckstück (max. 32 kg). Sperrige Gegenstände wie Surfbretter oder Fahrräder sind von diesem Service jedoch ausgeschlossen. Eine ähnliche Form der Gepäckaufgabe ist auch direkt innerhalb der Schweiz möglich (Details unter www.sbb.ch).

Autobahnen in die Schweiz; die Alpen bilden jedoch eine natürliche Barriere, weshalb die wichtigsten Routen in der Regel durch Tunnel führen. Bei ausländischen Fahrzeugen muss deren Zulassungsland erkennbar sein (EU-Nummernschild bzw. Länderaufkleber).

➡ Ein Führerschein eines EU-Landes wird akzeptiert.

➡ Die Mitnahme der grünen Internationalen Versicherungskarte ist ratsam. Im Fall eines Falles können das Formular „Europäischer Unfallbericht" und ein Kfz-Schutzbrief mit Pannenservice wertvolle Dienste leisten.

➡ Autofahrer müssen für Fahrten auf den Schweizer Autobahnen einen besonderen Aufkleber, eine Vignette, anbringen (*vignette* auch auf Französisch, *contrassegno* auf Italienisch), der an größeren Grenzübergängen für 40 SFr erhältlich ist.

➡ Das Mitführen eines Warndreiecks, das bei einer Panne aufgestellt werden muss, ist Pflicht.

➡ Zudem empfehlen sich ein Verbandskasten, Ersatzbirnen und Feuerlöscher.

Bus

Eurolines (www.eurolines.com), eine Gruppe von 29 Fernbusunternehmen, fährt zu den meisten größeren und großen Städten in der Schweiz (z. B. Basel, Bellinzona, Bern, Bulle, Fribourg, Genf, Lausanne, Luzern, Lugano, Martigny, Sitten, St. Gallen, Zürich). Passagiere unter 26 und über 60 Jahren erhalten Ermäßigung. Vor allem im Juli und August sind Reservierungen unerlässlich.

Zug

Die umweltbewusste Schweiz macht Bahnreisen zum reinsten Vergnügen.

➡ Infos zu möglichen Verbindungen (u. a. mit Hochgeschwindigkeitszügen) erteilen **Rail Europe** (www.raileurope.com), die Deutsche Bahn (www.bahn.de), die **Österreichischen Bundesbahnen** (www.oebb.at) und die **Schweizerischen Bundesbahnen** (deutsch/franz./ital. SBB/CFF/FFS; www.sbb.ch). Bei den SBB sind Onlinebuchungen möglich, es werden aber keine Tickets postalisch ins Ausland geschickt.

➡ **The Man in Seat 61** (www.seat61.com) ist eine äußerst nützliche englischsprachige Website mit zahllosen Infos für Zugpassagiere.

➡ Zürich ist der verkehrsreichste Bahnhof der Schweiz, mit Verbindungen u. a. nach München und Wien.

➡ Die meisten Züge aus Deutschland in die Schweiz fahren durch Zürich oder Basel.

UNTERWEGS VOR ORT

Auto & Motorrad

In städtischen Ballungsgebieten gibt's gute Nahverkehrsmittel, während die Parkplatzsuche stressig sein kann.

Automobilclubs

Der Touring Club der Schweiz (www.tcs.ch) bietet Kraftfahrern Informationen und Dienstleistungen, so auch einen 24-Stunden-Pannendienst, der für Mitglieder des TCS und dessen Partnerunternehmen kostenlos ist. Der **Automobil Club der Schweiz** (www.acs.ch) hat ähnliche europaweite Angebote.

Benzin

Bleifreies Benzin (ca. 1,41 SFr/l; franz. *sans plomb*, ital. *senza piombo)* ist Standard und läuft landesweit aus grünen Zapfsäulen. Diesel (ca. 1,43 SFr/l) ist ebenfalls überall erhältlich.

Carsharing

Mobility (☎0848 824 812; www.mobility.ch) hält über 2950 Autos an 1500 Standorten im ganzen Land bereit. Die Fahrzeuge (Nutzungsdauer 1 Std.–16 Tage) sind am jeweiligen Entleihpunkt zurückzugeben. Sie lassen sich online oder telefonisch reservieren und dann einfach zur vereinbarten Zeit abholen. Wer kein Jahresmitglied (290 SFr) werden will, kann Einzelnutzungen (je 25 SFr) buchen; dann verteuert sich der Standardtarif (2,80 SFr pro Std., zzgl. 0,50 SFr/km) jeweils um 1 SFr.

Maut

Auto- und Motorradfahrer müssen eine einmalige jährliche Gebühr von 40 SFr für die Benutzung der Schweizer Autobahnen und Schnellstraßen (grüne Schilder) zahlen. Die Vignette wird an

ENTFERNUNGEN (KM)

	Basel	Bellinzona	Bern	Biel/Bienne	Brig	Chur	Fribourg	Genf	Interlaken	Lausanne	Luzern	Lugano	Neuchâtel	St. Gallen	St. Moritz	Schaffhausen	Sion
Bellinzona	241																
Bern	97	253															
Biel/Bienne	93	247	41														
Brig	190	161	91	129													
Chur	228	115	242	237	174												
Fribourg	132	285	34	71	179	274											
Genf	267	420	171	209	214	409	138										
Interlaken	153	195	57	92	73	209	92	230									
Lausanne	203	359	107	146	151	346	72	62	167								
Luzern	103	140	115	107	149	140	147	280	71	218							
Lugano	267	28	279	273	187	141	331	446	221	383	166						
Neuchâtel	141	294	46	31	141	283	43	123	104	73	156	320					
St. Gallen	191	217	204	197	288	102	236	371	225	307	138	243	244				
St. Moritz	313	150	327	321	241	85	359	494	294	430	225	176	368	178			
Schaffhausen	161	246	173	167	259	182	205	340	228	276	108	272	214	80	266		
Sion	252	214	160	195	53	399	128	161	86	98	271	240	166	356	294	329	
Zürich	113	195	125	119	208	118	157	292	177	229	57	221	166	81	203	51	281

der Grenze, in Schweizer Tankstellen und Postämtern sowie bei Schweizer Fremdenverkehrsämtern im Ausland gegen Barzahlung (auch in Euro) verkauft und muss an der Windschutzscheibe angebracht werden. Sie ist 14 Monate gültig, vom 1. Dezember bis 21. Januar des übernächsten Jahres. Wer ohne Vignette fährt, muss eine Geldstrafe von 200 SFr entrichten.

Für den Grossen-Sankt-Bernhard-Tunnel zwischen Aosta (Italien) und dem Wallis wird eine zusätzliche Mautgebühr fällig (einfache Strecke/hin & zurück 29,30/46,90 SFr).

Mietwagen

- Große Autovermieter sind an Flughäfen sowie in größeren Städten bzw. Ortschaften vertreten.
- Idealerweise wird das Auto online reserviert. Auf der französischen Seite des Genfer Flughafens sind Leihwagen vergleichsweise günstiger.
- Kunden müssen mindestens 25 Jahre alt sein (bei manchen lokalen Firmen auch nur 20 Jahre) und benötigen eine Kreditkarte.
- Im Winter sind Mietfahrzeuge normalerweise mit Winterreifen ausgestattet.

Straßenzustände

- Die Schweizer Straßen sind gut ausgebaut, gut beschildert und bestens in Schuss.
- Infos zur aktuellen Verkehrslage gibt's telefonisch unter ☎163 (Bandansage).
- Die meisten großen Bergpässe sind ganzjährig geöffnet, soweit das Wetter es zulässt. Am Grossen St. Bernhard, am Gotthardpass und am San-Bernardino-Pass wird man jedoch oft auf den entsprechenden Tunnel ausweichen müssen.
- Pässe, die nur von Juni bis Oktober geöffnet sind: Albulapass, Furkapass, Grimselpass, Klausenpass, Oberalppass, Sustenpass und Umbrailpass. Nur zeitweise geöffnet haben auch der Lukmanierpass (Mai–Nov.), der Nufenenpass (Juni–Sept.) und der Splügenpass (Mai–Okt.).

Tunnel

Autozüge rollen ganzjährig durch folgende Tunnel:

Furka-Basistunnel (☎0848 642 442; www.mgbahn.ch; Auto & bis zu 9 Pers. 33 SFr) Durch den 15,4 km langen Tunnel geht's von Oberwald nach Realp in nur 15 Minuten.

Lötschbergtunnel (☎0900 553 333; www.bls.ch; Auto & bis zu 9 Pers. Kandersteg–Iselle 98 SFr, Kandersteg–Goppenstein Mo–Do 27 SFr, Fr–So 29,50 SFr) Von Kandersteg nach Goppenstein (15 Min., ganzjährig) oder Iselle (Italien; 1 Std., April–Mitte Okt.), was im Voraus gebucht werden muss.

Vereinatunnel (☎081 288 37 37; www.rhb.ch; Auto & bis zu 9 Pers. Neben-/Mittel-/Hochsaison 34/39/44 SFr) Alternative zum Flüelapass, der im Winter gesperrt ist; verläuft von Selfranga bei Klosters bis Sagliains im Engadin. Die Züge verkehren alle halbe Stunde, die Fahrt dauert 18 Minuten.

Verkehrsregeln

- Das Abblendlicht muss auch tagsüber stets eingeschaltet sein. Das Bußgeld bei Verstößen beträgt 40 SFr.
- Das Mindestalter für Auto- und Motorradfahrer ist 18 Jahre, für Mopeds 14 Jahre.
- Es gilt die Vorfahrtregel rechts vor links. Auf Gebirgsstraßen haben aufwärts fahrende Fahrzeuge Vorfahrt. Von dieser Regel sind Postbusse ausgenommen, die grundsätzlich immer Vorfahrt haben.
- Die zulässige Höchstgeschwindigkeit beträgt 50 km/h innerhalb geschlossener Ortschaften, 80 km/h auf Hauptstraßen außerhalb geschlossener Ortschaften, 100 km/h auf einspurigen und 120 km/h auf zweispurigen Autobahnen.
- Für sämtliche Fahrzeuginsassen besteht Anschnallpflicht. Im Auto muss immer

REISEN DURCH SCHÖNE LANDSCHAFTEN

Die Schweizer Züge, Busse und Schiffe sind mehr als Verkehrsmittel, die einen von A nach B bringen. Dank atemberaubender Aussichten wird die Reise selbst zum Ziel. Egal, welches Verkehrsmittel genutzt wird, der öffentliche Nahverkehr wird danach mit ganz anderen Augen betrachtet. Die Schweiz hat das alles perfekt im Griff, selbst ganz gewöhnliche Busse fahren hinauf zu abgeschiedenen Bergpässen, wo die wilde Tierwelt aus nächster Nähe zu sehen ist.

Die englischsprachige Website **Swiss Travel System** (www.swisstravelsystem.co.uk) vernetzt Züge, Schiffe, Seilbahnen und Postbusse, sodass fast das ganze Land autofrei bereist werden kann – und natürlich lässt sich bei der berühmten Schweizer Präzision die Uhr nach den Fahrplänen stellen.

Panoramazüge

Die drei erstgenannten Züge haben Panoramawagen mit extragroßen Aussichtsfenstern:

Glacier Express (S. 171)

GoldenPass-Linie (www.goldenpass.ch) Verläuft über insgesamt drei Abschnitte zwischen Luzern und Montreux, wobei der Zug zweimal gewechselt werden muss. Normale Züge ohne Panoramafenster bedienen dieselbe Strecke im Stundentakt.

Bernina Express (S. 293)

Schokoladenzug (www.mob.ch) Rundfahrt in einem Salonwagen der Belle Époque von Montreux zur Schokoladenfabrik in Broc und zurück.

Mont-Blanc-/St.-Bernhard-Express (www.tmrsa.ch) Von Martigny nach Chamonix (Frankreich) oder über den Grossen St. Bernhard.

Voralpen-Express (www.voralpen-express.ch) Vom Bodensee zum Vierwaldstättersee über St. Gallen, Rapperswil und Romanshorn.

Postbusse

Die vierstündige Fahrt ab St. Moritz mit dem **Palm Express** (www.palmexpress.ch) führt von den gletscherbedeckten Gipfeln des Engadin über den Majola-Pass, durch das Bergell (Val Bregaglia) nach Chiavenna (Italien) und dann weiter am Comer See und Luganersee entlang.

Ein weiteres halbes Dutzend malerischer Alpenrouten wird auf der Website von **Postbus** (www.postauto.ch) beschrieben.

Bahn & Boot: Der Gotthard Panorama Express

Der jüngst eingeführte **Gotthard Panorama Express** (www.sbb.ch; ⌚Mitte April–Mai Sa & So, Juni–Okt. tgl.) beginnt mit einer wunderbaren, 2½-stündigen Bootsfahrt über den Vierwaldstättersee nach Flüelen, von wo es mit dem Zug durch Schluchten und durch Berglandschaften nach Bellinzona oder Lugano weitergeht.

Hauptzugstrecken in der Schweiz

ein Warndreieck mitgeführt werden.

- In sämtlichen Tunneln muss das Abblendlicht auf niedrigste Stufe gestellt werden.
- Für Motorradfahrer und ihre Beifahrer gilt eine Helmpflicht.
- Die Promillegrenze beträgt 0,5‰.
- Bei Unfällen mit Personenschäden ist grundsätzlich die Polizei zu verständigen.
- Alle erforderlichen Fahrzeugpapiere sollten stets mitgeführt werden.

Verkehrsschilder

In der Schweiz gibt es Straßenschilder, die andernorts unbekannt sein mögen.

- Ein weißer Reifen mit Schneeketten auf einem runden blauen Schild signalisiert eine Schneekettenpflicht.
- Ein gelbes Posthorn auf einem quadratischen blauen Schild bedeutet, dass den Anweisungen der Postbusfahrer Folge zu leisten ist.

Berg- & Seilbahnen

In den Schweizer Bergen sind Standseilbahnen (frz. funiculaire, ital. funicolare), Luftseilbahnen (téléphérique/funivia), Gondelbahnen (télécabine/telecabinoia) und Sesselbahnen (télésiège/seggiovia) unterwegs. Diese werden penibel und regelmäßig gewartet.

Wichtig: Man sollte immer rechtzeitig in Erfahrung bringen, wann die letzte Seilbahn zurück ins Tal fährt – in manchen Skigebieten kann das im Winter schon um 16 Uhr sein.

Bus

Kanariengelbe Postbusse ergänzen das Schweizer Bahnnetz. Auf Postrouten verbinden sie die Städte mit schwerer zugänglichen Gebirgsregionen. Der Linienfahrplan ist auf die Ankunft von Zügen abgestimmt, die Haltestellen befinden sich daher am Bahnhof. Bordklassen existieren nicht; die Preise entsprechen denen von Zügen.

- Der Swiss Pass gilt auch für Postbusse, für einige touristische Alpenrouten wird jedoch ein Aufpreis verlangt.
- Tickets gibt's direkt beim Fahrer. Für manche Panoramastrecken durch die Alpen (z. B. Lugano–St. Moritz) ist allerdings eine Reservierung erforderlich (Details unter www.postauto.ch).

Fahrrad

Transportieren

In Bummelzügen können Fahrräder mitgenommen werden, manchmal sogar im InterCity (IC) oder EuroCity (EC), sofern noch Platz im Gepäckwagen ist. Ein Fahrradticket für einen Tag kostet 20 SFr (mit Swiss Pass 13 SFr). Zwischen 21. März und 31. Oktober muss die Fahrradmitnahme in Intercity-Neigezügen (ICN) extra gebucht werden (5 SFr).

Züge, in denen die Fahrradmitnahme nicht gestattet ist, sind mit einem durchgestrichenen Fahrradsymbol im Fahrplan gekennzeichnet. Ein Standardfahrrad kann aber als Frachtgut aufgegeben werden (20 SFr). Als Handgepäck in einem Transportbehälter kommt der Drahtesel kostenlos mit.

Verleih

SBB Rent a Bike (☎041 925 11 70; www.rentabike.ch; halb-/ganztags ab 27/35 SFr), der extrem effiziente Fahrradverleihservice der Schweizerischen Bundesbahn, ist an über 100 Bahnhöfen in der ganzen Schweiz vertreten. Räder können online oder telefonisch reserviert werden. Gegen Aufpreis (10 SFr) kann man sie an einem Bahnhof abholen und an einem anderen wieder zurückgeben. Neben herkömmlichen Rädern für Kinder und Erwachsene halten die meisten Verleihstationen auch E-Bikes, Tandems, Trailerbikes und Kinderfahrradanhänger bereit. Im Preis sind Helme enthalten.

Bei längerem Aufenthalt in der Schweiz lohnt sich eine Anmeldung beim öffentlichen Fahrradverleihsystem **PubliBike** (www.publibike.ch/de) mit fast 100 Stationen im ganzen Land und einer niedrigen Gebühr für die Jahresmitgliedschaft. In den meisten Touristeninformationen in der Nähe der Stationen wird auch die Tageskarte „DayBike" verkauft. Über die Website kann bestellt und gekauft werden, auch sind dort die Standorte der Stationen verzeichnet.

Die umweltfreundliche Initiative **Schweiz Rollt** (Suisse Roule; www.schweizrollt.ch) bietet von Mai bis Oktober kostenlosen Fahrradverleih in Bern, Genf, Zürich und den Kantonen Wallis und Neuchâtel an.

In Liechtenstein gibt es an 13 landesweiten Stationen kostenlose, orangefarbene Leihfahrräder von **FreeVelo-Point** (http://velopoint.li).

Flugzeug

Angesichts des hervorragenden Bahnnetzes auf übersichtlicher Landesfläche sind Inlandsflüge so gut wie unnötig.

Swiss (www.swiss.com) bedient die Großflughäfen Genf, Zürich und Basel (EuroAirport). Tickets für Hin- und Rückflug unterliegen starken Preisschwankungen.

Schiff/Fähre

Auf allen größeren Schweizer Seen sind Dampfer der **Schweizerischen Bundesbahnen** (www.sbb.ch) oder kooperierender Privatunternehmen im Einsatz, in denen die landesweiten Zugpässe anerkannt werden. Sie verkehren über den Genfer See, den Bodensee, den Vierwaldstättersee, den Luganersee, den Neuenburgersee, den Bielersee, den Murtensee, den Thunersee, den Brienzersee und den Zugerseen, nicht aber über den Lago Maggiore. Zugpässe gelten nicht für Angebote kleinerer Schiffs- oder Bootsbetreiber.

Zug

Privatunternehmen und die staatlichen **Schweizerischen Bundesbahnen** (deutsch/franz./ital. SBB/CFF/FFS; www.sbb.ch) teilen sich das landesweite Streckennetz.

➡ Abteile in der 2. Klasse sind einwandfrei, aber oft rappelvoll. Die 1. Klasse bietet mehr

REISEN MIT ERMÄSSIGUNGSKARTEN

Die folgenden Swiss-Pass-Angebote bringen bei längeren Schweizreisen eine beträchtliche Ersparnis. Sie sind in Schweizer Bahnhöfen erhältlich. Umfassende Infos gibt's unter www.swisstravelsystem.ch und www.myswitzerland.com/de-de/transport-reisen/fahrkarten.html.

Swiss Travel Pass Ermöglicht die unbegrenzte Nutzung fast aller Züge, Boote und Busse innerhalb der Schweiz, auch von Straßenbahnen und Bussen in 41 Städten sowie freien Eintritt in über 500 Museen. Bei Berg-, Seil- und Privatbahnen bringt der Swiss Pass eine Ermäßigung von 25 bis 50 %. Die Gültigkeitsdauer der verschiedenen Varianten liegt zwischen drei (216 SFr) und 15 aufeinanderfolgenden Tagen (458 SFr). Junge Erwachsene unter 26 Jahren erhalten 15 % Ermäßigung.

Swiss Travel Pass Flex Ermöglicht unbegrenzte Fahrten an einer bestimmten Anzahl von Tagen innerhalb eines Monats, von drei (248 SFr) bis 15 (502 SFr) Tagen. Junge Erwachsene unter 26 Jahren erhalten 15 % Ermäßigung.

Swiss Half-Fare Card Der Name ist Programm: Dieser Pass (120 SFr/Monat) bringt 50 % Preisnachlass bei allen Zugfahrten. Zudem gibt's Ermäßigungen bei Bussen, Straßen- und Seilbahnen regionaler Betreiber.

Junior-Karte Diese Karte (30 SFr) ermöglicht es Kindern zwischen sechs und 16 Jahren in Begleitung mindestens eines Elternteils, Züge, Schiffe und manche Seilbahnen in der Schweiz ein Jahr lang gratis zu nutzen. Für Kinder, die mit einer anderen Begleitperson unterwegs sind, gibt es die gleichwertige **Kinder-Mitfahrkarte**. Die **Kinder-Tageskarte** (16 SFr) ermöglicht einen Tag lang unbegrenztes Mitfahren in Begleitung eines Erwachsenen.

Regionalpässe In mehreren Landesteilen bekommt man Pässe, die jeweils nur für eine bestimmte Region gelten und direkt an deren Bahnhöfen erhältlich sind.

Platz bei weniger Passagieren. Dank der Laptop-Anschlüsse kann man auch im Zug arbeiten; an manchen Plätzen steht zudem WLAN zur Verfügung.

➡ Im Vergleich zur 2. Klasse (ca. 40 SFr/100 km) ist die 1. Klasse durchschnittlich 75 % teurer. Nur bei längeren Strecken sind Hin- und Rückfahrt günstiger als zwei Einzelfahrkarten.

➡ Die Schweizer Zugfahrpläne, die jeden Dezember aktualisiert werden, sind online (www.sbb.ch) und in Bahnhöfen einzusehen oder können bei **Rail Service** (☎ 0900 300 300; pro Min. 1,19 SFr) telefonisch erfragt werden.

➡ Größere Bahnhöfe haben Gepäckschließfächer (pro Tag 3–6 SFr), die normalerweise von 6 bis 24 Uhr zugänglich sind.

➡ Vor allem in der Hauptsaison empfehlen sich auf Fernstrecken Platzreservierungen (5 SFr).

➡ Europaweit gültige Zugpässe wie Eurail oder Interrail werden im Netz der Schweizerischen Bundesbahnen anerkannt. Sie gelten jedoch nicht für Postbusse, städtische Nahverkehrsmittel, Seil- und Privatbahnen (z. B. die Zermatt-Route oder die Jungfraubahnen im Berner Oberland). Daher sind schweizerische Ermäßigungskarten besser geeignet, um die malerischen Ecken der Schweiz zu erkunden.

Sprache

Die Schweiz (Suisse/Svizzera/Svizra) hat vier Landessprachen: Deutsch (Muttersprache von ca. 64 % der Einwohner), Französisch (20 %), Italienisch (7 %) und Räto- bzw. Bündnerromanisch. Diese Sprache hat weniger als 1 % der Bevölkerung als Muttersprache – diese Menschen sind hauptsächlich im Kanton Graubünden heimisch. Seit 1996 hat auch diese Sprache in der Bundesverfassung den Rang einer Landessprache und gegenüber Personen dieser Sprachgruppe auch den Rang einer Amtssprache, was mit Garantien zu ihrer Bewahrung und Förderung verbunden ist.

Wenn man die in blau gesetzte Aussprachehilfe liest, als handele es sich um Deutsch, dürfte man sich verständlich machen können. Maskulinum, Femininum, umgangssprachliche bzw. höfliche Formen sind mit (m), (f), (ugs.) bzw. (hfl.) bezeichnet, wenn dies erforderlich ist.

FRANZÖSISCH

Die meisten Buchstaben des französischen Alphabets klingen – wenn sie ausgesprochen werden, was aber im Falle von Endungen eher selten der Fall ist – ähnlich wie im Deutschen. Das „u" entspricht aber unserem ü, das „ou" unserem u. Eine Besonderheit ist die starke Nasalierung. In der Umschrift bezeichnet dsch den Laut des zweiten „g" in „Garage". Die Silben französischer Wörter sollten, anders als im Deutschen, relativ gleichmäßig betont werden.

NOCH MEHR GEFÄLLIG?

Noch besser kommt man mit dem *Sprachführer Französisch* bzw. mit dem *Sprachführer Italienisch* durch die Schweiz. Man findet die beiden Titel unter **http://shop.lonelyplanet.de** oder im Buchhandel.

Konversation & Nützliches

Guten Tag.	*Bonjour.*	bon·dschur
Auf Wiedersehen.	*Au revoir.*	o·re·wa
Entschuldigen Sie.	*Excusez-moi.*	ex·kü·seh·mwa
Entschuldigung (für ein Versehen).	*Pardon.*	par·don
Bitte.	*S'il vous plaît.*	sic wu plä
Danke.	*Merci.*	mer·si
Ja./Nein.	*Oui./Non.*	wi/non

Wie heißen Sie?
Comment vous appelez-vous? — ko·mon wu·sa·pleh wu

Ich heiße ...
Je m'appelle ... — dsche ma·pel ...

Sprechen Sie Deutsch?
Parlez-vous allemand? — par·leh·wu sa le man

Ich habe nicht verstanden.
Je ne comprends pas. — dsche ne kom·pran pa

Essen & Ausgehen

Was empfehlen Sie?
Qu'est-ce que vous conseillez? — kes·ke wu kon·seh·jeh

Haben Sie vegetarische Gerichte?
Vous faites les repas végétariens? — wu fet leh re·pah we·dsche·ta·rien

Ich nehme ...
Je prends ... — dsche pran ...

Prost!
Santé! — san·teh

Ich hätte gern ..., bitte.	*Je voudrais ..., s'il vous plaît.*	dsche wu dreh ... si wu pleh
die Rechnung	*l'addition*	la·di·sjon
die Speisekarte	*la carte*	la kart

Zahlen – Französisch

1	*un*	ön
2	*deux*	döh
3	*trois*	trwa
4	*quatre*	ka·tre
5	*cinq*	sengk
6	*six*	sies
7	*sept*	set
8	*huit*	oiet
9	*neuf*	nöf
10	*dix*	dies

Bier	*bière*	bjär
Kaffee	*café*	ka·feh
Tee	*thé*	teh
Wasser	*eau*	o
Wein	*vin*	wen

Notfall

Hilfe!
Au secours! o sgur

Lassen Sie mich in Ruhe!
Fichez-moi la paix! fi·scheh·mwa la päh

Rufen Sie einen Arzt!
Appelez un médecin. ap·pleh un med·sin

Rufen Sie die Polizei!
Appelez la police. ap·pleh la po·lies

Ich habe mich verlaufen.
Je suis perdu/ perdue. (m/f) dsche swie per·düh

Ich bin krank.
Je suis malade. dsche swie ma·lad

Wo sind die Toiletten?
Où sont les toilettes? uh son leh twa·let

Shoppen & Service

Ich hätte gern ...
Je voudrais acheter ... dsche wu·dräh asch·teh ...

Was kostet das?
C'est combien? seh kom·bjän

Das ist zu teuer.
C'est trop cher. seh troh scher

Markt	*marché*	mar·scheh
Postamt	*bureau de poste*	bü·ro de post
Touristen-information	*office de tourisme*	o·fies de tu·ries·me

Unterkunft

Campingplatz	*camping*	kam·ping
Pension	*pension*	pan·sion
Hotel	*hôtel*	o·tel
Jugend-herberge	*auberge de jeunesse*	o·berdsch de dschö·nes

Haben Sie ein ... -zimmer?	*Avez-vous une chambre ...?*	a·we·wuh ühn schham·bre ...
Einzel-	*à un lit*	a öhn li
Doppel-	*avec un grand lit*	a·we kön gran li

Was kostet es pro Nacht/Person?
Quel est le prix par nuit/personne? ke leh le pri par nwi/per·son

Verkehrsmittel & -wege & Wegweiser

Wo ist ...?
Où est ...? u äh ...

Wie lautet die Adresse?
Quelle est l'adresse? kel äh la·dres

Können Sie es mir (auf der Karte) zeigen?
Pouvez-vous m'indiquer (sur la carte)? pu·weh·wu men·di·keh (sür la kart)

Eine ... Fahrkarte bitte.	*Un billet ..., s'il vous plaît.*	ön bi·jeh ... si wu pleh
einfach	*simple*	sem·ple
hin & zurück	*aller et retour*	a·leh eh re·tuhr

Boot	*bateau*	ba·toh
Bus	*bus*	bühs
Flugzeug	*avion*	a·wjon
Zug	*train*	trän

Schilder – Französisch

Entrée	Eingang
Sortie	Ausgang
Ouvert	Offen
Fermé	Geschlossen
Interdit	Verboten
Toilettes	Toiletten

ITALIENISCH

Die italienischen Vokale sind in der Regel mittellang und immer stark artikuliert. Doppelkonsonanten werden, anders als im Deutschen, auch ausgesprochen. Das Italienisch, das im Tessin gesprochen wird, unterscheidet sich nicht wesentlich vom Standarditalienischen.

Konversation & Nützliches

Guten Tag.	*Buongiorno.*	bwon·dschor·no
Auf Wiedersehen.	*Arrivederci.*	ar·ri·ve·der·tschi
Entschuldigung.	*Mi scusi.* (hfl.) *Scusami.* (ugs.)	mi sku·si sku·sa·mi
Entschuldigung. (bei Versehen)	*Mi dispiace.*	mi dis·pja·tsche
Bitte.	*Per favore.*	per fa·wo·re
Danke.	*Grazie.*	gra·tsje
Ja./Nein.	*Sì./No.*	si/no

Wie heißen Sie?
Come si chiama? ko·me si kja·ma

Wie heißt Du?
Come ti chiami? ko·me ti kja·mi

Ich heiße ...
Mi chiamo ... mi kja·mo ...

Sprechen Sie Deutsch?
Parla tedesco? par·la te des ko

Ich habe nicht verstanden.
Non capisco. non ka·pi·sko

Essen & Ausgehen

Was empfehlen Sie?
Cosa mi consiglia? ko·sa mi kon·si·lja

Haben Sie vegetarische Gerichte?
Avete piatti vegetariani? a·we·te pjat·ti ve·dsche·ta·rja·ni

Zahlen – Italienisch

1	*uno*	u·no
2	*due*	du·e
3	*tre*	tre
4	*quattro*	kwa·tro
5	*cinque*	tschin·kwe
6	*sei*	sei
7	*sette*	set·te
8	*otto*	ot·to
9	*nove*	no·we
10	*dieci*	dje·tschi

Schilder – Italienisch

Entrata	Eingang
Uscita	Ausgang
Aperto	Offen
Chiuso	Geschlossen
Proibito	Verboten
Gabinetti	Toiletten

Ich nehme ...
Prendo ... pren·do ...

Prost!
Salute! sa·lu·te

Ich hätte gern ..., bitte.	*Vorrei ..., per favore.*	wor·rei ... per fa·wo·re
die Rechnung	*il conto*	iel kon·to
die Speisekarte	*il menù*	iel me·nuh

Bier	*birra*	bir·ra
Kaffee	*caffè*	ka·feh
Tee	*tè*	teh
Wasser	*acqua*	ak·kwa
Wein	*vino*	wi·no

Notfall

Hilfe!	*Aiuto!*	ai·ju·to
Lassen Sie mich in Ruhe!	*Vai via!*	wai wi·a

Rufen Sie ...!	*Chiami ...!*	kja·mi ...
einen Arzt	*un medico*	uhn me·di·ko
die Polizei	*la polizia*	la po·li·tsi·a

Ich habe mich verlaufen.
Mi sono perso/a. (m/f) mi so·no per·so/a

Ich bin krank.
Mi sento male. mi sen·to ma·le

Wo sind die Toiletten?
Dove sono i gabinetti? do·we so·no i ga·bi·net·ti

Shoppen & Service

Ich suche nach ...
Sto cercando ... sto tscher·kan·do ...

Was kostet das?
Quant'è? kwan·te

Das ist zu teuer.
È troppo caro. e trop·po ka·ro

Markt	*mercato*	mer·*ka*·to
Postamt	*ufficio postale*	uf·*fi*·tscho pos·*ta*·le
Touristen-information	*ufficio del turismo*	uf·*fi*·tscho del tu·*ris*·mo

Unterkunft

Campingplatz	*campeggio*	kam·*pe*·dscho
Pension	*pensione*	pen·*sjo*·ne
Hotel	*albergo*	al·*ber*·go
Jugend-herberge	*ostello della gioventù*	os·*te*·lo *del*·la dscho·wen·*tuh*

Haben Sie ein ... -zimmer?	*Avete una camera ...?*	a·we·te uh·na *ka*·me·ra ...
Einzel-	*singola*	*sin*·go·la
Doppel-	*doppia con letto matri-moniale*	dop·*pja kon* let·*to* ma·tri·mo·*nja*·le

Wie viel kostet es pro ...?	*Quanto costa per ...?*	*kwan*·to *kos*·ta per ...
Nacht	*una notte*	*u*·na *not*·te
Person	*persona*	per·*so*·na

Verkehrsmittel & -wege & Wegweiser

Wo ist ... ?
Dov'è ... ? do·we ...

Wie lautet die Adresse?
Qual'è l'indirizzo? kwa·*le* lin·di·*ri*·tso

Können Sie es mir (auf der Karte) zeigen?
Può mostrarmi (sulla pianta)? puo mos·*trar*·mi (*sul*·la *pjan*·ta)

Eine ... Fahrkarte, bitte.	*Un biglietto ..., per favore.*	uhn bi·*lje*·to ... per fa·*wo*·re
einfach	*di sola andata*	di *so*·la an·*da*·ta
hin & zurück	*di andata e ritorno*	di an·*da*·ta e ri·*tor*·no

Boot	*nave*	*na*·we
Bus	*autobus*	*au*·to·bus
Flugzeug	*aereo*	a·*e*·re·o
Zug	*treno*	*tre*·no

RÄTOROMANISCH

Die Dialekte des Rätoromanischen unterscheiden sich vom einen Bergtal zum nächsten. Als Umgangssprache wird das Rätoromanische heute zusehends vom Deutschen verdrängt. Die hier gegebenen Beispiele sind in Rumantsch Grischun, einer künstlichen Schriftsprache, die in vielen Gemeinden nicht verwendet wird. Die Hauptstraßen in den rätoromanischen Dörfern heißen in der Regel Via Maistra.

Guten Tag.	*Allegra.*
Auf Wiedersehen.	*Adieu./Abunansvair.*
Bitte.	*Anzi.*
Danke.	*Grazia.*
Bett	*letg*
geschlossen	*serrà*
Skilanglauf	*passlung*
links	*sanester*
rechts	*dretg*
Zimmer	*chombra*
Touristeninformation	*societad da traffic*
Brot	*paun*
Käse	*chaschiel*
Fisch	*pesch*
Schinken	*schambun*
Milch	*latg*
Wein	*vin*
1	*in*
2	*dus*
3	*trais*
4	*quatter*
5	*tschinch*
6	*ses*
7	*set*
8	*och*
9	*nouv*
10	*diesch*

Hinter den Kulissen

WIR FREUEN UNS ÜBER EIN FEEDBACK

Post von Travellern zu bekommen ist für uns ungemein hilfreich – Kritik und Anregungen halten uns auf dem Laufenden und helfen, unsere Bücher zu verbessern. Unser reiseerfahrenes Team liest alle Zuschriften genau durch, um zu erfahren, was an unseren Reiseführern gut und was schlecht ist. Wir können solche Post zwar nicht individuell beantworten, aber jedes Feedback wird garantiert schnurstracks an die jeweiligen Autoren weitergeleitet, rechtzeitig vor der nächsten Auflage.

Wer Ideen, Erfahrungen und Korrekturhinweise zum Reiseführer mitteilen möchte, hat die Möglichkeit dazu auf www.lonelyplanet.com/contact/guidebook_feedback/new. Anmerkungen speziell zur deutschen Ausgabe erreichen uns über www.lonelyplanet.de/kontakt.

Hinweis: Da wir Beiträge möglicherweise in Lonely Planet Produkten (Reiseführer, Websites, digitale Medien) veröffentlichen, ggf. auch in gekürzter Form, bitten wir um Mitteilung, falls ein Kommentar nicht veröffentlicht oder ein Name nicht genannt werden soll. Wer Näheres über unsere Datenschutzpolitik wissen will, erfährt das unter www.lonelyplanet.com/privacy.

DANK VON LONELY PLANET

Vielen Dank an die folgenden Leser, die mit der letzten Ausgabe unterwegs waren und uns wertvolle Hinweise, Tipps und interessante Anekdoten geschickt haben: Ben Campbell, Liesbeth Cobbaut, Paul Hodgen, Ted Keener, Ueli Münger, Kathy Piro, Polly Seidler, Sam Sharp, Andrew Smith, Anton van Veen, Patrizia Vollmar

DANK DER AUTOREN

Kerry Christiani

Merci vielmal an alle Einheimischen, Tourismusprofis und pünktlichen Zug- und Seilbahnfahrer, die die Recherche so unkompliziert gemacht und mir wertvolle Einblicke gewährt haben. Besonderer Dank geht an Sara Roloff (Switzerland Tourism UK), Lucia Filippone (Zürich Tourismus), Janine Zingg (Swiss Travel System) und Remo Käser (Jungfraubahnen). Ein dickes Dankeschön auch an meine Autorenkollegen – Benedict Walker und Craig McLachlan – für die tolle Zusammenarbeit.

Craig McLachlan

Ein herzliches Dankeschön an alle, die mich während meiner Rechercheреise in der Schweiz und in Liechtenstein unterstützt haben, ganz besonders aber an meine wunderbare Frau Yuriko, die mich auf Trab gehalten und mir ein permanentes Lächeln aufs Gesicht gezaubert hat. Die Schweiz zu erkunden, ist ein Vergnügen, und dieses Vergnügen ist zu einem großen Teil den Begegnungen und Gesprächen mit glücklichen Menschen geschuldet. Danke euch allen!

Benedict Walker

Ein dickes Dankeschön an Daniel Fahey für seine Geduld und Flexibilität, mich bei diesem Projekt zu berücksichtigen, an Michal Greenberg in Leipzig für seine Hilfe dabei, ein Zuhause zu finden, von dem aus ich arbeiten konnte, und an meine „Pflegemama", Vicki Kirkman, die in widrigen Zeiten heldenhaft Stärke gezeigt hat. Besonderer Dank geht an meine echte Mutter, Trish Walker, die ultimative Quelle der Geduld, Liebe und Unterstützung, und an all die Tanten, Onkel, Cousinen und Cousins, die geholfen haben, Bonnies Wohnung abzuwickeln, während ich unterwegs war. Und schließlich, danke an die Schweiz, die mich zweimal im Sturm erobert hat.

QUELLENNACHWEIS

Die Angaben auf der Klimakarte stammen von Peel MC, Finlayson BL & McMahon TA (2007) „Updated World Map of the Köppen-Geiger Climate Classification", Hydrology and Earth System Sciences, 11, 163344.

Titelfoto: Blick auf Lauterbrunnen, Berner Oberland; JLImages/Alamy ©

ÜBER DIESES BUCH

Dies ist die 4. Auflage von *Schweiz* von Lonely Planet. Sie basiert auf der 9. englischen Auflage von Gregor Clark (Koordination), Kerry Christiani, Craig McLachlan und Benedict Walker. Die vorige Auflage schrieben Kerry Christiani, Gregor Clark, Sally O'Brien und Nicola Williams. Dieser Reiseführer wurde produziert von:

Titelredaktion Daniel Fahey

Produktredaktion Jenna Myers, Genna Patterson

Kartografie Mark Griffiths

Layout Jessica Rose

Redaktionsassistenz Sarah Bailey, Andrew Bain, Lucy Cowie, Peter Cruttenden, Andrea Dobbin, Victoria Harrison, Jodie Martire, Kristin Odijk, Alison Ridgway

Kartografieassistenz Rachel Imeson

Titelbildrecherche Naomi Parker

Dank an Anne Mason, Vicky Smith

Register

Kartenverweise **000**
Fotoverweise **000**

Kartenverweise **000**
Fotoverweise **000**

Kartenlegende

Sehenswertes

- Strand
- Vogelschutzgebiet
- buddhistisch
- Burg/Schloss/Palast
- christlich
- konfuzianisch
- hinduistisch
- islamisch
- jainistisch
- jüdisch
- Denkmal
- Museum/Galerie/histor. Gebäude
- Ruine
- shintoistisch
- Sikh
- taoistisch
- Weingut/Weinberg
- Zoo/Wildschutzgebiet
- sonstige Sehenswürdigkeit

Aktivitäten, Kurse & Touren

- bodysurfen
- tauchen
- Kanu/Kajak fahren
- Kurs/Tour
- Sento Hot Baths/Onsen
- Ski fahren
- schnorcheln
- surfen
- Swimmingpool
- wandern
- windsurfen
- sonstige Aktivität

Schlafen

- Hotel/Pension/Hostel
- Camping
- Hütte/Unterstand

Essen

- Restaurant

Ausgehen & Nachtleben

- Bar/Kneipe/Club
- Café

Unterhaltung

- Unterhaltung

Shoppen

- Shoppen

Praktisches

- Bank
- Botschaft/Konsulat
- Krankenhaus/Arzt
- Internet
- Polizei
- Post
- Telefon
- Toilette
- Touristeninformation
- sonstige Informationen

Geografie

- Strand
- Tor
- Hütte/Unterstand
- Leuchtturm
- Aussichtspunkt
- Berg/Vulkan
- Oase
- Park
- Pass
- Rastplatz
- Wasserfall

Städte

- Hauptstadt (Staat)
- Hauptstadt (Provinz)
- Großstadt
- Stadt/Ort

Transport

- Flughafen
- Grenzübergang
- Bus
- Seilbahn/Standseilbahn
- Radweg
- Fähre
- Metrostation
- Schwebebahn
- Parkplatz
- Tankstelle
- S-Bahnstation
- Taxi
- T-bane/Tunnelbana-Station
- Bahnhof/Bahnlinie
- Straßenbahn
- Tube Station
- U-Bahnstation
- sonstiger Transport

Hinweis: Nicht alle in der Legende aufgeführten Symbole sind Bestandteil der Karten dieses Buches

Verkehrswege

- Mautstraße
- Autobahn
- Hauptstraße
- Landstraße
- Verbindungsstraße
- sonstige Straße
- unbefestigte Straße
- Straße im Bau
- Platz, Promenade
- Treppe
- Tunnel
- Fußgängerbrücke
- Spaziergang
- Abstecher vom Spaziergang
- Weg/Pfad

Grenzen

- Staatsgrenze
- Provinzgrenze
- umstrittene Grenze
- Regional-/Bezirksgrenze
- Meeresschutzgebiet
- Kliff
- Mauer

Gewässer

- Fluss, Bach
- periodischer Fluss
- Kanal
- Gewässer
- Salzsee/trockener/periodischer See
- Riff

Gebietsform

- Flughafen/Flugplatz
- Strand/Wüste
- christlicher Friedhof
- sonstiger Friedhof
- Gletscher
- Watt
- Park/Wald
- Sehenswertes (Gebäude)
- Sportplatz
- Sumpf/Mangroven

DIE AUTOREN

Gregor Clark

Seit dem Jahr 2000 trägt Gregor regelmäßig zu Lonely Planet Reiseführern bei. Sein Schwerpunkt liegt auf Europa und dem amerikanischen Doppelkontinent, unter den Titeln sind z. B. *Italy*, *France*, *Brazil*, *Costa Rica*, *Argentina*, *Portugal*, *Switzerland*, *Mexico*, *South America on a Shoestring*, *Montreal & Quebec City*, *France's Best Trips*, *New England's Best Trips*, Radreiseführer für Italien und Kalifornien sowie Bildbände wie *Food Trails*, *The USA Book* und *The Lonely Planet Guide to the Middle of Nowhere*.

Kerry Christiani

Berner Oberland; Nordostschweiz; Tessin; Zürich

Die preisgekrönte Reisejournalistin, Fotografin und Lonely Planet Autorin Kerry ist Spezialistin für Mittel- und Südeuropa. Sie lebt in Wales und ist Autorin/Koautorin von über einem Dutzend Lonely Planet Titeln. Als Abenteuerjunkie liebt sie Berge, kalte Gegenden und echte Wildnis. Ihre jüngsten Arbeiten sind unter https://its-a-small-world.com zu finden, sie twittert unter @kerrychristiani. Kerry schrieb auch die Abschnitte Reiseplanung, Die Schweiz verstehen und Praktische Informationen.

Craig McLachlan

Zentralschweiz; Graubünden; Liechtenstein; Wallis

Craig schreibt seit 20 Jahren für Lonely Planet über Reiseziele in aller Welt. Die eine Hälfte des Jahres lebt er in Queenstown, Neuseeland, und betreibt ein Unternehmen für Outdooraktivitäten und eine Sake-Brauerei, die andere Hälfte ist er unterwegs und geht seinem Nebenerwerb als Tourguide und Lonely Planet-Autor nach. Craig hat eine Menge Abenteuer in Japan absolviert und seine Bücher sind bei Amazon erhältlich. Als „freiberuflicher Alleskönner" mit einem MBA von der University of Hawai'i betätigt sich Craig auch schon mal als Japanisch-Dolmetscher, Pilot, Fotograf, Wanderführer, Karatelehrer oder Romanautor.

Benedict Walker

Freibourg, Drei-Seen-Land & Jura; Genf; Genfer See & Waadt; Mittelland; Nordwestschweiz

Benedict stammt gebürtig aus Newcastle, New South Wales, Australien, wuchs im Speckgürtel von Sydney auf und verbrachte die Wochenenden und lange Sommer am Strand, wann immer es möglich war. Obwohl Berge, wie er sie in den Kanadischen Rockies und in den Japanischen und Schweizer Alpen erlebt hat, ihn magnetisch anziehen, liegt ihm das Strandleben doch mehr im Blut. Japan war 2008/09 Benedicts erster Job für Lonely Planet, und er war glücklich, noch drei weitere Male dorthin geschickt zu werden. Seitdem hat er an diversen Lonely Planet Titeln mitgearbeitet, darunter Reiseführer für Australien, Kanada, Deutschland und die USA. Mehr über seine Reisen auf Instagram: @wordsandjourneys.

DIE LONELY PLANET STORY

Ein ziemlich mitgenommenes, altes Auto, ein paar Dollar in der Tasche und Abenteuerlust – 1972 war das alles, was Tony und Maureen Wheeler für die Reise ihres Lebens brauchten, die sie durch Europa und Asien bis nach Australien führte. Die Tour dauerte einige Monate, und am Ende saßen die beiden – erschöpft, aber voller Inspiration – an ihrem Küchentisch und schrieben ihren ersten Reiseführer *Across Asia on the Cheap*. Innerhalb einer Woche hatten sie 1500 Exemplare verkauft. Lonely Planet war geboren. Heute hat der Verlag Büros in Melbourne, London, Oakland, Franklin, Delhi und Beijing mit mehr als 600 Mitarbeitern und Autoren. Und alle teilen Tonys Überzeugung, dass ein guter Reiseführer drei Dinge erfüllen sollte: informieren, bilden und unterhalten.

Lonely Planet Global Limited
Digital Depot
The Digital Hub
Dublin D08 TCV4
Ireland

Verlag der deutschen Ausgabe:
MAIRDUMONT, Marco-Polo-Str. 1, 73760 Ostfildern,
www.lonelyplanet.de, www.mairdumont.com, lonelyplanet-online@mairdumont.com

Chefredakteurin deutsche Ausgabe: Birgit Borowski

Redaktion: Bintang Buchservice GmbH, www.bintang-berlin.de
Übersetzung: Petra Dubilski, Gunter Mühl, Inga-Brita Thiele
An früheren Auflagen haben außerdem mitgewirkt: Julie Bacher, Anne Cappel, Berna Ercan, Tobias Ewert, Karen Gerwig, Gabriela Huber-Martins, Anna Kranz, Laura Leibold, Marion Matthäus, Ute Perchtold, Dr. Christian Rochow, Andrea Schleipen
Lektorat: Kirsten Gleinig, Katharina Grimm
Satz: Andrea Päch
Technischer Support: Typopoint, Ostfildern/Kemnat

Schweiz
4. deutsche Auflage August 2018, übersetzt von
Switzerland, 9th edition, Juni 2018, Lonely Planet Global Limited

Printed in Poland

MIX
Papier aus verantwortungsvollen Quellen
FSC® C018236
FSC
www.fsc.org